Economia: Um Texto Introdutório

Economia:
Um Texto Introdutório

2021 • 4ª Edição • Reimpressão

Manuel Carlos Lopes Porto

ECONOMIA: UM TEXTO INTRUDUTÓRIO
AUTOR

1ª Edição: Novembro, 2002

EDIÇÕES ALMEDINA, S.A.
Rua Fernandes Tomás, nºs 76, 78, 80
3000-167 Coimbra
Tel.: 239 851 904 · Fax: 239 851 901
www.almedina.net · editora@almedina.net
DESIGN DE CAPA
FBA.
PRÉ-IMPRESSÃO
EDIÇÕES ALMEDINA, S.A.
IMPRESSÃO E ACABAMENTO
DPS - DIGITAL PRINTING SERVICES, LDA

Setembro, 2021
DEPÓSITO LEGAL
380605/14

Os dados e as opiniões inseridos na presente publicação são da exclusiva responsabilidade do(s) seu(s) autor(es).
Toda a reprodução desta obra, por fotocópia ou outro qualquer processo, sem prévia autorização escrita do Editor, é ilícita e passível de procedimento judicial contra o infrator.

 GRUPOALMEDINA

BIBLIOTECA NACIONAL DE PORTUGAL – CATALOGAÇÃO NA PUBLICAÇÃO
PORTO, Manuel Lopes, 1943-
Economia : um texto introdutório. – 5ª ed. – (Manuais universitários)
ISBN 978-972-40-5637-1
CDU 330

JUSTIFICAÇÃO DA 4ª EDIÇÃO

É sempre um grande gosto escrever as palavras de justificação de uma nova edição: dado que tal significa que houve mais uma vez uma boa aceitação pelo público da edição anterior.

E mais uma vez não quisemos limitar-nos à reimpressão dessa edição, não hesitando em ter o trabalho de uma nova edição, sabendo que assim se corresponde melhor aos anseios de quem lê o livro.

Trata-se basicamente de proceder a atualizações de elementos estatísticos, de referências legislativas, do nosso país e da União Europeia, e de referências doutrinais, procurando acompanhar o que consta de livros e artigos entretanto publicados e de nova edições de livros já utilizados e referenciados. Para além disso, num ou noutro ponto procurámos tornar mais claras as exposições, v.g. alongando-as, em alguns casos beneficiando de sugestões de Colegas que têm agora a experiência de utilizar este livro nas suas lições, na Universidade de Coimbra (desde há mais tempo), na Universidade Lusíada e em outras escolas; agradecendo-lhes pois este contributo.

Tendo decorrido menos de cinco anos desde a edição anterior, não eram naturalmente muitos os casos a exigir novas formulações, para além das atualizações já referidas (não tendo havido grandes evoluções ou mudanças na ciência económica). Com maior relevo, estão as atualizações nos domínios da legislação da concorrência e da legislação financeira, do comércio internacional, com novas exigências face à globalização, e muito em especial do Quadro Económico de Convergência e do Quadro Financeiro Plurianual da União Europeia, quando, na linha da Estratégia Europa 2020, estamos a entrar num novo ciclo, para o período de 2014 a 2020.

Mais uma vez os méritos que estas lições possam ter ficam a dever-se em grande medida a quem nos ajudou, no caso desta edição com um relevo muito especial para Maria Matilde Lavouras; mas sendo de referir também, seguramente com omissões involuntárias de alguns outros, Francisco Castelo Branco, Gonçalo Anastácio, João José Nogueira de Almeida, João Nuno Calvão da Silva, José M. dos Santos Quelhas, Leslie Carvalho e Pedro Figueiredo, bem como Isabel Magalhães e Isabel Monteiro. E não deixamos de recordar todos os que nos deram ajudas em edições anteriores, ajudas que continuam a estar naturalmente refletidas na edição que agora vem a lume; também por isso se justificando que se mantenham os textos da *Apresentação* da 1ª edição e das *Justificações* das duas edições seguintes, continuando presentes os seus nomes e o agradecimento que lhes é devido.

Esta lições continuam além disso a beneficiar em boa medida do ensino de quem nos antecedeu, em diferentes escolas, com um relevo muito especial para o Doutor José Joaquim Teixeira Ribeiro. É impressionante como com o decorrer dos anos o seu ensino matem tanta atualidade, com uma qualidade pedagógica que pede meças ao que de melhor vai sendo publicado, no nosso país e nos demais centros do mundo. Justifica-se pois bem que continuemos a referenciá-lo com frequência, querendo que esta nova edição seja em alguma medida uma modesta homenagem a quem tanto contribuiu para o avanço do conhecimento científico e da lecionação das ciências económicas em Portugal, em Faculdades de Direito e em todas as demais.

Coimbra, Julho de 2014.

JUSTIFICAÇÃO DA 3ª EDIÇÃO

Mais uma vez tenho o enorme gosto de ver esgotado um livro de Lições, testemunhando o préstimo que lhe é reconhecido; e mais uma vez prefiro ter o trabalho de preparar uma edição nova, não me limitando a ter a sua reimpressão.

Tendo passado pouco tempo desde a edição anterior, não são aliás muitas as mudanças introduzidas. Para além de actualizações estatísticas, legislativas e bibliográficas ao longo da generalidade do texto, onde se impunham actualizações mais significativas era perto do final, na política regional e na política orçamental da União Europeia: com regras novas, dando as condições e os termos de referência para os Quadros de Referência Estratégicos Nacionais (QREN's) no período das Perspectivas Financeiras agora em aplicação, de 2007 a 2013.

Fornecendo naturalmente os dados estatísticos mais recentes, tal como num outro livro de texto agora publicado fugi a projectar os indicadores financeiros e económicos dos últimos meses, reflectindo a crise que estamos a atravessar. Estando convencido de que em breve será ultrapassada, em breve essas projecções perderiam actualidade...

Sendo uma terceira edição, trata-se de livro que, além de beneficiar de textos vários anteriores, devidamente referenciados, continua a beneficiar dos contributos de quem me ajudou nas duas primeiras edições, incluindo colegas e o "testemunho" de alunos que, designadamente através das avaliações, foram "dando a conhecer" onde era preciso fazer exposições mais claras.

O préstimo foi proporcionado designadamente pelos colegas que têm tido a regência da disciplina nas duas outras escolas a que tenho agora também ligação (além da Faculdade de Direito da Universidade de Coimbra, a Universidade Lusíada do Porto e o Instituto Superior Bissaya-Barreto, em Coimbra), Francisco Castelo Branco e mais uma vez Carlos Laranjeiro. Mas sou credor também de ajudas, v.g.com informações ou com sugestões de aclaramento do texto, de várias outras pessoas, como são os casos de Eduardo Figueira, Filipe Figueiredo, Gonçalo Anastácio, José M. Santos Quelhas, José M. Ribeiro de Almeida, Luís Pedro Cunha e Rui Jacinto.

Coimbra, Agosto de 2009.

JUSTIFICAÇÃO DA 2ª EDIÇÃO

Causou-me naturalmente uma grande satisfação a constatação do préstimo proporcionado e do acolhimento registado em relação a estas lições de economia.

Sendo utilizadas em boa medida por alunos nossos, verificou-se uma melhoria sensível nos resultados das suas avaliações, tendo passado a dispor de um texto claro que cobre a totalidade das matérias leccionadas.

Foram todavia muitos mais os utilizadores do livro, só assim se compreendendo que a primeira edição viesse a esgotar-se em menos de dois anos.

Com a aproximação de um novo ano lectivo a alternativa que se abria era pois entre reimprimir o texto já disponível ou proceder a uma segunda edição.

No primeiro sentido apontava a circunstância de serem ainda poucas as desactualizações ocorridas, em relação a um texto de Novembro de 2002. Preferi todavia seguir o segundo caminho, embora com sacrifício pessoal, pensando que para os alunos é mais aliciante e pedagógico dispor de uma informação actualizada, numa área em que alguns dados mudam com frequência e é grande a produção científica. Tornou-se ainda possível proceder assim à correcção de algumas gralhas e tornar mais claro um ou outro passo do texto.

Foi para tal de grande préstimo a ajuda de docentes que me estão mais próximos, designadamente Carlos Laranjeiro, Teresa Almeida e Miguel Lemos, a quem fica aqui prestado o agradecimento devido; sendo para além disso devida, agora e sempre, uma palavra especial de agradecimento a Maria Teresa Ferrari.

Coimbra, Agosto de 2004

ÍNDICE

APRESENTAÇÃO	23
CAPÍTULO I A Economia: Objecto e Quadros de Análise	27
1. Objecto	27
1.1. As dificuldades de uma definição	27
1.2. A definição de Robbins	28
1.2.1. As necessidades	29
1.2.2. Os bens	30
1.2.3. A produção	36
1.2.4. A utilidade	38
1.2.5. A escassez (ou raridade)	43
1.2.6. As escolhas em alternativa	46
1.3. Algumas outras delimitações	55
2. Abordagens e métodos de análise	56
2.1. Teoria, política e doutrina	56
2.2. Análise microeconómica e análise macroeconómica	57
2.3. Análise parcial (de equilíbrio parcial) e análise geral (de equilíbrio geral)	58
2.4. Análise estática e análise dinâmica	59
2.5. Método dedutivo e método indutivo	59
3. Interdependências inter e intra-disciplinares	62
3.1. A interdependência das questões económicas	63
3.2. A economia e outras disciplinas	64
3.2.1. Disciplinas do mundo físico	65
3.2.2. Disciplinas do mundo social	66

3.3. A matemática, a econometria e a história na investigação económica 70

CAPÍTULO II *Os Sistemas Económicos* 73
1. Noção 73
2. Do ahistoricismo dos clássicos à ideia do 'fim da história' 73
3. A ideia da sucessão regular dos sistemas 74
3.1. A escola histórica alemã 75
3.2. Karl Marx 75
3.3. Werner Sombart 77
3.4. Colin Clark 79
3.5. Walter Rostow 80
4. Os tipos de organização 83
4.1. A direcção central 83
4.2. O mercado (e o papel das autoridades) 85
4.3. Sistemas mistos? Os serviços de interesse económico geral e a regulação 89

CAPÍTULO III *A Procura* 97
1. A lei da procura. Enunciado e representação gráfica 97
2. Fundamentação para a lei da procura 98
2.1. Efeitos de substituição e de rendimento. Casos excepcionais 98
2.2. Teoria da utilidade cardinal 101
2.3. Teoria da utilidade ordinal. A técnica das curvas de indiferença 102
3. A elasticidade-preço da procura 102
3.1. O modo de medir a elasticidade 103
3.2. Importância do cálculo das elasticidades 104
3.3. As situações diferentes de elasticidade-preço da procura 105
4. A elasticidade-cruzada. Bens sucedâneos e bem complementares 108
5. Da procura individual à procura agregada 110
6. A elasticidade-rendimento da procura 111
7. A procura função de outros factores 112

CAPÍTULO IV *A Oferta* 115
1. A lei da oferta. Enunciado e representação gráfica 115
2. Fundamentação para a lei da oferta. Da lei do rendimento decrescente à curva do custo marginal 116

3.	A elasticidade-preço da oferta	118
4.	As funções de produção e as combinações produtivas mais vantajosas	119
5.	Outros custos de produção	121
6.	As economias de escala e a curva do custo médio	122
7.	A maximização do lucro e o andamento da oferta em função do preço	125
8.	Objectivos dos empresários sem ser a maximização do lucro a curto prazo	127
9.	As diferentes formas de organização empresarial	128

CAPÍTULO V *Mercados, Formação dos Preços e Comportamento dos Empresários* 129
1. As várias formas de mercado 129
2. A lei da procura e da oferta 132
3. A concorrência perfeita 135
3.1. Caracterização 135
3.2. O comportamento óptimo em relação ao preço do mercado 136
4. O monopólio 139
4.1. Caracterização e explicação 139
4.2. A curva da procura para o monopolista 140
4.3. A receita marginal e o comportamento óptimo em monopólio 141
4.4. Moderadores do preço 144
4.5. A renda dos consumidores e a discriminação dos preços 145
5. A concorrência monopolística 150
5.1. Caracterização e explicação 150
5.2. O preço de equilíbrio estável 151
6. O oligopólio 153
6.1. Caracterização e explicação 153
6.2. A indeterminação da procura e a formação do preço. A teoria dos jogos estratégicos 154
7. Juízo sobre as diferentes formas de mercado 158

CAPÍTULO VI *Políticas de Defesa da Concorrência e de Apoio Público* 163
1. Políticas contra as concentrações ou os abusos de poder económico 163
1.1. Raízes históricas e filosofias de actuação 163
1.2. A defesa da concorrência na União Europeia 165

    1.2.1. Os acordos, associações e práticas concertadas entre empresas 166
    1.2.2. Os abusos de posições dominantes 168
    1.2.3. As concentrações de empresas (*mergers*) 168
    1.2.4. Os monopólios nacionais 171
    1.2.5. Aplicabilidade das regras da concorrência às empresas públicas 172
    1.2.6. Os auxílios públicos 173
    1.2.7. As compras públicas 177
 1.3. A defesa da concorrência em Portugal 178
2. Políticas de apoio às pequenas e médias empresas (PME's) 181
3. Imperfeições do mercado, economias e deseconomias externas e intervenção pública 183

CAPÍTULO VII *A Participação na Produção e a Formação dos Preços dos Factores* 185
1. O salário 188
1.1. Formas 188
1.2. Aspectos peculiares da oferta do trabalho: a curto e a longo prazos (a evolução demográfica) 189
1.3. O mercado do trabalho 193
1.4. Determinantes do nível dos salários 194
    1.4.1. A produtividade 195
    1.4.2. As imperfeições do mercado 196
        a) Falhas de informação e mobilidade 196
        b) A situação das mulheres 196
        c) A estratificação económica e social 197
2. A renda 198
3. O juro 200
4. O lucro 205

CAPÍTULO VIII *O Circuito Económico e a Contabilidade Nacional* 207
1. O circuito económico num modelo simplificado. O produto, o rendimento e a despesa 207
2. Modos de cálculo 209
3. Modelos mais complexos (e realistas) 210
4. A equivalência entre os agregados 212
5. A apresentação dos dados por entidades e por sectores (as matrizes de relações inter-sectoriais) 221

6. Os dados da contabilidade nacional como indicadores do êxito
económico e do bem-estar das populações 224

CAPÍTULO IX *A Distribuição do Rendimento* 231
1. A avaliação da repartição do rendimento 231
1.1. As desigualdades a ter em conta 231
1.2. Modos de medir e analisar as desigualdades 232
    1.2.1. Simples agregação dos dados em classes 232
    1.2.2. Outros modos de medição e análise: as curvas de Lorenz
           e os coeficientes de Gini 235
2. As causas das desigualdades 239
3. Políticas de redistribuição 241
3.1. Políticas financeiras 243
    3.1.1. Política fiscal 243
    3.1.2. Política de despesas 247
3.2. Política de segurança social 247
3.3. Políticas de preços e rendimentos 248
3.4. Apreciação das políticas de redistribuição 248

CAPÍTULO X *As Oscilações da Actividade Económica* 253
1. As fases de prosperidade e de depressão 253
2. A dependência do produto, do rendimento e do emprego
   relativamente ao nível geral da despesa. O contributo da
   'economia do lado da oferta' 253
3. Os vários tipos de despesas 258
3.1. As despesas de consumo privadas 258
    3.1.1. A função-consumo 258
    3.1.2. A função-aforro 259
    3.1.3. A lei de Engel 260
3.2. As despesas de investimento privadas 260
3.3. As despesas públicas 261
    3.3.1. As despesas civis de consumo (de funcionamento
           dos serviços) 261
    3.3.2. A formação de capital público 261
    3.3.3. As despesas militares 261
3.4. O exterior 262
4. Grandes diferenças de estabilidade 262

5. Os efeitos cumulativos sobre o rendimento. O multiplicador, o acelerador e o propulsor (remissão) 264
6. Os objectivos contraditórios de estabilização conjuntural (e de crescimento) 266

CAPÍTULO XI A Moeda 269
1. Origem 269
2. Funções 271
2.1. Meio geral e definitivo de pagamentos 271
2.2. Unidade de conta 271
2.3. Reserva de valor 273
3. Motivos de preferência pela liquidez 274
3.1. Motivo-transacções 274
3.2. Motivo-precaução 275
3.3. Motivo-especulação 276
3.4. Motivo-financiamento 279
3.5. Motivo-colocação 279
4. Espécies de moeda 280
4.1. Moeda de metal 280
    4.1.1. Moeda-mercadoria 280
    4.1.2. Moeda de trocos 281
4.2. Moeda de papel 281
    4.2.1. Moeda representativa 282
    4.2.2. Moeda fiduciária 282
    4.2.3. Papel-moeda (ou moeda legal) 283
4.3. Moeda escritural ou bancária 283
4.4. Os agregados M_2 e M_3 (a 'massa monetária') 285
4.5. A expressão actual das várias formas monetárias 286
5. As operações de crédito realizadas pelos bancos 286
5.1. Referência breve ao sistema financeiro português 287
5.2. As operações passivas: os depósitos 289
5.3. As operações activas 290
    5.3.1. Descontos 290
    5.3.2. Aberturas de crédito 292
6. A criação de moeda 292
6.1. A criação da moeda metálica e da moeda de papel 292
    6.1.1. A criação da moeda metálica 292

6.1.2. A criação da moeda de papel (v.g. do papel-moeda)	294
6.2. A criação da moeda escritural ou bancária	296
6.2.1. A reserva de caixa	296
6.2.2. Criação de moeda pelo sistema bancário	297
7. A teoria quantitativa da moeda	299
8. A política monetária	301
8.1. Actuação sobre as reservas mínimas obrigatórias	302
8.2. As operações em mercado aberto (*open market operations*)	303
8.3. As 'facilidades permanentes' de cedência e aceitação de fundos. O relevo das taxas de juro	303
9. O euro	305
9.1. As razões da sua criação	305
9.2. Implicações para Portugal	312
9.3. O papel do Sistema Europeu de Bancos Centrais (SEBC) e do Banco Central Europeu (BCE)	317
9.3.1. O objectivo básico a atingir	317
9.3.2. O Pacto de Estabilidade e Crescimento	317
9.3.3. O Tratado Orçamental	319
CAPÍTULO XII *A Inflação*	321
1. Noção	321
2. Medição	321
2.1. As escolhas e as ponderações a fazer	322
2.2. As variações no tempo	323
2.3. A evolução verificada ao longo das décadas	324
3. Causas	329
3.1. Predomínio dado a factores de procura. A explicação monetarista	329
3.2. Predomínio dado a factores de custo	331
3.3. Predomínio dado a factores estruturais	332
4. Desenvolvimento	332
5. Efeitos	335
5.1. Efeitos sobre a distribuição do rendimento e da riqueza	335
5.2. Efeitos sobre a produção e o emprego	336
5.3. Efeitos sobre o comércio internacional	338
6. A problemática da política anti-inflacionista. A política na zona euro (remissão)	339

CAPÍTULO XIII   O Comércio Internacional ... 345
1. Relevo. O momento actual de globalização ... 345
2. Teorias explicativas do comércio ... 355
2.1. Determinantes do lado da oferta ... 355
   2.1.1. Teoria clássica (Smith e Ricardo) ... 355
   2.1.2. Teoria neo-clássica (Hecksher-Ohlin-Samuelson): da 'proporção dos factores' ... 360
     a) A formulação da teoria ... 360
     b) O paradoxo de Leontief ... 362
   2.1.3. Outras teorias ... 365
     a) Explicações tecnológicas ... 365
       I. A teoria do intervalo (*gap*) tecnológico (Posner) ... 365
       II. A teoria do ciclo do produto (Vernon) ... 367
     b) Economias de escala ... 369
2.2. Determinantes do lado da procura (breve referência) ... 369
3. As restrições ao comércio ... 370
3.1. Formas ... 370
3.2. Efeitos ... 373
   3.2.1. Sobre o consumo ... 373
   3.2.2. Sobre a produção ... 374
   3.2.3. Sobre a balança dos pagamentos ... 374
   3.2.4. De receitas fiscais ... 375
   3.2.5. De transferência de rendimento (para os produtores) ... 375
   3.2.6. De bem-estar. A diminuição da 'renda dos consumidores' ... 375
3.3. As vias alternativas de intervenção ... 377
4. O proteccionismo ... 379
4.1. Avaliação geral ... 379
4.2. Argumentos com maior relevo e actualidade ... 380
   4.2.1. O argumento dos termos do comércio ... 381
   4.2.2. O argumento das indústrias nascentes ... 382
4.3. O modo de actuar e as dificuldades a ter em conta ... 386
4.4. O 'sonho' de que os outros não reajam às nossas intervenções proteccionistas ... 389
5. A integração económica ... 391
5.1. Evolução recente ... 391
5.2. Formas. O caso da União Europeia ... 392
5.3. Justificações não de 'primeiro óptimo' ... 394

5.3.1.	A teoria estática das uniões aduaneiras	394
5.3.2.	O aproveitamento das vantagens da especialização	397
5.3.3.	O aproveitamento de economias de escala	397
5.3.4.	Efeitos dinâmicos	398
5.3.5.	Efeitos de criação de rendimento	399
5.4. As limitações destas justificações		400
5.4.1.	As limitações da teoria estática	400
5.4.2.	Extensão da crítica às demais justificações	401
5.5. Melhores justificações económicas de espaços de integração		402
6. Os espaços regionais e a globalização		408
6.1. A evolução recente: o 'segundo regionalismo'		408
6.2. As iniciativas nos vários continentes		410
6.2.1.	Os círculos 'concêntricos' na Europa	411
6.2.2.	A NAFTA	412
6.2.3.	O MERCOSUL (e a América Latina)	412
6.2.4.	O espaço da Ásia e da Oceania	415
6.2.5.	A África e os países lusófonos	416
6.3. O significado dos movimentos em curso		416
6.3.1.	A abertura muito diferente dos vários blocos	417
6.3.2.	O aumento dos comércios intra e extra-regional	418
6.3.3.	As estratégias dos blocos	418
6.3.4.	A perspectiva de que se caminhe para o comércio livre mundial	420
7. O papel da Organização Mundial do Comércio (OMC)		425

CAPÍTULO XIV *Os Pagamentos Internacionais*		429
1. A Balança dos pagamentos		430
1.1. Composição		430
1.1.1.	Balança corrente	430
1.1.2.	Balança de capital	430
1.1.3.	Balança financeira	431
1.1.4.	A balança dos pagamentos portuguesa	431
1.2. A problemática do reequilíbrio		432
1.2.1.	O reequilíbrio pela via cambial	434
	a) O reequilíbrio automático com câmbios flutuantes	434
	b) A teoria da paridade dos poderes de compra	435

        c) O reequilíbrio através de alterações cambiais decididas pelas autoridades — 436
    1.2.2. O reequilíbrio procurando-se manter os câmbios. O papel do Fundo Monetário Internacional (FMI) — 437
    1.2.3. O contributo das variações de rendimento — 440
2. O caso europeu — 442
2.1. No plano interno (da 'Eurolândia'): reequilíbrio apenas com medidas internas (e com o apoio de fundos estruturais) — 442
2.2. A sugestão de criação de um fundo para acorrer a choques assimétricos — 445
2.3. No plano externo: a política de 'negligência benigna' — 446
3. O euro e o sistema monetário internacional. A participação no FMI — 448

CAPÍTULO XV *Crescimento e Desequilíbrios Espaciais* — 451
1. O crescimento — 451
1.1. A tendência para o crescimento — 451
1.2. Os factores de crescimento — 453
    1.2.1. Factores naturais — 453
        a) A inalterabilidade dos recursos naturais — 453
        b) O receio da insuficiência dos recursos naturais — 455
        c) A depredação de recursos — 458
    1.2.2. Factor humano — 460
    1.2.3. Capital — 462
    1.2.4. Tecnologia — 463
2. A problemática do subdesenvolvimento — 464
2.1. O quadro da pobreza mundial — 464
2.2. Uma situação que se agrava? — 468
2.3. Especiais dificuldades com cada um dos factores de crescimento — 473
    2.3.1. Recursos naturais — 473
    2.3.2. Recursos humanos — 473
        a) O problema demográfico — 473
        b) O problema da qualificação das pessoas — 476
    2.3.3. Capital — 479
    2.3.4. Tecnologia — 484
2.4. O modelo político e económico adequado — 485
2.5. Outras opções em alternativa — 488

2.5.1. Proteccionismo ou livre-cambismo? Os termos do comércio (ou de troca)	488
2.5.2. Indústria ou agricultura?	493
2.5.3. Uma maior concentração para o 'arranque'?	493
3. A problemática dos desequilíbrios internos (regionais)	494
3.1. A anterior ausência de preocupações	494
3.2. As justificações da política regional	498
3.3. A atenção crescente dada à problemática dos desequilíbrios espaciais	502
3.3.1. Em Portugal	502
3.3.2. Na União Europeia	504
3.4. O Quadro Estratégico de Convergência (QEC), agora em aplicação (2014-2020)	506
3.5. Os resultados alcançados ao longo dos anos	509
3.5.1. No conjunto da União Europeia	509
3.5.2. No quadro regional português	516
3.6. O sentido contrário de outras políticas, em Portugal e na União Europeia	525
3.7. O futuro da política regional	527
3.8. A exigência de orçamentos realistas, adequados aos desafios e justos	529
3.8.1. A exiguidade dos recursos	529
3.8.2. As prioridades estabelecidas para as despesas	531
3.8.3. O financiamento dos orçamentos	533
ÍNDICE DE ASSUNTOS	541
ÍNDICE DE AUTORES	553
BIBLIOGRAFIA	563

APRESENTAÇÃO

Com a responsabilidade de ao longo de vários anos termos assumido a regência da disciplina de Economia Política na Faculdade de Direito da Universidade de Coimbra (bem como, em períodos mais curtos, em outras escolas), deparávamo-nos no início com a dificuldade de não haver um texto que cubrisse de um modo inteiramente satisfatório a matéria que leccionávamos.

São naturalmente muitos e bons os manuais existentes. Em grande parte dos casos são todavia elaborados para estudantes de Faculdades de Economia, pressupondo alguma preparação prévia, designadamente alguma preparação matemática, e deixando em aberto questões que podem ser desenvolvidas em diversas cadeiras subsequentes dessa licenciatura. Tratando-se de livros estrangeiros, alguns deles com tradução portuguesa, têm compreensivelmente em conta, v.g. nos exemplos dados, realidades económicas e institucionais muito diferentes da nossa. Entre os que são publicados em Portugal, dirigidos a estudantes de Direito e de outras licenciaturas sem ser Economia, dá-se por seu turno a circunstância de alguns seguirem um esquema que, face à exiguidade do tempo de que se dispõe, não nos parece que seja o mais adequado aos objectivos a atingir.

A questão põe-se de um modo especial a propósito do ensino da história do pensamento económico (tal como pode pôr-se a propósito da história dos factos económicos). Está fora de causa a importância formativa e cultural desta vertente. Acontece contudo que, dispondo-se apenas de um ou dois semestres, ou pouco mais, para se ensinar economia, uma apresentação devidamente fundamentada da história do pensamento económico obrigaria a afectar-lhe uma grande parte do tempo escolar, impedindo necessariamente a exposição, ainda que breve, de várias matérias cujo ensino julgamos mais importante, face aos objectivos de compreensão do direito actual e de preparação para as saídas profissionais a que são chamados os licenciados em Direito e em outras ciências sociais.

Sendo além disso difícil compreender o sentido das evoluções das teorias sem um seu conhecimento prévio (assim se compreende que nas Faculdades de Economia a história do pensamento económico seja leccionada num dos últimos anos, quando os alunos dispõem já dos conhecimentos indispensáveis para perceberem adequadamente o alcance das evoluções verificadas), seguimos um processo diferente: procurando proporcionar um breve enquadramento histórico das matérias leccionadas, no texto ou em notas de rodapé, sempre que se mostre conveniente para a sua compreensão.

Para além desta opção, o programa não difere, nas suas linhas gerais, da maior parte dos programas de introdução à ciência económica, seguidos no nosso país e no estrangeiro: com uma parte inicial em que se dão os quadros gerais de referência, seguindo-se a abordagem microeconómica e depois a abordagem macroeconómica, primeiro numa perspectiva conjuntural e por fim numa perspectiva estrutural. Aqui, para além da atenção a dar à temática geral do crescimento, não poderíamos deixar de considerar igualmente a temática do subdesenvolvimento, estando a frequentar as nossas escolas tantos estudantes de países lusófonos com problemas desta natureza (e tendo nós a esperança de que estas lições tenham um acolhimento cada vez maior nesses países), bem como a temática dos desequilíbrios internos, que infelizmente continuam a agravar-se em Portugal.

Trata-se de uma sequência de matérias com a tradição de muitas décadas, adoptada em gerações sucessivas por inúmeros docentes, correspondendo, naturalmente, ao que a experiência foi revelando como mais adequado para uma preparação inicial na ciência económica.

A circunstância de estar em causa um ensino dirigido em medida significativa a futuros licenciados em Direito deveria determinar, e de facto determinou, a maior ponderação dada a algumas matérias. Não nos parece todavia que devesse ou pudesse levar à omissão de qualquer dos capítulos geralmente considerados em cursos introdutórios de economia, mesmo de alguns em relação aos quais não pode reconhecer-se um interesse imediato a tal propósito: os fenómenos económicos estão todos estreitamente ligados entre si (e ainda com todos os demais fenómenos sociais), sendo por isso o ensino de determinados temas mais longe do fim em vista imprescindível para a compreensão de um todo que de outra forma não seria conseguida. Nesta lógica, foi apenas possível em alguns casos reduzir a extensão do tratamento dado. Trata-se aliás, deve sublinhar-se, do plano seguido também com frequência em faculdades onde o estudo de economia não é o objecto essencial da licenciatura a conferir, designadamente em Faculdades de Direito e em outras que conferem licenciaturas em ciências sociais.

Não podemos além disso prescindir de nenhum dos capítulos essenciais porque a grande maioria dos alunos que vem cursar Direito não teve antes nenhuma aprendizagem de economia. É esta a realidade, discorde-se dela (é o nosso caso) ou não. Estas lições pressupõem pois que os seus leitores partem do ponto zero, podendo por esta razão ser úteis igualmente para alunos de várias outras licenciaturas, bem como para outras pessoas que, sem qualquer preparação prévia de economia e de matemática, queiram ter um conhecimento básico numa área que afecta o dia a dia das nossas vidas (devendo determinar em boa medida as nossas escolhas políticas, no dever cívico que a todos toca).

Entre as áreas com grande relevo e actualidade estão a das políticas de defesa da concorrência, com legislação invocada diariamente, v.g. nos Tribunais e na Comissão Europeia (pressupondo um conhecimento claro da matéria dos mercados e formação dos preços), a da economia bancária, sendo também muitos os problemas jurídicos que se levantam nesta área, ou ainda a título de exemplo a das relações internacionais, sendo muitos os licenciados em direito e em outras ciências sociais que seguem a carreira diplomática ou de funcionários de instituições e empresas internacionais. Mas, como se disse, nada pode ser isolado, numa ciência em que tudo se interpenetra.

Dados os propósitos em vista, mais do que a preocupação de dar muita informação move-nos a preocupação de que os estudantes fiquem com uma compreensão clara e segura dos fenómenos económicos, que permaneça quando, ao longo das suas vidas, surjam novas realidades e novas instituições.

No modo de exposição poderia levantar-se alguma dúvida pelo facto de com frequência a matemática ser utilizada na análise dos problemas económicos. Trata-se inquestionavelmente de uma via fecunda e segura de abordagem de muitos deles, tal como é importante a utilização da econometria (da estatística) para se testar a validade das hipóteses consideradas (sublinhá-lo-emos em I.3.3).

Acontece contudo que a exposição e a compreensão dos fenómenos (e das políticas) económicos se conseguem igualmente sem nenhuma utilização da matemática: requerendo apenas, muitas vezes mesmo com vantagens de realismo na apreciação da vida social, a utilização de processos expositivos verbais, com o complemento de ilustrações diagramáticas, que os alunos estão em condições de acompanhar. Trata-se de uma técnica analítica e expositiva, muito utilizada nestas lições e em quase todas as demais, que não exige uma formação prévia: compreendendo-se progressivamente à medida em que vai sendo utilizada, ilustrando as exposições verbais. A nossa experiência de décadas, com uma boa compreensão pelos alunos, descansa-nos a este propósito.

Com realismo, estando em causa basicamente alunos do primeiro ano das licenciaturas, dos quais não podem esperar-se muitas outras leituras, procuramos que o estudo deste texto seja suficiente para a sua boa preparação: com uma exposição que, como se disse já, não exige pressupostos anteriores de conhecimentos e que se procura que seja o mais clara possível.

Damos de qualquer modo diversas indicações bibliográficas, designadamente de manuais portugueses e estrangeiros de maior divulgação e dos autores que proporcionaram os contributos essenciais para as teorias expostas. Para que os alunos possam localizá-los historicamente, mencionamos as datas das obras originais ou mais significativas editadas em vida dos autores (podendo não ser as primeiras edições), em alguns dos casos obras anteriores ao século XX (que têm naturalmente edições muito mais recentes, as que são acessíveis aos estudiosos actuais); referindo os títulos de um modo geral nas línguas em que foram escritas.

Capítulo I
A Economia: Objecto e Quadros de Análise

1. Objecto

1.1. A dificuldade de uma definição

A designação *economia* parece remontar a Antoine de Montchrestien (autor, em 1615, de um *Traité d'Économie Politique*), tendo-se tornado corrente desde o século XVIII. Provindo das palavras gregas *oikos*, a casa, e *nomos*, a ordem, e aparecendo associada à palavra *política* (de *polis*, a cidade), economia política seria, etimologicamente, a 'administração do património da cidade' (ou do Estado[1]).

Apesar de se tratar de designação corrente desde há mais de dois séculos e de ser desde então uma ciência muito cultivada, não consegue encontrar-se para ela uma definição inteiramente satisfatória. Na verdade, como observou Lionel Robbins, «os economistas tratam todos das mesmas coisas, embora ainda não tenham chegado a acordo sobre de que é que tratam» (1937, p. 1). As definições geralmente apresentadas revelam-se ou como muito restritas, não abarcando tudo aquilo de que a economia trata, ou como demasiado amplas, abarcando mais do que o seu objecto.

Como exemplo do primeiro caso pode referir-se a definição de Davenport, segundo a qual «a economia é a ciência que trata os fenómenos segundo o ponto de vista dos preços» (1908). Ora, há fenómenos do âmbito da economia, em qualquer sistema económico, relativamente aos

---

[1] Seria por isso um nome que melhor caberia às Finanças Públicas (cfr. T. Ribeiro, 1981, p. 12).

quais não há um preço. Em particular, num sistema de direcção central a função do mercado e dos preços é mesmo nula ou muito reduzida, pelo que a definição de Davenport sofre do grave inconveniente de ser minimamente aceitável só para um determinado tipo de sistemas económicos.

Como exemplo de uma definição demasiada ampla pode apontar-se a de Alfred Marshall (1890, p. 1), segundo a qual «a economia é um estudo da humanidade nos assuntos correntes da vida, examinando aquele parte da acção individual e social que está mais estreitamente ligada com a obtenção e o uso dos requisitos materiais do bem-estar"[2]. Relativamente à definição de Davenport, goza da vantagem de ser aplicável a qualquer sistema económico: em todos eles está em causa a prossecução dos objectivos indicados. Trata-se todavia de uma definição muito ampla, pois em muitos casos as actividades em análise estão reconhecidamente fora do campo da ciência económica.

Perante este tipo de dificuldades, Jacob Viner 1920 acabou por definir economia[3] como sendo «o que os economistas fazem». Patenteou bem, deste modo, a dificuldade ou mesmo a impossibilidade de se chegar a uma definição completa e precisa, mas não resolveu de forma alguma o problema. Naturalmente, economia é o que os economistas fazem *enquanto economistas* (têm o bom gosto de se dedicar também a muitas outras actividades ...), ficando na mesma o problema de definir o objecto desta ciência.

1.2. A definição de Robbins
Não escapa também à crítica de ser demasiada ampla a definição de Robbins (1937, pp. 12 ss.), segundo a qual a economia estuda a problemática da aplicação de recursos escassos e de emprego alternativo em finalidades de desigual importância. Efectivamente, casos há em que esta problemática se coloca fora do âmbito da economia.

Mas, na impossibilidade de se encontrar uma definição perfeita, deve reconhecer-se que a definição de Robbins salienta a problemática essencial da economia em qualquer sistema económico. Quer se trate de uma

---

[2] Podendo entender-se que quereria dizer que todos os assuntos correntes da vida são encaráveis de um ponto de vista económico (cfr. Neves, 2013, pp. 37-41).

[3] Em resposta a um pedido de definição que lhe foi feito (ver Boulding, 1955, p. 3).

economia descentralizada ou de uma economia centralizada, de uma economia capitalista ou de uma economia socialista, o problema económico surge porque há necessidades a satisfazer, muitas delas através de bens escassos, levantando-se por isso as questões da afectação alternativa de bens de consumo e de produção e da utilização de factores igualmente escassos necessários para a sua produção. Há que saber afinal em qualquer caso *o que* produzir, *como*, a *favor de quem*, *onde* e *quando* (cfr. Moura, 1978, pp. 55-85 ou Samuelson e Nordhaus, 2010, pp. 7-8).

Da circunstância de haver um problema económico básico, que preocupa todos os homens, resulta que para além das análises ligadas à crítica de cada sistema tende a haver uma aproximação científica entre os autores envolvidos nessa análise da optimização dos recursos[4].

1.2.1. As necessidades

Desde logo, a problemática económica levanta-se porque os homens sentem necessidades, ou seja, têm insatisfações acompanhadas da consciência e do desejo de possuir bens (materiais e serviços) julgados capazes de as satisfazer. Caso falte qualquer destes elementos não se põe nenhuma questão económica.

Tratando-se de estados psicológicos, e não de situações do mundo físico, as necessidades variam muito de pessoa para pessoa e para a mesma pessoa entre diferentes períodos. Por seu turno, para a generalidade das pessoas variam acentuadamente de país para país, de região para região, de época para época, também aqui muitas vezes sem qualquer relação com o nível real das disponibilidades existentes.

Assim, eram poucas as necessidades sentidas nas sociedades primitivas, ou são-no ainda actualmente em sociedades consideradas mais atrasadas, onde as pessoas não sentem necessidades relativamente a objectos e serviços – automóveis, telemóveis, computadores, viagens, seguros, etc.– – hoje em dia requeridos pela generalidade dos cidadãos das sociedades

---

[4] A análise marxista, com grande aceitação ao longo de algumas décadas, consiste essencialmente numa crítica do sistema capitalista, pouco avançando a propósito do funcionamento do sistema socialista. As aproximações científicas verificar-se-iam pois quando, em qualquer dos sistemas, estivesse em causa analisar situações e intervir com vista a uma mais eficiente afectação dos recursos (ver todavia *infra* a n. 35 p. 54, bem como o final de II.3.2, p. 77).

consideradas como mais avançadas. Os cidadãos das primeiras em muitos casos não terão sequer conhecimento desses bens, em alguns outros terão conhecimento deles mas não sentirão de forma alguma a sua falta. Em qualquer destes casos não chega sequer a pôr-se um problema económico.

Não acontece, por outro lado, que as necessidades a satisfazer vão diminuindo com o progresso económico. Acontece, isso sim, que vão sendo progressivamente satisfeitas as que objectivamente podem ser consideradas como necessidades vitais. Mas o próprio progresso traz consigo novas necessidades e mesmo meios de criação de novas necessidades, como é o caso de todos os meios audio-visuais, cada vez mais aperfeiçoados e difundidos entre os cidadãos. Utilizando estes meios, a criação de necessidades tornou-se um objectivo primário dos empresários, estimulando, através de sistemas de publicidade muito sofisticados, uma procura progressivamente maior para os produtos. Sem o conhecimento das 'necessidades' dos outros e muito particularmente sem a promoção publicitária que é feita por certo seriam bem diferentes as 'necessidades' que hoje em dia todos nós sentimos.

1.2.2. Os bens

Sendo as necessidades directa ou indirectamente satisfeitas com bens – definíveis, precisamente, como objectos do mundo externo e serviços capazes de satisfazer necessidades – é relativamente a eles que se levanta a problemática básica da economia. Justifica-se por isso que, já nesta fase inicial das lições, se faça uma indicação esquemática dos tipos principais de bens que podem estar no cerne da nossa disciplina. Em sentido lato, são eles os 'recursos' a que se refere a definição de Robbins.

a) Bens materiais e serviços (ou bens imateriais)

Os bens materiais são aqueles que têm realidade física, existência corpórea, ou seja, que são objecto do mundo real. Entre uma infinidade de exemplos, podem apontar-se os alimentos que ingerimos, o fato que vestimos ou o automóvel em que nos deslocamos.

Diferentemente, os serviços não têm realidade física, não são coisas corpóreas, consistem antes em utilidades prestadas por umas pessoas a outras pessoas. Como exemplos podem apontar-se a lição proferida, o conselho do advogado, a viagem de turismo ou a consulta do médico.

Por vezes os serviços satisfazem imediatamente as necessidades, independentemente do auxílio de bens materiais. Poderá ser o caso da lição ou do conselho do advogado. Mas em muitos outros requerem a utilização de bens materiais, como acontece com a viagem (exigindo um autocarro, quartos de hotel, etc.) ou poderá também acontecer com a consulta do médico (requerendo por exemplo meios radiológicos ou análises).

b) Bens directos (ou de consumo) e bens indirectos (ou de produção)
Os primeiros são aqueles que satisfazem imediatamente as necessidades dos consumidores. É o caso dos alimentos, do vestuário, dos livros.

Diferentemente, os bens indirectos são apenas instrumentos para a produção de outros bens, tanto bens directos como ainda outros bens instrumentais utilizados na cadeia de produção dos bens directos. Como exemplos do primeiro caso podem apontar-se as instalações fabris, as máquinas e as fazendas utilizadas na confecção de vestuário, que é já um bem directo; e do segundo as máquinas e os bens intermediários utilizados na produção da fazenda, ainda um bem indirecto na cadeia de produção do vestuário.

Tratando-se de uma classificação funcional, pode acontecer que um determinado bem tanto possa ser directo como indirecto, de acordo com a função realmente exercida. É o caso do automóvel, que será directo se for utilizado pelo seu proprietário para passear, portanto em consumo, mas já será indirecto se for utilizado por um comerciante na sua actividade profissional, portanto como bem de produção; ou ainda por exemplo o caso do leite, que será directo se o usarmos directamente como bebida, mas já será indirecto se for utilizado na produção de queijo.

c) Matérias-primas, matérias subsidiárias, semi-produtos, produtos acabados e sub-produtos[5]
As matérias-primas são bens da natureza que, não tendo sofrido ainda nenhuma transformação por obra do homem, se destinam a ulteriores transformações. É o caso das argilas, do minério de ferro ou da lã.

---

[5] Podendo distinguir-se também os bens naturais, que existem independentemente da ação do homem (caso da água), dos bens produzidos, que existem como consequência de atividade humana (caso de um livro).

As matérias subsidiárias são bens que, podendo ser utilizados tal como a natureza os proporciona, se destinam a auxiliar a transformação de outros bens, e não a serem eles próprios transformados. Como exemplos podem apontar-se o petróleo ou o carvão utilizados como combustíveis.

Deve notar-se que alguns bens, de que estes últimos servem como exemplo além de matérias subsidiárias podem ser matérias-primas, quando são incorporados nos bens a produzir: o petróleo nas fibras sintéticas ou o carvão no ferro fundido.

Os semi-produtos (ou produtos semi-acabados, ou ainda produtos intermediários) são bens que, sendo já o resultado de alguma transformação, não esgotaram a escala das transformações, vindo ainda a ser transformados noutros bens. Como exemplos podem dar-se de novo as fibras sintéticas e o ferro fundido, ou então a farinha para o pão, as tábuas serradas para o mobiliário, o tecido para as confecções, etc.

Os produtos acabados (ou bens finais) são aqueles que esgotaram a escala das transformações, podendo tratar-se tanto de bens directos ou de consumo, de que é exemplo o vestuário, como de bens indirectos ou instrumentais, de que são exemplos as máquinas utilizadas na confecção. As máquinas destinam-se a auxiliar a produção de outros bens, são por isso bens indirectos ou de produção, mas em si mesmas esgotaram a escala das transformações, sendo por isso bens finais.

Por fim, os sub-produtos são os bens que resultam da produção de outros bens, como resíduos, mas podem ainda ser utilizados. Também eles podem ser utilizados como bens directos, como é o caso da parafina, subproduto do petróleo, que é utilizável como remédio, ou como bens indirectos, como é o caso da serradura, resultante do corte da madeira, utilizável para a produção de contraplacados.

d) Bens consumíveis e bens duradouros

Os bens consumíveis são aqueles que, com a sua utilização, deixam de existir como bens da mesma espécie, por isso só podendo ter uma utilização como tais. É o caso dos alimentos, que depois de ingeridos se transformam em produtos orgânicos de outra índole, do petróleo, da lenha, etc.

Pelo contrário, os bens duradouros são aqueles que com a sua utilização não deixam de existir como bens da mesma espécie. É o caso dos electrodomésticos, do vestuário, dos teares e outros equipamentos, etc.[6].

Sendo os bens consumíveis susceptíveis de uma única utilização, o seu uso não é separável da propriedade, com as inerentes consequências jurídicas. Não tem sentido por exemplo alugar o alimento que se ingere ou a lenha que se queima num fogão de sala ou num forno. Tal pode acontecer naturalmente com os bens duradouros, sendo prática possível e frequentíssima a separação entre a propriedade e o uso, através da locação ou de outras formas jurídicas, quer tratando-se de bens directos (casas de habitação, automóveis, etc.) quer tratando-se de bens indirectos (instalações fabris, tractores, etc.).

Tratando-se de bens que satisfazem necessidades que permanecem ao longo do tempo (por serem essenciais ou por estarem enraizadas nos hábitos sociais), os bens consumíveis têm de ser objecto de uma produção contínua e regular. Assim acontece tanto tratando-se de bens consumíveis de consumo, caso dos alimentos, como tratando-se de bens consumíveis de produção, como é o caso das matérias-primas com que os alimentos são confeccionados. Os alimentos consumidos num dia não podem sê-lo no dia seguinte. Já quanto aos bens duradouros de uma ou outra espécie (directos ou indirectos) pode haver algum protelamento na sua produção, mesmo visando-se atingir necessidades essenciais, dado que de um modo geral o uso dos bens existentes pode protelar-se por mais algum tempo. O fato ou o fogão, embora se destinem a satisfazer necessidades básicas, mesmo estando velhos numa situação de dificuldade poderão ser usados durante um ou dois anos mais.

---

[6] Os bens duradouros, directos ou indirectos, fornecem um fluxo de serviços ao longo da sua vida económica. Trata-se no fundo de bens 'produtores de serviços', fornecidos aos consumidores quando se trata de bens directos, ou aos produtores quando se trata de bens indirectos. Pode portanto considerar-se a sua produção, tanto no primeiro caso como no segundo, como um investimento, contando-se em cada período como consumo ou como utilização o fluxo dos serviços prestados. Conforme teremos ocasião de ver na matéria da contabilidade nacional (em VIII.4, pp. 214-7), com a dedução das quotas de amortização (no apuramento dos valores líquidos do produto) pretende-se precisamente atender ao fluxo dos serviços fornecidos pelos bens capitais em cada ano. No que respeita a bens duradouros de consumo, só relativamente às casas de habitação (pelas quais se paga ou é atribuída uma renda anual) se tem procedido de modo equiparável.

Desta diferença resultam consequências muito importantes para a evolução conjuntural das economias e para a avaliação do bem-estar das populações e da capacidade produtiva através dos dados da contabilidade nacional (trata-se de pontos a que voltaremos adiante nestas lições, em X.4 e VIII.6, respectivamente).

Assim, pela razão apontada numa época de recessão diminui drasticamente a procura de bens duradouros, prolongando-se o tempo de utilização dos existentes. Diminui por isso também a sua produção, o que agrava ainda mais a tendência recessiva. Já para os bens consumíveis, a menos que se trate de bens supérfluos, têm de manter-se uma procura e uma produção relativamente estáveis.

Voltando-se a um período expansionista, não se verifica por seu turno um grande incremento na procura e na produção de bens consumíveis. Não é pelo facto de ter melhorado a situação económica que as pessoas passam a comer duas ou três vezes mais. Pelo contrário, há então uma procura acelerada de bens duradouros, tanto de consumo como de produção, gastando-se o dinheiro de que passa a dispor-se a mais a comprar um novo carro, um novo televisor, ou então a renovar o equipamento da fábrica. Naturalmente, a aceleração da procura acentua ainda muito mais a tendência expansionista.

Estas acentuações dos movimentos conjunturais são expressadas nos dados da contabilidade nacional. Não pode dizer-se, todavia, que por exemplo numa época de depressão à diminuição da procura e da produção de bens de consumo duradouros corresponda uma diminuição idêntica do bem-estar da população: os consumidores continuam a utilizar por mais algum tempo o seu velho carro e o seu velho televisor, continuando por isso, embora com menor comodidade e nitidez, a deslocar-se e a ver televisão; ou ainda que à diminuição da instalação de novas máquinas corresponda uma idêntica diminuição da capacidade produtiva: embora com menores velocidade e qualidade, as velhas máquinas continuam a produzir durante mais algum tempo. Não se verificam, pois, as reduções do bem-estar pessoal e da capacidade produtiva sugeridas pela redução verificada nos dados da contabilidade nacional. Inversamente, à aceleração na procura e na produção de bens duradouros directos e indirectos, quando se dá a expansão, não corresponde uma melhoria correspondente do bem-estar e da capacidade produtiva do país, verificando-se apenas *alguma* maior satisfação (com o automóvel e a televisão de um modelo novo ...) e *algum* acréscimo e melhoria da capacidade produtiva.

e) Bens duráveis e bens perecíveis (ou deterioráveis)

Os bens duráveis são aqueles que podem conservar-se durante muito tempo sem se deteriorarem. Naturalmente, são duráveis todos os bens duradouros, na classificação acabada de ver, mas há bens consumíveis (ou seja, bens que deixam de existir como bens da mesma espécie com a sua utilização) que são também duráveis: assim acontece por exemplo com o carvão, que pode ser armazenado sem se estragar, e também com bens de consumo, como o vinho e algumas conservas.

Inversamente, são bens perecíveis os que se estragam com o tempo, não podendo por isso ser armazenados durante anos ou mesmo dias. Estão nestas circunstâncias tanto bens directos, como é o caso de muitos bens alimentares, como bens indirectos, como é o caso de muitas matérias-primas agrícolas.

f) Bens complementares e bens substituíveis

Os bens complementares são aqueles que, por gosto (ou hábito) dos consumidores ou por razões técnicas, são utilizados conjuntamente no consumo ou na produção. Como exemplos do primeiro caso (de consumo) podem indicar-se o café e o açúcar ou os pneus e o automóvel, e como exemplos do segundo (de produção) os casos do carvão e do ferro, na produção do ferro fundido, ou do trabalho e do capital, em qualquer processo produtivo (com mais peso de um ou do outro, conforme o gosto ou a conveniência técnica). Em certos casos trata-se de complementaridade absoluta, ficando totalmente em causa a utilização do bem principal, como acontecerá se um automóvel não dispuser de pneus; e em outros casos de complementaridade relativa, levando a ausência do bem complementar a que o bem principal não desempenhe tão satisfatoriamente a sua missão, como acontecerá se se tomar o café sem açúcar.

Os bens substituíveis, por seu turno, são aqueles que fazem concorrência entre si, podendo utilizar-se em alternativa na satisfação do consumo ou na produção. Em alguns casos a substituição é perfeita, de tal maneira que o substituto dá exactamente a mesma satisfação no consumo ou a mesmos eficiência na produção. Trata-se então de *bens fungíveis*. Nos demais casos, que são os mais frequentes, o substituto não dá exactamente a mesma satisfação ou não tem a mesma eficiência que o substituído, tratando-se por isso de um bem sucedâneo em relação ao bem principal. De um bem fungível pode dar-se como exemplo a nota de banco, de nada importando a substituição por uma outra que, embora com o mesmo valor, tenha um número diferente. De um bem sucedâneo será exemplo o chá em relação ao café, se há uma preferência pelo café ou a margarina em substituição da manteiga, se há preferência por esta última[7].

Veremos adiante, no estudo da procura (em III.3), como a procura-cruzada, ou seja, a procura de um bem em função do preço de um outro, se apresenta de um modo diametralmente oposto consoante se trata de um bem complementar ou de um bem sucedâneo.

g) Bens de produção conjunta e bens de produção associada

Por fim, entre muitas outras classificações que poderiam ser referidas, pode referir-se ainda a que distingue os bens que resultam necessariamente de um mesmo processo produtivo, não podendo produzir-se um deles sem que da produção resulte necessariamente a produção do outro – trata-se dos bens de produção conjunta – dos bens que resultam do mesmo processo produtivo, não necessariamente, mas por uma razão de conveniência, por se conseguir assim uma produção com custos mais baixos. Como bens de produção conjunta podem apontar-se as tábuas de madeira e a serradura, ou o petróleo refinado e a parafina, e como bens de produção associada a manteiga e o queijo, quando produzidos aproveitando o mesmo processo, ou o transporte de mercadorias e passageiros, aproveitando o mesmo equipamento e os mesmos apoios.

1.2.3. A produção

Destas classificações resulta bem claro que são poucos os bens de que pode dispôr-se tal como a natureza os proporciona. Na grande maioria dos casos as necessidades têm de ser satisfeitas com bens produzidos, ou seja, bens que são obtidos através de um processo onde, com o esforço do homem, são combinados os factores produtivos: designadamente o trabalho, o capital e elementos naturais. Consistindo a produção num processo

---

[7] Os factores de produção, designadamente o trabalho e o capital, além de complementares são também em alguma medida (nunca na íntegra: não haverá nenhum caso em que a produção possa prescindir completamente de qualquer deles) substituíveis, podendo optar-se, nos termos que veremos adiante (em I.1.2.6.b, pp. 48-50), por processos produtivos mais trabalho-intensivos ou mais capital-intensivos.

de criação de bens capazes de satisfazer necessidades, pode definir-se também como um modo de criação de novas utilidades, acrescendo às que são proporcionadas directamente pela natureza.

Sendo as necessidades sentidas tanto relativamente a bens materiais como relativamente a serviços, a produção abrange tanto a criação de utilidades que ficam corporizadas em objectos materiais como a prestação de serviços[8]. Como diferença particularmente saliente entre estes dois casos pode salientar-se a de relativamente aos bens materiais poder haver separação temporal entre os momentos de produção e de consumo (serem os bens produzidos e só mais tarde consumidos), o mesmo não podendo acontecer em relação aos serviços, cujo consumo (ou outra utilização) não pode deixar de ser contemporâneo da sua produção. Mas em termos apenas de produção, designadamente em termos de exigências quando à combinação dos factores produtivos, não há diferença económica assinalável consoante se trata de produzir bens materiais ou serviços.

Na produção podem distinguir-se várias modalidades:

a) Na *indústria extractiva* o homem recolhe da natureza os recursos que ela põe à sua disposição, utilizando-os quer directamente no consumo quer como matérias-primas em outras indústrias. Está no primeiro caso por exemplo a água mineral que se destina a ser bebida pelos consumidores e no segundo o ferro ou o petróleo.

b) Na *agricultura* o homem procede já a uma transformação de natureza orgânica. Assim acontece na agricultura em sentido restrito e na silvicultura, onde por exemplo a semente é transformada organicamente na planta ou na árvore que depois proporciona os frutos; e ainda na pecuária, onde com a criação e a alimentação do gado há transformações orgânicas, designadamente com a transformação de certas matérias vegetais em matérias animais.

---

[8] Trata-se de entendimento não comum a todas as correntes, designadamente à teoria marxista. Marx considerou como produtivo apenas o trabalho que está representado no valor de troca dos produtos materiais. Trata-se de concepção que estava reflectida na contabilidade nacional da União Soviética e de outros países socialistas, não sendo contabilizados os serviços.

c) Na *indústria transformadora* há também uma transformação de bens, para lhes proporcionar novas utilidades, mas neste caso trata-se de uma transformação mecânica ou química. Estão no primeiro caso por exemplo a indústria metalomecânica e a indústria de tecelagem, e no segundo a siderurgia e a indústria farmacêutica.

d) Nos *transportes*, ou *indústria transportadora*, a produção de utilidade resulta da deslocação dos bens no espaço. Não estando todos os recursos, naturais e produzidos, localizados exactamente nos locais onde são necessários para o consumo ou para a produção, torna-se necessário deslocá-los. O transporte acrescenta pois aos bens a utilidade de ficarem disponíveis onde são necessários, verificando-se assim um paralelismo desta indústria com a indústria extractiva, que ao fim e ao cabo procede também a uma deslocação no espaço, em princípio no sentido vertical, ao extrair o minério das minas[9].

e) No *comércio* há uma deslocação de bens, já não no espaço, mas no tempo. A função do comerciante consiste em tornar disponíveis os bens em momento diferente do momento da sua produção, desenvolvendo naturalmente esforços próprios para a promoção das suas vendas (ou ainda por exemplo para assegurar a qualidade dos produtos).

f) A produção de *serviços*, com um relevo crescente nas economias modernas, assume ainda várias outras formas, sendo difícil ou mesmo impossível uma caracterização que abranja todas elas; podendo tratar-se de serviços médicos, de ensino, culturais, de turismo, de desporto, bancários, de seguros, etc.

1.2.4. A utilidade

Quer se trate de bens proporcionados tal como a natureza os oferece, quer se trate de bens produzidos, a utilidade define-se, por seu turno, como a aptidão real ou presumida dos bens para a satisfação de necessidades. Não se põe um problema de utilidade, e consequentemente um problema

---

[9] Sendo geralmente no sentido horizontal a deslocação a que procede a indústria transportadora. Não obstante esta indústria ser geralmente considerada um serviço, não se verifica nenhuma diferença económica substancial entre os dois casos.

económico, por exemplo relativamente a um remédio se se tratar de uma pessoa não doente ou ainda de uma pessoa que, embora doente, com uma doença que esse remédio poderia curar, desconheça a sua aptidão para o efeito ou por qualquer outra razão não queira tomá-lo. Para a economia um bem só se considera útil, pois, se por qualquer razão que não importa discutir é desejado pelo utilizador.

Afasta-se assim este entendimento, seguido na economia, de um entendimento muito comum na linguagem corrente, segundo o qual 'utilidade' tem um sentido valorativo. Neste sentido, um bem é útil se for julgado benéfico para a pessoa, e inútil se o juízo for negativo. Assim, é inútil por exemplo o estupefaciente que o próprio consumidor concorda ser mau para a saúde. Mas ao economista, enquanto tal, não importa um juízo desta natureza: põe-se um problema económico de utilidade na medida em que haja um estado de insatisfação, acompanhado da consciência da existência e do desejo de possuir esse bem que se julga com aptidão adequada para colmatar ou atenuar o estado de insatisfação. Relativamente ao bem há por isso uma procura expressada no mercado, desencadeando mais uma série de mecanismos que à economia cabe analisar. Pelo contrário, não chega a pôr-se um problema económico de utilidade em relação a um bem que, embora julgado muito benéfico, ninguém procura[10].

a) Utilidade total e utilidade marginal

Nesta noção de utilidade importa distinguir a utilidade total da utilidade marginal.

A utilidade total é a utilidade do conjunto dos bens de que pode dispor-se, momentânea ou sucessivamente. Em princípio, qualquer bem adicional de que possa dispor-se faz aumentar a utilidade total. A título de exemplo, é maior a utilidade total de 11 do que de 10 recipientes de água, sendo acrescida a utilidade total quando a 10 recipientes se junta mais um.

---

[10] Na linguagem corrente a palavra utilidade pode ter ainda um sentido diferente de qualquer destes dois, referido às propriedades físicas das coisas, tendo em vista uma sua 'utilização' na produção. Assim, fala-se por exemplo da 'utilidade' da madeira ou do carvão como combustíveis.

A utilidade marginal[11], por seu turno, é a utilidade do bem que está na margem, quer por se tratar do bem que satisfaz a necessidade menos premente, tratando-se de um conjunto de bens que satisfaz necessidades simultâneas de índole diferente, quer por se tratar de um bem que vem satisfazer uma determinada necessidade que foi já satisfeita com unidades anteriores.

Como exemplo do primeiro caso pode apontar-se a disponibilidade de vários recipientes de água destinados a satisfazer necessidades de índole muito diferente: beber, cozinhar, lavar-se a própria pessoa, lavar a casa ou regar as flores. A utilidade total dos recipientes resulta do somatório das utilidades proporcionadas por cada um dos recipientes. Mas a sua utilidade marginal é igual à utilidade proporcionada pela água do recipiente que satisfaz a necessidade menos premente, no caso a necessidade de regar as flores. Se porventura se entornar um dos outros recipientes, por exemplo o recipiente com a água para beber, não ficará por satisfazer esta necessidade mais premente (mesmo vital): naturalmente, substituir-se-á o recipiente entornado pelo recipiente destinado originariamente a regar as flores. A utilidade marginal dos recipientes de água mede-se, pois, pela utilidade do bem que satisfaz a necessidade que é menos sentida, ou seja, pela utilidade do que está na margem.

Como exemplo do segundo caso pode considerar-se a utilização de doses sucessivas de água na satisfação da mesma necessidade, como seja a necessidade de beber. Tendo-se sede, a primeira dose tem uma utilidade máxima; a segunda dose faz aumentar a utilidade total, mas tem já uma utilidade marginal menor; e assim sucessivamente.

Tanto num caso como no outro chegar-se-á à situação de a utilidade total não aumentar quando a utilidade marginal for zero, ou seja, quando a unidade a mais nada fizer acrescer em termos de bem-estar, por não haver nenhuma outra necessidade a satisfazer, no primeiro caso, ou por se estar completamente saciado, no segundo caso. Inclusivamente, a exis-

---

[11] À elaboração da teoria da utilidade marginal, a partir de meados do séc. XIX, estão associados o inglês Stanley Jevons (1871), o austríaco Carl Menger (1871) e o francês Léon Walras (1874) (mais tarde também por exemplo os austríacos Friedrich von Wieser, 1884 e 1889, e Böhm-Bawerk, 1889, formando com Menger a 'primeira escola de Viena', a que se seguiu a corrente neo-marginalista da 'segunda escola de Viena', com autores como Ludwig von Mises, 1920).

tência ou a aplicação de doses posteriores pode fazer diminuir a utilidade total, tratando-se de doses com utilidade marginal negativa, por exemplo em virtude de essas doses, nada beneficiando, congestionarem o espaço disponível ou serem já tomadas com contrariedade.

As noções de utilidade total e de utilidade marginal podem ser representadas num diagrama de dois eixos (fig. I.1), de um tipo que será largamente utilizado ao longo destas lições. Neste caso, no eixo vertical (das ordenadas) é representada a utilidade marginal (U'), no eixo horizontal (das abcissas) são representadas as quantidades (Q), e a utilidade total (U) é medida como uma superfície entre os eixos e a curva da utilidade marginal (curva a cheio, que a partir da quantidade 25 coincide com o eixo horizontal)[12]:

FIG. I.1

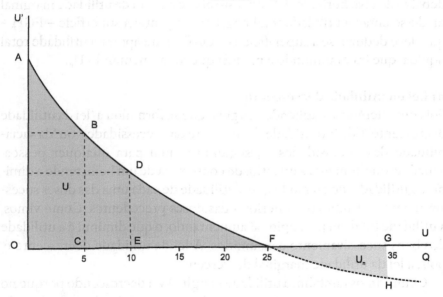

À medida que aumentam as quantidades disponíveis (Q), medidas no eixo horizontal, vai diminuindo a utilidade marginal (U'), medida no eixo vertical. Esta é por exemplo bem menor quando a quantidade é de

---

[12] Mencionaremos adiante, a propósito da procura (em III.2.2. e 3, pp. 101-2), as dificuldades que não podem deixar de levantar-se para atribuir um valor à utilidade.

10 do que quando a quantidade é de 5. Mas a utilidade total aumenta entre os dois pontos, na medida do acréscimo de utilidade proporcionado pela utilidade da 6ª, da 7ª, da 8ª, da 9ª e da 10ª unidade: aumenta da OABC para OADE.

A partir da quantidade 25 a curva da utilidade marginal passa a ter valores de zero, correspondendo à situação de as unidades a mais não acrescentarem nenhum bem-estar. A curva (a cheio) passa a coincidir, pois, com o eixo horizontal. Como é óbvio, a partir desse ponto fica também inalterada a utilidade total, mantendo-se correspondente a toda a superfície OAF (U).

A hipótese referida atrás, de a partir de certo ponto as quantidades a mais terem mesmo utilidade marginal negativa, ou seja, provocarem algum mal-estar, é figurada através da curva a ponteado representada por debaixo do eixo horizontal. Entre este eixo e a curva da utilidade marginal mede-se então a utilidade total negativa (U_n), numa superfície – FGH – que deve deduzir-se à super-fície U – OAF – para apurar a utilidade total líquida, que irá diminuindo à medida que for aumentando U_n.

b) Lei da utilidade decrescente

Foi com referência à utilidade marginal que se formulou a 'lei da utilidade decrescente' ('da intensidade decrescente das necessidades' ou 'da saciabilidade das necessidades')[13], segundo a qual para qualquer pessoa, à medida que aumenta a quantidade consumida de um bem, tende a diminuir a utilidade, de tal modo que a utilidade de cada uma das doses sucessivamente consumidas é inferior à das doses precedentes. Como vimos, a utilidade total em princípio vai aumentando, o que diminui é a utilidade dos bens sucessivamente consumidos. A lei da utilidade decrescente é, pois, a lei da utilidade marginal decrescente.

Como vimos também, a utilidade marginal vai decrescendo porque no caso a que se reporta a lei, de se tratar de uma necessidade que vai sendo sucessivamente satisfeita com doses adicionais de um determinado bem, a intensidade da necessidade vai diminuindo.

Não se verificará todavia este decréscimo se a dose anterior, em lugar de ter satisfeito a necessidade, a tiver aguçado ainda mais. Exemplo típico

---

[13] Reportada a Herman Gossen (1854) ou mesmo antes a Jeremy Bentham (1789).

de uma situação destas poderá ser a de, tendo-se fome, só se dispôr de uma quantidade muito pequena que abra ainda mais o apetite, podendo por isso a comida ter depois uma utilidade marginal superior.

Importará igualmente que o consumo das unidades sucessivas seja feito quase de imediato, não se tendo alterado substancialmente a situação psicológica da pessoa. Por exemplo, um mesmo concerto ouvido uns dias ou uns meses mais tarde poderá proporcionar uma satisfação maior do que na primeira vez, porque entretanto a pessoa adquiriu um conhecimento musical que lhe permite tirar maior partido do que ouve.

Pode concluir-se, pois, que são pressupostos da lei da utilidade decrescente uma satisfação da necessidade, com cada dose, e a persistência da mesma situação psicológica.

1.2.5. A escassez (ou raridade)

Não se levantaria qualquer questão económica, por fim, se os homens só sentissem necessidades susceptíveis de serem satisfeitas através da utilização de bens existentes na terra em quantidade exuberante: ou seja, dos 'bens livres', que existem em quantidade mais do que suficiente para a satisfação das necessidades, podendo ser consumidos, sem que se levante qualquer problema, até à saciedade. Um caso claro de uma necessidade básica é a necessidade de dispormos de ar para respirarmos, um bem básico, sem cuja utilização não podemos sobreviver. Não se põe todavia quanto a ele nenhum problema económico, dado que existe na terra, ao dispôr de todas as pessoas, sem qualquer restrição, todo o ar necessário para o efeito.

A noção de escassez deve aliás ser articulada com a de utilidade marginal. O caso indicado, de um bem livre, é um caso em que a sua utilidade marginal é zero. Só os bens escassos – ou seja, os 'bens económicos' – têm utilidades marginais positivas.

Não se pondo para um bem livre 'o problema económico' de o repartir ou produzir, não se põe também por exemplo qualquer problema de preço. Na verdade, sendo possível a qualquer pessoa consumir um bem livre até ao ponto em que a utilidade marginal é zero, ninguém está disposto a dar em troca qualquer soma de dinheiro, que é um bem que, por ser escasso, tem uma utilidade marginal positiva.

O preço desempenha aliás numa economia de mercado uma função básica de limitação da procura. Sendo um bem escasso, na ausência de um preço – ou seja, com um preço zero – verifica-se uma procura excedentária em relação à oferta. Um ajustamento, que na realidade não poderá deixar de se verificar, poderá sê-lo através da intervenção da autoridade (com qualquer forma de racionamento), do privilégio de quem chegue primeiro ou ainda de quem se disponha a pagar um preço suficientemente alto de forma a que a procura coincida com a oferta[14]. Não se pretendendo que se siga nenhuma das duas primeiras vias, é sempre possível fixar um preço – ou para ele se tenderá automaticamente, na lógica da lei da procura e da oferta, que analisaremos adiante – que estabeleça a correspondência exacta entre a oferta e a procura. Como é óbvio, relativamente a um bem livre, com utilidade marginal zero, não se levanta qualquer problema de limitação da procura, que pode então ser satisfeita até à saciedade.

Com o seu contributo a teoria da utilidade marginal, ligada à maior ou menor escassez dos bens, veio esclarecer o problema do seu valor, muito debatido durante largos anos (o 'paradoxo do valor').

Assim, reconheceram os autores clássicos (ligados à teoria do valor-trabalho) a dificuldade ou mesmo a impossibilidade de explicar que bens essenciais para as nossas vidas, como o ar atmosférico ou a água, não tivessem preço ou o tivessem muito baixo, sendo pelo contrário muito alto o preço de um diamante, um bem sem dúvida dispensável.

Distinguindo entre a utilidade total e a utilidade marginal, vimos já que o preço se reporta à segunda, sendo por isso muito baixo ou mesmo nulo para um bem muito comum ou exuberante, como é o caso da água ou do ar atmosférico. Obviamente, é muitíssimo maior a utilidade total destes últimos bens, sendo relativamente pequena a de um bem como o diamante.

Na lógica desta distinção, é diametralmente oposta a atitude do consumidor consoante esteja em causa como hipótese a supressão total de um bem ou um acréscimo (ou decréscimo) na sua disponibilidade. A comparação dos dois casos ajuda a mostrar melhor a diferença entre a utilidade total e a utilidade marginal.

---

[14] Estando fora de causa qualquer outra expressão de 'força', T. Ribeiro (1959, pp. 77-9) distingue nos três casos referidos no texto o 'direito do mais forte', o 'direito do mais ágil' (do mais lesto) e o 'direito do mais rico'.

Assim, um consumidor pode admitir a supressão total dos diamantes, não podendo obviamente admitir, pelo contrário, a supressão completa do ar ou da água, bens com uma utilidade total incomparavelmente superior. Mas já estando em causa um acréscimo (ou decréscimo) de disponibilidade, em termos de poder dispôr de mais (menos) algum ar ou de mais (menos) alguma água, em comparação com o acréscimo (decréscimo) de mais um diamante, o consumidor preferirá por certo o acréscimo (não o decréscimo) do diamante. Está em causa nesta segunda alternativa não a utilidade total mas sim a utilidade marginal, sendo a utilidade marginal de um diamante muito superior à de uma quantidade razoável de ar ou de água. No mundo real raramente se põe ou tem mesmo sentido uma alternativa de tudo ou nada, relevando por isso fundamentalmente as alternativas postas em termos de valores marginais.

*
* *

No mundo real as alternativas acabam aliás por ser postas ainda em relação a um meio geral de pagamentos, unidade de conta e reserva de valor – a moeda, que será objecto de análise num momento posterior destas lições, no capítulo XI – em função do qual devem ser avaliadas as utilidades marginais quando os consumidores fazem as escolhas. Na verdade, tendo cada bem um preço, a maximização da utilidade total do consumidor não se atingirá levando o consumo de cada bem até ao ponto em que todos eles tenham a mesma utilidade marginal. A título de exemplo, se para comprar uma unidade adicional de um certo bem – um bife de vaca – for preciso pagar 8 euros e para comprar uma unidade adicional de um outro – um bife de porco – bastar pagar 4 euros, por certo não se comprará o primeiro se for igual a utilidade marginal de ambos.

Facilmente se compreende que o consumidor racional, tendo em conta o seu rendimento e os preços dos diversos bens, procurará antes uma situação em que haja um equilíbrio entre as utilidades marginais dos diversos bens *ponderadas* pelos respectivos preços. Retomando o exemplo de há pouco, o consumidor só se decidirá a comprar mais bifes de vaca enquanto a sua utilidade for mais do que o dobro da utilidade do bife de porco. Na sequência da lei da utilidade decrescente, haverá um momento em que a utilidade marginal do bife de vaca terá descido ao dobro da utilidade marginal do bife de porco, atingindo-se então a igualdade das utilidades marginais ponderadas[15].

Sendo U'_v a utilidade marginal do bife de vaca, U'_p a utilidade marginal do bife de porco, P_v o preço da unidade de bife de vaca e P_p o preço da unidade de bife de porco, temos portanto que o equilíbrio para o consumidor é conseguido quando

$$\frac{U'_v}{U'_p} = \frac{P_v}{P_p}$$

Sendo na realidade muito mais vasta a gama das opções abertas ao consumidor, com uma enorme quantidade de bens de consumo (a, b, c, ..., etc.) que pode estar interessado em comprar com o dinheiro de que dispõe, atinge-se o equilíbrio quando:

$$\frac{U'_a}{P_a} = \frac{U'_b}{P_b} = \frac{U'_c}{P_b} = ... = U'_m$$

sendo U'_m a utilidade marginal por unidade monetária (euro) do rendimento[16].

1.2.6. As escolhas em alternativa
Havendo escassez (ou raridade) tanto de bens de consumo como de bens indirectos e de factores necessários para a produção, levanta-se o problema da sua afectação, tanto ao nível do consumo como ao nível da produção. Conforme se salientou, é exactamente na problemática da afectação de recursos escassos de emprego alternativo que está o cerne da economia, tanto para a análise económica, procurando descortinar as leis científicas que explicam as afectações, como para a política económica,

---

[15] Se se comprar bife de vaca para além desse ponto, por forma a que a sua utilidade marginal seja menor do que o dobro da utilidade marginal do bife de porco, passará a preferir-se este último tipo de bife, podendo o equilíbrio atingir-se, também neste caso na sequência da lei da utilidade decrescente, quando a utilidade marginal do bife de porco for metade da utilidade marginal do bife de vaca.

[16] Sujeita por sua vez também à lei do rendimento decrescente.

procurando determinar como deve proceder-se para se chegar às afectações mais eficientes ou por qualquer outra razão julgadas desejáveis[17].

Na análise e na definição das políticas de afectação de recursos, portanto na economia, é muito frequente a utilização de diagramas. Ainda que não se trate de um processo tão rigoroso como o processo algébrico, é particularmente sugestivo e pedagógico.

a) No campo do consumo as alternativas postas aos consumidores podem ser representadas através da técnica das curvas de indiferença, neste caso *curvas de indiferença no consumo*[18]. Utilizando um diagrama de dois eixos, como o da figura I.2, representa-se em cada um deles um dos bens, A e B, que num modelo simplificado são postos em alternativa aos consumidores (fig. I.2):

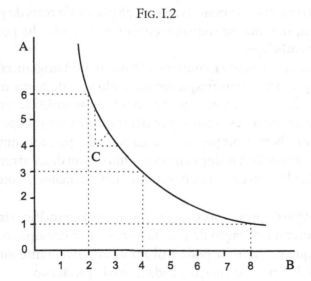

Fig. I.2

---

[17] O problema pode pôr-se ainda para a doutrina económica, com a for-mulação de juízos de valor acerca das afectações existentes ou a proporcionar (ver adiante em I.2.1).

[18] Sobre as características das curvas de indiferença ver por ex. Snyder e Nicholson (2008, pp. 94-7), Samuelson e Nordhaus (2010, pp. 101-6), Mankiw (2012, pp. 442-65), Wessels (2012, pp. 610-8), Frank e Cartwright, (2013, pp. 64-77), Hyman (2014, pp. 35-47) ou Parkin (2014, pp. 205-13).

Estando em causa uma opção por exemplo entre carne (A) e peixe (B), qualquer ponto da curva de indiferença corresponde a uma satisfação exactamente igual (assim se explicando, pois, a designação da curva). A título de exemplo, para o consumidor é indiferente consumir 6 unidades de carne e 2 de peixe, 3 unidades de carne e 4 de peixe ou 1 unidade de carne e 8 de peixe.

A possibilidade de se atingirem pontos mais afastados da origem, correspondendo a níveis mais elevados de satisfação, dependeria da existência de recursos mais avultados. Inversamente, pontos no interior da curva corresponderiam a uma satisfação inferior à possível com os recursos disponíveis. Relativamente a qualquer desses pontos, por exemplo relativamente ao ponto C, há na curva de indiferença pontos onde com o mesmo consumo de peixe pode consumir-se mais carne, com o mesmo consumo de carne pode consumir-se mais peixe, ou pode consumir-se simultaneamente mais de ambos os bens. Podendo dispôr-se de mais de pelo menos um dos bens, sem que se reduza o consumo do outro, há por certo um aumento de satisfação.

A configuração da curva, convexa relativamente à origem, corresponde à situação (por certo mais frequente na realidade) de haver uma taxa de substituição decrescente, ou seja, de à diminuição unidade a unidade no consumo de um bem dever corresponder um consumo progressivamente maior do outro bem. Compreende-se na verdade que, consumindo-se de dois bens, só se aceite a redução no consumo de um deles através da compensação obtida através de um consumo cada vez maior do outro[19].

b) No campo da produção, com uma técnica diagramática similar podemos considerar a utilização de dois factores – por exemplo o capital e o trabalho – que o produtor pode utilizar alternativamente em maior ou menor medida[20] para se chegar a cada nível de produção.

---

[19] Uma taxa de substituição constante seria representada por uma 'curva' de indiferença recta. Como elemento adicional pode incluir-se uma recta representando a restrição orçamental, que nos dá o limite dos valores a que pode chegar-se.
[20] Conforme referimos já atrás (n. 7 p. 36), entre os factores de produção poderá haver alguma substituição, mas não uma substituição completa, não podendo deixar de em alguma medida ser complementares.

No diagrama (da figura I.3) um dos factores de produção, o capital (K), é representado no eixo vertical e o outro factor, o trabalho (L)[21], no eixo horizontal. Cada nível de produção é representado por uma curva – a *isoquanta*, por outras palavras, curva de igualdade de produção – que pode ser atingida com muitas diversas combinações de factores.

Fig. I.3

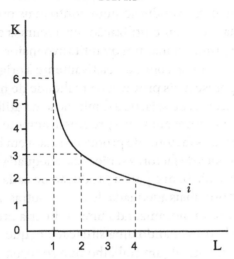

Vê-se que o produtor pode utilizar mais (menos) capital ou mais (menos) trabalho para produzir cada quantidade do produto. Por exemplo, a quantidade i (de 'isoquanta') pode ser produzida com a utilização de 6 unidades de capital e 1 de trabalho, 3 unidades de capital e 2 de trabalho ou 2 unidades de capital e 4 de trabalho[22].

---

[21] K e L são as designações comuns na literatura anglo-saxónica, que seguiremos também nestas lições. Para o trabalho L é a inicial de 'labour', utilizando-se K para designar o 'capital' em virtude de a letra inicial C estar consagrada para designar o consumo.

[22] A não coincidência da isoquanta em nenhum caso com qualquer dos eixos reflecte a circunstância referida de a produção não poder ser feita com recurso apenas a um dos factores. A título de exemplo, por mais automatizada que esteja uma fábrica há-de haver pelo menos alguém para accionar os mecanismos 'automáticos': a isoquanta não coincidirá por isso nunca com o eixo vertical, correspondendo a uma situação de não utilização de nenhum trabalho. Por outro lado, por mais primitivo que seja o processo produtivo, não deixará de pelo menos

Qualquer ponto mais afastado da origem seria atingível só com a disponibilidade e a utilização de mais capital, de mais trabalho ou dos dois factores simultaneamente, ou então com progresso técnico proporcionador de um aumento de eficiência na produção. Não se verificando qualquer destas circunstâncias (não poderão aliás verificar-se de um momento para o outro), não pode ser atingido nenhum ponto mais longínquo, correspondendo a isoquanta i ao máximo aproveitamento dos recursos disponíveis. Inversamente, a produção num ponto mais próximo da origem corresponde a uma ineficiente utilização dos recursos e da técnica existentes, capazes de proporcionar um quantitativo maior.

A configuração da curva, convexa relativamente à origem, corresponde também aqui à hipótese mais provável na realidade de haver uma taxa de substituição decrescente, ou seja, de à diminuição na utilização de um factor ter de corresponder um aumento progressivamente maior na utilização do outro. Embora os factores de produção sejam em boa medida substituíveis, umas unidades de factores serão mais adequadas do que as outras para a produção de cada bem e para a produção de cada bem haverá uma combinação de factores mais adequada do que as outras. A título de exemplo, por muito que se vá mecanizando uma indústria utilizando cada vez mais capital, ir-se-á aproximando uma situação em que será muito difícil substituir eficientemente algum trabalho que se torna necessário. Cada unidade a menos de trabalho terá de ser substituída cada vez por mais unidades de capital, tal como inversamente, caminhando-se para um processo mais trabalho-intensivo, cada unidade a menos de capital terá de ser substituída por cada vez mais unidades de trabalho.

c) Desta representação da utilização dos factores produtivos pode passar-se para a representação da curva de possibilidades de produção através de uma técnica que ficou a ser conhecida pelo nome dos seus introdutores: a técnica da caixa de Edgeworth-Bowley (figura I.4):

ser utilizado algum instrumento: a isoquanta não coincidirá por isso nunca com o eixo horizontal, correspondente a uma situação de não utilização de nenhum capital (aproximar-se-ão desta situação alguns casos de produção de serviços).
Será já mais provável que numa curva de indiferença do consumo (fig. I.2), tratando-se de bens não essenciais, haja coincidência com os eixos, correspondendo à ausência do consumo de algum deles.

FIG. I.4

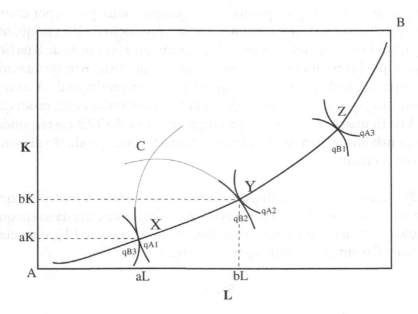

A produção do bem carne, A, é representada a partir da origem sudoeste, e a produção do bem peixe, B, é representada a partir da origem nordeste, com os factores capital e trabalho, tal como no exemplo da figura I.3. Estes factores de produção, K e L, são fixos para o conjunto da economia (onde se dispõe de K na medida dos eixos verticais e de L na medida dos eixos horizontais), mas têm neste modelo mobilidade total, imediata e sem custo, entre as duas funções de produção.

Nos termos do que vimos a propósito da figura I.3, a partir da origem de A podem traçar-se as isoquantas relativamente à produção de carne, por exemplo qA_1, qA_2 e qA_3, correspondendo as isoquantas mais afastadas da origem a situações de maior produção, com uma maior utilização dos factores K e L. Sendo dados os factores de produção, o aumento da produção de A vai-se dando à custa de alguma produção alternativa de B. As isoquantas na produção de B são por seu turno por exemplo qB_1, qB_2 e qB_3, aplicando-se-lhes, simetricamente, o que acabou de se dizer das isoquantas de A.

Pode provar-se, ainda, que a linha ligando todos os pontos de tangência das isoquantas quando elas são convexas entre si, ou seja, a linha AXYZB, é a linha de máxima eficiência na produção de todos os bens. Na verdade, na figura pode ver-se que a produção em qualquer outro ponto, por exemplo a produção em C, corresponderia a uma produção de B na isoquanta qB_2, quando os recursos da economia permitiriam a produção de B na isoquanta qB_3. Inversamente, desejando-se um produção de B na quantidade Y, a intersecção do ponto C corresponderia a uma produção de A na isoquanta qA_1, quando os recursos da economia permitiriam uma produção de A na isoquanta qA_2. Só uma produção na curva AXYZB corresponde, pois, à máxima eficiência na utilização dos factores de produção disponíveis na economia.

d) A curva AXYZB é, assim, uma *curva de possibilidades de produção*[23], que pode ser representada – é a curva HH – num diagrama cartesiano em que no eixo vertical é representado um dos produtos, a carne (A), e no eixo horizontal o outro produto, o peixe (B) (fig. I.5):

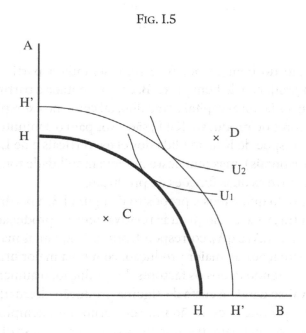

Fig. I.5

---

[23] Ou 'fronteira das possibilidades de produção' (cfr. Andrade, 1998 (00), pp. I-19-24), Wessels (2012, pp. 5-6) ou Parkin (2014, pp. 32-9).

A ECONOMIA: OBJECTO E QUADROS DE ANÁLISE

Trata-se agora de uma curva côncava relativamente à origem, denotando uma taxa marginal de transformação crescente. Significa isto que devido a alguma maior aptidão para a produção de um dos bens em relação à produção do outro ou devido à existência de rendimentos decrescentes a partir de um certo limiar na produção de qualquer deles, a afectação sucessiva de recursos à produção por exemplo de B exigirá, para cada unidade a mais, medida no eixo horizontal, a renúncia à produção de volumes cada vez maiores de A, medidos no eixo vertical. O inverso se passa, naturalmente, quando se pretende produzir cada vez mais de A, tendo de renunciar-se à produção de quantidades cada vez maiores de B.

Com os recursos disponíveis é impossível uma produção para além da curva de possibilidades de produção, por exemplo em D. Pelo contrário, uma produção no interior da curva de possibilidades de produção, por exemplo em C (poderá corresponder ao ponto C da fig. I.5), é possível mas ineficiente, correspondendo a uma não utilização completa (v.g. quando há desemprego) ou a uma utilização por qualquer outra razão ineficiente dos factores de produção.

e) Com o tempo, através de um aumento da dotação dos factores ou de progresso técnico e de gestão na sua utilização, é possível atingir novas curvas de possibilidade de produção, mais afastadas da origem, por exemplo a curva mais fina – H'H' – na figura I.5 (vê-lo-emos melhor em XV.1.1).

Estando em causa um investimento necessário para o efeito, também aqui se põe um problema de utilização de recursos escassos em empregos alternativos, correspondendo o investimento a uma renúncia a um maior consumo no presente. O próprio tempo é um factor escasso, nesta medida um bem económico, que pode ser utilizado em cada momento para consumir ou produzir, ou para ser utilizado em medidas diferentes no consumo ou na produção. Cada hora ou minuto que passa nunca se repetirá, relativamente a ele há que fazer as opções que só não têm que ser feitas em relação aos bens livres[24].

---

[24] Ainda em relação à escolha do local onde produzir se põem problemas que importa à economia resolver, procurando a minimização dos custos e a máxima eficiência.
Face às hipóteses de consumo e de produção representadas pelas curvas de indiferença e pelas curvas de possibilidades de produção, na sequência das demonstrações do texto pode provar-

f) Toda esta representação é pois ilustradora das escolhas em alternativa que estão no cerne da economia (dado que os bens são escassos), escolhas que se colocam a nível da organização da produção, quanto a saber como combinar os factores produtivos e quanto e quando produzir cada um dos bens.

Salienta ainda Robbins, na sua definição, que as escolhas são feitas entre finalidades de desigual importância. Só na verdade quando a importância é desigual pode fazer-se uma opção consciente, ficando-se numa situação de indiferença quando assim não acontece.

Trata-se de opções entre alternativas que se põem por seu turno tanto a nível individual, do consumidor e do produtor, como a nível colectivo, do consumo global e da produção global. Ou seja, nos termos que veremos melhor adiante, trata-se de opções que se põem tanto na micro como na macroeconomia.

Trata-se ainda, como se disse, de opções que se põem em qualquer sistema económico, capitalista ou socialista, de mercado ou de direcção central. São em cada um dos casos resolvidas por entidades diversas, usando processos e motivações diferentes, mas em qualquer dos casos é comum a necessidade de se optar, podendo as combinações feitas aferir-se por critérios idênticos de eficiência, na luta contra a escassez utilizando recursos escassos para a obtenção mais eficiente do máximo de bens[25].

se que os pontos óptimos de eficiência e bem-estar estarão na tangência das curvas de indiferença no consumo com as curvas de possibilidades de produção. Voltando ainda de novo à fig. I.5, no presente o ponto óptimo estará na tangente da curva de indiferença U_1 com a curva de possibilidades de produção HH.
A curva de indiferença no consumo U_2, proporcionando um maior bem-estar, é então inatingível, podendo todavia sê-lo se com aumentos de dotação dos factores ou (e) melhoria tecnológica e de gestão se passar para a curva de possibilidades de produção H'H'. Uma curva sem ser a de tangência, como é o caso da curva U_1, é então atingível mas não corresponde a uma satisfação tão grande como a proporcionada com a curva de indiferença U_2.
[25] Problema diferente, objecto de grandes discussões (hoje com um relevo muito diminuído ou mesmo sem relevo), é o problema de saber em que sistema, capitalista ou socialista, de mercado ou de direcção central, será mais provável ou mesmo possível que se atinja este objectivo (na discussão 'clássica' distinguiram-se Ludwig von Mises, 1920 e Friedrich von Hayek, 1935, por um lado, e Oskar Lange, 1938 e Abba Lerner, 1944, por outro; cfr. T. Ribeiro, 1992).

1.3. Algumas outras delimitações

As escolhas entre empregos alternativos de recursos escassos (em finalidades de desigual importância), que estão no cerne da definição de Robbins e sem dúvida no cerne do que muitos autores, expressa ou implicitamente, aceitam como sendo a economia, mantém-nos todavia ainda num campo demasiado amplo. Com algumas precisões poderá avançar-se ainda no sentido de delimitar melhor o campo desta ciência.

Assim, a economia costuma ocupar-se apenas de escolhas sobre a utilização de bens escassos, incluindo o tempo, que implicam relações entre homens ou de algum outro modo os afectam[26]. Trata-se de um modo geral de relações entre homens. Mas pode tratar-se também de decisões que, embora não se tratando de relações entre homens, os afectam, como é o caso de uma escolha entre poupar ou não poupar. Já está claramente fora do campo da economia a decisão de, tendo ambos os bens no frigorífico, optar por comer peixe ao almoço e carne ao jantar, ou vice-versa[27].

Costuma restringir-se ainda a economia aos casos em que as transmissões são onerosas, ou seja, em que as partes intervenientes dão e recebem em contrapartida, excluindo-se os casos em que ela é gratuita, ou seja, em que quem dá não está à espera de nada em contrapartida. Pode distinguir-se assim a 'economia da troca' da 'economia do dom'[28], só a primeira costumando ser considerada[29].

---

[26] Parecia afastar-se deste requisito por exemplo François Perroux (1938; cfr. Pirou, 1939, p. 90).
Houve quem, a tal propósito, tenha distinguido a 'economia da vida isolada' ou 'individual' da 'economia social' (J. B. Clark, 1907, pp. 1-3 e Murat, 1943, pp. 17 e 93; cfr. T. Ribeiro, 1981, p. 10).
[27] Como é obvio, anteriormente, ao optar pela compra de um ou outro bem, ou dos dois, tinha havido uma escolha económica, implicando interesses e relações com a peixeira ou (e) com o talhante; e haverá implicações posteriores, quando se restabelecerem os 'estoques'.
[28] Nem sempre coincidentes com a 'economia do egoísmo' e a 'economia do altruísmo': «por um lado, o dom nem sempre é apanágio de altruístas. Há, até, muitas pessoas que praticam a caridade por egoísmo: é o que sucede com os que pretendem, através dela, prestigiar-se, ganhar o céu ou prevenir a revolta dos pobres. Por outro lado, a troca nem sempre é atributo de egoístas. Algumas pessoas praticam-na por altruísmo: é o que sucede com os que fazem compras para auxiliar os vendedores ou fazem vendas para obter lucros que lhes possibilitem obras desinteressadas de beneficência» (T. Ribeiro, 1981, p. 13).
[29] As transmissões de bens podem ser voluntárias, dependendo da pura vontade dos intervenientes, ou coactivas, feitas a favor do Estado ao abrigo do seu poder de *imperium* (são excep-

2. Abordagens e métodos de análise

A economia pode ser encarada segundo abordagens e métodos diferentes, cujo alcance será melhor apreendido à medida em que formos tratando os diferentes temas.

2.1. Teoria, política e doutrina

Conforme se foi já adiantando, a economia pode ser encarada numa perspectiva puramente científica, numa perspectiva de acção ou numa perspectiva valorativa.

No primeiro caso estamos perante a *teoria económica*, que pretende formular juízos de existência e leis sobre fenómenos económicos. Em qualquer das abordagens que veremos a seguir, seguindo-se um método indutivo ou um método dedutivo, pretende-se na teoria apenas conhecer os fenómenos, as suas causas e os seus efeitos.

A título de exemplo, estando os cientistas económicos interessados no fenómeno inflacionista ou na remuneração dos factores de produção, procuram saber em que consistem, como podem medir-se, como terão sido causados, quais serão os seus efeitos, em suma, quais serão as leis que os regem.

Pretendendo-se actuar sobre os fenómenos, a *política* consiste na definição de regras para que tal seja conseguido. Trata-se de uma definição que deve ser alicerçada na teoria, para se actuar sobre as verdadeiras causas, para se conseguirem os efeitos desejados, etc. E é geralmente determinada por juízos de valor, mas distingue-se claramente tanto da teoria como da doutrina.

Também como exemplo, a política económica definirá meios de acção para se combater a inflação ou para se chegar a uma mais desejada repartição dos rendimentos.

Por fim, sobre os fenómenos económicos são muitas vezes formulados juízos de valor, julgando-os bons ou maus, justos ou injustos. Estamos então no campo da *doutrina*, onde esses fenómenos são apreciados ética ou moralmente.

---

cionais, e obviamente ilegais, transmissões coactivas a favor de outros particulares, como as que se verificam pelo furto ou pelo roubo). As relações económicas que se verificam entre o Estado, com o seu poder de *imperium*, por um lado, e os cidadãos e outras entidades a ele sujeitas, por outro, são o objecto básico da ciência das Finanças (recorde-se a n. 1 p. 27).

Retomando mais uma vez os mesmos exemplos, será a doutrina a julgar inaceitáveis algumas consequências da inflação ou repartições muito desiguais do rendimento[30].

Na literatura anglo-saxónica é muito mais comum uma distinção entre economia positiva (*positive economics*) e economia normativa (*welfare economics*), correspondendo a primeira à teoria e a segunda à política e à doutrina, ou seja, ligando a acção à perspectiva valorativa dos fenómenos e dos seus efeitos.

2.2. Análise microeconómica e análise macroeconómica

A análise microeconómica incide sobre a actividade económica considerada atomisticamente, isto é, nas suas pequenas unidades e quantidades. Tem por objecto os comportamentos dos sujeitos individuais, das unidades de base do sistema económico: consumidores, empresas e detentores dos factores de produção. Estudando os fenómenos na dimensão do comportamento das unidades económicas, coloca-se numa perspectiva que pode considerar-se 'microscópica', resultando daqui a sua designação.

Na análise microeconómica procede-se, nomeadamente, ao estudo das escolhas que os sujeitos económicos fazem sobre a utilização dos recursos de que podem dispor para satisfazer as suas necessidades e para produzir. Estudam-se, assim, as decisões de compra e venda dos bens e de combinação dos factores de produção. Por seu turno, porque estas decisões individuais são tomadas nos mercados, o estudo destes – na formação dos preços, tanto dos bens como dos factores, e na formação dos rendimentos – – é também objectivo da análise microeconómica.

A análise macroeconómica situa-se, por seu turno, à escala dos grandes conjuntos e das quantidades globais. Visa-se com ela o estudo das relações

---

[30] Um outro campo da economia onde devem distinguir-se muito claramente as três abordagens é o do subdesenvolvimento (a considerar em XV.2), objecto de uma análise no campo puramente científico, análise essa que pode fornecer elementos capazes de levar a uma política de desenvolvimento eficaz, e sendo a situação objecto ainda de juízos éticos muito frequentes (de igrejas, associações humanitárias, instituições políticas, etc.), em virtude de estarem em causa interesses vitais dos cidadãos dos países subdesenvolvidos (na perspectiva agora considerada tem tido um relevo assinalável a 'doutrina social' da Igreja Católica, v.g. através das Encíclicas papais).

entre os grandes grupos de agentes económicos no seio da economia nacional, os consumidores, os investidores, o Estado e o exterior. Do estudo destes agregados resulta a análise de problemas gerais, como são os problemas da inflação, do desemprego ou o do défice das contas nacionais. Do confronto com a análise microecomómica resulta tratar-se geralmente de uma análise com um carácter mais quantitativo.

Depois deste capítulo introdutório, de um modo geral as presentes lições versarão primeiro problemas de índole microeco-nómica e depois de índole macroeconómica, havendo contudo áreas de permeio entre as duas abordagens.

2.3. Análise parcial (de equilíbrio parcial) e análise geral (de equilíbrio geral)

Trata-se de distinção completamente diferente da anterior, podendo tanto a análise microeconómica como a análise macroeco-nómica ser feita em equilíbrio parcial ou em equilíbrio geral.

Na análise parcial estuda-se o comportamento de determinadas variáveis sem curar de saber os reflexos de todas e sobre todas as demais variáveis da economia. Embora os fenómenos económicos, como todos os fenómenos sociais, estejam estreitamente interrelacionados dentro de cada país e entre os diversos países, por necessidade e conveniência de análise isolam-se alguns fenómenos, esquecendo-se as demais interdependências. O modelo de equilíbrio parcial considera apenas essas variáveis.

Na análise geral procura-se ter em conta o conjunto das interdependências da economia, sendo a esse nível que se coloca o modelo de equilíbrio. Sendo obviamente impossível considerar todas as variáveis, geralmente os modelos de equilíbrio geral, especialmente os modelos analíticos, são modelos muito simplificados, agregando as variáveis da economia num pequeno número de variáveis compósitas. Tem de ser assim quando se faz uma análise diagramática, no estilo das feitas com as figuras representadas atrás, mas mesmo as análises algébricas têm limitações e obrigam a grandes agregações.

Não podendo por isso em muitos casos avançar-se substancialmente com a análise geral, e sendo a análise parcial especialmente clara e sugestiva na investigação e no ensino, compreender-se-á a preferência por esta última ao longo das presentes lições.

2.4. Análise estática e análise dinâmica

Na análise económica tradicionalmente não era incluída endogenamente a variável tempo, procurando-se de um modo geral as explicações das situações de equilíbrio em momentos dados.

Na análise dinâmica entre as variáveis dos modelos inclui-se a variável temporal, explicativa das alterações verificadas. Trata-se por isso de modelos onde endogenamente se procura explicar a evolução temporal dos fenómenos.

Diferente desta análise é a análise de estática comparativa, comparando as análises estáticas feitas em momentos temporais diferentes. Não sendo possível a formulação ou a testagem dos modelos dinâmicos, trata-se de uma análise em muitos casos sugestiva, permitindo chegar a conclusões de apreciável validade.

2.5. Método dedutivo e método indutivo

Tal como na generalidade das disciplinas, também na economia são utilizados com as suas virtualidades tanto o método dedutivo como o método indutivo.

Sendo ambos extremamente fecundos na análise económica, e estando de um modo geral os economistas mais vocacionados ou preparados para um ou para o outro, durante algum tempo levantou-se o que ficou conhecido por 'querela dos métodos', procurando defender-se a prevalência de um dos métodos em relação ao outro.

Compreende-se que em épocas mais recuadas, no seu início como ciência, quando as possibilidades estatísticas eram muito pobres, a análise económica tivesse começado por ser fundamentalmente dedutiva. Como se sabe, trata-se de uma análise em que, fixando-se algumas premissas, são depois inferidas a leis explicativas dos fenómenos. A título de exemplo, partindo-se das premissas de que, sendo idênticas todas as demais circunstâncias, os compradores tentam comprar os bens ao mais baixo preço possível e os vendedores tentam vendê-los ao mais alto preço possível, é possível chegar dedutivamente à lei de determinação do preço, a lei da procura e da oferta (vê-lo-emos adiante, em V.2).

Conforme voltaremos a salientar em breve, a propósito da ligação da economia a outras disciplinas, na análise dedutiva têm hoje um relevo muito grande a álgebra e a geometria. A matemática é utilizada aqui como ciência abstracta, susceptível de proporcionar uma análise em muitos casos mais clara e mais precisa. O grau da sua utilização varia de sector para sector dentro da economia, havendo alguns sectores onde sem preparação matemática não é possível investigar ou mesmo acompanhar as investigações mais recentes.

A observação dos factos foi todavia também sempre um elemento de investigação, mesmo quando havia ainda possibilidades modestas de avaliação quantitativa. Como se sabe igualmente, o método indutivo parte da observação dos factos para a formulação de hipóteses, cujo teste confirmará ou infirmará estas hipóteses e permitirá a formulação das leis.

No campo das ciências físicas ou naturais em muitos casos as hipóteses podem ser testadas laboratorialmente. A título de exemplo, tratando-se do fenómeno de congelação da água, pela observação dos factos ter-se-á posto a hipótese de ela congelar em determinadas condições de pureza, pressão atmosférica e temperatura. Formulada a hipótese, foi possível e é sempre possível testá-la laboratorialmente, verificando o que se passa nessas e em outras condições: por este processo experimental, que pode repetir-se quantas vezes se queira, pôde formular-se então a lei de congelação da água, segundo a qual ela congela se, sendo quimicamente pura e estando sujeita a uma pressão atmosférica de 760mm, desce a uma temperatura de 0° ou inferior.

No campo da economia, como em geral no campo das ciências sociais, é todavia vedada a experimentação. Estando em causa basicamente o bem-estar das pessoas, não podem ensaiar-se causas de fenómenos económicos para verificar experimentalmente quais são as suas consequências. Em todos os casos os políticos e em geral os decisores económicos devem tomar as decisões que julgam mais convenientes, tendo em conta as suas implicações sociais e pessoais. Não é aceitável nem de esperar que tomem decisões que julguem menos correctas só para verificar cientificamente quais são os seus efeitos. Além disso, não é possível 'meter' a sociedade num laboratório: os fenómenos sociais estão todos estreitamente ligados, não podendo desligar-se do contexto em que se inserem. Trata-se de contexto em permanente mutação, em caso algum se repetindo na íntegra um contexto já passado, sendo além disso diferente, em cada momento, o contexto existente em cada país e em cada região. Não podem, por isso, transformar-se em leis as uniformidades verificadas em diferentes momentos e em diferentes locais.

Este circunstancialismo não leva todavia a que a análise indutiva não seja possível em economia. Leva, apenas, por um lado ao reconhecimento de que as leis económicas não têm o mesmo grau de segurança que as leis das ciências naturais[31], e por outro lado à necessidade de procurar e aperfeiçoar métodos de análise indutiva capazes de dar uma segurança científica aceitável. Conforme se salientou, no seu início a investigação histórica, tanto quanto possível quantificada, foi a fonte principal de informação para a análise indutiva. Nos últimos anos, além de outros progressos com relevo para a análise económica que se verificaram na investigação histórica, verificaram-se progressos de particular relevo na estatística aplicada à economia, dando lugar ao que hoje tem um destaque muito especial, com a designação de *econometria*. Esta análise quantificada dos fenómenos económicos, que voltaremos a referir dentro em pouco, permite testar hipóteses e formular leis a partir de informação histórica. Compreende-se, todavia, que de um modo geral as séries temporais consideradas (nas análises *time series*) entrem em conta apenas com anos recentes, nos quais havia já circunstancialismos idênticos e relativamente aos quais é possível ter uma informação estatística igualmente segura. Naturalmente, a econometria permite também análises muito fecundas através de cortes horizontais (análises *cross sections*).

A evolução verificada tanto na análise dedutiva como na análise indutiva, em lugar de ter alicerçado qualquer ideia de prevalência de uma delas sobre a outra, veio antes evidenciar que a 'querela dos métodos' foi uma falsa querela. Qualquer bom economista teórico reconhece a necessidade

---

[31] São aquilo a que pode chamar-se «*leis empíricas*, isto é, leis apenas necessariamente válidas durante o período» e no local de observação, «que não são, portanto, autênticas leis. São, se quisermos, hipóteses de leis» (T. Ribeiro, 1981, p. 16).
Note-se também que «o que o método dedutivo consegue é enunciar, tão somente, *leis tendenciais*», dependentes do realismo dos pressupostos de que parte. No exemplo do texto, da lei da oferta e da procura, tratar-se-ia de uma lei 'segura' se os pressupostos de que parte se verificassem sempre na realidade: ou seja, se os compradores comprassem sempre pelo menor preço possível e os vendedores vendessem sempre pelo maior preço possível. Porque nem sempre assim acontece, neste caso e em todos os demais da realidade económica(por hábito, por desconhecimento ou por qualquer outra razão), trata-se de uma lei meramente tendencial: tende a acontecer como ela diz, mas não acontece necessariamente, pelo menos tal como acontece com as leis da física.

de confrontar os resultados da sua análise com os resultados das análises empíricas, sob pena de fazer construções que podem afastá-lo progressivamente da realidade, e qualquer bom econometrista precisa do apoio da análise teórica, como fonte de sugestão de hipóteses a testar e de interpretação adequada dos resultados obtidos[32].

Quando, como acontece com frequência, a mesma pessoa não tem uma competência idêntica nos dois domínios, trabalha complementarmente com quem tem mais desenvolvida a competência que lhe escasseia. Mas mesmo quando assim acontece não pode o economista teórico deixar de entender os resultados básicos da análise empírica, não podendo por seu turno ser bom econometrista um bom conhecedor de métodos estatísticos que todavia desconheça as categorias e as formulações teóricas básicas da ciência económica.

A análise económica acaba na prática por se desenvolver de um modo iterativo, podendo servir-lhe de base a formulação de hipóteses teóricas, que a análise empírica pode ou não confirmar, sugerindo por seu turno novas formulações teóricas; ou podendo a investigação partir inicialmente de verificações empíricas, sugestivas de formulações teóricas que análises econométricas posteriores poderão confirmar ou infirmar; e assim sucessivamente.

3. Interdependências inter e intra-disciplinares

Uma razão de particular dificuldade no estudo da economia está na estreita interdependência de todos os seus fenómenos e das análises que deles podem ser feitas. Trata-se de interdependência que se verifica dentro do próprio campo da economia e também entre a economia e muitas outras disciplinas.

Conforme foi já resultando de alguns exemplos dados, uma ligação muito estreita em relação a outras disciplinas está na circunstância de algumas serem mesmo ciências instrumentais da análise económica.

---

[32] Conforme sugestivamente afirmou Gustav Schmöller (1900-4), a ciência económica tem tanta necessidade da utilização dos dois métodos «como um homem tem necessidade das duas pernas para caminhar».

3.1. A interdependência das questões económicas

Torna-se difícil a selecção de exemplos mostrando a interdependência entre os próprios fenómenos económicos e as análises que deles são feitas, dado que se verifica em todos os campos.

Assim, pode desde logo salientar-se que é muito estreita a interdependência entre as abordagens e os métodos de análise, distinguidos nos números anteriores. A título de exemplo, os juízos de valor formulados pela doutrina são influenciados pelas formulações da teoria, tal como a definição de regras de acção feita pela política é determinada simultaneamente pelo conhecimento científico dos fenómenos estudados. Na microeconomia, os comportamentos dos consumidores e dos empresários são influenciados por circunstâncias macroeconómicas, como a inflação e o comércio internacional, que devem consequentemente ser tidas em conta na análise; sendo por seu turno os agregados macroeconómicos o somatório e reflexo da conduta dos vários agentes que desenvolvem a sua actividade numa economia. Os exemplos de interdependência entre os fenómenos económicos podem multiplicar-se, conforme teremos ocasião de mostrar a propósito das matérias que serão abordadas ao longo destas lições.

De um modo particular, podemos salientar já aqui as interdependências sectoriais, espaciais e temporais destes fenómenos (cfr. Moura, 1978, pp. 17-9).

Assim, a economia de uma região, de um país ou mesmo do conjunto dos países pode decompor-se por vários sectores, com maior ou menor desagregação. Uma análise sectorial desta índole não tem muita tradição, sendo antes costume considerar agregadamente as grandezas económicas consideradas na contabilidade nacional, a despesa, o produto e o rendimento, na linha dos caminhos abertos já há muito pelos autores fisiocratas, designadamente por François Quesnay (no *Tableau Économique*, de 1758); autor que se inspirou na circulação do sangue no corpo humano para explicar a circulação dos bens no tecido social. Embora com alguns antecedentes, cabe fundamentalmente a Leontief[33] o mérito de ter desenvolvido a análise matricial, através da qual, conforme veremos (em VIII.5.2,

---

[33] Ver por ex. a colectânea de textos do autor *Input-Ouput Economics*, Nova Iorque, 1966 (os artigos pioneiros são de 1936 e 1941).

pp. 220-4), pode ser analisada a interdependência entre os vários sectores da economia, incluindo o contributo dado pelos factores primários de produção. Através das matrizes pode ver-se como os sectores estão estreitamente interligados, exigindo por exemplo o aumento da produção de um deles o aumento da produção de todos aqueles que lhe fornecem bens intermediários.

É também relativamente recente a consideração das ligações de interdependência entre diferentes espaços. A teoria do comércio internacional tem uma longa tradição, remonta mesmo aos primórdios da ciência económica, mas sem considerar de um modo geral a problemática das distâncias e não dando o relevo devido às diferenças existentes entre os diversos países. No plano interno, verificou-se até há pouco tempo um desinteresse quase completo pelos desequilíbrios e pelas implicações regionais da actividade económica. Constata-se, assim, que só recentemente começou a atender-se às condicionantes espaciais da actividade económica, levando designadamente ao reconhecimento de que os desequilíbrios devem ser combatidos por medidas apropriadas. Trata-se de problemática a que voltaremos no final destas lições (em XV.3).

Por fim, estão estreitamente ligados fenómenos económicos verificados em diferentes momentos temporais. As condições de produção de hoje, com infraestruturas públicas, instalações e equipamentos industriais, qualificação humana, etc., vêm de esforços económicos feitos em períodos anteriores, que ao fim e ao cabo condicionam as maiores ou menores possibilidades de produção existentes. Naturalmente, também as decisões económicas de hoje, optando entre um maior consumo ou um maior investimento, e neste caso mais concretamente entre vários investimentos possíveis, têm implicações não só para a produção e o bem-estar actuais como para a produção e o bem-estar no futuro. Conforme se salientou atrás, para a análise destas interdependências temporais houve contributos recentes de grande importância, através da elaboração de modelos de análise dinâmica, incorporando a própria variável temporal.

3.2. A economia e outras disciplinas
São igualmente muito estreitas as ligações entre os fenómenos económicos e fenómenos não-económicos, ou ainda entre as abordagens que dos mesmos fenómenos são feitas pela economia e por outras disciplinas.

Não se torna possível proceder aqui a uma distinção completa entre todos os tipos de fenómenos em causa e entre a economia e as demais disciplinas que com ela têm interdependências. Muitas dessas disciplinas são de definição tão ou mais difícil do que a definição de economia, pelo que teríamos de proceder em relação a cada uma a uma análise tão extensa ou mais extensa do que aquela a que procedemos atrás, despendendo nisso, sem resultados compensadores, grande parte destas lições. Tratando-se de disciplinas em alguns casos já estudadas pelos leitores ou de cujo conteúdo terão de qualquer forma uma noção geral, será dispensável a sua definição precisa para os propósitos agora em vista, de referir as relações de interdependência que as aproximam.

3.2.1. Disciplinas do mundo físico
Numa primeira categoria podemos considerar as ligações muito estreitas com disciplinas do mundo físico, como são os casos da geologia, da geografia económica, da agronomia, da física, da química, da biologia, da engenharia civil e de tantas outras.

A actividade económica está em grande medida ligada aos recursos físicos naturais, utilizáveis tal como a natureza os proporciona ou constituindo pelo menos matérias-primas indispensáveis para a produção directa ou indirecta da generalidade dos bens de que as pessoas necessitam para a satisfação das suas necessidades. É muito estreita, portanto, a sua ligação a todas as disciplinas que se preocupam com a descoberta e a análise do aproveitamento dos recursos naturais.

Os contributos destas disciplinas, analisando os processos de transformação orgânica, física ou química, são pois essenciais no sentido da racionalização da utilização dos recursos e da indicação de processos de produção de bens que, como vimos em I.1.2.6, estão no cerne da economia; devendo todavia os seus investigadores estar também conscientes das limitações e das implicações económicas dos processos em causa, tendo em conta a diferente escassez dos recursos e a necessidade de proceder ao seu melhor aproveitamento.

Os economistas, principalmente os economistas de gestão, estão bem cientes destas interpenetrações. Quando procedem por exemplo à elaboração de um estudo conducente à implantação de uma unidade industrial têm de socorrer-se de análises do âmbito das ciências que temos vindo a referir, mostrando-lhes onde se encontram e que características têm as matérias-primas a utilizar, como devem ser construídas as obras de engenharia agrícola ou os pavilhões industriais, por fim, em que termos é tecnicamente mais adequado o processo de produção. Como é óbvio, também qualquer especialista destes campos se sentirá limitado sem o apoio indispensável de economistas, avaliando o que analisam e projectam e procedendo aos cálculos financeiros. A investigação científica voltada para a aplicação tecnológica deve em todos os casos, tendo em conta os escassos recursos existentes, estar condicionada pelas possibilidades e pelo interesse económico daquilo que está a ser investigado, sob pena de, como tantas vezes tem acontecido, despenderem recursos em investigações depois não aplicadas ou, o que é ainda pior, se promoverem investimentos que depois não são rentáveis.

Em boa parte como consequência de insucessos passados, tende a verificar-se cada vez mais a colaboração em equipas de projectos, onde se reunem especialistas de todas as disciplinas mais directamente envolvidas. Dá-se assim tradução, pois, à estreita interdependência entre a economia e as disciplinas do mundo físico que temos vindo a referir.

3.2.2. Disciplinas do mundo social

São também muito estreitas as ligações entre a economia e as disciplinas do mundo social, levando designadamente a que também no campo prático, de elaboração e concretização de actividades económicas, se venha reconhecendo a necessidade progressiva de fazer intervir em colaboração especialistas de algumas destas disciplinas.

A interdisciplinaridade em relação às disciplinas do mundo social é aliás mais funda do que a existente em relação às disciplinas do mundo físico, em virtude de a economia ser ela mesma uma disciplina social. Alguns autores não consideram mesmo que a economia tenha autonomia em relação a outras ciências sociais.

De um modo particular, podemos destacar aqui as ligações da economia com a psicologia, a sociologia, a ciência política e o direito, aproveitando o ensejo para referir alguns elementos com relevo para análises a que procederemos adiante.

Assim, sendo os fenómenos económicos o resultado da actividade de diferentes pessoas, actuando como consumidores, como empresários, como trabalhadores ou como titulares de algum outro factor, hão-de naturalmente reflectir as suas motivações e os seus comportamentos, objecto da análise da psicologia individual e da psicologia colectiva.

Foi no pressuposto de um comportamento absolutamente racional das pessoas, conhecedoras de todas as condicionantes de um mercado perfeito, que as escolas clássica e neo-clássica desenvolveram as suas teorias. Na lógica da sua perspectiva optimista, a ciência económica foi-se alicerçando com base num *homo oeconomicus*, correspondente a um determinado arquétipo, que caberia à psicologia averiguar se tem ou não realismo. Da prossecução do interesse próprio por cada pessoa resultaria, segundo as mesmas escolas, a prossecução do interesse geral.

A experiência tem mostrado, todavia, que os homens podem ser determinados por outras motivações, não comprando ao mais baixo preço, não vendendo ao mais alto preço ou não comprando o produto da melhor qualidade. Para além disso, em muitos casos a informação não é perfeita, por circunstâncias alheias a todos ou mesmo porque a alguns interessa dar uma má informação. A este propósito têm merecido uma grande atenção as teorias e as técnicas da publicidade, através das quais os compradores podem ser influenciados pelos vendedores a comprar determinados produtos que não são os mais baratos ou os melhores. Ora, uma publicidade eficiente com estes objectivos requer um conhecimento aprofundado da psicologia das pessoas, como forma de averiguar primeiro o que poderá corresponder aos seus desejos e depois como via de as influenciar a comprar os bens cuja venda se pretende promover.

Para concluir estas breves indicações sobre as interdependências entre a economia e a psicologia será interessante referir o contributo dado por uma perspectiva recente, e da 'teoria económica da política'[34], procurando explicar os motivos verdadeiros que determinam as decisões das autoridades. Afastando a ideia por vezes aceite de haver um Estado acima das pessoas, defensor do interesse geral, esta teoria vem chamar a atenção

---

[34] Ou da *public choice*, como é geralmente conhecida nos Estados Unidos da América (cfr. Buchanan *et al.*, 1978 e Porto, 2009a, pp. 171-9; bem como Todaro e Smith, 2011, pp. 127-8; Case, Fair e Oster, 2014, pp. 379-80 ou Hyman, 2014, pp. 160-201). Poderia referir-se também o caso das 'expectativas racionais' (a mencionar adiante, p. 257), sendo ainda sintomático que o prémio Nobel da economia de 2002 tenha sido atribuído a dois cientistas – Vernon Smith e Daniel Kahneman – que se distinguiram precisamente numa área de 'charneira' entre a economia e a psicologia.

para que o Estado é uma entidade complexa, que reflecte os jogos de forças da respectiva sociedade. Não é, pois, uma entidade etéria acima dos homens, é composto por homens que, a título individual ou através dos grupos onde estão integrados[35], defendem os seus interesses onde quer que estejam integrados. Trata-se, mais uma vez, de uma perspectiva económica e política baseada numa motivação e numa conduta humana que cabe à psicologia analisar.

É também muito estreita a ligação da economia com a sociologia e com outras ciências sociais muito ligadas a esta, como é o caso da antropologia social e da ciência política. Augusto Comte considerou mesmo a economia como parte integrante da sociologia, designando este conjunto, na sua concepção positivista, como 'física social'. No fundo, a economia dedica-se ao estudo de fenómenos sociais, sobre os quais em muitos casos a sociologia se debruça também, devendo encontrar-se o campo e a definição da economia num âmbito mais específico, na linha da definição de Robbins acolhida atrás.

Podendo distinguir-se as duas disciplinas, verifica-se haver entre elas relações de interdependência idênticas às verificadas a propósito de outras disciplinas, sendo os fenómenos sociais, mesmo os que não constam do campo da economia, influenciados por toda a realidade social.

Nesta segunda perspectiva são particularmente relevantes as indicações que a antropologia cultural oferece aos economistas a aos decisores económicos. Em muitos casos as explicações acerca de uma maior ou menor eficiência na produção só podem ser encontradas através de um conhecimento correcto das condutas das pessoas, em tantos casos ligadas às suas culturas. Trata-se de uma influência que deve ser tida particularmente em conta na teoria do desenvolvimento (sublinhá-lo-emos em XV.2.3.2), estando em circunstacionalismos estudados pela antropologia cultural uma boa parte da explicação das grandes diferenças na produtividade do trabalho que existem entre países mais ricos e países mais pobres, não podendo por exemplo pensar-se que processos de trabalho aceites e utilizados na Alemanha, no Japão ou na Coreia do Sul sejam facilmente utilizáveis em outros países da Ásia ou em países da África.

São também muito estreitas as ligações entre a economia e a ciência política (ou a sociologia política, num sentido mais amplo). Também aqui

---

[35] Um contributo fundamental para a teoria dos grupos foi dado por Olson (1965).

a interpenetração é recíproca, sendo a actividade económica muito determinada pela actividade política, a qual por seu turno em muito depende de todo o contexto económico. Em qualquer época histórica, servindo a actual de exemplo bem nítido, é muito grande a influência dos fenómenos económicos, determinando as vitórias e as derrotas eleitorais ou a guerra e a paz, sendo por outro lado bem nítido que há no mundo sistemas económicos e situações económicas muito diferentes como consequência das forças políticas prevalecentes nos respectivos países.

Pode sublinhar-se, por fim, a estreita ligação entre a economia e o direito, justificando designadamente que se estude economia nas Faculdades de Direito e que se estude direito nas Faculdades de Economia. Também aqui as interpretações são nos dois sentidos. Por um lado, o sistema jurídico reflecte em grande medida as forças económicas da sociedade, sendo por isso necessário um bom conhecimento destas forças para compreender o sentido das normas em vigor. Mas é por outro lado claro que as instituições jurídicas influenciam os fenómenos económicos, determinando-os na sua conformação e mesmo na sua substância. Entre os ramos onde são mais estreitas as ligações podem apontar-se o direito comercial, o direito das obrigações, o direito fiscal, o direito do trabalho, o direito bancário, o direito comunitário ou também em boa medida o direito constitucional e o direito internacional público (ainda em medida crescente o direito penal...). Quem queira conhecer mais profundamente qualquer destes ramos do direito não poderá limitar-se em alguns casos a um estudo da sua estrutura formal, devendo procurar compreender os mecanismos económicos que lhes estão subjacentes. É por outro lado clara a interpenetração no sentido inverso, podendo por exemplo as possibilidades abertas nos campos do direito das sociedades ou dos contratos influenciar a actividade económica. A este propósito pode recordar-se, entre muitos outros casos, que as limitações impostas em Portugal à liberdade negocial e à actualização das rendas no arrendamento urbano tiveram implicações na evolução dos preços, na indústria da construção e em muitas outras variáveis económicas, claramente diferentes das verificadas em países onde estão em vigor normas jurídicas mais flexíveis. Trata-se em todos os casos de interdependências que devem ser particularmente tidas em conta por quem esteja envolvido em tarefas de índole legislativa, na administração, em comissões especializadas ou no próprio parlamento.

Uma corrente marxista extrema não reconhece independência às ciências sociais, designadamente ao direito, entendendo que o sistema jurídico não é mais do que uma superestrutura inteiramente dependente da infraestrutura económica, determinada pelas relações de produção. Constata-se, contudo, que mesmo entre os pensadores marxistas se encontra uma perspectiva intermédia que, embora reconhecendo a influência dos fenómenos económicos na formação e na conformação das normas jurídicas, não a entende de um modo absolutamente determinista, e por outro lado reconhece a influência do direito sobre a própria substância da actividade económica.

3.3. A matemática, a econometria e a história na investigação económica

Conforme salientámos em 2.5, a propósito da utilização dos métodos dedutivo e indutivo na análise económica, é particularmente estreita a ligação da economia com a matemática, a econometria e a história. Para além de se verificar, no caso da história, uma interdependência da índole das acabadas de referir, verifica-se que essas ciências são instrumentos básicos através dos quais se faz a investigação e a exposição da teoria económica.

No que respeita à matemática, trata-se de um instrumento hoje em dia muito generalizado na utilização do método dedutivo. Mas não data apenas de agora essa utilização, que já foi utilizada por exemplo por Cournot, no séc. XIX (1887), com resultados muito fecundos na teoria do monopólio (cfr. *infra* V.4.2 e 3). Tratou-se todavia então de um caso excepcional, sendo o método dedutivo de um modo geral utilizado apenas através do uso da geometria. Mais recentemente generalizou-se e aprofundou-se esta via e além disso o uso da álgebra, em especial através dos cálculos diferencial, integral e matricial[36].

Trata-se, em qualquer dos casos, de análises não quantificadas. Tem-se verificado todavia, progressivamente, a possibilidade de testar hipóteses de um modo empírico, através do apuramento e do tratamento de informação estatística reveladora da actividade económica.

---

[36] A utilização da geometria, na análise diagramática, tem uma apreciável tradição e mantém-se com muita frequência em diversos domínios (por exemplo na teoria dos preços e na teoria do comércio internacional), apesar das limitações da análise bidimensional, geralmente usada.

Foi em relação à utilização de métodos estatísticos que a econometria, com a medição dos fenómenos económicos, veio trazer possibilidades extremamente fecundas de análise, justificando-se o enorme relevo que actualmente lhe é dado. Quando se quer por exemplo saber que factores terão sido decisivos no início e na evolução da inflação em Portugal nos anos 60 do séc. XX (ver *infra* a fig. XII.1. p. 325) podem pôr-se como hipóteses, entre outras, os aumentos das despesas militares, das despesas públicas civis, das despesas privadas, das remessas dos emigrantes ou da quantidade de moeda; e quando se quer saber que factores determinarão o comércio externo português podem pôr-se como hipóteses o custo relativo da mão-de-obra e do capital, o grau de qualificação da primeira, a disponibilidade de recursos naturais ou ainda a medida da intervenção no comércio. Formulados os modelos, com técnicas econométricas bastante aperfeiçoadas pode concluir-se acerca das variáveis mais ligadas aos fenómenos em estudo.

Deixamos para o fim a história, embora seja a ciência que desde há mais longa data fornece elementos para a investigação económica. Ela pode ser, desde logo, fonte de sugestões para a análise dedutiva. Mas fundamentalmente a história constitui um repositório único e indispensável para a utilização da análise indutiva, mostrando constâncias entre fenómenos que levaram à formulação de hipóteses de explicação capazes de conduzir à elaboração de leis, com as limitações que, como é sabido, não podem deixar de ter as leis a que se chega numa ciência social desta índole.

E mesmo quando, tal como acontece hoje em dia, se verificam grandes progressos nas técnicas de análise, designadamente através da econometria, o recurso à história continua a ser de grande importância, para se ficar seguro ou pelo contrário duvidar do realismo das conclusões a que por vezes rapidamente se chega com a utilização apenas das variáveis numéricas consideradas na econometria. A título de exemplo, temos de recorrer à história para explicar os resultados econométricos encontrados em ocasiões de alterações bruscas, como é o caso de uma guerra (v.g. a 2ª Guerra Mundial) ou mesmo de uma depressão (v.g. a grande depressão dos anos 30); e também só a observação histórica, neste caso recente, pode explicar devidamente todas as mudanças verificadas na economia portuguesa depois da alteração política de 1974, levando a alterações muito sensíveis em todas as variáveis mais importantes, como foi o caso dos consumos público e privado, do investimento, da produção, da inflação, das exportações e das importações.

Capítulo II
Os Sistemas Económicos

1. Noção
Estando em causa a problemática que se referiu no capítulo anterior, constata-se que em espaços geográficos diferentes e em momentos históricos diferentes são diferentes os quadros em que a actividade económica se desenrola.

Não se trata apenas de quadros económicos, tendo relevo igualmente quadros institucionais, políticos, jurídicos, sociais, culturais, etc. Sendo diferentes de espaço para espaço, trata-se para além disso de quadros que se alteram (ou podem alterar-se) ao longo do tempo, numa cadência maior ou menor.

Pode considerar-se que estamos perante *um sistema* quando há uma articulação relativamente estável entre os quadros (ou nas proporções dos elementos que os compõem); verificando-se a passagem para outro sistema quando passa a prevalecer um outro equilíbrio entre os elementos básicos a considerar.

2. Do ahistoricismo dos clássicos à ideia do 'fim da história'
Já houve épocas, ou pelo menos perspectivas de alguns autores, em que se julgou que se estaria então face a um sistema estabilizado, ao qual não se sucederia nenhum outro.

Foi esta a perspectiva dos autores clássicos, do final do século XVIII e do século XIX, julgando que estariam face a um equilíbrio natural, do qual não se sairia. Ainda aqui pode distinguir-se contudo uma perspectiva optimista, encabeçada por Adam Smith (1776)[1], com a crença de que o equilíbrio que se verificava levava a uma utilização óptima (com o máximo de eficiência) dos factores de que se dispunha, de uma perspectiva pessimista[2], julgando-se que se caminhava para um equilíbrio de penúria.

A hipótese de se ter chegado a uma situação de estabilidade, numa linha optimista, foi defendida recentemente por Francis Fukayama, no livro com o título bem sugestivo de *O Fim da História e o Último Homem* (1992). Trata-se de autor que se coloca basicamente numa perspectiva política, face à vitória geral, inesperada ainda há poucos anos, das democracias[3]; mas extensiva ao domínio económico. Depois de experiências anteriores mal sucedidas, teríamos chegado a um sistema estável, com um equilíbrio que potencia na maior medida possível as oportunidades oferecidas pelo mercado.

Integra-se também nesta linha a ideia do 'pensamento único' (*pensée unique*), designação cuja autoria é 'reclamada' pelo Monde Diplomatique.

3. A ideia da sucessão regular dos sistemas

Sem prejuízo de poderem julgar ou não que o último sistema considerado seria também o sistema final, um sistema estável, vários autores, com perspectivas muito diferentes, procuraram descrever ou prever a evolução natural dos sistemas económicos. Valerá a pena continuar a referi-los, desde logo pela imagem que nos dão de determinadas linhas de evolução ao longo da história.

---

[1] Com a ideia da 'mão invisível', que continua a ter uma grande actualidade (cfr. II.4.2, pp. 85-6).
[2] Que se reporta a David Ricardo (1817) e em especial a Thomas Malthus (1798 e 1820) na linha da lei dos rendimentos decrescentes, de que falaremos em IV.2, pp. 116-7. Face à limitação dos recursos naturais, enquanto se estivesse acima do mínimo de subsistência as famílias continuariam a ter mais filhos, com o que iria diminuindo a parcela do rendimento que cabia a cada cidadão; até ao ponto em que, numa situação de mínimo de subsistência (a situação de 'estabilidade' para que se caminhava), deixava de haver tendência para o aumento das famílias (cfr. Gnos, 2000, pp. 37-52, Murteira, 2002, pp. 62-3, Thirlwall, 2006, pp. 86-8, e *infra* XV.2.3.2, pp. 473-5).
[3] Quando em 1974 a percentagem de países com democracias era de menos de um terço do total, em 1998 ultrapassava já os 60% (World Bank, 1999, p. 9; e ver *infra* p. 466).

3.1. A escola histórica alemã

Assim aconteceu com a escola histórica alemã, na qual se distinguiram vários autores, considerando critérios diversos para a sua classificação.

Deve-se a Friedrich List (1841)[4] o critério da *actividade dominante*. A vida económica desenvolver-se-ia, historicamente, ao longo de quatro fases: *pastorícia*; *agricultura*; *agricultura e indústria*; *agricultura, indústria e comércio*. Para esta última, correspondendo à da nação normal, tenderiam as economias de todos os povos.

Bruno Hildebrandt (1848), por seu turno, atendeu aos sucessivos *instrumentos de troca* como critério distintivo das três etapas que seriam corridas: a da *economia natural*, caracterizada por um sistema de troca directa, produtos por produtos, a da *economia monetária*, caracterizada pela prática da troca monetária, funcionando a moeda como intermediário geral nas trocas, e a da *economia creditícia*, caracterizada pela importância do recurso às vendas a crédito e ao empréstimo de dinheiro.

Para Karl Bücher (1893), por sua vez, o que distinguiria as várias fases da evolução histórica seria o *âmbito territorial* dentro do qual se circunscreve a actividade económica. De acordo com ele, a humanidade passaria por três fases na sua evolução: a *economia doméstica*, ampliada sucessivamente à *família*, à *tribo* e ao *domínio senhorial e feudal*, mas confinada sempre a um âmbito territorial muito restrito; a *economia urbana*, centrada na actividade artesanal das cidades, que entravam em relações de troca com as populações agrícolas vizinhas; e a *economia nacional*, surgida do desenvolvimento das relações de troca entre os vários núcleos urbanos. A *economia mundial*, etapa acrescentada às anteriores por Gustav Schmöller (1897), caracterizaria um novo período, de relações económicas estabelecidas entre as várias comunidades nacionais.

3.2. Karl Marx

A influência de Karl Marx (v.g. através da sua obra básica, *O Capital*: 1867, 1885 e 1894) ultrapassou largamente a área científica, tendo sido deter-

---

[4] Conforme veremos em XIII.4.2.2, este autor distinguiu-se também pela defesa que fez de uma política proteccionista para a promoção da industrialização, na linha do argumento das indústrias nascentes (cfr. Porto, 2009a, pp. 42, 183-99 e 372; e sobre a escola histórica, muito recentemente, R. C. Nunes, 2013, pp. 147-53).

minante na implantação de um regime político que, circunscrevendo-se hoje a dois ou três países do mundo (ainda aqui com grandes alterações económicas recentes, v.g. com uma enorme intervenção privada)[5], chegou a abranger uma parcela muito importante do nosso planeta: formando um 'bloco', o 'bloco comunista', que se confrontava então com o 'bloco capitalista', estando por isso na base da bipolarização em que se viveu até a uma década e meia atrás.

Com influência de Hegel, na adopção do método dialético, e de Feuerbach, na interpretação materialista da história, defendeu Marx que na evolução de uma sociedade (até se chegar ao socialismo) se verificava o aparecimento de factores (de antítese) que, sendo contraditórios em relação à situação existente (tese), em determinado momento levariam a uma situação de rotura, conduzindo a um novo sistema (nova tese), que por sua vez viria a desencadear no seu seio novos factores de rotura (levando posteriormente a mais uma tese)[6].

Tratou-se de forças que, depois de um período inicial de *comunismo primitivo*, nos primórdios da humanidade (por que se saíu dele, na lógica da explicação marxista?), teriam levado aos sistemas seguintes: *esclavagismo, feudalismo, capitalismo* e *socialismo*. Na actualidade, seria o aparecimento do proletariado (antítese) no seio do capitalismo (tese) a provocar a queda deste último, abrindo-se o caminho para o socialismo.

Nesta evolução teria um relevo decisivo a luta de classes, num confronto entre os trabalhadores, detentores apenas da sua força de trabalho, explorados pelos capitalistas, detentores dos meios de produção, com um ganho (a mais-valia) resultante da diferença entre o valor da força de trabalho, pago aos trabalhadores, e o valor proporcionado pela sua actividade[7]. Com uma fundamentação aprofundada no *Capital* (sendo o pri-

---

[5] Um caso impressionante é o caso da China, onde de 1992 para 2005 o emprego no setor público desceu de 82 para 27% da força de trabalho (ver Louçã e Caldas, 2010, gráfico de p. 175).

[6] Com descrições sucintas da perspectiva de Marx ver por exemplo A. Nunes (1978, pp. 10 ss.), Buchholz (1999 (07), pp. 115-46), Gnos (2000, pp. 113-33) ou R. C. Nunes (2013, pp. 117-21).

[7] O marxismo tem pois na sua base a teoria clássica do valor, segundo a qual o valor dos bens, incluindo o valor da força de trabalho, é dado pelo trabalho socialmente necessário para a sua produção (no caso dos trabalhadores, o trabalho necessário para a sua subsistência): teoria

meiro volume de 1867), a defesa de que "a história de toda a sociedade até aos nosso dias mais não é do que a história da luta de classes"[8] havia sido feita por Marx e Engels já no influente *Manifesto Comunista*, de 1848[9].

Mas o marxismo, sendo uma interpretação da história, pouco ou nada nos disse sobre o modo de organização de uma sociedade comunista (recorde-se todavia a n. 25, p. 54); tal como, obviamente, não pode caber (ou dificilmente poderá caber) nos seus quadros explicativos o 'retrocesso' verificado nos países em que já estava implantado esse regime (sobre alguns aspectos da transição podem ver-se North, 2010, cap. 11 e Perkins, Radelet, Lindauer e Block, 2013, pp. 148-53).

3.3. Werner Sombart

Este autor (1916-27) fez apelo a três elementos que distinguiriam os sistemas económicos: *o espírito* (o móbil, o objectivo fundamental da produção), *a forma* (ou seja, o conjunto dos elementos sociais, jurídicos e institucionais que constituem o quadro dentro do qual se desenvolve a actividade económica, incluindo as relações entre sujeitos económicos: regime da propriedade, estatuto do trabalho, papel do Estado) e *a substância* (fundamentalmente a técnica utilizada). Com base neste critério distinguiu Sombart os sistemas de *economia fechada*, de *economia artesana* e de *economia capitalista*.

Em traços muito largos[10], o primeiro, a *economia fechada*, correspondente à Idade Média, foi caracterizado: por uma ambição muito limitada, de satisfação das necessidades básicas do domínio feudal, definidas pelo senhor; por um quadro jurídico e institucional muito simples, sendo pou-

---

que, como veremos adiante (em XIII.2.1.1), está na base das explicações de Smith e Ricardo do comércio internacional.

[8] Prosseguindo que "homem livre e escravo, patrício e plebeu, barão e servo, mestre-artesão e companheiro, numa palavra, opressores e oprimidos, em constante oposição, travaram uma guerra contínua, ora aberta, ora dissimulada, uma guerra que acabava sempre ou por uma transformação revolucionária de toda a sociedade ou pela destruição das duas classes em luta" (pp. 22-3).

[9] Outros autores, designadamente autores que vieram defender a necessidade de se apressar ou 'forçar' o processo, com a ditadura do proletariado, ou que, num quadro geográfico mais alargado, desenvolveram a teoria do imperialismo, foram também muito importantes para os movimentos de implantação de regimes comunistas, designadamente em países mais atrasados.

[10] Com um grande desenvolvimento do critério de Werner Sombart ver T. Ribeiro (1959, pp. 147-85).

cas as exigências que se verificavam; e por uma técnica rudimentar, ligada fundamentalmente à actividade agrícola.

A *economia artesana*, correspondente ao começo da Idade Moderna, aparece com uma maior divisão de tarefas, havendo pessoas que começam a dedicar-se a tarefas artesanas. Podendo especializar-se nestas tarefas, a partir de determinado momento julgam preferível concentrar-se em cidades, que por sua vez estabelecem relações de troca com o mundo rural. No novo quadro geográfico, há em especial da parte dos artesãos uma maior ambição, mas ainda relativamente modesta: a manutenção de um nível de vida aceitável para as suas comunidades de trabalho, formadas igualmente pelos companheiros e os aprendizes. Aumenta em alguma medida a complexidade social e institucional (incluindo a jurídica), em correspondência com o novo quadro de relações que se estabelece. A técnica, por fim, corresponde às novas tarefas artesanais e em alguma medida a progressos lentos verificados na agricultura.

A *economia capitalista* aparece com o capitalismo comercial, quando há intermediários – comerciantes mais poderosos – que têm poder para encomendar a produção a vários artesãos; não se bastando com os fornecimentos de algum deles. Depois, julgando insatisfatória a dependência de fornecimentos dispersos, preferem juntar os produtores numa mesma unidade, aparecendo assim as primeiras fábricas, e com elas o capitalismo industrial. Mais tarde, com a imaterialização da riqueza, aparece o capitalismo financeiro, num quadro geográfica cada vez mais alargado, o quadro da mundialização.

Temos com o sistema capitalista um móbil de grande ambição individual, procurando as pessoas, seja qual for a sua intervenção (como empresários, capitalistas ou trabalhadores) o maior ganho possível. Com uma exigência crescente, em particular no campo dos negócios, a forma é de enormes complexidade e sofisticação, com a exigência de se enquadrarem todas as actividades económicas (comerciais, industriais e financeiras). Por fim, estamos num sistema em que (nos países mais adiantados, havendo muitos que se mantêm com grande atraso...) os progressos técnicos são constantes, sem paralelo ao longo dos milénios anteriores, sendo o capitalismo aliás alimentado em grande medida com as inovações que se vão verificando[11].

---

[11] Na linha do pensamento de Schumpeter (1912 e 1942; cfr. M. Silva, 2003, pp. 26 ss.). De acordo com perspectivas recentes, como veremos (em XV.1.2.4 e em XIII.2.1.3, respectiva-

O critério de Sombart, com os seus três elementos, pode ainda ser aplicado à passagem para um *sistema socialista*, verificada em alguns países (ver T. Ribeiro, 1959, pp. 188-9). O móbil seria aqui, generosamente, não um móbil de lucro mas sim de satisfação das necessidades sociais. Do ponto de vista da forma, com uma grande (ou total) intervenção estadual não há a complexidade e as exigências de um sistema capitalista moderno, por exemplo no que respeita aos contratos, ao sistema financeiro ou ainda à regulação social, não existindo sindicalismo livre. Por fim, tendo-se verificado a implantação de regimes socialistas em países desenvolvidos e em países atrasados, foram distintas as situações no que respeita à técnica. Tendo continuado a ser muito rudimentar nos últimos, já no caso mais significativo da União Soviética houve progressos tecnológicos muito importantes, por exemplo nos domínios espacial e militar, que não foram todavia acompanhados, pelo menos a partir de determinado momento, por progressos similares na produção de bens de consumo corrente, dos automóveis aos electrodomésticos. A queda generalizada dos regimes comunistas pode atribuir-se aliás em grande medida ao diferencial que se foi verificando, face a países capitalistas, no bem-estar das pessoas e em apoios tecnológicos correntes, diferencial que pode atribuir-se por seu turno à ausência de estímulo bastante, conseguido só em mercados concorrenciais.

3.4. Colin Clark

Num plano ainda diferente, confinado a uma dimensão económica, Colin Clark (1940) considerou que as várias sociedades iriam evoluindo de acordo com o predomínio de mão-de-obra nos vários sectores de actividade: com a deslocação da população activa do sector primário (designadamente da agricultura) para o sector secundário (da indústria) e para o sector terciário (dos serviços).

Poderá caracterizar-se como mais ou menos desenvolvida uma determinada área (v.g. um país) de acordo com a percentagem da população activa no primeiro daqueles sectores: constatando-se que ao longo do tempo, com o desenvolvimento, vai diminuindo; ou ainda que num

mente), são inovações tecnológicas a determinar em grande medida o crescimento ou a explicar as diferentes especializações dos países no comércio internacional.

mesmo momento são mais atrasados os países ou as regiões onde é mais elevada. A título de exemplo, em Portugal a percentagem em análise desceu de 28,6% em 1980 para 12,5% duas décadas depois, quando era menor num país mais desenvolvido, como a França, onde era de 4,1% (de 1,4% no Reino Unido...), mas já maior na Polónia, de 19,6%, na Roménia, de 37,7%, na Turquia, de 32,7%, ou num país da África (ainda a título de exemplo, no Quénia é de 80%).

Compreende-se que tal aconteça, dado que a procura dos bens do sector primário, designadamente a procura de alimentos, não vai aumentando na medida do aumento do rendimento da população (sobre a lei de Engel ver *infra* X.3.1.3, p. 260; e sobre a elasticidade-rendimento da procura já III.6, p. 111). Havendo progressos técnicos e de gestão que possibilitam a mesma produção com um número menor de trabalhadores, a mão-de-obra excedentária é atraída (como veremos melhor no início de VII, pp. 185-8) para sectores de procura crescente, onde é maior o valor do contributo proporcionado (o valor da sua produtividade marginal).

3.5. Walter Rostow

Por fim, é de referir a análise da evolução dos sistemas feita por Walter Whitman Rostow, num livro com o título *The Stages of Economic Growth* (1960, 2ª ed. de 1971). Querendo oferecer uma análise mais realista do que a análise marxista, acrescenta como subtítulo que se trata de *a Non-Communist Manifesto*.

Distingue o autor cinco fases na evolução das sociedades: a *sociedade tradicional*, as *condições prévias para o arranque*, o *arranque*, o *percurso para a maturidade* e a *idade de alto consumo de massa*.

Em traços muito largos, entre outros elementos de caracterização, a *sociedade tradicional* era uma sociedade pré-científica (pré-Newtoniana), com progressos tecnológicos apenas muito rudimentares (restringidos basicamente à agricultura) e quase sem ambição. Encontramos esta forma de sociedade em dinastias da China, em civilizações do Médio Oriente e do Mediterrâneo e na Europa Medieval.

As *condições prévias para o arranque* verificaram-se primeiro na Europa do final do séc. XVII e do início do séc. XVIII: com inovações tecnológicas, aplicáveis à agricultura e à indústria, num quadro de dinamismo proporcionado por uma maior abertura ao mundo; tendo sido factores igualmente relevantes a abertura a novos valores sociais e a emergência dos Estados nacionais, que se sucederam aos poderes regionais (v.g. feudais) fragmentados. Trata-se de evoluções que, tendo começado por dar-se na Inglaterra, alastraram depois a outros países.

O *arranque* (o *take-off*: expressão utilizada, como se sabe, para designar o arranque dos aviões, quando descolam da pista) corresponde à revolução industrial de cada país. Com a duração de cerca de duas décadas, dá-se num período em que se verifica um aumento sensível da percentagem do rendimento afectada ao investimento (de 5 para 10%, ou mais), bem como um progresso técnico assinalável[12]. A primeira revolução industrial, a Revolução Industrial Inglesa, ficou aliás ligada a inventos que ficaram na memória de todos, inventos 'emblemáticos', decisivos para a dinamização de vários sectores industriais (casos dos teares e da máquina a vapor, na indústria têxtil) ou ainda por exemplo do sistema de transportes (com a máquina a vapor).

No *percurso para a maturidade* (*drive to maturity*) verifica-se um acréscimo da percentagem do PIB, para 10 e 20%, destinada ao investimento. Podendo durar mais quatro décadas, que acrescem às décadas do *take-off*, é um período em que se alarga o campo dos sectores que dinamizam as economias.

Segue-se o período do *alto consumo de massa* (*age of high mass comsumption*), quando se verifica o predomínio na produção de bens de consumo duradouros e de serviços, sendo além disso destinados recursos crescentes a tarefas de apoio social. Em termos de países, podemos dizer que, remontando nos Estados Unidos já às primeiras décadas do século XX, teve uma implantação alargada depois da II Guerra Mundial, em especial na Europa Ocidental e no Japão.

Rostow conclui a sua análise (1971, pp. 11-2 e 90-2) com uma reflexão *para além do alto consumo de massa*, de índole mais especulativa. Depois de a generalidade das pessoas ter acesso aos bens que proporcionam um bem-estar corrente – incluindo a Lambretta e o Voskswagen... – entrar-

---

[12] Trata-se, como veremos no capítulo XVI, de condições ligadas às teorias do crescimento. Pondo em dúvida alguma da evidência ligada ao aparecimento dos estádios de Rostow ver por exemplo Cairncross (1961) e Kuznets (1963); e com uma exposição recente F. Amaral, A. Serra e Estevão, 2008, pp. 45-7).

se-ia numa fase de novas necessidades, em especial no campo imaterial (ou de formação de famílias mais numerosas: com o autor a olhar, há trinta anos, para o que parecia prenunciar-se então na sociedade americana...).

No quadro que se reproduz a seguir (fig. II.1) Rostow mostra em que anos cada país chegou a cada um dos períodos considerados:

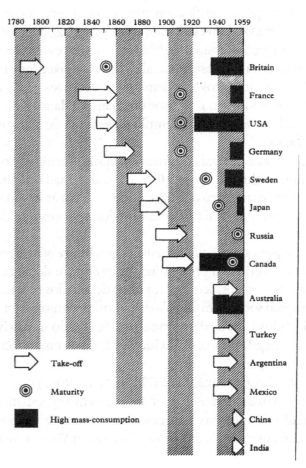

Fig. II.1

Vemos assim que o primeiro *take-off* se verificou na Inglaterra, nas duas décadas depois de 1783, na França e nos Estados Unidos nas décadas anteriores a 1860, na Alemanha no terceiro quartel do século XIX, na Suécia e no Japão no quartel seguinte, e na Rússia e no Canadá no quarto de século antes de 1914; tendo vindo muito mais tarde, nos anos cinquenta do século XX, as 'revoluções industriais' da China e da Índia.

Para além disto, é interessante chamar a atenção para casos em que não houve a sucessão de sistemas descrita há pouco, do *take off* para a *maturidade* e desta para o *alto consumo de massa*. Pela suas excepcionais condições para a agro-pecuária, a Austrália chegou ao *alto consumo de massa* sem uma prévia revolução industrial (o mesmo se passou em boa medida na Nova Zelândia, na Argentina e no Uruguai: com os problemas que referiremos em XV.1.2.1.a), sendo também interessante o caso do Canadá, com um *alto consumo de massa* antes da *maturidade*.

4. Os tipos de organização

Poderá reportar-se ainda a um autor alemão, Walter Eücken (1934), a distinção dos sistemas sem ser com base em critérios históricos, atendendo-se antes, independentemente da época, ao modo como a sociedade está 'organizada' para a resolução dos problemas básicos de qualquer economia.

De que problemas se trata?

Como vimos no capítulo I, dada a escassez de recursos, face a uma procura maior, está sempre basicamente em causa saber o que produzir, como, a favor de quem (como repartir), onde e quando.

Não havendo casos puros, trata-se de problemas que poderiam encontrar duas soluções extremas, a solução de uma direcção totalmente central e uma solução totalmente de mercado[13].

4.1. A direcção central

Neste primeiro caso há uma autoridade que decide a todos os propósitos referidos (v.g. através de planos).

Certamente com a 'sedução' de que se consegue assim uma solução de máxima eficiência e de total justiça, a simples indicação do modo como a autoridade pode fazer as escolhas requeridas bastará contudo para mostrar as dificuldades existentes, pondo em questão a bondade do sistema.

---

[13] Sobre a polémica histórica, hoje em dia ultrapassada, acerca da maior eficiência conseguida com um ou outro destes sistemas, recorde-se a n. 24 p. 54.

A determinação dos bens a produzir poderá ser feita em função dos desejos das pessoas ou de juízos de valor da autoridade central. Neste segundo caso há que perguntar todavia se será aceitável que esta autoridade se sobreponha à vontade dos cidadãos, decidindo acerca do que é correcto e desejável para eles. Entra-se assim num campo de especial delicadeza, para além da economia; devendo adiantar-se todavia já agora que mesmo numa economia de mercado há que fazer correcções – merecedoras de um juízo geralmente pacífico – em relação aos desejos expressados pelos cidadãos, v.g. na procura de bens julgados social ou pessoalmente nefastos. Julgando-se antes que a autoridade, mesmo numa economia de direcção central, deve corresponder aos desejos dos cidadãos, há que apurá-los – não haverá alternativa – através de inquéritos de opinião. Podem imaginar-se contudo as dificuldades de um processo desta natureza, além do mais dada a diversidade dos desejos de cada pessoa e a sua mudança rápida, de um momento para o outro. Uma preferência manifestada num ano, levando à produção dos bens mencionados, pode não se manter já no ano seguinte.

A mesma dificuldade de informação verifica-se em relação aos factores de produção, por exemplo em relação ao factor trabalho. Sendo muito diferentes as qualidades de trabalhador para trabalhador, como pode o decisor central ter um conhecimento preciso das capacidades de cada um?

Um outro problema, dependente não só do conhecimento da realidade como também de juízos de valor, é o problema da repartição do rendimento, por exemplo (de novo) através da remuneração do trabalho. Numa linha idealista, poderá pensar-se que cada um deverá ser remunerado com total igualdade ou conforme as suas necessidades, tendo por exemplo o 'chefe' de uma família de cinco filhos um rendimento superior ao de um cidadão solteiro. Trata-se todavia de um critério de repartição que poderá questionar-se tanto no plano da equidade como no plano da eficiência do sistema. No primeiro plano é de perguntar se será justo que dois indivíduos com as mesmas necessidades tenham por isso o mesmo rendimento, quando o primeiro faz um grande esforço laboral (na sua actividade presente e talvez já antes na sua formação) e o segundo é indolente e pouco produz (não tendo talvez feito esforço nenhum para se valorizar, quando podia tê-lo feito). No plano da eficiência, não havendo estímulo a produzir mais e melhor, será o conjunto da economia a ficar prejudicado com um sistema de repartição que não é incentivador de um empenho maior dos cidadãos. Por fim, há que apontar que mesmo que se prefira uma repartição de acordo com os contributos proporcionados será difícil avaliá-los numa economia de direcção central.

Numa economia deste tipo é ainda difícil tomar decisões sobre o local e o tempo de cada produção, com o risco de serem tomadas com critérios políticos, que não são correctos (eficientes) do ponto de vista económico[14]. Tem uma delicadeza muito especial a localização temporal das produções, dependente de opções de fundo entre haver uma satisfação maior (máxima) das pessoas no presente, com a afectação de todos os recursos ao consumo, ou algum sacrifício actual, com um consumo menor e por isso algum aforro aplicado a investimento, capaz de proporcionar um bem-estar maior uns anos mais tarde.

4.2. O mercado (e o papel das autoridades)

Podendo duvidar-se da justeza ou da eficácia da direcção central, poderiam naturalmente levantar-se dúvidas ainda maiores acerca da possibilidade de o mercado resolver de um modo satisfatório os problemas referidos.

Logo a propósito do primeiro problema, o problema de saber o que produzir, é de perguntar se podemos dormir descansados na expectativa de que os produtores correspondam às necessidades de todos nós. Precisando diariamente de comer, de nos vestirmos, de nos deslocarmos, quem nos garante que o mercado nos proporcionará os alimentos, o vestuário e os transportes que são necessários?

Pode reportar-se todavia já a Adam Smith (1776), com a imagem da 'mão invisível', a constatação de que o mercado, sem nenhuma intervenção, é em grande medida capaz de dar as indicações necessárias e mais efi-

---

[14] Um caso de actualidade foi o da decisão da localização da co-incineração de resíduos industriais perigosos no nosso país. Admitindo-se que fosse aceitável fazê-la em fábricas de cimento (o que não acontece, como se sabe), a empresa interessada no processo, a SCORECO, fez um pedido correcto, solicitando que tivesse lugar no Outão e em Alhandra, junto dos locais onde são predominantemente produzidos e onde são seleccionados os resíduos, com o que se minimizariam os custos de deslocação. A decisão de co-incinerar grande parte deles longe desses locais foi uma decisão 'de autoridade central', determinada por interesses políticos, não numa linha de racionalidade económica ou social, mesmo ambiental (cfr. Porto, 2000).

cientes: através dos preços, reflectindo as situações de maior ou menor procura ou de maior ou menor oferta[15].

Trata-se de mecanismo que ilustraremos e fundamentaremos melhor adiante, quando estudarmos a lei da procura, a lei da oferta e a lei da procura e da oferta. Mas mesmo antes de lá chegarmos podemos ter a intuição do modo como as coisas se passam.

Se num certo momento há uma grande procura de um bem, por exemplo uma grande procura de um bem alimentar, esta traduz-se no aumento do seu preço. Sendo assim, verifica-se uma atracção natural para a sua produção, aumentando pois a oferta.

Na organização dos processos produtivos há a procura de determinados tipos de mão-de-obra especializada, com o aumento da sua remuneração. Verificar-se-á por isso naturalmente uma deslocação de trabalhadores para essa actividade, com a formação correspondente, se for necessária.

Verifica-se ainda na mesma lógica a distribuição do rendimento a favor de quem intervenha nos sectores mais atractivos, com uma elevação maior do valor da sua produtividade marginal.

O mercado levará por seu turno a que as produções se localizem nas áreas mais adequadas, por exemplo próximo dos mercados consumidores ou dos factores de produção (em especial se for difícil e onerosa a sua deslocação); com a minimização dos custos e com um serviço mais adequado a prestar aos cidadãos

Por fim, poderá ser o mercado a determinar as decisões temporais, através da taxa de juro. Havendo menos necessidade de consumo há mais depósitos nos bancos, disponibilidades que estarão mais acessíveis aos investidores, aumentando as suas expectativas de ganho (sendo certo que taxas de juro mais baixos levarão também a aumentos de consumo com o recurso ao crédito).

---

[15] Valerá a pena reproduzir um texto do próprio Smith: "Cada indivíduo esforça-se por aplicar o seu capital de modo a que a sua produção tenha o valor máximo. Geralmente não tem intenção de promover o interesse público nem sabe sequer em que medida o está a fomentar. Pretende unicamente a sua segurança, apenas o seu próprio ganho. E assim prossegue, como que levado por uma mão invisível, na consecução de um objectivo que não fazia parte das suas intenções. Na prossecução do seu próprio interesse, promove frequentemente o interesse da sociedade de uma forma mais efectiva do que quando realmente o pretende fazer". Num outro passo diz o mesmo autor: "Não é da boa vontade do talhante, do cervejeiro ou do padeiro que esperamos o nosso jantar, mas do cuidado que têm com o seu interesse pessoal".

*
* *

Não podemos contudo concluir esta secção sobre as virtualidades do mercado sem adiantar já aqui que ele tem imperfeições e que há externalidades, obrigando a alguma intervenção pública, mesmo para que funcione devidamente (v.g. com o aproveitamento do máximo das suas virtualidades).

Dando alguns exemplos, se se verificar um consumo excessivo de algo julgado socialmente indesejável deverá intervir-se no sentido da sua limitação; bem como se pelo contrário, em relação a um outro bem, se está aquém do consumo e/ou da produção desejáveis, deverá haver uma intervenção conducente a um consumo e/ou a uma produção maiores. No plano espacial, pode acontecer que a lógica do mercado leve a concentrações exageradas, com grandes deseconomias, ou pelo contrário a que não se localizem actividades em regiões agora desfavorecidas mas que se impõe que se favoreçam, por razões sociais ou porque serão capazes, depois de um período intermediário de criação de forças próprias, de se tornar regiões competitivas. Por fim, poderá justificar-se ainda que as autoridades intervenham para que as gerações presentes, consumindo menos e aforrando mais, criem condições para um bem-estar maior das gerações futuras.

Estas intervenções estão em boa medida na linha de um dos campos básicos de intervenção do Estado (e demais entidades públicas), na promoção de uma melhor utilização dos recursos: a função de afectação, ou 'alocação', em tradução mais próxima da designação inglesa, *allocation*[16]. Trata-se de intervenção com especial relevo numa linha de médio e longo prazos (estrutural).

A par dela (ver Musgrave e Musgrave, 1989; cfr. Barbosa, 2003, pp. 5--7) cabem também às autoridades, nas economias de mercado, as funções de redistribuição (o mercado não 'atende' a situações de exclusão, carência e desigualdade)[17] e de estabilização (macro-económica).

---

[16] Nas palavras de S. Ande (ver Thirlwall, 1999, p. 223), "more as partner and facilitator than director. States should work to complement markets, not to replace them".

[17] Poderá pôr-se ainda neste plano (da redistribuição) a intervenção para se promover um maior equilíbrio entre as gerações, v.g. 'obrigando' a que se aforre e invista mais no presente, em benefício das gerações que se seguem.

Estas três funções do Estado (e demais autoridades, incluindo as autoridades monetárias) estarão bem presentes em diversos capítulos destas lições.

Assim, está em causa a problemática da (melhor) afectação dos recursos na política de defesa da concorrência (capítulo VI), ou ainda, numa linha de longo prazo, nas políticas de promoção de um maior crescimento e de um maior equilíbrio (capítulo XV).

A função de redistribuição estará presente no capítulo IX, na sequência das análises dos modos de medir as desigualdades e das suas causas.

A função de estabilização, por seu turno, estará presente, em particular no capítulo XI, a propósito da política monetária, e no capítulo XII, a propósito do combate à inflação. A par da via monetária, a política anti-inflacionista pode utilizar a via orçamental, que será objecto de um tratamento desenvolvido na cadeira de Finanças Públicas[18].

Nesta disciplina dar-se-á ainda naturalmente um grande relevo à intervenção pública no fornecimento de bens que não têm mercado, na satisfação das necessidades colectivas. Por mais liberal que seja o pensamento prevalecente em qualquer época está fora de causa que o Estado ou outras entidades públicas têm de intervir no seu fornecimento, directamente ou atribuindo a intervenção a alguém a quem paga; só ele podendo dispôr dos impostos, que são requeridos para a cobertura dos respectivos custos (também para a cobertura de parte dos custos com os bem semi-públicos: ver por ex. T. Ribeiro, 1997, pp. 19-28 e Thirlwall, 1999, pp. 221 ss e 231 ss).

Sobre as intervenções públicas de 'incitamento' e de' redistribuição' ver por exemplo Jacquemin, Tulkens e Mercier (2001, pp. 280-9 e 295-8).

[18] Onde é naturalmente considerada a via orçamental também na prossecução das demais funções referidas.

Problema igualmente interessante e importante é o problema de saber qual é o nível espacial de intervenção mais adequado para o bom exercício de cada uma destas funções: havendo boas razões para que a função de afectação de recursos seja em grande medida descentralizada, para instâncias regionais e locais, mais flexíveis, empenhadas e próximas dos problemas, para que a função de redistribuição tenha de ser em grande medida nacional e para que a política de estabilização continue a ser basicamente nacional quando se utiliza a arma orçamental, mas que no caso da União Europeia seja supranacional quando se utiliza a arma monetária e cambial, com a moeda única (o euro), adoptada já por dezassete países membros (e com os fundos estruturais a apoiar a função de afectação).

4.3. Sistemas mistos? Os serviços de interesse económico geral e a regulação

Os objectivos acabados de referir justificam pois a intervenção pública em qualquer economia de mercado; intervenção aliás necessária, conforme procurou sublinhar-se, precisamente para que possam aproveitar-se todas as suas virtualidades.

Perguntar-se-á então que sentido tem falar num sistema ou em sistemas mistos, em todas as economias havendo intervenção pública, aliás crescente em vários países, como veremos daqui a pouco. Tem sentido designadamente falar numa terceira via?

O problema de haver uma maior ou menor intervenção do Estado (ou outras entidades públicas), reflectindo filosofias políticas prevalecentes, em muitos casos como consequência de resultados eleitorais, acabará por levantar-se apenas em áreas onde poderá haver também intervenção privada, designadamente em relação a bens semi-públicos, que podem ter um preço.

Não se porá pois em relação à defesa nacional, que tem que ser custeada por impostos, ainda que o Estado sub-contrate serviços. Já se porá em relação aos serviços de ensino, saúde ou transportes, onde pelo menos parte dos custos pode ser paga pelos utilizadores[19].

É aqui que prevalece a visão política de cada época, sabendo-se que uma maior intervenção pública exigirá mais impostos. A questão está em saber se tais serviços devem ser custeados pelo conjunto dos cidadãos ou em maior ou menor medida pelos seus utilizadores[20].

A questão põe-se com particular acuidade em relação aos chamados 'serviços de interesse económico geral'. Tradicionalmente a intervenção verificava-se mais em serviços de interesse social, como são os casos da saúde, da justiça ou do ensino. Mas ainda em plena época do liberalismo constatou-se a necessidade de haver intervenções em sectores económicos que, além de exigirem grandes investimentos, exigem infraestruturas que não podem multiplicar-se: casos do transporte ferroviário, dos apoios por-

---

[19] Há casos ainda de sectores muito lucrativos (por exemplo dos tabacos) em que o Estado intervém como forma de obtenção de recursos financeiros. Podemos ter então 'monopólios fiscais'.
[20] Defendendo o pagamento de portagens para a cobertura dos custos das auto-estradas e pontes ver Porto (2002a, pp. 107-22), estando a perspectiva da UE expressa em Comissão Europeia (2011, v.g. no n. 62).

tuários, da produção e distribuição de energia e mais recentemente das telecomunicações[21].

Não podendo esperar-se que a iniciativa privada, sem nenhum apoio, tomasse iniciativa nestes domínios, houve duas vias de intervenção. Uma delas, mais 'europeia', consistiu em ser o próprio Estado a intervir. Nos Estados Unidos preferiu-se deixar a iniciativa aos particulares, mas como não poderiam duplicar-se os investimentos a fazer, por razões económicas ou mesmo de ocupação do espaço (v.g. com vias férreas paralelas...), foram dadas garantias pelas autoridades. Curiosamente, em Portugal em alguns dos sectores referidos, casos de caminhos de ferro, dos transportes urbanos e do gás da cidade em Lisboa ou dos telefones de Lisboa e Porto, foi seguido no início o 'modelo americano', mas com investimentos privados ingleses.

A evolução mais recente tem sido no sentido da privatização também destes sectores, no caso português depois de todos eles terem passado pelo Estado. Passando todavia para as mãos de privados, sentiu-se a necessidade de haver regulação, por razões de racionalização e de garantia da satisfação do interesse público. A título de exemplo, mesmo com empresas privadas a intervir, nos casos de serviços de transporte e de abastecimento de energia há que assegurar que sejam servidas as áreas mais desfavorecidas dos países, e nos casos de serviços de televisão e rádio que haja pluralidade ideológica, um mínimo de programas culturais ou ainda programas para as comunidades de emigrantes.

Tratando-se de prestações de serviço público que não sejam lucrativas, o Estado compensará na sua medida as empresas privadas que as proporcionam. A título de exemplo, se uma companhia de aviação faz

---

[21] Podemos ter então *monopólios naturais* (ver *infra* V.4.1, pp. 139-40). Sobre a evolução verificada com os serviços de interesse económico geral, em particular em Portugal, ver P. Gonçalves (1999), S. Sanches (2000), ERSE (2000), V. Moreira (2001), Gouveia (2001), D. Lopes (2003), Porto (2003a, 2005 e 2006a), J. N. C. Silva (2008 e 2012), Garcia (2009), Porto e J. N. C. Silva (2013, bem como bibliografia aqui citada), e no conjunto europeu Moderne e Marcou, ed. (2001), Fitoussi e Le Cacheux (2003, pp. 208-33), Marcou e Moderne, dir. (2005), Chevallier (2008), Guinard (2012) e Lepière (2012).
Poderá estar em causa também influenciar ou dominar sectores estratégicos de uma sociedade, por exemplo a actividade bancária, com alguma intervenção (para além da regulação), ou as indústrias de produção de material de defesa ou de extracção de petróleo (com o exclusivo da sua produção), bem como ainda por exemplo assegurar uma maior diversidade na oferta (cfr. de novo Jacquemin, Tulkens e Mercier, 2001, pp. 289-90).

preços mais baratos para residentes de ilhas periféricas é compensada na medida da diferença em relação aos bilhetes normais, ou se uma cadeia de televisão tem programas culturais ou para emigrantes com menos audiências é compensada em tal medida. Garantindo-se o serviço público com igual qualidade, as compensações a pagar seriam muitíssimo menores do que os défices que têm por exemplo a TAP, a RTP e a RDP portuguesas.

Em sectores lucrativos, como poderão ser precisamente os sectores dos transportes aéreos, da televisão e da rádiodifusão, a garantia de serviço público pode ser aliás conseguida sem encargo nenhum para o erário público: sendo esse serviço proporcionado como contrapartida exigida quando da concessão de uma rota ou de um canal. Sendo várias empresas privadas a operar no mesmo espaço, por exemplo com a televisão, as prestações de serviço público devem ser exigidas a todas por igual, havendo deste modo ainda uma saudável concorrência e melhoria de qualidade na prestação de tal serviço (por exemplo nos programas culturais ou nas emissões para emigrantes).

A tendência moderna é de facto para não se confundir *serviço público* com *prestação por entidades públicas*, podendo ser prestado por entidades privadas. O que tem que haver, como é óbvio, é um quadro muito exigente de regulação[22].

*
* *

Estando na nossa época a dar-se à intervenção privada um relevo sem precedentes no século que findou, com importantes privatizações[23], inclusivamente nos países de regime comunista (mais precisamente, com par-

---

[22] Sobre a regulação, entre uma literatura em expansão, além dos autores indicados na n. 21 ver por exemplo (entre nós) P. Ferreira (2001, pp. 391 ss.), V. Moreira e Maçãs (2003), V. Moreira, org. (2004), M. Marques, Almeida e Forte (2005), Marques e V. Moreira (2008), P. Ferreira, Morais e Anastácio (2009), Azevedo (2013, pp. 139-237), Santos, Gonçalves e Marques (2014, pp. 207-15), em França Du Marais (2004) e, com exposições mais de índole económica, Lévêque (1998), Newbery (2000), Confraria (2005), R. Marques (2005), Viscusi, Harrington Jr. e Vernon (2005), J. Soares (2007), Mavrodeas (2012) ou ainda T. Pereira (2008, pp. 177-94).

[23] Sobre o processo de privatizações em Portugal ver Mello e Lucena, coord. (1990) e F. Sousa e Cruz (1995).

tidos comunistas no poder: casos da China, de Cuba ou do Vietenam), é de assinalar que curiosamente a intervenção pública continua a ser de grande relevo, em alguns casos ainda com algum crescimento percentual em relação aos produtos dos países[24].

Trata-se de crescimento de relevo que, a título de exemplo nos Estados Unidos, pode ser visto na figura II.2:

FIG. II.2
Despesa e impostos do Governo 1902-1999

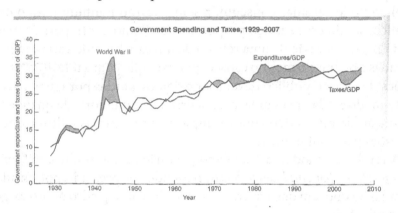

Fonte: Samuelson e Nordhaus (2010, p. 304)

Será de sublinhar também que o relevo da intervenção pública é de um modo geral maior em países mais ricos, podendo por isso esperar-se que vá aumentando com o processo de desenvolvimento dos países que estão entretanto mais atrasados. Trata-se de constatação ilustrada pela figura II.3

---

[24] Estamos assim face à 'lei de Wagner', que será estudada na disciplina de Finanças Públicas (cfr. T. Ribeiro, 1997, pp. 133-6).

OS SISTEMAS ECONÓMICOS

FIG. II.3
Despesa governamental

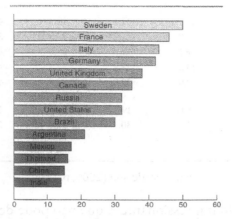

Fonte: Samuelson e Nordhaus (2010, p. 305); ver também Dicken (2011, p. 181) e com a indicação dos trabalhadores da administração pública em percentagem da população ativa, naturalmente com uma imagem semelhante, Batista e V. Silva (2012, p. 224).

Vê-se pois que o peso da intervenção pública é especialmente elevado em países mais ricos. Mas entre estes só diferenças de perspectiva política poderão explicar que a intervenção seja maior na Suécia (e em outros países europeus) do que nos Estados Unidos da América e no Japão.

A evolução verificada ao longo do século XX nestes países mais desenvolvidos (considerando-se agora a Holanda, mas já não a Itália) pode ser vista no quadro II.1

QUADRO II.1

	1913	1938	1950	1973	1999
Alemanha	17.7	42.4	30.4	42.0	47.6
França	8.9	23.2	27.6	38.8	52.4
Holanda	8.2[a]	21.7	26.8	45.5	43.8
Reino-Unido	13.3	28.8	34.2	41.5	39.7
Média aritmética	12.0	29.0	29.8	42.0	45.9
Estados Unidos	8.0	19.8	21.4	31.1	30.1
Japão	14.2	30.3	19.8	22.9	38.1

a) 1910.

Fonte: Maddison (2006, p. 135)

É uma evolução impressionante[25], que não pode deixar de suscitar a maior atenção: devendo verificar-se apenas se for económica e socialmente mais favorável do que a intevenção privada e, quando se verifique, tendo de ser feita com a máxima racionalidade (tendo-se designadamente em conta que, face às exigências da concorrência internacional, é difícil ou mesmo impossível que deixe de ser feita à custa de impostos indirectos, geralmente regressivos; ou seja, à custa dos cidadãos mais pobres dos países: ver *infra*, pp. 243-4).

Num mundo aberto em que temos de competir com países muito eficientes, como são os casos dos Estados Unidos e do Japão, não podem deixar de ser objecto de ponderação as diferenças enormes que se verificam nos exemplos em análise, sendo a diferença entre a média dos países europeus e os Estados Unidos de mais de 15%[26].

---

[25] Mesmo nos últimos anos, de grande crença no mercado, foram pequenas as reduções verificadas (apenas) na Holanda, no Reino Unido e nos Estados Unidos da América.
[26] São modelos diferentes, sobre os quais cada um terá a sua opinião: sendo o modelo europeu socialmente mais 'protector' mas tendo os Estados Unidos taxas de desemprego muito mais baixas (sobre o primeiro ver por exemplo Sapir *et al.*, 2003, pp. 93-7, ou Rodrigues, 2003, pp. 153-79 e Rodrigues *et al.*, 2008; e comparando-os ver já Cordeiro, 1998). Ou seja, no primeiro caso favorece-se quem já tem emprego mas não quem está desempregado, designadamente quem (em princípio os jovens) está à procura do primeiro emprego. A virtude estará de permeio...

A diferença de consequências nas taxas de desemprego, com uma mudança clara de posições na década de 80 (e subidas sensíveis na década actual ...), pode ser vista na figura II.4: (mas agora, com a crise, houve uma clara aproximação; segundo os dados mais recentes, com dados do desemprego de vários países próximos nos dois lados do Atlântico: cfr. *The Economist*, 12 a 18 de Julho de 2014).

Fig. II.4

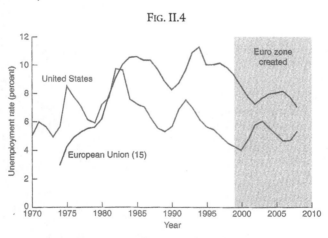

Fonte: Samuelson e Nordhaus (2010, p. 605); cfr. também Baldwin e Wyplosz (2012, p. 208, vendo-se ainda, p. 216, que de um modo geral o desemprego é de menor duração nos países da América do Norte e da Oceania). Borjas (2013, p. 538) mostra que as diferenças nos países do norte da Europa, entre o desemprego de longa duração nos EUA (16,3%) e na Europa são maiores em relação à Alemanha (45,5%) à Itália (44.4%) ou à Bélgica (44,2%), sendo já bem menores em relação ao Reino Unido (24,6%) e à Holanda (24,8%), sendo por seu turno a percentagem na Dinamarca, com o seu sistema de "flexi-segurança", bem mais baixa (de 9,1%) do que a norte-americana. (ver ainda Frank e Bernanke, 2011, pp. 378-9).

Capítulo III
A Procura

1. A lei da procura. Enunciado e representação gráfica
Uma primeira lei básica da economia, naturalmente de uma economia de mercado, é a lei da procura, de acordo com a qual a procura (a quantidade procurada) é função do preço, diminuindo quando o preço aumenta e aumentando quando o preço baixa.

Todos temos a noção de que assim acontece, agimos aliás 'de acordo' com esta lei, fugindo a comprar um determinado bem quando está mais caro e passando a comprá-lo, ou a comprá-lo em maior quantidade, quando está mais barato.

Trata-se de comportamento que pode ser visto num diagrama muito simples (fig. III.1), em que no eixo vertical (das ordenadas) se representa o preço e no eixo horizontal (das abcissas) se representa a quantidade.

Fig. III.1

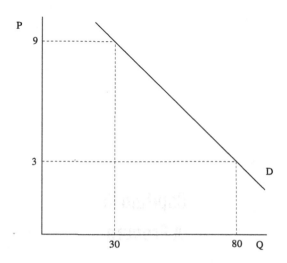

A título de exemplo, quando o preço é de 9 compram-se 30 unidades, sendo naturalmente maior a procura, de 80 unidades, se o preço baixa para 3. O comportamento é inverso deste se se verifica uma subida de preço.

2. Fundamentação para a lei da procura

Apesar de todos nós termos a intuição desta lei, importa dar-lhe alguma fundamentação; tarefa a que se dedicaram alguns economistas.

2.1. Efeitos de substituição e de rendimento. Casos excepcionais

Tendo como pressuposto a invariância das demais circunstâncias da economia[1], compreende-se que quando o preço de um bem aumenta se passe a comprar outro bem, por *efeito de substituição*. Assim acontece com um bem sucedâneo, sendo a substituição tanto mais fácil quanto maior for a sucedaneidade dos bens que podem comprar-se em alternativa.

A título de exemplo, se aumenta o preço do café em seu lugar passa a comprar-se mais chá; com um efeito de substituição que explica a diminuição da procura do café quando sobe o seu preço.

---

[1] Num quadro, pois, de equilíbrio parcial, tal como se definiu em I.2.3, p. 58.
Iremos vendo a importância que tem a alteração de determinadas circunstâncias.

Um dos pressupostos do efeito de substituição é a invariância do rendimento dos consumidores. Ora, quando há um aumento do preço de um bem há obviamente uma diminuição da capacidade geral de compra dos consumidores, ou seja, a diminuição do seu rendimento real. Mantendo-se o nível relativo de preferências, passa por isso a comprar-se menos de *todos* os bens, designadamente do bem cujo preço subiu, na lógica – ou como explicação – da lei da procura, como *efeito de rendimento*.

No exemplo muito simples dado há pouco, a subida do preço do café levaria a uma diminuição da compra de todos os bens, designadamente desse produto.

Estas duas explicações para a lei da procura não se confinam naturalmente à conduta dos consumidores, são aplicáveis igualmente aos empresários.

A título de exemplo, se sobe o preço de uma matéria-prima diminui a sua procura, por efeito de substituição, havendo outra matéria-prima que possa ser utilizada em alternativa na produção; tal como se aumentam os salários, ficando mais caro o factor trabalho, diminui a sua procura, passando a utilizar-se processos de produção mais capital-intensivos (situação que pode representar-se na figura I.3, apresentada *supra*, em I.1.2.6.b, p. 49, com a curva de isoquantidade).

Temos aqui, pois, a lei da procura explicada pelo *efeito de substituição*.

Trata-se de subidas de preços que se traduzem em diminuições da capacidade produtiva, ou seja, do volume de negócios. Não podendo utilizar-se a mesma quantidade de matéria prima ou o mesmo contributo dos trabalhadores, diminui a produção, reduzindo-se a procura das matérias-primas e dos factores primários, designadamente da matéria-prima e do factor cujo preço aumentou.

Temos pois agora a lei da procura explicada pelo efeito de rendimento, que pode designar-se como *efeito volume de produção*.

*
* *

A lei da procura tem todavia excepções de tipo bem diferente, havendo casos em que a um aumento do preço corresponde um aumento da procura e em que a uma descida do preço corresponde uma descida da procura.

Assim poderá acontecer com bens de luxo, que as pessoas poderão procurar, não por corresponderem a uma necessidade básica, mas mais pelo 'efeito de demonstração' de riqueza que é assim evidenciado. Trata-se de uma *procura-ostentação*, verificada por exemplo com jóias, vestuário ou automóveis de alta gama. Uma subida do preço poderá levar consequentemente a um aumento da procura, tal como uma vulgarização do preço poderá levar a que passem a ser menos consumidos, porque já não se consegue então o efeito de ostentação pretendido.

O exemplo mais 'famoso' de excepção à lei da procura verifica-se contudo no outro extremo de rendimentos das pessoas, com pessoas de rendimentos muito baixos, tendo ficado conhecido por *paradoxo de Giffen*. Este autor observou já no século XIX (1883, 1886) que famílias operárias inglesas aumentavam o consumo de bens alimentares básicos quando subia o seu preço, dado que o que sobrava do rendimento disponível para alimentação, com esta subida, era desprezível para qualquer compra de um bem alimentar mais caro. Com um exemplo, suponhamos que alguém dispõe de 1,2 euros diários para a compra de batatas e carne, comprando por 0,5 euros um quilo de batatas e por 0,7 euros 200 gramas de carne. Subindo o preço das batatas para o dobro, por exemplo para 1 euro, este consumidor pobre constata que não pode deixar de ter a base da sua alimentação, que são as batatas. Como todavia restam já só 0,2 euros, dando apenas para 20 gramas de carne, prescinde deste produto, que pouco lhe adiantaria, gastando tudo, os 1,2 euros, em batatas, mais 200 gramas do que na situação anterior.

Por fim, poderá encontrar-se também junto de pessoas de menores rendimentos a excepção de diminuir a procura com a descida do preço. Assim acontecerá com um bem sucedâneo, por exemplo a margarina, custando inicialmente 2 euros o quilo de margarina e 5 euros o quilo de manteiga. Tendo uma família 60 cêntimos para gastar nestes produtos, poderá comprar 100 gramas de margarina, por 10 cêntimos, e 100 gramas de manteiga, por 50 cêntimos. Baixando o preço da margarina para 1 euro, poderá preferir comprar apenas 50 gramas deste produto, utilizando o que passa a sobrar, 65 cêntimos, na compra de mais manteiga: o bem principal, mais apreciado, que tem por isso um aumento de procura para 150 gramas. Uma descida de preço do bem mais barato, a margarina, leva pois a uma diminuição da sua procura, preferindo-se em maior medida o bem principal.

2.2. Teoria da utilidade cardinal

Uma outra via de explicação da lei da procura está ligada à lei da utilidade decrescente. Trata-se de lei segundo a qual, conforme vimos atrás (na alínea b de I.1.2.4, pp. 42-3), a utilidade diminui à medida que aumenta a quantidade consumida de um bem.

Havendo o problema de medir a utilidade, algo de subjectivo, podemos admitir que haja de facto uma unidade de medida, que designaremos por *útil*. Adaptando um exemplo de Moura (1978, pp. 117-9), podemos ter o seguinte quadro, com a valoração de doses sucessivas de café:

QUADRO III.1

Quilo de café	Utilidade dos quilos sucessivas (utilidade marginal)
"	"
5º	24 úteis
6º	22
7º	20
8º	18
9º	15
10º	12
11º	8
"	"

Para se saber quanto vale a pena comprar é preciso comparar o preço do café, com a sua utilidade, com o valor do dinheiro utilizado na sua compra.

Para simplificar, embora sabendo-se que o dinheiro também está sujeito à lei da utilidade marginal decrescente (sendo menor à medida que se tem mais, e vice-versa), podemos admitir que não haja diferença de valor nas quantidades sucessivas de dinheiro aplicadas na compra de café, não representando nada ou quase nada no conjunto. Podemos presumir pois que estamos numa fase em que a cada euro se atribui o valor de *2 úteis*.

Sendo assim, se um quilo de café custa 10 euros, correspondente a uma utilidade de vinte (dois úteis por cada euro), vale a pena comprar até à sétima unidade, com uma afectação de dinheiro com o valor de 20 úteis que proporciona uma utilidade marginal com o mesmo valor. Não valerá obviamente a pena comprar a 18ª unidade, com um custo monetário de 20 úteis e um ganho de 18.

De acordo com a lei da procura, pode constatar-se que vale a pena comprar mais quando o preço do café é mais baixo. A título de exemplo, descendo o preço do quilo do café para 6 euros, trata-se de uma quantia que corresponde a 12 úteis. Sendo assim, poderá valer já a pena comprar a 10ª unidade de café, também com a utilidade de 12.

Naturalmente, teríamos a situação inversa se o preço do quilo de café subisse, por exemplo para 12 euros, representando a afectação de 24 úteis. Neste caso o consumidor não passará da compra de 5 unidades, proporcionadora de uma utilidade marginal com o mesmo valor.

Confirma-se pois a lei da procura, de acordo com a qual a procura é maior quando o preço é mais baixo e menor quando o preço é mais alto.

2.3. Teoria da utilidade ordinal. A técnica das curvas de indiferença
Não é todavia possível medir a utilidade. Face a esta impossibilidade, poderá estabelecer-se apenas uma ordenação de utilidades, podendo saber-se que o bem A é mais útil do que o bem B ou que o bem B é mais útil do que o bem C.

A técnica das curvas de indiferença, referida em I.1.2.6.a com a figura I.2 (p. 47), permite-nos indicar o lugar geométrico das situações de indiferença no consumo. Como se viu, será indiferente qualquer dos pontos dessa curva, podendo em alternativa dispôr-se em maior ou menor quantidade do bem A e do bem B.

A partir daqui uma situação de maior bem-estar, embora não mensurável em termos de utilidade, será representada por uma curva de indiferença mais afastada da origem; correspondendo pelo contrário uma situação de menor bem-estar dos consumidores a uma curva mais próxima da origem.

3. A elasticidade-preço da procura
Para além da noção de que a quantidade procurada varia em função do preço (no sentido inverso), é muito importante saber a intensidade desta variação, com consequências em diversos e relevantes propósitos.

3.1. O modo de medir a elasticidade
A elasticidade-preço da procura é dada pela fórmula:

$$e = \frac{\text{variação relativa da quantidade procurada}}{\text{variação relativa do preço}}$$

Para se apurar a elasticidade (e) não basta saber qual é a variação absoluta da quantidade procurada ou a variação absoluta do preço, por muito grandes que sejam; tendo de saber-se também quais eram a quantidade procurada e o preço anteriores.

A título de exemplo, um aumento de 100 na quantidade procurada é grande se a procura anterior for de 100, ou seja, é uma procura para o dobro (de 100%), mas já é bem menor se a procura anterior for de 1 000, constituindo portanto uma variação de 10%[2].

Da mesma forma, uma descida do preço de 10 é muito grande se o preço anterior for de 20, mas já é pequena se o preço anterior for de 1 000 ou de 10 000.

É com os valores assim apurados, com as variações percentuais, que se torna possível apurar as elasticidades-preço da procura, podendo ter-se uma *procura elástica*, uma *procura inelástica* ou uma *procura com elasticidade unitária*.

Teremos uma *procura elástica* quando por exemplo a uma variação de 1% no preço corresponde uma variação superior a 1% na quantidade procurada (sempre no sentido inverso, não é necessário repeti-lo); uma *procura inelástica* quando a uma variação de 1% no preço corresponde uma variação na procura inferior a essa percentagem; e uma procura com *elasticidade unitária* quando a percentagem de variação da quantidade é exactamente igual à percentagem de variação do preço.

---

[2] Rigorosamente, o cálculo deve ser feito em relação ao valor médio das duas procuras, a anterior e a actual (ver Moura, 1978, pp. 111-13, Samuelson e Nordhaus, 2010, pp. 66-70 ou Krugman e Wells, 2013, pp. 164-7).
Alfred Marshall terá tido a inspiração para a elaboração do conceito de elasticidade no terraço do Hotel Oliva, em Palermo, na Sicília, quando das suas férias de 1881 ... (cfr. Neves, 8ª ed., 2007(8), p. 125).

3.2. Importância do cálculo das elasticidades

O cálculo das elasticidades tem a maior importância na medida em que depende delas ganhar-se ou perder-se com alguma alteração de preço.

a) Assim acontece no domínio empresarial, quando um empresário fixa o preço de um produto que vende.

Procurando a máxima vantagem[3], procurará a máxima receita total, que resultará da multiplicação das quantidades vendidas pelo preço praticado.

Sendo assim, a um vendedor valerá a pena descer o preço se a elasticidade da procura for maior do que 1, dado que há um aumento da quantidade procurada percentualmente superior à descida do preço. Face a esta elasticidade, não valerá pelo contrário a pena subir o preço, pois então a quantidade procurada diminuirá em maior percentagem.

Se estivermos perante uma situação de procura rígida, já valerá a pena ao vendedor aumentar o preço, pois a diminuição da quantidade procurada verificar-se-á numa percentagem menor. Neste caso, pelo contrário, de nada adianta descer o preço, pois a quantidade procurada não aumentará na mesma proporção.

Por fim, será indiferente aumentar ou descer o preço quando a procura é de elasticidade unitária, dado que neste caso a quantidade procurada diminuirá ou aumentará na mesma proporção do que o preço, ficando na mesma a despesa total, ou seja, a receita obtida pelos vendedores.

Trata-se de situações que podem ser vistas no quadro seguinte:

QUADRO III.2

Preço	q (t)	p × q (t)
10	525	5 250
20	450	9 000
40	300	12 000
60	150	9 000

---

[3] Veremos adiante como o máximo lucro depende também do custo da produção; bem como que há outros objectivos empresariais sem ser o máximo lucro.

Vale a pena ao vendedor subir o preço de 10 para 20, de 100%, porque a redução da quantidade procurada, de 525 para 450, é numa percentagem menor, valendo ainda a pena subi-lo de 20 para 40, para o dobro, quando a descida da quantidade procurada, de 450 para 300, não é para metade. Já a subida de 40 para 60, de 50%, será desfavorável, dado que provoca uma descida da quantidade procurada para metade, de 300 para 150 (estando mais uma vez neste exemplo todas as percentagens, para facilitar as contas, calculadas em relação ao valor inicial, não em relação ao valor médio).

b) Um outro caso em que é necessário conhecer o valor das elasticidades, aqui por parte das autoridades monetárias e cambiais, é o de se proceder à desvalorização de uma moeda para se conseguir atenuar o desequilíbrio de uma balança de pagamentos (ou ainda por exemplo revalorizá-la, para se atenuar uma inflação).

De pouco ou nada adianta a desvalorização se a procura dos outros países for inelástica ou mesmo rígida, pois pouco ou quase nada aumenta a sua procura, ficando ainda nós com a consequência de conseguirmos menos disponibilidades cambiais (dado que a nossa moeda se compra com menos dinheiro de outros países). Nestes casos haverá naturalmente de entrar em conta também com as elasticidades da oferta, para se saber se a um embaratecimento dos nossos bens poderá corresponder um aumento mais do que proporcional da nossa oferta, bem como com a elasticidade da nossa procura de bens importáveis, para se saber se a um aumento do 'preço' dos bens estrangeiros, com a necessidade de se dar em troca mais da nossa moeda, não corresponderá um gasto mais do que proporcional da nossa moeda (voltaremos a este tema em XIV.1.2.1.a, p. 435).

3.3. As situações diferentes de elasticidade-preço da procura
Em termos diagramáticos, a elasticidade-preço da procura representar-se-á pela inclinação da respectiva curva. Os casos extremos estão representados na figura seguinte:

Fig. III.2

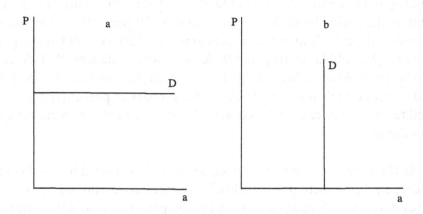

O caso de procura *absolutamente elástica* é representado (na parte *a*) por uma linha horizontal, correspondendo à situação de os compradores adquirirem quaisquer quantidades a determinado preço. Num caso destes os vendedores não procederão a nenhuma subida do preço, que se traduziria num afastamento completo da procura.

Pelo contrário, uma procura *absolutamente inelástica* ou *rígida* é representada (na parte *b*) por uma linha perpendicular, representando a situação de a procura se manter insensível perante a variação do preço. Neste caso de nada adianta aos vendedores baixar o preço, pois não conseguem colocar mais bens no mercado; valendo antes a pena fixar um preço muito elevado, pois não há nenhum afastamento da procura.

Os casos prováveis, ou mesmo todos, estarão de permeio entre estas duas situações extremas, sendo representáveis por curvas de diferente inclinação (decrescente), correspondendo a uma procura elástica uma curva mais na horizontal e a uma procura inelástica uma curva mais na vertical[4].

---

[4] Importa sublinhar todavia que uma *curva* da procura expressa por uma linha recta não tem a mesma elasticidade em todos os seus pontos (mostrando que assim acontece ver de novo Moura, 1978, pp. 109-112, ou ainda Murteira, 2002, pp. 77-8, Samuelson e Nordhaus, 2010, pp. 69-70, Lipsey e Chrystal, 2011, pp. 59-69, Case, Fair e Oster, 2014, pp. 135-7 ou Parkin, 2014, pp. 84-71).

Antes de vermos num quadro alguns casos apurados de valores da elasticidade, poderá sublinhar-se que em princípio terão uma procura inelástica os seguintes tipos de bens:

a) bens de primeira necessidade, que, satisfazendo necessidades básicas das pessoas, não podem passar a ser procurados em muito menor medida quando o seu preço aumenta (assim acontecerá por exemplo com muitos bens alimentares, indispensáveis em qualquer dieta);

b) bens de luxo, que satisfazem apenas necessidades de ricos, a quem se torna pouco sensível pagar mais algumas centenas ou milhares de euros por eles, podendo mesmo haver um efeito de demonstração, ou exibicionismo, por se saber que são caros, efeito que já não se verificaria se tivessem um preço comum ... (será o caso de vestuário de marca, de determinados tipos de vinho ou ainda de automóveis de alta gama);

c) bens cujo preço representa uma parcela mínima do dinheiro de cada comprador, como será o caso dos fósforos;

d) bens procurados em conjunto com outros (trata-se de bens complementares) que representam uma parcela muito pequena da despesa total (será o caso dos botões procurados juntamente com a fazenda para se fazer um fato; mesmo que o preço dos botões suba para o dobro, não é por isso que deixam de ser feitos os fatos, com a consequente necessidade da compra de botões).

Pelo contrário, são bens de procura elástica os bens que têm sucedâneos, sendo a elasticidade tanto maior quanto menor for a diferença na satisfação proporcionada por estes bens. Assim poderá acontecer com bens de primeira necessidade, trocando-se por exemplo o consumo de arroz, se subir o seu preço, pelo consumo de batatas; tal como poderá acontecer com bens mais caros, por exemplo automóveis, fugindo a procura para marcas equivalentes se aumentar o preço de uma determinada marca.

Valores diferentes de elasticidade, em cálculos rigorosos, podem ser vistos no quadro seguinte (cfr. Samuelson e Nordhaus, 2010, p. 93, com dados recolhidos de Kohler, 1992; ver também Parkin, 2014, p. 89).

Quadro III.3

Bem	Elasticidade-preço
Tomate	4,60
Ervilhas	2,80
Casino	1,90
Táxis	1,24
Mobiliário	1,00
Filmes	0,87
Sapatos	0,70
Consultoria jurídica	0,61
Seguro de saúde	0,31
Viagens de autocarro	0,20
Electricidade ao domicílio	0,13

Ilustrando as razões de uma maior ou menor elasticidade, constata-se por exemplo que é grande a elasticidade de bens com sucedâneos próximos, como são os casos do tomate e das ervilhas; sendo já rígida a procura de bens sem sucedâneos, tal como acontece com o exemplo quase extremo da electricidade ao domicílio: não podendo fugir-se à sua utilização mesmo que haja um aumento sensível do preço.

4. A elasticidade-cruzada. Bens sucedâneos e bens complementares
Com a elasticidade-cruzada relaciona-se a variação da quantidade procurada de um bem (B ou C, na figura III-3) com a variação do preço de outro bem (não do próprio bem: do bem A, na figura).

Curiosamente, a curva da procura só tem uma inclinação decrescente quando se trata de bens complementares, tendo pelo contrário uma inclinação crescente (igual à da curva da oferta, conforme veremos no próximo capítulo) quando se trata de bens sucedâneos. Trata-se de situações que estão representadas na figura seguinte:

FIG. III.3

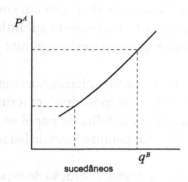
sucedâneos

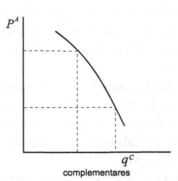
complementares

Conforme vimos em I.1.2.2.I (pp. 35-6), bens complementares (representados na parte *a*) são os bens que por gosto ou hábito dos consumidores ou por razões técnicas são utilizados conjuntamente no consumo ou na produção; podendo recordar-se os mesmos exemplos, os pneus e o automóvel ou o carvão e o ferro, usados conjuntamente na produção do ferro fundido.

Sendo bens utilizados em conjunto, o aumento do preço de um deles leva a uma redução da utilização não só desse bem como também do bem complementar, tendo nós por isso uma curva igual à curva normal da procura.

Já tratando-se de bens substituíveis (representado na parte *b*), ou seja, bens que podem utilizar-se em alternativa na satisfação do consumo ou da produção, o aumento do preço de um deles leva, não a uma diminuição, mas sim ao aumento da procura do outro. A título de exemplo, sendo o chá sucedâneo próximo do café, a um aumento do preço do café corresponderá um aumento do consumo de chá; ainda por exemplo, a um aumento do preço do trabalho reagir-se-á, se for possível, com a utilização de um processo mais capital-intensivo.

O cálculo da elasticidade-cruzada permite definir um produto, ou um sector, tarefa nem sempre fácil. Estaremos perante um mesmo produto quando vários bens em análise tenham uma sucedaneidade muito próxima, mas já perante produtos diferentes se pelo contrário o grau de sucedaneidade for baixo.

5. Da procura individual à procura agregada

Dizendo-nos a lei da procura como reage à variação do preço um comprador individual ou o conjunto dos compradores, importa sublinhar que tem de mudar-se a escala quando se representa esta segunda situação.

Continuando a representar no eixo vertical o preço unitário, por exemplo das batatas, e no eixo horizontal a procura de um indivíduo, em termos de quilos, é claro que não nos chegaria nenhuma folha de papel se na mesma escala representássemos a totalidade dos compradores de batatas no nosso país.

Não se pondo a questão quanto ao preço unitário, a solução de representar a procura agregada num diagrama com idênticas dimensões estará em mudar a unidade de conta das quantidades, passando-se por exemplo de quilos para milhares ou milhões de toneladas de batatas (cfr. Moura, 1978, pp. 99-100).

Será de chamar ainda a atenção para que só por facilidade se representa a procura por uma linha contínua.

Na realidade, há subdivisões de preço e de quantidade que não têm significado, por exemplo sub-múltiplos de cêntimos ou de automóveis, pelo que deveríamos ter antes uma sequência de pontos, cada um com realismo, e não uma linha.

Por outro lado, sabemos num determinado momento qual é a procura feita com um determinado preço, mas não sabemos qual a procura exacta que se faria com um preço maior ou com um preço mais baixo. Podemos supor apenas por exemplo que com a subida do preço de 5 para 8 a quantidade procurada descerá de 50 para um valor mais baixo, entre 38 e 42 unidades. Em relação a preços não verificados teremos pois apenas um conjunto de pontos entre os quais se pensa que se localizará a procura. Vendo a questão no plano inverso, se se pergunta qual é a baixa de preços que levará a um aumento desejado da procura, por exemplo de 80 para 100 unidades, podemos supor que se trata de uma baixa de 5 para um valor entre 2,8 e 3,2, não podendo saber-se antecipadamente qual o preço certo em que se verificará a procura com o volume desejado.

Teríamos por isso com realismo não uma linha contínua mas vários pontos, por seu turno não apenas pontos nessa linha, também pontos à sua roda, onde com probabilidade se localizariam a quantidade e o preço (cfr. Moura, 1978, pp. 101-2). Uma linha contínua é pois uma simplificação, mostrando uma tendência, além disso com um valor operacional que não teria a mera indicação por pontos.

A curva da procura agregada, com a inclinação que resulta da formulação da lei da procura, é por seu turno a curva que tem relevo na lei da procura e da oferta: dizendo-nos, conforme veremos adiante (em V.2), não como a quantidade procurada (ou a quantidade oferecida) variam em função do preço, na mesma curva, mas sim como o preço depende das deslocações das curvas da procura e da oferta. Por exemplo, uma subida do preço como consequência do aumento da procura será obviamente o resultado, não do aumento da procura de um ou dois cidadãos, mas sim o resultado do conjunto dos cidadãos: só este conjunto podendo ter peso para provocar a alteração do preço num país ou numa região.

6. A elasticidade-rendimento da procura

Um outro pressuposto da lei da procura é a invariância do rendimento das pessoas. Só nesse caso é que necessariamente a um aumento do preço de um bem corresponde a redução da sua procura, como consequência dos efeitos de substituição e de rendimento.

Ficava todavia por explicar que a procura de determinados bens fosse aumentando apesar da subida do seu preço; e a explicação para esta evolução poderá estar no aumento do rendimento das pessoas, permitindo um aumento da procura de todos os bens, designadamente o aumento da procura dos bens cujo preço subiu mas são desejados pelos compradores. Podendo pois a procura de um bem ser determinada também por aumentos do rendimento, pode proceder-se ao cálculo das variações respectivas: ou seja, ao cálculo da elasticidade-rendimento da procura.

Trata-se de cálculo que tem sido feito, por exemplo com os resultados que se representam no quadro seguinte, colhidos na mesma fonte (Samuelson e Nordhaus, 2010, p. 93) em que colhemos os valores da elasticidade-preço da procura.

Quadro III.4

Bem	Elasticidade rendimento
Automóveis	2,46
Habitação própria	1,49
Mobiliário	1,48
Livros	1,44
Refeições em restaurante	1,40
Vestuário	1,02
Serviços médicos	0,75
Tabaco	0,64
Ovos	0,37
Margarina	-0,20
Carne de porco	-0,20
Farinha	-0,36

Nota-se por exemplo que os valores da elasticidade são elevados para bens 'de luxo'[5], cujo consumo aumenta mais rapidamente do que o rendimento. Têm pelo contrário valores de elasticidade-rendimento negativas produtos inferiores, cuja procura diminui com o aumento do rendimento. Num ponto intermediário estão bens, como as refeições em restaurantes e o vestuário, que têm uma elasticidade igual a 1, ou seja, cuja procura aumenta proporcionalmente ao rendimento.

7. A procura função de outros factores

Por fim, é de referir ainda que a procura poderá variar em função de outros factores, para além do preço e do rendimento.

Assim acontece, de um modo muito particular, com os gostos dos consumidores e com o progresso tecnológico.

Em alguns casos tratar-se-á apenas de alterações de gostos, deixando por exemplo de se apreciar um certo padrão de fatos, a favor de um outro padrão, ou um certo tipo de destino turístico a favor de um outro.

---

[5] No sentido de bens não essenciais, embora hoje em dia possam felizmente ser cada vez mais procurados pela generalidade dos cidadãos.
Voltaremos a este tópico em X.3.1.3 (p. 260), na sequência da formulação da 'lei de Engel'.

Em outros casos tratar-se-á de alterações da procura resultantes de inovações tecnológicas, levando a uma alteração das preferências. No caso dos bens de consumo esta mudança estará ligada a mudanças de gosto, preferindo-se naturalmente televisões a cores quando se dá uma inovação tecnológica em relação às televisões a preto e branco, tal como em séculos passados a iluminação eléctrica foi preferida em relação à iluminação a gás ou com velas, quando a primeira foi descoberta e tornada acessível aos consumidores. No caso dos processo produtivos não se trata já de uma questão de gosto, o empresário passará a usar uma tecnologia mais eficiente ou um combustível com maior rentabilidade como consequência da necessidade de tornar mais eficiente o processo de produção.

Capítulo IV
A Oferta

1. A lei da oferta. Enunciado e representação gráfica
Uma outra lei básica das economias de mercado é a lei da oferta, nos termos da qual a quantidade oferecida é função do preço, aumentando quando o preço aumenta e diminuindo quando o preço baixa.

Temos todos também a noção de que assim acontece, agindo 'de acordo com a lei', acorrendo mais ofertantes ao mercado e oferecendo em maior medida os que já ofereciam quando o preço sobe, ou assistindo-se ao comportamento inverso quando o preço baixa.

Em termos diagramáticos, considerando como sempre o preço no eixo vertical e a quantidade no eixo horizontal, a curva da oferta é uma curva de inclinação crescente.

Fig. IV.1

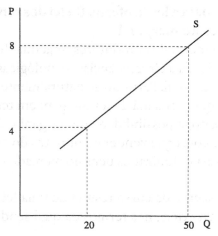

A título de exemplo, oferecem-se 20 unidades quando o preço é de 4 e 50 quando o preço é de 8, verificando-se o comportamento inverso quando há uma descida do preço.

Tal como acontece com a curva da procura, e se mencionou em III.5 (pp. 110-1), não têm realismo todos os pontos da curva da oferta, não havendo submúltiplos infinitesimais do preço e da quantidade. Por outro lado, para além de se conhecer a oferta feita com um determinado preço, não se pode saber antecipadamente e com exactidão a oferta maior que será feita com um preço mais elevado e menor que será feita com um preço mais baixo; ou o preço exacto que terá de verificar-se para se colocar no mercado a quantidade desejada.

É por simplificação, pois, que em vez de conjuntos de pontos podemos considerar uma curva da oferta, com um traço contínuo.

Também a exemplo do que se passa com a procura, a representação num espaço razoável da oferta agregada, por exemplo a representação da oferta do nosso país, exige uma nova unidade de medida no eixo horizontal. Em vez de considerarmos hectolitros de vinho, uma unidade razoável para um produtor individual, temos de considerar milhões de hectolitros se quisermos representar a oferta total no nosso país (sobre esta adaptação ver mais uma vez Moura, 1987, pp. 123-4).

Tal como acontece quanto à procura, é a oferta agregada que tem relevo para a lei da procura e da oferta, a analisar no próximo capítulo (em V.2).

2. Fundamentação para a lei da oferta. Da lei dos rendimentos decrescentes à curva do custo marginal

A explicação para a oferta dos produtores, seja qual for o sector de produção, está já mais ligada a circunstâncias tecnológicas do que a circunstâncias de satisfação pessoal. Partindo-se naturalmente do pressuposto de que cada ofertante quer ter a máxima vantagem em termos de lucro ou a algum outro propósito, a possibilidade de ter ganho dependerá por um lado do preço a que consegue vender e por outro do custo com que consegue produzir ou disponibilizar os bens no mercado (tratando-se de um comerciante).

A inclinação crescente da curva resulta de uma lei antiga e famosa, *a lei dos rendimentos decrescentes*, nos termos da qual sendo dados os demais elementos de produção e sendo constante a técnica, o rendimento adicional proporcionado por um factor variável vai sendo sucessivamente menor (é decrescente).

Trata-se de lei formulada para a actividade agrícola, num período em que não podia ampliar-se o terreno explorado e eram limitados não só o capital como também a possibilidade de introduzir inovações tecnológicas e de gestão. Sendo apenas variável o factor trabalho, vai variando o contributo por ele proporcionado. No início pode proporcionar um contributo crescente, por exemplo porque um ou dois trabalhadores não podiam explorar minimamente as possibilidades existentes, sendo mais do que proporcional o contributo de um terceiro trabalhador. Com o emprego sucessivo de trabalhadores é todavia de esperar que a partir de um outro momento seja menos do que proporcional o acréscimo de produção conseguido, por exemplo sendo menor o acréscimo do 12º trabalhador (de 8 unidades, passando a produção total de 210 para 218) do que o acréscimo do 11º (de 10 unidades, passando o total de 200 para 210): estando-se por isso na fase do rendimento marginal decrescente. Como é óbvio, há-de chegar-se a uma fase em que o rendimento marginal é zero, quando por exemplo o 15º trabalhador já nada pode acrescentar à produção do 14º (podendo acontecer mesmo que haja um rendimento marginal negativo, quando por exemplo um excesso de trabalhadores num escritório exíguo leve a que haja uma diminuição da eficiência do conjunto...)[1].

Quando é decrescente o rendimento marginal (R') é crescente o custo marginal (C'), ou seja o custo de cada unidade a mais (cfr. Samuelson e Nordhaus, 2010, pp. 133-4). A curva da oferta, sendo uma curva que vai exprimindo o custo de cada unidade a mais, reflecte esta situação, tendo por isso a inclinação crescente que referimos há pouco.

---

[1] Algo de paralelo, mas naturalmente por razões totalmente diferentes (do foro psicológico), se passa com o rendimento individual do trabalhador. No início há um período de concentração e adaptação, seguindo-se um período de máximo aproveitamento e por fim, com o cansaço, uma diminuição do rendimento. Todos nós temos a experiência de que assim acontece com a actividade de estudo (ou investigação), não tendo logo no início o máximo aproveitamento e havendo quebra depois de algumas horas.

3. A elasticidade-preço da oferta

Tal como importa medir a elasticidade-preço da procura, tem enorme importância a medição da elasticidade-preço da oferta.

Trata-se, também aqui, de medir variações de acordo com a fórmula:

$$e = \frac{\text{variação relativa da quantidade oferecida}}{\text{variação relativa do preço}}$$

A elasticidade-preço é maior do que 1 – sendo a *oferta elástica* – se as quantidades oferecidas aumentarem ou diminuirem em maior proporção do que o preço (com esta 'lei', no mesmo sentido); menor do que 1 – *oferta inelástica* – se variarem em menor proporção; e teremos por fim *elasticidade igual* a 1 se a quantidade oferecida aumentar ou diminuir na proporção da subida e da descida do preço, respectivamente.

Trata-se de situações que podem ser vistas na figura seguinte, com os casos extremos, de oferta infinitamente elástica (em *a*) e de oferta totalmente inelástica, ou rígida (em *c*), e de permeio (em *b*) o caso de a oferta ser de elasticidade igual a 1.

FIG. IV.2

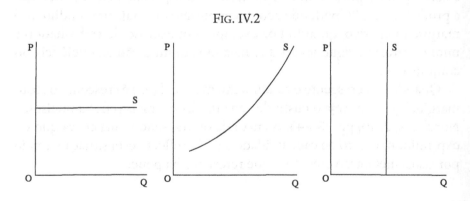

Como exemplo de bens de oferta inelástica temos o caso dos bens perecíveis, de difícil armazenamento (caso do peixe fresco na lota), tendo que ser vendido por qualquer preço (vai-se baixando com a passagem das horas, sob pena de ficar algum peixe por vender, tendo-se no fim do dia uma oferta totalmente inelástica, rígida); ou ainda o caso dos bens produzidos com um factor de que dificilmente pode dispôr-se em maior medida (v.g.

certo tipo de mão-de-obra muito qualificada) ou com uma matéria-prima rara (caso do ouro disponível)[2]. Pelo contrário, como exemplo de bens com oferta elástica temos aqueles que podem importar-se com facilidade, respondendo-se a uma subida de preço atractiva com a sua importação (ou a importação dos factores necessários para a produção).

4. As funções de produção e as combinações produtivas mais vantajosas

Em qualquer caso pode haver formas diferentes de organizar a produção: ou seja, pode haver diferentes *funções de produção*.

Trata-se de ideia já referida atrás (recorde-se de novo a figura I.3, p. 49, em I.1.2.6.b), onde mostrámos que a mesma quantidade (isoquanta) pode resultar de um processo produtivo mais capital-intensivo ou de um processo produtivo mais trabalho-intensivo.

Quando passamos para uma produção maior, para uma nova isoquanta, tal poderá resultar também de acréscimos alternativos de capital e de trabalho (ainda por exemplo de melhorias tecnológicas ou de gestão); podendo mesmo acontecer que o aumento da utilização de um dos factores seja numa medida tal que se consiga uma redução na utilização do outro factor.

Retomando também aqui um exemplo de Moura (1987, pp. 130-1), podemos considerar que a quantidade inicial, Q_1, é produzida com a utilização de 3 unidades de capital (K) e 2,5 unidades de trabalho (L). A produção de uma quantidade maior, Q_2, pode resultar da utilização de 3,4 unidades de capital e 3,5 unidades de trabalho (hipótese A), da utilização de 3,6 unidades de capital e 3 de trabalho (hipótese B) ou ainda por exemplo da utilização de 4,5 unidades de capital e 2 de trabalho (hipótese C).

De que deverá depender a escolha de uma destas funções de produção, ou ainda de alguma outra?

Na lógica do mercado, qualquer produtor procurará obviamente minimizar o custo da unidade a mais que produz, ou seja, o custo marginal (C'). No caso em apreço, para saber qual é o custo de cada uma das hipó-

---

[2] Relevará em certos casos o factor tempo, podendo acontecer que de imediato não possa dispor-se da referida mão-de-obra muito qualificada, de que todavia poderá dispor-se a médio prazo. Na figura IV.2 passa-se da curva na perpendicular para a situação de e = 1, ou mesmo para além dela.

teses postas tem de saber qual é custo dos factores de produção utilizados (ou ainda de outros elementos).

Admitindo, na sequência do mesmo exemplo, que uma unidade de capital custe 1 000 e uma unidade de trabalho custe 600, apuram-se os valores seguintes:

Hipótese A	Capital	+ 0,4 × 1000	=	400
	Trabalho	+ 1 × 600	=	600
				1 000

Hipótese B	Capital	+ 0,6 × 1000	=	600
	Trabalho	+ 0,5 × 600	=	300
				900

Hipótese C	Capital	+ 1,5 × 1000	=	1 500
	Trabalho	− 0,5 × 600	=	− 300
				1 200

Constata-se pois que a hipótese mais favorável é a hipótese B, sendo o custo da quantidade adicional de 900, quando é de 1 000 na hipótese A e de 1 200 na hipótese C. Com uma conduta racional, qualquer empresário utilizará o processo produtivo mais eficaz, sendo portanto a curva da oferta, como curva dos custos marginais, a curva que exprime na produção de cada quantidade a combinação mais favorável dos factores primários (e de quaisquer outros elementos de produção, como são os casos das matérias-primas e dos bens intermediários).

Trata-se de conduta racional que está representada na figura seguinte:

FIG. IV.3

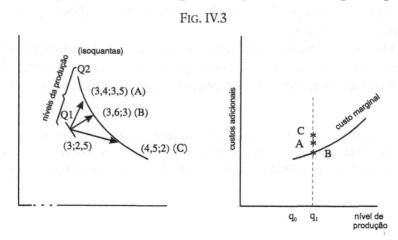

5. Outros custos de produção

O custo marginal é apenas um dos custos a considerar, sem dúvida com o maior relevo numa conduta racional dos empresários, tal como veremos no número e no capítulo seguintes.

Há todavia outros custos a considerar, representados no quadro a seguir, de novo com um exemplo muito simples (incluindo também naturalmente o custo marginal).

QUADRO IV.1

Quantidade	Custo Fixo	Custo Variável	Custo Total	Custo Marginal	Custo Médio[3]
0	10	0	10	–	–
1	10	5	15	5	15
2	10	8	18	3	9
3	10	10	20	2	6,67
4	10	11	21	1	5,25
5	10	13	23	2	4,60
6	10	16	26	3	4,33
7	10	20	30	4	4,28
8	10	25	35	5	4,28
9	10	31	41	6	4,38
10	10	38	48	7	4,56
11	10	46	56	8	5,09

O custo fixo (ou 'irreversível') é o custo que tem de ser sempre suportado, mesmo que não haja produção: por exemplo as rendas das fábricas ou dos escritórios, os pagamentos de equipamentos, os juros de empréstimos ou os pagamentos de pessoal permanente. O custo variável é o que se altera com o nível da produção, incluindo-se as matérias-primas e o pessoal não permanente. O custo total é naturalmente o somatório destes dois. Por fim, vimos já que o custo marginal é o custo da última unidade, o custo da unidade n + 1, e que o custo médio é o quociente da divisão do custo total pelo número de unidades produzidas.

---

[3] Trata-se do custo total médio; podendo apurar-se naturalmente também o custo fixo médio e o custo variável médio, em cada um dos casos dividindo o custo em análise pelo número de unidades produzidas.

6. As economias de escala e a curva do custo médio

A evolução do custo médio (Cm) resulta das economias que são conseguidas com o aumento da produção.

Razões várias podem levar a que se trate de um custo que se reduz quando são mais as quantidades produzidas: razões de fabrico, comerciais, financeiras ou ainda por exemplo políticas.

No caso do fabrico pode acontecer que haja equipamentos que não sejam reprodutíveis em modelos de pequena dimensão, com a correspondente diminuição do seu custo unitário. Por exemplo, o forno de uma fábrica de celulose, capaz de produzir vários milhões de toneladas, não é decomponível em pequenos fornos, com a correspondente redução de custos, para a produção de pequenas quantidades. Num outro exemplo, não é possível decompor uma linha de montagem de automóveis, também aqui com a correspondente redução de custos.

Ainda no campo fabril, verifica-se a existência de outros custos fixos, desde o edifício dos escritórios ao funcionamento da administração, que teriam de ser multiplicados no caso de termos várias fábricas de pequena dimensão a produzir o mesmo produto. Quase com o mesmo custo, com o mesmo edifício de escritórios e com a mesma administração, tanto se produz um milhão como cem milhões.

Acontece além disto que as grandes unidades, com os referidos custos (também por exemplo das instalações fabris) quase constantes, permitem a integração vertical e horizontal de várias fases. Com a primeira, por exemplo tendo-se na mesma fábrica desde a fiação até à confecção, evitam-se deslocações de bens intermediários e incertezas nas compras e nas vendas. Com a integração horizontal, por exemplo produzindo-se na mesma unidade automóveis e frigoríficos, não se duplicam custos de diversas naturezas, da instalação fabril ao funcionamento do escritório.

As economias de escala podem contudo verificar-se também a outros propósitos.

Assim acontecerá no campo comercial. Uma grande empresa, por exemplo do ramo da cerâmica, poderá ter vantagem em ter entrepostos em várias localidades, no país e no estrangeiro. Já uma pequena empresa não terá tal possibilidade, ficando por isso prejudicada nas suas vendas. Uma grande empresa, ou de preferência um grande grupo empresarial, pode ter ainda enormes vantagens na publicidade dos seus produtos. Pode aliás ter uma grande diversidade de produtos com a mesma marca, por

A OFERTA

exemplo dos adubos aos sabões (era o caso da CUF), por isso quando faz publicidade nas camisolas dos jogadores de uma equipa de futebol (com audiência na TV...) está a ter um custo que é amortizado na promoção de todos eles. Por fim, uma grande empresa ou um grande grupo pode ter agentes próprios no estrangeiro, podendo conseguir assim uma venda maior.

Podem ser também muito grandes as economias de escala conseguidas no campo financeiro, sendo de prever que uma grande unidade consiga empréstimos em condições mais favoráveis; sendo pelo menos seguro que, pela sua notoriedade, tenha muito mais facilidade de recurso ao mercado financeiro, com a emissão de acções e obrigações. Muito mais facilmente se aplicará dinheiro em títulos de uma grande empresa, conhecida de todos, do que numa empresa pequena, provavelmente conhecida apenas na localidade onde está instalada (à qual aliás nem será possível o acesso a esse tipo de financiamento).

Trata-se pois de vantagens bem nítidas, que poderão estender-se ainda por exemplo ao domínio político, com a maior influência que os grande grupos podem ter junto dos decisores. São inúmeros os exemplos que poderiam ser dados, no nosso país e em todos os demais.

Haverá todavia um ponto a partir do qual a dimensão se tornará exagerada, talvez porque há um limite à possibilidade de se ter uma gestão eficiente. Começará por isso a elevar-se então o custo médio.

Os vários andamentos da curva podem ser representados na figura seguinte:

FIG. IV.4

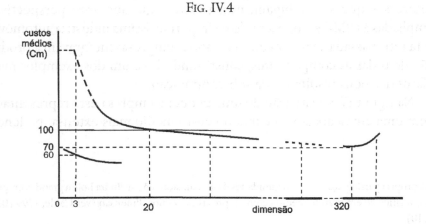

Estando a cheio a curva do custo médio, constatamos que é por exemplo de 100 quando se produzem 20 unidades, mas acentuadamente mais baixo, por exemplo de 70, quando se produzem 320 unidades. Sendo este o limite de uma dimensão desejável, por razões de capacidade de gestão ou outras, uma quantidade maior provocará já uma subida do custo médio.

*
* *

É curioso sublinhar todavia que está hoje em dia ultrapassada a ideia de que só será viável a grande escala, com a perda de hipóteses por parte das pequenas e médias empresas (PME's).

Em muitos sectores, do calçado às confecções ou à produção alimentar, são inúmeros os casos de sucesso de pequenas e médias empresas, podendo contrapor-se às vantagens da grande escala, referidas há pouco, um maior empenhamento dos empresários, uma flexibilidade maior e um ajustamento melhor às circunstâncias do mercado. Veremos aliás, em VI.2 (pp. 181-3), que podem ser eficazes políticas de auxílio às PME's, beneficiadas com essas virtualidades e sendo colmatadas as insuficiências da pequena dimensão[4].

Continuando sem dúvida a haver domínios em que se justifica ou é indispensável a grande escala, é aliás reconhecido pelas próprias empresas grandes que em relação a determinados produtos é preferível a sub-contratação, dinamizadora de empresas de menor dimensão. Há pois assim interesses que se conjugam, numa estra-tégia que abre perspectivas ampliadas às PME's. Por exemplo na importantíssima indústria automóvel está ultrapassada a fase em que as grandes empresas integravam a produção de todas as componentes, constituindo hoje um dos exemplos mais claros dos bons resultados da sub-contratação.

Na figura IV.5 a situação de uma pequena empresa está representada com uma curva abaixo da curva do custo médio mais extensa; podendo

---

[4] A própria participação nas oportunidades da globalização não se limita hoje a grandes empresas, verifica-se em grande medida com empresas de menor dimensão (ver Cable, 1999 (02), p. 10).

talvez, quando a quantidade produzida é muito pequena, por exemplo apenas de 3 unidades, ter um custo médio de 60.

7. A maximização do lucro e o andamento da oferta em função do preço

Pressupondo que o objectivo de um empresário é a maximização do lucro, na sua conduta determinará o quantitativo a oferecer em função do custo a suportar e da receita a obter por cada unidade a mais, a unidade n + 1 (custo e receita marginais).

Como veremos adiante, no capítulo V, o custo médio é importante para se saber qual é o lucro conseguido: resultante do produto das quantidades vendidas pela diferença entre a receita e o custo médios.

Mas na referida conduta individual, expressada na curva da oferta, o empresário será determinado pela circunstância de o ganho com a última unidade vendida (a receita marginal, R') ser ou não superior ao seu custo (o custo marginal, C'). Enquanto assim acontecer vale-lhe a pena aumentar a produção, nem que esteja em causa apenas um pequeno ganho, que acresce de qualquer modo ao ganho total anterior (talvez valha a pena produzir e vender a unidade que tenha o custo marginal igual à receita marginal, à espera de melhores dias); mas não lhe valerá a pena ir além desse ponto, ou seja, para uma situação em que o custo da unidade marginal seja superior à receita obtida, a não ser por pouco tempo, também neste caso à espera de dias melhores.

Trata-se de circunstâncias que podem ser vistas na figura seguinte:

Fig. IV.5

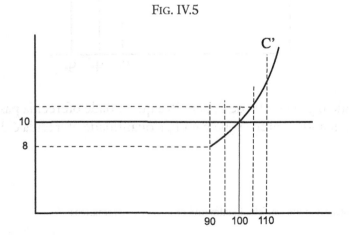

Estando-se numa situação de mercado em que o preço é um dado, não influenciável por uma oferta maior ou menor do empresário em análise (como veremos melhor adiante, a receita marginal é neste caso igual ao preço), vale a pena por exemplo passar da produção de 90 para 91 unidades, com um custo marginal de 8, dado que consegue vender o último bem por 10. Mas já não lhe valerá a pena produzir a centésima primeira unidade, com o custo marginal de 11, conseguindo vendê-la apenas por 10. Vê-se pois, mesmo por exclusão de partes[5], que a situação óptima, de máximo lucro, é a situação em que a curva do custo marginal intersecta a curva da receita marginal, neste caso sendo o preço do mercado.

Subindo a preço do mercado, naturalmente a situação de máximo lucro corresponderá à intersecção verificada com cada novo preço, tal como pode ver-se na figura que segue:

FIG. IV.6

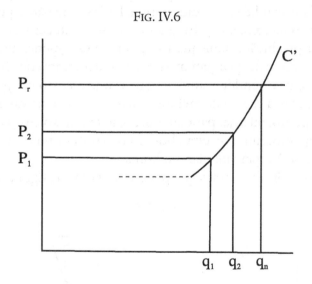

Quando o preço sobe de P_1 para P_2 a quantidade oferecida passa de q_1 para q_2 e quando o preço sobe para P_n a quantidade oferecida é de q_n.

---

[5] A demonstração pode ser feita igualmente em termos matemáticos.

8. Objectivos dos empresários sem ser a maximização do lucro a curto prazo

A análise acabada de ver pressupõe todavia, tal como boa parte da análise que veremos no próximo capítulo, que os empresários são determinados pela maximização do lucro a curto prazo.

Deve ter-se todavia presente que em grande parte dos casos assim não acontece, sendo determinados antes por outros objectivos. Trata-se de constatação que tem sido objecto de importantes e interessantes investigações nas últimas décadas.

Note-se que não deixa de haver a prossecução daquele objectivo pelo facto de os empresários não terem conhecimento 'académico' das variáveis apontadas, podendo por exemplo não saber o que é um 'custo marginal' ou uma 'receita marginal'.

Num estudo feito por dois autores ingleses, Hall e Hitch, em 1939, constatou-se que, independentemente de qualquer outro cálculo, os empresários actuavam adicionando ao custo variável médio uma percentagem que a experiência lhes dizia que era suficiente para lhes assegurar o máximo lucro (trata-se de técnica que ficou conhecida por técnica de 'custo pleno', ou *full cost*, ou ainda de *cost-plus-markup*).

Assim faziam todavia face à sua experiência.

Num exemplo ilustrativo (mais uma vez de Moura, 1987, pp. 150-1), quando um automobilista tem de decidir se deve ou não fazer uma ultrapassagem não tem presentes as variáveis técnicas a considerar: as variáveis espaço, tempo, aceleração e velocidade. Não deixa todavia de ter a intuição sobre se tem tempo ou não, independentemente da aplicação de uma fórmula com a qual um físico justificaria ou poria em causa o acerto da decisão. Algo de semelhante se passa com um empresário, principalmente tratando-se de um empresário modesto, que pode não ter noção das variáveis referidas, mas por intuição e/ou por experiência 'sabe' até quando ganha ou perde, portanto até onde deve ir na sua oferta.

Casos diferentes são os casos, de grande relevo, em que os empresários não são determinados pelo máximo lucro a curto prazo.

Em alguns deles preferem renunciar a um maior lucro imediato, pois só assim conseguirão um ganho maior a médio e longo prazos. A par de outras razões, poderão ter receio de que a expectativa presente não se mantenha no futuro, ou não querer o endividamento bancário volumoso que exigiria um acréscimo imediato de produção.

Para além disso, constata-se com frequência que há outras compensações, designadamente compensações de êxito, traduzidas por exemplo no volume de vendas ou na criação de novas unidades, bem para além do 'gosto' do lucro máximo, a curto, a médio ou a longo prazos.

9. As diferentes formas de organização empresarial

Em outros programas de economia dá-se grande relevo às formas como pode ser organizada a actividade empresarial, desde o empresário individual à grande sociedade anónima, passando pela cooperativa e pela sociedade por quotas. Não se justifica todavia que demos aqui grande relevo a esta problemática, tratando-se de alunos que terão um conhecimento aprofundado dessas várias formas nas disciplinas de Direito Comercial.

Numa disciplina de economia justificar-se-ia apenas que se sublinhassem as implicações económicas daí resultantes, designadamente no que respeita à repartição de responsabilidades em relação às empresas. Entre os problemas que poderiam ser tratados, estaria o problema de saber como se repartem os mecanismos de influência e decisão em formas empresariais em que há uma distinção clara entre os detentores do capital e os gestores.

Mantendo ainda algum relevo, apesar da vaga recente de privatizações, teria interesse também a análise da partilha de responsabilidades tratando-se de empresas públicas ou com alguma intervenção pública.

A escassez de tempo não nos permite todavia entrar sequer nestas componentes mais económicas (ou de política económica; bem como jurídicas) da actividade empresarial[6].

---

[6] Ver por exemplo, para uma realidade diferente da nossa, Samuelson e Nordhaus (2010, pp. 118-23).

Capítulo V
Mercados, Formação dos Preços e Comportamento dos Empresários

1. As várias formas de mercado

Depois de termos visto o comportamento que pode esperar-se do lado da procura e do lado da oferta, vamos ver agora que a formação dos preços e a conduta das empresas se verificam de modo diferente consoante o mercado em que se está.

A distinção dos mercados pode fazer-se de acordo com o número de entidades participantes, do lado da oferta e do lado da procura, ou de acordo com o modo como se conduzem os empresários.

Tendo-se em conta apenas o número de ofertantes, podemos começar por considerar os dois casos extremos. Um deles, que seria um arquétipo, ou a forma pura de mercado, é o mercado de concorrência pura ou perfeita, com uma infinidade de ofertantes. No outro extremo está a situação de haver um único ofertante, ou seja, a situação de monopólio. Acontece todavia que na realidade não há ou quase não há nenhum mercado de concorrência perfeita (com a caracterização mais completa que veremos em 3), sendo por outro lado raros os casos de monopólio. A maior parte das situações existentes está de permeio, com as consequências inerentes.

Mas com consequências também importantes, ainda de acordo com o critério do número de participantes, devemos considerar igualmente o que se passa do lado da procura: distinguindo a situação de haver uma multiplicidade de pessoas a comprar, apenas uma (monopsónio) ou algumas. Não pode obviamente deixar de ter relevo por exemplo para um monopolista ter do outro lado uma infinidade de compradores ou apenas um comprador (monopólio bilateral), o mesmo se passando em relação a um ofertante num mercado atomizado[1].

QUADRO V.1

Procura \ Oferta	Muitas unidades pequenas	Uma unidade grande	Algumas unidades grandes
Muitas unidades pequenas	Concorrência bilateral	Monopólio	Oligopólio
Uma unidade grande	Monopsónio	Monopólio bilateral	Monopsónio limitado
Algumas unidades grandes	Oligopsónio	Monopólio limitado	Oligopólio bilateral

Poderá perguntar-se talvez qual dos critérios será preferível, o critério do número de intervenientes ou o critério do comportamento das empresas. Não tem todavia sentido entrar em querela acerca das vantagens de um ou do outro.

Por um lado, fornecem ambos indicações úteis, que importará ter em conta. Não pode além disso deixar de haver uma interrelacionação muito estreita entre a estrutura do mercado e a conduta dos empresários. A título de exemplo, facilmente se compreenderá (e veremos melhor adiante) que a conduta de um monopolista é determinada por estar sozinho no mercado, sendo naturalmente muito diferente a conduta de cada ofertante num mercado de concorrência perfeita.

Uma combinação dos dois critérios pode ser vista no quadro seguinte:

---

[1] Com dois quadros deste tipo distinguindo monossituações, oligossituações e polissituações ver Martinez (2010 (12), pp. 652-5). Com um grande desenvolvimento sobre os mercados ver Mateus e Mateus (2010, vol. II, pp. 21-339).

Quadro V.2

Situações de mercado Critérios	Concorrência perfeita	Concorrência monopolística	Oligopólio	Monopólio
Número de empresas	muitas	muitas	algumas	uma
Dimensão	pequenas	pequenas	grandes	grande
Produto	similar	diferenciado	–	–
Comportamento	ajustamento da quantidade	polipolístico	oligopolístico	monopolístico
Domínio sobre o preço	nulo	reduzido	grande	total

Temos assim ainda um número relativamente pequeno de situações[2], com a consideração apenas de dois tipos de mercado de permeio entre a concorrência pura e o monopólio: a concorrência monopolista e o oligopólio. São situações que veremos melhor daqui a pouco, podendo todavia adiantar-se já, tendo em vista a compreensão do quadro: que quando há um *comportamento polipolístico*, no caso da concorrência monopolista, a oferta depende do preço do próprio bem e dos preços dos bens concorrentes [q_1 (P_1 e Pi)]; que quando há um *comportamento oligopolístico* a oferta depende também do próprio preço (P_1) e do(s) preço(s) do(s) concorrente(s) (Pi), dependendo todavia este(s) do preço da empresa considerada primeiro ($q_1[P_1$ Pi (p_1)]; que no caso do monopólio, com o *comportamento monopolístico*, a oferta depende apenas do preço do próprio bem [q_1 (P_1)]; podendo por fim, no caso da concorrência perfeita, verificar-se apenas um *comportamento em relação ao preço do mercado*, que para cada empresa individualmente se apresenta como um dado.

---

[2] Procedendo a múltiplas distinções, que não será difícil ir constatando ou imaginando, Stackelberg apresentou um quadro com 72 formas de mercado, Eücken apresentou um outro com 200 e de novo Stackelberg, para não ficar atrás, sugeriu que o quadro de Eücken poderia ser alargado até 900... (cfr. Moura, 1978, p. 158).

2. A lei da procura e da oferta

Sendo as análises que se seguirão, nos próximos números, de um modo geral dirigidas à análise do comportamento dos ofertantes, produtores ou outros (basicamente numa perspectiva microeconómica), justificar-se-á que comecemos por ter presente uma lei básica da economia, a lei da procura e da oferta. De acordo com esta lei, o preço é função *da procura e da oferta* (da procura e da oferta globais), aumentando quando aumenta a procura ou diminui a oferta, e diminuindo quando a procura diminui ou a oferta aumenta. Enquanto na lei da procura se vê como a quantidade procurada (variável dependente) varia em função do preço (variável independente) e na lei da oferta como a quantidade oferecida (variável dependente) varia também em função do preço (variável independente), em qualquer dos casos com variações na mesma curva, na lei agora em análise a variável dependente é o preço, vendo-se como este varia em função da procura e da oferta (variáveis independentes), como consequência de deslocações das curvas respectivas.

Trata-se de comportamento do preço que pode ser visto na figura seguinte:

FIG. V.1

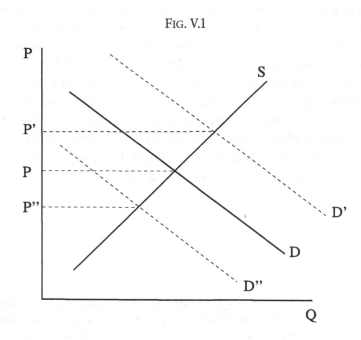

Tendo-se uma oferta dada, a oferta S na figura, uma deslocação da curva da procura para a direita (D') em relação à curva da procura inicial (D) leva ao aumento do preço de P para P'. Pelo contrário, nas mesmas circunstância (de oferta dada), uma redução da procura, para D", leva a uma redução do preço, para P".

A influência da oferta sobre o preço pode ser vista agora na figura que se segue:

Fig. V.2

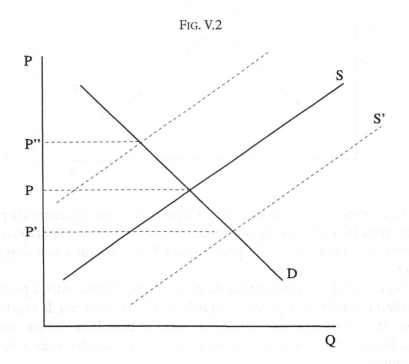

Sendo aqui dada a procura, de D, um aumento da oferta, de S para S', leva a uma diminuição do preço, para P'; e pelo contrário uma redução da oferta, para S", leva a um aumento do preço, para P".

Temos todavia nestes casos análises parciais, bastando – voltemos ao primeiro exemplo – que haja um aumento da oferta ainda maior (não sendo pois a oferta invariante) para que um aumento da procura não leve ao aumento do preço (o abandono de outros pressupostos, por exemplo o abandono do pressuposto da invariância do rendimento, levaria também, tal como vimos atrás, a que não 'se cumprisse a lei'):

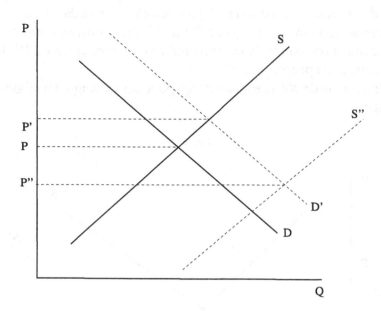

Conforme se exemplifica com a figura, se a um aumento da procura, para D', corresponde um aumento da oferta ainda maior, para S", temos, não uma subida do preço (para P'), mas sim a sua descida, para P".

Na realidade, a aproximação do ponto de equilíbrio entre a procura e a oferta, dando-nos o preço de equilíbrio, não se verificará de imediato, mas sim através de aproximações sucessivas, talvez de um modo que ficou conhecido como 'teorema da teia de aranha' (ver a figura seguinte)[3].

---

[3] Pode não ser assim, a tendência para esta aproximação ('mercado estável') depende de haver curvas com determinadas elasticidades, v.g. com maior elasticidade na procura do que na oferta (podendo pelo contrário, com um 'mercado instável', tender-se para o afastamento, ou ainda, havendo curvas com a mesma inclinação, permanecer-se indefinidamente com oscilações: cfr. Andrade (1998 (00), pp. VI-12-14).

FIG. V.4

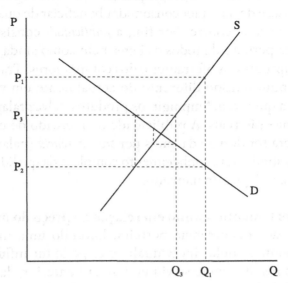

Se começamos com o preço P_1 temos um preço atractivo, levando à oferta de Q_1. Temos todavia aqui uma procura menor, que faz descer o preço para P_2. A este preço, por seu turno, a oferta é menor do que a procura, o que leva a uma nova subida do preço, agora para P_3: preço de novo alto e convidativo, levando a um aumento da oferta, chegando-se à quantidade Q_3 ao preço P_3. O processo só se concluirá quando houver um ponto de equilíbrio, com o preço P^* e a quantidade oferecida Q^*.

3. A concorrência perfeita

3.1. Caracterização

A concorrência perfeita (ou pura) é caracterizada pela existência de uma infinidade de ofertantes, conforme vimos há pouco, e além disso por haver produtos totalmente homogéneos, bem como mobilidade e publicidade completas. A *homogeneidade* consiste no facto de os bens serem iguais, não havendo por isso razão para que se verifique nenhuma distinção nas preferências dos compradores. A *mobilidade* consiste na possibilidade de, sem qualquer restrição, um ofertante corresponder de imediato, sem aumento de encargos, a qualquer procura registada no território em análise, e de qualquer consumidor beneficiar de qualquer oferta, onde quer que se encontre. Por fim, a *publicidade* consiste em haver conhecimento perfeito de todos os bens, bem como ainda das disponibilidades recíprocas dos ofertantes e dos compradores. Trata-se pois de publicidade num sentido diferente do actualmente em voga, com os publicitários a quererem 'impingir' os produtos, talvez falando em qualidades que não são reais. A publicidade do mercado de concorrência perfeita poderá ser designada antes por *transparência* (palavra muito na 'moda'), consistindo num conhecimento completo da qualidade dos bens e das demais condições do mercado.

3.2. O comportamento óptimo em relação ao preço do mercado

No mercado de concorrência perfeita, havendo uma infinidade de ofertantes, nenhum deles individualmente pode ter influência sobre o preço. Este resulta, como se viu no número anterior, da intersecção da procura global com a oferta global. Para cada ofertante individual o preço assim estabelecido é *um dado,* sobre o qual não pode ter influência nenhuma.

Sendo assim, para cada ofertante o que está em causa é ajustar a sua oferta em função do preço, nos termos do que vimos há pouco, nas figuras IV.5 e IV.6 (pp. 125-6): ou seja, aumentará a oferta até que a curva do custo marginal intersecte a curva do preço, que neste caso é da receita marginal (o que se recebe a mais pela colocação de mais uma unidade no mercado).

Trata-se de situação que pode ser vista na figura seguinte (V.5), decomposta em duas partes. No lado esquerdo temos as curvas da procura e da oferta globais, com o ajustamento do mercado que leva à fixação de um determinado preço, o preço P_1. No lado direito temos a situação óptima para a empresa em análise: conseguida quando a quantidade oferecida, q_{1}, corresponde à intersecção da curva da oferta (do custo marginal) com o preço (receita marginal): o preço P_1.

Fig. V.5

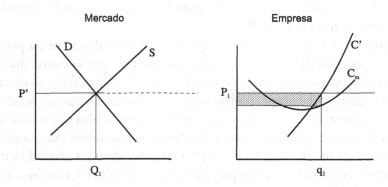

Dissemos todavia há pouco que para se saber se há lucro, e em que medida, temos de ter em conta o custo médio, sendo o lucro o produto do número de bens vendidos pela diferença entre o preço e o custo médio. Com o custo médio representado na figura há um lucro razoável, representado pelo rectângulo a tracejado.

Esta é todavia apenas uma situação de equilíbrio imediato. Com a existência de lucro é 'inevitável' (mesmo bom, de um ponto de vista geral) que acorram mais ofertantes ao mercado, com a consequência representada na figura seguinte:

Fig. V.6

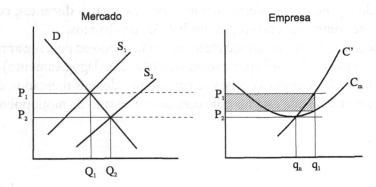

Com o aumento da oferta global vai descendo o preço, diminuindo por isso a diferença entre o preço e o custo médio, ou seja, diminuindo o lucro. A oferta continuará todavia a ser atractiva enquanto houver lucro, só deixando de aumentar quando tal não acontecer, ou seja, quando o preço for igual ao custo médio: na figura, quando se chegar à oferta S$_2$, levando ao estabelecimento do preço P$_2$.

Verifica-se ainda nesta figura que a tangência da curva da procura com o custo médio se verifica num ponto em que o custo médio é mínimo. É um ponto em que se verifica também a intersecção da curva do custo marginal, compreendendo-se bem que esta intersecção se verifique necessariamente num ponto onde o custo médio é mínimo: além de outras vias de demonstração, é lógico que assim tenha que acontecer, diminuindo a média enquanto o valor marginal (de uma unidade a mais) estiver abaixo dela (por exemplo, estando a média em 8, um valor acrescido de 7 faz baixar a média), e aumentando quando um valor marginal for superior (um valor marginal de 9 faz naturalmente subir uma média que estava em 8)[4].

*
* *

Admitindo que seja este – o mercado de concorrência perfeita – o paradigma, é de notar que na realidade não existe, ou será raro que exista. Aproximar-se-á dele o mercado dos título cotados na bolsa, havendo homogeneidade dos bens (de cada título), uma grande publicidade (um grande conhecimento das cotações) e também uma grande mobilidade, podendo a procura e a oferta encontrar-se em lugares distantes, com as ordens de compra e venda feitas nos balcões dos bancos.

Independentemente do seu realismo, começando-se pela sua apresentação será possível (sendo por isso mais indicado pedagogicamente) compreender melhor como as coisas se passam nos demais mercados, desde logo no mercado que está no pólo oposto, o mercado de monopólio.

---

[4] Todos temos bem a noção de que é assim quando, fazendo mais um exame, se a nota (nota *marginal*) for superior à média esta sobe, mas se for inferior a média desce (não se alterando se se ficar na média que já se tem).

4. O monopólio

4.1. Caracterização e explicação

Conforme vimos já e resulta da própria designação, temos a situação de monopólio quando há apenas um vendedor (do grego *monos*, que significa 'um só', e *polio*, na tradução à letra 'eu vendo')[5].

Como pode todavia explicar-se que haja apenas um vendedor, designadamente em situações atractivas de mercado?

Assim pode acontecer por razões totalmente diferentes, dando por isso origem a três tipos de monopólio: o *monopólio legal*, o *monopólio natural* e o *monopólio de facto*.

O *monopólio legal* é o que resulta de uma decisão de autoridade, podendo tratar-se de uma empresa pública ou de uma empresa privada à qual é dado o exclusivo de uma determinada produção ou de uma determinada distribuição. O exclusivo poderá ser dado directamente (determinando-se por exemplo que só uma empresa pode produzir no país um certo produto) ou ser a consequência de só uma empresa ter a patente de um produto ou de um processo de fabrico, não podendo por isso aparecer outra no mercado. No nosso país tivemos vários exemplos de monopólios legais, a que nos referiremos *infra* (em VI.1.2.4, pp. 171--2), a propósito das políticas de defesa da concorrência, tratando-se de monopólios que tiveram de desaparecer com a integração na Comunidade Europeia, onde não são permitidos. Acontece aliás que o que é monopólio num país deixa de o ser num mercado *único* com mais países, passando a *concorrer* designadamente com o que era talvez antes também monopólio num outro país.

Tradicionalmente a designação de *monopólio natural* era utilizada (cfr. T. Ribeiro, 1959) para o caso de por exemplo uma empresa explorar uma matéria-prima disponível apenas numa propriedade da qual é proprietária; não sendo fácil ou possível que se encontre em qualquer outro lado. Mais recentemente a designação tem sido usada para outro tipo de situações, em que também as circunstâncias da realidade, designadamente o enorme custo e a falta de sentido da duplicação de infraestruturas, por exemplo

---

[5] Referindo-se a palavra *monopsonio* à situação de ser um só a comprar, vindo das palavras gregas *monos* e *psonio* ('eu compro').

linhas férreas ou infraestruturas básicas de exploração e transporte de electricidade, água, gás ou telefone, inviabiliza a existência de qualquer outro operador (recorde-se de II.4.3, pp. 89-90). Em termos puramente económicos (a questão tem de pôr-se também em termos de ordenamento de território) acontecerá que nesses casos não só os custos médios como mesmo os custos marginais são sempre decrescentes, não podendo por isso aparecer nenhuma outra empresa na concorrência. Alguns progressos técnicos, nas telecomunicações (com os telefones móveis), têm vindo todavia a quebrar as barreiras à entrada de outras empresas no sector.

Por fim, um *monopólio de facto* é o que resulta do mercado, de uma empresa inicialmente em concorrência afastar do caminho todas as demais e ficar sózinha a produzir ou a distribuir[6].

4.2. A curva da procura para o monopolista

Sendo o único vendedor, o monopolista não tem perante si uma curva da procura infinitamente elástica, mas sim uma curva da procura de inclinação descendente, nos termos vistos na figura III.1 (p. 98).

Estamos assim face à situação definida pelo 'princípio de Cournot' (1887), de acordo com o qual o vendedor não é simultaneamente 'dono' do preço e da quantidade.

Sem dúvida, como monopolista, ele pode influenciar o preço, tendo a oferta agregada da economia, ou seja, a oferta de *toda* a economia; sendo assim, se aumentar a oferta o preço baixa e se a diminuir o preço sobe, nos termos vistos em V.2 (pp. 123-5). O que não pode é *obrigar* o mercado, o conjunto dos compradores da economia, a comprar a quantidade que ele quer, por um determinado preço elevado. Pode sem dúvida fixá-lo, mas o mercado *é que diz* o que compra a esse preço.

---

[6] Poderá acontecer que tal resulte de razões técnicas, na linha do que acabámos de ver para o monopólio natural, havendo economias de escala, ligadas ao equipamento ou a outros factores, que justificam que se fique confinado a um só produto. Mas uma concorrência predatória, levando ao afastamento de outros produtores ou vendedores, poderá verificar-se também por outras razões.
Na realidade, tem havido casos de evoluções do mercado neste sentido, v.g. com uma empresa finalmente 'ganhadora' a praticar preços muito baixos, mesmo abaixo dos custos, até eliminar as demais, podendo depois fixar já sózinha o preço mais compensador a que vamos referir-nos a seguir.

Poderá também, pelo contrário, estabelecer a quantidade *que quer vender*, mas é o mercado *que lhe diz* qual é o preço mais baixo que tem que estabelecer para que esta quantidade maior seja escoada. Se assim não for, o mercado não lhe absorve as unidades que deseja vender.

Face a esta realidade, como lhe convem actuar?

4.3. A receita marginal e o comportamento óptimo em monopólio

Para responder à pergunta formulada há que dar um passo mais, mostrando que da circunstância de o monopolista não ter perante si uma procura infinitamente elástica resulta que a receita marginal, ou seja, a receita da venda de uma unidade a mais, é necessariamente mais baixa do que o preço (diferentemente do que se passa na concorrência perfeita, mercado onde a receita marginal é igual ao preço).

Podemos vê-lo de um modo muito claro através de um exemplo[7]:

QUADRO V.3

Procura	Preço	Receita Total	Receita Marginal
200	10	2 000	–
210	9,9	2 079	79
220	9,8	2 156	77

Na linha do princípio de Cournot, sem dúvida o ofertante pode colocar mais produtos no mercado, no caso mais 10 unidades, passando a venda de 200 para 210. Mas para o fazer não tem outra hipótese que não seja baixar o preço, sob pena de o mercado não absorver essas unidades a mais: no exemplo, baixá-lo de 10 para 9,9.

Acontece todavia que o novo preço passa a aplicar-se a todas as unidades, tanto às 10 unidades a mais como às 200 que já vendia, pois nenhum dos compradores anteriores continuará a comprar por 10 um bem de que já pode dispor por 9,9. Sendo assim, com este novo preço as unidades vendidas a mais proporcionam uma receita de 99 (9,9 × 10), mas com cada uma das 200 unidades vendidas anteriormente há uma diminuição de

---

[7] Este e os quadros seguintes são retirados de T. Ribeiro (1959, pp. 325-9).

receita de 20 (0,1 × 200). Há pois uma receita marginal de 79 (99 – 20), 7,9 por unidade, menos do que o preço, que é de 9,9.

Trata-se de situação que num diagrama, como veremos na figura V.7, p. 144, é representada por uma curva da receita marginal abaixo da curva da procura; tendo esta por seu turno uma inclinação decrescente (não é horizontal).

*
* *

A necessidade de baixar mais ou menos o preço para colocar unidades adicionais dependerá da elasticidade-preço da procura, sendo menor se a elasticidade for maior e maior se a elasticidade for menor. Trata-se de situação que pode ser vista em dois novos exemplos numéricos, alternativos ao que foi dado há pouco.

Se a elasticidade for maior, tal significa que basta uma redução menor do preço para colocar as 10 unidades a mais: por exemplo, uma redução para 9,99:

QUADRO V.4

Procura	Preço	Receita Total	Receita Marginal
200	10	2 000	–
210	9,99	2 097,9	97,9
220	9,98	2 156,6	97,7

Bastando uma redução de 0,01 para que sejam vendidas 10 unidades a mais, esta venda adicional proporciona uma receita maior, de 99,9 (9,99 × 10); sendo por outro lado menor a diminuição de receita com as 200 unidades já vendida, de 2 (0,01 × 200). Temos pois uma receita marginal de 97,9 (99,9 – 2), de 9,79 por unidade, valor muito mais próximo do preço, neste caso mais elevado, de 9,99.

Pelo contrário, a situação de a elasticidade ser menor pode ser vista num terceiro quadro:

Quadro V.5

Procura	Preço	Receita Total	Receita Marginal
200	10	2 000	–
210	9,8	2 058	58
220	9,6	2 112	112

Já neste caso é necessário baixar mais o preço, para 9,8, se se quer a venda de mais 10 unidades. Temos por isso uma receita marginal mais baixa, de 5,8 por unidade, dado que as 10 unidades adicionais proporcionam apenas 98 (9,8 × 10) e as 200 já vendidas têm uma perda de 40 (0,2 × 200): ficando-se pois com uma receita marginal de 58, ou seja, de 5,8 por unidade, muito mais acentuadamente abaixo do preço (neste caso menos elevado, de 9,8).

*
* *

É por seu turno face à receita marginal susceptível de ser obtida, dependente, conforme acabamos de ver, da elasticidade-preço da procura, que o produtor estabelece a sua meta, produzindo até que a curva do custo marginal intersecte a curva da receita marginal. Assim se passa sempre na lógica já vista, valendo a pena produzir e vender até que o custo da última unidade seja menor ou igual à receita conseguida, não valendo obviamente a pena ir além deste ponto.

É isto que acontece na concorrência perfeita, onde todavia a receita marginal é igual ao preço. O que há de diferente nos outros mercados é apenas que a receita marginal é inferior ao preço.

Em termos diagramáticos, conforme se adiantou já atrás, a receita marginal é representada por uma curva abaixo da curva da procura (a curva onde se estabelece o preço), tal como se vê na figura seguinte:

FIG. V.7

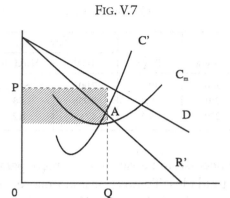

O preço que se estabelece está acima do ponto de intersecção da curva do custo marginal com a curva da receita marginal: na vertical desse ponto de intersecção, sendo no caso o preço P.

4.4. Moderadores do preço

A situação acabada de referir, tal como está representada na figura V.7, é proporcionadora de um grande lucro ao monopolista, com o custo médio claramente abaixo do preço (o lucro está a tracejado).

Sendo assim, e estando sózinho no mercado, parece à primeira vista que não lhe interessará sair dela, continuando nesta situação tão vantajosa.

Pode acontecer todavia que seja uma situação que não lhe convenha.

Pode não lhe convir em primeiro lugar porque, embora sendo um monopolista, mesmo com um monopólio legal ou natural poderá estar sujeito à concorrência dos sucedâneos. A título de exemplo, uma empresa monopolista do transporte ferroviário (como a CP) está sujeita à concorrência do transporte rodoviário, não estabelecendo por isso o preço de máximo lucro. Valer-lhe-á mais a pena um preço mais baixo, que evite a fuga ou pelo menos uma fuga em tão grande medida para um outro modo de transporte.

Quando se trata de um monopólio de facto o monopolista está para além disso sujeito à concorrência potencial.

Como se disse, o monopólio de facto resulta das circunstâncias do mercado, quando um produtor consegue afastar todos os que lhe faziam sombra. Não está todavia livre de que apareça um novo produtor no mercado, probabilidade hoje em dia acrescida em economias abertas (um outro produtor pode vir de um outro país), havendo aliás normas internacionais, em especial na União Europeia, que impedem a manutenção de situações de privilégio (vê-lo-emos em VI.1.2).

É certo que se trata de uma probabilidade por vezes remota, exigindo-se capitais avultados para concorrer com uma empresa que é monopolista, levando tempo até que uma nova empresa possa implantar-se com sucesso e tendo por seu turno riscos na luta a travar, contra uma empresa que antes havia sido bem sucedida a afastar os concorrentes...

Não deixa todavia de ser uma hipótese séria a considerar, sendo por isso provavelmente preferível estabelecer um preço menos aliciante.

4.5. A renda dos consumidores e a discriminação dos preços

Com o estabelecimento de um preço, seja em concorrência, em monopólio ou num qualquer outro mercado, poderá pensar-se que não é possível conseguir que alguém pague um preço mais elevado.

Assim acontece se houver publicidade e mobilidade completas, características definidoras do mercado de concorrência perfeita. Mas já será possível o estabelecimento de preços diferentes se se conseguir proceder a alguma separação dos compradores, em casos em que o vendedor conheça as suas condições pessoais, ou mesmo em casos em que, não sendo possível conhecê-las, são os compradores que se colocam em situações distintas.

Quando tal se verifica é possível absover-se a 'renda dos consumidores', da qual pode ter-se noção através da figura seguinte:

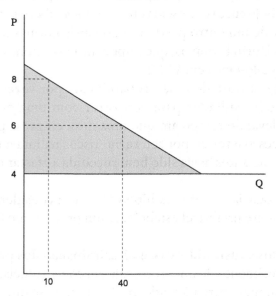

No caso ilustrado por esta figura há pessoas que admitiam comprar até 10 unidade pelo preço de 8, ou ainda por exemplo 40 unidades pelo preço de 6. Fixando-se todavia um preço mais baixo, o preço de 4, todos aqueles que admitiam dar mais têm uma renda, na medida em que, podendo comprar por 4 não vão gastar 8, 7, 6 ou 5 por cada unidade. Têm pois uma sobra de rendimento, que poderá ser aforrada ou utilizada na compra de outros bens.

O somatório de todas as diferenças entre o preço que se admitia pagar e aquele que se paga dá-nos pois uma 'renda', que é designada por 'renda dos consumidores'. Na figura trata-se do somatório representado pela área sombreada.

*
* *

Não se infere todavia daqui qual seja o preço de máximo lucro: que será sempre, na lógica já sublinhada, o preço que resultar da intersecção da curva do custo marginal com a curva da receita marginal.

Num novo exemplo numérico, podemos admitir que se chega ao quadro seguinte:

QUADRO V.6

Preço	Quantidade procurada	Despesas	Custo médio	Receitas	Lucro
8	30	90	3	240	150
7	40	100	2,5	280	180
6	60	165	2,75	360	195
5	80	240	3	400	160

A situação mais vantajosa é óbviamente a que der maior lucro, ou seja, aquela em que for maior a diferença entre as receitas totais e as vendas totais; no caso a situação de se venderem 60 unidades ao preço de 6, com uma receita total de 360 e uma despesa total de 165: dando por isso um lucro de 195, superior ao conseguido em qualquer das outras hipóteses (tanto as de se praticarem preços mais elevados como a de haver um volume maior de vendas).

Sendo essa a situação mais vantajosa, o monopolista não está todavia a conseguir a renda dos consumidores que admitiam comprar 30 unidades ao preço de 8, bem como ainda a renda desses e outros consumidores que admitiam comprar 10 unidades adicionais ao preço de 7. Vendendo tudo ao preço de 6, está a conseguir o ganho máximo possível apenas com as 20 unidades que não conseguia vender ao preço de 7, mas a 'prescindir' do que poderia ganhar com o estabelecimento de preços mais elevados (que o mercado absorveria) na venda das outras 40 unidades.

Tal ganho máximo com discriminação de preços pode ser visto no quadro seguinte:

QUADRO V.7

$$30 \times 8 = 240$$
$$10 \times 7 = 70$$
$$20 \times 6 = \underline{120}$$
$$= 430$$

Aumentaria assim a receita global de 360 para 430, ou seja de 60. Mas como na produção e venda das 40 primeiras unidades o monopolista não teria de suportar custos diferentes, continuando pois a ser de 165 a despesa total com a venda das 60 unidades, constata-se que teria com a discriminação de preços um lucro total muito maior, de 265, resultante da diferença entre 430 e 165; ou seja, um lucro muito maior do que o lucro, de 195, atingível sem discriminação de preços.

*
* *

Sendo pois aliciante proceder a uma discriminação de preços que absorva a renda dos consumidores, põe-se a questão de saber se é possível fazê-la.

Há casos em que não é possível a comunicação dos compradores, podendo por isso manter-se alguns a comprar por preço mais elevado, enquanto os outros compram por um preço mais baixo. Assim poderá acontecer por exemplo com o fornecimento de energia, se se quiser fixar um preço diferente à energia utilizada para fins domésticos e para fins industriais.

Pressupõe-se naturalmente que quem esteja sujeito ao preço mais elevado não possa apresentar-se como sendo consumidor de energia com o preço mais baixo: apresentando-se por exemplo como consumidor doméstico e utilizando a energia na sua fábrica.

Na generalidade dos demais casos de compra de bens materiais não é todavia possível proceder a qualquer discriminação, podendo um rico comprar aquilo de que precisa através de um intermediário pobre. Como poderá então o vendedor monopolista saber que o bem se destina ao primeiro?

A possibilidade de se conhecer a capacidade financeira e a disponibilidade dos consumidores verificar-se-á com mais probabilidade com a prestação de serviços personalizados, por exemplo serviços médicos, salvo tratando-se de um conselho em abstracto, que pouco ou nada resolverá. Não podendo mandar-se alguém 'por conta', tem que ser o próprio a sujeitar-se ao exame, ao tratamento ou à operação. Poderão pois o médico e o estabelecimento de saúde saber se o doente é pobre ou milionário.

A hipótese de se fazer a consulta por outrem menos 'abonado' poderá pôr-se talvez também em relação a um advogado. Mas precisamente no domínio jurídico são frequentes os casos em que a própria identificação do problema, por exemplo tratando-se de um problema de direito sucessório, é reveladora de uma maior ou menor capacidade de gasto. Poderá pois o advogado discriminar o preço, aliás de um modo geral, de acordo com as práticas seguidas, o preço é fixado em função do valor da causa.

Há todavia ainda casos em que o monopolista poderá discriminar o preço não podendo ter a hipótese de saber sequer quem é penalizado ou favorecido, muito menos conhecer a sua capacidade de gasto.

Assim pode acontecer se for viável um fraccionamento no tempo, dispondo-se alguns compradores a antecipar compras, mesmo por um preço mais elevado, enquanto outros preferem protelá-las, por forma a conseguir um preço mais acessível.

Trata-se de prática frequente no mercado dos livros, aparecendo uma obra nova com um preço elevado, em *hard-cover*, que absorve a renda de consumidores que não deixam de a comprar de imediato: compradores institucionais, como é o caso de bibliotecas, que não podem deixar de ter logo o livro, pessoas muito ricas a quem não faz diferença pagar um preço mais elevado, ou ainda pessoas que, embora com recursos mais modestos, tenham uma urgência muito grande na sua leitura.

Sabendo os livreiros que conseguem absorver a renda destes consumidores, fixam um preço mais elevado, com uma edição melhor apresentada. Mas passados um ou dois anos, ou mesmo alguns meses, promovem uma edição mais barata, em *paperback*, comprada por todos os que não puderam ou não quiseram fazer parte do primeiro grupo.

Assim acontece, pois, com um fraccionamento no tempo. Mas também em relação a compradores que o monopolista não pode conhecer individualmente pode haver um fraccionamento no espaço, com alguns deles a 'aceitar' pagar um preço mais elevado.

É o que se passa com uma prática muito seguida nos transportes, por exemplo no transporte ferroviário e no transporte aéreo, com a distinção por classes. Uma pequena melhoria de qualidade, ou no caso do transporte ferroviário a simples garantia ou pelo menos uma maior probabilidade de se ter lugar sentado, leva as pessoas a colocarem-se na classe mais cara.

Numa primeira avaliação, poderá julgar-se menos 'democrática' a distinção de classes, 'distinguindo' os mais ricos dos mais pobres. Mas não é a circunstância de se viajar numa ou noutra classe que promove ou acentua uma eventual distinção social, acrescendo que a absorção da renda dos 'mais ricos' pode pelo contrário contribuir para se proceder a uma 'política social', com o estabelecimento de uma tarifa mais baixa para quem tem menos dinheiro. Por outras palavras, se as pessoas não sentirem complexos por viajar numa classe secundária terão o benefício material de serem favorecidas, com uma tarifa mais baixa, à custa de quem (individualmente, empresa ou Estado) paga uma tarifa acentuadamente mais alta (no transporte aéreo chega a ser mais do que dupla). Em termos de redistribuição de rendimento, embora com pequeníssimo significado geral, está-se a 'tributar' os mais ricos e a ajudar os mais pobres.

5. A concorrência monopolística

5.1. Caracterização e explicação

Estamos já agora perante uma forma de mercado intermediária, embora com maior proximidade da concorrência perfeita[8].

Assim acontece porque também aqui há uma multiplicidade de empresas; mas, diferentemente do que se passa com a concorrência perfeita, não há nem homogeneidade dos produtos, que apresentam diferenciações de qualidade e marca, nem mobilidade perfeita, com 'distâncias' difíceis de ultrapassar, nem publicidade completa, não tendo os vendedores conhecimento de todas as disposições dos compradores, e vice-versa. Como vimos há pouco, ainda são as bolsas de valores os mercados que mais se aproximam da concorrência perfeita.

Principalmente devido à circunstância de haver algumas diferenciações físicas e jurídicas dos bens, e por essa ou outras razões preferências nas escolhas dos consumidores, há na concorrência monopolística um poder sobre o mercado que não existe na concorrência perfeita. Em mercados tão comuns como os mercados dos produtos alimentares, das confecções,

---

[8] Distinguiram-se no início da sua análise Chamberlin (1933) e Robinson (1933).

do calçado ou ainda dos produtos de beleza há pois preferências que se traduzem em apegos de clientela.

5.2. O preço de equilíbrio estável

Havendo apegos de clientela a curva da procura para os vendedores já não é uma curva da procura infinitamente elástica, ou seja, uma linha horizontal. Trata-se de uma curva descendente, correspondente em boa medida àquela com que se deparam os vendedores no monopólio.

Tal como neste mercado, a colocação de qualquer quantidade a mais depende por isso do abaixamento do preço, aplicando-se aqui o que vimos em V.4.3: ou seja, tem-se uma curva da receita marginal abaixo da curva da procura.

No que respeita à conduta óptima do empresário, neste caso, tal como em todos os demais, consistirá em ir oferecendo até que o custo da unidade a mais, o custo marginal, seja igual à receita marginal. Aqui como sempre num ponto anterior da curva está-se aquém do máximo ganho possível e num ponto mais adiante, com o custo marginal já acima da receita marginal, há um prejuízo que nenhum empresário pode manter.

Em termos diagramáticos, temos no início a situação do monopólio, representada na figura V.9 (já na V.7, p. 144):

Fig. V.9

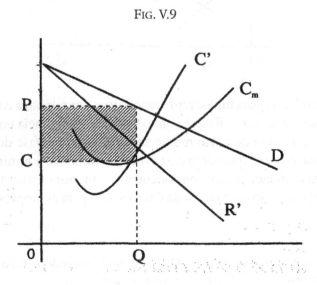

Tendo-se o lucro aqui figurado (no rectângulo a tracejado), num mercado de concorrência monopolística não se fica todavia na situação do monopólio, apenas com um vendedor. Havendo lucro o sector é naturalmente atractivo para novos empresários que queiram acorrer ou para empresários já instalados que possam oferecer uma quantidade maior. À medida em que assim vai acontecendo, com o aumento da oferta global no sector o preço vai obviamente baixando, podendo por outro lado dar-se o caso de o custo médio ir subindo, com a afectação à produção de factores menos favoráveis.

A descida do preço (tal como a subida do custo médio) deixará de verificar-se quando o mercado deixar de ser atractivo, ou seja, quando o custo médio for igual ao preço, conforme se mostra na próxima figura:

FIG. V.10

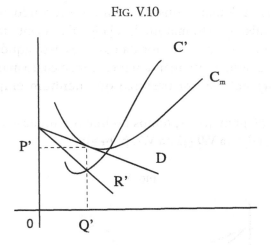

Temos todavia agora uma circunstância nova em relação à concorrência perfeita, que na figura se ilustra com o facto de a tangência entre a curva da procura e a curva do custo médio se verificar numa fase descendente desta última, ou seja, quando o custo médio ainda não é mínimo[9]. Assim acontece na realidade porque na concorrência monopolística as empresas têm que suportar um custo que não é necessário para as empresas em con-

---

[9] Pela razão que se mencionou atrás (p. 138) o custo médio não poderá é deixar de ser intersectado no seu ponto mínimo pela curva do custo marginal.

corrência perfeita, o custo de publicidade (ainda algum custo de investigação, para melhorar a qualidade dos seus produtos). Assim tem de acontecer num mercado onde é preciso captar clientela: com um custo que leva a que se tenha na concorrência monopolística uma situação menos favorável do que na concorrência perfeita.

6. O oligopólio

6.1. Caracterização e explicação

O oligopólio é caracterizado, como vimos, pela existência de poucos ofertantes no mercado. Pode tratar-se apenas de dois, tendo-se então a situação de duopólio, ou então de um número não muito maior de empresas.

Também o oligopólio resultará, tal como o monopólio, de razões legais, naturais ou de facto.

Uma *razão legal* pode consistir em haver um sistema de condicionamento industrial, fazendo depender de aprovação prévia qualquer iniciativa. Mas também poderá tratar-se de um 'condicionamento' mais sofisticado, quando a produção em causa dependa de uma patente a que só possam ter acesso poucos produtores.

Em outros casos são *circunstâncias naturais* a impedir que aumente o número de produtores. Retomando um exemplo que demos para o monopólio natural, pode acontecer que uma matéria-prima só exista em zonas a que possam ter acesso apenas duas, três ou poucas mais empresas.

Por fim, pode acontecer que o oligopólio resulte de *circunstâncias de facto*, podendo ainda aqui distinguir-se razões técnicas de razões de concorrência.

No que respeita a razões técnicas, poderá acontecer que haja equipamentos não reprodutíveis em pequenas unidades. Podem juntar-se aliás a esta razão todas as demais, incluindo razões de fabrico ou outras, que levem a que um custo médio mínimo aceitável só se consiga com uma grande dimensão.

Admitindo que esta dimensão seja por exemplo a dimensão da produção de 100 mil automóveis/ano, quando o mercado comprador não ultrapassa 200 mil, só há espaço para duas grandes empresas, não sendo atractivo o aparecimento de qualquer outra.

Por fim, pode acontecer que a permanência no mercado de duas ou poucas empresas resulte da própria concorrência que tenha afastado as demais. Tal como pode levar a que fique apenas uma em actividade, criando-se uma situação de monopólio de facto, poderá acontecer que a concorrência leve a que fique ao fim ao cabo não apenas uma, mas um conjunto pequeno de grandes empresas.

Como casos de oligopólio podem apontar-se nos Estados Unidos (cfr. Samuelson e Nordhaus, 2005, pp. 184-6) os sectores em que as quatro maiores empresas têm percentagens muito grandes do mercado: casos dos sectores da produção de cigarros, com 99% do total, dos automóveis, com 88%, dos frigoríficos domésticos, com 83% e dos 'cereais para pequeno-almoço', com 83% (vindo a seguir a indústria de computadores, com 45%).

Na União Europeia, com um só mercado, as empresas em oligopólios nacionais passaram em grande parte dos casos a ser empresas em concorrência; não deixando todavia de continuar a haver situações de oligopólio, por exemplo na indústria automóvel.

Havendo concorrência entre o espaço europeu e o espaço norte-americano, temos um caso de oligopólio (duopólio) no fabrico de aviões comerciais de grande porte, com o AIRBUS e os aviões do Grupo BOEING[10].

6.2. A indeterminação da procura e a formação do preço. A teoria dos jogos estratégicos

Há várias hipóteses possíveis nos mercados de oligopólio, designadamente tratando-se de mercados com produtos diferenciados.

Aqui vamos considerar todavia apenas o caso de o produto ser homógeneo, ou bastante semelhante, levando a que a alteração de preços por parte de um dos seus produtores seja especialmente sentida pelo(s) outro(s).

---

[10] Levando a um tipo de disputa que é ilustrado por Parkin (2014, p. 353); bem como pela figura XIII.16, *infra*, p. 405. O terceiro maior produtor de aviões comerciais do mundo, a empresa brasileira EMBRAER, está já noutro mercado, o mercado dos aviões de pequeno e médio porte (num lugar disputado pela empresa canadiana Bombardier).

Há por isso uma razão acrescida para que as empresas sigam uma estratégia cooperativa, sob pena de serem fortemente penalizadas.

Estamos perante uma situação que pode ser ilustrada pela figura seguinte, com a chamada 'curva quebrada da procura'.

Fig. V.11

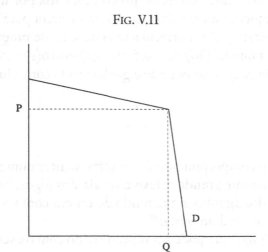

Estando um preço a ser praticado, no caso o preço P, acontece que a procura é muito elástica acima deste preço e pouco elástica (inelástica) abaixo dele.

Assim acontece porque se alguma sobe o preço, procurando ter por esta forma algum ganho maior, imediatamente a procura 'foge' para as demais. Trata-se, pois, de um caso de procura muito elástica.

Pode, pelo contrário, um dos empresários oligopolistas ter a tentação de captar mais clientela com a baixa do preço, julgando ganhar por esta via. Mas então imediatamente os outros empresários baixam na mesma o preço, pelo que o primeiro nada ganhará, acabando por ficar todos a perder.

É de esperar que as coisas se passem deste modo por exemplo com os mercados de oligopólio no nosso país, como são os casos dos mercados dos cimentos, da pasta de papel ou ainda por exemplo das cervejas: os dois primeiros com um produto homógeneo ou quase homógeneo, podendo já no terceiro caso verificar-se alguma preferência de gosto por parte dos consumidores. Havendo hoje naturalmente uma concorrência mundial, com a abertura dos mercados e a diminuição dos custos de transporte[11], serão melhores outros exemplos, como é o caso do duopólio na construção de aviões comerciais de grande porte, referido há pouco.

Em qualquer dos casos referidos, mesmo quando há alguma diferenciação no produto, uma subida de preço praticada por um dos grupos levará imediatamente a uma deslocação da procura para o outro ou os outros produtores; e pelo contrário a uma descida de preço decidida por algum deles responderá(ão) de imediato o(s) outro(s) com uma descida equivalente, não chegando por isso a ganhar nada com a iniciativa.

*
* *

Na análise do comportamento dos intervenientes num mercado desta índole veio a assumir grande relevo a teoria dos jogos, procurando ver como cada um dos agentes actua tendo de ter em conta o modo como o outro ou os outros podem actuar[12].

Trata-se de 'jogo' que pode ser representado com o exemplo seguinte (quadro V.8):

QUADRO V.8

Empresa A \ Empresa B	Não reacção	Reacção
Não Reacção	5 / 5	10 / −10
Reacção	−10 / 10	−2 / −2

---

[11] Alguma resistência maior verificar-se-á quando a deslocação for especialmente onerosa, em relação ao preço, como será o caso de um produto como o cimento, podendo por isso não se verificar um desvio da procura para uma unidade localizada a muitos quilómetros de distância.

[12] Trata-se de teoria que remonta a Von Neumann e Morgenstern (1944), tendo ficado especialmente famoso o 'dilema do prisioneiro'.
Com exemplos vários ver Barbosa (2003, pp. 28-36), Eber (2006), Ison e Wall (2007, pp. 159--60), Neves (2007(8), pp. 172-8), Frank e Bernanke (2011, pp. 324-9), Mankiw (2012, pp. 370--8) ou Parkin (2014, pp. 344-5).

Considera-se aqui uma situação de duopólio, com as empresas A e B. Em cada um dos quatro rectângulos representa-se no canto inferior esquerdo o ganho ou o prejuízo da empresa A e no canto superior direito o ganho ou o prejuízo da empresa B.

Podemos começar por supor que A fixa um preço de ganho máximo, sem que B reaja. Como se vê no rectângulo inferior esquerdo, A tem então um ganho de 10 à custa de um prejuízo de –10 para B.

Não é todavia de prever que assim aconteça, B não deixará certamente de reagir, numa luta de preços prejudicial para ambas. Estamos caídos então na situação do rectângulo inferior direito, com perdas de –2 para cada uma das empresas.

Evitar-se-á esta situação se houver uma estratégia cooperativa, com ganhos de 5 para cada uma das empresas, tal como se exemplifica no rectângulo superior esquerdo (no rectângulo superior direito está a hipótese inversa da indicada primeiro, igualmente não esperável, de um dos empresários, neste caso B, fixar um preço muito favorável que lhe daria um ganho de 10 sem que o outro reagisse, resignando-se a um prejuízo de –10).

De acordo com o ditado popular português, num mercado com estas características "quem tudo quer tudo perde".

Compreende-se, pois, que a norma de conduta no oligopólio seja a de 'não fazer ondas nem deixar que os outros as façam'. Ou seja, estaremos perante um caso em que de facto ou mesmo formalmente (por acordo formal) se segue uma estratégia comum, que assegura um preço que não leva ninguém à ruína, pelo contrário, um preço que assegura a todos um rendimento vultuoso.

Quando se trata de um acordo formal temos o chamado cartel, palavra que vem do alemão *Kartel*[13].

Em qualquer caso, trata-se de prática hoje em dia sujeita a um controlo rigoroso, designadamente no seio da União Europeia, como veremos no capítulo seguinte.

---

[13] Um 'oligopólio de conluio' assemelha-se naturalmente a um monopólio.

7. Juízo sobre as diferentes formas de mercado

Para além da preferência política e ideológica que possa ter-se acerca de alguma das formas de mercado, importa que se faça sobre elas um juízo económico objectivo, com implicações na eventual penalização dos abusos que alegadamente se cometam.

À primeira vista aparece como especialmente sedutora a concorrência perfeita, com menores lucros para os empresários e vindo a verificar-se a médio prazo uma situação em que o preço corresponde ao custo médio mínimo das empresas. Seria, pois, a situação mais vantajosa possível para os consumidores[14].

Mas para além de se saber se é possível ou não chegar a esta situação, há que ter bem a noção de que uma maior escala, um certo nível de ganhos ou ainda a segurança de poder dispor-se deles são indispensáveis para se conseguirem custos mais baixos, ganhos maiores, investimentos e inovação, por seu turno indispensáveis na concorrência que actualmente se verifica em mercados abertos a nível mundial. Mais concretamente, numa globalização em que por exemplo as empresas da Europa têm que concorrer com empresas dos Estados Unidos e do Japão, de grande dinamismo e inovadoras, há que assegurar condições da mesma índole.

Impressiona também negativamente que no monopólio e em outros mercados sem ser de concorrência perfeita o preço esteja acima da receita marginal, não se tendo pois a situação mais favorável para os consumidores, com os consequentes benefícios sociais.

Pode acontecer todavia que um preço acima da receita marginal seja mais baixo do que o preço em concorrência, como consequência de uma maior escala (ou por outras razões) proporcionar um custo muito mais baixo, conforme se mostra na figura seguinte:

---

[14] Actualmente é dado grande relevo aos 'mercados contestáveis', mercados a que, sem custos de entrada e de saída, possam acorrer novas empresas (ver por exemplo Stiglitz e Walsh, 2006, p. 269, Begg, Fischer e Dornbusch, 2011, pp. 180-1, ou Parkin 2014, pp. 354-5).

FIG. V.12

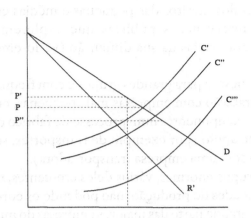

Pode um custo marginal mais baixo num mercado sem ser de concorrência perfeita (v.g. no monopólio) não ser suficiente para que se consiga ter um preço mais baixo. No exemplo da figura, sendo o custo marginal em concorrência C', o preço para os consumidores fica em P, na horizontal da intersecção da curva do custo marginal com a curva da receita marginal (no caso o preço do mercado, dado pela curva da procura). Mas é sempre concebível, e acontecerá por vezes na realidade, que os custos sejam de tal forma mais baixos que, mesmo estando o preço acima da receita marginal, se trate de um preço mais baixo do que o preço da concorrência[15]. Não acontecerá ainda assim se se tiver a curva do custo marginal C", com o estabelecimento (na vertical da sua intersecção com R') do preço P'. Mas já com a curva do custo marginal C'" se verifica o estabelecimento do preço P", mais baixo, pois, do que o preço verificado em concorrência (P).

Com realismo, não podem pois deixar de ter-se em conta a escala mínima indispensável a produções eficientes e a motivação para a inovação, com a segurança de que possa tirar-se proveito próprio dos investimentos feitos em investigação.

---

[15] Com algumas análises da realidade ver por exemplo Scherer e Ross (1990, p. 661).

No que respeita à escala, verifica-se actualmente um reconhecimento sem precedentes dos méritos das pequenas e médias empresas, sendo possível haver intervenções públicas que explorem estes méritos e supram as insuficiências da sua dimensão (vê-lo-emos em VI.2, pp. 181-3).

Nesta lógica, mesmo para grandes grupos é com frequência mais favorável a sub-contratação com empresas mais pequenas, em lugar de produzirem todas as componentes num processo de fabrico ou de terem serviços próprios de apoio (por exemplo de transportes, sendo preferível fazer um acordo com uma empresa transportadora).

Há todavia grupos enormes, vários deles crescentes, em alguns casos com grandes unidades de produção, não podendo os europeus deixar de ter presente que grande parte das maiores empresas do mundo é dos Estados Unidos e da Ásia, como pode ver-se no mapa V.1 e no quadro V.9, que se seguem (extraídos de Durand *et al.*, 2013, p. 51):

MAPA V.1

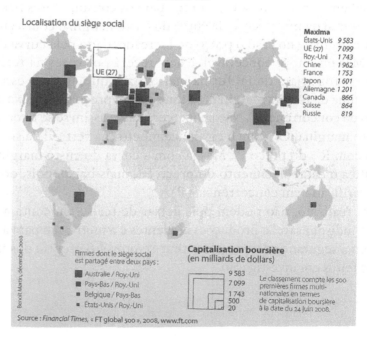

Quadro V.9

Situation au 31 mars 2008.
Classement selon le chiffre d'affaires des entreprises cotées en bourse, hors secteurs bancaire et financier.
(en milliards de dollars)

Capitalisation boursière	Entreprise (nationalité)	Secteur d'activité	Bénéfices	Chiffre d'affaires
452,5	Exxon Mobil (E.-U.)	énergie	40,6	
211,0	Wal-Mart (E.-U.)	distribution	12,7	
220,1	Royal Dutch Shell (Roy.-Uni et Pays-Bas)	énergie	31,3	
191,8	BP (Roy.-Uni)	énergie	20,8	
172,2	Toyota (Japon)	automobile	16,5	
178,6	Total (Fra.)	énergie	20,8	
177,3	Chevron (E.-U.)	énergie	18,7	
119,0	ConocoPhillips (E.-U.)	énergie	11,9	
10,8	General Motors (E.-U.)	automobile		
12,2	Ford (E.-U.)	automobile	-2,7	
101,1	Volkswagen (All.)	automobile	6,5	
369,6	General Electric (E.-U.)	ind. générale	22,2	
87,0	Daimler (All.)	automobile	6,1	
135,3	Sinopec (Chine)	énergie	7,7	
137,1	Eni (Italie)	énergie	15,8	
54,6	Carrefour (Fra.)	distribution	3,6	
424,0	PetroChina (Chine)	énergie	20,8	
231,2	AT&T (E.-U.)	télécoms	12,0	
99,4	Siemens (All.)	électronique	6,0	
52,4	Honda (Japon)	automobile	5,9	
123,9	E.ON (All.)	énergie	11,4	
197,7	Nestlé (Sui.)	agro-industrie	10,7	
119,1	ArcelorMittal (Fra.)	sidérurgie	10,4	
37,4	Nissan (Japon)	automobile	4,6	
112,6	Hewlett-Packard (E.-U.)	informatique	7,3	

Source: *Financial Times*, « FT global 500 », 2008, www.ft.com

Compreende-se, agora ainda com a emergência de grandes empresas também na China e nos outros BRIC's (Brasil, Rússia e Índia)[16], que a política de concorrência da União Europeia não pode ser de molde a impedir a formação de grandes grupos (sublinhá-lo-emos no próximo capítulo)[17].

---

[16] Em 2001 na Europa era de países pequenos metade das empresas de maior dimensão (com destaque para a Nokia, da Finlândia, bem como para empresas da Suíça), mostrando a possibilidade de estes países, em economias abertas, concorrerem no mercado mundial (ver a 2ª edição deste livro, 2005, p. 176, ou já Porto, 2002b).

[17] O incentivo à pesquisa conducente à inovação levanta problemas delicadíssimos de registo de patentes, de forma a que quem gasta grandes somas de dinheiro seja ressarcido desses montantes. Em muitos casos será todavia difícil ou mesmo impossível evitar que concorrentes venham a aproveitar-se das investigações feitas (na linguagem técnica, não podem ficar internalizadas), podendo encontrar-se aqui uma razão – a par da dimensão dos gastos – para a conjugação de esforços a nível internacional (trata-se do ponto a que voltaremos em XIII.5.5, a propósito da formação de espaços de integração).

Capítulo VI
Políticas de Defesa da Concorrência e de Apoio Público

Face ao que vimos nos capítulos anteriores em relação às diferentes formas de mercado, compreende-se que haja a preocupação de se assegurarem as suas virtualidades, afastando-se situações de menor eficiência, como são as que podem resultar ou resultam de situações de concentração ou de abuso de poder económico (actualmente suscitam grande preocupação os favores públicos distorçores da concorrência), e promovendo-se as condições de competitividade das pequenas e médias empresas. No fundo, está aqui em boa parte em causa o que deve ser actualmente o papel do Estado e de outras entidades públicas (recorde-se já de II.4.2 e 3, em especial pp. 85-91).

1. Políticas contra as concentrações ou os abusos de poder económico

1.1. Raízes históricas e filosofias de actuação

É esta uma primeira linha de intervenção, com uma história que 'nos nosso dias'[1] remonta a Julho de 1890, quando da publicação do *Sherman Act* nos Estados Unidos: a primeira lei *anti-trust* comum a todos os Estados da União. Seguiu-se outra legislação no mesmo país (designadamente o

---

[1] Mencionando medidas desta natureza já na Antiguidade grega ver Sullivan e Grimes (2000: cfr. M. Marques 2002).

Clayton Act, de 1914), bem como, a partir dos anos trinta e com muito maior relevo em décadas mais recentes, na Europa e em outras áreas do mundo[2].

Para além de outros aspectos, nos vários sistemas que têm sido instituídos podem distinguir-se duas filosofias diferentes: uma filosofia que 'absolutiza' a concorrência, não se admitindo sequer a criação de condições que possam pô-la em causa, de uma filosofia que reconhece as virtualidades de uma maior dimensão e de uma maior concentração empresarial, devendo actuar-se apenas quando há uma prática lesiva dos interesses a defender.

No primeiro caso, característico da legislação norte-americana[3], quer-se evitar o *dano potencial*. A concorrência é um bem em si mesmo, não sendo por isso necessário esperar-se pela existência de um dano, que levaria a uma intervenção *a posteriori*. Trata-se, por outras palavras, de privilegiar e defender uma noção estrutural de concorrência (teoria da *concorrência-condição*).

---

[2] Sobre as iniciativas que foram sendo tomadas em diferentes países ver por exemplo Salin (1998, pp. 109 ss.), que refere que já em 1996 havia leis de defesa da concorrência em 70 países, representando 79% da produção mundial e 80% do comércio internacional (com alguma comparação dos Estados Unidos e da União Europeia ver M. Silva, 2003, pp. 115-44).
Com a diminuição progressiva das restrições ao comércio, nota-se compreensivelmente que há tendência para a aproximação das legislações (cfr. Romano, 2003), tendo mesmo a OCDE uma revista dedicada ao tema (tem vindo a ser também preocupação da Organização Mundial do Comércio: cfr. Zäch, 1999).

[3] Com uma rigidez mitigada contudo pela prática jurisprudencial (ver entre nós, sobre este e outros pontos da matéria da concorrência que está a expor-se, Pais, 1996 e 2006, Calvete, 1998, Vaz, 1998, pp. 271-334, P. Ferreira, 2001, pp. 457-538, Pego, 2001 e 2006, E. Rodrigues, 2005, A. G. Soares e Marques, 2006, Mateus e Moreira, ed. 2007, M. Silva, 2008, Anastácio e Duarte, 2008, L. Morais, 2009a e 2009b, Porto, 2009, pp. 277-307, C. Gomes, 2010, Gorjão-Henriques, 2010, pp. 419-92, Machado, 2010, pp. 375-446 e Moncada, 2012a, pp. 480 ss. e 2012b, Campos, Campos e Pereira, 2014, pp. 599-632, Santos, Gonçalves e Marques, 2014, pp. 305-92, sublinhando designadamente a necessidade crescentemente reconhecida de uma análise mais económica do direito da concorrência, entre a literatura estrangeira também mais recente, Bishop e Walker, 2002, Craig e De Búrca, 2003, pp. 936-1169, Steiner e Woods, 2003, pp. 395-492, Weatherill, 2003, pp. 493-609, Costa, Menezes e Martins, coord., 2003, G. Oliveira e Rodas, 2004, Jaeger, 2006, Combe, 2007, Fairhurst, 2007, pp. 427-515, Korah, 2007, Jones e Sufrin, 2008, Van Bael e Bellis, 2009, Cini e MacGowan, 2009, Whish e Baily, 2012, pp. 1-48, Bellamy e Child, 2013, os três últimos livros tendo em contas a realidades brasileira e do MERCOSUL; bem como, com a legislação então em vigor, Porto e Anastácio, coord., 2009).

Já na outra perspectiva, prevalecente nos países europeus, reconhecendo-se algumas vantagens da dimensão e da concentração, intervem-se apenas *a posteriori*, quando é prejudicado o interesse geral. Temos assim a teoria da *concorrência-meio*, sendo a concorrência "um bem entre outros e não um bem público exclusivo", que "pode, em certas circunstâncias, ser afastado em nome da protecção de outros bens ou da realização de outros fins socialmente relevantes" (cfr. Santos, Gonçalves e Marques, 2014, p. 307).

Compreende-se que com a mundialização, tendo cada espaço do mundo de concorrer com espaços altamente competitivos, v.g. com grupos empresariais de grande dimensão, tenda a prevalecer a segunda perspectiva. Assim acontece designadamente na Europa, tendo de concorrer, conforme se sublinhou há pouco, com empresas dos Estados Unidos da América, do Japão e cada vez mais de outros países também poderosos.

1.2. A defesa da concorrência na União Europeia

A defesa da concorrência constitui preocupação que remonta à redacção inicial do Tratado de Roma, assinado em 1957, que criou a Comunidade Económica Europeia.

Conforme se verá adiante, com a criação de um espaço de integração (desde logo uma união aduaneira) deixa de haver barreiras entre os países membros. E de facto os impostos alfandegários e as restrições quantitativas foram afastados mesmo antes do prazo previsto.

Mas o legislador 'constituinte' teve bem a noção de que, com uma premência acrescida, importava evitar outras intervenções lesivas da concorrência: assim se explicando que a proibição de algumas delas fosse estabelecida logo em artigos do Tratado de Roma.

Não era todavia de esperar que pudesse ficar-se por aqui: sendo também de grande relevo as normas comunitárias que vieram a ser aprovadas posteriormente (em legislação derivada), procurando conseguir uma maior eficácia em relação a casos já previstos ou evitar outras formas de violação da concorrência.

De um modo geral pode dizer-se que há nas normas da União Europeia alguma prevalência da perspectiva de defesa da *concorrência-meio*. Assim acontece na linha da tradição do nosso continente, reforçada nos nossos dias com a assinalada grande preocupação de se assegurar a competitividade a nível internacional, face ao movimento irreversível da mundialização.

No controle das regras estabelecidas tem um papel de grande relevo a Comissão Europeia, conforme se verificará de seguida a alguns propósitos, sendo vários os casos concretos reveladores da força da sua intervenção, por exemplo impedindo concentrações ou aplicando multas pesadíssimas a algumas das empresas mais poderosas da Europa e do mundo. Releva para além disso a intervenção dos Tribunais comunitários, desde o início o Tribunal de Justiça e agora também o Tribunal Geral (criado em 1989 com a designação de Tribunal de 1ª Instância).

1.2.1. Os acordos, associações e práticas concertadas entre empresas

Nos termos do nº 1 do artigo 101º do tratado de Lisboa, TFUE[4] (era o nº 1 do artigo 85º na redação inicial do Tratado de Roma, mantendo-se basicamente a mesma redação), "são incompatíveis com o mercado interno e proibidos todos os acordos entre empresas, todas as decisões de associações de empresas e todas as práticas concertadas que sejam susceptíveis de afectar o comércio entre Estados-Membros e que tenham por objectivo ou efeito impedir, restringir ou falsear a concorrência no mercado interno, designadamente as que consistam em: a) fixar, de forma directa ou indirecta, os preços de compra ou de venda, ou quaisquer outras condições de transacção, b) limitar ou controlar a produção, a distribuição, o desenvolvimento técnico ou os investimentos, c) repartir os mercados ou as fontes de abastecimento, d) aplicar, relativamente a parceiros comerciais, condições desiguais no caso de prestações equivalentes colocando-os, por esse facto, em desvantagem na concorrência ou e) subordinar a celebração de contratos à aceitação, por parte dos outros contraentes, de prestações suplementares que, pela sua natureza ou de acordo com os usos comerciais, não têm ligação com o objectivo desses contratos" (cfr. Anastácio, 2012).

Para que sejam proibidas é preciso pois que as práticas em análise preencham duas condições: que sejam susceptíveis de afectar o comércio

---

[4] Sendo o Tratado de Lisboa constituído por dois tratados, o Tratado da União Europeia, TUE, e o Tratado sobre o Funcionamento da União Europeia, TFUE, indicamos pelas iniciais as referências feitas a este segundo tratado.

entre os Estados-membros e, simultaneamente, que tenham como objectivo ou efeito impedir, restringir ou falsear a concorrência.

A sanção por estas violações é estabelecida no nº 2, onde se dispõe que "são nulos os acordos ou decisões proibidos pelo presente artigo".

O legislador não podia todavia deixar de ser sensível à necessidade de se manter e promover a competitividade da economia comunitária, para o que poderá ser necessário um aumento de escala na intervenção empresarial: face, designadamente, à necessidade de concorrer com empresas ou grupos de grande dimensão de espaços igualmente ou mesmo mais desenvolvidos em alguns domínios.

Compreende-se por isso que as disposições proibitivas do art. 101º, nos termos do seu nº 3, possam "ser declaradas inaplicáveis" aos acordos, associações ou práticas concertadas que "contribuam para melhorar a produção ou a distribuição dos produtos ou para promover o progresso técnico ou económico, contando que aos utilizadores se reserve uma parte equitativa do lucro daí resultante, e que a) não imponham às empresas em causa quaisquer restrições que não sejam indispensáveis à consecução desses objectivos b) nem dêem a essas empresas a possibilidade de eliminar a concorrência relativamente a uma parte substancial dos produtos em causa".

São permitidos também, por outro lado, os "acordos de pequena importância" (regra *de minimis*), que "afectam o mercado apenas de um modo insignificante, tendo em conta a fraca posição ocupada pelos interessados no mercado de produtos em causa"[5].

Têm ainda relevo as 'isenções por categoria', sendo imediatamente válidas as operações integráveis no seu âmbito. Assim acontece com isenções que foram admitidas nos domínios da propriedade industrial, da investigação e desenvolvimento, dos transportes aéreos, dos seguros e do transporte marítimo[6].

---

[5] Será o caso de acordos entre empresas que não representem mais do que 5% (acordos horizontais) ou 10% (acordos verticais) do mercado relevante.

[6] Os procedimentos a seguir constam actualmente do Regulamento (CE) nº 1/2003, de 16 de Dezembro de 2002, que entrou em vigor no dia 1 de Maio de 2004 (revogou, regulando também a aplicação do artigo 82º, actual 102º do TFUE, o Regulamento nº 17, de 6 de Fevereiro de 1962): cfr. Vilaça, 2003.

1.2.2. Os abusos de posições dominantes

O artigo 102º do TFUE (era o art. 86º na redação inicial do Tratado de Roma) refere-se à hipótese de, mesmo sem haver articulação entre empresas (pode estar apenas uma empresa a operar), se explorar "de forma abusiva uma posição dominante no mercado interno ou numa parte substancial deste", procedimento que é igualmente "incompatível com o mercado interno e proibido, na medida em que tal seja susceptível de afectar o comércio entre os Estados-Membros" (cfr. Ruiz, 2012).

Mencionam-se depois, também a título indicativo, casos em que tal pode ocorrer: os casos referidos no artigo 101º com excepção do caso da al. *c*), de repartição de mercados ou de fontes de abastecimento, que não terá aliás sentido tratando-se apenas de uma empresa. Diferentemente do que se passa com o artigo 101º, nº 3, não é admitida excepção quando se esteja a melhorar a produção ou a distribuição ou a promover o progresso técnico ou económico.

Por outro lado, não basta haver a exploração abusiva de uma posição dominante, é preciso que seja susceptível de prejudicar o comércio entre os países; nesta medida sendo ultrapassado, pois, um âmbito geográfico nacional.

Será de referir, por fim, que é comum ao artigo 101º o procedimento a seguir na invocação e na apreciação das violações alegadamente cometidas.

1.2.3. As concentrações de empresas (mergers)

A ausência no Tratado de um artigo sobre a concentração de empresas[7] (*mergers*, na designação inglesa) pode encontrar explicação na ideia especialmente sentida da vantagem ou mesmo da necessidade de se ganhar escala empresarial a nível mundial. Não se abusando de uma posição dominante nada haveria a objectar, pelo contrário, poderia ser o modo indispensável de se conseguir uma dimensão internacional competitiva.

---

[7] Diferentemente do que acontecia com o artigo 6º do Tratado de Paris, que em 1950 instituiu a Comunidade Europeia do Carvão e do Aço (CECA): com a preocupação de se evitar o domínio da Alemanha nos sectores básicos do carvão e do aço.

Não deixou todavia a Comissão, logo nos anos 70, de ser sensível aos riscos que poderiam resultar de meras concentrações; mas um projecto de regulamento apresentado em 1973 foi rejeitado por vários países.

Face a casos negativos que foram aparecendo, julgou-se primeiro que poderia ser aplicado o artigo 86º (no caso Continental Can) e depois que poderia ser aplicado o artigo 85º (no caso Philip Morris) (como se viu há pouco, são os actuais artigos 101º e 102º).

Mas com as dificuldades encontradas não deixou de julgar-se que era necessário poder intervir em situações de meras concentrações (não se "fechar a cavalariça só depois de o cavalo ter fugido", na imagem de um autor): tendo a base para tal sido finalmente estabelecida, culminando dezasseis anos de negociações, pelo Regulamento nº 4064, de 21 de Dezembro de 1989, revogado em 2004 pelo Regulamento (CE) nº 139/2004 (JOL nº 24 de 29.1.2004), alterado pelo Regulamento (CE) n. 1033/2008, de 20.10.2008 (com a publicação recente do Regulamento de Execução (UE) nº 1269/2013, da Comissão, de 5.12.2013). Através do primeiro destes diplomas foi criada uma *task force* da Comissão para, independentemente de uma conduta lesiva, se impedirem operações de concentração (para além dos tradicionais agrupamentos de empresas, v.g. com fusões, pode tratar-se igualmente de aquisições de controlo, através de participações nos activos, ou por qualquer outra via).

Desde 1 de Março de 1998 (data da entrada em vigor do Regulamento nº 1310, de 30 de Junho de 1997, que alterou o anterior Regulamento comunitário) as operações de concentração em que o volume de negócios total a nível mundial fosse superior a 5 mil milhões de euros e em que o volume de negócios de cada empresa (ou pelo menos de duas) a nível comunitário fosse de mais de 250 milhões de euros (não sendo mais de 2/3 do volume de negócios num só Estado), passaram a ser consideradas "de dimensão comunitária" e a estar sujeitas a notificação prévia à Comissão[8].

Nos termos estabelecidos, até uma semana depois da conclusão de um acordo, da publicação da oferta de compra ou de troca ou da aquisição de uma participação de controle, as empresas devem notificar a Comissão

---

[8] Desde a mesma data há um conjunto sucedâneo de indicadores que também atribuem "dimensão comunitária" à operação de concentração.

das suas concentrações de 'dimensão comunitária'. A Comissão tem três semanas ou para considerar a concentração compatível com as regras da União ou para desencadear um procedimento que deverá estar concluído no prazo de três meses: não podendo as operações ser realizadas nem antes da notificação nem durante as três semanas que se seguem.

Como seria de esperar, mesmo com o Regulamento nº 4064 levantavam-se dúvidas sobre o critério a ser seguido na avaliação. Não pode de qualquer modo deixar de suscitar admiração que desde a sua entrada em vigor, em Setembro de 1990, só em muitos poucos casos tenham sido proibidas operações de concentração: decorrida década e meia, apenas 19 concentrações, 0,7% das 2593 notificadas e objecto de decisão final desde a entrada em vigor do Regulamento (em Setembro de 1990) até 2004[9]. Terá assumido um relevo maior o caso da proibição de compra da empresa canadiana De Havilland, uma subsidiária da Boeing, pela ATR, um consórcio franco-italiano composto por duas companhias estaduais, a Aerospaciale da França e a Alenia da Itália. Foi a primeira decisão de proibição, em 1991, tomada então fundamentalmente devido ao empenhamento do Comissário inglês Leon Briton, ainda assim apenas com uma pequena maioria. Compreende-se todavia que tenha sido muito criticada dado que, embora houvesse alguma concentração nos aviões de turbo-hélice[10], teria aumentado a capacidade de a Europa competir a nível mundial.

Face a este quadro, já em 1995 um autor (Pitt, 1995) perguntava se o Regulamento das concentrações não seria mais do que 'um tigre de papel'[11]. Não deixa todavia de ter uma função de dissuasão com algum relevo.

---

[9] Têm sido também muito poucos os casos impedidos em Portugal pela Autoridade da Concorrência: por ex. apenas 1,15% do total entre Março de 2003 e Dezembro de 2005 (cfr. já Mateus, 2006, pp. 128-9)

[10] A ATR aumentaria de 49 para 64% a sua participação nesse mercado, pondo em causa concorrentes como a Fokker (holandesa) e a British Aerospace (o que ajudará a explicar a decisão tomada...).

[11] Entre os casos que tiveram especial notoriedade, culminando como habitualmente com a sua aprovação, contam-se os *mergers* das águas Perrier pela Nestlé e da Rover pela BMW (em 1997; a situação foi entretanto alterada). Neste caso, a título de exemplo, teve-se em conta que só nas viaturas de alta gama a empresa ultrapassava 25% do mercado (no total das viaturas a BMW e a Rover não ultrapassavam então 6,6%): cfr. Porto, 2009a, p. 286.

1.2.4. Os monopólios nacionais

Uma intervenção não concorrencial tem-se verificado tradicionalmente através de "monopólios nacionais de natureza comercial", referidos no Tratado no artigo 31º (ex-artigo 37º, artigo 37º no Tratado de Lisboa, TFUE), no capítulo sobre a eliminação das restrições quantitativas entre os Estados-membros.

Nos termos deste artigo "os Estados-membros adaptarão progressivamente os monopólios nacionais de natureza comercial, de modo a que, findo o período de transição, esteja assegurada a exclusão de toda e qualquer discriminação entre nacionais dos Estados-membros, quanto às condições de abastecimento e de comercialização"; acrescentando-se no parágrafo seguinte que "o disposto no presente artigo é aplicável a qualquer organismo através do qual um Estado-membro, *de jure ou de facto*, controle, dirija ou influencie sensivelmente, directa ou indirectamente, as importações ou as exportações entre os Estados-membros", bem como "aos monopólios delegados pelos Estado" (cfr. M. Mendes, 2012).

Trata-se de monopólios que podem aparecer como formas de estabilização dos mercados, assegurando as vendas ou as compras dos produtos: tal como acontecia no nosso país com a Administração Geral do Açúcar e do Alcool (AGAA), v.g. assegurando o fornecimento deste último produto aos industriais produtores de licores[12], com a SACOR (actual PETROGAL), com o exclusivo da importação e da refinação dos produtos petrolíferos[13], ou ainda com a Empresa Pública de Abastecimento de Cereais (EPAC), assegurando a sua compra aos agricultores: havendo em qualquer dos casos discriminações contrárias à sã concorrência que se pretende assegurar[14].

---

[12] Não tendo havido nenhuma liberalização gradual no decurso do período de transição estabelecido, as Caves Neto Costa intentaram uma acção, que todavia perderam, contra o Ministro do Comércio e Turismo e o Secretário de Estado do Comércio Externo de Portugal.
O artigo 208º do Tratado de Adesão de Portugal havia estabelecido uma adaptação progressiva do regime do artigo 37º até 1 de Janeiro de 1993.
[13] Podendo acrescentar-se o caso da Comissão Reguladora do Comércio do Bacalhau, com o monopólio da importação para se 'garantir' o seu fornecimento aos consumidores...
[14] Estão fora do âmbito da aplicação do artigo 37º os monopólios de serviços: casos dos monopólios dos sectores dos transportes, gaz, electricidade, água e informação. Mas os monopólios dos transportes foram em boa medida afastados, com base numa nova base jurídica, na

O caso dos produtos agrícolas foi especialmente considerado no nº 4 do primitivo artigo 37º, tendo-se em conta de um modo mais favorável, tal como a outros propósitos, a especificidade do sector. Trata-se todavia de número afastado pelo Tratado de Amesterdão.

Em alguns casos os monopólios visados têm como objectivo a cobrança de receitas, tratando-se de sectores muito lucrativos (a natureza de 'monopólios comerciais' não é excluída também por haver igualmente uma actividade industrial): tal como acontece com o tabaco e os fósforos. Não deixam de qualquer modo de estar sujeitos às regras de concorrência, tal como se dispõe expressamente no nº 2 do artigo 106º, que será objecto da nossa referência na próxima alínea.

1.2.5. Aplicabilidade das regras da concorrência às empresas públicas

O Tratado de Roma não proibiu a nacionalização de empresas (ou naturalmente a existência anterior de empresas públicas)[15], na medida em que não afectem os princípios da concorrência nele estabelecidos. O nº 1 do artigo 86º, 106º no Tratado de Lisboa, TFUE (ex-artigo 90º do Tratado de Roma, depois art. 86º), é bem claro a tal propósito, dispondo que "no que respeita às empresas públicas e às empresas a que concedam direitos especiais ou exclusivos, os Estados-Membros não tomarão nem manterão qualquer medida contrária ao disposto no presente Tratado, designadamente ao disposto nos artigos 12º e 101º a 109º, inclusive" (ex-artigos 7º e 85º a 94º do Tratado original[16].

Ou seja, por um lado admite-se expressamente a sua existência e por outro sublinha-se a preocupação de que sejam respeitadas – em condições de igualdade – as regras da concorrência. Nos termos do nº 2 do artigo, trata-se de preocupação a ter também com as "empresas encarregadas da gestão de serviços de interesse económico geral ou que tenham a natureza do monopólio fiscal", sendo-lhes aplicado em princípio o mesmo regime (cfr. Morais e Cabral, 2012).

---

linha da liberalização aberta pelo Acto Único Europeu (a alteração do Tratado de Roma feita em 1985).

[15] Nos termos do artigo 345º do Tratado, TFUE (artigo 222º na versão inicial do Tratado de Roma), os "Tratados em nada prejudicam o regime da propriedade nos Estados-membros" (cfr. J. N. C. Silva, 2012).

[16] No mesmo sentido havia disposto, em relação ao carvão e ao aço, o artigo 83º do Tratado de Paris (instituidor da CECA).

Levanta-se todavia a dificuldade de, com o seu peso e a sua influência, ficar de facto salvaguardado o cumprimento de tais normas, não sendo violados designadamente o artigo 107º, que, como veremos no próximo número, proíbe auxílios públicos, ou ainda as disposições nos termos das quais não pode haver preferências em concursos de obras e de fornecimento de bens e serviços (vê-lo-emos em 1.2.7).

E, na prática, com o peso e a influência das empresas em análise não deixarão de verificar-se abusos e dificuldades de apreciação, v.g. com subsídios compensatórios do cumprimento de obrigações de serviço público e preferências quando de concursos disputados por propostas próximas entre si.

1.2.6. Os auxílios públicos

Trata-se de uma forma de distorção da concorrência que tem vindo a ter um grande relevo[17]: sendo de facto muito significativos os auxílios que os Estados e outras entidades públicas prestam, sob formas muito diversas[18], incluindo subvenções directas, bonificações de juros, isenções ou reduções fiscais ou ainda por exemplo participações no capital de sociedades[19].

---

[17] Aumentaram sensivelmente nos anos 70, com a recessão então verificada. Depois de 1993 houve alguma diminuição, em termos absolutos e relativos (descendo de um valor de 60 milhares de milhões de euros em 1998 para 49 em 2002, 0,56% do PIB: ver Comissão Europeia, 2004a, p. 96). Sectorialmente sobressaem, para além dos enormes apoios à agricultura, nos termos da Política Agrícola Comum (PAC) (cfr. Porto, 2009, pp. 334-66), os apoios aos transportes e às indústrias transformadoras; e entre os países os que são proporcionados na Itália, no Luxemburgo, na Irlanda, na Dinamarca e na Alemanha (sendo Portugal, o Reino Unido e a Suécia os países onde os apoios têm sido menores). Curiosamente, das 94 decisões negativas entre 2003 a 2005, 74, cerca de 80%, foram de países grandes e ricos: 28 da Itália, 22 da Alemanha, 11 da França, 7 da Espanha e 6 do Reino Unido (também 6 da Bélgica). Portugal, onde foram apreciadas 25 situações, não teve nenhuma condenação, para o que terá contribuído (tendo nós dúvidas num ou noutro caso...), além das limitações orçamentais do país, a circunstância de em vários casos as ajudas terem cobertura nos termos do nº 2 do art. 87º do Tratado da CE, agora do artigo 107º do TFUE, por serem ajudas de índole regional. Com uma análise recente do quadro português ver Porto e Almeida (2007), em geral Nemitz, ed. (2007) e mais recentemente Almeida (2012) e Porto, Almeida e Andrade (2013).

[18] Pode tratar-se de apoios gerais ou por exemplo de apoios dirigidos especialmente à promoção das exportações.

[19] A menos que estas sejam feitas pelo valor real (do mercado) das acções ou quotas subscritas. Tem vindo a ser prioridade da Comissão o controle de auxílios fiscais (ver já Comissão Europeia, 2002, p. 89 e Taborda, Figueiredo, Almeida e Porto, 2013).

O artigo 87º, 107º do Tratado de Lisboa, TFUE (92º no Tratado de Roma originário, depois artigo 87º) proíbe tais auxílios, considerando-os "incompatíveis com o mercado interno, na medida em que afectem as trocas comerciais entre os Estados-membros" e "falseiem ou ameacem falsear a concorrência, favorecendo certas empresas ou certas produções". Temos aqui de novo estas condições, pois, para que se trate de uma prática permitida; devendo os auxílios ser restituídos quando não sejam concedidos nas condições do Tratado (cfr. o artigo 108º do TFUE, ex-artigo 88º).

Não podem todavia deixar de admitir-se excepções em casos em que razões sociais ou económicas aconselhem a intervenção pública. O artigo 107º admite-as em termos diferentes consoante se trata dos casos considerados no nº 2 ou no nº 3.

De acordo com o nº 2 *"são compatíveis* com o mercado interno" (itálico nosso), ou seja, trata-se de uma compatibilidade automática, que não requer uma apreciação caso a caso, a) "os auxílios de natureza social atribuídos a consumidores individuais com a condição de serem concedidos sem qualquer discriminação relacionada com a origem dos produtos" e b) "os auxílios destinados a remediar os danos causados por calamidades naturais ou por outros acontecimentos extraordinários"[20]. No primeiro caso compreende-se bem a ressalva feita no fim, não sendo por exemplo aceitável que um apoio alimentar à infância seja admitido tratando-se de um produto (por ex. leite) nacional mas não tratando-se de um produto de outro país da União.

Já os casos considerados no nº 3 dependem de uma apreciação caso a caso, dizendo-se que *"podem* ser considerados compatíveis" (itálico nosso). Aqui se incluem a) "os auxílios destinados a promover o desenvolvimento económico de regiões em que o nível de vida seja anormalmente baixo ou

---

[20] Será de estranhar que na revisão do texto feita em Amesterdão (em 1997) tenha sido mantida a alínea *c*), actualmente apenas com justificação histórica: ao exceptuar da proibição os auxílios atribuídos a regiões da Alemanha Federal afectadas pela divisão imposta a este país depois da 2ª Guerra Mundial (com a formação da República Democrática Alemã).
Só agora o Tratado de Lisboa, no TFUE, vem admitir que "cinco anos após a entrada em vigor" "o Conselho, sob proposta da Comissão, pode adoptar uma decisão que revogue a presente alínea" (al. *c*) do nº 2 do artigo 107º). Assim poderá acontecer, pois (não acontecerá necessariamente!), quase um quarto de século após a reunificação do país mais rico da Europa, no seu centro, tendo até lá um especial favorecimento regional...

em que exista grave situação de subemprego", b) "os auxílios destinados a fomentar a realização de um projecto importante de interesse europeu comum, ou a sanar uma perturbação grave da economia de um Estado-Membro", bem como c) outros "auxílios destinados a facilitar o desenvolvimento de certas actividades ou regiões económicas, quando não alterem as condições das trocas comerciais de maneira que contrariem o interesse comum". O Tratado de Maastricht veio trazer uma nova alínea, a al. *d*) admitindo "os auxílios destinados a promover a cultura e a conservação do património, *quando não alterem as condições das trocas comerciais e da concorrência na União num sentido contrário ao interesse comum*"[21] (itálico nosso). Por fim, a actual alínea *e* (ex-alínea *d*) admite que o Conselho, deliberando por maioria qualificada sob proposta da Comissão, considere compatíveis ainda outras categorias de auxílios.

Sobre o modo de proceder em relação ao controle e à restituição dos auxílios concedidos, designadamente sobre a intervenção da Comissão e do Tribunal de Justiça, dispõem os artigos 108º e 109º[22].

---

[21] É assim bem claro que o próprio texto do Tratado não admite que deixem de ser cumpridas as regras gerais de defesa da concorrência: não podendo pois a promoção da cultura sobrepor-se a tais regras, v.g. ao cumprimento dos atuais artigos 101º e 102º do TFUE, tal como foi sugerido num relatório do Parlamento Europeu, como modo de se apoiar o serviço público de informação. Tal como um apoio público poderá justificar-se para que sejam proporcionados programas socialmente relevantes mas não lucrativos (proporcionados por um serviço público ou por uma empresa privada que seja compensada nessa medida: recorde-se de II.4.3, pp. 89--91), por seu turno a concorrência assegurada pela intervenção privada é indispensável à independência e à pluralidade na informação: valores também socialmente (e politicamente) indispensáveis.
A exigência, neste sector e nos demais, com especial relevo também para o sector dos transportes, de que os apoios se limitem à compensação pelos custos acrescidos suportados com o cumprimento de obrigações de serviço público, foi sublinhada pelo acórdão Altmark (cfr. por ex. Prosser, 2005, ou Porto, 2008a e 2009a, pp. 305-7). Os apoios públicos tanto podem ser intervenções de 'primeiro óptimo' como 'descambar' em intervenções gravemente iníquas e distorçoras da concorrência (não podendo deixar de ter-se presentes, no nosso país, os casos da RTP/RDP e dos transportes urbanos de Lisboa e Porto).
[22] Só ao fim de quarenta anos o Conselho usou da competência prevista no artigo 89º, atual artigo 109º do TFUE editando um regulamento de aplicação dos artigos 87º e 88º, atuais 107º e 108º, o Regulamento nº 994/98, de 7 de Maio de 1998 (JOCE L 142, de 14.5.1998). Entre outros aspectos, veio admitir isenções por categorias de casos, o que dá maior segurança aos Estados-membros (ver Almeida, 1997, 2002 e 2012 e Tenreiro, 2012).

Com especial relevo para Portugal (e para outros países e regiões menos desenvolvidos) são admitidos auxílios ao abrigo da alínea *a* do número 3. Não poderia aliás deixar de ser assim, sob pena de não poder dispôr-se de uma política regional, que é aliás importante não só para essas áreas mais carecidas como para o conjunto da União (sublinhá-lo-emos em XV.3.2).

Entre os casos passados justificando referência – casos com o nosso país que suscitaram polémica – contam-se o da (não) aceitação do Sistema Integrado de Incentivos ao Investimento (S-III), estabelecido pelo Decreto-Lei nº 194/80, de 19 de Julho, e o das ajudas ao projecto Ford--Wolkswagen da Auto Europa, em Palmela.

No primeiro acabou por se dar a circunstância curiosa de o Sistema não ter sido considerado satisfatório pela Direcção Geral de Política Regional (DG-16), ou seja, em termos de promoção regional, não tendo por isso podido beneficiar de apoio do FEDER (Fundo Europeu de Desenvolvimento Regional)[23]; tendo passado contudo 'o crivo' da Direcção Geral da Concorrência (DG-4), que aceitou que, dado o propósito em vista, não havia violação das regras de concorrência do artigo 92º (actual 107º do TFUE), podendo consequentemente funcionar com a utilização de verbas estaduais portuguesas.

No caso da Ford-Wolkswagen estava em causa (além de uma alegada violação do artigo 81º, actual artigo 101º do TFUE, com a parcela de mercado que viria a ser ocupada) a distorção provocada pelos apoios financeiros nas condições de concorrência com as empresas fabricantes de veículos do mesmo tipo; tendo todavia a queixa apresentada por quem tinha entretanto a maior fatia do mercado, a MATRA, sido rejeitada pela Comissão, por maioria dos seus membros (neste caso, designadamente dos do 'norte'...) e mais recentemente pelo Tribunal das Comunidades, para o qual foi interposto recurso, com base na consideração de que interesses da política regional justificariam a intervenção pública (estadual e comunitária) pretendida pelo Governo português[24].

---

[23] Tal veio a acontecer com o SIBR, instituído em 1988 (através do Decreto-Lei nº 15-A/88, de 18 de Janeiro), face à premência de correspondermos à exigência da DG-16 (que cuidava da política regional; designa-se actualmente Regio).

[24] Acordão do Tribunal da 1ª Instância de 15 de Julho de 1994 (Processo T-17/93, e anteriormente C-225/91 R).

1.2.7. As compras públicas[25]

Devem ser consideradas também formas de auxílio 'proteccionista' as compras públicas favorecedoras de produtores nacionais. Embora não sejam referidas nos artigos 107º a 109º do TFUE (antigos artigos 87º a 89º) podem ser consideradas no espírito e mesmo na letra do Tratado, designadamente no artigo 12º (7º na redacção primitiva), que proíbe "toda e qualquer discriminação em razão da nacionalidade", ou ainda nos artigos que impedem restrições ao comércio livre, à livre prestação de serviços e à livre circulação (entre outros nos artigos 34º, ex-artigo 28º, 30º, e 56º, ex-artigos 49º e 59º)[26].

Constituem intervenções com um grande relevo, dado o que as despesas públicas (dos Estados, autarquias regionais e locais e empresas públicas) representam no conjunto das despesas: em 1998 14% do PIB dos quinze países membros (mais recentemente 15% do total: cfr. Moussis, 2008, p. 94), num montante de 1 000 milhares de milhões de euros, ou seja, um valor correspondente a mais de metade do PIB da Alemanha, 277,15 euros (mais de 55,5 contos na moeda antiga) por cidadão da União (era de 11% do PIB da UE em 1994, correspondente ao conjunto dos PIB's da Bélgica, Dinamarca e Espanha). E não pode deixar de estranhar-se que em 98% dos casos (segundo estimativa anterior também da Comissão) as compras fossem feitas a empresas nacionais, quando era bem diferente o procedimento dos privados, comprando em muito maior percentagem a empresas estrangeiras ...[27]. Foi avaliado, quando os cálculos foram feitos, em de cerca de 22 mil milhões de euros o custo da ausência de concorrência nestes domínio, correspondendo a cerca de metade do valor do Orçamento da União e a 0,6% do seu PIB[28].

---

[25] São os *public procurement* na designação inglesa (está próxima dela a designação que seguimos) ou os *marchés publiques* na designação francesa (com frequência traduzida à letra, 'mercados públicos', a par de 'contratos públicos', nas versões portuguesas dos documentos das instituições europeias). Poderá falar-se também em concursos públicos, que são contudo o meio através do qual devem ser feitas as compras em análise.

[26] Trata-se de reserva que se põe naturalmente em relação a preferências regionais, por exemplo em relação a uma lei italiana que obrigava a atribuir pelo menos 3% dos fornecimentos a empresas do *Mezzogiorno*.

[27] Não sendo desde logo de crer que apenas em 2% dos casos fossem melhores as condições de qualidade e/ou preço oferecidas por empresas de outros países.

[28] São claros os progressos conseguidos com a legislação em vigor: tendo o número de anúncios de concursos públicos no suplemento do *Jornal Oficial* (e na sua versão electrónica) passado

Trata-se assim de custos que não são de forma alguma 'compensados' pelas 'vantagens' de se dar preferência a nacionais, numa linha 'proteccionista' que se tem procurado 'justificar' em diferentes perspectivas, incluindo a preservação e a promoção de emprego, a 'segurança' proporcionada por não se depender de fornecedores estrangeiros, a valorização da investigação em centros nacionais, reforçando-se a capacidade de resposta da Europa em relação a outros espaços (v.g. em relação aos espaços americano e japonês) ou ainda a defesa da balança dos pagamentos.

Não se justificando estar a referir aqui os vários passos que foram sendo dados desde 1971, distintos em relação às compras de bens materiais, às compras de serviços e à adjudicação de obras, será de referir que durante vários anos ficaram excluídos sectores de grande importância (os 'sectores excluídos'), casos da energia, da água, dos transportes e das telecomunicações, que vieram a ser considerados apenas por directivas aprovadas a partir de 1988 (revistas, todas, em 1993, e em 2004 pelas Directivas nº 17 e 18/2004, de 30 de Abril; JO L nº 47, de 30.4.2004).

Tratando-se de contratos acima de determinados montantes as autoridades são obrigadas a publicar anúncio no *Jornal Oficial* da União, havendo ainda disposições de harmonização das regras dos concursos e de contestação no caso de não cumprimento.

O *Livro Verde sobre os Mercados Públicos na União Europeia* (Comissão Europeia, 1996) visou já proporcionar *pistas de reflexão para o futuro* (nos termos do seu sub-título), no reconhecimento de que "uma política eficaz no domínio dos mercados públicos é fundamental para o sucesso do mercado único no seu conjunto". E um Livro Verde posterior (Comissão Europeia, 2004b) teve o propósito de promover desejáveis, mesmo indispensáveis, parcerias público-privadas neste domínio.

1.3. A defesa da concorrência em Portugal
Como seria de esperar, a legislação portuguesa de defesa da concorrência segue de perto a legislação comunitária, sendo de sublinhar apenas um

---

de 12 000 em 1987 para 59 000 em 1993 e para 137 000 já em 1998 (com uma previsão de 200 000 dez anos mais tarde), tendo sido sensível a percentagem de aumento das compras a empresas estrangeiras.

ou outro ponto mais. Designadamente, também aqui se reflecte claramente a filosofia da concorrência-meio.

Depois de alguma legislação dos anos 80[29] e 90[30] do século passado e da primeira década deste século[31], a matéria da concorrência é hoje regida pela Lei nº 19/2012, de 8 de Maio[32].

Em termos institucionais, ao contrário do que sucedia antes de 2003, tanto os poderes de instrução como os poderes de decisão cabem actualmente – em exclusivo – à Autoridade da Concorrência, instituída pelo Decreto-Lei nº 10/2003, de 18 de Janeiro[33]. Das decisões adoptadas pelo órgão máximo desta Autoridade – o Conselho[34] – cabe recurso para o Tribunal da Concorrência, Regulação e Supervisão (artigo 38º dos Estatutos[35]; artigo 84º da Lei nº 19/2012, de 8 de Maio).

Diferentemente ainda do quadro normativo em vigor até 2003, é à Autoridade da Concorrência que compete apreciar e decidir sobre a compatibilidade com o regime da concorrência das operações de concentração de empresas.[36]

---

[29] Decreto-Lei nº 422/83, de 3 de Dezembro, e Decreto-Lei nº 428/88, de 19 de Novembro. A legislação anterior, a Lei nº 1936, de 18 de Março de 1936, e o capítulo VII do Decreto-Lei nº 44016, de 8 de Novembro de 1961, não tiveram sequência, por não terem chegado a ser regulamentados (sobre estas e outras iniciativas no nosso país ver Calvete, 1998, pp. 341-5).

[30] Decreto-Lei nº 371/93, de 29 de Outubro, e Decreto-Lei nº 370/93, da mesma data, este alterado pelo Decreto-Lei nº 140/98, de 16 de Maio.

[31] Basicamente a Lei nº 18/2003, de 11 de Junho.

[32] Sobre esta lei pode ver-se a edição comentada de Porto, Vilaça, Cunha, Gorjão-Henriques e Anastácio (2013), bem como Anastácio e Saavedra (2013), e tendo em conta a lei anterior por exemplo Morais (2009a e 2009b) e a edição de Porto e Anastácio (2009).

[33] Que extinguiu as instituições anteriores, a Direcção-Geral do Comércio e da Concorrência (com competências de instrução) e o Conselho da Concorrência (com poderes decisórios, salvo na apreciado de operações de concentração de empresas, em que os poderes eram meramente consultivos).

[34] Composto por um presidente e por dois ou quatro vogais (artigo 12º dos Estatutos), tendo actualmente dois vogais.

[35] Os Estatutos da Autoridade da Concorrência foram publicados em anexo ao Decreto-Lei nº 10/2003, de 18 de Janeiro.

[36] Neste domínio o legislador admite, à semelhança do sistema alemão, a possibilidade de recurso excepcional para o Ministro (em alteração próxima, para o Conselho de Ministros) de decisões da Autoridade de Concorrência que proíbam uma operação de concentração de

O actual quadro institucional da concorrência foi já preparado tendo em vista a necessária articulação com o novo modelo desconcentrado (em rede) de autoridades da concorrência em vigor na Comunidade Europeia desde 1 de Maio de 2004, adoptado pelo Regulamento (CE) nº 1/2003 do Conselho, de 16 de Dezembro de 2002 (JO L nº 1, de 4.1.2003, pp. 165). Em consequência, a Autoridade da Concorrência é designada como autoridade competente, para os efeitos do disposto no artigo 35º do referido Regulamento (CE) nº 1/2003, competindo-lhe por isso «exercer todas as competências que o direito comunitário confira às autoridades administrativas nacionais no domínio das regras da concorrência aplicáveis às empresas» (artigo 6º, nº 1, alínea *g*), dos Estatutos).

No que respeita ao âmbito de aplicação, a nova lei, tal como a Lei nº 18//2003, abrange «todas as actividades económicas exercidas, com carácter permanente ou ocasional, nos sectores privado, público e cooperativo» (artigo 2º, nº 1, da Lei nº 19/2012: cfr. Vilaça e C. Gomes, 2013), e aplica-se a toda e qualquer entidade, mesmo que seja empresa pública, que goze de um monopólio ou de outros direitos especiais ou exclusivos ou preste serviços de interesse económico geral (artigo 3º: cfr. C. Abreu, 2013). O diploma proíbe, em termos próximos dos previstos no direito comunitário, os acordos[37] entre empresas restritivos da concorrência (artigo 9º, cfr. Gorjão-Henriques e C. Anastácio, 2013), os abusos de posição dominante (artigo 11º: cfr. G. Anastácio, 2013) e os abusos de dependência económica (artigo 12º: cfr. Pêgo, 2013), e disciplina as operações de concentração de empresas (artigo 36º: cfr. C. Cunha, 2013) bem como de algum modo também os auxílios de Estado (artigo 65º: cfr. Porto, Almeida e Andrade, 2013)[38], em todos os casos desde que estas práticas «ocorram em território nacional ou que neste tenham ou possam ter efeitos» (artigo 1º, nº 2).

---

empresas (artigo 34º dos Estatutos). Mas o Ministro apenas poderá autorizar uma tal operação «quando os benefícios dela resultantes para a prossecução de interesses fundamentais da economia nacional superem as desvantagens para a concorrência inerentes à sua realização».

[37] Abrangendo-se na expressão os acordos, as decisões de associação de empresas e as práticas concertadas. Com alguns acrescentos, o artigo 4º da lei portuguesa reproduz os casos considerados no artigo 81º do Tratado da Comunidade Europeia, 101º do TFUE (referidos na p. 168), não sendo também exaustivo (usa o termo "designadamente").

[38] Neste domínio a Autoridade da Concorrência não dispõe de poderes decisórios e sancionatórias, apenas lhe competindo formular recomendações ao Governo (ou apresentar queixas à Comissão Europeia).

Ao contrário do que sucedia ao abrigo do Decreto-Lei nº 371/93, nenhum domínio ou sector económico está excluído do âmbito da aplicação da Lei da Concorrência e dos poderes sancionatórios, de supervisão e de regulamentação da Autoridade da Concorrência (ver artigo 7º dos Estatutos da Autoridade), conquanto a lei estabeleça os mecanismos da necessária articulação entre a Autoridade da Concorrência e as autoridades reguladoras sectoriais (artigo 6º do Decreto-Lei nº 10/2003; artigos 15º, 29º e 39º da Lei nº 18/2003: e artigos 5º, 33º, 35º, 55º, 61º e 62º da Lei nº 19/2012).

Como originalidades face à legislação comunitária, pode assinalar-se que o novo regime jurídico mantém em vigor o instituto do «abuso de dependência económica», mas altera o respectivo âmbito de aplicação, pois apenas intervirá quando «a exploração abusiva, por uma ou mais empresas, do estado de dependência económica em que se encontre relativamente a elas qualquer empresa fornecedora ou cliente, por não dispor de alternativa equivalente», for «susceptível de afectar o funcionamento do mercado ou a estrutura da concorrência» (artigo 7º, nº 1, da Lei nº 18/2003 e 12º, nº 1 da Lei nº 19/2012).

Por fim, será de sublinhar que, para além dos casos considerados igualmente para os acordos entre empresas (o artigo 9º, na alínea a) do nº 2 do artigo 12º, remete para "a adopção de qualquer dos comportamentos previstos nas alíneas *a*) a *d*) do nº 2 do artigo 11º) no nº 1 do artigo 4º"), a lei portuguesa considera ser também abuso de posição dominante "a recusa de facultar, contra remuneração adequada, a qualquer outra empresa o acesso a uma rede ou a outras infra-estruturas essenciais que a primeira controla, desde que, sem esse acesso, esta última empresa não consiga, por razões factuais ou legais, operar como concorrente da empresa em posição dominante no mercado a montante ou na jusante, a menos que a empresa dominante demonstre que, por motivos operacionais ou outros, tal acesso é impossível em condições de razoabilidade". Está em causa, pois, assegurar uma desejável concorrência quando haja os monopólios naturais referidos *supra*, pp. 89-90 e 139-140.

2. Políticas de apoio às pequenas e médias empresas (PME's)

As políticas de apoio às PME's aparecem na lógica do reconhecimento das suas virtualidades, de flexibilidade, empenhamento e proximidade dos problemas, com um êxito reconhecido por toda a parte, designadamente nos países mais desenvolvidos. A título de exemplo, as cerca de 18 milhões de PME's da UE-27 empregavam 70 milhões de pessoas (70% da população activa), devendo-se a elas dois de cada três novos postos de trabalho criados nos últimos anos; sendo semelhantes as situações verificadas nos Estados Unidos e no Japão (sobre o grande relevo também do sector social, o 'terceiro sector', podem ver-se H. Reis, 2006, Porto e B. Silva, coord., 2007 e L. Lopes, 2009, pp. 209-77, bem como, sobre as políticas sociais em geral, Caeiro, 2008 e R. Mendes e C. Cabral, org., 2014).

No que respeita à estratégia de apoio a seguir, sabendo-se quais são as razões das economias de escala das grandes empresas, proporcionando-lhes custos médios mais baixos, procura-se que as PME's consigam com apoios públicos as vantagens de que dispõem as empresas maiores.

Começando pelas vantagens fabris, um primeiro contributo poderá consistir em produzir equipamentos de pequena dimensão que, tendo custos na proporção desta dimensão, consigam proporcionar produções com a mesma qualidade. Em termos de organização geral da produção, relevará o apoio que possa ser dado, colmatando a ausência de escala.

Um grande problema das PME's é o problema do apoio tecnológico, não podendo dispôr dos laboratórios de uma grande multinacional. A par de outros incentivos, no nosso país têm tido um grande relevo os centros tecnológicos de apoio a diferentes sectores (cerâmica, vidro, calçado, têxtil e confecções, etc.), na experimentação de novas técnicas ou por exemplo no controle dos materiais, sendo a própria indústria (fundamentalmente PME's) a custear integralmente o seu funcionamento, com o pagamento dos serviços por ela desejados e recebidos.

Estando em causa um problema de comercialização e dado que com a pequena escala há as dificuldades referidas atrás, a política a seguir consistirá em constituir entrepostos, em fazer uma publicidade conjunta na imprensa estrangeira, em custear a participação em feiras internacionais ou ainda em dar outros tipos de apoios (é uma tarefa que está a cargo da Agência para o Investimento e Comércio Externo de Portugal, AICEP).

Tratando-se de problemas de financiamento, deverá proporcionar-se um sistema de apoio liberto de dificuldades, mesmo com o privilegiamento das PME's (releva aqui o papel do Instituto de Apoio às Pequenas e Médias Empresas Industriais, IAPMEI).

Por fim, a vantagem política das grandes empresas deixará de prevalecer com a transparência dos processos. Contribuir-se-á aliás assim também para que não se tenha um benefício acrescido por se estar junto dos centros de decisão, em especial na capital, o que contribui para que na determinação das localizações prevaleçam apenas razões económicas próprias, de minimização de custos e aumento de oportunidades, que levarão igualmente a um maior equilíbrio territorial; facilitado nos nossos dias com a melhoria dos transportes e principalmente dos meios de informação e comunicação.

Trata-se de vantagens de que beneficiam em maior medida as PME's.

3. Imperfeições do mercado, economias e deseconomias externas e intervenção pública

Por fim, na linha do que já adiantámos em II.4.2, importa que o Estado (tal como outras entidades públicas) intervenha para criar condições mais favoráveis de mercado.

Estando felizmente ultrapassada a ideia de um Estado interveniente na produção em sectores onde os particulares se revelam claramente mais eficientes, importa que se concentre em tarefas que não podem deixar de competir-lhe.

Assim acontece com tarefas sem ser de promoção da economia, como são o caso do serviço de defesa nacional (um bem público), que não pode ser pago pelos beneficiários individuais. Já em relação aos bens semipúblicos levantam-se as dúvidas referidas em II.4.3 (pp. 89-95), revelando-se em muitos casos mais eficaz a intervenção de empresas privadas, eventualmente com o Estado a cobrir parte dos custos, quando devam estabelecer-se preços abaixo dos preços do mercado.

Com especial relevo para os sectores económicos, a intervenção pública, no desempenho de tarefas de afectação de recursos, de redistribuição e de estabilização, é indispensável para o bom funcionamento do mercado, designadamente para a promoção da concorrência.

Com uma preocupação básica de equidade, a função de redistribuição é aliás indispensável também para que vastas camadas da população animem a actividade do mercado (não podendo as empresas bastar-se com as compras de um pequeno número de pessoas ricas e com as exportações).

A função de estabilização é por seu turno indispensável para os empresários terem segurança nos seus investimentos, sendo ainda por exemplo com frequência uma politica monetária e cambial correcta necessária para que se possa concorrer com vantagem no mercado internacional.

Na promoção de um mercado concorrencial e eficiente tem todavia um relevo mais próximo a intervenção pública capaz de afastar imperfeições do mercado e deseconomias externas, por um lado, e de promover economias externas, por outro. A título de exemplo, são muitas as imperfeições no campo da informação sobre as oportunidades do mercado. No que respeitas às economias externas, bastará lembrar o relevo determinante que as infra-estruturas de transportes e comunicações, as tarefas de promoção de I&D (investigação e desenvolvimento tecnológico) e as acções de formação profissional têm em qualquer processo de desenvolvimento.

Sendo hoje reconhecidos em toda a parte os méritos do mercado, não pode todavia deixar de haver uma actividade de controle (e promoção) da parte do Estado[39], requerendo todavia um cuidado muito especial, com mecanismos de decisão dotados da maior transparência, para que não se torne fonte de burocracia desnecessária, corrupção e ineficiência, com os prejuízos económicos e sociais de que há experiências muito negativas[40].

---

[39] Recorde-se já de pp. 89-91. Numa acepção mais ampla e correcta (desejável, a todos os títulos), a função de regulação inclui a promoção do mercado nos termos acabados de referir (cfr. P. Ferreira, 2001, p. 394 e Santos, Gonçalves e Marques, 2014, pp. 211-2; com as reservas de C. Branco, 2008). Considerando aspectos vários da competitividade dos países, tendo designadamente em conta o nosso país, ver R. V. Silva e Teixeira, 2013.

[40] Sobre a 're-regulação', em casos em que privatizações visaram "conseguir melhores resultados no plano da eficiência económica e da tutela dos consumidores", ver V. Moreira (1997, pp. 43-5) ou de novo P. Ferreira (2001, p. 397).

Capítulo VII
A Participação na Produção e a Formação dos Preços dos Factores

Os factores de produção são também determinados pelos preços do mercado, aplicando-se-lhes o que vimos no capítulo V.

A sua oferta depende de circunstâncias muito diversas, ligadas designadamente à natureza de cada um deles: não podendo por exemplo comparar-se o factor trabalho, dependente de circunstâncias demográficas, com o factor terra, imutável ou quase imutável ao longo do tempo, ou ainda com o factor capital.

Na sua procura podem apontar-se duas peculiaridades, comuns a todos eles, que os distinguem em princípio dos bens de consumo: terem uma procura derivada e terem uma procura interdependente. Um factor não é objecto de uma procura inicial, será procurado se houver a procura do bem final, para cuja produção se torna necessário. Vimos por outro lado atrás que nada pode ser produzido apenas com o contributo de um factor, necessitando qualquer produção do contributo de vários factores (ou mesmo de todos), em maior ou menor medida consoante o seu preço (ou por exemplo as circunstâncias tecnológicas dos processos produtivos).

Quando se junta mais uma unidade de um determinado factor de produção há em princípio um aumento da quantidade total produzida[1], mas na lógica da lei dos rendimentos decrescentes (recorde-se de IV.2, pp. 116-7)

---

[1] Só deixará de ser assim quando uma unidade a mais já nada acrescentar, quando por exemplo os trabalhadores colocados antes aproveitavam já por completo as possibilidades de produção.

vai sendo sucessivamente menor o valor acrescentado, o produto marginal (ver a figura VII.1):

Fig. VII.1

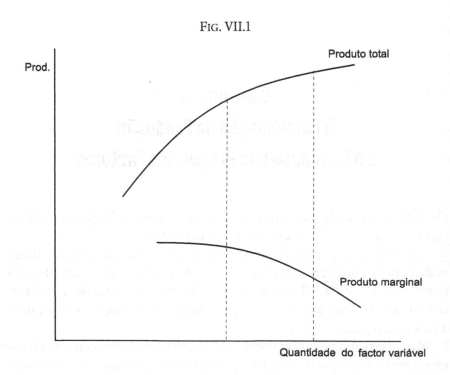

Para o empresário o que releva não é todavia o valor físico da produção, mas sim o que ganha com ela, através das vendas no mercado. Tem de saber por isso qual é, com base nos preços, o *valor* do produto marginal.

É com base neste valor que pode fazer as suas contas, decidir designadamente sobre se deve ou não produzir uma unidade mais, com o recurso a mais uma unidade de qualquer dos factores de produção.

Ora, na linha do que já conhecemos, assim acontecerá se o valor do produto marginal, o que ganhar a mais, for superior ao que tiver de pagar a mais.

Em relação a qualquer dos factores de produção a sua atracção verificar-se-á pois até ao ponto em que o valor marginal proporcionado seja superior ou igual ao preço que é devido pela sua utilização (ver a figura VII.2):

FIG. VII.2

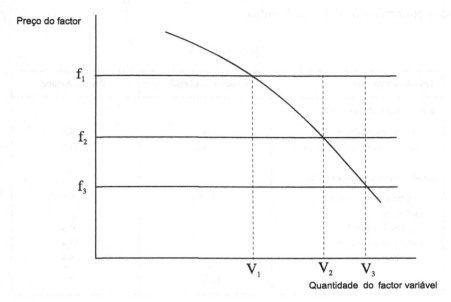

Sendo o preço de um factor de f_2, vale a pena utilizá-lo na quantidade v_2.

Mas tendo a curva com o valor do produto marginal uma inclinação decrescente a procura do factor dependerá por seu turno do seu custo: sendo menor, de ov_1, se o custo subir para f_1, e maior, de ov_3, se o custo descer para f_3.

Um factor de produção será pois mais utilizado se o seu preço baixar, enquanto o valor por ele proporcionado for superior ao que custa ao empresário; sendo pelo contrário menos utilizado se o preço subir, não podendo os empresários pagar um custo superior ao ganho conseguido com a sua utilização.

Sendo esta a lógica aplicável aos factores de produção, designadamente aos factores de oferta variável, justificar-se-á agora que se dêem algumas indicações acerca de cada um deles, com maior relevo para o factor trabalho: não só porque com ele estão mais directamente em causa as condições de vida e de dignidade de grande parte dos cidadãos (todos os que querem trabalhar, contribuindo assim para o bem-estar geral), como também porque a participação do trabalho é de longe a componente mais importante da produção de uma economia.

Trata-se de relevo que pode ser visto no quadro seguinte, com os dados da economia dos Estados Unidos:

QUADRO VII.1

Tipo de rendimento	Montante ($, mil milhões)	Parcela do total
Rendimentos de trabalho:		
Ordenados e salários	6.356	51,8
Subsídios e outros rendimentos	1.457	11,9
Rendimentos de propriedade:		
Rendimentos de empresas individuais	1.056	8,6
Rendas de imóveis	40	0,3
Lucros de sociedades	1.642	13,4
Juros líquidos	664	5,4
	12.25	100,0

Fonte: Samuelson e Nordhaus (2010, p. 230, com dados de 2007, vendo-se na página seguinte o 'salto' verificado nos anos 60 nos rendimentos do trabalho). Com uma figura mostrando a evolução da participação do trabalho no RNB em Portugal, sendo em meados da década de 90 de cerca de 50%, depois de ter sido muito mais elevada nos anos 70, ver Ab. Mateus (2013, p. 111) e *infra* o quadro VIII.2 (p. 220).

Mesmo sem se considerar a participação dos empresários independentes, constata-se que o contributo profissional das pessoas corresponde a mais de 60% do total (era maior em 2002: cfr. a 2ª ed. destas lições).

1. O salário

1.1. Formas

Quando se fala de *salário* fala-se num sentido amplo, sendo a remuneração de qualquer tipo de tarefa: ao dia, com o pagamento de uma jorna, ao mês, como é costume em relação a quem tem contratos estáveis, ou ainda por exemplo ao ano.

Pode por outro lado ser um trabalho à tarefa, com o pagamento à medida em que vão sendo entregues os bens produzidos.

Há ainda as situações, sobre as quais se fazem juízos distintos, de o salário ser aumentado ou diminuído consoante se ultrapassa ou se fica aquém do que é julgado como o trabalho normal (exigível). Os sindicatos com frequência protestam, dizendo que há assim uma exploração do trabalhador, não sendo tolerável que seja incentivado a ir além do razoável, ou que fique mal pago por não chegar a uma meta exagerada. Para além do interesse dos empresários, que terão naturalmente um ganho superior ao que pagam pelo trabalho a mais, e do interesse dos trabalhadores, que em muitos casos aceitam de bom grado a possibilidade de ganharem mais com o trabalho adicional que prestam, pode dizer-se ainda que a economia no seu todo fica favorecida com o contributo acrescido proporcionado pelos participantes na produção, com a ressalva naturalmente de que não se esteja a ir além do que é moralmente aceitável, no esforço a fazer pelas pessoas.

1.2. Aspectos peculiares da oferta de trabalho: a curto e a longo prazos (a evolução demográfica)

Não havendo do lado da procura nada de específico em relação ao que vimos no início do capítulo, já do lado da oferta há peculiaridades curiosas, quer a curto quer a longo prazo.

1.2.1. Temos neste mercado uma curva que pode ter a configuração seguinte:

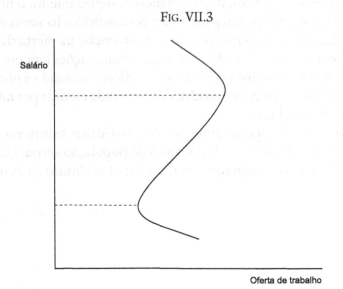

Fig. VII.3

Para além da fase de maior extensão em que tem a configuração normal, a curva da oferta apresenta-se com uma configuração atípica no início e no fim, em ambos os casos diminuindo quando o preço sobe e aumentando quando o preço desce.

No primeiro caso, do início da curva, estão em causa remunerações muito baixas, levando a que com uma descida de salário os trabalhadores, para poderem subsistir, tenham de aumentar a oferta, com horas extraordinárias ou com o exercício de outras funções. A baixa de preço não leva pois a uma diminuição da oferta, leva pelo contrário ao seu aumento; podendo pelo contrário haver um alívio desse trabalho extra se houver um aumento salarial.

Quando se chega ao extremo oposto, de haver um alto nível de remuneração, bastante para se ter uma vida digna e confortável, começa a dar-se mais valor à libertação de compromissos (desde logo mais valor ao descanso), deixando-se de se ter um trabalho complementar, não se trabalhando horas extraordinárias ou ainda deixando a mulher de trabalhar fora de casa (assim está a verificar-se com frequência nos países mais ricos). A subida da remuneração do trabalho não leva pois a um aumento da sua oferta, leva pelo contrário à sua diminuição (aumentando a oferta de novo, pelo contrário, se voltar a descer a sua remuneração).

1.2.2. A oferta de trabalho em qualquer país pode contudo ir mudando com a evolução demográfica, determinando designadamente o número de pessoas em idade activa. Em países mais desenvolvidos há sinais nítidos de envelhecimento da população, com consequências na oferta de mão-de-obra. O conhecimento de diferenças de remunerações leva por outro lado a que haja movimentos migratórios significativos, sendo a oferta de trabalho nos países mais ricos constituída em grande medida por migrantes de países mais pobres.

A situação não é de agora, tendo havido em décadas anteriores movimentos talvez sem paralelo de deslocações de população activa. Um caso paradigmático é o das emigrações para os Estados Unidos da América, com o relevo que pode ser visto na figura VII.4 (com a evolução geral no século XX ver World Bank, 2009, pp. 146-68)[2]:

FIG. VII.4
Imigração para os Estados Unidos[3], por continente (1820-1989)

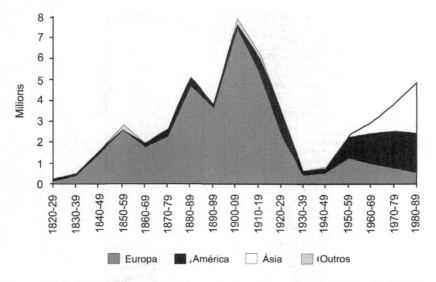

Fonte: Cable (1999(02)), p. 7, com base nas estatísticas oficiais dos Estados Unidos

---

[2] Em relação ao Brasil verificou-se o movimento seguinte, entre 1851 e 1960 (quadro VII.2):
QUADRO VII.2

Períodos	Portugueses	Italianos	Espanhóis	Japoneses	Alemães	Totais
1851/1885	237	128	17	–	59	441
1886/1900	278	911	187	–	23	1 398
1901/1915	462	323	258	14	39	1 096
1916/1930	365	128	118	85	81	777
1931/1945	105	19	10	88	25	247
1946/1960	285	110	104	42	23	564
Totais	1 732	1 619	694	229	250	4 523

Distribuição dos contingentes imigratórios por períodos de entrada
Milhares
Fonte: D. Ribeiro (1995, p. 242)
[3] Cfr. p. seguinte.

Embora de um modo geral os movimentos migratórios tenham agora uma expressão percentual menor, é muito grande por exemplo a percentagem de trabalhadores estrangeiros em alguns países da União Europeia, como pode ser visto na figura seguinte:

FIG. VII.6

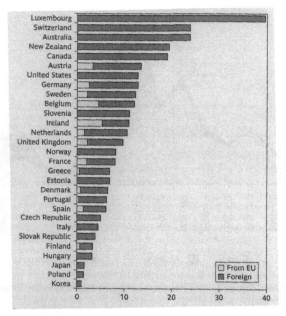

Fonte: Baldwin e Wyplosz (2009, 3ª ed., p. 335, e ver Novotny, ed., 2012, considerando as circunstâncias em diferentes países).

[3] Trata-se de valores absolutos, representando percentagens menores em relação a uma população que ia aumentando, como é ilustrado pela figura VII.5:

FIG. VII.5

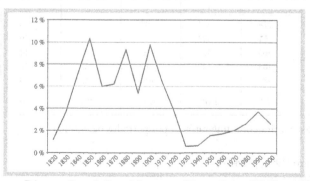

Fonte: Bénassy-Queré, Coeré, Jacquet e Pisany-Ferry (2009, p. 125)

Portugal, depois de ter sido um país de emigração ao longo dos séculos[4], teve em décadas recentes um saldo líquido de imigração, basicamente dos países do leste da Europa, da África e do Brasil, sendo por outro lado significativo o retorno de emigrantes de épocas anteriores. Mas com a crise tem havido recentemente um aumento muito significativo de pessoas a emigrar (cfr. Santana, 2014, p. 71).

1.3. O mercado do trabalho

Apesar da multiplicidade de trabalhadores e de empresas em qualquer economia, o mercado do trabalho está longe de ser um mercado atomizado, dado o modo como está organizado, com os trabalhadores representados pelos seu sindicatos e os empresários pelas suas associações.

Chegamos assim ao ponto de termos em determinados sectores monopólios bilaterais, com uma única entidade a defender os interesses dos trabalhadores e uma única entidade a defender os interesses do empresários.

Face a esta situação, o estabelecimento do preço (do salário) acaba por ser determinado pelas estratégias dos dois grandes blocos, reflectidas nas negociações colectivas de trabalho.

Com frequência aparecem com posições 'intransigentes' e 'incompatíveis', tal como se ilustra na figura seguinte através do traçado a cheio, com os sindicatos a exigir uma remuneração mensal de 500 euros e as associações patronais a afirmar que não irão além dos 400 euros. Os primeiros apresentarão dados passados e previsões sobre a inflação, mostrando que de outro modo há uma deterioração do nível de vida dos trabalhadores. Os representantes dos empresários, por sua vez, apresentarão dados sobre as perspectivas do mercado, afirmando que terão prejuízo com uma carga salarial tão elevada, tal como a que é exigida pelas sindicatos. Trata-se de posições de intransigência que poderão ser sustentadas

---

[4] Com especial relevo para a década de 60 e início da década de 70 do século XX. Depois de entre o começo deste século e 1940 ter havido uma saída média de 25 500 pessoas (com oscilações, designadamente durante a I Guerra Mundial e a grande depressão), houve já um aumento médio anual, para 34 293 pessoas, na década de 50. O aumento foi todavia particularmente expressivo entre 1960 e 1975, período durante o qual terão saído de Portugal 1 536 117 pessoas, ou seja, 17,4% da população recenseada em 1960 (173 267 só em 1970, tendo a média anual sido de 60 346). Houve também uma alteração sensível nos destinos preferenciais, que deixaram de ser países das Américas (v.g. o Brasil) e da África, para passarem a ser países da Europa, em maior medida a França.

por algum tempo, mesmo indo-se para a greve ou o *lock out* (proibido pelo artigo 57º da Constituição da República Portuguesa, não por outras Constituições europeias), quando são grandes as capacidades financeiras dos sindicatos e das empresas.

A figura mostra todavia que por detrás das situações publicitadas de intransigência pode haver uma margem de tolerância, figurada a tracejado, admitindo os sindicatos ir até a uma verba de 460 e as associações patronais até a uma verba de 480:

FIG. VII.7

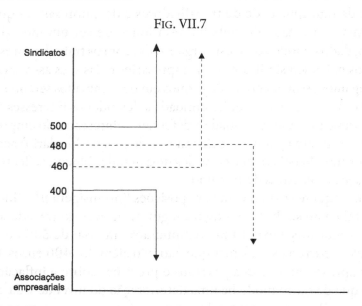

Depois da medição de forças inicial, haver uma demora maior ou menor depende de circunstâncias várias, desde a capacidade de argumentação de cada uma das partes até à capacidade financeira de que disponham para manter uma situação de greve ou de encerramento. Por fim, o acordo aparecerá de permeio, entre os 460 e os 480, mais perto do primeiro destes valores se for maior o poder dos 'patrões' e mais perto de 480 se for maior o poder dos trabalhadores...

1.4. Determinantes do nível dos salários

Para além destas forças que se exprimem nas negociações há razões do mercado, ou de mau funcionamento do mercado, que podem ter influência sobre os salários.

1.4.1. A produtividade

Na linha do que vimos no início deste capítulo, a qualificação e outros motivos que determinam o valor acrescido proporcionado pelos trabalhadores têm naturalmente influência na sua remuneração.

Não deixando nunca os empresários de estar interessados em reduzir todos os custos, incluindo a sua componente mais relevante, a componente salarial, compreende-se que aceitem dar um salário altíssimo a um quadro muito qualificado, que lhes dê uma mais valia significativa[5], não aceitando todavia já uma pequena subida dos trabalhadores indiferenciados, que pouco ou nada lhes acrescentem (sendo além disso por certo mais representativo o pagamento global a todos estes trabalhadores).

É por isso no interesse de todos a formação profissional, beneficiando tanto os trabalhadores como os empresários (e a sociedade em geral): devendo consequentemente procurar-se as melhores formas de a promover.

Uma primeira sugestão inicial seria a de serem os empresárias a formar os seus trabalhadores, beneficiando depois com a maior produtividade proporcionada. Podem todavia os trabalhadores, depois de formados à custa de uma determinada empresa, despedir-se 'no dia seguinte' e oferecer os seus préstimos a outra empresa (ou estabelecer-se por conta própria). Há pois uma externalidade que leva a que os empresários não assumam os riscos com um investimento de que não estão seguros de beneficiar. Por isso se compreende que seja o Estado a pagar em grande medida a formação das pessoas (bem como a União Europeia, através do Fundo Social Europeu), beneficiando aliás a comunidade em geral com essa melhor formação[6].

---

[5] Estará na memória de muitos a disputa de um quadro dirigente da indústria automóvel, o basco Lopez Arrutia, disputado pela Ford americana e pela Volkswagen, na Alemanha. E são de todos os dias as disputas por grandes futebolistas, por quem valerá a pena pagar um salário exorbitante se proporcionarem um ganho acima desse valor.

[6] Uma outra hipótese, correcta de um ponto de vista económico, é a de serem os próprios trabalhadores a pagar a sua formação, com recursos próprios ou com empréstimos: ressarcindo-se do 'investimento' feito com as remunerações mais altas que poderão ter depois. Assim poderá acontecer tanto trabalhando-se por conta de outrem como no exercício de uma profissão liberal, podendo por exemplo um médico ou um advogado amortizar com os honorários os gastos feitos com a sua especialização.

Há que reconhecer todavia que em muitos casos os trabalhadores, de qualquer natureza, não terão capacidade financeira para fazer o investimento profissional requerido (o contributo

1.4.2. As imperfeições do mercado

Para além dos casos acabados de ver, em que a remuneração e a oferta do trabalho se verificam em função do valor da sua produtividade marginal, todos nós temos conhecimento de pessoas com idênticas qualificações que têm remunerações muito diversas: um trabalhador de uma empresa do mesmo ramo pode ser pior pago em Bragança do que em Lisboa, e mesmo aqui pode haver remunerações diversas em fábricas similares ou talvez inclusivamente na mesma fábrica.

O que poderá levar a que assim aconteça?

a) Falhas de informação e mobilidade

As diferenças de remuneração referidas não se verificariam se houvesse concorrência perfeita no mercado do trabalho, designadamente publicidade e mobilidade completas. Verificando-se estas duas circunstâncias, qualquer trabalhador não deixaria de saber de uma melhor oportunidade na outra cidade ou na outra fábrica, deslocando-se para ela.

Em Portugal temos aliás o caso curioso da emigração, tendo em muitos casos os portugueses do interior tido melhor informação e maior facilidade de deslocação para a França ou para a Alemanha[7].

b) A situação das mulheres

Embora com menos frequência do que em anos atrás, continua a haver casos de desigualdades determinadas pelo sexo.

Em alguns deles uma média de remunerações mais elevada dos homens do que das mulheres resultará de os primeiros terem uma maior qualificação, sendo por isso maiores os contributos proporcionados. Está-

---

básico para a teoria do 'capital humano' deve-se a Becker, 1962 e 1964; cfr. Borjas, 2013, pp. 235-87, Porto, 2009a, pp. 192-5 ou, numa outra linha de análise, Oliveira e Holland (2007, 2012 e 2013). Voltaremos a esta temática das externalidades em XIII.4.2.2, pp. 384-6 e da qualificação das pessoas em XV 1.2.2, pp. 460-2).

[7] Tendo além disso aqui com frequência melhores condições de acolhimento (v.g. em casa de pessoas que emigraram antes) do que em Lisboa ou em Setúbal. Assim se explica aliás a concentração em determinados destinos de emigrantes de determinadas origens (de determinados lugares ou aldeias).

se todavia então na lógica do mercado, estar-se-ia fora dela se houvesse remunerações iguais para qualificações e contributos diferentes.

O problema da desigualdade tem de facto raízes mais fundas, tendo de se saber por que razões (sociais ou culturais) os homens eram mais qualificados do que as mulheres (tinham mais estudos); estando a solução de base para se evitarem estas desigualdades em afastar 'tabus' e em proporcionar a mesma educação e a mesma formação profissional.

Trata-se de diferenciações de base que estão a atenuar-se (ou mesmo a inverter-se...), em especial com a frequência das Universidades por mais mulheres do que homens.

c) A estratificação económica e social[8]

Está de facto aqui em muitos casos a razão das diferenças verificadas nas remunerações, sem correspondência com as produtividades.

No campo empresarial, alguém ligado ao meio, por exemplo o filho de um empresário, conseguirá uma remuneração mais elevada na própria empresa ou numa empresa do mesmo grupo.

As diferenças verificam-se também nas profissões liberais, tendo vantagens de mercado o filho de um médico, de um advogado ou de um arquitecto implantado no meio; desde logo com a possibilidade de utilização do mesmo apelido e do mesmo consultório ou escritório.

Acontecerá aliás por certo que a ligação familiar proporcione vantagens desde os tempos da escola, em geral pelo nível cultural da família, superior ao de muitos outros jovens, e mais concretamente por ir tendo em casa conversas e contactos com livros e revistas nos domínios da medicina, do direito e da arquitectura, que insensivelmente vão contribuindo para a sua percepção dos problemas. É de sublinhar todavia que se por estas razões (ou por quaisquer outras) fica com uma melhor qualificação, justifica-se economicamente a maior remuneração que venha a ter, correspondente ao valor da sua produtividade marginal (não acontecendo já assim se a maior remuneração resultar do uso de um 'nome', sem correspondência na qualidade do serviço proporcionado).

---

[8] A literatura norte-americana costuma dar relevo a alegadas diferenças por razões étnicas (cfr. Borjas, 2013, pp. 368 e 391-401).

A estratificação social, com as consequências acabadas de apontar, não se tem confinado a países capitalistas, foi e é muito grande nos países em que estiveram e estão implantados regimes comunistas. Depois de uma alteração de quadros na sequência imediata das 'revoluções' que os implantaram, verificou-se uma notória sequência (preferência) 'hereditária' no desempenho dos lugares mais desejados incluindo a chefia de Estados, ocupados em muitos casos por filhos ou outros parentes de dirigentes da *nomenclatura*[9] (verificando-se todavia aí, tal como nos países capitalistas, que o ambiente vivido em casa diariamente dá naturalmente grandes vantagens de educação e informação aos filhos de pessoas mais qualificadas).

2. A renda

A renda é a remuneração dos recursos naturais, designadamente da terra.

Está aqui em causa um factor com uma característica peculiar, que o distingue dos demais, no que respeita à sua oferta.

De um modo geral tanto a procura como a oferta podem ser maiores ou menores.

Assim acontece também com a procura da terra, variando em função da procura dos bens finais que nela são produzidos (sendo o mercado dos factores, como se disse atrás, um mercado dependente).

Já do lado da oferta temos todavia uma situação bem diferente, como consequência de se tratar de um factor cuja oferta não pode aumentar ou diminuir, correspondendo por exemplo uma oferta maior ao estabelecimento no mercado de um preço mais atractivo[10].

Temos assim a situação representada na figura seguinte:

---

[9] Com esta constatação ver já um livro de David Lane, com o título significativo de *The End of Inequality? Stratification under State Socialism* (1971). No caso da Coreia do Norte é já um neto a assumir o poder absoluto no país; e em Cuba trata-se de um irmão.

[10] A situação é assim igual à de qualquer outro factor cuja oferta, por razões localizadas, não possa aumentar.

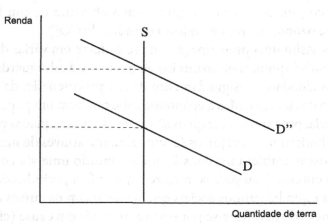

Sendo a oferta absolutamente rígida, um aumento da procura, não podendo ter consequência nas quantidades tornadas disponíveis, tem como consequência apenas um aumento da renda (do preço da terra[11]).

Em casos concretos pode todavia não ser assim, designadamente quando passam a poder ser utilizadas terras antes não conhecidas ou por qualquer outra razão antes indisponíveis. Assim aconteceu, entre muitos outros casos históricos, com a 'conquista do Oeste' nos Estados Unidos da América: passando a utilizar-se aliás não só mais terras como em muitos casos terras mais férteis do que as da costa oriental.

A ideia da 'perpetuidade' da terra, ou em geral dos recursos naturais, com as mesmas condições, tem sido recentemente posta de lado com a constatação de depradações de relevo crescente: de florestas que se tornaram em desertos, de solos depauperados, de águas inquinadas ou ainda de ar poluído ou degradado (como consequência de intervenções mais

---

[11] Vem aliás daqui a designação de 'renda', um acréscimo de ganho para o proprietário que para ele nada contribui: circunstância que está em boa medida na base da proposta de Henry George (1879) de instituição de uma tributação geral sobre a terra.

localizadas, por exemplo com a incineração em local impróprio de resíduos tóxicos, ou de um modo geral com a abertura de um buraco na camada de ozono, através da emissão mundial de CO^2).

Temos assim uma preocupação que se reflecte em várias disciplinas, da agronomia à química ou ao direito, ao qual cabe a salvaguarda dos interesses dos cidadãos, designadamente da sua propriedade, da sua saúde ou mesmo da sua vida. Mas à economia cabe também um papel da maior importância, procurando ver quais são as vias mais adequadas para se evitarem ou limitarem os prejuízos (eventualmente através do mercado, v.g. com impostos ambientais, constituindo contudo uma via com os seus inconvenientes...[12]) ou para se ressarcir quem fica prejudicado, quando se constata que há ganhos sociais que ultrapassam os custos da mesma índole, podendo justificar-se por isso a actividade em causa (cfr. Aragão, 1996 e 1997, numa linha mais jurídica).

A economia dos recursos naturais, ou do ambiente, tem vindo a ter pois um lugar de relevo crescente, em livros especialmente dedicados a esta problemática, em artigos de revistas ou em capítulos dos manuais[13], com uma justificação de intervenção pública referida já atrás, em II.4.2.

3. O juro
Sendo o juro a remuneração do capital, dependerá da sua procura e da sua oferta, na lógica da lei respectiva (recorde-se de V.2); procura e oferta que por seu turno, nos termos da lei da procura e da lei da oferta, dependerão em boa medida do 'preço do dinheiro' (recorde-se agora de III.1 e IV.1).

---

[12] Cfr. Lobo (1995), C. Soares (2002), Porto (2002d) e Porto e Figueiredo (2008).

[13] Na literatura recente podem referir-se, com dimensões diversas, livros de Bontemps e Rotillon (2007), Anderson (2010), Tietemberg e Lewis (2011) e Brunel (2012). Além de o tema ter vindo a ganhar espaço nas melhores revistas pluritemáticas de economia, há agora revistas que lhe são especialmente dedicadas, como são os casos da *Natural Resources Journal* ou do *Journal of Environmental Economics and Management*. No que respeita aos manuais gerais, pode referir-se o capítulo 18 de Samuelson e Nordhaus (2010, pp. 267-82).

3.1. Numa lógica de procura de fundos para investimento (numa lógica, pois, de médio e longo prazos, da *teoria real* da taxa de juro), há que comparar o juro a pagar com o benefício que pode ser conseguido com a utilização do capital: 'a taxa interna de rentabilidade' (ou de 'eficiência marginal do capital'), I, que o empresário espera conseguir com a concretização do projecto.

Num exemplo muito simples, suponhamos que um empresário quer montar uma fábrica, com um investimento de 10.000 euros, esperando com ele uma produção com o valor anual de 6.500 euros. Deste produto das vendas há que descontar naturalmente os bens intermediários utilizados, no montante de 5.000. Fica assim com uma receita líquida (r – c) de 1.500, valor que em relação aos 10.000 do investimento representa 15%. Valerá a pena fazê-lo se o juro do mercado for por exemplo de 10%, havendo um ganho de 5%.

É esta a taxa interna de rentabilidade do capital que o empresário compara com a taxa de juro do mercado financeiro: valendo-lhe a pena o investimento se for superior mas já não se for inferior. Note-se que a consideração da taxa de juro do mercado é feita não só quando o empresário pede o dinheiro emprestado, também quando estiver a aplicar dinheiro seu; pois com este dinheiro há um custo de oportunidade, se aplica o dinheiro numa empresa sua está a renunciar ao juro que obteria emprestando-o a outrém.

A oferta de fundos no mercado financeiro, S, por sua vez, depende das escolhas feitas pelos cidadãos em relação ao seu rendimento. Se optam, por gosto ou necessidade, por gastá-lo na íntegra em consumo, nada resta que possa proporcionar investimentos. Já aforrando parte do rendimento se torna possível tal disponibilização, feita pelos próprios aforradores ou por entidades a quem o emprestam, bancos onde tenham feito depósitos, empresas de que tenham comprado obrigações ou ainda por exemplo um empresário amigo a quem façam directamente um empréstimo.

As curvas da procura e da oferta de fundos têm nestes casos as configurações normais, representadas na figura seguinte:

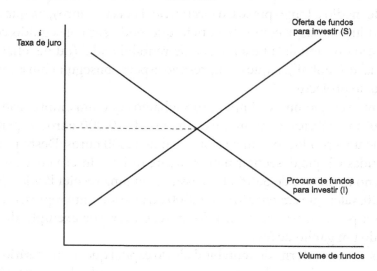

Fig. VII.9

A partir daqui poderíamos ilustrar outras situações possíveis, mas não será necessário fazê-lo (recorde-se de V.2, pp. 132-5), mostrando: que como qualquer preço o juro subirá com o aumento da procura ou a redução da oferta de fundos; e por outro lado que a oferta e a procura de fundos variarão em função do juro, a oferta no mesmo sentido e a procura no sentido inverso.

Cingindo-nos ao exemplo de há pouco, podemos ver duas ou três hipóteses alternativas: não valerá a pena o investimento se a taxa de juro subir para 17%, acima da taxa interna de rentabilidade do capital; mas voltará a valer a pena se como consequência de expectativas mais favoráveis no mercado interno ou nas exportações a rentabilidade subir para 20%; sendo a procura maior, em qualquer caso, se como consequência de uma maior oferta de fundos, com dinheiro do país ou do estrangeiro, a taxa de juro baixar.

3.2. A exposição acabada de fazer refere-se à procura e à oferta de fundos para investimento, portanto numa perspectiva de médio e longo prazos.

Mas a procura e a oferta de dinheiro podem ser encaradas também sem ser nessa perspectiva, com outras determinantes, na linha da *teoria monetária* da taxa de juro.

A PARTICIPAÇÃO NA PRODUÇÃO E A FORMAÇÃO DOS PREÇOS DOS FACTORES

No que respeita à procura, assumem relevo motivos de preferência de moeda estudados por Keynes (1936), com alguns acrescentos. São motivos de preferência que estudaremos adiante, em XI.3 (pp. 274-80)[14], os *motivos de preferência pela liquidez*, que vão desde a procura de moeda para fazer os pagamentos do dia-a-dia (motivo-transacções) até à procura de moeda pelo mero gosto de ter moeda em saldos líquidos (motivo-colocação). Trata-se de procuras que dependem de diversos factores, designadamente do rendimento de que se dispõe ou da atitude psicológica das pessoas (v.g. com o motivo-precaução), mas que poderão depender também da taxa de juro, variando naturalmente no sentido inverso.

Já do lado da oferta há que considerar a criação de moeda, feita pelos bancos centrais, no caso da nossa moeda (o euro) pelo Sistema Europeu de Bancos Centrais. A sua disponibilização junto do público resulta, a par de outros factores (vê-lo-emos em XI.8, pp. 301-5), de operações de procura de fundos influenciadas pelas taxas de juro de referência, *determinadas por considerações de política geral*[15], sendo pois parâmetros na função oferta de fundos.

Temos assim uma figuração diferente, com a oferta de dinheiro a não depender da taxa de juro:

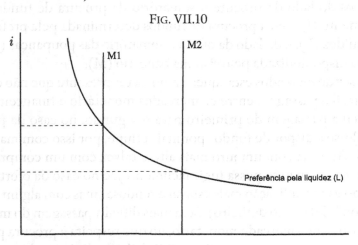

Fig. VII.10

---

[14] Incluindo-se aqui também motivos de preferência da moeda com uma perspectiva temporal mais alongada, em particular o motivo-financiamento.

[15] Como veremos em XI.9.3.1, nos termos do artigo 105º do Tratado da Comunidade Europeia o objectivo básico da política monetária era a estabilidade de preços, estando sujeita a este objectivo a prossecução de algum outro (por exemplo o estímulo à reactivação da actividade económica). Trata-se de objectivo mantido no Tratado de Lisboa (artigo 127º do Tratado sobre o Funcionamento da União Europeia; cfr. F. Gomes, 2012).

Em síntese, podem conjugar-se na mesma figura os dois tipos de procura e oferta de fundos:

Fig. VII.11

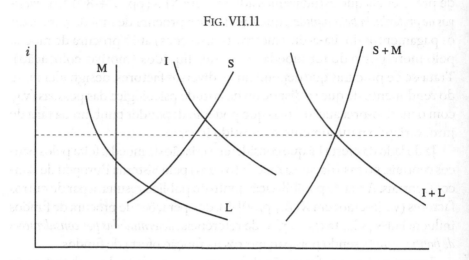

Temos do lado da procura o somatório da procura de fundos para investimento (I) com a procura de fundos determinada pela preferência pela liquidez (L), e do lado da oferta o somatório das poupanças (S) com a moeda disponibilizada pelo sistema bancário (M).

Não sendo mercados estanques, importa ter presente que não é igualmente fácil a passagem entre os mercados monetário e financeiro. Será mais fácil a passagem do primeiro para o segundo, no caso da procura passando-se a dispor de fundos por mais tempo, por isso com mais estabilidade (todavia com um juro mais alto e talvez com um compromisso temporal a que não se possa fugir facilmente), e no caso da oferta antecipando-se uma aplicação mais estável e rendosa (mas com alguma perda de disponibilidade do dinheiro). Será mais difícil a passagem do mercado financeiro para o mercado monetário, no que respeita à procura por não haver a mesma segurança na disponibilidade do dinheiro (que todavia será mais barato) e no que respeita à oferta porque quem tem uma aplicação estável e mais rendosa não quererá deixá-la (a menos que haja a previsão de uma próxima subida do juro).

Tudo se conjuga pois para que as taxas se aproximem mas não para que coincidam.

4. O lucro

Temos aqui uma categoria que algumas perspectivas teóricas confundiram com o juro, considerando indiferenciadamente as remunerações dos 'capitalistas'.

Trata-se todavia de situações distintas, sem a mesma estabilidade e correspondendo a perspectivas diversas em relação à actividade económica.

Tendo em qualquer processo produtivo que fazer-se a combinação dos factores, a terra, a mão-de-obra e o capital (podendo considerar-se ainda por exemplo a tecnologia e os processos de gestão), quem toma a iniciativa faz as suas contas, vendo por um lado o que pode esperar das vendas do produto e por outro lado o que tem de pagar, em rendas, salários e juros (ainda com patentes de fabrico ou em consultodorias de gestão).

Como dissemos já há pouco, terá de fazer todas estas contas mesmo quando o dinheiro investido é seu, ou seja, mesmo quando não tem um juro a pagar, pois está a renunciar ao juro que poderia receber no mercado, emprestando a outra empresa ou ainda por exemplo depositando-o a prazo. Ou seja, não havendo um juro real há um juro imputado. Para além disso, se o empresário vai disponibilizar todo ou parte do seu tempo à gestão da empresa, deverá ter um salário, correspondente ao que ganharia trabalhando para outrém (prosseguindo nos exemplos, deverá proceder-se de forma idêntica em relação à 'renda' de um terreno seu onde instale a empresa).

O lucro acabará por ser o excedente, caso haja, entre o produto das vendas e o total dos custos, reais e imputados.

São em muitos casos custos com uma estabilidade assinalável, as rendas, os salários, os juros e os outros custos de produção, que têm de ser assumidos, com os mesmos valores, estejam os negócios desfavoráveis ou favoráveis (só em situações limite, perto da rotura, se renegoceiam salários ou condições financeiras, e só se deixa de pagar quando há a falência, sendo pelo contrário raros os casos em que os trabalhadores são compensados, acima dos salários, com uma distribuição de ganhos).

Há assim uma estabilidade que não se verifica com o lucro, que pode ser caracterizado precisamente como uma categoria residual: constituindo a diferença ente os resultados das vendas e os custos da produção.

Como poderá explicar-se e justificar-se esta categoria, com as características acabadas de apontar?

Uma primeira linha de explicação e justificação poderá encontrar-se na perspectiva de Schumpeter (1912 e 1942) acerca da evolução do capitalismo: sistema que para se manter teria de ser 'alimentado' com inovações sucessivas. O lucro seria pois a recompensa para a inovação. Numa linha mais modesta (nem todos poderão inovar...), poderá dizer-se que o lucro será a recompensa para a criatividade.

Numa outra perspectiva colocou-se Knight (1921)[16], dizendo que o lucro será o pagamento do risco. Naturalmente os trabalhadores, os donos de terras arrendadas e os mutuantes de fundos também correm o seu risco, no caso de a empresa estar em crise ou falir. Mas enquanto tal não acontecer têm os rendimentos em princípio garantidos.

Já o empresário poderá por um lado ganhar muito, com o lucro correspondente ao diferencial entre esses custos e os preços elevados que o mercado lhe permita cobrar, na venda de grandes quantidades; mas será pelo contrário o primeiro a perder, se esse diferencial for zero ou negativo, não deixando contudo, enquanto puder, de pagar aos trabalhadores, aos proprietários e aos mutuantes do capital os montantes acordados.

Só ele tem pois um risco, ou um risco mais provável, que o lucro, quando haja, compensará. É aliás a esperança de lucro que justificará a assunção de tal risco, com o empresário a comprometer os seus haveres e a possibilidade de ter antes uma vida sem sobressaltos.

Havendo pois esta diferença a assinalar, pode recordar-se que mesmo em geral em relação às remunerações do trabalho pode haver 'prémios' ou castigos', tal como vimos em 1.1 (p. 189): com o objectivo, em qualquer sistema, de se promover uma maior produtividade. Seja qual for o juízo que se faça a outros títulos, é evidente que o empenho das pessoas é determinante de qualquer dinâmica de desenvolvimento, quer trabalhando-se por conta de outrem (designadamente para o Estado) quer trabalhando-se por conta própria (voltaremos a sublinhá-lo em XV.2.3.2.b, a propósito dos problemas dos países subdesenvolvidos).

---

[16] Numa linha que pode reportar-se a Von Thünen (1826; cfr. Schumpeter, 1954, pp. 646 e Martinez, 2010/12), pp. 758-60).

Capítulo VIII
O Circuito Económico e a Contabilidade Nacional

1. O circuito económico num modelo simplificado. O produto, o rendimento e a despesa

Compreende-se bem que, com diferentes propósitos, se queira ter um conhecimento tão perfeito quanto possível da actividade global de uma economia.

Trata-se de actividade que é o somatório do que se passa com todos os intervenientes, participando na produção (como empresários, trabalhadores, fornecedores de fundos, locadores de terrenos ou ainda a algum outro título), recebendo os seus rendimentos ou fazendo as suas despesas.

Trata-se naturalmente de dados colhidos e divulgados em termos monetários, com a multiplicação dos produtos pelos preços respectivos: não sendo operacional ou mesmo possível somar quilos de batatas com metros de fazenda ou unidades de automóveis e de fatos...

Começando por um modelo muito simples, podemos considerar apenas dois tipos de entidades, as famílias e as empresas. Além de não se considerarem assim realidades que serão acrescentadas adiante, há a simplificação de não se considerarem as transacções entre estes dois tipos de entidades, entre cidadãos não empresários e entre empresas[1].

---

[1] Com uma figura exemplificando algumas destas transacções ver Moura (1978, p. 32).

Neste modelo podemos considerar não apenas os fluxos reais como também os fluxos monetários que os pagam, que são a sua contrapartida:

Fig. VIII.1

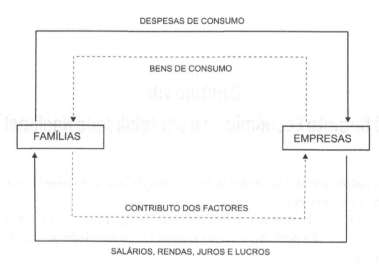

As linhas a ponteado representam os fluxos reais, das empresas para as famílias os produtos que aquelas produzem e estas desejam (desde bens alimentares a automóveis ou frigoríficos) e das famílias para as empresas o contributo da mão-de-obra e dos demais factores de produção (por exemplo a cedência de um terreno).

As linhas a cheio representam os correspondentes fluxos monetários, das famílias para as empresas os pagamentos dos bens e das empresas para as famílias as contrapartidas aos factores de produção, salários, rendas, juros e lucros.

Agregando todos os movimentos de cada um destes fluxos temos os dados da contabilidade nacional: sendo o produto o somatório de todos os bens produzidos, o rendimento o somatório de todos os pagamentos aos factores e a despesa o somatório de todos os pagamentos feitos pelas famílias às empresas.

2. Modos de cálculo

Cada uma das realidades acabadas de referir aponta para um modo de cálculo próprio.

Assim, no que respeita às produções deverá tratar-se do somatório das que tenham sido feitas, mas há que evitar duplas contagens: o que só será conseguido considerando em princípio apenas bens finais, ou seja, não se considerando bens intermediários. Se não for assim o cálculo do produto nacional fica na dependência da maior ou menor integração dos circuitos, o que não tem a ver com o que é realmente produzido.

Trata-se de dependência aleatória que se compreenderá melhor com um simples exemplo numérico: do sector têxtil e das confecções, considerando-se três hipóteses, uma primeira de integração total das produções, feitas todas na mesma empresa, uma segunda com a separação das confecções, feitas por uma outra empresa, e uma terceira de separação ainda da fiação, feita em empresa diferente da empresa têxtil. Supondo que o fio incorporado na fazenda utilizada para fazer um fato vale 100, que a fazenda vale 150 e que o fato vale 200, as três hipóteses aparecem-nos da forma seguinte:

1.ª hipótese		2.ª hipótese		3.ª hipótese	
				Fio	100
		Fazenda	150	Fazenda	150
Fato	200	Fato	200	Fato	200
	200		350		450

Se somássemos todos os valores das vendas teríamos que o mesmo produto, um fato, contribuiria para a contabilidade nacional de modo diferente consoante a maior ou menor integração do circuito, com 200, 350 ou 450, quando o que é produzido é sempre o mesmo, no valor de 200.

Trata-se de problema que pode ser resolvido por um de dois modos: ou considerando-se apenas o valor do bem final, no caso o valor do fato, ou contabilizando-se os valores acrescentados.

Neste segundo caso temos o quadro seguinte.

1.ª hipótese		2.ª hipótese		3.ª hipótese	
Fato	200	Fazenda	150	Fio	100
		Fato	50	Fazenda	50
				Fato	50
	200		200		200

Com este processo não são necessários mais acertos. Mas já com o método dos produtos finais é preciso fazê-los, sob pena de se ficar além ou aquém do que é de facto produzido no país durante um determinado ano.

Se na produção são utilizados bens intermediários (ou matérias-primas) vindos do período anterior ou importados há que deduzi-los, pois não constituem produção do ano em análise ou do país. Sem esta dedução estaríamos a ir além do que é de facto a produção conseguida.

Pode por outro lado acontecer que no final do ano haja bens intermediários ainda não incorporados nos bens finais ou exportados. Trata-se neste caso de produção nacional que deve ser considerada sob pena de não se ter em conta toda a actividade do país.

3. Modelos mais complexos (e realistas)

Modelos mais complexos devem ter em conta outras realidades a contabilizar.

Uma delas é a realidade *Estado*, com um relevo crescente ao longo das décadas.

Trata-se de uma entidade institucional que fornece uma multiplicidade de bens, bens públicos, bens semi-públicos ou bens de mercado, muitos dos quais não podem ou não devem ser pagos na íntegra pelos beneficiários. O Estado tem por isso de dispôr de receitas que não são a contrapartida de uma actividade *vendida*, receitas coactivas e unilaterais que são os impostos (pagos pelas famílias e pelas empresas). Para além disso o Estado contrata os serviços dos que trabalham para ele, designadamente dos funcionários públicos, a quem remunera com os seus vencimentos, e faz compras de bens, bens materiais e serviços, que remunera pelo seu valor de mercado.

Considerando-se apenas, para simplificar, os fluxos financeiros, não os fluxos reais de que estes são contrapartidas, temos:

Fig. VIII.2

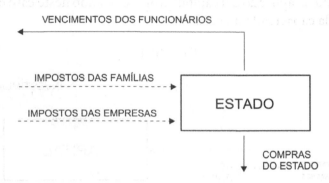

Poderíamos ficar por aqui, em termos de instituições (entidades), se as economias fossem fechadas, ou seja, se não houvesse *exportações* e *importações*. Assim não acontece todavia, a economia portuguesa é aliás uma economia em boa maneira aberta ao exterior (vê-lo-emos em XIII.1, pp. 345-7).

Temos de facto um grande volume de bens importados, incluindo bens de consumo, matérias-primas, equipamentos e combustíveis que têm de ser pagos. Por outro lado na nossa economia é muito importante a componente de bens exportados, das confecções à pasta de papel, ao equipamento automóvel ou ainda aos serviços de turismo, movimentos de exportação que são pagos por empresas e cidadãos de outros países.

Considerando de novo apenas os fluxos financeiros temos:

Fig. VIII.3

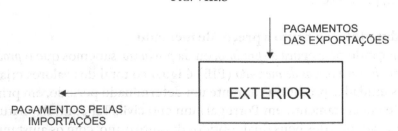

Há por fim uma outra realidade que não é institucional, é apenas económica, a realidade *capital*, cuja importância é muito grande para o aumento da capacidade produtiva de um país.

Se as famílias, as empresas ou o Estado não despendem todos os seus recursos em bens de consumo há um excedente, um aforro, que pode ser entesourado ou aplicado em capital, proporcionando neste caso o referido aumento da capacidade do país.

Fig. VIII.4

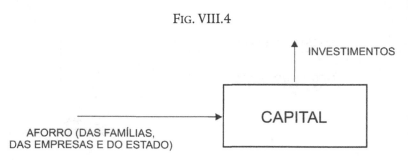

Todos este elementos são considerados no processo de cálculo que vamos passar a considerar no número seguinte.

4. A equivalência entre os agregados

Tendo em conta alguns factores, designadamente alguns dos factores acabados de apontar (a intervenção do Estado, as relações internacionais e determinados aspectos da formação de capital), deixa de haver a exacta correspondência entre o produto, o rendimento e a despesa que se verifica num modelo muito simplificado. Vamos ver como se passa de cada um destes agregados para os outros, ilustrando o que for sendo dito com dados da contabilidade nacional portuguesa (que constam do quadro VIII.2, p. 219-20).

Produto interno bruto a preços de mercado

Começando pela *óptica do produto*, ou da *produção*, sabemos que o *produto interno bruto a preços de mercado* (PIB) é igual ao total dos valores criados pelas unidades produtivas durante um determinado período, em princípio (e concretamente em Portugal) um ano civil. Tal equivale, naturalmente, ao total dos bens finais obtidos durante o ano, com os ajustamentos já referidos: deduzindo do valor dos bens finais o valor dos bens usados na produção mas provindos do período anterior ou importados, dado que uns e outros não podem ser considerados criação do país no período em causa; e acrescentando o valor dos bens intermediários produzidos ainda existentes como tais no fim do ano (ou seja, não incorporados ainda então em bens finais), uma vez que são criação do país durante o ano a que se referem as contas.

Por qualquer destas vias chega-se a um *valor bruto aos preços do mercado*, valor que em Portugal se estima que terá sido de 165.108 milhões de euros em 2012[2].

Produto interno bruto a preços de base (ao custo dos factores)
Se do PIB aos preços do mercado queremos passar para um valor *ao custo dos factores*, um valor de rendimento, temos que deduzir os impostos sobre a produção e a importação e somar os subsídios à produção (no quadro VIII.2 está a evolução inversa, passando-se do PIB a preços de base (a custo dos factores) para o PIB a preços de mercado). Quanto aos primeiros, embora apareçam incorporados nos preços finais de venda, dado que revertem para o Estado não são rendimento das empresas, de que estas possam dispor para remunerar os participantes na produção. Por seu lado, os subsídios à produção são rendimento de que as empresas podem dispor para as remunerações, não obstante não resultarem da venda dos seus produtos. Em 2012 a diferença entre os impostos indirectos e os subsídios à produção foi de 20 835 milhões de euros, pelo que com uma "discrepância estatística" de 123 milhões se teve um produto interno bruto ao custo dos factores a preços de base de 144 396 milhões de euros.

O quadro VII.2 dá-nos também um valor que, com a dedução do excedente bruto de produção/rendimento misto e dos impostos líquidos de subsídios sobre a produção, é o valor da remuneração dos assalariados: 79 375 milhões de euros em 2012.

---

[2] Dados provisórios, estando no quadro VIII.2 também os dados definitivos de 1995, 2000, 2005 e 2010 (os dados definitivos da contabilidade nacional só são apurados uns anos depois do ano a que respeitam).

Produto ou rendimento nacional

Os números referidos indicam-nos o valor da produção ou do rendimento interno. Mas se queremos obter um valor *nacional* (PNB), ou melhor, referente aos residentes no país, temos que somar o total dos rendimentos criados no estrangeiro mas advindos a residentes do país, como titulares dos factores de produção, 10 342 milhões de euros e deduzir o total dos rendimentos obtidos no país que revertem em favor de residentes no estrangeiro, sendo estes os titulares dos factores de produção respectivos ainda no quadro, 14 887 milhões de euros. Destas situações inúmeros exemplos poderiam dar-se, tais como o do futebolista ou do cantor que se exibe num país estrangeiro, o dos titulares de rendas de prédios situados num país que não o de residência, ou o dos titulares de acções ou obrigações de empresas estrangeiras. Chegou-se assim, em 2012, ao valor de 160 536 milhões de euros.

O apuramento de valores líquidos

Estamos aqui perante uma avaliação que exige uma explicação mais demorada.

Quer o produto a preços do mercado quer o produto ao custo dos factores tanto podem ser um valor bruto como um valor líquido. São um valor bruto quando os investimentos em bens capitais duradouros são integralmente tidos em conta, sem que, em contrapartida, sejam deduzidas quotas de amortização; e um valor líquido quando esta dedução é feita.

Perguntar-se-á que razões poderão levar a que se deduzam (ou a que não se deduzam) quotas de amortização.

Os bens capitais duradouros, tal como os bens intermediários, têm como destino serem utilizados na produção de bens finais de consumo. Sendo assim, a não exclusão do seu valor levará a duplas contagens. Pareceria pois à primeira vista que tanto num como no outro caso a solução certa seria não contabilizar os referidos bens: apenas os bens finais de consumo seriam contabilizados (naturalmente com os ajustamentos vistos atrás para os bens intermediários vindos do período anterior ou do estrangeiro e para os existentes como tais no fim do ano).

Esta solução seria correcta se (a) toda a produção de bens capitais fosse para substituir outros bens capitais à media que eles se fossem desgastando (i.e. 'morrendo' economicamente) e (b) este desgaste ocorresse regularmente ao longo do tempo[3].

Mas na realidade as coisas não se passam assim, havendo por exemplo anos em que o investimento em bens capitais duradouros é francamente maior, não se limitando, por outro lado, à substituição de bens capitais que vão deixando de ser usados.

Como facilmente se compreende, a solução de pura e simplesmente não ter em conta a produção de bens capitais evitaria duplas contagens mas subavaliaria a produção do país nos anos em que houvesse um especial acréscimo na produção de bens capitais.

O modo de obviar a este inconveniente, sem que se perca a vantagem de se evitarem duplas contagens, consiste em contabilizar em cada ano o valor dos bens capitais duradouros produzidos, deduzindo todavia nesse ano e nos anos seguintes as respectivas quotas de amortização. Estas podem ser apuradas de modos diferentes, por exemplo (será o modo mais simples) calculando o número de anos durante os quais se espera que os bens capitais duradouros vão ser usados na produção, e dividindo o valor dos bens capitais por esse número. No fundo, faz-se corresponder o valor dos serviços anuais presumivelmente prestados ao de quaisquer *outros* bens intermediários usados na produção.

Se por exemplo uma máquina custou 4 000 euros e se espera que venha a durar 10 anos, amortizam-se 400 euros no ano da sua produção e em cada um dos 9 anos seguintes. No ano da produção aparece o investimento, embora líquido (3 600 euros), o que nos dá a indicação de nesse ano ter havido um particular acréscimo de um determinado tipo de bens capitais. Para além disso, a dedução nesse ano e nos anos seguintes de apenas 400 euros está de acordo com a ideia de que os serviços da máquina não se esgotam num ano, distribuindo-se antes ao longo do tempo.

---

[3] Suponhamos, por exemplo, que dez máquinas são usadas na produção do pão, durante cada uma dez anos, e em cada ano deixando de produzir e sendo substituída apenas uma delas. Podemos ver aqui claramente que o valor do pão inclui o valor das máquinas exactamente do mesmo modo que inclui o da farinha, e provavelmente não seriamos sequer tentados a contabilizar como produtos finais tanto o pão como as máquinas; pois proceder deste modo seria fazer dupla contagem da mesma natureza daquela que se fazia somando pão e farinha.

Isto pode ser visto no quadro seguinte:

QUADRO VIII.1

Ano	Produção de pão	Produção máquinas	Produto bruto	Amortização	Produto líquido
1	2000	4000	6000	400	5600
2	2000	–	2000	400	1600
3	2000	–	2000	400	1600
4	2000	–	2000	400	1600
5	2000	–	2000	400	1600
6	2000	–	2000	400	1600
7	2000	–	2000	400	1600
8	2000	–	2000	400	1600
9	2000	–	2000	400	1600
Total	20 000	4 000	24 000	4 000	20 000

O valor total da produção de bens finais de consumo ao longo dos 10 anos foi de 20 000. Como se vê na segunda coluna, a não inclusão pura e simples da máquina produzida, evitando dupla contagem, dar-nos-ia um resultado final certo.

Este processo não nos daria todavia conta de que no primeiro ano, quando a máquina foi produzida, houve muito mais actividade do que em qualquer dos outros anos: além dos 2 000 euros de pão, tal como em cada um dos 9 anos seguintes, houve a produção da máquina no valor de 4 000 euros. A quarta coluna, com o produto bruto, elucida-nos acerca de ter havido uma maior produção no primeiro ano; mas leva a uma dupla contagem, reflectida no valor total de 24 000 euros. Apurando-se o produto líquido, como se faz na sexta coluna, conseguem-se simultaneamente os dois objectivos: evita-se qualquer dupla contagem e mostra-se claramente que no primeiro ano houve uma especial actividade, com a produção da máquina.

Para além destes aspectos, é importante saber se com o investimento em bens capitais duradouros há um acréscimo líquido na capacidade produtiva de um sector ou do conjunto do país: ou seja, se o valor dos bens capitais produzidos excede o dos bens capitais que deixaram de ser economicamente úteis, porque se desgastaram, estragaram ou tornaram tecnicamente obsoletos.

É certo que um alargamento da capacidade produtiva há-de reflectir--se mais tarde num aumento da produção de bens de consumo. Mas daqui não pode concluir-se que seja inútil contabilizar o acréscimo líquido de bens capitais: só com imperfeições e com atrasos tal acréscimo poderia ser conhecido, quando há vantagens em conhecê-lo com a maior exactidão possível e logo em cada ano em que se verifica.

Rigorosamente, em cada ano o acréscimo líquido de bens capitais duradouros deveria apurar-se relativamente ao desgaste efectivo do equipamento existente. Só assim se ficaria a saber com exactidão se teria havido um ganho ou uma perda líquida de capacidade produtiva para a comunidade, ou ainda se teria ficado na mesma (no caso, claro está, de o valor dos bens novos igualar o dos inutilizados). Torna-se todavia impraticável proceder com tal rigor: os serviços de estatística não têm possibilidade de apurar o desgaste efectivo ocorrido em cada unidade produtiva do país.

Por esta razão, fica aberta apenas a possibilidade de seguir um processo contabilístico como o referido: presumindo que o desgaste é igual em cada ano, vai-se deduzindo o quociente resultante da divisão do valor dos bens capitais duradouros pelo número de anos durante os quais se espera que eles venham a ser utilizados.

No quadro VIII.2, tendo-se em conta o consumo de capital fixo de 31 327 milhões de euros, chega-se a um rendimento nacional líquido de 129 240 milhões de euros.

Rendimento nacional disponível
Podemos passar ainda para um valor, indicado também no quadro VIII.2, de rendimento nacional disponível (no caso, rendimento líquido), deduzindo as transferências correntes pagas ao resto do mundo e somando as transferências correntes recebidas do resto do mundo. No primeiro caso os titulares dos factores de produção estão cá e no segundo estão em outros países, neste caso são por exemplo (com grande significado no nosso país) emigrantes que enviam remessas para os seus familiares, pessoas que gastam o dinheiro sem participarem na produção. Em 2012, com a entrada de 5 234 milhões de euros e a saída de 3 392, chegou-se a um rendimento nacional disponível (líquido) de 131 082 milhões de euros.

Rendimento pessoal

O rendimento nacional não é todavia ainda o rendimento das pessoas. Com efeito, parte do valor obtido pelas unidades produtivas não é distribuído, ou por ficar a constituir poupança sua ou por ser transferido para o Estado a título de impostos directos que sobre elas recaem; além disso, o Estado é igualmente proprietário e empresário, pelo que há que excluir os rendimentos das suas propriedades e empresas. Todas estas deduções têm que ser feitas, pois, com vista ao apuramento do rendimento pessoal.

Rendimento pessoal disponível (outros acertos)

Acontece ainda que alguma pessoas podem dispor de dinheiro que não é rendimento seu, ou seja, resultante da sua participação na produção, e que há rendimento pessoal que não chega a poder ser usado.

Assim, e para além das já referidas transferências correntes recebidas e pagas ao resto do mundo, não resultam de participação na produção os subsídios de assistência, que podem reverter mesmo a favor de pessoas que não são nem trabalhadores, nem proprietários, nem capitalistas nem empresários, costumando considerar-se ainda que emprestar ao Estado não é participar na produção, e todavia os juros dos empréstimos a ele feitos também são dinheiro de que os particulares podem dispôr.

Por outro lado, a totalidade ou grande parte do rendimento dos particulares está sujeita a impostos directos, tanto impostos para o Estado (caso do IRS português) como ainda por exemplo para as autarquias e para a segurança social.

A óptica da despesa

Por fim, importa dar algumas indicações acerca das equivalências com a óptica da despesa.

Trata-se de uma óptica em que há que distinguir, nos termos do quadro VIII.2, as despesas de consumo, ou correntes (de 138 613 milhões de euros em 2012), das despesas de investimento, considerando-se aqui não só a formação bruta de capital fixo ((26 473 milhões de euros em 2012) como a variação das existências, entre o começo e o final do ano (881 milhões de euros a mais no ano em apreciação)[4].

---

[4] São de distinguir por seu turno também as despesas dos particulares das despesas do Estado,

Importará salientar ainda que, para que a igualdade entre os agregados da contabilidade nacional seja atingida, só podem ser tidas em conta as despesas de investimento feitas com bens capitais produzidos no mesmo ano. Por exemplo, se num determinado ano um empresário adquiriu todo o equipamento de uma fábrica já existente, esta despesa – que, para outros efeitos, pode ser designada como de investimento – não o é sem dúvida para o efeito de cômputo do valor da produção nacional, pois não corresponde a qualquer valor que tenha sido criado no período, mas antes num período anterior. Se quisermos ver as coisas por outro ângulo, pode dizer-se que ao 'investimento' do comprador daquela fábrica corresponde um 'desinvestimento' do vendedor, que assim abre mão de bens capitais já em utilização; ou que aquele 'investimento' e este 'desinvestimento' se anulam, não sendo pois de registar nenhum valor no produto nacional.\

estas ainda com subdivisões, entre as despesas de consumo, de investimento e militares. Como veremos em X.3. e X.4., pp. 258-64, são muito diferentes a previsibilidade e a estabilidade de cada tipo de despesas, dos particulares e do Estado.

ECONOMIA: UM TEXTO INTRUDUTÓRIO

Quadro VIII.2
Preços correntes

Unidade: milhões de euros

Produto Interno Bruto e principais componentes	1995	2000	2005	2010	2011 Po	2012 Pe
Ótica da Produção						
Valor Acrescentado Bruto a preços de base	77 281	111 549	133 366	151 426	149 392	144 396
Impostos líquidos de subsídios sobre os produtos	10 560	15 768	20 903	21 433	21 735	20 835
VAB + Impostos líquidos de subsídios sobre os produtos	87 841	127 317	154 269	172 860	171 126	165 231
Discrepância estatística	//	//	//	//	0	- 123
Produto Interno Bruto a preços de mercado	87 841	127 317	154 269	172 860	171 126	165108
Ótica da Despesa						
Despesa de consumo final	72 676	105 115	132 465	151 315	147 062	138 613
Despesa de consumo final das famílias residentes	55 749	78 736	96 881	110 395	109 363	105 051
Despesa de consumo final das ISFLSF	1 561	2 241	2 966	3 585	3 617	3 441
Despesa de consumo final das Administrações Públicas	15 366	24 138	32 618	37 335	34 082	30 120
Formação bruta de capital	21 078	36 196	36 325	34 875	31 542	27 493
Formação bruta de capital fixo	20 260	35 238	35 413	33 830	30 779	26 473
Variação de existências	751	826	769	916	641	881
Aquisições líquidas de cessações de objetos de valor	67	131	144	130	123	140
Exportações de bens e serviços	23 865	36 839	42 669	54 109	61 060	63 882
Exportação de bens (FOB)	18 963	28 909	32 750	39 421	45 099	47 674
Exportação de serviços	4 902	7 930	9 918	14 688	15 962	16 208
Importações de bens e serviços	29 778	50 832	57 191	67 439	68 538	64 880
Importação de bens (FOB)	25 246	44 429	49 878	57 666	58 346	55 352
Importações de serviços	4 532	6 403	7 312	9 773	10 192	9 528
Produto Interno Bruto a preços de mercado	87 841	127 317	154 269	172 860	171 126	165 108

	1995	2000	2005	2010	2011 Po	2012 Pe
Ótica do Rendimento						
Remunerações dos assalariados	42 193	62 624	77 359	86 814	85 160	79 375
Excedente bruto de exploração/Rendimento misto	35 674	49 891	57 143	65 581	65 270	65 824
Impostos líquidos de subsídios sobre a produção e importação	9 974	14 803	19 766	20 464	20 697	19 908
Produto Interno Bruto a preços de produtos	87 841	127 317	154 269	172 860	171 126	165 108
Rendimento nacional						
Produto Interno Bruto a preços de mercado	87 841	127 317	154 269	172 860	171 126	165 108
Rendimentos primários recebidos do resto do mundo	4 439	6 071	9 479	14 034	13 012	10 342
Rendimentos primários pagos ao resto do mundo	4 263	8 706	11 767	19 959	19 242	14 887
Rendimento nacional bruto	88 017	124 682	151 981	166 935	164 896	160 563
Consumo de capital fixo	14 062	20 156	26 259	30 444	31 083	31 323
Rendimento nacional líquido	73 955	104 526	125 721	136 490	133 813	129 240
Transferências correntes recebidas do resto do mundo	3 683	4 681	4 019	4 877	4 961	5 234
Transferências correntes pagas ao resto do mundo	980	1 672	3 121	3 514	3 511	3 392
Rendimento disponível líquido	76 658	107 535	126 620	137 853	135 263	131 082
Despesa de consumo final	72 676	105 115	132 465	151 315	147 062	138 613
Poupança líquida	3 983	2 420	-5 845	-13 462	-11 798	-7 531
Transferências de capital recebidas do resto do mundo	2 232	2 082	2 381	2 688	2 786	3 612
Transferências de capital pagas ao resto do mundo	31	147	164	272	252	202
Formação bruta de capital	21 078	36 196	36 325	34 875	31 542	27 493
Aquisições líquidas de cessões de ativos não-financeiros não produzidos	0	- 18	- 49	14	- 136	-78
Consumo de capital fixo	14 062	20 156	26 259	30 444	31 083	31 323
Capacidade (+)/necessidade (-) líquida de financiamento	- 833	-11 667	-13 646	-15 490	-9 588	- 213
Poupança bruta	18 045	22 576	20 414	16 983	19 284	23 792

5. A apresentação dos dados por entidades e por sectores (as matrizes de relações inter-sectoriais)

5.1. Além da apresentação global referida, podem ser apresentados os dados relativos a cada uma das entidades da economia, as famílias, as empresas, o Estado, o exterior e o capital.

Para o efeito, consideram-se separadamente as entradas e as saídas dos fluxos, podendo a apresentação ser feita em contas ou em equações.

A título de exemplo, se as famílias recebem 55 de rendimentos em empresas (R_e) e 5 de rendimentos de trabalho para o Estado (R_p), um total de 60, e gastam 51 em consumo (C_f) e 3 no pagamento de imposto (T_f), podendo poupar 6 (S_f), temos:

Fluxos entrados → Famílias →	Fluxos saídos
R_e = 55	C_f = 51
R_p = 5	T_f = 3
	S_f = 6
60	60

ou

$R_e + R_p = C_f + T_f + S_f$

$55 + 5 = 51 + 3 + 6$

Ainda a título de exemplo, se o Estado recebe 3 de impostos das famílias (T_f) e 7 de impostos das empresas (T_e), como receitas, tendo como despesas 5 de pagamentos aos funcionários (R_p) e 1 de despesas de investimento público (G_p), verificando-se uma poupança de 4 (S_p), temos:

Fluxos entrados → Estado →	Fluxos saídos
T_f = 3	R_p = 5
T_e = 7	G_p = 1
	S_p = 4
10	10

ou

$T_f + T_e = R_p + G_p + S_p$

$3 + 7 = 5 + 1 + 4$

Será de sublinhar que em cada conta e em cada equação há igualdade contabilística, por exemplo um excedente na coluna da esquerda entra como poupança (aforro) na coluna da direita. Nos casos inversos, em que os pagamentos excedem as receitas, há um valor superior na coluna da direita com contrapartida na coluna da esquerda, a título de empréstimo acordado ou 'forçado' (quando está em causa um pagamento que uma família adia ao seu merceeiro ou o Estado a um seu fornecedor, ainda que estes não o queiram...).

A título de exemplo, voltando à conta das famílias, se o consumo (C_f) for de 61 temos um gasto total de 64 ($C_f + T_f$), que ultrapassa as receitas correntes ($R_e + R_p$), de 60. Os 4 de diferença aparecem como entrada de empréstimo (E_f).

Fluxos entrados →	Famílias →	Fluxos saídos
R_e = 55		C_f = 61
R_p = 5		T_f = 3
E_f = 4		
64		64

ou em equação

$$55 + 5 + 4 = 61 + 3$$

5.2. Poderá interessar também conhecer a realidade de uma economia através da interdependência dos seus sectores, o que se consegue com a utilização de matrizes inter-sectoriais.

Da sua estrutura e do seu interesse pode ter-se uma imagem com um exemplo muito simples, considerando (no quadro VIII.3) uma economia apenas com três sectores: agricultura, indústria e serviços[5].

---

[5] De facto matrizes com um mínimo de utilidade deverão ter pelo menos algumas dezenas de sectores (por exemplo as matrizes portuguesas dos anos 70 tinham 64 sectores).

QUADRO VIII.3

Matrizes das relações inter-sectoriais

	Agricultura	Indústria	Serviços	Investimento	Consumo	Exportações	Total
Agricultura	20	20	20	5	40	25	140
Indústria	30	40	30	40	50	30	220
Serviços	15	35	20	10	50	20	150
Trabalho	30	25	30				
Capital	15	20	20				
Importações	25	40	20				
Impostos	15	30	10				
Total	140	220	150				

Temos na matriz quatro quadrantes, sendo o quadrante noroeste o 'quadrante das transacções inter-sectoriais'[6], o quadrante nordeste o 'quadrante dos usos finais', o quadrante sudoeste o quadrante dos 'valores acrescentados' ('dos factores primários') e o quadrante sudeste o 'quadrante da compra dos factores directos'[7].

Face a uma matriz, lendo em linha (na horizontal) vê-se o que cada sector proporciona a ele próprio e a cada um dos demais, com matérias-primas ou bens intermediários, e o que destina a uso final, em bens de investimento e em bens de consumo, incluindo o que é destinado à exportação. A título de exemplo, a indústria fornece bens (por ex. fertilizantes) no valor de 30 à agricultura, no valor de 40 a ela própria (por ex. fios para a indústria têxtil) e no valor de 30 aos serviços (por ex. em papel para escrever), destinando além disso, já em bens finais, 40 ao investimento (equipamento), 50 ao consumo e 30 ao mercado externo. O somatório dá-nos o total da produção do sector: 220 no exemplo.

Lendo em coluna (na vertical), vê-se por seu turno onde cada sector vais buscar as matérias-primas e os bens intermediários necessários para a produção, bem como a parcela do valor da produção que resulta da par-

---

[6] Trata-se neste caso de uma matriz com igual número de linhas e colunas: uma matriz quadrada, nxn.
[7] De relevo menor, não considerado por isso no nosso exemplo simplificado.

ticipação dos factores primários, v.g. do trabalho e do capital (devendo somar-se ainda as matérias-primas e os bens intermediários importados e os impostos devidos pela actividade empresarial). A título de exemplo, a actividade agrícola vai buscar bens no valor de 20 a ela própria (por ex. em sementes), no valor de 30 à indústria (os fertilizantes referidos há pouco) e no valor de 15 aos serviços (por ex. em transportes e seguros), sendo o valor produzido o resultado também da participação indispensável dos factores primários, 30 do trabalho e 15 do capital, a que acresce o valor das matérias-primas e dos bens intermediários importados, 25, e do que é pago em impostos, 15, num total de 140; ou seja num total que corresponde, necessariamente, ao total da produção do sector.

Dispondo-se de matrizes fica a conhecer-se a estrutura de uma economia, podendo apurar-se os coeficientes técnicos na produção de cada sector[8].

Permitem por isso que se faça a previsão dos efeitos de qualquer alteração, resultante ou não de uma política que esteja a ser seguida (ou que se pensa seguir): podendo mostrar a título de exemplo os efeitos que o aumento da procura de um determinado bem tem sobre a utilização das matérias-primas e bens intermediários e sobre a utilização dos factores primários necessários para a sua produção. Ainda a título de exemplo, podendo saber-se com elas se cada sector é trabalho-intensivo ou capital--intensivo, permitem apurar o tipo de especialização do um país no comércio internacional, de acordo com uma das teorias explicativas mais conhecidas, o teorema de Hecksher-Ohlin (vê-lo-emos *infra*, em XIII.2.1.2, pp. 360-5).

6. Os dados da contabilidade nacional como indicadores do êxito económico e do bem-estar das populações

Os dados da contabilidade nacional, principalmente o produto e o rendimento nacional, costumam ser usados como indicadores do maior ou menor êxito económico de um país e do maior ou menor bem-estar das populações. É com base neles que em geral se fazem juízos não comparativos acerca da produção e do nível de vida num dado país e numa dada

---

[8] Com a limitação de se considerarem funções de produção com coeficientes fixos.

época e ainda, talvez com mais frequência, comparações no espaço, comparando regiões e países entre si, e comparações no tempo, tendo em conta as evoluções que se verificam.

As comparações entre países levantam um problema específico difícil, resultante de o produto ou o rendimento (ou ainda, naturalmente, a despesa) terem que se exprimir em termos monetários e de a moeda diferir de país para país. Veremos mais tarde, no capítulo sobre a inflação (no capítulo XII, em 2, pp. 321-8) por que modos se pode tentar vencer esta dificuldade. Por agora vamos limitar-nos aos problemas e cautelas que é preciso ter em conta quando tais agregados se referem apenas a um país, relativamente ao qual se pretende saber acerca do bem-estar da população num determinado momento ou acerca da evolução verificada ao longo de algum tempo.

Igualmente neste plano interno resultam dificuldades de, apesar de o rendimento nacional ser um rendimento em bens materiais e serviços, isto é, um *rendimento* real, só poder ser calculado em termos de preços, isto é, como *rendimento monetário*, dado que não podem adicionar-se quilos de cebolas a metros de fazenda, e só preços de cebolas a preços de fazenda.

a) Se o que se pretende fazer é a análise da evolução no tempo de qualquer dos agregados da contabilidade nacional, havendo alterações no valor da moeda (ou seja, alterações de preços) as taxas de evolução dos valores monetários não correspondem a iguais taxas de evolução dos valores reais. A título de exemplo, numa época de inflação em virtude das subidas de preços pode acontecer que um produto nacional, embora diminuindo em termos reais, nos apareça, a preços correntes, com uma subida apreciável. A 'ilusão monetária' pode pois distorcer por completo a realidade.

Esta ilusão pode ser evitada em grande medida através da correcção dos valores correntes, deflacionando-os ou inflacionando-os, consoante tenha havido uma perda ou um ganho no valor da moeda. Em poucas palavras podemos mostrar como pode ser feita tal correcção e, através de exemplos de épocas bem diferentes, o alcance que ela pode ter.

Com grande frequência as alterações do valor da moeda são conhecidas, em média (o que pode levar a grandes imprecisões...), através de números-índices. Faz-se corresponder a média de preços (no consumidor, por grosso, ou como se julgue mais conveniente) num certo ano – a que se chama *período de base* – a 100, e com regras de três simples calculam-se os números-índices para os outros anos. Em Portugal o Instituto Nacional de Estatística publica vários tipos de números-índices. Escolhendo-se os que parecem mais adequados, é depois fácil calcular qual foi a variação verificada nos agregados, tal como se desde o ano base não tivesse havido alterações de preços. Num exemplo muito expressivo do século XX, da grande depressão, constata-se que nos Estados Unidos o produto nacional líquido monetário, ou seja a preços correntes, baixou entre 1929 e 1933 de 96 para 48 milhares de milhões de dólares. Poderia parecer portanto à primeira vista que a produção havia diminuído para metade. Todavia, tendo em conta que houve deflação, sendo os números-índices 100 em 1929 (período de base) e 75 em 1933 (descida dos preços, entre os dois anos, de 25%), é fácil ver que a preços constantes de 1929 o produto nacional líquido desceu de 96 (96/100 × 100 = 96) para 64 (48/75 × 100 = 64), ou seja, para cerca de dois terços. Com vista a exemplificar para o caso contrário, de haver uma subida de preços, podemos usar dados das estatísticas portuguesas de anos mais próximos. Enquanto a preços correntes o produto nacional bruto a preços do mercado subiu entre 1960 e 1974 de 71,3 para 341,6 milhões de contos, ou seja, quase 5 vezes (4,78), a preços de 1963 (tomando portanto este ano como período de base) a subida foi de 74,4 para 182,3, ou seja, de cerca de duas vezes e meia (2,451). Sem esta correcção seria empolado quase para o dobro o aumento que se verificou. Mais recentemente, enquanto a preços correntes o produto interno bruto ao custo dos factores subiu entre 1974 e 1975 de 308,5 para 343,8 milhões de contos, ou seja 11,44%, a preços constantes de 1970 desceu de 214,8 para 208,8, ou seja, 2,79%. Olhando só para os preços correntes seria, pois, interpretado ao contrário o sentido da evolução.

Importa todavia ter presente que mesmo com estes ajustamentos não podemos conhecer com exactidão as variações reais verificadas: dado que, conforme veremos adiante (em XII.2, pp. 321 e ss.), para além de outras dificuldades de medição, os índices de preços dão-nos uma ideia que pode não representar toda a realidade.

b) Uma outra dificuldade ligada ao facto de os agregados da contabilidade se exprimirem em termos monetários é a de assim não serem contabilizados os bens materiais e os serviços que não têm mercado. Tal acontece com os serviços que cada um presta a si próprio e com os serviços das donas de casa. A este propósito tornou-se célebre a referência de Pigou:

"Se um homem casa com a governanta ou com a cozinheira diminui o rendimento nacional" (1929, p. 33). A subavaliação que assim é feita do produto ou do rendimento nacional é muito maior nos países subdesenvolvidos do que nos países desenvolvidos, em virtude de nos primeiros, nomeadamente naqueles onde há um assinalável sector de subsistência, serem muito mais correntes as práticas de auto-consumo (estas práticas ainda são correntes hoje em dia em algumas áreas de Portugal).

Independentemente da sua expressão em termos monetários, pelo próprio facto de exprimirem bens materiais e serviços produzidos os agregados da contabilidade nacional não podem esclarecer-nos por completo acerca do bem-estar dos cidadãos.

c) Na verdade, deste modo não é dado valor ao descanso, parecendo não oferecer dúvidas que o bem-estar dos cidadãos será bem maior se um produto nacional bruto do mesmo montante for conseguido com uma semana média de 35 horas de trabalho e um mês de férias anuais do que com uma semana média de 50 horas de trabalho e apenas duas semanas de férias anuais. Este é aliás um elemento que pode e deve ser tido em conta tanto em análises isoladas dos países como em comparações internacionais.

d) Depois, apenas é medido quanto é produzido, não se atendendo a que pessoas podem ter satisfações (ou ausência delas...) completamente diferentes consoante o tipo de trabalho que levam a cabo. Conforme a título de exemplo mas sugestivamente refere Bach (1960, p. 96), "muitos investigadores também derivam uma especial satisfação do tipo de trabalho que fazem. Gostam da pesquisa continuada com vista à aquisição de conhecimentos, do contacto com outros cientistas e da relativa liberdade de repartirem o seu tempo do modo que querem. Tais satisfações não monetárias constituem parte do rendimento psíquico da investigação. A importância deste rendimento difere em grande medida de indivíduo para indivíduo. Alguns gostam verdadeiramente do seu trabalho, outros trabalham apenas com vista a receberem o seu ordenado". Não há naturalmente nenhum modo de contabilizar estas diferenças de satisfações.

e) O bem-estar das pessoas não pode além disso ser avaliado apenas através dos agregados globais relativos aos países. Um país grande como a Índia pode nesse sentido ser considerado pobre apesar de ter um grande produto nacional bruto, que todavia tem de ser 'dividido' por mais de mil e duzentos milhões de pessoas; devendo considerar-se ricos países pequenos como a Suíça ou o Luxemburgo (de longe com o PIB *per capita* mais elevado da União Europeia), com produtos nacionais brutos muito mais pequenos que todavia se 'dividem' por poucos milhões ou por poucas centenas de milhares de habitantes.

Se queremos saber qual é o bem-estar das pessoas os valores globais têm pois de ser divididos pelo número de habitantes (nas análises é costume fazer referência ao produto ou rendimento *per capita*), e quando se fazem comparações no tempo há que ter em conta que a população vai variando de ano para ano, pelo que em cada um deles há que usar um divisor diferente (geralmente vai crescendo).

Mesmo assim podem ser feitos juízos francamente erróneos, a menos que se proceda a análises mais completas.

f) Desde logo, os valores *per capita* são valores médios, em que não são consideradas as desigualdades existentes. Países como o Kuwait e o Quatar, em virtude da sua riqueza em petróleo, apresentam valores *per capita* que estão entre os mais altos de todo o mundo. Sabe-se contudo que tal riqueza beneficia apenas um certo estrato da população (também companhias estrangeiras são altamente beneficiadas), mantendo grande parte da população padrões de vida muito modestos. Já em países mais igualitários, embora os valores *per capita* sejam mais baixos, o nível de vida da generalidade da população será maior. A estrutura da repartição deve pois ser tida em conta (a problemática dos desequilíbrios inter-pessoais será vista no próximo capítulo).

g) Além disto, o bem-estar da generalidade da população depende do tipo de bens produzidos, o que não nos é dado pelos valores *per capita* dos grandes agregados nacionais. A título de exemplo, dois países podem ter o mesmo produto *per capita*, mas num deles quase toda a produção ser de bens de consumo, enquanto no outro, por falta de apoio popular dos dirigentes e em virtude de tendências de hegemonia no estrangeiro, é destinada à actividade da polícia política e das forças armadas grande parte dos recursos do país. Certamente alguns cidadãos, designadamente os que ocupam postos de chefia, sentirão o seu bem-estar acrescido com a realização destas despesas. Mas sem dúvida a generalidade das pessoas preferirá uma política como a referida em primeiro lugar. A informação acerca de cada país poderá e deverá ser completada indagando se se gastou mais em 'manteiga' ou em 'canhões' (dois bens tradicionalmente usados para documentar a opção vista acima).

h) Mesmo que um país esteja em última análise fundamentalmente preocupado com a produção de bens de consumo pode haver diferentes perspectivas temporais. Uma delas pode consistir em dar aos cidadãos um grande bem-estar no presente, afectando quase todos os recursos à produção de bens de consumo. A outra consiste em fazer avultados investimentos em bens capitais, com vista a uma maior produção futura de bens de consumo. Sem discutir a justeza de uma política do segundo tipo, é inegável que, com um mesmo produto *per capita*, será maior o bem-estar actual da população de um país virado para a produção de bens de consumo no presente. Naturalmente, com uma análise mais detalhada da contabilidade nacional também podemos ser esclarecidos quanto à opção seguida a este propósito.

i) Podemos recordar ainda (vimo-lo em I.1.2.2.d, pp. 32-4) que o bem-estar proporcionado pelos bens de consumo duradouros (por exemplo automóveis, frigoríficos, televisores) não se restringe ao ano em que são produzidos: permanece enquanto continuarem a ser usados. Todavia, nas contas nacionais tais bens aparecem contabilizados no ano da produção, e não nos seguintes. Esta circunstância tem importância, uma vez que a produção de bens de consumo duradouros é particularmente instável. Assim, o rendimento realmente usufruído usando bens duradouros é maior do que o que é mostrado pelo produto nacional bruto em anos de depressão, quando são produzidos poucos bens duradouros novos mas continuam a ser utilizados ainda muitos antigos; e é mais baixo do que o indicado pelo produto nacional bruto em anos de prosperidade, quando a produção de bens de consumo duradouros é mais rápida do que o seu uso.

j) Por fim, acontece que somas vastíssimas são hoje em dia gastas para compensar *deseconomias* causadas por um progresso mal dirigido. Se por exemplo em virtude da excessiva concentração em grandes cidades há que construir viadutos para escoamento de trânsito e sistemas caros para defesa contra a poluição atmosférica, não se pode dizer que a produção destes bens se traduz na íntegra num aumento de bem-estar para a população. Há quando muito um ganho líquido. Mesmo com tais despesas as populações podem não ficar melhor do que as de pequenos ou médios meios onde nunca chegou a haver congestionamentos de trânsito nem poluição. Portanto, também por este motivo apenas com a referência do produto ou rendimento *per capita* fica subavaliado o bem-estar nos países mais atrasados, onde não há tantas deseconomias externas a compensar[9].

Apesar das limitações existentes, desde que se tenham as cautelas de análise mencionadas, os grandes agregados da contabilidade nacional continuam a ser reconhecidos como fundamentais em qualquer estudo de macroeconomia. Algumas posições de princípio contra o seu uso, sem que se possam apresentar indicadores mais representativos, derivarão provavelmente de através deles se ficar a saber que certas políticas não foram tão favoráveis como se gostaria de fazer crer.

---

[9] Sobre a necessidade de se promover um melhor ordenamento do território ver *infra*, XV.3. Não pode todavia deixar de considerar-se, por outro lado, que com um ordenamento correcto há economias externas que são consequência de um fortalecimento equilibrado de centros urbanos de dimensão média (casos, na Europa, da Alemanha, da Holanda e da Suíça, por coincidência os países com os superaves mais elevados) que possibilite melhores transportes, mão-de-obra adequada, serviços eficientes de toda a ordem (v.g. de apoio tecnológico), mercados abastecedores e compradores, etc.

Nos últimos anos tem havido progressos assinaláveis no uso de processos de avaliação de economias e deseconomias externas. Com respeito aos casos apontados no texto, deve lembrar-se ainda que ao produzirem-se bens para compensar deseconomias externas estão a criar-se rendimentos, a distribuir pelos participantes na sua produção. Só é pena que as circunstâncias obriguem a que tais rendimentos não resultem da produção de bens que levassem a uma vantagem líquida (ou a uma maior vantagem líquida) para a sociedade.

Capítulo IX
A Distribuição do Rendimento

1. A avaliação da repartição do rendimento
Sabendo-se qual é o rendimento de um país, nos termos vistos no capítulo anterior, importa saber também como se reparte, não podendo ser igual o juízo a fazer em relação a dois países com padrões de distribuição muito diferentes.

1.1. As desigualdades a ter em conta
Uma primeira questão a pôr é a questão de saber que desigualdades importa conhecer: podendo tratar-se pura e simplesmente de saber como se reparte o rendimento entre a generalidade das pessoas ou de saber por exemplo que diferenças há entre homens e mulheres, entre pessoas de diferentes raças, entre as profissões ou ainda entre as regiões de um país.

Começaremos por dar exemplos de acordo com o primeiro tipo de indagação, considerando as pessoas, sem mais qualificações; mas não deixaremos de ilustrar depois alguns outros tipos de desigualdades.

Além da análise da distribuição do rendimento pode relevar a análise da distribuição da riqueza, ou seja, do património dos cidadãos. Teremos ocasião de ver adiante, com um exemplo, por um lado que as desigualdades são muito maiores a este segundo propósito e por outro lado que um determinado país pode ser mais inigualitário do que outro na distribuição do rendimento mas ser já menos inigualitário na distribuição da riqueza.

1.2. Modos de medir e analisar as desigualdades

1.2.1. Simples agregação dos dados em classes

Uma primeira forma de medir e analisar as desigualdades pode consistir em repartir os cidadãos em classes de rendimento, vendo-se qual é a percentagem do rendimento que cabe a cada uma.

Com grande frequência são consideradas quatro ou cinco classes[1], *quartis* ou *quintis*, respectivamente: estando no primeiro *quartil* ou *quintil* os 25 ou 20% mais pobres, no segundo os 25 ou 20% que vêm a seguir, e assim sucessivamente, colocando-se no último *quartil* ou *quintil* os 25 ou 20% mais ricos. Pode indicar-se (ainda) o que por exemplo cabe aos 1% ou 5% mais ricos.

É de notar aliás que se por hipótese houvesse uma distribuição *totalmente igualitária* não seria possível a repartição por classes, não havendo obviamente mais pobres ou mais ricos. Quem colocar, por exemplo, no primeiro *quintil*, ou no último, se todos os cidadãos tivessem exactamente o mesmo rendimento?

A apresentação dos dados colhidos pode ser depois feita em quadros ou em figuras.

Num quadro, podemos ter por exemplo a distribuição per *quintis* (nos Estados Unidos, em 2001), tal como se mostra no quadro seguinte:

QUADRO IX.1

Famílias dos EUA em 2006		
Quintis	Percentagem das pessoas em cada classe	Percentagem do rendimento
1º (mais pobres)	20,0	3,4
2º	20,0	8,7
3º	20,0	14,8
4º	20,0	23,4
5º	20,0	49,7
(5% mais ricos)	5,0	21,2

Fonte: Samuelson e Nordhaus (2010, p. 324)

---

[1] Ou ainda por exemplo dez, tendo-se então *decis* (ver Rossetti, 2003 (11), p. 257).

A DISTRIBUIÇÃO DO RENDIMENTO

Numa figura, podemos utilizar círculos, com as percentagens respectivas, tal como se vê na figura que se segue (IX.1, mostrando o agravamento verificado no Brasil entre 1960 e 2001):

FIG. IX.1

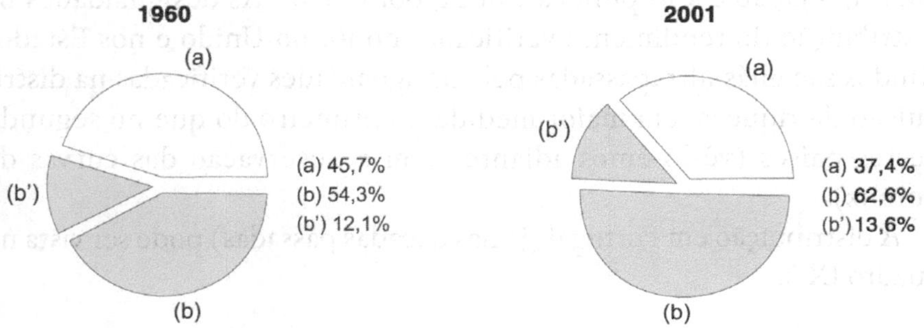

1960
(a) 45,7%
(b) 54,3%
(b') 12,1%

2001
(a) 37,4%
(b) 62,6%
(b') 13,6%

a) **80% mais pobres**   b) **20% mais ricos**   b') **1% mais ricos**

Fonte: Rossetti (2003 (11), p. 259)

Se queremos exprimir num valor numérico o nível das desigualdades podemos dividir por exemplo a média do rendimento dos 10% mais ricos pela média do rendimento dos 10% mais pobres. Podemos chegar assim a um quadro como o seguinte:

QUADRO IX.2

País	Rendimento médio do *quintil* mais pobre em % do *quintil* mais rico
Brasil	3
Bolívia	5
Honduras	7
Reino Unido	11
EUA	14
Suécia	22
Japão	23
República Checa	28

Fonte: Samuelson e Nordhaus, *Economics* (18ª ed., 2005, p. 326)

Nota-se já aqui que as desigualdades são maiores em países menos desenvolvidos, casos do Brasil (o mais inigualitário dos aqui considerados), da Bolívia e das Honduras. Entre os países mais desenvolvidos que se indicam, sendo todos menos inigualitários, há diferenças assinaláveis entre o Reino Unido e os Estados Unidos da América, por um lado, e a Suécia, o Japão e a República Checa, por outro[2]. As desigualdades na distribuição do rendimento verificadas no Reino Unido e nos Estados Unidos são aliás ultrapassadas pela desigualdades verificadas na distribuição da riqueza, em maior medida no primeiro do que no segundo destes países (vê-lo-emos adiante, com a observação das curvas de Lorenz).

A distribuição em Portugal (já nas décadas passadas) pode ser vista no quadro IX.3:

QUADRO IX.3
Percentagem do rendimento familiar por *quintil* (1980, 1990 e 1995)

	1º (mais pobres)	2º	3º	4º	5º (mais ricos)
1980	5,51%	11,52%	16,86%	23,60%	42,51%
1990	5,68%	11,34%	16,86%	23,62%	42,50%
1995	5,22%	10,33%	15,86%	23,24%	45,35%

Fonte: Neves (2001, p. 220; com dados da distribuição do rendimento e da riqueza até 2000 pode ver-se C. F. Rodrigues, 2007)

Nota-se alguma acentuação dos desequilíbrios ao longo dos anos considerados, com os 20% mais pobres a terem 5,51% do total em 1980 e 5,22% em 1995 (depois de uma pequena recuperação em 1990), tendo por seu turno os 20% mais ricos passado da obtenção de 42,51% do rendimento em 1980 para 45,35% em 1995.

Trata-se de uma desigualdade maior do que a de vários países europeus mas bem menor do que a de outros países desenvolvidos, como é o caso

---

[2] Sobre diferenças entre diferentes regiões ver por exemplo, no caso do Brasil, Rossetti (2003 (11), p. 276); e sobre as diferenças em Portugal ver *infra* XV.3.5.2, pp. 516-24.

dos EUA (recorde-se do quadro IX.1, mostrando que aqui, em 1998, as pessoas do primeiro *quintil* tinham 3,6% do rendimento e as do *quintil* mais favorecido 49,2%)[3].

1.2.2. Outros modos de medição e análise: as curvas de Lorenz e os coeficientes de Gini

Além das indicações assim conseguidas, tem havido a utilização de outros modos, julgados mais correctos e (ou) mais sintéticos, de medir e analisar as desigualdades.

Assim aconteceu com uma forma de medição de Vilfredo Pareto (1896-7), autor que se distinguiu também por ter uma perspectiva 'pessimista' acerca da possibilidade de se evitarem ou atenuarem os desequilíbrios[4].

Actualmente tem todavia uma utilização muito maior um modo de medir e apresentar as desigualdades que se deve a Max O. Lorenz, no início do século XX.

Começa-se por formar classes com os cidadãos e os rendimentos, mas classes com valores agregados, já não classes com valores separados, como eram as que vimos primeiro: quem estava num dos quartis ou quintis não estava nos outros. Nas agregações de Lorenz, na segunda classe estão incluídas também as pessoas da primeira, na terceira as pessoas das duas primeiras, e assim sucessivamente, até que obviamente a 100% das pessoas corresponderá 100% do rendimento.

Colocam-se depois os valores apurados numa figura como a que se segue, representando-se no eixo vertical os valores correspondentes às pessoas e no eixo horizontal os valores correspondentes aos rendimentos acumulados.

---

[3] Ver também por exemplo Araújo (2012, p. 487), mostrando que somos claramente menos inigualitários do que o Brasil mas claramente mais inigualitários do que o Japão ou a Suécia. Com a melhoria verificada em Portugal entre 1993 e 2009 ver Carmo, Cantante e Carvalho (2012), pp. 314-5.
[4] Ver por exemplo Moura (1978, pp. 197-203) e Rossetti (2003(11), pp. 262-9).

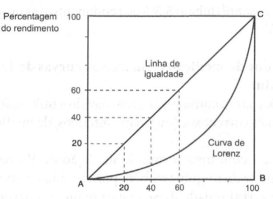

Facilmente se compreende que a distribuição será mais igualitária na medida em que a curva de Lorenz mais se aproximar da diagonal e mais inigualitária na medida em que mais se afastar dela.

Na situação ideal, de haver uma igualdade absoluta, os 20% mais pobres teriam 20% do rendimento, os 40% mais pobres 40%, os 60% 'mais pobres' também 60%, até se chegar ao ponto de todas as pessoas (100%) terem todo o rendimento (100%). Sendo assim, a curva de Lorenz sobrepor-se-ia à diagonal.

No polo oposto podemos imaginar uma sociedade em que só uma pessoa tenha rendimento, não tendo todas as demais rendimento nenhum. Os 20% mais pobres estariam pois no eixo horizontal, com o rendimento 0, o mesmo acontecendo com os 40%, os 60% ou mesmo os 99% 'mais pobres', igualmente com o rendimento 0. Nestas várias fases não haveria nenhum valor positivo a representar no eixo vertical, com o qual por fim quase coincidiria a curva de Lorenz, com a representação do único 'senhor,' titular de todo o rendimento.

Os casos reais estão de permeio, com uma igualdade maior quando a curva de Lorenz se aproxima mais da diagonal e menor quando se afasta mais dela.

Trata-se de distribuição diferente que pode ser vista na figura seguinte, com dados referentes a seis países.

Como crítica a esta forma de representação é de apontar que não tem uma 'métrica', que nos dê os valores das desigualdades. Haverá casos em que será mesmo difícil distinguir, a olho nu, que país (ou outra área geográfica) é mais inigualitário (por exemplo a Tailândia ou a Guatemala, na figura apresentada); podendo todavia ver-se já a ordenação (não a medida) se tivermos as curvas de Lorenz, não em diagramas separados, mas sim num mesmo diagrama (distinguindo-se pois o que está mais ou menos longe da diagonal).

Não havendo um valor numérico, foi muito importante um contributo adicional dado por Corrado Gini, sugerindo o apuramento de coeficientes que são conhecidos pelo seu nome. Para tal procede-se à divisão do espaço entre a curva de Lorenz e a diagonal pelo triângulo de máxima desigualdade (formado pelo espaço entre a diagonal e os eixos (o triângulo A, B, C na figura IX.2).

Como é óbvio, o coeficiente de Gini terá de variar entre 0 e 1.

Num dos extremos, de total igualdade, não havendo distinção entre a curva de Lorenz e a diagonal, teríamos uma fracção com 0 no numerador. Uma fracção com este numerador tem pois o valor 0, ou seja, 0 seria o coeficiente da máxima (plena) igualdade.

FIG. IX.3

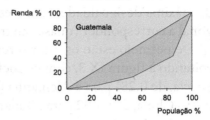
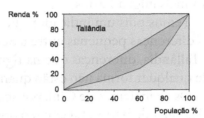
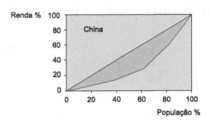
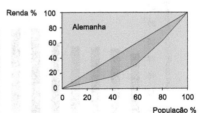
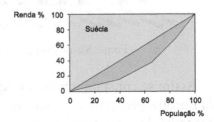

Fonte: Rossetti (2003 (11), p. 273)

No outro extremo, teríamos o coeficiente de 1 (ou quase de 1) no caso da máxima desigualdade, com o espaço entre a curva de Lorenz e a diagonal a corresponder (quase) ao triângulo do denominador.

De permeio estão os valores reais, de maior ou menor desigualdade: voltando à figura IX.3, com os coeficientes de Gini a ser de 0,250 para a Suécia, de 0,281 para a Alemanha (países menos inigualitários), de 0,415 para a China, de 0,462 para a Tailândia e de 0,596 para a Guatemala (países mais inigualitários).

Temos pois um indicador quantificado que nos mostra por exemplo as diferenças pequenas entre a Suécia e a Alemanha, ou entre a China e a Tailândia, diferenças que na figura poderão não ser perceptíveis e que de qualquer forma não estão quantificadas.

Os coeficientes de Gini, por seu turno, podem ser representados num diagrama de barras, tal como o que se reproduz a seguir (com o valor de 100 a corresponder a 1)

Fig. IX.4

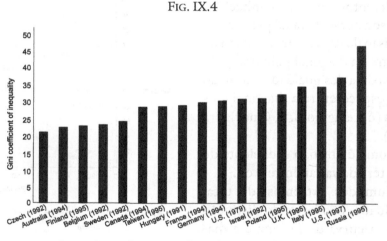

Fonte: Samuelson e Nordhaus (18ª ed., 2005, p. 386)

Assim se constata um maior equilíbrio em países do centro e norte da Europa que, embora tendo sido sempre de economia capitalista, têm desde há décadas políticas muito empenhadas de redistribuição, bem como em países do Leste da Europa que tiveram regimes comunistas. Causará por isso alguma estranheza que um outro país ex-comunista, a Rússia, apareça como o país mais inigualitário (neste conjunto, que não engloba todavia países menos desenvolvidos, ainda com maiores desequilíbrios)[5].

2. As causas das desigualdades

Uma distinção básica pode ser feita entre as causas das desigualdades criadas no presente (embora muitas vezes com raízes anteriores, em especial levando as pessoas a ter qualificações diferentes), das verificadas no passado, dando lugar a grandes diferenças no presente.

Trata-se neste segundo caso basicamente de desigualdades resultantes de fortunas herdadas, havendo por isso logo à nascença indivíduos muito mais favorecidos do que outros.

Num quadro, com base em informação da revista *Forbes*, Samuelson e Nordhaus mostram que 8 das 100 maiores fortunas dos Estados Unidos são resultantes de herança:

QUADRO IX.2

	Os 100 norte-americanos mais ricos		
		Montante de capital próprio	
Fonte da riqueza	Número de pessoas	Mil milhões de dólares	Percentagem
Herança	8	18,8	3
Aplicações financeiras	16	99,4	16
Iniciativa empresarial	76	506,7	81
Comunicações	12	70,4	11
Diversões	3	9,5	2
Indústria	13	72,7	12
'Nova economia'	12	152,7	24
Petróleo	6	19.8	3
Imobiliário	9	28,4	5
Comércio de retalho	21	153,2	25
Total	100	624,9	100

Fonte: Samuelson e Nordhaus (18ª ed., 2005, p. 388), com valores de 2003

---

[5] Havendo casos em que os 20% mais pobres têm apenas 2% ou pouco mais do que 2% do rendimento total: caso do Panamá, com 2,0%, ou da Guatemala e da Guiné-Bissau, com 2,1% (cfr. Rossetti, 2003 (11), p. 251).
Sobre alguns aspectos dos processos de transição dos sistemas podem ver-se de novo North (2010, cap. 11) e Perkins, Radelet, Lindauer e Block (2013, pp. 148-53).

Comparando-se com informação anterior (de 1999) com a mesma fonte (ver Samuelson e Nordhaus, 18ª ed., 2001, p. 388), terá havido todavia nos quatro anos anteriores uma diminuição sensível do relevo das fortanas com essa origem (eram 23, com 27% do montante total do capital próprio), a favor das fortunas com base em aplicações financeiras (eram 10, com 13% do valor total) e na iniciativa empresarial (eram 67, com 60% do valor total).

As fortunas, além de por si mesmas serem factores de estabilidade e bem-estar, são fonte de rendimento, sendo já por isso de esperar que haja alguma aproximação entre as situações de desigualdade na distribuição do rendimento e da riqueza. E por seu turno, num movimento cumulativo, desigualdades nos rendimentos levarão a diferentes acumulações de riqueza (dado que quem ganha mais pode aforrar e investir em maior medida, acentuando-se por isso as desigualdades neste domínio).

Pode todavia haver diferenças sensíveis, podendo por exemplo um país ser menos inigualitário do que outro na distribuição do rendimento mas já não na distribuição da riqueza. Assim acontece com o Reino Unido, quando comparado com os Estados Unidos da América, tendo uma desigualdade menor no rendimento mas não na riqueza (não sendo provavelmente grande parte das riquezas inglesas, v.g. as propriedades rústicas, geradoras de rendimento, ou de rendimento significativo).

Fig. IX.5

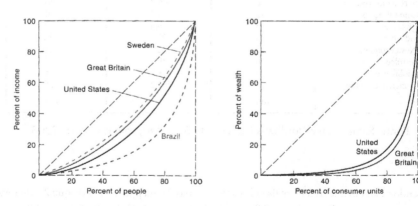

Fonte: Samuelson e Nordhaus (18ª ed., 2005, p. 385)

A figura mostra ainda que em qualquer dos casos é muito maior a desigualdade na distribuição da riqueza do que na distribuição do rendimento. As desigualdades são especialmente grandes na detenção de activos financeiros, tendo por exemplo nos Estados Unidos 1% dos indivíduos quase 40% de todos os activos financeiros.

Nos factores de desigualdade na distribuição do rendimento avultam as qualificações das pessoas; verificando-se todavia, como se disse há pouco, que qualificações diversas resultam em muitos casos de diferentes condições familiares, sendo de esperar por exemplo que os filhos de famílias cultas tenham mais facilidades nos estudos e que os filhos de empresários tenham mais facilidades no começo de uma actividade empresarial.

Para além disso, poderá dizer-se que conta pouco por exemplo a força física, mas conta muito a qualificação, a profissão ou a predisposição para assumir riscos; para não falar já, claro, de casos excepcionais de dotes naturais para uma actividade artística ou para a prática de futebol, ténis ou automobilismo de alta competição, que podem levar a remunerações astronómicas.

Conta também relativamente pouco o tempo de trabalho, mas conta já muito a escassez da oferta numa determinada profissão, explicando por exemplo as remunerações comparativamente elevadas dos médicos em países como Portugal e os Estados Unidos (sobre este país ver Samuelson e Nordhaus, 2005, p. 387, mostrando que pelo contrário têm as remunerações mais baixas os servidores domésticos, os empregados de restaurantes de comida rápida *fast food*, e outros prestadores de serviços, como são os casos dos empregados da cadeia McDonalds e dos lavadores de automóveis).

3. Políticas de redistribuição

Face à constatação de desigualdades, põe-se naturalmente o problema de saber se deve intervir-se, procurando atenuá-las ou mesmo eliminá-las.

Levantam-se todavia dois problemas a tal propósito: em primeiro lugar o problema de saber se se consegue atingir o objectivo visado e, em segundo lugar, o problema de saber se, face a considerações de equidade e de eficiência, deve ir-se muito longe na promoção de um maior equilíbrio (no limite, até à plena igualdade).

Distinguiram-se os primeiros economistas clássicos na defesa de que era inglório lutar contra as desigualdades, posição que começou a ser posta em causa por John Stuart Mill (1848)[6]. Depois, coube também por exemplo a Pareto, como se disse, um juízo de desconfiança em relação à possibilidade de haver políticas capazes de promover uma maior igualdade. Com a observação de épocas e países diferentes, Pareto julgou que se tenderia para um determinado nível de desigualdade.

Acontece todavia que mesmo com o seu modo de avaliação são constatáveis atenuações de desigualdades, como consequência de políticas aplicadas.

Uma ideia também corrente é a de que as desigualdades são uma circunstância natural dos países mais pobres, bastando esperar pelo seu crescimento para que se verifique a sua atenuação[7]. A observação de países em idênticos estádios de desenvolvimento mostra todavia que pode haver diferenças acentuadas na distribuição do rendimento e da riqueza, explicáveis por políticas diversas (de um modo geral determinadas por filosofias também distintas).

Só assim se explica por exemplo que a igualdade seja maior em países europeus do que nos Estados Unidos, país onde é menor a preocupação pela sua promoção, sobressaindo antes uma preocupação de eficiência, com a 'libertação' das forças do mercado. Mas diferentes perspectivas explicam também diferenças verificadas entre países europeus[8]. Deixamos para o fim, para 3.4, o juízo de valor a fazer sobre a políticas da dis-

---

[6] Nas palavras de Bach (1960, p. 250) "a desigualdade e a pobreza são tão antigas quanto a história do homem socialmente organizado".

[7] Um quadro apresentado por Rossetti, já mencionado (2003 (11), p. 251), com 51 países dos vários continentes, mostra as enormes diferenças que se verificam.

Veremos em XV.2 e 3 que, ao contrário do que se julga ou pelo menos se afirma, um maior equilíbrio em princípio constitui condição para um maior crescimento (não só para um maior desenvolvimento) e um maior crescimento, por seu turno, tenderá a levar também a um maior equilíbrio espacial entre as várias regiões de um país ou de um conjunto de países.

[8] Como se viu há pouco, na figura IX.4 (p. 238), há situações de apreciável igualdade em alguns (não todos) os países que tiveram regimes comunistas; situações de equilíbrio que não são todavia maiores do que as verificadas em países do centro e norte da Europa que tiveram sempre regimes capitalistas, todavia com uma grande preocupação de promoção de um maior igualdade.

tribuição (para além de se reconhecer que podem levar de facto a uma maior igualdade).

3.1. Políticas financeiras
Uma primeira via de intervenção será pelas finanças públicas, do Estado e de outras entidades, tanto através de receitas como através de despesas.

3.1.1. Política fiscal
No primeiro caso avulta a utilização de impostos para se promover uma melhor distribuição do rendimento ou da riqueza.

Tem que haver todavia a ponderação separada de cada tipo de impostos, dado que enquanto alguns se adequam a tal propósito, com outros pelo contrário só muito dificilmente poderá deixar de haver acentuação dos desequilíbrios, penalizando em maior medida os pobres do que os ricos.

Assim acontece em princípio com os impostos indirectos, como é o caso do imposto sobre o valor acrescentado (IVA), que tributa a generalidade do consumo. Como gastam percentagens maiores do seu rendimento os pobres dos que os ricos, muito dificilmente os primeiros deixarão de ser mais tributados do que os segundos, revertendo para o Estado percentagens maiores dos seus rendimentos[9].

Algumas experiências de atenuação da regressividade, todavia de alcance limitado, consistiram na isenção de determinados bens de primeira necessidade, em especial bens alimentares.

No outro extremo, poderá pensar-se em onerar com taxas muito mais elevadas os bens supérfluos ou de luxo, no pressuposto de que só são comprados ou são-no em maior medida pelas pessoas de maiores rendimentos. Com o mesmo objectivo, podem tributar-se com impostos especiais de

---

[9] É uma preocupação expressada já *supra*, p. 94. O predomínio de uma receita ligada ao IVA nos recursos próprios do orçamento da União Europeia levou à sua regressividade (para a qual contribuem também os impostos da pauta alfandegária comum e os diferenciais sobre a importação de produtos agrícolas, na lógica da Política Agrícola Comum, a PAC). Trata-se de regressividade que foi atenuada ou mesmo evitada nos últimos anos, com o relevo crescente que passou a ter um recurso ligado aos produtos nacionais brutos (PNB's) dos países (ver *infra* o quadro XV.11, p. 537 e a figura XV.20, p. 538, ou Porto, 2009a, pp. 532 ss.); aguardando-se agora o que venha a ser proposto pela Comissão Europeia (devendo haver dúvidas sobre o que foi proposto no Com (2011/520 final, de 29.06.2011, Comissão Europeia, 2011b; ver *infra* XV.3.8.3, pp. 538-40).

consumo elevados (impostos próprios) os bens dessa natureza, na linha do que acontece agora com a tributação sobre os tabacos ou sobre as bebidas alcoólicas. Não pode todavia deixar de ficar a dúvida sobre se quem compra mais destes bens são de facto os mais ricos ou os que, embora não sendo ricos, não conseguem libertar-se dos vícios de fumar e de beber[10].

Já a tributação directa sobre o rendimento das pessoas físicas tem a virtualidade de poder onerar mais os ricos do que os pobres, diminuindo-se assim o nível das desigualdades: com a dedução de um rendimento básico (mínimo de existência, abaixo do qual não se paga nada), a dedução de despesas com maior significado para os pobres (casos de despesas de assistência, saúde ou educação) e com uma taxa progressiva.

Trata-se de factores de promoção de uma maior igualdade que só podem ter um mínimo de rigor com um imposto único sobre as pessoas físicas (caso do IRS português)[11].

Se assim não fosse seria duplamente ou triplamente beneficiado com as deduções referidas quem tivesse duas ou três fontes de rendimento (por exemplo do trabalho, de rendas de prédios ou ainda de dividendos de acções), deduzindo de cada uma delas, em relação a quem tivesse uma só fonte, só com uma dedução.

Por outro lado, também só tem sentido aplicar uma taxa progressiva à totalidade do rendimento, conforme pode ser visto com um exemplo muito simples.

Suponhamos dois indivíduos com o mesmo rendimento total de 12 000 euros por ano, mas tendo um deles todo o rendimento da profissão e o outro 4 000 euros da profissão, 4 000 de rendas de prédios e 4 000 de dividendos de acções.

Sendo a taxa progressiva, podemos supor que esteja em 8% no escalão de 4 000 euros e em 15% no escalão de 12 000 euros.

---

[10] Já foram por isso designados como 'impostos do pecado' (cfr. Vasques, 1999). A tributação destes bens pode ser ainda determinada por um objectivo social de desincentivo ao seu consumo ou, no pressuposto de que a sua procura seja pouco elástica (recorde-se de III.3.3), pelo propósito fiscal de cobrança de receitas (ver também Clímaco, 1995 e 2000).

[11] Toda esta problemática é objecto de uma análise muito mais desenvolvida nas disciplinas de Finanças Públicas e de Direito Fiscal (cfr. por ex. T. Ribeiro, 1997, pp. 292-4, Franco, 1992(3), pp. 160-1; ou, descrevendo o nosso IRS, v.g. na prossecução do propósito referido, na literatura mais recente por ex. X. Basto, 2007, R. Ferreira, 2007, S. Sanches, 2007, pp. 283-343, R. Morais, 2008 (10), Nabais, 2012, pp. 42-64 e M. Pires e R. Pires, 2012, pp. 355 e ss.).

Temos então as situações seguintes:

QUADRO IX.3

Indivíduo A		Indivíduo B	
Rendimento do trabalho:	12 000	Rendimento do trabalho:	4 000
		Rendimento de prédios	4 000
		Rendimento de acções	4 000
Imposto a pagar (taxa de 15%):	1 800	**Imposto a pagar** (taxa de 8%):	960

O indivíduo B, tendo o mesmo rendimento total mas proveniente de três fontes diferentes, paga pouco mais de metade do que o indivíduo A; quando a haver alguma diferenciação deveria ser no sentido contrário, dado que é muito maior a vulnerabilidade deste último. Perdendo o emprego, por doença ou por qualquer outra razão, perde a totalidade do seu rendimento, estando já B 'protegido' com a manutenção dos outros rendimentos.

Na mesma lógica poderá tentar-se promover uma maior igualização com a tributação do património, sendo aliás maiores, como se disse, as desigualdades neste domínio: com as diferenças daí resultantes no bem-estar imediato das pessoas e nos rendimentos proporcionados.

Assim se compreende que com frequência se defenda uma tributação geral do património, mas trata-se de objectivo com alguma delicadeza: acrescendo ao problema dos incentivos, a considerar em 3.4, a dificuldade ou mesmo a impossibilidade de se atingir, pelo menos em termos idênticos, todo o património das pessoas.

A questão poderá pôr-se em primeiro lugar a propósito de objectos pessoais, como são os casos de jóias, ou ainda de obras de arte, sendo impossível ter um conhecimento sequer aproximado do que cada pessoa tem na sua casa.

Acaba afinal por só se conseguir um conhecimento completo ou aproximado do que as pessoas têm em prédios (urbanos e rústicos), em viaturas, em títulos (se houver um sistema de obrigatoriedade ou de grande incentivo ao seu registo; ou, o que vem a dar ao mesmo, se forem nominativos) e em depósitos (se deixar de haver segredo bancário).

A desigualdade assim verificada, além de injusta, é inconveniente do ponto de vista económico. Por um lado, à luz de que juízo de equidade se tributa quem tem prédios ou títulos e não quem tem riqueza em jóias e quadros? Por outro lado, está-se a discriminar assim contra a indústria da construção (sendo propriedade urbana) e a resolução do problema da habitação, bem como contra a instalação ou o desenvolvimento de uma empresa, em relação à compra de jóias e objectos de arte (meramente especulativa, se não forem novos, não contribuindo em nada para o desenvolvimento da economia).

A única forma de se encontrar justificação para alguma desigualdade com a tributação de prédios só pode estar na lógica do princípio do benefício[12], sendo os proprietários (ou os inquilinos, se forem eles a pagar) utilizadores de um património que é especialmente favorecido com intervenções públicas de vulto, como são os casos das intervenções com arruamentos, obras de saneamento ou serviço de limpeza; numa linha que, a par de razões ambientais, urbanísticas e de ordenamento (de promoção de outros modos de transporte) pode justificar ainda a tributação da propriedade de automóveis.

Mas já para a tributação de títulos (acções e obrigações) e de depósitos não é fácil ou mesmo possível ver uma razão de diferença em relação à não tributação de jóias e de objectos de arte. Estabelece-se além disso assim uma penalização do mercado financeiro que pode ser especialmente negativa num quadro aberto de concorrência internacional, podendo hoje em dia com toda a facilidade colocar-se o dinheiro num outro país.

Uma outra forma de tributação com propósitos redistributivos pode ser a tributação sobre sucessões e doações, na medida em que a taxa seja maior ou menor (progressiva) consoante o valor do que é transmitido (também consoante a proximidade do parentesco, neste caso no sentido inverso, sendo tanto menor – mesmo zero, para pequenos escalões – quanto mais próximo for o parentesco, por exemplo entre pais e filhos). Em Portugal com a Reforma da Tributação do Património (Decreto-Lei nº 287/2003, de 12 de Novembro) deixou de haver um imposto com essa designação, passando "as transmissões gratuitas de bens" a ser tributadas

---

[12] Como se verá na cadeira de Finanças, é um dos princípios invocáveis para justificar a tributação, além do princípio da capacidade de pagar (sobre a sua invocação para justificar a actual contribuição autárquica portuguesa ver Porto, 1988 e 2002e).

pelo Imposto de Selo (artigo 1º do Código), mas estando isentos "o cônjuge, descendentes e ascendentes" (alínea e) do artigo 7º: cfr. Porto, 2004a).

No juízo que pode fazer-se, constata-se que se trata de uma tributação que não tem em conta o rendimento ou a fortuna maior ou menor de quem recebe a herança, legado ou doação, sendo por isso um modo muito 'longínquo' de promoção de uma maior igualdade: pagando menos uma pessoa rica e de parentesco próximo que recebe um pequeno legado do que alguém até então pobre que recebe um legado maior de uma pessoa que não é seu parente.

3.1.2. Política de despesas

Será talvez mais viável conseguir-se uma redistribuição correcta actuando-se pelo lado das despesas, com o fornecimento de bens públicos.

Assim acontecerá com determinados bens, casos de serviços de assistência, saúde e educação, ou ainda de habitação social, que representam mais para os pobres do que para os ricos.

A redistribuição conseguida deste modo será tanto maior quanto mais significativos forem os estratos beneficiados.

3.2. Política de segurança social

Uma segunda via, na linha da política financeira, é a via da política de segurança social.

Tendo hoje em dia uma abrangência completa (ou tendendialmente completa), todos os que trabalham descontam parte da sua remuneração para a segurança social. Tratando-se de trabalhadores por conta de outrem descontam também as entidades patronais (incluindo o Estado e as demais entidades públicas, em relação a todos os que trabalham no sector público).

Alguma redistribuição é desde logo conseguida na medida em que os trabalhadores, em princípio pessoas com menores recursos, pagam menos do que as entidades patronais.

Depois, um efeito acrescido é conseguido na medida em que as prestações proporcionadas são mais significativas para pessoas de rendimentos baixos do que para pessoas de rendimentos elevados. Assim acontecerá com os benefícios diferidos, casos das pensões de reforma, viuvez ou invalidez; e talvez de um modo ainda mais notório com os benefícios imediatos, casos dos apoios de doença, de aleitação, de desemprego, etc..[13]

3.3. Políticas de preços e rendimentos

Por fim, pode conseguir-se um maior equilíbrio também com políticas de preços e rendimentos, ou seja, com intervenções que alteram o que resultaria do livre jogo das forças do mercado.

No que respeita aos preços, pode tratar-se de fixar preços máximos, por exemplo nos estabelecimentos de saúde e educação (em propinas), em bens alimentares essenciais ou em rendas de casas de habitação.

Numa política de rendimentos podem estabelecer-se mínimos ou máximos, podendo por exemplo haver um rendimento mínimo garantido para todos os trabalhadores ou, pelo contrário, não se admitindo, ser for possível fazê-lo, que alguém seja remunerado acima de determinado montante.

3.4. Apreciação das políticas de redistribuição

Uma primeira questão posta é, como se disse, a questão de saber se uma política com esse propósito pode levar a uma melhor distribuição do rendimento e da riqueza.

Não subsistem hoje dúvidas a tal propósito, algumas diferenças de desigualdades referidas atrás só podendo ser explicadas como consequência de serem diferentes as políticas seguidas: só assim se explicando por exemplo que as desigualdades sejam menores nos países do centro e do norte da Europa do que nos Estados Unidos, nos dois casos sociedades industriais que se contam entre as mais ricas do mundo, com PIB's *per capita* (médios) semelhantes.

Questão de resposta já difícil é a questão de saber até onde deve ir-se nas políticas de redistribuição.

Uma primeira ideia atraente (apreciada já atrás, em II.4.1, pp. 83-5), seria a de haver uma igualdade absoluta, ou, ainda melhor, a de ter cada

---

[13] Sobre a problemática delicada do financiamento da segurança social pode ver-se entre nós Lavouras (2003), Andrade e Lavouras (2009); e sobre o papel que poderá caber ao movimento mutualista A. P. Quelhas (2001) e R. Varela, coord. (2013).

um de acordo com as suas necessidades: tendo por exemplo uma família com vários filhos mais do que um indivíduo que viva isoladamente.

Uma distribuição nestes termos levanta todavia em primeiro lugar uma questão de equidade, não podendo deixar de perguntar-se se seria justo que não se distinguisse entre um indivíduo diligente, zeloso no seu trabalho, de um indivíduo negligente, que não fizesse esforço nenhum para desempenhar capazmente a sua função.

Seria uma imoralidade que assim acontecesse, dado que além do mais o primeiro dá à sociedade um contributo relevante, através do seu trabalho, o que não acontece com o segundo.

Uma distribuição igualitária ou de acordo com as necessidades não daria ainda nenhum incentivo a que as pessoas se valorizassem. Para quê fazer um esforço enorme de educação e de formação profissional, com sacrifícios para o próprio e para a família, se mais tarde esse esforço não é compensado? Depois, já no exercício da profissão, para quê fazer cursos de aperfeiçoamento, se não houver por isso uma remuneração acrescida?

Compreende-se pois que em nenhum país ou regime, nem mesmo em países com regimes comunistas, se tenha ido para essa situação à primeira vista atraente[14].

Indo-se para o campo oposto, pode haver quem argumente que a desigualdade é desejável para se estimular a iniciativa ou mesmo para que haja poupança indispensável ao desenvolvimento. Como veremos em XV.2.5.3 (pp. 493-4), esta última circunstância é especialmente considerada nos países subdesenvolvidos. Quem tem pouco tem de gastar tudo ou quase tudo em consumo, é preciso por isso haver pessoas que tenham um rendimento maior e por isso uma capacidade de aforro significativa para os investimentos a fazer.

Em tempos recentes chegou a haver taxas altíssimas de tributação, designadamente nos impostos sobre os rendimentos das pessoas e das

---

[14] Recorde-se da p. 198. Não teria sido contudo necessário ir para diferenças tão grandes como as que se verificaram, explicáveis em grande medida por razões de poder e influência política. Como se disse, depois de um corte com o passado, na geração seguinte começou a verificar-se o predomínio nas colocações mais favoráveis dos filhos das pessoas da *nomenclatura* (havendo naturalmente também, como em qualquer sociedade, vantagens de educação em famílias mais cultas e melhor colocadas); tal como se sucedem casos sem paralelo de transmissão hereditária do poder.

sociedades, que levaram a que os indivíduos deixassem de estar motivados a aumentar a sua actividade, por exemplo como profissionais liberais e como empresários. É uma consequência especialmente perigosa no mundo actual, com as facilidades de exercício de actividade e de investimento em outros países: aparecendo o que é designado, embora incorrectamente, por *dumping* fiscal.

Trata-se de situação que exige esforços coordenados com o âmbito mais vasto possível, no seio da OCDE ou de preferência no seio da OMC. E para além da concorrência entre os países há que evitar situações excessivas de tributação que possam pura e simplesmente levar as pessoas a deixar de trabalhar e de tomar iniciativas, dando mais valor ao ócio...

Para além de casos em que terá havido excessos a evitar, é todavia claro que as desigualdades acentuadas são prejudiciais, mesmo inaceitáveis, justificando as políticas de redistribuição.

Uma justificação básica, que prevalece sobre todas as demais, está na consideração que todas as pessoas têm de merecer-nos: sendo intolerável que a par de grandes fortunas haja em alguns países quem não tenha o mínimo para viver uma vida digna, haja mesmo miséria[15].

Mas para além disso um mínimo de condições económicas é indispensável para o próprio processo de crescimento, justificando-se também por isso uma política correcta de redistribuição.

Só com um padrão de rendimento razoável os jovens podem ter uma escolaridade mais longa, indispensável a uma maior qualificação das pessoas, por seu turno, determinante de qualquer processo de desenvolvimento.

Para quem tenha dúvidas bastará ver a correlação, sem paralelo com nenhuma outra variável, entre o nível de desenvolvimento dos países e das regiões e o nível de qualificação das suas populações (ver a figura XV.12, p. 477).

---

[15] Ver *infra* XV.2.1, pp. 464-7. Nos próprios Estados Unidos da América estima-se que ainda neste começo de século esteja em situação de pobreza, ou seja, com rendimentos insuficientes para comprar alimentos básicos, vestuário e outros bens essenciais, 12,6% da população (cfr. Samuelson e Northaus, 2010, pp. 327-30, Frank e Bernanke, 2011, p. 510, Hyman 2014, pp. 257--60 e Parkin, 2014, pp. 443 e ss., verificando-se uma acentuação das desigualdades, ainda que com algumas melhorias absolutas).

Um nível geral razoável de remunerações, proporcionado por uma política de redistribuição, é ainda uma condição indispensável para que haja uma procura geral elevada, só com ela sendo possível sustentar um grande nível de produção. A título de exemplo, uma empresa produtora de automóveis mais económicos não pode manter-se vendendo-os apenas a pessoas muito ricas, que aliás comprarão antes automóveis de alta gama. Só conseguirá vender as centenas de milhares de veículos produzidos em cada ano a estratos significativos da população, incluindo obviamente muitos trabalhadores por conta de outrem. Ainda a título de exemplo, os donos de restaurantes e hotéis de zonas turísticas não podem manter-se apenas com clientes milionários. Têm de depender em maior medida do turismo de massa.

Há pois razões ponderosas, de natureza diferente, para que as autoridades não fiquem numa atitude de passividade face a situações de grande desigualdade na distribuição do rendimento e da riqueza.

Capítulo X
As Oscilações da Actividade Económica

1. As fases de prosperidade e de depressão
Não há uma linha contínua na actividade económica dos países. Havendo ao longo das décadas uma linha geral de crescimento (vê-lo-emos melhor em XV.1, v.g. nas figuras XV.1 e XV.2, pp. 451-2), constata-se que tal acontece como tendência, verificando-se de permeio fases de maior ou menor prosperidade, com alguns casos mesmo de recessão.

Assim poderá acontecer como consequência de variações da procura, justificando-se desde logo por isso que demos neste capítulo algumas indicações sobre os vários tipos de despesa, em particular sobre o comportamento (v.g. sobre a estabilidade) de cada uma delas.

2. A dependência do produto, do rendimento e do emprego relativamente ao nível geral da despesa. O contributo da 'economia do lado da oferta'
A capacidade de produção de um país, condicionando os níveis de actividade e de emprego, a curto prazo pode ser considerada como um dado. Como se verá, depende dos equipamentos sociais, estradas, pontes, etc., dos equipamentos instalados nas empresas, da qualificação das pessoas ou ainda da tecnologia e da capacidade de gestão, tudo circunstâncias que não se alteram de um momento para o outro. Uma estrada e uma ponte levam anos a projectar e a construir, uma fábrica não é reequipável de um momento para o outro, a formação das pessoas em muitos casos demora mais de uma década e mesmo no tempo presente pode ter que se esperar

décadas para se beneficiar de um progresso sensível nas tecnologias e nos modos de gestão aplicáveis.

No curto prazo temos pois de 'conviver' com a capacidade já existente, podendo os resultados conseguidos depender do modo como a despesa promove o seu aproveitamento pleno (não devendo ir-se além dela, sob pena de haver apenas aumentos de preços). Sem prejuízo do que acaba de ser dito, é certo que, como veremos também, dependerá do tipo de despesa feito, em investimento ou em consumo, a capacidade instalada no futuro.

Trata-se de perspectiva que se deve basicamente a John Maynard Keynes (1936), face à constatação da grande depressão que, tendo tido início em 1929, se prolongou pelos primeiros anos da década de 30[1]. Antes 'vivia-se' na lógica de chamada 'lei de Say'[2], a 'lei dos mercados dos produtos', de acordo com a qual a produção (a oferta) criaria a sua própria procura, não havendo por isso crises de sobreprodução. Tal aconteceria através das compras feitas pelos participantes na produção, com a utilização dos rendimentos distribuídos (em salários, rendas, juros e lucros).

A depressão dos anos 30 foi todavia a prova eloquente e dramática de que assim não tem de acontecer, com volumes enormes de produções sem procura, levando à falência das empresas.

Um aumento das despesas, feitas directamente pelos poderes públicos ou feitas pelos particulares em resposta a medidas tomadas (com a política orçamental e/ou com a política monetária, tal como teremos ocasião de ver noutros locais), poderá levar ao escoamento de bens que de outro modo ficariam por vender, bem como para além disso a aumentos de produção[3].

---

[1] Foi de longe a maior crise de todo o século XX, arrastando consigo um cortejo enorme de falências e de desemprego, com todas as consequências humanas e sociais daqui resultantes.
[2] Na designação do próprio Keynes, dando assim a Jean Baptiste Say (1803) um enorme relevo, em relação a uma posição que não é só dele, é a posição da escola clássica inglesa (ver recentemente Kates, ed., 2003).
[3] Numa linha monetarista pura, de que é expoente máximo o prémio nobel de Chicago Milton Friedman, defende-se que não se levantarão problemas se se seguir uma política monetária correcta, sem que a massa monetária deixe de corresponder às necessidades da economia (entre outros trabalhos podem mencionar-se a sua obra com Ann Schwarz, 1974, e 1956). Sobre a polémica 'keynesianismo-monetarismo' ver entre nós A. Nunes (1991).

Trata-se todavia de resposta que tem como limite a capacidade de produção instalada. No curto prazo não pode ir-se além dela, além da plena utilização dos equipamentos, da mão-de-obra, da tecnologia e da capacidade de gestão disponíveis na economia.

Se se fica aquém da plena utilização dos recursos temos uma situação de ineficiência, não estando a conseguir-se tudo o que a economia poderia proporcionar. Sendo todavia difícil ou mesmo impossível encontrar uma outra forma de medir o que falta para essa plena utilização e sendo o desemprego, pelas consequências humanas e sociais que provoca, inquestionavelmente o custo mais elevado, compreende-se que costume ser utilizado como indicador da existência e da extensão de situações de recessão (a par dos valores de diminuição do PIB que então se apuram).

Na linha keynesiana que estamos a considerar vale pois a pena intervir, contribuindo-se para uma utilização plena dos recursos que leve a uma produção de bens maior, a uma utilização maior de equipamentos que estavam sub-utilizados e, com o relevo muito especial referido no parágrafo anterior, à utilização plena da mão-de-obra. Este efeito é aliás desejável não só quando há *desemprego*, deixando as pessoas de estar desocupadas, como quando há *subemprego*, situação caracterizada por as pessoas terem emprego mas estarem a render abaixo das suas capacidades. Além de se verificar assim uma ineficiência, com as empresas ou o Estado a pagar remunerações que não têm correspondência no trabalho proporcionado (são inúmeros os casos em que tal acontece), é uma situação também delicada (mesmo intolerável) para os trabalhadores, na medida em que não estão a realizar-se pessoalmente, com a consciência de que não estão a dar o contributo social que poderiam dar.[4]

Quando se chega à plena utilização dos recursos de nada adianta fazer ou promover um aumento de despesa, dado que não pode ter como resposta, do lado da oferta, nenhum aumento de produção. Esteja ou não toda a mão-de-obra já ocupada (a incapacidade de resposta pode resultar por exemplo de todo o equipamento estar já totalmente utilizado), não pode criar-se então nenhuma nova oportunidade de emprego. Não

---

[4] Sobre os vários tipos de desemprego, friccional, sazonal, estrutural e cíclico (basicamente o que está em causa na análise do texto) ver T. Ribeiro (1997, pp. 417-9) ou ainda por exemplo Stiglitz e Walsh (2006, pp. 501-2) ou Frank e Bernanke (2011, p. 494).

podendo pois aumentar a oferta, o aumento de despesa limita-se a provocar aumentos inflacionistas de preços, com muito mais inconvenientes do que vantagens (vê-lo-emos no capítulo XII).

Estes dois tipos de situações podem ser vistos na figura X.1

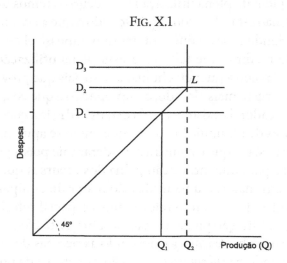

FIG. X.1

No eixo vertical mede-se o nível da despesa e no eixo horizontal o nível real da produção.

Sendo o ponto Q_2 o ponto máximo atingível com a capacidade de que se dispõe no presente, com o nível de procura D_1 está-se aquém da sua plena utilização, ficando-se por Q_1. Ter-se-á por isso desemprego.

O contributo de Keynes consistiu em mostrar que vale a pena promover um aumento da procura, com o qual se consegue um aumento da produção, com todas as vantagens daqui resultantes. Assim acontece designadamente com um aumento da despesa para D_2, passando a produção de Q_1 para Q_2.

Não havendo a partir daqui nenhuma capacidade de resposta do lado da oferta, qualquer aumento da procura, por exemplo para D_3, tem consequência apenas num aumento do nível de preços, ou seja, na geração de inflação (como veremos melhor no capítulo XII).

*
* *

Nos nossos dias tem vindo a ter grande aceitação a chamada 'economia do lado da oferta' (*supply side economics*)⁵, numa linha neo-clássica, com o reconhecimento correcto de que não é 'saudável' procurar promover uma economia sem se actuar na sua base, no que pode proporcionar uma máxima eficiência.

Trata-se todavia de perspectivas que podem e devem conjugar-se: estando fora de causa a necessidade de uma racionalização máxima no lado da oferta, não deixará de haver circunstâncias frequentes em que se revela a necessidade de promover ajustamentos pelo lado da procura. Nas palavras de Samuelson e Nordhaus (18ª ed., 2005, p. 690), "a nossa tendência é salientar a abordagem keynesiana, que constitui a melhor forma de explicar o ciclo económico nas economias de mercado. Mas as forças que estão subjacentes ao crescimento económico de longo prazo são melhor correspondidas com o uso do modelo neo-clássico"[6].

A necessidade de se acentuar a actuação pelo lado da oferta é acrescida agora com o quadro em que as economias se movem, em particular as economias da União Europeia. Tendo aceitado o euro, não pode obviamente haver desvalorização em relação a participantes na mesma moeda, e como veremos adiante não é de prever que se actue pela via cambial em relação a outras moedas (ver XIV.2.3, pp. 446-8). Como veremos, a política monetária do Sistema Europeu de Bancos Centrais é uma política com o objectivo único ou prioritário de ma-nutenção da estabilidade dos preços, bem como de não intervenção ('negligência benigna') em relação às demais moedas. Por outro lado, a intervenção orçamental dos países está fortemente limitada pelo Pacto de Estabilidade e Crescimento e pelo Tratado Orçamental (cfr. XI.9.3.2 e XI.9.3.3, pp. 318-20).[7]

---

[5] Com especial relevo, na sua aplicação são de referir no Reino Unido a Primeira Ministra Margareth Tatcher (1979-90) e nos Estados Unidos o Presidente Ronald Reagan (1981-9).
[6] Com a posição muito actual de Samuelson, numa entrevista interessante, ver Steingart (2009, pp. 300-12).
Em relação ao comportamento dos agentes nas últimas décadas assumiu um grande relevo a análise das 'expectativas racionais', com os contributos de Stanley Fischer, ed. (1980), Robert Lucas (1987) e Thomas Sargent (1986 e 2001); cfr. Araújo (2005 (12), pp. 784-90), Mankiw (2012, pp. 800-1), Krugman e Wells (2013, p. 969) ou Case, Fair e Oster (2014, pp. 687-91).
[7] E o orçamento da União Europeia não tem dimensão para uma política anti-cíclica. Poderá apenas, desejavelmente, ajudar os países nas suas políticas de melhorias estruturais.

Sendo esta a filosofia estabelecida, uma filosofia correcta, não será certamente levada até a um ponto extremo, em especial não deixando o Sistema Europeu de Bancos Centrais (o 'Eurossistema') de utilizar os meios ao seu dispôr (XI.8, pp. 301-5) se se verifica-rem sintomas de abrandamento e recessão (está agora em aberto a polémica acerca do rigor com o défice orçamental).

3. Os vários tipos de despesas

3.1. As despesas de consumo privadas

São as despesas mais volumosas em qualquer economia, tendo representado por exemplo nos Estado Unidos da América dois terços do total (66%) ao longo da última década.

Em termos percentuais acontece aliás, como veremos, que em países mais pobres é maior a percentagem do rendimento destinado ao consumo, sendo por isso maior o relevo relativo desta variável nas despesas totais.

3.1.1. A função-consumo

De acordo com uma linha de análise também desenvolvida por Keynes, há uma relação funcional entre o consumo e o rendimento, de acordo com a fórmula:

$$C = C(R)$$

Não se trata de uma função constante, verificando-se que a propensão marginal para consumir vai diminuindo à medida em que vai aumentando o rendimento[8]. Acontece aliás que em estádios muito baixos de nível de vida o consumo está acima do rendimento, gastando-se dinheiro entesourado ou pedindo-se dinheiro emprestado (ainda como hipótese, ficando a dever-se na mercearia...). A partir de um determinado nível, a partir do

---

[8] Estudos posteriores vieram mostrar que é assim a curto mas não a longo prazo, com as hipóteses do 'rendimento permanente' (Milton Friedman, 1957) e do 'ciclo de vida' (Franco Modigliani; cfr. Ando e Modigliani, 1963) (*permanent income* e *life-cycle*, respectivamente: ver Samuelson e Nordhaus, 2010, pp. 416-20, Begg, Fischer e Dornbush, 2012, pp. 460-3 ou Mankiw, 2012, pp. 438-9).

ponto em que se gasta na medida do rendimento obtido (apenas e todo este rendimento), passa-se a consumir uma parcela cada vez menor.

Trata-se de evolução que pode representar-se num diagrama (figura X.2), em que no eixo vertical se mede o consumo e no eixo horizontal se mede o rendimento. A situação ou as situações de se consumir apenas e todo o rendimento estão na bissectriz do diagrama, com um ângulo de 45% em relação a qualquer dos eixos.

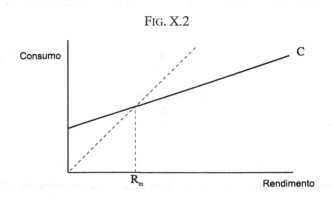

Fig. X.2

Até ao rendimento R_m o consumo é-lhe superior, feito em alguma medida com desentesouramento ou com recurso ao crédito. A situação altera-se a partir desse ponto, passando o consumo a ser menos elevado do que o rendimento[9].

3.1.2. A função-aforro
Sendo o aforro a diferença entre o rendimento e o consumo, pode exprimir-se directamente a função-aforro, com a fórmula

$$S = R - C(R) = S(R)$$

Sendo o aforro (S) a diferença entre o rendimento e o consumo, e dependendo este do rendimento, o aforro acaba por ser igualmente função do rendimento.

---

[9] A situação pode mostrar-se também com cálculo diferencial, ficando todavia igualmente clara com a exposição diagramática que se faz no texto.

3.1.3. A lei de Engel

No comportamento do consumo pode por seu turno ser identificada uma lei que ficou conhecida por lei de Engel (1883).

Aqui, trata-se já de dizer o que se passa quanto a certo tipo de consumo, o consumo de bens alimentares, constatando-se que 'quanto mais pobre é uma família maior é a percentagem do gasto em consumo (C) que é feito em alimentação (A)'.

Em fórmula temos (com a letra grega Δ, delta maiúsculo, a exprimir a variação):

$$e\,A = \frac{\frac{\Delta A}{A}}{\frac{\Delta C}{C}}$$

De acordo com a lei e A < 1 (a elasticidade na compra de alimentos é inferior a 1), o que exprime a relação inversa que se verifica na sua procura em relação ao consumo total.

Sem a mesma regularidade, apurou-se um comportamento semelhante com despesas de habitação (lei de Schwabe) e de vestuário.

Terão já um comportamento inverso deste, com aumentos mais do que proporcionais ao aumento da despesa, os gastos no que pode considerar-se 'diversos' (instrução e cultura, divertimentos, transportes, recheio de habitação, etc.), tudo bens que não são de primeira necessidade. Neste sentido, certamente 'forçado', poderão ser considerados bens *de necessidade* os primeiros (com e < 1) e *de luxo* os segundos (com e > 1) (recorde-se já o quadro III.4 em III.6, p. 112).

3.2. As despesas de investimento privadas

Temos aqui outra componente muito importante das despesas totais, neste caso condicionando em grande medida as possibilidades de crescimento no futuro (ou o modo como o crescimento se dará).

Nas despesas de investimento podemos por seu turno distinguir as que são feitas em capital fixo e as que são feitas em matérias-primas e bens intermediários, tendo como consequência variações nas existências.

Com mais relevo para as primeiras, o investimento depende, como vimos já em VII.3 (pp. 200-2) por um lado do seu custo e por outro lado das expectativas de ganho que se tenha a seu propósito: ou seja, da taxa de juro e da taxa interna de rentabilidade.

3.3. As despesas públicas
As despesas públicas são outra componente importantíssima das despesas totais, juntando-se aqui as despesas dos Estados, das regiões, das demais autarquias e das empresas públicas.

Vimos aliás atrás, em II.4.3, que mesmo na época actual de grande crença nas virtualidades do mercado não têm deixado geralmente de aumentar. É um aumento que se tem traduzido no acréscimo do volume das compras públicas no conjunto dos PIB's, correspondendo na União Europeia, como se disse em VI.1.2.7, p. 177, a 15% do PIB total (ou seja, a metade do PIB da Alemanha).

Trata-se agora de despesas determinadas por razões políticas, dependendo das opções de quem está no poder.

3.3.1. As despesas civis de consumo (de funcionamento dos serviços)
Uma primeira componente importante das despesas públicas são as *despesas civis de consumo*, com o funcionamento dos serviços: estando aqui todas as remunerações de pessoal, os gastos com material de consumo corrente, fornecimentos de energia, água e gás, etc. etc.

3.3.2. A formação de capital público
Uma outra componente é a *formação de capital público*, não sendo necessário dispender muitas linhas para chamar a atenção para o seu relevo: em auto-estradas e estradas, portos, aeroportos, edifícios de hospitais, tribunais e escolas de todos os graus, viaturas, equipamentos, etc.

Está aqui grande parte da componente das compras públicas.

3.3.3. As despesas militares
Por fim, têm de ser referidas de um modo especial as *despesas militares*: não só em tempo de conflito como também nos períodos de paz, com a manutenção de todo o pessoal e a renovação de equipamento, com exigências tecnológicas cada vez maiores.

3.4. O exterior

A despesa com impacto na economia de um país não é todavia só a despesa resultante do seu rendimento. Qualquer país, designadamente um país aberto como Portugal, tem um nível de exportações muito significativo para a sua economia (vê-lo-emos melhor adiante, em XIII.1, v.g. pp. 346-9). Há aliás sectores, como são os casos da pasta de papel ou de determinadas componentes e marcas de automóveis, que dependem quase totalmente ou em enorme medida das exportações.

Sendo assim, as oportunidades para a produção portuguesa dependem em grande medida das variações do rendimento nos países que nos compram os produtos.

Para além do relevo das exportações de mercadorias, no nosso país têm grande relevo as despesas dos turistas estrangeiros: despesas que resultam naturalmente do rendimento dos países das pessoas que nos visitam. A título de exemplo, o aumento do rendimento em Espanha levará a que haja mais turistas espanhóis a visitar-nos, com o consequente aumento de gasto nos nossos hotéis e nos nossos restaurantes.

Em contrapartida, há uma componente importante do nosso rendimento que não tem consequências na produção nacional: a parte do rendimento que é gasta em importações de mercadorias ou, ainda a título de exemplo, com a deslocação de turistas portugueses ao estrangeiro.

4. Grandes diferenças de estabilidade

Em ligação estreita com a possibilidade de influenciar uma economia pela via das despesas está a sua estabilidade, havendo algumas que dificilmente podem ser alteradas.

No que respeita às *despesas privadas*, tanto de consumo como de investimento, uma diferença básica resultará de se tratar de bens consumíveis ou de bens duradouros.

Conforme vimos já (em I.1.2.2.d, pp. 32-4), em ligação com a circunstância de com frequência os bens consumíveis serem bens de primeira necessidade, verifica-se uma grande estabilidade na despesa feita com eles. Não é pelo facto de haver uma depressão que as pessoas podem passar a gastar muito menos no consumo de bens alimentares ou em transportes, e por outro lado não é por haver um período de grande expansão que se passa a comer o dobro ou a gastar o dobro em deslocações. Será excepção por exemplo o consumo de serviços turísticos ou de recreio, tendo naturalmente uma quebra maior nas recessões e uma expansão acelerada nas épocas de prosperidade.

Também os bens consumíveis nas produções não terão em princípio grandes oscilações.

A situação é já seguramente diferente tratando-se de bens duradouros, tanto de consumo como de produção. Num período de recessão há uma quebra abrupta na sua compra que não corresponde aliás a uma diminuição correspondente de bem-estar, dado que continuará a usar-se durante mais tempo o automóvel ou a televisão de que já se dispunha: não deixando pois as pessoas de se deslocar e de ver os programas do seu agrado. Pelo contrário num período de expansão, não havendo como se disse um aumento correspondente na compra de bens consumíveis, o que se verifica é uma compra acelerada de bens duradouros: os cidadãos em geral comprarão então um automóvel ou um televisor novo e os empresários reequiparão as suas empresas com novos equipamentos.

No que respeita às *despesas públicas*, são bem distintas as situações que se verificarão.

As *despesas civis de consumo* são incompressíveis ou pouco compressíveis, não podendo deixar de se pagar os ordenados aos funcionários, o papel que se consome ou a electricidade que se gasta. Trata-se pois de despesas com uma grande estabilidade.

Já a *formação de capital público* pode ter grandes alterações, sendo fácil ao Estado deixar de fazer obras públicas. O problema naturalmente está em que, sendo mais fácil cortar-se aqui, se está por isso a comprometer o desenvolvimento dos países (não são feitas vias férrea ou estradas de que há necessidade...), além de haver de imediato a consequência negativa de diminuir a actividade das empresas de construção e de produção de materiais. Trata-se de consequência com grande relevo face à já referida importância das compras públicas nos Estados modernos (recorde-se de pp. 177-8).

Por fim, verifica-se a instabilidade máxima nas *despesas militares*, que aumentam exponencialmente quando há um conflito. Dá-se aliás a consequência chocante de os períodos de guerra serem por isso períodos de expansão das economias (ver Moura, 1978, p. 265). Com o seu volume enorme, além de haver um grande aumento do pessoal alistado há um grande aumento da procura junto das fábricas de produção de equipamento militar.

Face a estas circunstâncias, é sempre muito difícil reequilibrar as economias depois de uma guerra, não se conseguindo evitar que haja então um período de recessão. Por melhor intenção que se tenha, não se consegue de imediato encontrar na produção de outros bens alternativas para o que estava concentrado na indústria de guerra e na actividade militar.

Para concluir, será de referir que em economias abertas como a generalidade das actuais se está sempre estreitamente dependente das *procuras verificadas no exterior*. Por isso se compreende que os relatórios de actividades de bancos e de outras entidades dediquem algumas páginas à evolução da economia americana ou, na Europa, à evolução da economia alemã. Uma expansão de qualquer destas economias leva ao aumento da procura dos nossos produtos, aumentando por isso as nossas oportunidades. Pelo contrário, qualquer recessão tem implicações nos nossos sectores exportadores.

5. Os efeitos cumulativos sobre o rendimento. O multiplicador, o acelerador e o propulsor (remissão)

Conforme se disse há pouco, a possibilidade de actuação em relação às despesas está ligada à sua estabilidade, a par naturalmente de outras circunstâncias que possam facilitar ou não tal actuação. Apenas a título de exemplo, ainda que se desejasse não é possível diminuir sensivelmente as despesas civis de consumo, deixando de se pagar aos funcionários, e as despesas com a guerra dependem de circunstâncias que não se desejam.

Podendo e querendo actuar-se sobre determinadas despesas, poderá contudo beneficiar-se de efeitos cumulativos, não se ficando confinado ao montante inicialmente despendido.

Assim acontece com o *multiplicador do investimento*. Com a sua concretização, havendo por exemplo a construção ou a expansão de uma fábrica, há um acréscimo de rendimento que é distribuído pelos participantes da produção, em salários, juros, rendas e lucros.

Quem recebe estes rendimentos vai por seu turno despendê-los, na medida da propensão marginal ao consumo, gerando-se ao longo dos anos uma multiplicação de rendimento que é dada pela aplicação da fórmula do multiplicador ao primeiro aumento de despesa.

Um aumento de consumo, por seu turno, exigindo novos equipamentos, pode ter um *efeito acelerado*, na medida em que seja maior o aumento percentual na compra dos equipamentos. Também para este efeito pode encontrar-se uma fórmula que nos dê o efeito conseguido ao longo dos anos.

Pode além disso considerar-se o efeito conjugado do multiplicador e do acelerador, dado que o consumo que resultou do investimento inicial tem logo no período seguinte consequências num acréscimo *acelerado* do investimento. E este acréscimo de investimento, por seu turno, terá efeitos multiplicados no rendimento, numa conjugação de efeitos que nos é dada pelo *propulsor*.

Na prática há que ter todavia em conta se estamos face a uma economia ainda sem a utilização total dos seus recursos, designadamente ainda com desemprego ou subemprego. Se assim for pode haver de facto um aumento real de rendimento. Mas se assim não for, ou seja, se estivermos face a uma utilização já total dos recursos, a ausência de capacidade de resposta leva a que haja apenas consequências inflacionistas (vimo-lo no número 2 deste capítulo).

Estando a analisar-se os efeitos verificados numa determinada economia, há que ver ainda se as compras são feitas integralmente a empresas do país. Se assim não for, se por exemplo houver uma propensão marginal à importação de dois décimos, na fórmula do multiplicador temos que deduzir esta percentagem, favorecedora de promoções e de criações de emprego nos países de onde se importa, não no país em análise (ver *infra* pp. 440-2)[10].

---

[10] Em relação ao efeito de aceleração há que considerar ainda que só se verificará em períodos sucessivos se se mantiver o mesmo aumento percentual de consumo.
Uma análise muito mais desenvolvida das oportunidades proporcionadas e dos limites verificados em relação ao multiplicador, ao acelerador e ao propulsor será feita na disciplina de Finanças Públicas, o que bem se justifica, dado o peso da intervenção do Estado e das demais entidades públicas (cfr. T. Ribeiro, 1997, pp. 145-81, Franco, 1992 (03), pp. 21-43 ou Pereira, Afonso, Arcanjo e Santos, 2012, pp. 467 e ss).

6. Os objectivos contraditórios de estabilização conjuntural (e de crescimento)

Uma primeira questão a pôr é a questão de saber se pode haver algum efeito útil com a intervenção. Muito concretamente, e conforme acabámos de sublinhar, não vale de forma alguma a pena fazê-la se há pleno emprego, sabendo-se que não pode haver por isso nenhum aumento real de produção. Podendo atingir-se algum objectivo desejável, há que ter em conta a possibilidade de haver objectivos conflituantes, sendo a prossecução de um deles à custa da prossecução do segundo, e a prossecução deste último à custa da prossecução do primeiro.

Assim, se num determinado momento estamos perante uma recessão ou com um crescimento aquém do que é julgado possível, a política a seguir consistirá naturalmente em provocar o aumento da despesa pela via da política monetária ou/e pela via da política orçamental. Importará todavia ter em conta se este aumento de despesa não terá consequências negativas em subidas de preços ou/e em importações geradoras de problemas na balança dos pagamentos.

Já num caso inverso, de haver inflação, com consequências internas e agravadoras de tensões na balança dos pagamentos, a política a seguir será uma política condutora a uma redução de despesas. Importa todavia ver se tal política não será geradora de desemprego, consequência que naturalmente importa evitar.

Conforme veremos adiante, trata-se de hesitações que perderam relevo prático para um país integrante do euro, moeda em relação à qual só pode obviamente ser seguida uma única política monetária: uma política de estabilidade de preços, nos termos do Tratado de Maastricht (vê-lo-emos em XI.9.3.1, p. 317); e a própria possibilidade de se ter uma política orçamental anti-cíclica está muito limitada, da parte da União pela dimensão e características do seu orçamento, e da parte dos países pela necessidade de cumprimento do Pacto de Estabilidade e Crescimento e do Tratado Orçamental (XI.9.3.2., pp. 318-20).

São circunstâncias que apontam, pois, para que os países da União Europeia (bem como os seus agentes) não possam deixar de ter políticas de grande rigor, com a máxima racionalização e a máxima eficiência, mas a crise atual, em especial os níveis de desemprego a que se chegou têm vindo a levar a que autores vários apontem no sentido de que seja atenuada a austeridade, v.g. com o protelamento dos prazos estabelecidos para os compromissos a cumprir.[11]

---

[11] Entre uma literatura muito extensa e crescente, no sentido de se diminuir a austeridade, podem apontar-se por exemplo Blyth (2013), Krugman (2013), Millet e Toussaint (2013/12), Stuckler e Basu (2014, considerando implicações no domínio da saúde), bem como entre nós E. Santos (2012), Cravinho (2014) e P. Ferreira, org. (2014), incluindo depoimentos com diferentes posições (ou ainda B. S. Santos, 2012 numa perspectiva mais sociológica).

Capítulo XI
A Moeda

1. Origem
A utilização de moeda vem de tempos muito recuados.

Depois de numa fase primitiva os homens terem sido auto-suficientes, produzindo tudo aquilo de que necessitavam, com os primórdios da vida social passou a verificar-se alguma especialização, produzindo cada um para além do requerido para o seu sustento e o seu bem-estar. A título de exemplo, quem se especializou na agricultura deixou de se limitar à produção dos bens consumidos por si e pela sua família, produzindo um excedente que passou a poder trocar por bens de vestuário produzidos pelos que se especializaram na produção respectiva.

Passou-se assim de um estádio de auto-suficiência (que ainda poderemos encontrar hoje em dia em comunidades mais atrasadas) para um estádio de relações de troca, mas de trocas directas, de produtos (ou serviços) por produtos (ou serviços).

Facilmente se compreende todavia que a troca directa tinha enormes dificuldades, pressupondo que quem tivesse produtos materiais ou serviços excedentários encontrasse em cada momento quem os quisesse e dispusesse por seu turno dos bens desejados pelo primeiro. A título de exemplo, o agricultor teria de encontrar em cada momento uma pessoa que quisesse os seus produtos e tivesse disponíveis 'para a troca' os bens de que carecia. Pressupunha-se, pois, que com coincidência temporal houvesse reciprocidade de gostos e desejos.

Compreende-se por isso que determinados bens começassem a ser utilizados como intermediários nas trocas, a título de exemplo, o sal, o tabaco, o azeite, conchas ou ainda cabeças de gado (de cuja designação, *pecus*, vem aliás a palavra *pecuniário*).

Para o propósito em vista nenhum destes bens poderia contudo oferecer as vantagens proporcionadas por alguns metais.

Trata-se de produtos divisíveis em qualquer quantidade (adequando-se aos pagamentos), imperecíveis (o que leva a que, além de não se perderem em termos materiais, o seu valor quase não se altere, dado que a nova oferta feita em cada ano é uma percentagem muito pequena a acrescer ao volume total do metal já existente) e homogéneos (não havendo preferência por uma moeda de ouro ou de prata em relação a qualquer outra, por alegadamente ser de melhor qualidade). Para além disso sendo metais raros, como são o ouro e a prata, podem concentrar grandes valores em pesos e volumes modestos (veremos adiante que se trata de circunstância decisiva tratando-se de moeda-mercadoria). Por isso, um metal raro oferece a característica importante de ser facilmente guardado e transportado (com um grande valor em pequenos pesos e volumes).

Claro que a existência de moeda não exclui que haja trocas directas, quando se verifiquem circunstâncias que as aconselhem. Assim acontece designadamente no comércio internacional (*barter trade*), com especial relevo para países que não dispõem de moeda aceite internacionalmente como meio de pagamentos (o dólar americano, o iene japonês, a libra inglesa ou agora o euro...). Com especial relevo, encontramos por exemplo a utilização de exportações de petróleo ou outros minerais. Segundo cálculos recentes, as trocas de produtos entre países ainda representam 5 a 10% do comércio mundial. No plano interno são já poucos os casos de troca directa, mas ainda não há muitos anos por exemplo em alguns meios rurais havia serviços de médicos pagos com géneros agrícolas.

A evolução que se seguiu é descrita nos próximos números, mostrando o relevo de outras funções que a moeda também desempenha, para além da intermediação nas trocas, bem como o aparecimento de outras espécies monetárias, muito diferentes das moedas metálicas que 'valiam pelo seu peso' (as moedas-mercadoria).

Trata-se de uma realidade básica em qualquer economia, podendo talvez aperceber-nos melhor da sua importância imaginando as dificuldades que, se não existisse, teríamos no dia a dia da nossa vida económica e social.

2. Funções
A melhor forma de expormos o que representa a moeda será através da indicação das funções que desempenha[1].

2.1. Meio geral e definitivo de pagamentos
Começando por ser um intermediário geral nas trocas, acontece que com a moeda deixa de ser necessária a coincidência temporal das trocas.

Para além de com toda a probabilidade não haver reciprocidade nos desejos das pessoas, com frequência um produtor tem bens para vender sem que precise de imediato de comprar outros bens.

Trata-se então de casos em que a moeda não é um intermediário nas trocas: no presente é o meio de pagamento daquilo que se vende e no futuro o meio de pagamento daquilo que se compra.

Não deixa todavia por isso de ser intermediário nas trocas quando haja a referida coincidência temporal na reciprocidade dos desejos. Mas a função como meio de pagamentos é mais abrangente, englobando todos os tipos de situações.

Podendo vender-se hoje e comprar-se mais tarde, a moeda dá pois uma liberdade que de outro modo não haveria[2].

Com ligação a esta facilidade, está no cerne da sua definição ser um meio *geral* de pagamentos: dado que, sendo aceite por todos, permite a compra de quaisquer bens.

Para além disso, na medida em que é um meio *legalmente* estabelecido para se fazerem pagamentos, é um meio *definitivo*, que desonera quem estava obrigado (não podendo o credor invocar que há incumprimento quando o pagamento é feito com moeda).

2.2. Unidade de conta
Tratando-se de uma unidade com múltiplos e submúltiplos, a moeda dá-nos uma escala de valores em relação a *todos* os bens do mercado.

---

[1] Ficou célebre a imagem de Teixeira Ribeiro, segundo a qual "por estranho que pareça, a moeda tem algo de comum com o guarda-chuva: pois tanto a moeda como o guarda-chuva são coisas que só se definem pelo uso que delas se faz" (1949, p. 3).
[2] Na expressão de Dostoievski, em *Recordações da Casa dos Mortos* (1963, p. 37), "o dinheiro representa uma liberdade sorridente".

Podemos pensar também a este propósito nas dificuldades que haveria se não houvesse moeda. Como poderíamos ter então a noção do valor dos bens, para todos os efeitos – são inúmeros – em que é imperioso conhecê-lo?

A única hipótese em aberto seria a elaboração de listas completas com as possibilidades de troca de cada bem em relação a cada um dos demais: por exemplo, mostrando que um metro de fazenda poderia ser trocado por 5 litros de azeite, dois livros, um par de sapatos, etc. etc.

Teríamos todavia listas intermináveis, por isso muito dificilmente manejáveis. Para se ter uma pequena ideia desta dificuldade bastará sublinhar que mesmo que houvesse apenas 100 bens (de facto há milhares, mesmo milhões...) o número de relações de troca já subiria a 9 900, ou a metade, 4 950, considerando-se que é a mesma a relação de troca da fazenda pelo azeite e do azeite pela fazenda.

Com a moeda temos um 'metro', uma unidade de conta que serve de padrão de referência para todos os bens (os tais milhares ou milhões). Em vez de uma lista interminável com as comparações dos bens, são todos referenciados a esta unidade de conta, através dos seus preços, que são afinal o número de unidades de conta (talvez com subdivisões) que se dá por cada unidade do bem. Seja o que for, azeite, fazenda, automóveis ou casas, sabemos que em termos de moeda valem 1 000, 2 000, 50 000 ou 100 000 euros, por exemplo.

Trata-se aliás de uma função, a função de unidade de conta, que releva mesmo em casos em que não é utilizada moeda como meio de pagamentos, pelo menos de imediato.

A título de exemplo, suponhamos que duas pessoas querem permutar entre si um andar por um terreno. Se não houvesse moeda, seria muito difícil saber quanto vale um e outro, por forma a cada um dos proprietários saber se valeria a pena o 'negócio'. Chegando-se à conclusão de que o valor é o mesmo, por exemplo de 100 000 euros, acaba por não haver a utilização de moeda como meio de pagamentos; a qual foi contudo de enorme utilidade, mesmo determinante no negócio, como unidade de conta. Havendo alguma diferença de valores e valendo por exemplo o terreno 80 000 euros e o andar 100 000, a moeda acaba por ser utilizada como meio de pagamentos, não na medida de qualquer destes valores, apenas para a liquidação da diferença, com a entrega de 20 000 euros pelo ex-proprietário do terreno.

Trata-se naturalmente de função que permite também estabelecer pagamentos diferidos, fixando-se em moeda o valor a entregar num momento posterior (em épocas de inflação é natural que o credor exija que o pagamento diferido seja relacionado com outro padrão de valores, com determinado peso de ouro ou, com maior probabilidade, com um determinado valor de uma moeda estável: dando-se por exemplo o que no momento do pagamento corresponder a 10 gramas de ouro ou a mil dólares).

Não pode contudo levar-se ao extremo a comparação com uma unidade de conta física, o metro, o quilo ou o litro. Trata-se nestes casos de unidades de conta que não se alteram com o tempo, o metro, o quilo e o litro eram o mesmo antes e serão o mesmo daqui a 10 ou 50 anos. Já a moeda, com um valor que depende daquilo que pode comprar-se com ela, é um 'metro' (ou um 'quilo', ou um 'litro') que não se mantém constante, perdendo valor em períodos de inflação e, pelo contrário, ganhando-o em períodos de deflação. É pois um 'metro' que diminui ou se alarga, exigindo correcções monetárias, tal como se sublinhará em XII.2 (pp. 321-8).

2.3. Reserva de valor

Podendo com a moeda proceder-se a pagamentos agora ou no futuro, ter moeda é ter um valor; do mesmo modo que constituem valores um prédio, uma quinta, uma empresa, uma jóia ou um quadro de um pintor famoso.

Trata-se todavia de um valor que, como vimos há pouco, se vai perdendo quando há inflação[3], valendo cada vez menos à medida que vai subindo o nível geral dos preços.

É de perguntar, pois, o que poderá justificar que as pessoas tenham moeda em casa ou num depósito à ordem, sem ou quase sem juros, tratando-se de um valor que vai baixando. A título de exemplo, com uma inflação anual de 10% quem tenha guardados 10 000 euros ao fim do ano tem um valor que lhe permite comprar apenas 10% menos.

Mas independentemente de haver inflação ter moeda representa renunciar ao ganho que se poderia ter com a sua utilização, em consumo, num negócio (por exemplo, montando uma loja ou uma exploração agrícola), ou cedendo-a a outrém, com a contrapartida de juros.

---

[3] Ou aumenta na hipótese, hoje pouco provável (e não desejável, como veremos em XII.5.2, pp. 336-7), de haver deflação.

Na linha desta última hipótese, sem incómodos nem riscos pode colocar-se o dinheiro num depósito a prazo, levando a detenção de moeda à renúncia ao juro de 3 ou 4% que poderia obter-se.

Há contudo circunstâncias que justificam a detenção de alguma moeda, os chamados motivos de preferência pela liquidez, que vamos passar a analisar.

3. Motivos de preferência pela liquidez

3.1. Motivo-transacções

Um primeiro motivo de detenção de moeda está na circunstância de não haver coincidência entre os recebimentos e os pagamentos.

Se assim acontecesse, se a cada necessidade de pagamento correspondesse *sempre, nesse momento preciso*, o recebimento da quantia necessária, não teríamos necessidade de deter moeda.

É todavia óbvio que não pode haver tal coincidência, por exemplo um trabalhador por conta de outrem recebe ao mês mas tem de despender diariamente dinheiro em alimentação, em transportes e na satisfação de várias outras necessidades.

O que se passa com qualquer cidadão passa-se com os empresários, que recebem pela venda das mercadorias uns tempos depois mas têm de fazer pagamentos com mais frequência, pelo menos em tempos diferentes; em remunerações de pessoal, pagamentos de bens inermediários ou pagamentos de serviços de transporte.

No primeiro caso manter-se mais ou menos moeda em saldo líquido depende naturalmente do rendimento das pessoas, sendo obviamente maior a detenção média por um cidadão com grandes rendimentos do que por um cidadão com rendimentos modestos.

Chama-se por isso ao motivo-transacção dos indivíduos *motivo-rendimento* de preferência pela liquidez.

No que respeita aos empresários, dependerá do volume dos negócios, sendo maior a necessidade de detenção por quem tenha uma grande actividade.

Chama-se por consequência *motivo-negócios* ao motivo-transacções dos empresários.

Como a actividade das empresas depende contudo da capacidade de compra numa economia, acaba por esta via por depender também do rendimento dos cidadãos que aí fazem despesas.

Para além disso, a procura de moeda pelo motivo-transacções dependerá da frequência dos pagamento. Suponhamos, a título de exemplo, os casos de três pessoas, uma recebendo o rendimento todo (por exemplo de acções) ao ano, a outra recebendo ao mês (v.g. um ordenado) e a outra ao dia (uma jorna).

Acabando por ser igual para os três o volume total dos rendimentos obtidos, podemos supor que o primeiro recebe 10 800 euros por ano, o segundo 900 ao mês e o terceiro 30 em cada dia.

Se se admitir por seu turno que cada um deles tem de ir fazendo as suas despesas com regularidade ao longo do ano, o primeiro tem de ter em média 5 400 euros. Gasta 30 no primeiro dia, ficando com 10 770, outros 30 no segundo dia, passando a ficar com 10 740, e assim sucessivamente, tendo exactamente no meio do ano 5 400, no dia a seguir 5 370, etc. Ou seja, a detenção média são os referidos 5 400 euros.

Já o segundo cidadão, recebendo no início do mês 900 euros, gasta no primeiro dia 30, ficando com 870, terá no meio do mês 450, no dia seguinte 420, e assim sucessivamente. A detenção média é de 450 euros.

Por fim o terceiro, recebendo diariamente 30 euros, terá este valor quando muito no início do dia... Mas não é necessário entrar em preciosismos para se ver que a sua detenção média de dinheiro é muito menor do que da parte dos dois primeiros.

O que se aplica aos cidadãos aplica-se naturalmente às empresas, tendo de deter mais moeda se for menor a frequência dos recebimentos. A título de exemplo, tem de ser maior a detenção de moeda de um empresário da indústria transformadora que só recebe espaçadamente pela entrega dos seus produtos do que da parte do dono de um restaurante que recebe dos seus clientes o fornecimento de cada refeição.

Pode concluir-se pois afirmando-se que o motivo-transacções de preferência pela liquidez depende do rendimento e da frequência dos pagamentos.

3.2. Motivo-precaução

Pode também guardar-se dinheiro, não para os gastos correntes, mas sim para se fazer face a pagamentos a que não possa corresponder-se com os rendimentos regularmente recebidos. Não tem de se tratar necessariamente de despesas imprevistas, poderá tratar-se de uma despesa prevista mas não comum, por exemplo com a compra de uma casa. Tratar-se-á todavia em grande parte dos casos de despesas imprevistas, com o que estará mais de acordo a designação deste motivo de preferência pela liquidez.

Ser maior ou menor a detenção da moeda dependerá também aqui do rendimento, não podendo um indivíduo pobre 'dar-se ao luxo' de deter muita moeda por este motivo (ou por qualquer outro...): não terá outro remédio que não seja gastar tudo em consumo. Mas para além disso dependerá de circunstâncias pessoais e institucionais.

Com especial relevo para a detenção de moeda para acudir a situações imprevistas, uma operação cirúrgica, a reparação de um carro ou a reconstrução de um imóvel danificado com uma intempérie ou com um incêndio, a detenção da moeda pelo motivo-precaução dependerá em grande medida do temperamento das pessoas: enquanto que uma pessoa pessimista, com tendência para ver tudo pelo pior, se prevenirá guardando em casa ou no banco somas avultadas de dinheiro, já uma pessoa optimista nem pensará nessas eventualidades, continuando a gastar tudo em consumo...

Como é evidente, a detenção de moeda dependerá também em grande medida da não existência de instituições que correspondam às situações mencionadas. A título de exemplo, se houver um sistema hospitalar eficiente e grátis não valerá a pena estar a guardar dinheiro para a eventualidade de uma operação (embora sendo já pago, mesmo caro, o mesmo acontecerá se se tiver um bom seguro que cubra eficazmente a assistência médica); não sendo também necessário guardar dinheiro para a reparação de um automóvel ou de um prédio se se tiver um seguro que cubra na íntegra esse tipo de eventualidade.

3.3. Motivo-especulação

Este motivo de preferência pela liquidez está ligado à possibilidade de se ganhar dinheiro com alterações nas cotações de títulos, comprando-os quando a cotação é baixa e vendendo-os quando a cotação é alta.

Tratando-se de acções, títulos que representam a participação na propriedade das sociedades[4], a cotação depende de circunstâncias várias, que

---

[4] A temática jurídica dos títulos será devidamente estudada nas disciplinas de Direito Comercial. Aqui só se justifica uma referência básica ao seu significado económico.

vão do maior ou menor êxito da empresa em si até à conjuntura da economia (podendo haver ligação entre as duas circunstâncias). Já no caso das obrigações, que são títulos representativos de empréstimos, que aliás Keynes tinha especialmente em vista quando analisou este motivo de preferência pela liquidez, a cotação depende basicamente do seu rendimento e da taxa de juro do mercado.

Suponhamos, a título de exemplo, que uma empresa[5] obtém um financiamento com a emissão de obrigações com o valor nominal de 5 euros, obrigações que asseguram uma remuneração de 25 cêntimos, ou seja, uma remuneração de 5 % em relação a esse valor nominal[6].

Se a taxa de juro do mercado (do mercado financeiro: recorde-se de VII.3, pp. 200-4) for de 5% a cotação corresponderá ao valor nominal: sendo indiferente ter essa obrigação ou colocar o dinheiro de outra forma, dado que em qualquer dos casos com a colocação de 5 euros tem-se a remuneração de 25 cêntimos.

Podemos vê-lo com a aplicação da fórmula:

$$c = \frac{r \times 100}{j}$$

em que c é a cotação do título, r o seu rendimento e j a taxa de juro do mercado.

No caso em análise

$$c = \frac{0{,}25 \times 100}{5} = 5$$

ou seja, a cotação corresponde ao valor nominal.

---

[5] A matéria do recurso ao crédito por parte do Estado será objecto de análise na disciplina de Finanças Públicas (cfr. T. Ribeiro, 1997, pp. 185-235, Franco, 1992 (03), vol. II, pp. 80-145 ou Pereira, Afonso, Arcanjo e Santos, 2012, pp. 511-44); não havendo nada de diferente em relação ao que se diz no texto, sobre a influência da taxa de juro do mercado, e podendo aplicar-se também às obrigações privadas o que se dirá então sobre a influência que naturalmente tem sobre as cotações uma maior ou menor previsibilidade de amortizações antecipadas.

[6] Sendo títulos de empréstimos, as obrigações oferecem a vantagem de assegurar uma remuneração pré-estabelecida, que não depende de os negócios estarem a correr melhor ou pior (naturalmente que no limite, havendo uma falência, nada ou quase nada será pago, e quando de uma crise haverá atrasos nos pagamentos).

Suponhamos agora que a taxa de juro do mercado sobe para 8%. Isto significa que com a aplicação de 5 euros é possível uma remuneração de 40 cêntimos. Sendo assim, um título que dá uma remuneração de 25 cêntimos, apesar de ser um título com o valor facial de 5 euros, não tem este valor no mercado, mas sim um valor muito mais baixo.

É o que podemos ver com a aplicação da fórmula

$$c = \frac{0,25 \times 100}{8} = 3,125$$

Constata-se pois que quando a taxa de juro do mercado é de 8% a cotação de um título que dá um juro de 25 cêntimos é de 3,125 euros. Ninguém dará mais por ele, sob pena de ficar prejudicado em relação a outras aplicações.

Suponhamos agora a situação inversa, de a taxa de juro do mercado descer para 3%. Sendo assim, uma outra aplicação para os 5 euros daria apenas 15 cêntimos. De acordo com a fórmula temos então que:

$$c = \frac{0,25 \times 100}{3} = 8,333$$

Neste caso um título que proporciona uma remuneração de 25 cêntimos vale no mercado 8,333, bem mais do que os 5 euros.

Face a esta possibilidade de alteração das cotações (ou face a possibilidades de alteração resultantes de outras circunstâncias) revela-se atractivo ter dinheiro em carteira para comprar os títulos quando a sua cotação é baixa, na expectativa de os vender mais tarde, quando a cotação for mais elevada.

No caso exemplificado, de obrigações cuja cotação depende da taxa de juro do mercado, a conduta dos especuladores acaba por depender desta mesma taxa. Quando está alta, sendo a cotação baixa, convém comprar títulos, tendo-se então uma expectativa maior de que, tendo-se atingido o ponto máximo, a taxa de juro comece a descer. Subindo por isso a cotação dos títulos, terá ganho quem os tiver comprado.

Já se prefere o dinheiro a títulos quando o juro está baixo, por isso a cotação alta. Começa então a recear-se que o juro, depois de atingido ponto mais baixo, comece a subir, fazendo baixar a cotação dos títulos. Os especuladores apressam-se por isso a vendê-los, preferindo a moeda, que será mantida – é o motivo-especulação de preferência pela liquidez – até que tempos mais tarde, num novo ciclo, com o juro já alto e a cotação baixa, volte a ser atractivo comprar títulos.

3.4. Motivo-financiamento

Trata-se neste caso de procurar moeda na expectativa de se fazer um investimento num projecto que se julga atractivo.

Como se viu (pp. 200-4), quando se pondera a realização de um investimento comparam-se os ganhos com os custos previsíveis, sendo os ganhos avaliados pela taxa interna de rentabilidade e os custos pela taxa de juro do mercado.

Para além das circunstâncias concretas de cada caso, as expectativas de ganho acabam por depender do rendimento disponível na sociedade: que aparece pois também aqui a influenciar a preferência pela liquidez.

No que respeita ao custo, poderá pensar-se à primeira vista que a taxa de juro do mercado só teria influência se o investimento fosse feito com dinheiro obtido de empréstimo. Não é todavia assim, sendo dinheiro aforrado pelo próprio há um custo de oportunidade, a remuneração que seria conseguida com a sua colocação no mercado financeiro. A título de exemplo, se aplico dinheiro meu num negócio renuncio ao juro que poderia obter comprando obrigações ou depositando-o a prazo.

3.5. Motivo-colocação

Entre os motivos que vamos considerar[7] temos este motivo, de acordo com o qual se detém moeda como mera forma de detenção de riqueza, da mesma forma que se detém riqueza em jóias, quadros ou apartamentos. Trata-se pois de 'ver' a moeda na sua função de reserva de valor.

Não será todavia atractivo deter moeda com este objectivo numa época de inflação, dado que se trata então de um bem que perde valor na medida da subida dos preços. A título de exemplo, se se tem riqueza aplicada em dinheiro, num depósito à ordem de 10 000 euros (ou em notas deste valor

---

[7] Pode considerar-se ainda um motivo-deflação, de acordo com o qual se guarda moeda na previsão de uma descida dos preços. Trata-se todavia de uma hipótese não previsível nos nossos dias (além disso de forma alguma desejável, conforme se adiantou já na n. 3, fazendo-se todos os esforços para que não se verifique).

guardadas em casa), havendo uma inflação de 10% ao fim do ano teremos com esse dinheiro uma capacidade de compra reduzida na mesma percentagem. Já se a aplicação for numa jóia, num quadro ou num apartamento é de esperar que o seu valor nominal tenha subido na medida (poderá ser mesmo em maior medida) do que a inflação.

Em qualquer caso, a procura de moeda pelo motivo-colocação depende da taxa de juro do mercado, dado que quem guarda moeda renuncia ao juro que poderia obter emprestando-a, por exemplo depositando-a num banco.

*
* *

Na conclusão desta análise será de sublinhar pois a dependência que a procura de moeda tem, a par de outros factores (designadamente do rendimento), da taxa de juro do mercado; o que evidencia o relevo que pode ter para a política monetária actuar através desta variável.

4. Espécies de moeda

Há basicamente quatro tipos de moeda, por seu turno com sub-divisões, com relevos que se foram alterando (em alguns casos mesmo desaparecendo por completo) ao longo do tempo.

4.1. Moeda de metal

Compreende-se bem, pelas razões já referidas em XI.1 (pp. 269-70), que um primeiro tipo de moeda (ou o primeiro com um relevo generalizado) tenha sido a moeda metálica, com a cunhagem de metais raros e por isso de alto valor.

Mas já aqui há que considerar dois tipos de moeda, o primeiro hoje apenas com interesse histórico.

4.1.1. Moeda-mercadoria

A moeda-mercadoria é a moeda de metal que vale pelo seu peso, sendo indiferente ter o metal amoedado ou não. Como veremos adiante, em XI.6.1 (pp. 292-4), o próprio mercado, com as suas leis, se encarregava de levar à equivalência entre o valor facial (o valor inscrito nas espécies monetárias) e o valor do metal correspondente no mercado dos capitais.

A título de exemplo, tendo a moeda o valor facial (nominal, ou monetário) de 100 (podendo por isso fazer-se com ela pagamentos deste valor), tendia a ser de 100 o valor do metal nela contido, se fosse vendido a peso no mercado dos metais.

4.1.2. Moeda de trocos

A moeda de trocos, ou divisionária, é uma moeda metálica que tem um valor facial superior, geralmente muito superior, ao valor do metal nela contido. Por exemplo, tendo o valor facial de 100, o valor do metal será de 20 ou 30.

Tendo pequena expressão, a designação de 'moeda de trocos' exprime a ideia de que com frequência não é feita com ela a totalidade dos pagamentos, com a sua entrega pelo devedor: que entregará outro tipo de moeda, com espécies (designadamente notas) de valor unitário muito mais elevado, sendo a moeda agora em análise utilizada apenas, pelo credor, no acerto de pequenos montantes em relação ao montante exacto a pagar.

Pretendendo-se que cada uma das espécies se mantenha durante muito tempo em circulação, há que procurar metais ou ligas de diferentes metais com muito pouco valor. Se não for assim, com uma subida dos preços, no caso com uma subida dos preços dos metais, o valor metálico passa a ser superior ao valor facial, valendo a pena vender as moedas pelo seu peso. Não se trata de hipótese académica, nas últimas décadas verificou-se esta situação pelo menos com duas moedas de trocos portuguesas: primeiro com moedas de 2$50, 5$00 e 10$00 que tinham um conteúdo importante de prata, que passou a valer mais do que aqueles montantes; e depois com moedas de cobre de 2 e 5 tostões, tendo fabricantes de anilhas constatado que era mais barato fundir essas moedas (compradas naturalmente pelo seu valor facial) do que estar a comprar cobre no mercado dos metais.

4.2. Moeda de papel

Também aqui encontramos mais do que uma espécie de moeda, de acordo com a evolução verificada ao longo da história.

4.2.1. Moeda representativa

Na génese da moeda de papel temos a situação de pessoas com quantidades avultadas de moedas de metal (ou com outros valores, por exemplo barras de ouro) por razões de segurança procederem ao seu depósito junto de comerciantes, o que hoje são banqueiros.

Querendo compreensivelmente os depositantes das moedas ficar com provas dos seus valores, os depositários entregavam-lhes certificados dos depósitos feitos.

Em momentos posteriores, precisando de fazer pagamentos, quem tinha moedas depositadas levantava-as, contra a apresentação dos certificados. Começou contudo a acontecer com frequência que os destinatários destes pagamentos não queriam também ficar com as moedas em casa, vindo eles por seu turno depositá-las, contra o recebimento de novos certificados. Sendo esta uma situação que se foi repetindo, ganhou naturalmente um relevo crescente o reconhecimento por uns e outros de que era preferível evitar os incómodos e os riscos do levantamento de moedas que, depois de terem de ser deslocadas (provavelmente para as casas dos credores, nos actos dos pagamentos) voltavam a ser depositadas nos mesmos 'bancos'.

Foi no reconhecimento de que era preferível evitar estes inconvenientes que os depositantes iniciais passaram a entregar antes os certificados dos depósitos aos seus credores.

Apareceu deste modo a moeda representativa, assim chamada porque os certificados representavam os montantes correspondentes, em moedas metálicas ou outros valores, que estavam depositados.

4.2.2. Moeda fiduciária

Vulgarizando-se este tipo de actuação, os depositários constataram que os depositantes não vinham todos ao mesmo tempo exigir o levantamento dos valores. Aceitando aliás grande parte dos credores o pagamento com os certificados, o mesmo volume de moedas metálicas passou consequentemente a poder estar na base de um volume muito superior de pagamentos.

Sendo assim, os certificados deixaram de 'representar' um montante depositado, nessa mesma medida, sendo aceites porque quem os recebia confiava em que os montantes neles indicados seriam restituídos sempre que se fosse junto do depositário.

Tratando-se pois de moeda que circulava porque se confiava nela tínhamos 'moeda fiduciária' (de 'fiducia', que significa 'confiança').

4.2.3. Papel-moeda (ou moeda legal)

Como seria de recear, vieram a surgir períodos de falta de confiança, no conjunto das economias ou em relação a determinados depositários. Gerando-se o pânico, acorreram ao mesmo tempo todos ou quase todos os depositantes a exigir o levantamento dos seus depósitos.

Não tendo os depositários os valores correspondentes, apenas uma percentagem muito menor, não estavam naturalmente em condições de solver os seus compromissos: com todas as consequências que por arrastamento daí resultavam.

Para as evitar, as autoridades viram-se forçadas a impor a aceitação das notas como forma correcta de pagamento; passando a ser aceites, não porque se confie na sua conversão, mas porque são *moeda legal*. Quem pague com elas paga bem, fica desonerado do seu compromisso.

Temos assim com a moeda 'decretada', o chamado papel-moeda, uma terceira forma (actualmente a única) de moeda de papel.

4.3. Moeda escritural ou bancária

A sua génese tem muito de semelhante com a génese da moeda de papel, no caso agora em análise já com verdadeiros bancos.

Quando se deposita dinheiro à ordem num banco passa a ter-se aí uma disponibilidade que pode ser utilizada em pagamentos. Quem precisa depois de proceder a um pagamento pode dirigir-se ao balcão, levantar as notas necessárias e entregá-las ao seu credor. E este, por seu turno, provavelmente dirigir-se-á a esse ou outro banco para depositar na sua conta o montante ou parte do montante recebido.

Não há com estes procedimentos os custos e os riscos que havia em tempos idos com a deslocação de moedas ou barras de ouro. Mas não deixa de haver riscos com a deslocação de quantias muito elevadas em notas, bem como uma incomodidade totalmente desnecessária: compreendendo-se por isso que rapidamente tenham ganho prevalência os pagamentos feitos apenas pela via bancária, sem nenhuma utilização de notas ou outras espécies monetárias.

Numa primeira fase teve um relevo maior a utilização de *cheques*, que são, como é bem sabido, títulos através dos quais é dada uma ordem de pagamento: podendo ser nominativos, com a indicação da pessoa a quem é feito o pagamento, ou ao portador, podendo ser endossados (no primeiro caso), apresentados a pagamento ou depositados por quem em cada momento os tenha em seu poder[8]. Em qualquer dos casos o pagamento ficou feito sem o transporte de notas.

Com o seu relevo anterior, houve já quem chamasse a esta moeda 'moeda-cheque'. Não foi todavia nunca o modo exclusivo de utilização de disponibilidades em depósitos à ordem, desde sempre foi possível utilizar estas disponibilidades com ordens de pagamento aos bancos: a título de exemplo, devendo-se a quantia de 1 000 euros ao senhor X, o devedor escreve uma carta a solicitar a transferência da quantia em dívida da sua conta para a conta do credor (conta que aliás tanto pode ser nesse banco como em qualquer outro banco)[9].

Nos nossos dias têm uma utilização crescente os pagamentos por multibanco e pela internet, com os quais as quantias em dívida passam de imediato das nossas contas de depósitos à ordem para as contas de depósitos à ordem dos credores (dos serviços de abastecimento de combustíveis aos restaurantes ou às grandes superfícies).

Havendo pois todas estas formas de mobilização dos recurso, com um relevo hoje em dia muito superior, perdeu todo o sentido falar-se de moeda-cheque, devendo falar-se sim em moeda escritural ou bancária. Trata-se de designação que, não deixando de considerar os casos em que são utilizados cheques, abrange esses e todos os demais casos: havendo em todos eles, como elemento definidor, um jogo de 'escrita' (em termos modernos, pela via electrónica...) e sendo o pagamento feito pelos bancos.

---

[8] Conferindo uma segurança maior, é muito frequente a utilização de *cheques cruzados*. Não proporcionam todavia a meleabilidade descrita no texto, tendo de ser passados em nome de alguém que por seu turno tem de os depositar numa conta em seu nome. Não podem pois ser levantados ou depositados por outrém, tal como não podem ser endossados.
Como se sabe também, procede-se ao endosso de um cheque nominativo mencionando-se no verso o nome de outra pessoa a quem deve ser pago (ou que pode depositá-lo), seguindo-se a assinatura do tomador inicial (ou de algum endossante anterior)
[9] Nestes casos, tal como nos casos em que quem recebe o pagamento com um cheque é cliente de outro banco, procede-se depois a acertos gerais entre os bancos: compensando-se os valores em dívida com os valores a receber e podendo os acertos finais ser feitos através dos bancos centrais nacionais.

4.4. Os agregados M_2 e M_3 (a 'massa monetária')

Para além dos casos considerados, que são de verdadeira moeda (M_1), há situações em que, embora não se disponha de moeda, se tem uma capacidade de compra quase igual.

A necessidade de se terem em conta estas situações faz-se sentir sempre que, por razões de avaliação de oportunidades de negócios, de conhecimento da realidade para se intervir através de medidas de política ou ainda de mera análise académica, se quer saber qual é a capacidade de compra existente numa economia.

Facilmente se compreende que esta capacidade não está limitada à moeda propriamente dita, nas formas mencionadas nos números anteriores: alguém que quer comprar um automóvel ou uma casa tem uma disponibilidade igual ou quase igual com outros valores.

Num primeiro agregado podemos considerar, além de M_1 (as moedas metálica, de papel e escritural ou bancária), os depósitos com prazo até 2 anos e os depósitos com pré-aviso até 3 meses. Temos assim o agregado M_2, por vezes designado de 'quase-moeda'. Pode todavia considerar-se um agregado mais vasto, o agregado M_3, que engloba ainda acordos de recompra, unidades de participação em fundos e títulos do mercado monetário, bem como títulos de dívida até 2 anos (cfr. Laranjeiro, 2000 (09), p. 239).

Para além de casos de disponibilidade quase imediata, como são os depósitos não à ordem mas cujo levantamento pode ser antecipado com toda a facilidade, há de facto títulos com grande liquidez, apenas com o risco de no momento em que se precisa de dinheiro estarem com uma cotação mais baixa; mas por este valor poderão ser sempre ou quase sempre vendidos, podendo contar-se com o valor da venda para as compras a fazer.

Em casos como os dados de exemplo, de compra de um automóvel ou de uma casa, acontecerá aliás com toda a probabilidade que quem toma a decisão tenha um valor ínfimo dos montantes a pagar em M_1 (em depósitos à ordem, sendo seguramente desprezível o que possa ter em moeda de papel e metálica). Fará as suas contas com a totalidade dos valores considerados em M_3. É já totalmente diferente a disponibilidade que resultaria da venda de um andar ou de uma quinta, com a demora e o maior risco de venda em más condições que se verificarão nestes casos. Está obviamente fora de causa considerar estas situações como fazendo parte da massa monetária.

Compreende-se pois que seja o agregado M_3 que o Banco Central Europeu (o Eurossistema) tenha em conta na condução da política monetária.

4.5. A expressão actual das várias formas monetárias

Concluída a caracterização feita nos números anteriores, terá interesse dar números, mostrando o que representa cada uma das formas monetárias.

No caso do euro temos a repartição indicada no quadro XI.1:

QUADRO XI.1

Agregados monetários da zona euro (Março de 2014)		
	Milhares de milhões de euros	% de M_3
M_1	5490	55%
Notas e moedas em circulação	926	9%
Depósitos à vista	4564	46%
M_2	9282	94%
Depósitos a prazo < 2 anos	1667	17%
Depósito com pré-aviso < 3 meses	2125	21%
M_3	9892	100%

Fonte: BCE (Banco Central Europeu)

São pois bem diferentes os montantes de M_3 e M_1, tendo a 'massa monetária' uma expressão quase duas vezes e meia maior do que a da moeda legal (sendo de referir ainda a pequena expressão das notas e moedas em circulação).

5. As operações de crédito realizadas pelos bancos

Além do seu interesse próprio, surgindo aliás em relação a cada uma delas problemas jurídicos importantes que serão considerados noutras disciplinas, importa conhecer aqui algumas das principais operações realizadas pelos bancos, dada a sua ligação essencial à matéria de moeda. É uma ligação estreitíssima, que não pôde deixar de ser já antecipada quando se falou há pouco da moeda bancária ou escritural, consistindo ela mesma nos depósitos à ordem que são feitos nos bancos (ou ainda no agregado M_2, consistindo também em depósitos).

Há todavia diferenças importantes entre as várias instituições, não podendo todas praticar o mesmo tipo de operações. Justifica-se por isso que façamos uma referência breve ao sistema financeiro (cabendo também a outras disciplinas a sua análise mais desenvolvida).

5.1. Referência breve ao sistema financeiro português

No sistema financeiro português poderá distinguir-se em primeiro lugar o Banco de Portugal, cuja lei orgânica consta da Lei nº 5/98, de 31 de Janeiro[10], alterada pelo Decreto-Lei nº 118/2001, de 17 de Abril, pelo Decreto-Lei nº 50/2004, de 10 de Março, pelo Decreto-Lei nº 39/2007, de 20 de Fevereiro, pelo Decreto-Lei nº 31-A/2012, de 10 de Fevereiro e pelo Decreto-Lei nº 142/2013, de 18 de Outubro. Depois de ao longo de muito tempo ter tido o monopólio de emissão de moeda no nosso país[11], com a decisão de se adoptar uma moeda única europeia houve a necessidade de se alterar a própria Constituição da República.

Actualmente, nos termos do artigo 102º da Constituição da República Portuguesa, "o Banco de Portugal como banco central nacional exerce as suas funções nos termos da lei e das normas internacionais a que o Estado Português se vincula".

Assim acontece porque, nos termos do artigo 282º do TFUE, faz parte do Sistema Europeu de Bancos Centrais, o 'Eurossistema', com o Banco Central Europeu e os demais bancos centrais da 'Eurolândia', sendo aliás os governadores destes últimos membros do conselho de administração do primeiro, o "Conselho do BCE" (cfr. Abel Mateus, 2012; do eurossistema voltaremos a falar em XI:9.3, pp. 317-9).

---

[10] Antes, além de emitir moeda, *colaborava* "na execução das políticas monetária e financeira, de acordo com a lei do Orçamento, os objectivos definidos no plano e as directivas do Governo" português.

[11] Desde 1891. Tendo sido criado em 1846, por fusão do Banco de Lisboa com a Companhia de Confiança Nacional, até àquele ano partilhava com outros bancos o direito de emitir moeda na Metrópole.

Sobre o sistema financeiro no nosso país pode ver-se Pina (2005); e analisando implicações da crise para o sector bancário da União Europeia Quelhas (2013).

De acordo com os limites aqui estabelecidos, os bancos centrais nacionais participam na emissão das notas (art. 128º do TFUE; cfr. Cabo, 2012), tendo ainda as responsabilidades de supervisão no respectivo âmbito geográfico (as responsabilidades de regulação do sector).

Para além do Banco de Portugal temos no nosso país instituições de crédito e sociedades financeiras, cujo regime geral consta do Decreto-Lei nº 298/92, de 31 de Dezembro, com sucessivas alterações entre 1995 e 2013.

Nos termos do artigo 2º são *instituições de crédito* as empresas cuja actividade consiste em receber do público depósitos ou outros fundos reembolsáveis, a fim de os aplicarem por contra própria mediante a concessão de crédito.

Diz-se depois (art. 3º) quem entra nesta categoria: a) os bancos, b) as caixas económicas, c) a Caixa Central de Crédito Agrícola Mútuo e as caixas de crédito agrícola mútuo, d) as instituições financeiras de crédito, e) as instituições de crédito hipotecário, f) as sociedades de investimento, g) as sociedade de locação financeira, h) as sociedade de *factoring*, i) as sociedade financeiras para aquisições a crédito, j) as sociedades de garantia mútua, e l) outras empresas que, correspondendo à definição do artigo anterior, como tal sejam qualificadas pela lei".

Por seu turno o artigo 4º diz quais são as operações que as instituições de crédito podem efectuar, a par dos serviços de investimento referidos no artigo 199º-A (redacção dada pelo artigo 1º do Decreto-Lei nº 232/96, de 5 de Dezembro).

Entre estas operações estão: "a recepção de depósitos ou outros fundos reembolsáveis" (alínea a), "operações de crédito, incluindo concessão de garantias e outros compromissos, locação financeira e *factoring*" (alínea b), "serviços de pagamento" (alínea c), "emissão e gestão de meios de pagamento, tais como cheques, cheques de viagem e cartas de crédito" (alínea d), "transacções, por conta própria ou da clientela, sobre instrumentos do mercado monetário e cambial, instrumentos financeiros a prazo, opções e operações sobre divisas, taxas de juro, mercadorias e valores mobiliários" (alínea e), "participação em emissões e colocações de valores mobiliários e prestação de serviços correlativos" (alínea f), "actuação nos mercados interbancários" (alínea g), "consultoria, guarda, administração e gestão de carteiras de valores mobiliários" (alínea h), "gestão e consultoria em gestão de outros patrimónios" (alínea i), "comercialização de contratos de seguro" (alínea m), etc.

Deixou de haver o nº 2 inicial, dando à Caixa Geral de Depósitos um poder igual ao dos bancos: passando pura e simplesmente a ser considerada um banco. Já "as restantes instituições de crédito só podem efectuar as operações permitidas pelas normas legais e regulamentares que regem a sua actividade" (ex nº 3, actual nº 2).

Ou seja, acaba por ser muito mais circunscrita a capacidade de intervenção das outras instituições de crédito, para além dos bancos (incluindo-se a Caixa Geral de Depósitos).

As *sociedades financeiras*, por seu turno, de acordo com o artigo 5º, são "as empresas que não sejam instituições de crédito e cuja actividade principal consista em exercer uma ou mais das actividades referidas na alínea b), excepto locação financeira e *factoring*, bem como nas alíneas d) a i) do nº 1 do artigo anterior"[12].

Para além de não se referir a alínea a), onde como vimos tal actividade é mencionada, o nº 1 do artigo 8º (alterado pelo Decreto-Lei nº 242/2012, de 7 de Novembro) afasta qualquer dúvida dispondo que "só as instituições de crédito" (não as sociedades financeiras; cfr. o nº 2 do artigo), "podem exercer a actividade" muito rendosa, por isso muito pretendida, de "recepção, do público, de depósitos ou outros fundos reembolsáveis, para utilização por conta própria"; actividade que, como se viu já, é especialmente relevante em matéria de moeda.

5.2. As operações passivas: os depósitos

É através destas operações que os bancos (incluindo a Caixa Geral de Depósitos) recolhem de facto fundos muito avultados, nas várias formas que os depósitos podem ter, podendo distinguir-se basicamente os depósitos à ordem, que como vimos são mesmo moeda (M_1), dos depósitos a prazo, por seu turno com modalidades diferentes, designadamente no que

---

[12] De acordo com o artigo 6º (alterado também pelo Decreto-Lei nº 201/2002) são sociedades financeiras: "a) as sociedades financeiras de corretagem; b) as sociedades corretoras; c) as sociedades mediadoras dos mercados monetário ou de câmbios; d) as sociedades gestoras de fundos de investimento; f) as sociedades gestoras de patrimónios; g) as sociedades de desenvolvimento regional; i) as agências de câmbio; j) as sociedades gestoras de fundos de titularidade de crédito; l) outras empresas que sejam como tal qualificadas pela lei".

respeita aos prazos e às possibilidades de levantamentos antecipados: fazendo parte com os primeiros do agregado M_2.

Sendo depósitos à ordem compreende-se que não sejam remunerados com juros ou que tenham juros muito baixos, correspondendo a uma imobilização muito reduzida. Os bancos não podem por isso contar com os respectivos montantes para operações activas de médio ou longo prazo, com remunerações mais elevadas. E, como é óbvio, na sua lógica o ganho está em ceder o dinheiro por um preço maior do que o preço que pagam a quem lhes 'empresta' (v.g. através dos depósitos).

Uma outra distinção é entre depósitos reais e depósitos fictícios. Com os primeiros há uma entrada de dinheiro no banco, com a entrega de notas ou ainda por exemplo com uma ordem de transferência de um outro banco. Já um depósito fictício resulta de ficar na conta de um cliente o dinheiro resultante de uma das operações activas que vão ser referidas a seguir. Por exemplo um indivíduo desconta uma letra de 1 000 euros mas, não precisando de imediato do dinheiro, manda depositá-lo na sua conta.

5.3. As operações activas

Entre as vias pelas quais os bancos 'emprestam' dinheiro podemos distinguir, também neste caso devido à sua importância prevalecente, os descontos e as aberturas de crédito.

5.3.1. Descontos

Os descontos são com grande frequência feitos com a utilização de letras, títulos de grande utilização na actividade económica do dia a dia. Também os aspectos jurídicos destes documentos serão objecto de análise desenvolvida nas disciplinas da especialidade, justificando-se aqui apenas uma referência muito breve ao modo como são utilizados.

Um primeiro interveniente numa *letra* é o sacador, que pode ser ou não o credor de um determinado montante. Intervindo como sacador dá ao devedor desse montante uma ordem de pagamento, ficando escrito que no fim de um determinado prazo (por exemplo 90 dias) deverá pagar, a ele ou a uma terceira pessoa que se indica, o montante em dívida.

Reconhecendo a dívida, o devedor assina a letra de través, passando a figurar como aceitante. Mas é apenas um documento de dívida (não é moeda...), sendo a obrigação de pagar reportada para o dia do vencimento (no exemplo que estamos a dar, 90 dias depois).

Acontece todavia que com grande frequência o tomador da letra, a pessoa (sacador ou não) a quem o pagamento deve ser feito, não pode ficar à espera deste dia. Poderão esperar talvez particulares que querem uma letra apenas para que fique registado e melhor garantido o crédito a que têm direito, não lhes fazendo diferença – sendo talvez mesmo esse o seu desejo, para fazer um favor a um familiar ou a um amigo – esperar dois, três ou mesmo mais meses. Mas com muito maior frequência as letras são utilizadas por empresários na sua actividade industrial ou comercial: podendo tratar-se de um empresário industrial que vende uma máquina a outro industrial sacando uma letra a pagar ao fim de seis meses, ou de um grossista que saca letras a pagar a um mês de distância aos retalhistas a quem faz fornecimentos. Ora, pessoas e empresas envolvidas deste modo na actividade económica não podem esperar tanto tempo pelos recebimentos, tendo que ir solvendo compromissos com fornecedores seus, que pagar salários todas as semanas ou ainda que pagar juros com regularidade.

É em correspondência a esta necessidade de antecipação de recebimentos que aparece a operação de desconto junto dos bancos comerciais. O empresário que é tomador da letra dirige-se ao banco de que é cliente e solicita o seu *desconto*, que consiste em o banco ficar com a letra contra a entrega da verba mencionada, deduzida de um determinado montante (um 'desconto', vindo daqui a denominação da operação).

Para o banco trata-se de uma operação com garantia reforçada, uma vez que em caso de incumprimento do aceitante (sacado) responde também o sacador, ou mesmo o tomador, sendo uma pessoa diferente[13]. É além disso uma operação que lhe proporciona um ganho, o 'desconto', no fundo o juro cobrado pela cedência do dinheiro ao tomador da letra, provavelmente um ou dois pontos percentuais acima do juro das operações passivas.

---

[13] Estas garantias diversificadas permitem ainda que as letras sejam muito utilizadas no comércio internacional.
Num exemplo muito simples, suponhamos que um empresário português quer comprar uma máquina a um empresário alemão. Não sendo conhecidos, compreende-se que o fornecedor tenha reservas em relação a um título de dívida assinado apenas pelo comprador. Trata-se todavia de reservas que poderão ser ultrapassadas se o empresário português solicitar a um banco um crédito por aceite, que, como veremos melhor em 5.3.2, consiste apenas em 'emprestar' a sua assinatura (não dinheiro...). Compreende-se bem que com a responsabilização de um banco o exportador alemão aceite mais facilmente o acordo.

5.3.2. Aberturas de crédito
Uma outra via através da qual os bancos emprestam dinheiro com frequência são as aberturas de crédito.

Estas podem ser simples ou em conta corrente. No primeiro caso esgotam-se com a simples utilização do dinheiro, numa só *tranche* ou em parcelas. Sendo por exemplo uma abertura de crédito de 2 000 euros, esgota-se com a saída desse montante, todo de uma vez ou por exemplo em duas saídas, de 1 000 euros cada. Sendo uma abertura de crédito em conta corrente, por hipótese desse mesmo montante, o beneficiário da abertura, depois de ter tirado por exemplo 1 500 euros, tendo alguma disponibilidade pode repor ainda por exemplo 800 euros, reconstituindo-se a abertura de crédito para o valor de 1 300 euros.

Numa outra distinção, já mencionada há pouco, no número anterior, as aberturas de crédito podem ser em dinheiro ou por aceite. No primeiro caso, o mais frequente, sai mesmo dinheiro do banco. No caso do crédito por aceite o banco empresta apenas a sua assinatura, aceitando uma letra, com relevo por exemplo num caso como o indicado na nota 13. Só sairá dinheiro se o beneficiário do negócio não cumprir com o seu compromisso, assumindo o banco a sua responsabilidade.

6. A criação de moeda

6.1. A criação da moeda metálica e da moeda de papel
Podemos agrupar estes dois casos, com histórias diferentes mas havendo hoje uma grande similitude; justificando-se que se faça depois uma referência separada à mecânica que leva à criação da moeda bancária.

6.1.1. A criação da moeda metálica
Quando se tratava de moeda mercadoria o próprio mercado se encarregava de encaminhar as coisas no sentido desejável, não havendo o risco de o valor facial se afastar do valor do metal incorporado em cada espécie monetária.

Assim acontecia como consequência de as regras do jogo serem a cunhagem livre e a venda a peso das moedas (fundidas ou não). Qualquer pessoa que tivesse metal podia fazê-lo amoedar, talvez contra o pagamento de uma pequena prestação; e quem tivesse moedas podia vendê-las a peso.

Supondo que uma moeda tinha o valor facial de 100, se em determinado momento o valor do metal descia, valendo por exemplo 90 o metal utilizado nessa moeda, valia a pena aos detentores de metal proceder à sua cunhagem, com um ganho de 10 em cada caso. Passava todavia por isso a haver menos oferta no mercado dos metais, subindo consequentemente o seu preço, até ao ponto em que, aproximando-se já de 100, deixava de valer a pena continuar a proceder à cunhagem.

Podemos pôr agora a hipótese inversa, de aumentar o valor do metal no mercado respectivo, subindo por exemplo para 110 o valor do metal incorporado em cada espécie monetária. Sendo assim, mais valia a quem tinha moedas vendê-las a peso, recebendo em cada caso mais 10 do que o que lhes havia custado obtê-las. Mas havia deste modo um aumento de oferta de metal no mercado respectivo, que levava à diminuição do seu preço, até ao ponto em que o metal incorporado em cada moeda valesse aproximadamente 100, ou seja, o seu valor facial.

Não tendo sentido manter esta moeda, aliás com tendência para escassear tratando-se de metais raros, actualmente a única hipótese que pode pôr-se é a de haver uma moeda com um valor facial superior ao valor metálico. É por isso uma actividade muito rendosa cunhar moeda, com um valor de metal por exemplo de 15 euros numa espécie que, tendo cunhado o número 100, permite fazer pagamentos nesta medida.

Compreende-se que ganhos desta natureza revertam para os Estados, com o monopólio da emissão das moedas metálicas (com cunhagem própria ou feita por encomenda sua).

Com a adopção do euro trata-se de tarefa que, nos termos do artigo artigo 128º nº 1 do Tratado de Lisboa, TFUE (ex artigo 106º, nº 1 do Tratado da CE), pode caber aos Estados-membros, tendo todavia a emissão de ser autorizada pelo BCE (cfr. Cabo, 2012).

Nos termos do nº 2 do mesmo artigo, o Conselho, "sob proposta da Comissão e após consulta ao Parlamento Europeu e ao Banco Central Europeu, pode adoptar medidas para harmonizar as denominações e especificações técnicas de todas as moedas metálicas destinadas à circulação"[14].

---

[14] Assim aconteceu através do Regulamento (CE) nº 975/98 do Conselho de 3.5.1998, JO L nº 139, de 11.5.1998, alterado pelo Regulamento (CE) nº 423/1999 do Conselho, de 22.2.1999, JO L nº 52, de 27.2.1999, pelo Regulamento (CE) nº 423/99 do Conselho de 22.2.1999, JO L nº 12, de 27.2.1999 e pelo Regulamento (CE) nº 566/2012 do Conselho, de 18.6.2012, JO L nº 169, de 29.6.2012.

Tal como ficou estabelecido, uma das faces é exactamente igual em todas as moedas e a outra face varia com referências nacionais (embora sempre rodeadas pelas doze estrelas comunitárias). Com ligas metálicas de valor muito aquém do valor facial (monetário), pela razão apontada atrás, temos em circulação moedas de 1, 2, 5, 10, 20, 50 cêntimos e de 1 e 2 euros.

6.1.2. A criação da moeda de papel (v.g. do papel-moeda)

Quando a moeda de papel era convertível, designadamente nos tempos da moeda representativa e da moeda fiduciária, levantava-se a questão interessante de saber como garantir dois objectivos simultaneamente, o objectivo da segurança da convertibilidade e o objectivo da elasticidade da oferta da moeda, adequando-a às necessidades da economia (sendo grave que houvesse insuficiência de meios de pagamento).

Trata-se de questão actualmente com interesse meramente histórico, dado que com o papel-moeda não se põe o problema da segurança da conversão e o problema da adequação dos meios de pagamento passa pela política monetária a seguir.

Não deixa todavia de valer a pena recordar que a seu pro-pósito se defrontaram duas escolas, a escola monetária e a escola bancária.

De acordo com a primeira (em que se distinguiu Ricardo), defensora do *currency principle* (princípio monetário), a circulação das notas deveria cingir-se estritamente a uma reserva-ouro, ou seja, deveria haver apenas moeda representativa.

Além da razão de segurança da conversão, só assim se evitariam inflações duradouras[15], possíveis ou mesmo prováveis noutras circunstâncias.

Já de acordo com a escola bancária (em que se distinguiram Tooke e Thornton), defensora do *banking principle* (princípio bancário), não haveria esse risco, dado que as notas não chegam ao público por capricho das autoridades, mas sim na sequência das operações activas solicitadas pelo público, de acordo com a evolução da economia.

Pôde constatar-se que nenhuma das escolas tinha inteira razão. No que respeita à escola monetária, era criticável pela sua rigidez excessiva, levando à escassez de meios de pagamento. Quanto à escola bancária, não

---

[15] Com as subidas de preços passava a importar-se mais, saindo ouro para pagar as importações, com o que, diminuindo a massa monetária nessa medida, haveria descidas dos preços.

tinha razão na desvalorização do receio de inflação, que de facto pode surgir, designadamente como consequência de políticas menos correctas das autoridades.

No reconhecimento dos riscos acabados de apontar veio a consagrar-se a exigência de *reservas nos bancos emissores*, com as quais havia contudo que evitar os dois tipos de riscos apontados: não poderão ser reservas limitativas da emissão necessária (ainda com uma grande exigência de ouro ou valores-ouro, sem nenhuma remuneração e com grandes custos de armazenamento), por um lado, ou por outro lado reservas demasiado permissivas, talvez mesmo incentivadoras de um exagero de emissão, levando a inflações (só com títulos, proporcionadores de remunerações e de fácil guarda).

A solução para que se avançou foi a de haver reservas proporcionais, com uma percentagem de ouro ou valores-ouro e a percentagem restante de títulos. Com a primeira evitavam-se excessos e com a segunda assegurava-se o interesse na emissão, evitando-se situações de escassez.

Sendo agora a moeda de papel papel-moeda, moeda legal, a problemática acabada de referir perdeu grande parte do relevo, não se pondo o problema de os bancos terem de pagar notas apresentadas a conversão. Mantem-se todavia a prática, mesmo com exigência legal, de haver reservas, que constituem uma âncora em relação a eventuais excessos e além disso uma disponibilidade, que poderá revelar-se de importância, de meios de pagamento ao estrangeiro.

Ainda agora, com a criação do euro, se mantém estas reservas, geridas contudo pelo Banco Central Europeu, no quadro do Sistema Europeu dos Bancos Centrais. Nos termos do artigo 128º, nº 1 do TFUE, é o Banco Central Europeu que "tem o direito exclusivo de autorizar a emissão de notas de banco em euros na União", mas acrescenta-se que também os bancos centrais nacionais podem emitir essas notas, bem como que "as notas de banco emitidas pelo BCE e pelos bancos centrais nacionais são as únicas com curso legal na Comunidade".

De acordo com o que está estabelecido[16], as notas têm o mesmo desenho, tanto na frente como no verso, em todo o espaço monetário. Se não

---

[16] As especificações técnicas das notas constam da Decisão (BCE/2003/4) do Banco Central Europeu de 20 de Março de 2003 relativa às denominações, especificações, reprodução, troca e retirada de circulação de notas de euro (2003/205/CE), JO L nº 78 de 25.3.2003.

fosse assim, embora todos os euros sejam moeda legal em toda a 'eurolândia', poderia haver alguma rejeição de notas dos países 'menos fortes'[17].

6.2. A criação da moeda escritural ou bancária

Já a moeda escritural ou bancária, com um relevo enorme em qualquer área monetária, resulta basicamente da intervenção dos bancos comerciais (no nosso país também da Caixa Geral de Depósitos).

6.2.1. A reserva de caixa

Vimos atrás que os bancos comerciais exercem uma função de intermediação, recebendo dinheiro emprestado de uns e cedendo-o de empréstimo a outros: sendo o recebimento feito principalmente através de depósitos (operações passivas, é dinheiro que ficam a dever) e a cedência através de descontos e aberturas de crédito (operações activas, são quantias a que ficam a ter direito).

O seu ganho resulta de as taxas de juro aplicadas às operações activas serem de um modo geral superiores às taxas de juros aplicadas às operações passivas. Poderão por exemplo pagar em média pelos depósitos 2% (pelos depósitos à ordem não pagarão nada ou quase nada) e cobrar pelos descontos e aberturas de crédito 5%, também em média. Se assim não fosse não poderiam manter-se em actividade...

Acontece todavia que não podem utilizar todo o dinheiro disponível (v.g. todo o dinheiro dos depósitos) nas operações activas, sendo obrigados a ter uma reserva de caixa em relação às suas responsabilidades à vista, no caso em relação aos depósitos à ordem. A título de exemplo, se tiverem em depósitos à ordem 1 milhão de euros, sendo a reserva de caixa de 20% só podem emprestar, em descontos e aberturas de crédito, 800 000 euros.

Na sua contabilidade fica:

Activo	Passivo
Dinheiro em cofre.........200 000	Depósitos à ordem.......1 000 000
Carteira comercial.........500 000	
Empréstimos..................300 000	

---

[17] De um modo não perceptível pelo público, por razões de controle e segurança de emissão as notas têm doze dígitos através dos quais as autoridades monetárias podem saber onde foram emitidas.

Temos assim em circulação 1 milhão de euros de moeda escritural ou bancária (os depósitos à ordem) mais 800 mil euros de papel-moeda, 500 mil saídos com o desconto de letras (que passaram a figurar na carteira comercial do banco) e 300 mil saídos na sequência de aberturas de crédito (figurando como empréstimos). O milhão entrado deixou de contar como moeda, com o depósito à ordem à criação de moeda escritural corresponde a 'destruição' da moeda de papel, as notas que deixaram de circular.

Fica-se pois com um excesso de 800 mil euros de criação de moeda sobre destruição de moeda[18].

6.2.2. Criação de moeda pelo sistema bancário

Considerando-se o conjunto do sistema bancário, o mesmo banco e todos os demais, verifica-se todavia uma capacidade de criação de moeda muito para além do montante indicado.

Voltando ao nosso exemplo, acontece que as pessoas que descontam as letras ou utilizam aberturas de crédito o fazem porque têm de proceder a pagamentos. Se não fosse assim não se sujeitariam ao pagamento de juros por essas operações, numa conduta de 'mera benemerência' em relação aos banco[19]. Trata-se de dinheiro que quase logo a seguir irá parar a outras mãos, talvez de forne-cedores ou de trabalhadores das empresas que procederam ao desconto de letras.

Acontecerá por seu turno com toda a probabilidade que estas pessoas não fiquem com o dinheiro em carteira, depositando-o no seu banco, que pode ser o mesmo ou outro banco. Em grande parte dos casos aliás os pagamentos serão com cheques, que os credores vão depositar, ou com transferências bancárias para essas contas.

---

[18] Poder-se-á julgar que há uma capacidade maior de criação de moeda com os 'depósitos fictícios', que são, como se viu há pouco (p. 290), os depósitos resultantes de operações activas, por exemplo de um desconto ou de uma abertura de crédito.
Quem faz todavia um desconto ou contrai de qualquer outro modo um empréstimo junto de um banco, pagando por isso um determinado juro, certamente precisa de imediato ou quase de imediato do dinheiro. Só assim se justifica o pagamento desse juro, não se justificando de forma alguma que mantenha o dinheiro em depósito pelo qual, como se sublinhou atrás, recebe um juro necessariamente mais baixo.
Estaria no fundo a fazer um donativo ao banco...
[19] Não o deixariam pois em depósito fictício (recorde-se da nota anterior).

Verifica-se assim nos bancos para onde vão estas quantias uma situação semelhante à verificada no primeiro. Com os depósitos de 800 mil euros não há criação líquida de moeda, apenas a substituição de papel-moeda por moeda escritural. Mas para além do que os bancos têm de reter como reserva de caixa, 20%, ou seja, 160 mil euros, há um excedente de dinheiro que os bancos procurarão colocar no mercado, através de descontos e aberturas de crédito: um excedente de 640 mil euros de moeda, a acrescer à que já havia.

A história repete-se depois em relação a estes movimentos, com um efeito multiplicado que nos é dado pela fórmula do multiplicador do crédito:

$$K = \frac{1}{1-r}$$

em que r é a razão, a relação de cada um dos termos para o que o antecede.

No caso de uma reserva de caixa de 0,20, que temos vindo a considerar, fica:

$$K = \frac{1}{1-0,8} = \frac{1}{0,20} = 5$$

Aplicando este coeficiente ao primeiro aumento de moeda temos:

$$800 \times 5 = 4\,000$$

Trata-se de resultado a que pode chegar-se directamente com uma fórmula que tenha no numerador o primeiro aumento de quantidade de moeda, A

$$S = \frac{A}{1-r}$$

No exemplo que temos vindo a dar temos:

$$S = \frac{800}{1-0,80} = \frac{800}{0,20} = 4\,000$$

Como se vê é muito grande a capacidade de criação de moeda do sistema bancário, podendo aliás chegar-se a valores mais elevados do que os indicados se for menor a exigência de reserva de caixa. A título de exemplo, se a reserva de caixa for de 10% temos que:

$$S = \frac{900}{1-0,90} = \frac{900}{0,1} = 9\,000$$

Consegue-se pois com esta baixa da reserva de caixa uma criação de moeda de 9 000 (podendo pelo contrário diminuir-se o volume de moeda criada com o aumento da reserva: descendo por exemplo para 3 000 se a reserva for elevada para 25%).

Na prática é de qualquer modo provável que se fique aquém dos volumes para que apontam as fórmulas. Será de esperar que os bancos procurem limitar-se aos valores das reservas de caixa, dado que ficar acima deles corresponde a não tirar todo o partido possível do dinheiro de que dispõem, vindo basicamente de depósitos, pelos quais em grande parte dos casos têm de pagar juros. Procurarão pois emprestar todo o dinheiro, através de descontos e aberturas de crédito. Mas não pode esperar-se que a todo o momento tenham o dinheiro integralmente aplicado, com os pedidos destes apoios a cobrir dia a dia todo o montante disponível; haverá depois algumas diferenças temporais até aos momentos em que são feitos os pagamentos aos fornecedores a quem eram destinados os montantes dos descontos e das aberturas de crédito; por fim, poderá acontecer que estes não depositem na íntegra os montantes recebidos, poderão pelo menos não os depositar todos de imediato.

De qualquer modo, é de facto muito significativa a capacidade de criação de moeda do sistema bancário, acontecendo aliás, neste sentido, que os bancos podem ter títulos, com a compra dos quais lançam notas (moeda) em circulação.

7. A teoria quantitativa da moeda
Remonta a Irving Fisher (1911) a formulação desta teoria[20].

---

[20] Para a qual se encontram todavia antecedentes muito mais remotos, desde o séc. XVI (cfr. Plihon, 2013, p. 45), procurando mostrar a dependência do nível geral dos preços relativa-

Para o efeito Fisher apresentou a chamada 'equação das trocas':

$$MV = PT,$$

sendo M a quantidade de moeda existente num determinado período (como a quantidade varia durante o período M é um valor médio), V a velocidade de circulação da moeda (como nem todas as uni-dades circulam, e as que circulam não o fazem o mesmo número de vezes, V também é um valor médio), P o nível geral dos preços e T o número de transacções.

Numa primeira formulação, *rígida*, o nível dos preços seria proporcional à quantidade de moeda. Tendo-se

$$P = \frac{MV}{T}$$

P dependeria rigidamente de M porque V e T seriam variáveis exógenas, não influenciáveis pela quantidade de moeda.

No que respeita a V, dependeria dos hábitos do público, que só muito lentamente se alteram. Por seu turno T, o número de transacções, depende da produção das empresas, a qual, estando-se em pleno emprego, vimos já em X.2 (pp. 255-6) que não poderá alterar-se a curto prazo.

Não se alterando V e T, é evidente que P variaria na proporção de M; ou seja, os preços variariam na proporção de M.

Acontece todavia que não é realista o que se pressupõe em relação a V e a T.

V, a velocidade de circulação da moeda, é o inverso da preferência pela liquidez: se circula é porque não se mantém em saldo, ou se se mantém em saldo deixa de circular. É uma relação inversa, dada pela equação seguinte, em que L representa a preferência pela liquidez:

$$L = \frac{1}{V}$$

mente à quantidade de moeda em circulação. Recentemente as ideias monetaristas tiveram um grande apoio na escola de Chicago, em especial com Milton Friedman (v.g. 1956).

Ora, com o aumento da quantidade de moeda, ou seja, com o aumento da oferta, é de prever que diminua o seu preço, a taxa de juro; e, conforme vimos em 3 (pp. 274-80), com a descida da taxa de juro aumentará a preferência pela liquidez, diminuirá pois a velocidade de circulação da moeda.

Pode por outro lado acontecer que o aumento da quantidade de moeda influencie T, o número de transacções. Não terá de facto influência se estivermos numa situação de pleno emprego, não podendo por isso a actividade responder a um aumento de procura proporcionado por uma maior disponibilidade de meios de pagamento. Mas com grande frequência temos situações de desemprego ou de subemprego, havendo pois resposta do lado da oferta, ou seja, aumenta T e por isso os preços sobem em menor medida do que o aumento da quantidade de moeda[21].

Estando-se já com pleno emprego poderá aparecer um novo desmentido da formulação rígida da teoria. Passando a haver inflação, as pessoas (consumidores e empresários) reagem antecipando compras, fazendo-as antes que os preços estejam ainda mais elevados. Nestas circunstâncias aumenta pois a velocidade de circulação, V, subindo por isso os preços em maior medida do que o aumento da quantidade de moeda.

Não sendo pois de esperar que as coisas se passem nos termos da formulação rígida da teoria quantitativa da moeda, já é de esperar que se passem nos termos da sua *formulação mitigada*, nos termos da qual os preços variam no mesmo sentido que a quantidade de moeda, mas não necessariamente na mesma proporção.

É por ser de prever que assim aconteça que pode justificar-se a intervenção nas economias através da política monetária, nos termos que serão vistos no número seguinte.

8. A política monetária

A política monetária pode utilizar diferentes instrumentos, a ponderar de acordo com as circunstâncias de cada ocasião.

Trata-se de política que, a par da política orçamental, é tradicionalmente uma política nacional. Mas no caso dos países que adoptaram o euro, uma moeda única, deixou naturalmente de poder ser uma política

---

[21] Considerando várias hipóteses na evolução dos custos ver T. Ribeiro (1962-3, pp. 35-8).

nacional, não podendo deixar de haver em relação a uma moeda única uma política também única.

Trata-se neste caso de uma política do Sistema Europeu de Bancos Centrais (SEBC), do Eurossistema, de acordo com a linha e o objectivo estabelecidos com toda a clareza pelo Tratado de Maastricht (vê-lo-emos em XI.9.3.1, p. 317).

Sendo o euro a nossa moeda, moeda aliás de grande significado a nível mundial, justifica-se que lhe demos um relevo já aqui maior (independentemente do que referiremos em 9).

8.1. Actuação sobre as reservas mínimas obrigatórias

Uma via de actuação pode consistir na alteração dos valores mínimos de reserva de caixa dos bancos comerciais[22] com o que se alterará o volume total de moeda. Vimo-lo no exemplo dado em XI.6.2.2 (pp. 297-9), sendo o valor acumulado de moeda criada de 4 000 quando a reserva de caixa é de 20%, e já de 10 000, mais do dobro, quando a reserva de caixa é de 10%.

No Sistema Europeu de Bancos Centrais o regime das reservas foi fixado por um Regulamento do BCE[23]. Aqui se estabeleceu a obrigatoriedade de se constituírem reservas com os valores indicados, devendo cada depósito ser feito no 24º dia de cada mês e mantido até ao dia 23 do mês seguinte (período de manutenção). Os bancos têm pois de manter o depósito correspondente às reservas mínimas de caixa durante um mês, findo o qual se procede a novo apuramento e a nova constituição de reservas.

---

[22] As autoridades monetárias podem intervir também de um modo mais directo (fizeram-no já em anos anteriores), estabelecendo o limite máximo do crédito que os bancos podem conceder: por exemplo, determinando que o crédito a facultar no ano em curso não poderá ir além do crédito concedido no ano anterior, ou num período de grande inflação que terá de ficar 5% aquém desse valor. Trata-se de prática que foi abandonada no início dos anos 90.

Com mais desenvolvimentos sobre a intervenção na política monetária na área do euro ver entre nós A. M. Pinto (1999, pp. 170-86), Laranjeiro (2000 (09), pp. 240-8) Ferraz (2002, pp. 297-304) ou ainda Bénassy-Quéré e Coeuré (2010, pp. 51-69) e Plihon (2013, pp. 87-114) (num plano mais alargado ver W. Marques, 1998, pp. 397-453).

[23] As reservas mínimas são reguladas agora pelo Regulamento (CE) nº 1745/2003 do Banco Central Europeu de 12 de Setembro de 2003, relativo à aplicação do regime de reservas mínimas (BCE/2003/9 JO L nº 250, de 2.10.2003, que revogou o Regulamento (CE) nº 2818/98, de 1.1.1998 entretanto alterado pelo Regulamento (CE) nº 1052/2008 do Banco Central Europeu, de 22 de Outubro e pelo Regulamento (UE) nº 1358/2011 do Banco Central Europeu, de 14 de Dezembro de 2011.

Temos deste modo uma via de intervenção na massa monetária: tendo a variação da percentagem das reservas obrigatórias os efeitos vistos atrás.

O BCE não tem contudo procedido a alterações das taxas de reserva como instrumento de controlo da moeda em circulação.

8.2. As operações em mercado aberto (open market operations)

Uma outra via de intervenção na oferta monetária, também com grande tradição, é através da compra e venda de títulos, conseguindo-se igualmente por esta via alterar a massa monetária.

Suponhamos em primeiro lugar que se pretende reduzi-la, para atenuar uma situação de inflação. Tendo títulos em carteira, as autoridades procedem à sua venda, com o que se reduz o dinheiro em circulação.

Na situação oposta, querendo-se aumentar a massa monetária, por exemplo para reanimar uma economia em recessão, as autoridades monetárias compram títulos que bancos ou outras entidades tenham em carteira, com o que passa a ser maior o volume de moeda em circulação.

As operações de *open market* são organizadas em leilões regulares, através dos quais o BCE se dirige aos estabelecimentos de crédito. Trata-se de operações que podem ser de quatro tipos: operações principais de refinanciamento (*main refinancing operations*), operações de refinanciamento a prazo alargado (*longer term refinancing operations*), operações ocasionais de regularização (*fine-tuning*) e operações estruturais (*structural operations*).

8.3. As 'facilidades permanentes' de cedência e aceitação de fundos. O relevo das taxas de juro

Podendo estar em causa nas operações a utilização de títulos, no Eurossistema o dinheiro acaba por chegar ou sair dos bancos comerciais basicamente através das chamadas 'facilidades permanentes' (*standing facilities*): a 'facilidade permanente de cedência de liquidez' (*marginal lending facility*) e a 'facilidade permanente de depósito' (*deposit facility*): a primeira disponibilizando fundos e a segunda absorvendo-os.

No primeiro caso o BCE anuncia a taxa de juro a que o Sistema está disposto a fornecer liquidez aos bancos que a requeiram. Por iniciativa destes últimos, os bancos centrais nacionais fornecem-lhes os fundos requeridos à taxa de juro fixada.

No segundo caso, quando os bancos têm excesso de liquidez, i.e., mais fundos do que aqueles de que necessitam, podem solicitar aos bancos centrais nacionais que os recebam em depósitos, que serão remunerados também à taxa de juro pré-anunciada pelo BCE.

Através destas operações, o BCE pode influenciar a circulação monetária na medida em que fixa as taxas de juro respectivas: taxas que acabam por ter influência nas demais taxas de juro do mercado monetário e do mercado financeiro[24].

De facto, se é aumentada a taxa de juro da facilidade permanente de cedência de liquidez, os bancos comerciais não podem deixar de subir as taxas cobradas nas suas operações activas, sob pena de perderem dinheiro, cobrando aos seus clientes menos do que aquilo que têm de pagar ao Banco Central. Por outro lado, sendo o dinheiro aqui mais caro, alguma deslocação para outras fontes fará subir o juro respectivo.

Tudo aponta pois para que se reduza a circulação monetária.

Se pelo contrário baixa a taxa de juro da facilidade em análise os bancos comerciais, na concorrência entre si, não deixarão de baixar o mais possível as taxas aplicadas ao seus clientes, procurando atraí-los, com consequências nas demais taxas do mercado e no aumento da circulação monetária.

No que respeita à taxa de juro da facilidade permanente de depósito, temos que os bancos comerciais não poderão deixar de receber juro mais altos do que aqueles que pagam pelos depósitos que recebem, sob pena de também neste caso estarem a perder dinheiro.

Temos pois que as taxas anunciadas pelo Eurossistema para a cedência e a absorção de liquidez funcionam como limite superior e inferior para todas as restantes operações. Nenhum banco estará disposto a obter fundos a uma taxa de juro superior àquela a que o BCE se dispõe a fornecer. Similarmente, nenhum banco cederá fundos a uma taxa inferior àquela a que o BCE se dispõe a pagar.

---

[24] Dada a interpenetração entre eles referida em VII.3 (p. 204). Subindo por exemplo a taxa de juro do mercado monetário a procura desloca-se para o mercado financeiro, com a consequente subida da taxa. Ainda a título de exemplo, se baixar a taxa no primeiro destes mercados, embora com maior dificuldade, poderá haver alguma deslocação da procura do segundo, com a consequente aproximação das taxas.

Actualmente assume especial relevo a Orientação do Banco Central Europeu de 1 de Dezembro de 2003, que alterou a Orientação BCE/2000/7, relativa aos instrumentos e procedimentos de política monetária do Eurossistema (BCE/2003/16) (2004/202/CE), JO L nº 69, de 8.3.2004, sobre Operações Principais de Financiamento. É a taxa destas operações, agora com a duração de uma semana, que se entende ser a taxa de juro do euro.

Compreende-se, para além disso, que estejam de permeio as demais taxas do mercado, designadamente as taxas do Mercado Monetário Interbancário (MMI), mercado em que alguns bancos oferecem o seu excesso de liquidez, enquanto outros o procuram. Conforme a relação entre a oferta e a procura formar-se-á uma taxa de juro de equilíbrio (o EURIBOR na zona euro).

As taxas de juro das facilidades permanentes foram fixadas inicialmente em 4,5 e 2%, respectivamente, tendo as 'operações principais de refinanciamento' sido efectuadas pela taxa de 3%. Mas em 1999, quando se verificava uma taxa de inflação inferior a 1% e havia uma previsão de baixa do crescimento do produto, procedeu-se a uma redução das taxas directoras: fixando-se a taxa da facilidade de cedência em 3,5% e a de depósito em 1,5% (as operações principais de refinanciamento passaram a ser efectuadas à taxa de juro de 2,5%). Depois de outras evoluções, já em 2000 (em Abril), quando havia uma outra conjuntura, com inflação, crescimento anormal de M^3 e crescimento económico relativamente elevado, as taxas das facilidades permanentes passaram para 4,75 e 2,75% respectivamente (e a das operações principais para 3,75%). Agora, com a crise que atravessamos, chegou-se naturalmente aos valores mais baixos.

9. O euro

Embora estando em circulação há já alguns anos[25], dado que se trata de uma moeda nova e que vem suscitando dúvidas (em especial com a crise atual) justifica-se que se refiram as razões que levaram à criação do euro, bem como, mais concretamente, o que pode esperar-se dele num país como Portugal; num número em que se dão também algumas indicações básicas sobre o seu quadro institucional e de funcionamento.

9.1. As razões da sua criação

A ideia de haver uma moeda única na Europa tem antecedentes com o Plano Werner, em 1971[26]. Tratou-se todavia de uma ideia prematura, só

---

[25] Sobre os passos dados, designadamente com a exigência dos critérios de convergência nominal, pode ver-se Porto (2009a, pp. 455-62) e *infra* XII.2.3 (em especial pp. 326-7, v.g. a n. 4).
[26] Conhecido pelo nome do então Primeiro Ministro do Luxemburgo, Pierre Werner.

nos anos 80, depois do êxito do Acto Único Europeu, tendo vindo a verificar-se condições económicas e políticas para a sua criação.

Havendo reservas políticas em relação à perda de um atributo tradicional da soberania dos países, compreende-se que para a aceitação de uma moeda única tenha sido de grande importância o reconhecimento das vantagens gerais que poderia proporcionar[27].

Procurando alinhar os argumentos que podem ser aduzidos, podemos ver primeiro os benefícios e os custos de ordem geral, vendo depois em que medida são mais ou menos sensíveis para um país (ou para países) nas circunstâncias do nosso[28].

a) Em primeiro lugar, num plano em que não se levantarão dúvidas acerca dos benefícios líquidos que são conseguidos, são de referir os efeitos de eficiência resultantes da existência de uma moeda única: com diferenças apreciáveis mesmo em relação ao estabelecimento de paridades fixas, mantendo cada país a sua própria moeda.

Começamos por colocar-nos, assim, num plano micro-económico, constatando que são de facto de grande relevância os benefícios resultantes de ter deixado de ser necessário cambiar espécies monetárias e divisas (títulos de crédito em moeda estrangeira) para a concretização de todos os tipos de relações económicas entre os países da União, com os *custos de transacção* inerentes[29], de ter deixado de haver imprevisibilidade em rela-

---

[27] No plano político, contrapondo-se à perda de um instrumento de intervenção nacional, a favor do euro 'joga' a possibilidade de só assim países membros mais pequenos poderem ter algum papel numa política monetária relevante, com uma moeda importante no plano mundial (deixando de resignar-se à 'alegre possibilidade' de ir apenas 'a reboque' das decisões dos outros...) (entre nós ver por exemplo C. Costa, 1990, p. 27, Borges, 1991, pp. 368-9, Gaspar, 1992, pp. 196-7, Constâncio, 1992, pp. 108-9, Neves e Rebelo, 1996, p. 202, Alves, 2000, B. Azevedo, 1997, pp. 11-2 ou Atanásio, 1999).

[28] Entre nós ver ainda por exemplo A. Mateus, Brito e V. Martins (1995, pp. 55-63), Anastácio (1998), S. Lopes (1999) e C. Silva (1999).

[29] Incluindo, além das perdas directas com as trocas, os custos resultantes de haver por isso maiores demoras, v.g. com as transferências interbancárias (têm sido por exemplo muito maiores na Europa do que nos Estados Unidos).
Para ilustrar as perdas directas com as trocas foi dado o exemplo de um turista que, saindo do seu país com um montante determinado e trocando o dinheiro de país para país, se percorresse todos os demais países que faziam então parte da Comunidade (onze, mas não tendo o Luxemburgo moeda própria...) sem comprar nada chegaria ao final da viagem com menos de metade

ção a possíveis variações cambiais, com *custos de incerteza*[30] e de haver um conhecimento imediato (transparência), sem a necessidade de se estar sempre a consultar e a calcular câmbios para se saberem os preços dos bens e dos factores no vários países, evitando-se pois custos de informação e de cálculo[31].

Não é fácil quantificar com exactidão todos os custos que são assim evitados, mas é seguro que são muito significativos, bem maiores, do ponto de vista geral, do que o ganho que os bancos e os cambistas tinham antes com a troca de moedas e os especuladores com as variações imprevistas das cotações cambiais[32]; aliás, a moeda única terá vindo proporcionar um acréscimo da procura dos serviços bancários que em boa parte compensará – poderá ultrapassar mesmo – a perda das percentagens obtidas antes com a troca de moedas e divisas[33].

Mesmo sem o quantificar, compreende-se naturalmente que o afastamento de tais custos tenha por seu turno um impacto muito positivo na taxa de crescimento das economias[34]. A par do juízo que os economistas podem fazer, deve ter-se aliás em conta a percepção que os próprios

do valor com que havia saído (ver em Schor, 1999, p. 59, um quadro exemplificativo, não considerando todavia a passagem pela Irlanda...).

[30] Também estes custos se manteriam em medida assinalável com o estabelecimento de paridades fixas, ficando qualquer país com a possibilidade, que desapareceu por completo só com a moeda única, de em alguma ocasião se afastar do compromisso assumido.

[31] Como vantagem da moeda única pode referir-se em especial o alargamento proporcionado ao mercado dos títulos, beneficiando tanto os compradores como quem os emite (empresas ou entidades públicas).

[32] Não sendo desejável voltar atrás na possibilidade de os capitais circularem livremente entre os países (foi um êxito o 'mercado único de 1993': ver Porto, 2009a, pp. 447-54), a especulação entre as moedas europeias só poderia ser evitada com a moeda única, contribuindo aliás simultaneamente (como veremos em d) para uma indispensável maior estabilidade a nível mundial, só assim se evitando também ou atenuando-se os movimentos especulativos com as demais moedas.

[33] Na estimativa da Comissão só os custos de transacção representavam cerca de 0,4% do PIB comunitário (15 mil milhões de ECU's por ano), quando, segundo o 'Relatório Chechini', eram de 0,3% do PIB os custos das restrições alfandegárias por não haver o 'mercado único de 1993' (cfr. Chechini, 1988, p. 27).

[34] Estimando-se por exemplo que só uma redução de 0,5% no prémio de risco possa levar a um acréscimo do rendimento comunitário de 5 a 10%.

empresários têm das vantagens microeconómicas da união monetária, sendo especialmente favorável a opinião das pessoas ligadas ao mundo dos negócios[35].

b) Num outro plano, já claramente macroeconómico, tem sido apontada a estabilidade de preços proporcionada pela união monetária, com preços mais baixos e com menores variações.

Nos termos e com a probabilidade de êxito que serão referidos em 9.3.1 (p. 317), trata-se de estabilidade que é formalmente fixada como objectivo a prosseguir pelo Sistema Europeu de Bancos Centrais (SEBC), o Eurossistema.

Com a aceitação deste objectivo verifica-se a renúncia dos Estados e da Comunidade a recorrerem à via monetária e cambial para resolverem problemas de índole conjuntural (v.g. de inflação, levando a perdas de competitividade, e de desemprego) ou mesmo de crescimento[36], o que exprime uma mudança de atitude importante em relação à perspectiva antes dominante no que respeita à utilização da via cambial como modo de recuperar a competitividade das economias, bem como em relação ao reconhecimento de um papel favorável da inflação promovendo o investimento, a produção e a criação de emprego.

Na primeira linha, julgava-se que se tratava de uma via não só eficaz como com menores custos sociais, evitando-se os sacrifícios que a via orça-

---

[35] Para além dos resultados claros dos inquéritos que foram lançados (cfr. Porto, 2009$_a$, p. 466), a perspectiva teórica de animação dos negócios, num quadro dinâmico, foi desenvolvida por Richard Baldwin (1991).
Estimando-se que o ganho global com a formação do mercado único se situará entre 2,5 e 6,5% e tendo-se conjugadamente em conta os ganhos (v.g. de crescimento) proporcionados pela moeda única poderá esperar-se "an impact of the combined economic and monetary union worth between 3.6 per cent and 16.3 per cent of GDP, with a central estimate of 9.8 per cent" (Emerson e Huhne, 1991, p. 50).

[36] Ficando as autoridades dos países limitadas à utilização da política financeira (orçamental), não deixa aliás mesmo aqui de se verificar um estímulo forte no sentido da racionalidade na cobrança das receitas e na realização das despesas, sob pena de os cidadãos 'votarem com os pés' (*vote with the feet*), fugindo dos países (v.g. levando o capital) onde é maior a tributação comparada com o benefício proporcionado (havendo ainda a proibição formal, no acordo de Maastricht, de entidades públicas se financiarem no sistema monetário; ver o art. 101º; 123º do Tratado de Lisboa, TFUE): cfr. Machado, 2012). Há além disso as limitações, referidas em 9.3.2 e 9.3.3 (pp. 318-20), do Pacto de Estabilidade e Crescimento e do Tratado Orçamental.

mental necessariamente provoca, com aumentos de impostos e reduções de despesas, podendo apontar-se vários casos em que uma desvalorização (ou um sistema de *crawling peg*, com uma depreciação regular e previamente anunciada da moeda) se revelou como um modo satisfatório de ajustamento[37].

Mas a par destes casos podem apontar-se muitos outros em que, na ausência de perfeitas flexibilidade salarial ou mobilidade de mão-de-obra (pressupostos de facto geralmente não verificados), acabou por se cair numa espiral inflacionista, com a desvalorização a alimentar de novo a inflação; não se tendo por outro lado em conta que melhor do que ter havido a necessidade de recorrer a tal via teria sido a possibilidade de, com estabilidade, não se terem verificado desajustamentos e quebras de competitividade.

No que diz respeito ao papel da inflação, a experiência mais recente levou ao abandono, v.g. a médio e longo prazos, da sugestão da curva de Phillips, de acordo com a qual, como veremos em XII.6 (pp. 340-3), uma maior taxa de inflação seria condição para se conseguir uma maior nível de emprego (e de expansão económica), sendo pelo contrário necessário aceitar uma maior taxa de desemprego (e menor actividade) se se quisesse diminuir a inflação.

A tal propósito foi muito importante a experiência dos anos 70, com a persistência simultânea de taxas de inflação e de desemprego muito elevadas, tendo pelo contrário sido conseguidos resultados mais favoráveis em países com estabilidade monetária[38].

Por outro lado, estudos feitos mostram também que não há relação positiva entre inflação e crescimento, sendo igualmente aqui no sentido contrário a indicação que parece colher-se dos dados apurados.

Em todo este processo foi naturalmente de especial relevo a experiência da própria Comunidade, com os melhores resultados conseguidos

---

[37] Ver de Grauwe (2012, p. 36), dando como exemplos as desvalorizações belga e dinamarquesa (de 1982) e a desvalorização francesa (de 1982-3); podendo referir-se também o papel do sistema de *crawling peg*, com alguma desvalorização quando necessária, seguido em Portugal (ver *infra* XIV.1.2.1.c, p. 437).
[38] É por exemplo constatado (Emerson e Huhne, 1991, p. 58) que nos países da OCDE, no período entre 1970 e 1985, níveis mais elevados de inflação não estiveram ligados a níveis mais baixos de desemprego; os dados apurados apontam antes no sentido contrário.

pelos países desde que aderiram ao mecanismo de câmbios do SME; deixando de recorrer à desvalorização cambial para ajustar as economias e tendo conseguido, com estabilidade de preços, níveis apreciáveis de actividade económica e emprego[39].

Será de sublinhar por fim, para além de todas as considerações acabadas de fazer, que o próprio grau de integração já hoje verificado entre as economias da União veio tornar muito mais difícil ou mesmo afastar a possibilidade de se manterem políticas monetárias independentes, ainda que antes pudesse julgar-se desejável a sua existência. De um modo muito particular, a partir do momento em que, com o mercado único de 1993, há entre os países da União liberdade de circulação dos capitais e de prestação dos serviços financeiros, a possibilidade de um país desvalorizar a sua moeda poderia ser motivo para, independentemente de razões reais, se verificarem fugas de capitais com graves implicações.

Trata-se de risco que ficou já bem patente na instabilidade que se viveu na semana anterior ao referendo francês de Setembro de 1992 (sobre o Tratado de Maastricht), tendo levado então ao afastamento da libra esterlina e da lira italiana do mecanismo de câmbios do SME. Será de concluir, pois, que independentemente da opinião que se tivesse antes acerca da implantação da moeda única esta se tornou uma necessidade a partir do 'ponto de não retorno' a que já se chegou, como única forma de se evitarem situações de instabilidade que talvez não se verificassem nas circunstâncias anteriores (pelo menos com tanta probabilidade).

Para além dos problemas da economia real, a facilidade de actuação dos especuladores tem sido aliás a maior causa das crises recentes que se têm verificado; facilidade que só desaparecerá de facto (a menos que, com

---

[39] Pondo em causa esta conclusão acerca das virtudes do mecanismo de câmbios do SME, De Grauwe (3ª ed., 1997, p. 63), comparou num quadro os resultados apurados em países que dele faziam parte (v.g. a Bélgica, a Dinamarca, a Alemanha, a França, a Irlanda, a Itália ou a Holanda) com os verificados em países não membros (v.g. Portugal, a Espanha até 1989, o Reino Unido, os Estados Unidos ou o Japão); podendo ver-se que entre 1981 e 1993 as taxas de crescimento do PIB e do investimento foram de um modo geral menores no primeiro destes grupos.
Trata-se todavia de países com condições muito diferentes, parecendo-nos claro que há outras razões, desde logo o nível mais baixo de que partimos..., para que os valores de crescimento do PIB e do investimento tenham sido mais elevados por exemplo na Península Ibérica e nos outros países indicados, não ligadas a eventuais depreciações cambiais.

pesados custos, se recue vários anos na possibilidade de se verificarem movimentos monetários) com a moeda única europeia, levando à estabilidade cooperativa com outra(s) grande(s) moeda(s) do mundo a que nos referimos em d)[40].

c) Em terceiro lugar serão de referir vantagens no plano financeiro, sendo muito reduzida a necessidade de reservas com uma única moeda no conjunto comunitário[41].

No reverso da medalha poderá dizer-se que deixando os países de cunhar e emitir a sua própria moeda pelo menos alguns deles perderão uma importante fonte de receita, os 'ganhos de emissão' (ou de 'senhoriagem'). Não pode dizer-se, todavia, que se trata necessariamente de uma vantagem para a sociedade em geral, podendo ser uma forma de tributação que, na medida em que agrava os preços, penaliza a actividade económica dos países e o conjunto dos cidadãos.

d) Com uma moeda comunitária única passa ainda a Europa a poder ter um papel de maior relevo no contexto mundial. Será possível diminuir assim o peso do dólar e fazer frente ao *yen*, aparecendo o nosso continente com um papel importante, com uma moeda que poderá figurar entre as mais utilizadas nas relações económicas internacionais[42].

Há assim um ganho para a União, reduzindo-se os custos de transacção, de incerteza e de informação e cálculo na medida do acréscimo dos pagamentos de transacções comerciais com países terceiros que são feitos em euros (num valor estimado, só os primeiros representarão 0,05% do PIB comunitário) e passando a ser maior a capacidade de influência da União. Mas poderá esperar-se também um ganho geral (mundial),

---

[40] É por isso interessante ver o especulador mais famoso do mundo, Georges Soros, defender (1996, 2002 ou ainda 2004, cap. 6) uma maior estabilidade cambial e outros bons princípios...

[41] Acrescendo as poupanças que estrangeiros aplicarão em reservas de euros, calculou-se que teremos um ganho por pessoa de 700 dólares, ou seja de cerca de 126 antigos contos portugueses: em valores absolutos, a poupança de reservas de 200 mil milhões de dólares e a receita das aplicações feitas por outros de 35 milhões.

[42] O dólar tem uma posição muito acima do relevo dos EUA no comércio mundial; sendo feitos em dólares 42% dos pagamentos mundiais, quando é apenas de 19,6% a participação do país no comércio internacional.

Na União Europeia só o marco tinha uma utilização que se aproximava do volume do comércio da Alemanha (mesmo excedendo-o); estando a utilização das moedas dos demais países muito abaixo do relevo do respectivo comércio.

na linha dos entendimentos expressos ou tácitos dos mercados oligopolistas, havendo duas ou três grandes moedas (ou quatro, se for o caso): com a inerente responsabilização de cada uma das partes, designadamente das autoridades dos Estados Unidos da América, na política monetária e cambial[43].

Em relação à situação actual perdem as autoridade a possibilidade de continuarem a seguir políticas do menor rigor, mesmo tendo uma atitude de não intervenção nos mercados cambiais (*benign neglect*, 'negligência benigna' em tradução à letra)[44]. Será exigido de facto um maior rigor que ao fim e ao cabo acabará por beneficiar também os próprios EUA.

Como dissemos há pouco, também só assim será possível evitar os movimentos especulativos que se manteriam entre as grandes moedas do mundo.

9.2. Implicações para Portugal

Referidos os planos em que podem considerar-se os benefícios e os custos gerais da união monetária, podemos passar a ver em que medida se verificariam em Portugal, com um nível menor de desenvolvimento; reflectido na circunstância de se calcular que o país tenha tido (em 2002) um PIB *per capita* (em paridade de poderes de compra) de 72,5% da média comunitária (não obstante a aproximação verificada no conjunto dos anteriores dezoito anos, com uma quebra recente).

9.2.1. Como primeira hipótese poderá pensar-se que uma maior aproximação real entre os países será a consequência natural de um maior crescimento global, induzido pelo acréscimo de eficiência proporcionado pela união monetária. Não haveria razões para preocupação com algo que promoveria o conjunto e, em maior medida, as áreas mais desfavorecidas.

É este o resultado da experiência conhecida da própria Comunidade, com mais de quatro décadas, tendo os anos de maior crescimento sido

---

[43] Havendo todavia razões para poder recear-se que, pelo menos a curto e médio prazos, houvesse de facto uma maior volatilidade entre o euro e outras moedas; receio que não veio porém a confirmar-se.

[44] Podendo os americanos dizer, como disse o Secretário de Estado do Tesouro John Connally a um alto funcionário europeu: "Le dollar, c'est notre monnaie, mais c'est votre problème" (cfr. Schor, 1995, p. 7 e Silguy, 1996, p. 204). Da atitude de 'negligência benigna' falaremos em XIV.2.3 (pp. 446-8).

anos de convergência real e pelo contrário os anos de abrandamento – incluindo alguns de recessão – sido anos de agravamento dos desequilíbrios regionais (v.g. entre os países).

Sendo de prever, pelas razões vistas há pouco, que a moeda única viria a promover um maior crescimento da União, seria pois de esperar que, repetindo-se mais uma vez a experiência, se verificasse uma nova aproximação dos países e regiões mais desfavorecidos (da periferia); não havendo razões para preocupação, designadamente em Portugal.

9.2.2. Mas além disso razões para julgar que os referidos benefícios directos da moeda única, superiores aos custos, teriam uma expressão mais sensível precisamente nestes países (e regiões).

a) Quanto aos ganhos de eficiência, como consequência do afastamento dos custos de transacção, incerteza e cálculo, são ganhos que beneficiariam em maior medida os países menos desenvolvidos da Europa comunitária.

Sendo países onde há um grande predomínio de pequenas e médias empresas com problemas maiores de informação e de qualificação técnica para a consideração das flutuações e das diferenças cambiais, eram por isso mais sensíveis os custos da ausência de moeda única (designadamente os custos de incerteza e cálculo)[45].

No reverso da medalha poderia dizer-se que os países mais ricos beneficiariam mais das economias de escala proporcionadas pela união económica e monetária (estando à partida melhor preparados para tal); mas não tem de ser necessariamente assim, compreendendo-se bem que fossem os países mais pequenos a beneficiar de um modo mais sensível dessas economias de que os maiores podem dispor mesmo sem a abertura de fronteiras (tendo já no mercado doméstico a dimensão bastante).

Por outro lado os ganhos em análise serão mais sensíveis em países mais abertos ao exterior: para os quais, como é óbvio, são relativamente mais rele-

---

[45] Representando 15% dos lucros obtidos no conjunto das exportações entre os países comunitários e sendo duplos para as PME's, especialmente de países fora da mecanismo de câmbios do SME. Estando tais custos estimados em 0,4% do PIB para o conjunto comunitário, chegarão a 1% em países como o nosso (sendo de 0,1 a 0,2% nos países de maior dimensão).
Não são aliás só as empresas a beneficiar directamente, nas suas operações e nos seus cálculos, com a existência da moeda única: também os consumidores, por exemplo os turistas, têm com ela um enorme ganho.

vantes os pagamentos e os recebimentos em moeda estrangeira, representando por isso mais os ganhos resultantes de não ser necessário transaccionar moedas e de não haver incertezas e necessidades de cálculo (no limite, não haverá problema nenhum para um país totalmente fechado ao exterior).

Trata-se de circunstância relevante para Portugal, com um grau de abertura razoável, tal como se verá em XIII.1, no primeiro quadro aí inserido (p. 346).

b) Conforme vimos, podem levantar-se já dúvidas de carácter geral no plano da intervenção conjuntural, representando a moeda única a renúncia a um instrumento a que os países têm tradicionalmente recorrido: v.g. em casos de inflação ou de desemprego. Por exemplo no primeiro caso a desvalorização e a redução da oferta de moeda (a restrição do crédito) seriam meios de recuperação da competitividade das economias nacionais, face a países com maior estabilidade de preços.

Acresce, com relevo para a análise que estamos a fazer agora, que se trata de problema especialmente sentido nos países menos desenvolvidos e da periferia da União, v.g. tradicionalmente com níveis de inflação mais elevados. Assim aconteceu em Portugal, onde o sistema de *crawling peg* seguido em anos recentes teve o propósito e o resultado de atenuar em alguma medida os efeitos da diferença de inflação em relação à generalidade dos demais países da OCDE (reforçado, se necessário, com uma desvalorização adicional: tal como aconteceu em 1993, como resposta – mesmo assim só numa segunda ocasião e em menor medida – a uma desvalorização da Espanha, comprometendo a competitividade das nossas empresas).

São pois razões acrescidas para que se procurem aqui modos de actuação com menores custos sociais, tratando-se aliás de países com problemas especialmente delicados neste domínio.

Não parece, contudo, que para os países da periferia deva ser diferente o juízo acerca da intervenção cambial e monetária, com os seus méritos mas também com os seus custos.

Em contraposição, é de sublinhar que serão especialmente beneficiados com a estabilidade de preços e a redução de juros proporcionadas pela moeda única, com vantagens que poderão ultrapassar em grande medida os eventuais custos da renúncia à via cambial e monetária: sendo de esperar, muito em concreto, que a diminuição dos encargos financeiros que a moeda única viria proporcionar compensaria largamente os custos de renúncia à utilização (de eficácia e mérito aliás duvidosos, como se disse) da via monetária e cambial para ajustar as economias.

De um modo muito significativo, a importância da redução dos encargos financeiros ficou reconhecida num inquérito lançado a 9 000 empresários: tendo os empresários das regiões com atraso estrutural (*lagging regions*: as regiões objectivo 1, em que se incluiria a totalidade do nosso país) distinguido, entre um número avultado de factores, o "custo do crédito" como o factor negativo mais relevante condicionando o seu desenvolvimento (IFO, 1987 e Emerson e Huhne, 1991, pp. 157-61).

Sublinhando a diversidade dos interesses em jogo conclui Cadilhe que "ao fim e ao cabo, a UEM vai arrastar para Portugal como para outros Estados membros, a redução de poderes nacionais e o acréscimo da *eficiência microeconómica*. Na perspectiva desses efeitos e na ausência de efeitos perversos (...), a UEM é bem capaz de vir a ser um *mau* evento para os políticos de governação central e um *bom* evento para os *agentes económicos*, empresários e trabalhadores" (1992, p. 205). Verificando-se esta alternativa, não deveriam levantar-se dúvidas sobre o objectivo a privilegiar.

Em relação ao abandono da capacidade de intervenção podia aliás dizer-se, como disse Borges (1991, p. 395), que se tratava de um abandono com custos que "podem também ser interpretados como benefícios. De facto, é evidente que o principal problema que a UEM levanta é a redução ou eliminação do privilégio de actuar de forma imprudente ou incompetente, privilégio que hoje ainda existe, quer para as autoridades, quer para as empresas portuguesas. A integração na União Económica e Monetária traduzir-se-á por uma disciplina férrea que nos será aplicada na sequência de restrições que nos ultrapassam, disciplina quer para a política económica quer para a gestão das empresas"[46].

c) Por fim, no plano financeiro é de ter em conta a referida perda de ganhos de emissão (senhoriagem), com algum relevo para Portugal, onde ainda em 1986-90 representavam 1,9% do PNB, mais do que o dobro dos

---

[46] Apesar da sua posição reticente, atenuada nas edições seguintes (v.g. 2012), já na ed. de 1997 (3ª ed., p. 51) De Grauwe não deixa de reconhecer, face à experiência conhecida, que "the argument that exchange rate chantes are *dangerous instruments* in the hands of politicians is important" (itálico nosso); acrescentando contudo que "the fact that such an instrument can be misused is not sufficient reason to throw it away, when it can also be put to good use, when countries face extraordinary circumstances". Recentemente com a crise vêm aumentando dúvidas sobre o acerto na introdução do euro. Há alguns autores defendendo mesmo a saída. Ver, apenas a título de exemplo, F. Amaral, Bagus, Norvig e Brás Teixeira.

valores em Espanha (0,8), na Itália (0,7) e na Alemanha (0,6), sendo de 1,5% na Grécia (ver De Grauwe, 4ª ed., 2000, pp. 20-1).

Tratava-se contudo de ganhos que estavam a perder rapidamente relevo. O valor em Portugal era de 3,4% em 1976-85, e já em 1993 estava em 0,6%, abaixo da Grécia (0,7), a par da Espanha e apenas 0,1% acima dos valores da Itália e da Alemanha.

Para além disso, há que ter em conta que com a emissão de euros há ganhos de emissão para o Banco Central Europeu, que não são receitas do orçamento da União, mas sim dos países participantes. Ora acontece que nos termos definidos a distribuição por estes é feita de acordo com a dimensão das economias. Trata-se por isso de distribuição que favorece Portugal em relação à utilização anterior do escudo, abaixo do nosso movimento económico; desfavorecendo já pelo contrário a Alemanha, com uma moeda (o marco) que actualmente tem uma utilização acima da dimensão da economia desse país. Numa primeira estimativa calculou-se que Portugal começasse por ter no início um ganho de 100 milhões de contos[47].

d) Ponderando todas as circunstâncias Emerson e Huhne, depois de terem mostrado alguma dúvida sobre os benefícios da UEM do ponto de vista da equidade (e grande certeza sobre os benefícios de eficiência e de estabilidade), concluem que "it would be surprising if EMU did not deliver equity as well" (loc. cit. p. 31). É esta a convicção da Comissão Europeia, nos termos da análise do capítulo 9 de *One Market, One Money* (*European Economy*, 1990), numa linha aplicável especialmente ao nosso país[48].

---

[47] Uma moeda que assegure a estabilidade monetária leva ainda ao abaixamento de encargos financeiros, com especiais reflexos na dívida pública. Trata-se de benefício conseguido por Portugal com a adopção do euro.

[48] Ver por ex. Torres (1995), antecipando que a economia portuguesa era "uma das economias europeias que, pelas suas características, mais teria a beneficiar com a moeda única, tão rápido quanto possível"; na lógica de que "a small economy tends to lose less (gain more) than a larger closed economy by giving up its monetary autonomy and joining in a monetary union with its trading partners" (1996, p. 15 e 1997, p. 103; ver tb. Lourenço, 1997 e depois Ardy, Begg, Schelkle e Torres, 2002). Com uma posição muito negativa ver pelo contrário S. Ribeiro (1997), ou com reservas em relação à entrada na primeira 'linha' F. Amaral (1999).
Sendo sempre sugestiva a comparação com esse grande território com moeda única, é de assinalar que as desigualdades regionais (v.g. inter-estaduais) são menores nos EUA do que na Europa (ver Boltho, 1994, mostrando que são também menores as desigualdades nas taxas de desemprego; ver ainda Williams, 1994, pp. 168-9). Recentemente, com a crise, têm aumentado as reservas sobre o euro, com autores a defenderem vias de reforço ou a saída: ver por ex. Bagus

9.3. O papel do Sistema Europeu de Bancos Centrais (SEBC) e do Banco Central Europeu (BCE)

9.3.1. O objectivo básico a atingir

Como vimos há pouco (em 9.1), o 3º do Tratado da União Europeia", Sistema Europeu de Bancos Centrais tem como 'objectivo primordial' a estabilidade dos preços.

Trata-se de objectivo acordado em Maastricht, face ao reconhecimento das vantagens referidas em 9.1.c) e em 9.2 c). Ficou por isso expressado de um modo inequívoco no artigo 105º agora no artigo 127º do TFUE, onde se acrescenta que o apoio a "políticas económicas gerais na União tendo em vista contribuir para a realização dos objectivos da União, tal como se encontram definidos no 3º do Tratado da União Europeia", será feito "sem prejuízo do objectivo da estabilidade dos preços" (cfr. F. Gomes, 2012).

Assim se estabeleceu face à experiência bem sucedida dos países com estabilidade monetária, sendo difícil ou impossível identificar outro objectivo aceitável por todos.

Para além do que é desejável poderá perguntar-se se é provável que se consiga a estabilidade de preços. A par de outros factores, incluindo o facto de ser 'imposta' pelo Tratado e pelos Estatutos do Sistema Europeu dos Bancos Centrais (art. 2º), acontece que a probabilidade de o conseguir é maior na medida em que se trata de objectivo comum a vários países e levado a cabo por uma instituição independente[49]: por isso totalmente afastada das políticas internas, com objectivos diferentes e talvez contraditórios entre os vários países.

9.3.2. O Pacto de Estabilidade e Crescimento

Depois de ultrapassadas as dificuldades para se chegar ao euro, uma grande exigência de rigor continuou agora com o Pacto de Estabilidade e

---

(2011), P. B. Teixeira (2012), Amaral (2013), Bento (2013), Aristis e Sawrt, ed., (2013, v.g. os artigos de Hein, Truger e Van Treeck e de Leão e Palacio-Vera), Bouthevillain, Dufrénot, Frouté e Paul (2013), Lavouras (2013), A. Nunes (2013), Nordvig (2014) ou Mello (2013), com uma visão do outro lado do Atlântico; bem como, procurando lições para esse lado, Accioly e Fontoura (2013).

[49] O maior êxito em políticas de estabilidade conseguido em países com bancos centrais independentes ficou confirmado em estudos econométricos que foram levados a cabo (ver por exemplo Alesina, 1989 ou Harrison e Healey, 1995).

Crescimento, proposto no Conselho Europeu de Dublin e aprovado no Conselho Europeu de Amesterdão.

Compreende-se que tenha sido proposto e acordado, não podendo admitir-se que a estabilidade e a credibilidade do euro ficassem em causa com políticas menos rigorosas: tal como se compreende que esta preocupação fosse particularmente sentida e que a proposta tivesse sido feita pela Alemanha, país com especiais responsabilidades, com uma boa experiência recente de estabilidade e com uma muito má experiência histórica de inflação (designadamente em 1923, quando a hiperinflação verificada contribuiu para que fosse aberto caminho ao nazismo).

Trata-se de Pacto nos termos do qual a exigência de se manter o défice orçamental aquém dos 3% continuou com a moeda única, com penas pesadas para quem não a cumpra[50]. Compreende-se que se restrinja a este objectivo, perdendo agora sentido, em grande medida, as outras exigências de Maastricht, dependendo a inflação e as taxas de juro da política monetária, que deixou de ser da responsabilidade dos países (passou basicamente para o BCE, em Frankfurt), e estando a redução do défice público ligada ao cumprimento anual da meta do défice orçamental.

Nos seus termos são estabelecidas multas pesadas para os países que ultrapassem o máximo fixado (estando em aberto as condições excepcionais em que tal será admitido) e que não façam depois um esforço reconhecido de recuperação. Será todavia pouco provável que em algum caso um país chegue ao ponto de ser sancionado, com as oportunidades de correcção que lhe são dadas (o valor em causa começa aliás por ser apenas depositado no Banco central durante um prazo de dois anos) e o 'peso' das multas previstas (por isso dissuasoras), no início com uma parte fixa de 0,2% do PIB, e a outra variável, de 0,1% do PIB, por cada ponto percentual acima do referido tecto de défice, até a um máximo de 0,5% do PIB[51].

---

[50] Com a sua análise e a sua crítica ver A. Cabral (1999 e 2001), Beleza (1999) e P. P. Cunha (2000, receando que possa ter consequências deflacionistas). Impondo alguma limitação adicional nos períodos de maior crescimento económico, Constâncio julga que com o Pacto de Estabilidade e Crescimento há um agravamento de rigor em relação ao Tratado de Maastricht (1997, p. 3). Com análises de anos já então decorridos ver por exemplo Allsopp e Artis (2003), Artis (2003), Barjou (2003) e Fitoussi e Le Cacheux (2003, pp. 53-142).

[51] Tendo a Alemanha na ECOFIN de Noordwijk no dia 5 de Abril de 1997, através do Ministro das Finanças Theo Weigel, pressionado no sentido do endurecimento das sanções (v.g. com a aplicação de uma outra sanção nas mesmas proporções a um país com défice excessivo que após

A MOEDA

Face às dificuldades a ultrapassar e aos objectivos a atingir, importa é que, além de uma melhor coordenação macroeconómica e de um rigor maior em cada país, se verifique uma melhor adequação de todas as políticas comunitárias, com especial relevo para o apoio que deve ser proporcionado às políticas estruturais[52].

Compreende-se que tenha sido especialmente 'acesa' a polémica acerca do rigor do Pacto, acrescido, já depois do Tratado de Maastricht, com a exigência de se ter um défice 0 dois anos depois (com o adiamento aceite, em 2006).

9.3.3. O Tratado Orçamental

Este é o título abreviado que se dá ao *Tratado sobre Estabilidade, Coordenação e Governação na União Económica e Monetária*, celebrado no dia 2 de Março de 2012 entre 25 países membros da União Europeia, oito deles não participantes do euro (só não o assinaram o Reino Unido e a República Checa), que entrou em vigor no dia 1 de Janeiro de 2013.

Nos seus termos, e na sequência de outras iniciativas, considerando "as suas políticas económicas uma questão de interesse comum", "desejosos de promover condições favoráveis a um crescimento económico mais forte na União Europeia e de desenvolver para o efeito uma coordenação

---

um ano não tenha rectificado a situação), chegou-se ao compromisso de no segundo ano a sanção só se aplicar à parte variável, sendo de 0,1% do PIB por cada ponto acima do tecto de 3%.

Suscitou um reparo especial (também em outros planos, não só no plano orçamental) que se tivesse proposto que as multas pagas pelos países faltosos constituíssem receita dos países cumpridores. Seria todavia bem mais chocante, entendeu-se, que revertendo para o orçamento da União pudessem beneficiar também países não membros do euro, quiçá por não quererem (casos do Reino Unido, da Dinamarca e da Suécia) e talvez com défices orçamentais ainda maiores... Face à reacção gerada o Conselho de Amesterdão veio determinar que fossem receita do orçamento da UE (ultrapassando-se assim desde logo a dificuldade jurídico-orçamental), mas consignada, não podendo de forma alguma reverter a favor de um não membro (podendo admitir-se ainda, julgamos nós, que seja utilizada na ajuda a algum país não cumpridor que faça contudo todo o esforço que lhe seja exigível).

Mas não pode deixar naturalmente de suscitar grande polémica a complacência do ECOFIN na década passada (Conselho de Ministros das Finanças de 24 de novembro de 2003) em relação aos défices excessivos da Alemanha e da França, tendo o Tribunal de Justiça das Comunidades, em acórdão de 13 de Julho de 2004, dado razão à Comissão Europeia na acção por isso posta contra o Conselho.

[52] À sugestão da criação de um fundo para acorrer a choques assimétricos referir-nos-emos em XIV.2.2 (pp. 445-6).

cada vez mais estreita das política económicas na área do euro", e "manifestando a sua disponibilidade para apoiar as propostas que a Comissão Europeia venha a apresentar a fim de reforçar o Pacto de Estabilidade e Crescimento", adoptam determinadas medidas, designadamente:

- Regra de equilíbrio: a situação orçamental das administrações públicas de cada Estado Membro, cuja moeda seja o euro, deve ser equilibrada ou excedentária (artigo 3º, nº 1, al. a);
- Cumprimento da regra: o equilíbrio é respeitado se o respectivo saldo estrutural anual tiver atingido o objectivo de médio prazo específico desse país, tal como definido no Pacto de Estabilidade e Crescimento (artigo 3º, nº 1, al. b);
- Definição de saldo estrutural: saldo anual corrigido das variações cíclicas e líquido de medidas extraordinárias e temporárias (artigo 3º, nº 3, al. a);
- Limite ao défice estrutural: 0,5% do PIB a preços de mercado (artigo 3º, nº 1, al. b);
- Possibilidade de ultrapassagem do limite: o défice estrutural pode atingir 1% do PIB a preços de mercado, quando a relação entre a dívida pública e o PIB a preços de mercado for significativamente inferior a 60% e os riscos para a sustentabilidade a longo prazo das finanças públicas forem reduzidos (artigo 3º, nº 1, al. d);
- Mecanismo de correcção: accionamento automático em caso de desvio significativo do objectivo de médio prazo ou da respectiva trajectória de ajustamento (artigo 3º, nº 1, al. e);
- Transposição da regra de equilíbrio para os ordenamentos jurídicos nacionais: através de disposições vinculativas e de carácter permanente, de preferência a nível constitucional (artigo 3º, nº 2);
- Emissão de dívida pública: comunicação prévia ao Conselho da União Europeia e à Comissão Europeia dos planos de emissão de dívida pública (artigo 6º);
- Coordenação das políticas económicas: os Estados-membros, cuja moeda seja o euro, comprometem-se a debater previamente todas as reformas significativas de política económica e, quando adequado, a coordená-las entre si (artigo 11º).

Capítulo XII
A Inflação

1. Noção

Todos temos ideia do que é a inflação, que podemos definir como a subida *continuada* e *apreciável* do nível *geral* dos preços.

Para que haja inflação não basta pois uma qualquer subida de preços. Tem que se tratar de um *processo*, não bastando uma elevação momentânea, ainda que de grande expressão; tem que se tratar de uma subida *apreciável*, acima de uns 3 a 5% ao ano, embora haja quem chame inflação rastejante *(creeping inflation)* uma subida aquém daquele valor; e tem que se tratar de uma subida da *generalidade* dos preços, não bastando que, embora continuada e alta, se verifique apenas num ou noutro sector. Mas claro que, como se acentuará adiante, mesmo em inflação nem todos os preços sobem e alguns sobem mais do que os outros.

2. Medição

Levantam-se dificuldades, a que foi feita referência no capítulo VIII (a propósito da *Contabilidade Nacional*), na medição da inflação. Aos números-índices, que constituem o modo mais comum e mais prático de comparar níveis de preços no tempo (referimo-lo já em XII.2, pp. 225-6), vendo-se assim a sua subida, tem que se chegar através de valores médios, pois nem todos os preços se alteram na mesma medida. Só se assim fosse não se levantariam as dificuldades que passamos a apontar.

2.1. As escolhas e as ponderações a fazer

Podemos começar por chamar a atenção para que a medição da alteração dos preços de absolutamente todos os bens, além de impossível, se revelaria de utilidade limitada. De acordo com o objectivo da análise que se queira fazer, poderá interessar conhecer a evolução dos preços dos bens de consumo, ou a dos salários (provavelmente para comparar com a primeira, para se saber se o nível de vida dos trabalhadores melhorou ou piorou), ou ainda por exemplo a dos bens vendidos por grosso.

Assentando-se por hipótese em que interessa conhecer a evolução dos preços dos bens de consumo, que mostra a alteração do custo de vida, constata-se de novo a impossibilidade e mesmo a inutilidade de se averiguarem os preços de absolutamente todos os bens. Sendo em número avultadíssimo, há que fazer uma escolha, na qual deverão ser excluídos os que só são comprados por um número muito reduzido de pessoas. Assim, supondo que num país uma só pessoa está interessada ou tem possibilidades de comprar um determinado bem, não teria sentido dizer que com a subida apenas do seu preço se agrava o custo de vida nesse país.

Por outro lado, no que respeita aos bens relativamente aos quais se justifica medir as variações de preços (por serem de consumo mais comum), há que defini-los bem, quando sob o mesmo nome podem aparecer artigos de qualidade muito diferente. A título de exemplo, não bastará referir o bem *pão*, dado que há pães de diferentes qualidades, ou o bem *automóvel*, visto que se sabe que o preço de um automóvel de alta gama é muito diferente do preço de um automóvel utilitário.

Entre os vários bens e as várias categorias do mesmo bem não é depois satisfatório apurar médias não ponderadas, como pode ver-se através de um exemplo extremamente simplificado. Se só forem comprados dois bens, a um dos quais podemos chamar *comida* e ao outro *espectáculos*, e os seus preços subirem, respectivamente, de 20 e 100%, uma média não ponderada induzir-nos-ia na ideia de que haveria um agravamento do custo de vida de 60%. Simplesmente, é seguro que as despesas com cada um desses bens representam parcelas muito diferentes nos orçamentos das famílias. Assim, se de um modo geral se gasta 90% com comida e 10% com espectáculos, o agravamento do custo de vida é muito menor do que os 60%. Terá que ser determinado através do apuramento da média ponderada, onde se tem em conta quanto a compra de cada bem *pesa* nas despesas familiares:

$$\text{Média ponderada} = \frac{20 \times 0{,}9 + 100 \times 0{,}1}{0{,}9 + 0{,}1} = 18 + 10 = 28$$

portanto, 28%.

Compreende-se a dificuldade de encontrar os ponderadores correctos. Umas famílias gastarão mais em comida e outras menos, sendo difícil apurar a média relativamente a todas elas. Torna-se por isso necessário proceder por amostragem, o que, como é natural, envolve riscos de imprecisão.

2.2. As variações no tempo
Todas as dificuldades já apontadas são acrescidas pelas variações que se vão verificando ao longo dos anos. E o que interessa em grande parte dos casos, ao medir preços, é precisamente saber como é que vão variando no tempo.

Assim, a própria qualidade de bens correctamente definidos se altera, em princípio vai melhorando. A título de exemplo, no mesmo modelo de um automóvel pode haver aperfeiçoamentos, sendo difícil saber quanto da subida do preço desse bem corresponde a uma melhoria de qualidade (já no ano anterior um automóvel com essas características mais aperfeiçoadas teria custado mais) ou a um agravamento sem contrapartida para os consumidores.

Depois, pode acontecer que certos bens muito consumidos há algumas décadas, por exemplo o óleo para iluminação, quase não sejam gastos hoje em dia. Sendo assim, tinha sentido incluí-los então, mas não agora. Por sua vez outros bens, tais como receptores de televisão, só depois dessa época começaram a ser comprados (por um número apreciável de pessoas), começando a ser necessária a medição da evolução dos seus preços. Naturalmente, a substituição de bens a considerar levanta problemas estatísticos delicados.

Por fim, a própria decomposição das despesas familiares vai-se alterando, em relação a bens que continuam a ser comprados. Logo o facto de os preços de alguns bens subirem mais do que os preços dos outros leva a que se substitua o consumo dos primeiros pelo consumo dos segundos. Mas também podem levar a diferentes escolhas alterações nos rendimentos das famílias (como se viu em X.3.1.3, p. 260, se por exemplo aumenta o consumo desce a percentagem gasta com alimentação), nos seus gostos em virtude de modas ou de publicidade, etc.

*
* *

Apesar de todas estas dificuldades e das incorrecções que não é possível evitar (por exemplo não se resistindo talvez à 'tentação' de manter no elenco dos bens a medir alguns cujos preços se mantêm estacionários mas já ninguém procura)[1], muito de útil se consegue saber através do apuramento dos índices de preços. Só a confiança nos dados apurados no seio da União Europeia explica aliás que não se tivessem levantado dúvidas acerca dos êxitos conseguidos pelos vários países na diminuição das taxas de inflação respectivas, o que constituía uma das condições básicas (um dos critérios de convergência nominal) para se entrar no euro.

Podendo haver dúvidas, será mais aconselhável um sistema como o inglês, em que diferentes entidades, mesmo não públicas, apuram os índices de preços. Erros clamorosos, se os houver, evidenciar-se-ão através das comparações assim possibilitadas. Para além do interesse pontual há pouco referido, de se averiguar se haviam sido cumpridos os critérios de Maastricht, ou a partir da adopção do euro agora o interesse de se averiguar se o Banco Central Europeu está a conseguir cumprir o seu mandato de manutenção da estabilidade dos preços (referimo-lo em XI.9.3.1, p. 317), são diversos os campos em que releva um conhecimento correcto dos valores de subida dos preços: por exemplo nos campos tão sensíveis das negociações salariais ou da actualizarão de pensões e rendas.

2.3. A evolução verificada ao longo das décadas

Feitas estas prevenções, será interessante ver que houve fases muito diversas ao longo do século XX, com períodos de inflação que alternaram com períodos de estabilidade ou mesmo de descida de preços. Assim aconte-

---

[1] Andrade (1998 (00), cap. XII, p. 4) refere o atraso verificado no reinício da publicação de índices de preços na produção, abandonada em 1986, tendo continuado a publicação dos índices dos preços de consumo (IPC), por ser maior a subida dos primeiros.

A INFLAÇÃO

ceu na generalidade dos países[2], limitando-nos todavia aqui, na figura que se segue (figura XII.1), a mostrar as alternâncias verificadas no nosso país desde o início desse século:

FIG. XII.1
Taxa de crescimento anual dos preços (IPC) em Portugal

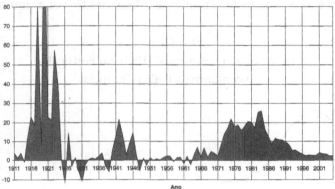

Fonte: Abel Mateus (2013, p. 38). Com dados mais recuados, desde 1811, ver Andrade (1998 (00), cap. XIII, p. 6); ou de 1960 até 2006, comparando com a Alemanha, Bento (2009, p. 47)

Constata-se que a um período fortemente inflacionista, na segunda e em parte da terceira década do século, se seguiu um período de descida de preços, designadamente na sequência da Grande Depressão iniciada em 1929. Depois de um novo período de inflação, quando da Segunda Guerra Mundial, houve uma assinalável estabilidade nos anos cinquenta e ainda nos anos sessenta[3]. Um novo período inflacionista teve origem na

---

[2] Além de inflações que ficaram na história, como foram os casos da inflação alemã de 1923 ou da inflação húngara de 1946, em anos mais recentes foram apurados valores especialmente elevados em países da América Latina e em alguns países menos desenvolvidos. Quando havia um número significativo de países socialistas (comunistas), as estatísticas mostravam valores muito baixos tratando-se de países de direcção central, mas já a Jugoslávia, com um socialismo descentralizado, tinha valores muito elevados de inflação.

[3] Medindo-se então os índices dos preços do consumo em seis capitais de distrito (em Faro desde 1963; já antes em Lisboa, Porto, Coimbra, Évora e Viseu), constatava-se que as subidas haviam sido ténues até 1965, raramente se tendo ultrapassado os 5% e tendo havido mesmo

primeira crise do petróleo, em 1973, alimentado em alguma medida no nosso país pela mudança política ocorrida (apesar dos congelamentos de determinados preços).

A partir do final dos anos oitenta começou a verificar-se uma diminuição sensível da inflação, num processo acentuado nos anos noventa, então sob a pressão da necessidade de cumprimento dos critérios de convergência nominal estabelecidos no Tratado de Maastricht[4] (ver a figura XII.2):

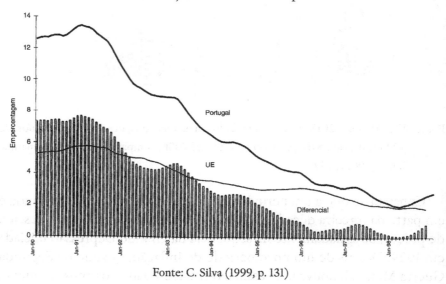

FIG. XII.2
Taxa de crescimento anual (IPC) em Portugal
e no conjunto da União Europeia

Fonte: C. Silva (1999, p. 131)

descidas em 1961. As subidas acentuaram-se na segunda metade da década de sessenta, mas só num caso foi superior a 10%. Cifras acima deste valor tornaram-se correntes só a partir de então, tendo sido ultrapassados os dois dígitos (10%), em todas as cidades, em 1974. Em 1975 houve uma redução no agravamento, mas devido a congelamentos e não a um aumento da produção que correspondesse ao aumento da procura (a produção da indústria transformadora diminuiu mesmo 5%). Não podendo continuar a fugir-se às leis do mercado, em 1976 deu-se novo agravamento. O ponto máximo de inflação veio a verificar-se uns anos mais tarde, em 1986, com 28,7%.

[4] Com a exigência de que no ano anterior à decisão sobre a entrada no euro um país não tivesse uma média do índice de preços no consumidor (IPC) 1,5% acima da média dos três países com inflação mais baixa. Os outros critérios eram também de estabilidade: das taxas de juro (não devendo a taxa de juro nominal média das obrigações públicas de longo prazo exceder em 2%

A INFLAÇÃO

Numa preocupação comum, é sensível a descida de preços no conjunto da União Europeia, que permitiu a entrada no euro logo no início a onze países; mas cumprindo igualmente os critérios de convergência outros três países, o ReinoUnido, a Suécia e a Dinamarca, que por uma ou outra razão (e justificação) não quiseram entrar.

Partindo todavia de uma situação de maior subida de preços, foi especialmente sensível a aproximação verificada no nosso país (conseguindo manter-se, o que é digno de registo, uma taxa de desemprego claramente mais baixa do que a taxa de desemprego do conjunto da União). Foi também notória a aproximação verificada na Grécia, todavia insuficiente para entrar no início do euro.

A aproximação verificada em cada país pode ser vista na figura XII.3 (foram também muito rápidas e significativas, especialmente para Portugal – que vinha de um modo geral de um afastamento maior – as aproximações verificadas com os outros critérios de convergência nominal estabelecidos em Maastricht):

FIG. XII.3
Inflação: 1991 e 1998

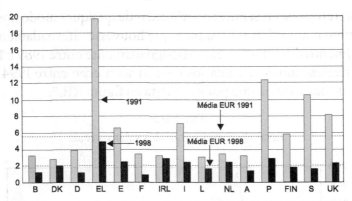

Fonte: Comissão Europeia, *Relatório Económico Anual de 1999* (COM (1999) 7 final, de 20 de Janeiro), p. 20

o valor das taxas dos três países com melhores indicadores), do défice orçamental (igual ou abaixo de 3% do PIB) e da dívida pública (igual ou abaixo de 60%, ou pelo menos aproximando-se deste valor); devendo ainda a sua moeda ter estado pelo menos nos dois últimos anos, sem desvalorização por iniciativa própria, no mecanismo das taxas de câmbio do Sistema Monetário Europeu (SME).

Por fim, na figura que se segue (figura XII.4) pode ver-se que as variações dos salários têm de um modo geral acompanhado as variações dos preços de consumo: com crescimentos maiores no final dos anos oitenta e reduções sensíveis ao longo dos anos noventa.

FIG. XII.4
Taxas de crescimento dos preços e dos salários

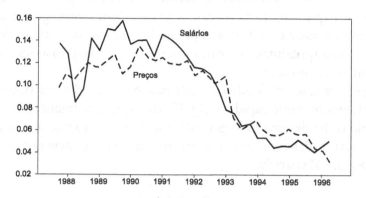

Fonte: Andrade (1998 (00), cap. XIII, p. 8)

As diferenças de crescimento verificadas de qualquer modo nos preços de consumo e nos salários levaram a que houvesse alternadamente anos de crescimento dos salários reais – designadamente entre 1989 e 1993 – e anos de decréscimo desses salários – assim aconteceu entre 1994 e 1996. Trata-se de alternância que pode ser vista na figura XII.5:

FIG. XII.5
Taxas de crescimento dos salários reais

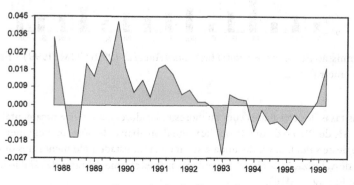

Fonte: Andrade (loc. cit.)

3. Causas

Ainda hoje não há uma teoria pacificamente aceite acerca do que origina a inflação, a qual aliás, em muitos casos concretos, parece ser consequência de diferentes factores. Vamos passar em revista as explicações mais comummente referidas.

3.1. Predomínio dado a factores de procura. A explicação monetarista

Tradicionalmente dava-se prevalência a factores monetários, na linha da teoria quantitativa da moeda, de acordo com a qual, como vimos em XI.7 (pp. 299-301), os preços variam no mesmo sentido (ou inclusive, de acordo com uma versão rígida da teoria, na mesma proporção) que a quantidade de moeda em circulação. Assim, as inflações foram primeiro explicadas pelos acréscimos de moeda de metal resultantes da descoberta de novas minas, e neste século por excessos de papel-moeda, emitida sem a ponderação devida: geralmente na procura de resolução de aflições governamentais.

A ideia monetarista teve um ressurgimento importante, já na segunda metade deste século, com a Escola de Chicago, de que é primeira figura o controverso mas justamente famoso economista norte-americano Milton Friedman (1956 e 1963).

Parece de facto claro que a um aumento da quantidade de moeda ou da sua velocidade de circulação (como vimos, o número de vezes que a unidade monetária circula na unidade de tempo considerada) estará ligada uma maior pressão do lado da procura.[5] Mas enquanto os autores monetaristas entendem que o primeiro aumento referido é que constitui o elemento causal (para alicerçar a sua tese Friedman socorreu-se de dados estatísticos desde o século passado), muitos outros, numa linha keynesiana, privilegiam diferentes factores de aumento da procura.

Passa-se assim em revista o que pode levar a algum agravamento das despesas: tanto despesas privadas, em consumo ou em investimento, como despesas públicas, em serviços correntes, investimento e defesa, como ainda despesas exteriores, traduzidas num excesso das exportações sobre

---

[5] Há quem destaque, entre as causas da inflação, a "inflação monetária", considerando depois a "inflação pela procura" (ver por exemplo A. M. Pinto, 1999, pp. 91-4); tratando-se de qualquer modo de mecanismos ligados, conforme se refere no texto.

as importações (recorde-se de X.3 e 4)[6]. Claro que quando uma despesa se substitui a outra, quando por exemplo o que o Estado gasta a mais com impostos corresponde ao que os particulares tiveram que passar a gastar a menos por terem pago esses impostos, não há um acréscimo global de despesa. Mas ele já existe quando por hipótese são utilizados recursos que estavam entesourados ou moeda criada de novo. No caso português durante vários anos foram muito relevantes os acréscimos de despesa possibilitados pelas avultadíssimas remessas enviadas por emigrantes a trabalhar no estrangeiro.

Pode todavia acontecer que ao acréscimo de gasto corresponda *de imediato* um aumento da oferta, designadamente por não se estar ainda numa fase de pleno emprego. Neste caso poderão os preços manter-se, como se exemplifica na figura seguinte (figura XII.6), em que ao acréscimo da procura para D' corresponde um aumento da oferta para S':

FIG. XII.6

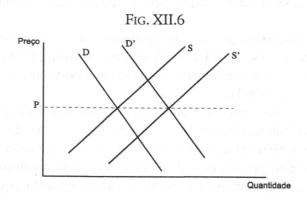

O agravamento dos preços verificar-se-á quando já não houver braços desempregados (a produtividade não aumenta de um momento para o outro) ou quando, mesmo antes disso, houver por exemplo insuficiência de equipamento fixo ou de matérias-primas. A insuficiência da oferta pode resultar da dificuldade ou impossibilidade de fazer importações, que de outro modo garantiriam a produção e a oferta.

---

[6] As despesas referidas não devem naturalmente ser colocadas todas no mesmo plano, ao estudar-se a inflação. A título de exemplo, enquanto o investimento poderá levar, num segundo momento, a um aumento da oferta de bens a vender no mercado, o mesmo não acontece com o consumo (e boa parte do investimento público).

Em muitos casos a insuficiência da oferta relativamente à procura pode não ser geral, verificando-se apenas num ou noutro sector da economia. Poder-se-ia julgar à primeira vista que a subida de preços seria então apenas sectorial, não se tratando portanto de inflação. Mas há sectores dos quais muitos outros dependem, pelo que uma subida de preços lá verificada é susceptível de alastramento a toda a economia. Poderá ser o caso por exemplo do sector agrícola, fornecedor de matérias-primas à indústria e de alimentos à população, cujo agravamento de preços não deixará de levar a tentativas sindicais de aumentos de salários e a aumentos de preços de bens finais, nos termos que serão melhor vistos adiante.

3.2. Predomínio dado a factores de custo

Principalmente a partir da década de sessenta é dado grande relevo também a este tipo de factores, sendo corrente os manuais de economia passarem a distinguir da inflação-procura (*demand-shift*) a inflação-custo (*cost-push*). A autonomização desta categoria de inflação foi motivada fundamentalmente por se ter constatado que em alguns casos a subida continuada dos preços começou a dar-se sem que houvesse pressão assinalável do lado da procura, mas apenas porque alguns custos haviam tido uma elevação autónoma.

Foi dado então grande relevo à inflação-salários, cuja existência alguns autores procuraram negar, invocando que só havendo depois pressão da procura a pressão salarial poderá levar a uma subida continuada dos preços. Simplesmente, quem autonomiza tal tipo de inflação não nega que seja assim, o que pretende é salientar o factor que dá início ao processo. E na verdade se um aumento autónomo de salários não é absorvido por uma redução de lucros ou por um aumento de produtividade pode, nos termos que se verão adiante, ser o elemento desencadeador da subida.

Acontece ainda que a inflação-salários não é a única espécie dentro da inflação-custos. Estes podem subir em consequência por exemplo da libertação dos preços de certos serviços, como poderá ser o caso de preços de serviços de transporte, anteriormente bloqueados, ou ainda em consequência da elevação dos preços de bens importados, tais como bens alimentares ou matérias-primas, por hipótese como consequência da desvalorização da moeda nacional relativamente às moedas estrangeiras. A subida das matérias-primas leva directamente a um aumento do custo de produção e a subida dos alimentos a uma deterioração do nível de vida dos trabalha-dores, que por sua vez procurarão obter aumentos salariais compensadores. Nos anos setenta teve grande impacto mundial a quintuplicação do preço do petróleo, que designadamente através do aumento dos custos de produção (houve outras vias de influência) foi um factor importantíssimo de inflação em grande número de países.

3.3. Predomínio dado a factores estruturais

Principalmente autores franceses autonomizaram um outro tipo de inflação, a inflação estrutural, originada em determinados mecanismos de formação dos preços. Também aqui pesou a análise de inflações havidas, tendo-se chegado à conclusão de que em determinados casos a subida de preços terá tido início sem que houvesse qualquer pressão assinalável do lado da procura ou do lado dos custos.

Os casos talvez mais citados são os casos da formação de preços pelas empresas em monopólio e em oligopólio que, independentemente de uma pressão como as atrás assinaladas, fixam uma determinada margem de lucro de acordo com os objectivos que prosseguem. Mas são igualmente citados os casos de preços fixados pelas autoridades por exemplo para os produtos agrícolas (pelos Estados ou, actualmente, pela União Europeia), para proteger os agricultores em casos em que pelo jogo do mercado as suas remunerações seriam insuficientes.

4. Desenvolvimento

Pode dizer-se que não há duas inflações iguais, acontecendo por outro lado que o desenvolvimento do processo inflacionista não tem que ficar necessariamente marcado pela causa ou pelas causas que estão na sua origem. Assim, ainda que na sua base esteja uma subida autónoma de custos, um processo continuado ou mesmo acelerado de subida de preços só se verificará se houver pressões do lado da procura; e sem dúvida alimentam a inflação as subidas salariais, por vezes acima da elevação do custo de vida, conseguidas pelos trabalhadores como resposta a pressões iniciais da procura.

Podemos começar por fazer, a titulo de exemplo, a descrição de um processo inflacionista onde confluem vários factores que a alimentam.

Suponhamos um determinado país onde, por razões de diferente ordem, se dá subitamente um grande acréscimo de despesas. Trata-se de acréscimo que, se for de investimento, pode ter efeitos multiplicados sobre o consumo, se for de consumo pode levar a um aumento acelerado do investimento, e que pode ainda verificar-se a interacção dos dois efeitos (efeito propulsor); embora sabendo-se que só em determinadas condições se dá um aumento do rendimento na medida dos coeficientes de multiplicação, aceleração e propulsão. Designadamente, à medida que a economia se aproxima do pleno emprego deixa de haver capacidade de resposta do lado da oferta, resultando da pressão da procura uma elevação cada vez mais acentuada do nível geral dos preços (recorde-se de X.2, v.g. pp. 255-6).

Aliás, o processo de aproximação da capacidade plena é apressado pela própria subida de preços. Como veremos melhor adiante, quando sobem os preços dos bens finais aumentam as expectativas de lucros dos empresários, que passam a produzir mais e a distribuir mais em salários, juros, rendas e lucros. Os titulares destes rendimentos naturalmente aumentam o seu gasto, elevando-se com isso a pressão inflacionista vinda da procura.

Simultaneamente, com a subida dos preços decresce o nível de vida dos trabalhadores, que através dos seus sindicatos passam a fazer pressão no sentido da alta dos salários. Em muitos casos têm êxito, sendo mesmo frequente conseguirem subidas mais amplas do que as verificados nos preços dos bens de consumo. A resposta dos empresários é então também agravadora da inflação, subindo os preços por forma a transferir para os consumidores o pagamento dos encargos salariais acrescidos, mas muitas vezes bem mais do que isso... A esta subida de preços respondem de novo os sindicatos.

À subida de salários segue-se uma nova subida dos preços estabelecidos pelos empresários, e assim sucessivamente: temos então a chamada espiral preços-salários.

Numa época de inflação o comportamento dos empresários pode ser inflacionista ainda por duas outras vias. Em primeiro lugar porque passam a fixar os preços em função, não dos custos efectivamente suportados, mas dos custos actuais ou mesmo futuros dos elementos utilizados. Em segundo lugar porque em certos casos começam a substituir a aplicação dos seus lucros em mais investimento por aplicações puramente especulativas, por exemplo em terrenos ou em jóias, que passam a ser mais atraentes quando as subidas de custos de tal forma se antecipam que tornam pouco rendosa ou mesmo deficitária a actividade empresarial. Uma situação destas verifica-se geralmente numa fase mais avançada da inflação.

Por fim, também o comportamento dos consumidores tende a ser agravador da inflação. Quando há expectativas de subidas próximas e acentuadas de preços, compra-se hoje o que de outro modo se compraria bem mais tarde, deixando-se de aforrar, desentesourando-se recursos ou recorrendo-se ao crédito. Tratou-se de comportamento corrente no nosso país quando havia inflação, que muito contribuíu para aumentos acentuados da despesa.

Todo o processo descrito poderia ter sido desencadeado por um aumento autónomo e inicial dos salários. Com ele haveria uma maior distribuição de rendimento a favor de pessoas com alta propensão para consumir, podendo o acréscimo de consumo ter efeitos acelerados, um aumento de investimento efeitos multiplicados, etc. Por seu lado, os empresários reagiriam à subida salarial com aumentos de preços, gerando-se a espiral salários-preços. Enfim, poderiam seguir-se todos os factores de inflação referidos atrás.

Em casos extremos pode chegar-se à *inflação galopante*, ou *hiper-inflação*. Quando tal acontece a moeda perde boa parte ou a totalidade das suas funções. Não admira que com a sua desvalorização, em ritmo que não pode prever-se, ela deixe de desempenhar a função de unidade de conta para efeitos de pagamentos diferidos, passando a estipular-se antes por exemplo que na data prevista se pagará a quantia que então corresponder a determinado peso de ouro ou a certo valor de uma moeda estrangeira mais estável. Não admira também que numa época destas a moeda vá deixando de ser usada como reserva de valor, pois acumular riqueza em moeda corresponde então a acumulá-la em algo que vai valendo cada vez menos. Por fim, em casos conhecidos da história, como foram os casos das inflações alemã de 1923 e hungara de 1946, em que os preços chegaram a multiplicar-se centenas ou mesmo milhares de vezes por dia, a moeda perde inclusivamente a sua função de meio de pagamentos, dado que as pessoas deixam de aceitar algo que horas ou mesmo minutos depois já tem muito menor poder de compra. Os pagamentos passam então a ter que ser feitos com géneros alimentícios, metais, maços de cigarros, etc.

5. Efeitos

Se absolutamente todos os preços subissem exactamente nos mesmos momentos e na mesma medida (ainda que alta), a inflação não teria o significado que efectivamente tem. A título de exemplo, se ao fim de um ano tivessem triplicado os preços dos bens de consumo mas tivessem igualmente triplicado, em cadência idêntica, os custos de todos os elementos de produção, inclusive do trabalho, manter-se-iam o ganho das empresas, o nível de vida dos trabalhadores, etc.

Mas porque não é assim a inflação tem importantes efeitos, como vamos passar a referir.

5.1. Efeitos sobre a distribuição do rendimento e da riqueza

Como alguns preços, designadamente de factores de produção, sobem menos do que os outros (há inclusivamente os que não sobem nada), com a inflação há quem perca e há quem ganhe.

Assim, ficam pior aquelas pessoas cujos rendimentos não se alteram ou se elevam menos do que os preços dos bens que compram, bem como os credores de quantias fixas. Estão quase sempre no primeiro tipo de situação os titulares de rendas, de juros e de pensões e ainda, em muitos casos, os que recebem rendimentos do trabalho. Quanto às rendas e aos juros, quando não são estabelecidos como montantes fixos quando os prédios são dados de arrendamento e as quantias são emprestadas, há actualizações legais ou convencionadas que muitas vezes não acompanham as subidas verificadas no mercado (as actualizações das rendas dos prédios urbanos admitidas por Portaria em cada ano, no nosso país, têm acompanhado a inflação, recentemente houve reavaliações, mas subsistem problemas gravíssimos de desactualização das rendas antigas e de manutenção dos prédios). No que respeita às pensões, dada a falta de poder negocial dos pensionistas (não podem, através de greve, paralisar nenhuma produção...), com frequência são aumentadas com atraso e em menor medida do que o aumento do custo de vida. Por fim, entre os que recebem remunerações do trabalho, têm maior facilidade na sua actualização os que trabalham por conta própria e, entre os que trabalham por conta de outrem, os que por qualquer razão têm maior força sindical. Pode dizer-se pois que a inflação redistribui dos mal organizados para os bem organizados.

A adicionar aos titulares de rendimentos atrás referidos, a inflação penaliza os credores, tanto mais quanto mais longo for o prazo do empréstimo. Assim, se alguém empresta 1 000 euros e a taxa de inflação é de 20%, ao ser-lhe restituído o dinheiro daí a um ano recebe a mesma quantia, nominalmente, mas valendo o que um ano atrás valiam 800 euros. Naturalmente, a perda será maior se o empréstimo for por dois anos.

Podemos dizer que, inversamente, há quem ganhe à custa dos que foram apontados como perdendo. Desde logo, ganha aquele que, pedindo 1 000 euros, devolve o correspondente a 800 ou menos euros. Por esta e outras razões, geralmente ganham também os empresários. Quase como norma constróem os edifícios das empresas, compram as maquinarias e as matérias-primas, acumulam estoques, etc., com dinheiro total ou parcialmente pedido de empréstimo, que já vale menos quando da devolução. Além disso, nos seus custos entram os juros a pagar pelos referidos empréstimos, rendas de terrenos e edifícios utilizados e ainda naturalmente os salários. De um modo geral os juros e as rendas são quantias fixas estipu-ladas no momento dos contratos, e frequentemente os salários não sobem tanto ou pelo menos tão depressa como os preços dos bens produzidos e vendidos. Sendo assim, com a inflação aumentam os lucros, ou seja, os rendimentos dos empresários.

Como síntese desta alínea, pode dizer-se que a inflação prejudica os capitalistas passivos (na restituição dos empréstimos, nos juros e nas rendas) e frequentemente os trabalhadores, beneficiando por outro lado os capitalistas activos, ou seja, os empresários.

5.2. Efeitos sobre a produção e o emprego

A última consequência assinalada, de beneficiar os capitalistas activos, leva a que a inflação possa ter efeitos favoráveis sobre a produção e o emprego.

Na verdade, se os lucros estão a aumentar e há expectativas de que tal continue a verificar-se os empresários vão investindo mais e consequentemente vai-se dando colocação a mais gente.

É no fundo devido a esta sua faceta, principalmente quando confrontada com o que resultaria da descida generalizada dos preços, que até há alguns anos não havia grande preocupação, antes pelo contrário, com a subida lenta que se ia verificando. Não pode dizer-se, com efeito, que a *deflação* se limite a ser o inverso da inflação, ganhando com ela os trabalhadores e os capitalistas passivos e perdendo os empresários. Na verdade, quando estes deixam de ter lucros (enquanto os preços de venda baixam a generalidade dos custos e os montantes dos empréstimos contraídos mantêm-se, em virtude de estarem fixados em contratos) deixam de investir, e a acumulação de prejuízos não pode deixar de levar à falência. Consequentemente, acabam por não ganhar muitos trabalhadores, pois o desemprego alastra, e muitos capitalistas passivos acabam por não receber juros, rendas e capitais emprestados. Temos a experiência dolorosa de que é assim com a grande depressão que em 1929 teve origem nos Estados Unidos e depois se espalhou, designadamente pela Europa. Foi de facto a recordação desta época de descida de preços e depressão que em boa parte levou a que até há poucos anos houvesse pouca preocupação com a subida de preços. Ela mantinha-se então em limites moderados e o que verdadeiramente se receava era o inverso, a deflação.

Como é óbvio, a inflação deixa de ter interesse como modo de promoção da produção e do emprego quando todos os braços se encontram ocupados. Passa-se então de uma inflação *criadora* para uma inflação *estéril*. Vimos aliás que quando uma economia se aproxima do pleno emprego a pressão da procura se torna mais inflacionista.

Diferentemente do que resultaria do que fica dito, a situação verificada a partir de meados dos anos setenta, no nosso país e em muitos outros, foi a de ao começo da inflação ter correspondido o começo de situações contínuas de desemprego. Podemos vê-lo na figura XII.7, comparando-a com a figura XII.1:

FIG. XII.7
Taxa de desemprego

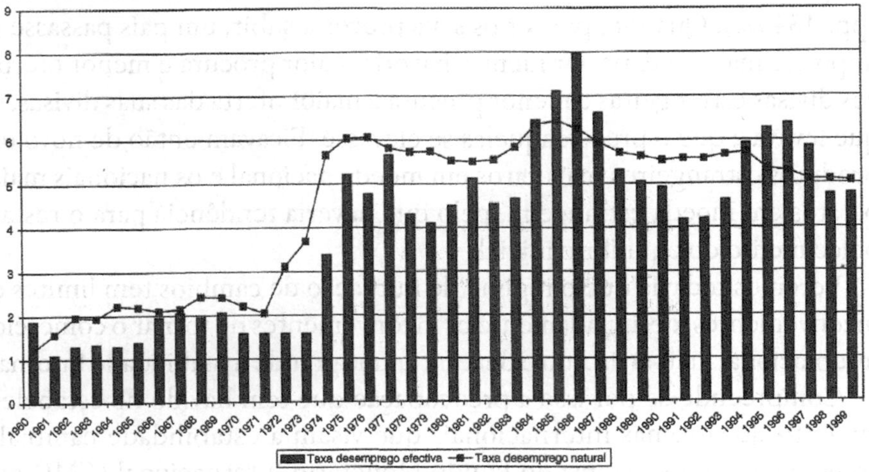

Fonte: Abel Mateus (2013, p. 178)

A inflação não levou pois a aumentos de produção e emprego, verificando-se mesmo casos de estagnação. Quando assim acontece temos o que tem sido designado *estagflação* (*stagflation*).

Podendo haver outros factores a considerar, é de salientar que a própria inflação pode ser um obstáculo aos referidos acréscimos de produção e emprego: a) levando a que o dinheiro, em lugar de ser investido e contribuir para o aumento da oferta, seja aplicado em especulações rendosas; b) dificultando as contas aos empresários, que criam ilusões de lucros quando a sua actividade está de facto a ser deficitária; c) e prejudicando as possibilidades de exportação, ao mesmo tempo que se facilitam as importações, se a inflação no país é mais alta do que nos seus parceiros comerciais.

5.3. Efeitos sobre o comércio internacional

Nos anos mais recentes os dirigentes dos países têm estado particularmente preocupados com os efeitos, acabados de referir, que a inflação pode ter sobre o comércio internacional. Por isso mesmo, não sendo possível evitá-la por completo, procuram que ao menos se mantenha abaixo da média dos países com os quais têm a maior parte do seu comércio. Se assim não for, sendo dificultadas as exportações e facilitadas as importações, criam-se ou agravam-se problemas muito difíceis nas balanças dos pagamentos.

Claro que estes problemas em alguma parte não se poriam com moedas próprias e regimes de câmbios flutuantes, como se verá em XIV.1.2.1 (pp. 434 ss.). Quando, por ter os seus preços a subir, um país passasse a importar mais e a exportar menos, haveria maior procura e menor oferta das divisas estrangeiras e menor procura e maior oferta das suas divisas, o que levava a que o preço daquelas se elevasse. Ficavam então de novo os produtos estrangeiros mais caros em moeda nacional e os nacionais mais baratos em moeda estrangeira, pelo que haveria tendência para o restabelecimento do equilíbrio inicial.

Veremos todavia que o regime de flutuação de câmbios tem limites e inconvenientes, designadamente os inconvenientes de tornar o comércio internacional mais arriscado e de levar a uma grande instabilidade interna.

Compreende-se por isso a preocupação que tem havido no estabelecimento de sistemas internacionais que visam a estabilidade cambial: como é o caso do Sistema do Fundo Monetário Internacional (FMI) ou era na Europa o caso, mais recente, do Sistema Monetário Europeu (SME). Aqui a questão deixou de pôr-se obviamente em relação aos países que adoptaram o euro, uma moeda única que levou a que deixasse de haver políticas monetária ou cambial próprias.

Espera-se que a questão de perda de competitividade entre os países membros, como consequência de elevações diferentes de preços, não se porá face ao objectivo básico de estabilidade de preços a que está obrigado o Banco Central Europeu (na sequência do esforço de aproximação levado a cabo pelos países, cumprindo a exigência de Maastricht). Foi aliás o reconhecimento de que a competitividade das economias deve ser conseguida com melhorias estruturais, e não com os paleativos efémeros de alterações monetárias e cambiais, que levou os países a aceitar o abandono destas armas nacionais, preferindo as vantagens exigentes do euro (recorde-se de XI.9).

O uso das armas monetária e cambial para recuperar a competitividade só se põe pois agora em relação a terceiros países, da Europa ou de outros continentes. Mas é de prever e segundo julgamos de desejar[7] que não seja seguida também aqui uma política intervencionista de recuperação pela via cambial, continuando antes a adoptar-se uma posição de 'negligência benigna' (*benign neglect*): tornada possível aliás sem que fiquemos prejudicados graças à competitividade proporcionada pela redução de custos (v.g. de juros) e pela estabilidade de preços conseguida com o euro (recorde-se de XI.9.1, v.g. p. 308).

6. A problemática da política anti-inflacionista. A política na zona euro (remissão)

Trata-se de problemática muito delicada – é bem melhor não a ter... – – designadamente porque, conforme se salientou já em X.6, a política anti-inflacionista tem que estar enquadrada no conjunto da política económica do país, havendo que tentar garantir simultaneamente também o pleno emprego e o crescimento (ainda o equilíbrio da balança dos pagamentos). Por escassez de tempo temos que limitar-nos também aqui a referências breves aos problemas.

---

[7] Ver C. Silva (1999) e Porto (2002c).

Em primeiro lugar será de salientar que o conhecimento da(s) causa(s) da inflação (cfr. o número 3) se torna fundamental se se pretende evitar ou atacar o mal na sua raíz. A título de exemplo, se se chega à conclusão de que a inflação é causada por um excesso de moeda em circulação, ou por um excesso de despesas públicas financiadas por empréstimos, há que evitá-los; ou se se verifica que uma pretendida subida de salários é inflacionista devem envidar-se esforços para que não se dê, ou se dê em menor medida, no interesse dos próprios trabalhadores Naturalmente, quando as causas são várias deve actuar-se sobre todas elas.

Disse-se também atrás (em 4) que o desenvolvimento do processo não tem que ficar necessariamente marcado pela causa que lhe deu origem. Se a intervenção só vem a dar-se numa fase mais avançada, o que interessa é que se actue sobre o que então alimenta a inflação, e não sobre o que eventualmente a tenha originado.

Na tentativa de travar a inflação surgem por sua vez problemas muito delicados porque ela não pode constituir a única preocupação das autoridades. Ora, acontece que ao combater-se a inflação, geralmente através de uma política de redução de despesas (a luta contra uma inflação-salários depara fundamentalmente com dificuldades de tipo político), embora se esteja provavelmente a reduzir também o défice da balança dos pagamentos, estar-se-á por outro lado a contribuir para o aumento do desemprego e a comprometer o crescimento económico.

A ideia da interrelacionação com o desemprego foi muito estudada e discutida no seguimento de um artigo de Phillips (de 1958), o qual, com base num estudo da economia do Reino Unido entre 1861 e 1957, concluíu estarem inversamente relacionados a percentagem de subida dos salários monetários (*wages*, em notação W, só depois começou a falar-se em subida dos preços, aliás ligada àquela) e a percentagem de pessoas desempregadas (U, de *unemployment*).[8]

Até então, na linha do pensamento keynesiano, pensava-se que a relação entre as das variáveis seria conforme se mostra na figura seguinte:

---

[8] Sobre a curva de Phillips ver por exemplo Krugman e Wells (2012, pp. 869-76), Mankiw (2012, pp. 786-808), Wessels, (2012, pp. 244-6), Begg (2013, pp. 391-2), Borjas (2013, pp. 532-6), Case, Fair e Oster (2014, pp. 612-6), Parkin (2014, pp. 708-10) ou já Samuelson e Nordhaus (2010, pp. 620-9), mostrando a sua evolução nos Estados Unidos.

A INFLAÇÃO

Fig. XII.8

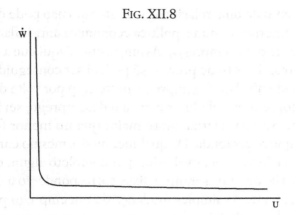

Entendia-se portanto, em traços largos, que enquanto houvesse desemprego, ainda que fosse diminuindo, os salários iam-se mantendo relativamente estáveis. Só subiriam de um modo abrupto quando se chegasse próximo da situação de pleno emprego.

Ora, a conclusão a que chegou Phillips foi diferente desta, resultando do apuramento de números como os apresentados na figura seguinte, com o que ficou conhecido por *Curva de Phillips*:

Fig. XII.9

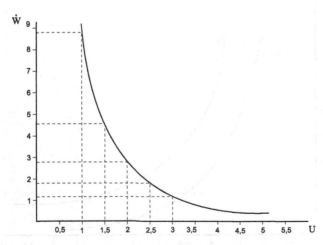

Dados entre 1861 e 1913					
Taxa de desemprego (U)	1,0	1,5	2,0	2,5	3,0
Taxa de variação dos salários monetários ($\dot{W}$)	8,7	4,6	2,8	1,8	1,2

O apuramento de uma relacionação deste tipo não pode deixar de ter implicações importantes numa política económica anti-inflacionista (ou, inversamente, de pleno emprego). Assim, resulta daqui que a estabilidade de salários monetários (e de preços) só poderá ser conseguida à custa de um determinado nível de desemprego: neste caso por volta dos 5,5%. Se, pelo contrário, se pretende lutar contra o desemprego, será necessário aceitar alguma subida salarial, tanto maior quanto menor for a taxa de desemprego que se pretenda. De qualquer modo, mesmo com altas subidas de salários não seria possível evitar por completo algum desemprego (note-se, todavia, que taxas muito baixas corresponderão a desemprego friccional, resultante da simples mudança de um emprego para outro, o qual não pode deixar de existir em qualquer momento e em qualquer economia: recorde-se da n. 4 p. 255).

A curva de Phillips foi muito discutida, tanto no seu realismo como na sua interpretação. Pode dizer-se aliás que em anos recentes, quando apesar de haver níveis elevados de desemprego os salários nominais (e os preços) subiam também a taxas elevadas, estávamos perante 'novas curvas de Phillips':

FIG. XII.10

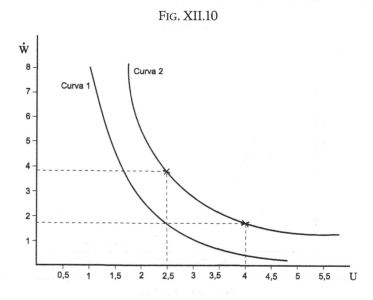

A título de exemplo, com a curva 2 uma taxa de desemprego de 2,5% pressuporá uma subida de salários monetários de 3,9%, enquanto que com uma subida salarial de apenas 1,8% terá que se suportar uma taxa de desemprego da ordem dos 4%.

Seja como for, a análise da curva de Phillips dá-nos ideia da existência de objectivos conflituantes: se se quer controlar a inflação aumenta o desemprego, enquanto que se se pretende antes ocupar mais braços aumenta a inflação.

A opção por um ou outro destes objectivos, ou ainda pelo equilíbrio da balança dos pagamentos, é ao fim e ao cabo uma opção política. Verificando-se ao mesmo tempo desemprego, inflação e desequilíbrio externo, uma política monetária e orçamental que levasse a uma diminuição da despesa provavelmente atenuaria os dois últimos males apontados. Mas seria aceitável acentuar o desemprego quando era já elevado? Não o sendo politicamente, deveria então ser seguida uma política expansionista. Mas embora possam e devam tomar-se certas precauções, por forma a atenuar os efeitos de pressão sobre os preços e a desviar a procura de produtos estrangeiros para produtos nacionais, não seria possível evitar algum agravamento de preços e do défice da balança dos pagamentos. Restaria saber então até que ponto seria também politicamente possível suportar tal agravamento.

Será de concluir, pois, que é preferível a situação de estabilidade de preços que deverá ser proporcionada pelo euro, podendo num ou noutro caso exigir um esforço maior, mas podendo levar a soluções de raiz para os problemas de competitividade dos países.

Capítulo XIII
O Comércio Internacional

1. Relevo. O momento actual de globalização
Independentemente de uma análise das relações de causalidade entre o comércio internacional e outras variáveis económicas, da sua importância é esclarecedora só por si a observação de alguns dados estatísticos[1].

Assim acontece, desde logo, com a observação da taxa (ou grau) de abertura das economias (Z), medindo a percentagem que o conjunto das exportações (X) e das importações (M) de cada país representa no respectivo produto interno (ou nacional) bruto (PIB ou PNB), através da fórmula:

$$Z = \frac{1}{2} \frac{[X+M]}{PIB} \cdot 100$$

Sendo diferentes os papeis das exportações e das importações pode ser visto também, de forma separada, o que umas e outras representam em relação ao PIB ou em relação ao PNB de cada país.

Do relevo destes valores, em países da União Europeia (UE) e em outros países da OCDE, europeus e não-europeus, é-nos dada uma imagem no quadro XIII.1:

---

[1] Sendo além disso o comércio (de mercadorias e de serviços) apenas uma das vias de influência das relações internacionais sobre as economias dos países: assumindo igualmente uma enorme importância os movimentos de factores de produção (v.g. de trabalhadores e de capitais) e ainda relações de índole não económica, por exemplo de índole política, social ou cultural.

Quadro XIII.1
Taxa de abertura

	1993	1994	1995	1996	1997	1998	1999	2000	2001	2002	2003	2004	2005	2006
ALEMANHA	22,3	23,0	23,7	24,4	26,8	28,0	29,0	33,2	33,8	33,4	33,7	35,8	38,4	42,3
AUSTRIA	32,8	34,0	35,2	36,3	39,6	41,0	41,8	44,7	46,6	46,4	46,9	48,9	51,0	53,3
BÉLGICA	61,5	63,8	65,6	67,7	71,8	72,5	73,2	83,2	83,0	80,2	78,8	81,6	84,8	86,1
CHECA (REP.)	51,4	48,9	52,9	51,8	54,7	54,8	56,0	64,9	66,6	61,3	62,9	70,1	70,6	74,2
DINAMARCA	34,0	35,1	35,6	35,5	37,0	37,2	38,2	43,6	44,0	44,4	42,3	43,3	46,4	50,5
ESPANHA	18,5	20,8	22,4	23,4	25,9	26,8	27,6	30,6	29,8	28,4	27,5	27,9	28,3	29,1
FINLÂNDIA	29,4	31,9	32,6	33,4	34,7	34,0	33,7	38,4	36,1	35,0	34,4	35,9	39,0	41,9
FRANÇA	20,6	21,4	22,2	22,4	24,3	25,0	25,1	28,1	27,5	26,3	25,1	25,7	26,5	27,6
GRÉCIA	21,8	21,3	21,8	22,1	24,0	24,6	27,4	31,6	29,8	27,0	26,7	28,0	27,4	28,2
HOLANDA	51,9	54,0	56,5	57,0	60,5	60,2	60,9	67,3	64,4	60,9	59,9	62,7	65,8	69,5
HUNGRIA	29,5	31,1	43,1	46,6	52,8	60,5	63,5	73,9	71,7	64,0	62,6	64,9	66,8	77,5
IRLANDA	60,2	65,3	70,8	71,2	72,8	80,8	82,0	91,6	92,2	85,4	75,8	76,5	75,7	74,6
ITÁLIA	19,8	21,1	23,8	22,4	23,3	23,6	23,5	26,6	26,4	25,2	24,3	25,0	26,1	28,2
LUXEMBURGO	91,7	93,9	95,8	101,0	112,2	119,3	124,8	139,5	137,8	130,9	124,4	137,5	144,5	151,3
POLÓNIA	20,5	20,6	22,1	23,0	25,4	28,4	27,1	30,3	28,9	30,3	34,6	38,5	37,3	40,8
PORTUGAL	28,8	30,3	31,8	31,7	32,6	33,4	33,0	35,2	33,9	32,1	31,3	32,3	32,2	35,0
REINO UNIDO	25,9	26,8	28,4	29,4	28,6	27,2	27,1	28,9	28,6	27,7	26,8	26,7	28,3	30,2
ROMÉNIA	58,1	56,3	56,3	58,1	60,6	64,4	63,0	71,5	76,7	74,5	77,4	76,5	79,8	88,0
SUÉCIA	30,9	33,9	36,4	35,3	38,4	39,8	39,9	43,4	43,2	41,2	40,4	42,2	44,9	47,3
ISLÂNDIA	31,2	33,2	33,7	36,0	36,0	37,0	36,0	37,3	39,4	36,9	35,9	37,0	38,0	41,5
NORUEGA	34,7	35,1	34,9	36,3	37,3	36,7	35,7	38,0	37,3	34,4	33,8	35,3	36,4	37,5
SUÍÇA	33,6	33,5	33,4	34,1	37,5	38,2	39,3	43,6	43,5	41,1	40,8	42,9	45,6	48,7
TURQUIA	16,5	20,9	22,1	24,7	27,5	26,1	25,0	27,8	32,5	30,0	29,0	31,8	30,7	32,0
CANADÁ	30,2	33,4	35,7	36,4	38,5	40,4	41,4	42,7	40,7	39,4	36,2	36,3	35,9	35,0
ESTADOS UNIDOS	10,4	10,9	11,7	11,8	12,2	11,9	12,2	13,2	12,1	11,7	11,8	12,8	13,5	14,1
MÉXICO	17,2	19,2	29,1	31,1	30,4	31,8	31,6	32,0	28,7	27,8	28,6	30,6	30,8	32,6
COREIA DO SUL	26,3	27,0	29,4	29,6	32,7	39,7	35,7	39,2	36,7	34,6	36,8	41,9	41,1	42,7
JAPÃO	8,1	8,1	8,5	9,6	10,3	10,0	9,5	10,3	10,2	10,7	11,2	12,3	13,6	15,5
AUSTRÁLIA	18,3	19,1	19,4	19,3	20,3	19,9	20,9	22,5	21,1	20,4	18,8	20,0	21,0	22,3
NOVA ZELÂNDIA	29,1	29,7	28,6	27,8	27,9	29,2	31,0	34,7	33,9	31,5	28,8	29,3	29,0	30,0
OCDE	16,9	17,7	19,1	19,8	20,7	20,9	20,8	22,3	21,7	21,5	22,0	23,5	24,7	26,3

Fonte: OCDE (2008a, p. 65)

Pode ver-se, pois, que é grande o grau de abertura da generalidade dos países europeus, tanto da UE como da EFTA, muito maior do que os graus de abertura dos Estados Unidos e do Japão (já é superior ao de muitos europeus o grau de abertura do Canadá). No primeiro destes espaços, por seu turno, são especialmente grandes os graus de abertura do Luxemburgo, da Roménia, da Bélgica, da Hungria, da Irlanda, da República Checa e da Holanda (também da Estónia, de Malta e da Eslováquia), sendo já claramente mais baixo o grau de abertura da economia portuguesa (são ainda relativamente grandes, acima do nosso, os graus de abertura dos países que se mantêm na EFTA). Mas, com excepção da Alemanha e da Polónia, são inferiores os graus de abertura dos países de maior dimensão e de um outro país da periferia sul do continente europeu, a Grécia, com o grau de abertura mais baixo de toda a União [2].

O conjunto da União Europeia tem já naturalmente um grau de abertura pequeno em relação ao exterior: era em 2001 de 9,1 na EU-15, um pouco acima do grau de abertura dos Estados Unidos (7,5) e abaixo do do Japão (10,1). Trata-se pois de um mercado muito dependente de si próprio (ver *infra* o quadro XIII.3, p. 417).

Para além das indicações de ordem geral que são assim colhidas, a importância do comércio internacional é naturalmente muito diferente de sector para sector: com implicações de maior ou menor relevo consoante o que estes representam nas economias, designadamente na ocupação de mão-de-obra e nas balanças dos pagamentos [3].

---

[2] É de esperar que o grau de abertura dependa de diferentes factores, entre os quais da dimensão dos países, apontando no sentido de dever ser maior a abertura de uma economia pequena como a portuguesa, da situação geográfica e do grau de desenvolvimento, apontando já, pelo contrário, no sentido de dever ser menor o grau de abertura de um país periférico e com um nível menor de desenvolvimento.

[3] A título de exemplo, em Portugal o comércio internacional tem sido especialmente relevante para o sector têxtil e das confecções, com grande dependência em relação ao exterior tanto no que respeita às importações (v.g. de matérias-primas e de máquinas) como no que respeita às exportações (de produtos acabados), sendo exportada grande parte da produção (mais de metade) de uma indústria que tem ocupado (até há pouco tempo) cerca de 26% da mão-de-obra da indústria transformadora e representado cerca de 23% das exportações portuguesas (ver Lança, 2000, pp. 5-35).

Além de se tratar de um relevo muito grande, ilustrado pelos números já apresentados, é de referir também que a importância do comércio internacional foi crescendo ao longo das décadas da segunda metade do século XX, em termos reais e em termos relativos.

Verifica-se, de facto, que o crescimento verificado não foi um crescimento apenas nos valores nominais (como consequência de aumentos dos preços dos bens comercializados): tratou-se de um crescimento real, em volume, com uma multiplicação de mais de 20 vezes entre 1900 e 1986.

Por outro lado, é de assinalar que o crescimento real do comércio tem sido muito mais acentuado do que o crescimento real dos PIB's, verificando-se, assim, que o comércio internacional tem vindo a ter uma importância crescente para as várias economias. Reportando-nos de novo ao início do século, verificamos que enquanto a multiplicação do volume de exportações (até 1986) foi de mais de 20 vezes a multiplicação dos PIB's (até 1987) foi de cerca de 13 vezes: tendo a média anual de crescimento das exportações sido de 3,6% e a média anual de crescimento dos PIB's de 3%. Trata-se de diferença confirmada em décadas mais recentes, designadamente na segunda metade dos anos 80, quando o crescimento médio das exportações foi de 6,4% e dos PIB's de 3,5%, numa linha continuada nos anos 90; com um aumento de relevo que continua a verificar-se na década seguinte, como pode ver-se na figura XIII.1, com a percentagem do comércio em relação aos PIB's:

Fig. XIII.1

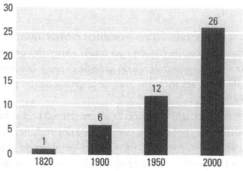

Fonte: World Bank (2009, p. 13)

Em Portugal o grau de abertura da economia elevou-se de 11,7% em 1938 para 15,4% em 1948, 18,8% em 1958, 19,5% em 1968, 26,2% em 1978, 33,0% em 1988 e 35,2% em 2000, a partir daqui com a tendência para a estabilidade que se viu no quadro XIII.1.

A evolução do relevo do comércio no nosso país a partir de 1960 pode ser vista na figura XIII.2:

Fig. XIII.2
Comércio português de mercadorias: 1960-93

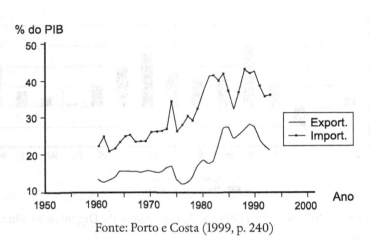

Fonte: Porto e Costa (1999, p. 240)

Constata-se pois na segunda metade do século XX a tendência geral para as exportações e as importações irem representando percentagens maiores do produto interno bruto, embora com períodos de recuo, o mesmo acontecendo na generalidade dos demais países. Os recuos verificados nas primeiras metades das décadas de 70, 80 e 90 foram aliás antecedidos, com muito maior relevo, pela grande depressão do início dos anos 30.

*
* *

Verifica-se ainda, vale a pena sublinhá-lo, que também nos anos de recuo foram mais acentuados os valores de variação do comércio do que os valores de variação dos produtos, o que indicia que alguma relação de causa e efeito se terá verificado não só pela positiva (*export-led growth*) como pela negativa, como a figura XIII.3 nos mostra em relação ao conjunto do comércio mundial (exportações e importações).

Fig. XIII.3
Crescimento do comércio e da produção mundiais
(percentagens de variação anual)

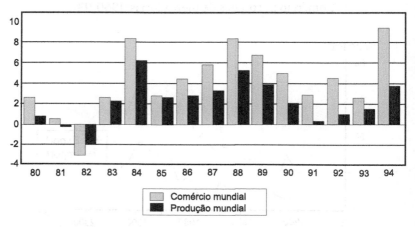

Fonte: Jepma e Rhoen (ed.) (1996, p. 2, com dados da Organização Mundial do Comércio)

Tal como seria de esperar, constatou-se igualmente que numa linha geral de crescimento das economias ao longo das décadas o papel de liderança do comércio foi maior nos períodos de maior crescimento: designadamente ao longo dos anos sessenta e até 1974, e mais recentemente a partir de 1985; sendo diferente a situação entre 1975 e 1984, quando o crescimento foi menor, na sequência da recessão iniciada com a primeira crise do petróleo (em 1973). Podemos vê-lo na figura XIII.4:

FIG. XIII.4
Crescimento do comércio e da produção anuais (com agregação de anos)

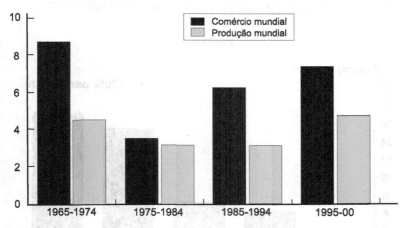

Fonte: Comissão Europeia (com dados do Fundo Monetário Internacional) e OMC (cfr. M. S. Pinto, 2004, p. 84).

*
* *

Trata-se ainda, compreensivelmente, de uma evolução do comércio mundial que com o decurso das décadas deste século tem vindo a sofrer modificações sensíveis tanto no que respeita à sua repartição sectorial como no que respeita à sua repartição geográfica.

Sobre a primeira é de sublinhar o predomínio que passou a ter o comércio de produtos industriais, passando de 44,7% em 1955 para 62,3% do total em 1985, em detrimento do comércio de bens primários, que desceu entretanto de 53,3 para 36%[4].

---

[4] Em Portugal foi especialmente sensível a evolução neste sentido ocorrida nas últimas décadas (até à década de 90), tendo entre 1961 e 1990 o relevo dos produtos industriais passado de 60 para 73% nas nossas importações e de 53 para 80% nas nossas exportações. Esta segunda evolução, muito acentuada, foi especialmente determinada pelo comércio com os outros países da União Europeia, em relação aos quais as exportações de produtos industriais subiram entre esses anos de 40 para 82% do total (com especial relevo para a Espanha: cfr. Dias, 2006 ou J. Reis, 2007, pp. 178-89). Foi ainda sensível, denotando a aproximação entre as economias,

Para além disso, é de sublinhar o aumento do relevo do comércio de serviços em relação ao comércio de mercadorias.

Trata-se de evolução que pode ser vista na figura seguinte:

Fig. XIII.5

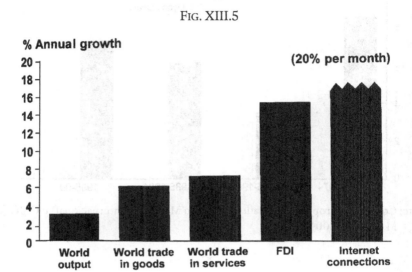

Fonte: Cable (1999 (02), p. 5, com dados da OMC).

Tanto o aumento do comércio de mercadorias como o aumento do comércio de serviços foram todavia ultrapassados pelo aumento dos movimentos financeiros. É uma evolução que pode ser vista já na figura anterior (com as ligações pela *internet*, como novidade, a ter um crescimento exponencial, medido ao mês, dado que se partiu do zero; são pois taxas de crescimento que não se manterão...), ou de um modo mais desagregado, distinguindo diferentes 'produtos financeiros', na figura que se segue:

o aumento de relevo do comércio intrasectorial (*intra-industry trade*, IIT, na designação inglesa que está consagrada), como pode ver-se em Porto e Costa (1999), ou em Word Bank (2009, p. 19, com cálculos de Brülhart, mostrando a evolução até 2006, nos vários tipos de bens, bem como que é muito maior nas áreas do mundo mais desenvolvidas).

FIG. XIII.6

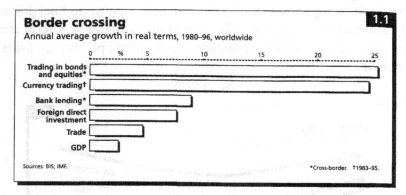

Fonte: Economist (1999, p. 6)

Por fim, na repartição geográfica do comércio é de assinalar o aumento do peso de países do Sudeste Asiático e do Médio Oriente (neste caso fundamentalmente devido a exportações de petróleo), à custa da perda relativa da generalidade dos demais espaços, incluindo (embora em pequena medida) a Europa comunitária.

*
* *

Apesar da abertura sensível das economias verificada ao longo do século XX, não pode dizer-se que a globalização seja um fenómeno novo.

Permitindo uma aproximação sem precedentes entre as várias partes do mundo, pode dizer-se que a globalização começou com os descobrimentos portugueses, nos séculos XV e XVI[5]. Trata-se de reconhecimento expressado nos títulos de livros recentes, casos de Charles Vindt, *A Globalização. De Vasco da Gama a Bill Gates* (1998/9), Martin Page, *The First Global Village. How Portugal Changed the World* (2002/14) e Jorge Nascimento Rodrigues e Tessaleno Devezas, *Portugal. O Pioneiro da Globalização* (2007) e mais recentemente *As Lições dos Descobrimentos. O que nos ensinam os empreendedores da globalização* (2014).

Com progressos mais ou menos rápidos nos séculos que se seguiram, o século XIX foi um século de grande abertura das economias, situação que veio a ter todavia uma alteração brusca com o começo da 1ª Guerra Mundial.

---

[5] Anteriormente as ligações, principalmente por terra, eram perigosas e demoradas, sendo por isso muito menor a sua expressão.

A partir daqui e até meados do século XX assistiu-se a uma redução da expansão das relações internacionais, só depois, a partir do final dos anos 40, tendo vindo a verificar-se a abertura progressiva que se referiu atrás[6].

O recuo e a recuperação verificados no comércio podem ser vistos na figura XIII.7[7]

FIG. XIII.7

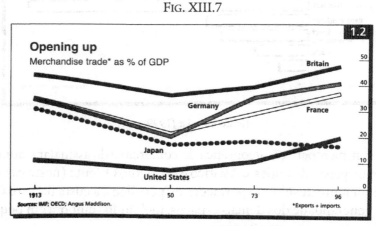

Fonte: Economist (1999, p. 7)

[6] Foi com o reconhecimento da má experiência do proteccionismo, com consequências económicas e políticas muito negativas, que ainda durante a 2ª Guerra Mundial se lançaram os fundamentos para a criação das várias organizações de multilateralização e abertura: no âmbito europeu a União Europeia de Pagamentos (UEP) (mais tarde o Acordo Monetário Europeu, AME), a Organização Europeia de Cooperação Económica (OECE) e depois as Comunidades e a EFTA; e no âmbito mundial o Fundo Monetário Internacional (FMI), o Banco Mundial e o Acordo Geral sobre Impostos Alfandegários e Comércio (GATT), agora a Organização Mundial do Comércio (OMC).

Foi muito importante o papel destas instituições, algumas ainda com um enorme relevo nos nossos dias.

[7] A evolução em séries mais longas, desde o século XIX, pode ser vista na figura XIII.8

FIG. XIII.8

Fonte: Cable (1999 (02), p. 6)

Não era todavia só no comércio que se verificava uma grande abertura no século XIX. Da abertura enorme verificada nos movimentos de pessoas foi dado um exemplo com as figuras VII.4 e VII.5 (pp. 191 e 192), com os números absolutos da imigração para os Estados Unidos, tendo um significado no total da população que não tem paralelo nos nossos dias. E é sabido que foi também muito grande o relevo dos movimentos de capitais para o desenvolvimento do 'novo mundo'[8].

Tudo isto não exclui obviamente que a globalização tenha hoje contornos novos, compreendendo-se por isso que haja quem (não é o nosso caso) só considere de globalização a situação actual[9].

Em especial, não têm precedentes a facilidade e a rapidez com que se verificam os movimentos financeiros, com todas as suas implicações[10].

2. Teorias explicativas do comércio

2.1. Determinantes do lado da oferta

2.1.1. Teoria clássica (Smith e Ricardo)

Nos manuais de comércio internacional continua a dar-se sempre relevo às explicações do comércio da escola clássica. Trata-se de área da economia em que esta escola foi aliás especialmente marcante, não só com as *explicações* como com a *justificação* que fez do comércio internacional.

---

[8] Também por exemplo em Portugal foi muito importante o investimento estrangeiro no século XIX, com o qual se deram os primeiros passos em alguns serviços de interesse económico geral (recorde-se de II.4.3, p. 90 e cfr. Porto, 2003a): v.g. nos caminhos de ferro, na Carris, no gás de Lisboa e nos telefones de Lisboa e Porto. É seguramente muitíssimo menor o papel actual do investimento estrangeiro no nosso país.

[9] É extensíssima a literatura sobre a globalização, defendendo posições muito diversas; sendo por isso difícil fazer uma selecção entre elas, em planos também diversos (cfr. Porto, 2009a, parte V, pp. 551-604 ou, com análises mais recentes, por exemplo Khanna, 2009 (8), Mota, Lopes e Antunes, 2009, Steingart, 2009 (6), Wei, coord., 2009, Shapiro, 2010, Attali, 2011, O'Neil, 2011 (ou já 2001), Eckes Jr., 2011, Panic, 2011, Franklin, org., 2013 (12), Laurent, 2013, Scharma, 2013 (12) ou Servan-Schreiber, 2014).

[10] Uma das sugestões mais debatidas tem sido a criação de um imposto sobre estes movimentos, a impropriamente chamada 'taxa Tobin' (com a sua exposição ou a sua crítica ver por exemplo Jégourel, 2002, *Economist (The)*, 1999, pp. 130-2 ou C. Pires, 2001).

Na sua base e na sua formulação assenta, entre outros, nos pressupostos de haver:

1. Um único factor de produção determinante do valor dos bens, o trabalho (l), com mobilidade completa, sectorial e geográfica, dentro de cada país, mas sem mobilidade entre os países.
2. Funções de produção diferentes na produção de cada bem (A e B) e em cada país (I e II) (sendo diferentes, pois, as horas de trabalho requeridas em cada um destes casos).
3. Condições tecnológicas dadas, acessíveis nos dois países.
4. Condições de procura dadas, sendo as preferências dos consumidores idênticas nos dois países
5. Ausência de restrições ao comércio internacional (barreiras alfandegárias, custos de transporte ou quaisquer outras).

Neste quadro os custos de produção de A e de B seriam os seguintes:

$$A = w \, l_A$$
$$B = w \, l_B$$

onde w é o salário de cada unidade de trabalho e l_A (l_B) o número de unidades de trabalho por unidade de bem produzido (A ou B). Sendo os salários iguais nos dois sectores, havendo concorrência e reflectindo-se os custos de produção nos preços, os preços relativos dos bens (A e B) seriam determinados, consequentemente, pelo trabalho neles incorporado:

$$P_A = l_A$$
$$P_B = l_B$$

a) Com base nos pressupostos referidos defendeu Smith (1776) que haveria comércio internacional se (e apenas se) houvesse diferenças absolutas nos custos de produção, ou seja, se um dos bens (A) fosse produzido com menos horas de trabalho num dos países (por exemplo em I) e o outro bem (B) com menos horas de trabalho no outro país. Assim aconteceria, a título de exemplo, se

	Bem A	Bem B		Total de horas
País I	20 h	40 h	=	60
País II	40 h	20 h	=	60

Neste caso o país I especializar-se-ia na produção do bem A e o país II na produção do bem B, com o que se conseguiria uma melhor afectação dos recursos, na medida em que cada um deles poderia continuar a produzir duas unidades (agora, do bem em que tivesse vantagem absoluta) apenas com o custo de 40 horas ou, em alternativa, passar a produzir mais unidades com o tempo que já era despendido (60 horas): o país I 3 unidades de A e o país II 3 unidades de B (no total, duas unidades a mais, ou seja, mais 50% do que com as economias fechadas).

Haveria assim um ganho geral com o comércio internacional, dependendo por seu turno a sua repartição pelos países dos *termos de troca* entre os dois bens (podendo os termos de troca ser de tal maneira desfavoráveis a um deles que, conforme veremos daqui a pouco, um país com vantagem num bem poderá não ter interesse em se especializar na sua produção e participar no comércio internacional).

b) A formulação de Ricardo (1817), da teoria da vantagem relativa (ou comparativa), veio a constituir depois um passo muito importante nas explicações do comércio internacional (não só para a teoria clássica, também para as teorias que surgiram mais tarde), mostrando que mesmo um país que tenha vantagem absoluta na produção dos dois bens (de todos os bens, generalizando-se a teoria) terá interesse no comércio internacional se, no cotejo com o outro ou os outros países, houver vantagem comparativa diferente.

Da possibilidade de se verificar este interesse pode ter-se noção de novo através da observação de um exemplo muito simples:[11]

---

[11] O exemplo de Ricardo, que continua a ser citado em muitos livros de texto, é um exemplo com Portugal e a Inglaterra, tendo nós vantagem na produção de vinho e a Inglaterra na produção de tecidos.
A ideia da vantagem comparativa (tal como a da vantagem absoluta), aplicada assim ao comércio internacional, é uma ideia desde logo válida no plano interno. Num exemplo de escola,

	Bem A	Bem B	Total de horas
País I	20 h	50 h	= 70
País II	80 h	60 h	= 140

Tendo o país I vantagem absoluta (com o dispêndio de menos unidades de trabalho) tanto na produção de A como na produção de B, na perspectiva de Smith não haveria comércio internacional. O exemplo mostra-nos, todavia, que sendo diferentes os custos relativos (tendo o país I vantagem comparativa na produção do bem A, 20/50, e o país II vantagem comparativa na produção do bem B, 60/80), há um ganho geral se I se especializar na produção de A e II na produção de B. De facto cada um dos países, produzindo apenas o bem em que tem vantagem comparativa, poderá produzir a mesma quantidada com menos horas de trabalho (gastando o país I 40 horas a produzir duas unidades do bem A e o país II 120 horas a produzir duas unidades do bem B) ou uma maior quantidade com as horas de trabalho já dispendidas (podendo o país I com 70 horas produzir 3,5 unidades de A e o país II com 140 horas produzir 2,3 unidades de B: verificando-se, pois, um acréscimo global de 1,8 unidades, ou seja, de mais 45% do que estando as economias fechadas).

O mesmo exemplo pode mostrar-nos também, valendo o que vamos ver agora igualmente para a teoria de Smith (conforme adiantámos há pouco) e para as demais teorias do comércio internacional, que o ganho geral conseguido pode todavia, como consequência dos termos de troca, repartir-se de tal forma que beneficie apenas um dos países (em detrimento do outro).

Para vermos esta possibilidade podemos considerar quatro hipóteses, primeiro a hipótese de uma unidade de A corresponder a (ser trocável

---

podemos pensar no caso de um bom advogado que é igualmente um bom processador de texto, não lhe sendo possível encontrar uma secretária capaz de desempenhar melhor esta segunda função. De acordo com o princípio da vantagem absoluta, esse advogado dedicar-se-ia não só ao estudo e à defesa das causas como também ao processamento dos textos no computador. Mas já de acordo com o princípio da vantagem comparativa vale-lhe a pena (havendo assim também um ganho do ponto de vista geral) dedicar-se apenas às tarefas jurídicas e contratar alguém que, embora pior dactilógrafo, tenha vantagem comparativa no desempenho desta segunda função.

por) uma unidade de B (1A = 1B) e depois, sucessivamente, uma hipótese em que são melhores os termos de troca para o bem A (1A = 2B, ou seja, com a mesma unidade de A consegue-se uma maior quantidade de B) e duas hipóteses em que são melhores os termos de troca para o bem B (1B = 2A e 1B = 3A). No exemplo supomos em todos os casos que o país que se especializa num determinado bem continua a precisar apenas de uma unidade desse bem para o mercado interno, utilizando o restante da sua produção (incluindo o acréscimo proporcionado pela especialização) na importação de bens do outro país.

		País I (prod. bem A)	País II (prod. bem B)
Se	1A = 1B	+ 1,5 de B	+ 0,3 de A
	1A = 2B	+ 4 "	− 0,35 "
	2A = 1B	+ 0,25 "	+ 1,6 "
	3A = 1B	− 0,17 "	+ 2,9 "

No primeiro caso, dispondo o país I de 2,5 de A para trocar pela importação do bem B, terá um ganho líquido de 1,5 de B; e o país II, dispondo de 1,3 do bem B para trocar pelas importações do bem A, terá um ganho liquído de 0,3 do bem A.

No segundo caso, com a melhoria dos termos de troca para o bem A, o país I com os 2,5 que exporta consegue importar 5 de B, ficando pois com um ganho líquido de 4 de B; mas o país II, dispondo de 1,3 de B para exportar, consegue apenas a importação de 0,65, ficando consequentemente com menos 0,35 do que se não houvesse comércio internacional: no qual não terá por isso nenhum interesse.

No caso seguinte, em que há já pelo contrário uma desvantagem nos termos de troca de A (2A=1B), verifica-se que mesmo assim o país I tem vantagem no comércio: pois com 2,5 a mais de A consegue 1,25 de B, tendo, pois, um ganho líquido de 0,25; mas sendo bem maior o benefício do país II (beneficiado com os termos de troca), na medida em que com os 1,3 de B que exporta consegue 2,6 de importações de A, ou seja, um ganho líquido de 1,6.

Uma maior deterioração dos termos de troca de A (para 3A = 1B) leva todavia já o país I a perder todo o interesse em comercializar, na medida em que 2,5 de A apenas lhe porporcionam 0,83 de B, tendo pois um prejuízo líquido de 0,17 de B; sendo, pelo contrário, bem maior o ganho que o país II consegue, obtendo com 1,3 de B 3,9 de A, ou seja, um ganho líquido de 2,9 de A.

2.1.2. Teoria neo-clássica (Heckscher-Ohlin-Samuelson): da 'proporção dos factores'

A teoria neo-clássica remonta a dois economistas suecos, Heckscher (1919) e Ohlin (1933), tendo tido depois uma formulação mais rigorosa e uma extensão em relação à tendência que deveria haver para a igualização dos preços dos factores com Samuelson (v.g. 1948 e 1949), cujo nome aparece por isso com frequência associado à designação do teorema formulado: designado aliás também, dando já uma indicação acerca do seu conteúdo, como 'teorema da proporção dos factores'.

a) A formulação da teoria

Trata-se de uma teoria formulada com base nos pressupostos seguintes:

1. Dois factores de produção, por ex. o trabalho e o capital (L e K), com mobilidade completa, sectorial e geográfica, dentro de cada país, mas sem mobilidade entre os países.
2. Funções de produção iguais nos dois países, mas diferentes na produção de cada um dos bens, sendo por exemplo a produção de A relativamente trabalho-intensiva e a produção de B relativamente capital-intensiva.
3. Países (I e II) diferentemente dotados dos factores de produção (L e K), sendo por exemplo o país I mais dotado em trabalho e o país II mais dotado em capital: resultando naturalmente daqui que L é mais barato em I e K mais barato em II.
4. Condições tecnológicas dadas, acessíveis nos dois países.
5. Condições de procura dadas, sendo as preferências dos consumidores idênticas nos dois países.
6. Ausência de restrições ao comércio.

Pode notar-se, assim, que o teorema de Heckscher-Ohlin se distingue da teoria clássica ao considerar funções de produção com dois factores e iguais nos dois países (na produção de cada um dos bens), diferindo todavia já de um bem para o outro.

Sendo os países diferentemente dotados nesses dois factores, temos que o preço do trabalho é mais baixo no país onde é mais abundante (no país I) e o preço do capital é por seu turno mais baixo no país onde é maior a sua oferta (no país II).

Tendo em conta, depois, que são diferentes as funções de produção de A e de B, sendo a primeira trabalho-intensiva e a segunda capital-intensiva, afirma-se que da circunstância de o bem A ser mais trabalho-intensivo (e o bem B mais capital-intensivo) resulta que o país I consegue produzir o bem A com um preço mais baixo, sendo o bem B, por seu turno, produzido por um preço mais baixo no país II.

O teorema de Heckscher-Ohlin acaba por fazer, assim, uma constatação que se julgava que deveria corresponder à realidade, sendo de esperar que estando em causa dois países, um com §mais trabalho (por ex. Portugal) e o outro com mais capital (por ex. a Alemanha), o primeiro se especialize na produção de bens mais trabalho-intensivos (por ex. confecções) e o segundo na produção de bens mais capital-intensivos (por ex. automóveis).

Na linha de Heckscher e Ohlin coube a Samuelson o mérito de, além de ter feito uma formulação mais rigorosa do teorema, ter procedido à sua extensão em relação às consequências do comércio internacional sobre os preços dos factores: especializando-se o país I no bem trabalho-intensivo (A) aumenta nele a procura deste factor, cujo preço tem por isso tendência para se elevar (sendo pelo contrário menor a pressão da procura de capital); por outro lado, no país II com a especialização no bem B há uma maior pressão da procura do factor capital (e menor do factor trabalho), tendendo para subir o preço daquele. O comércio internacional deverá levar, pois, à elevação do preço do factor abundante (e barato) no início em cada um dos países, até ao ponto em que acabem por se igualar; ou seja, até ao ponto em que deixe de haver razão para o comércio internacional.

E é ainda na linha do teorema de Hecksher-Ohlin que, afastando-se uma das componentes do pressuposto da alínea a), a imobilidade dos factores entre os países, podem explicar-se as migrações de trabalhadores e os movimentos de capitais: sendo a mão-de-obra atraída de um país onde é abundante, por isso com salários baixos, para um outro onde é escassa, tendo por isso salários altos; e o capital por seu turno atraído de um país onde é abundante, com juros baixos, para um outro onde é escasso, tendo por isso juros mais atractivos. A 'exportação' e a 'importação' dos factores não se faz agora através do comércio dos bens em que estão incorporados, é feita directamente... E naturalmente tam-bém por esta via se caminha para a igualização dos preços dos factores, de acordo com a extensão de Samuelson.

b) O paradoxo de Leontief
Parecia de esperar, face à sua lógica e a uma primeira observação da realidade, que o teorema de Heckscher-Ohlin viria a ter confirmação empírica quando viesse a ser sujeito a testes econométricos, tal como começou a ser possível com a elaboração de matrizes de relações inter-sectoriais (referidas em VIII.5.2, pp. 222-4).

Através destas, dando-nos a medida das matérias-primas, dos bens intermediários e dos factores primários utilizados na produção de cada bem, tornou-se possível medir o grau de trabalho-intensidade e de capital-intensidade (ainda, eventualmente, o grau de utilização de algum outro factor, como os elementos naturais): assim acontecendo, designadamente, em relação aos bens exportados e aos bens importado.

Foi aliás o próprio economista a quem ficou a dever-se o contributo inicial na elaboração de matrizes, Leontief (com os trabalhos pioneiros de 1936 e 1941), que, procurando testar o comércio internacional dos Estados Unidos, veio a deparar com a surpresa de apurar que este país exportava bens mais trabalho-intensivos e importava bens mais capital-intensivos (1953).

Não era este o resultado esperado, mais sim o resultado contrário, dado que os países considerados no comércio com os Estados Unidos eram países menos desenvolvidos, que se esperaria que exportassem predominantemente bens mais trabalho-intensivos. O resultado a que se chegou veio a ficar conhecido, por isso, como o 'paradoxo de Leontief', tendo feito correr rios de tinta, na procura da razão ou das razões que pudessem explicá-lo.

a) Como primeira hipótese, posta pelo próprio Leontief (1956), admitiu-se que o 'paradoxo' se devesse à circunstância de os cálculos terem sido feitos em relação a um ano excepcional, o ano de 1947, quando as economias sofriam ainda os efeitos próximos da II Guerra Mundial.

Mas uma nova realização de testes com base já num outro ano – o ano de 1955 – veio dar resultados idênticos, afastando por isso esta primeira hipótese de explicação; verificando-se de facto que após a destruição de uma guerra os países ressurgem com os mesmos padrões de vantagens comparativas.

b) Uma segunda hipótese, ligada também à base dos cálculos, foi a de o 'paradoxo' resultar da grande agregação com que os sectores foram considerados. Mas cálculos feitos com uma maior desagregação levaram ao apuramento de resultados idênticos.

Afastadas estas duas hipóteses, sentiu-se naturalmente a necessidade de encontrar outras explicações, designadamente através do afastamento de algum dos pressupostos, apontados atrás, em que se baseia o teorema de Heckscher-Ohlin.[12]

c) Uma primeira ordem de (diferentes) explicações tem sido a de que o teorema se baseia na existência de factores de produção homogéneos, v.g. o trabalho e o capital, não tendo em conta, em especial, que são muito diferentes as qualificações do trabalho, podendo aliás considerar-se no capital o investimento feito na formação dos trabalhadores (capital humano).

Uma correcta avaliação da utilização dos factores deveria ser feita, pois, ou multiplicando o trabalho norte-americano por um factor correspondente à sua maior produtividade, apurando-se, assim, que os EUA são um país com grande intensidade de trabalho, ou calculando no capital também o capital humano, podendo chegar-se assim à conclusão de que eram afinal mais capital-intensivos os produtos exportados por esse país.

d) Uma outra explicação do 'paradoxo' pode estar no pressuposto da existência apenas de dois factores de produção (nos exemplos que temos vindo a dar, o trabalho e o capital).

Ora, pode acontecer que os EUA importassem produtos com grande intensidade de capital, não por serem capital-intensivos, mas por terem um conteúdo muito importante de elementos naturais. Um exemplo com actualidade poderá ser o do petróleo, importado, não por ser capital-intensivo, mas por conter um factor natural raro e muito valorizado, determinante na sua procura internacional.

---

[12] Trata-se de afastamento (de um ou mais pressupostos) que pode ser tido em conta nos testes a efectuar, tal como tem vindo a ser feito, testando 'modelos alargados' do teorema de Heckscher-Ohlin; estando aliás em alguns casos esse afastamento na base de explicações mais recentes do comércio internacional, consideradas a seguir neste livro (sobre o paradoxo de Leontief ver as referências em Porto, 2009a, pp. 60-4, ou ainda por ex. Guillochon, Kawecki e Venet, 2012, pp. 43-4, e entre nós Medeiros, 2013, pp. 71-2).

e) Mesmo não considerando mais nenhum factor de produção (um terceiro factor, ou algum mais), o pressuposto da igualdade das funções de produção nos dois países é outro pressuposto que, quando afastado, poderá explicar o 'paradoxo de Leontief'.

Quando os testes foram feitos, não se dispondo de matrizes dos países que comercializavam com os Estados Unidos, procedeu-se ao cálculo apenas com a matriz deste país, pressupondo-se que as funções de produção (a intensidade na utilização de cada um dos factores) fossem as mesmas nos países de onde se importava e para onde se exportava.

Pode todavia acontecer, e aconteceu por certo, que fossem muito diferentes as funções de produção dos países com os quais os EUA comercializavam, países que, precisamente por serem mais pobres, produziam bens similares com processos produtivos adequados a essas circunstâncias: com um equipamento mais rudimentar e à custa de uma maior utilização de mão-de-obra.

Sendo assim, terá por certo acontecido que produtos importados pelos Estados Unidos tenham sido produzidos por processos trabalho-intensivos, mas que nos cálculos feitos tenham sido considerados como capital-intensivos por ser capital-intensivo o processo no país (os EUA) cuja matriz era utilizada. A utilização de matrizes dos países de origem teria levado aos resultados esperados.

f) Foi sugerido ainda que o 'paradoxo' se explicaria como consequência do pressuposto da identidade das preferências dos consumidores, podendo acontecer que os consumidores dos EUA tenham uma maior preferência por bens capital-intensivos (v.g. como consequência dos mais elevados níveis de rendimento de que dispõem): sendo esta preferência a determinar a procura no exterior dos bens de tal natureza.

Trata-se contudo de circunstância que não deveria levar a que, no computo geral, fossem mais capital-intensivas as importações do que as exportação. A opção por bens capital-intensivos dirigir-se-á aos dois mercados, interno e externo, sendo sempre de esperar que a repartição da origem dos produtos se verifique de acordo com a vantagem comparativa existente na oferta: apontando pois no sentido de no conjunto de uma procura geral de bens capital-intensivos serem menos capital-intensivos (relativamente mais trabalho-intensivos) os bens importados.

g) Por fim, o 'paradoxo' poderá ser explicado ainda pela circunstância de haver restrições ao comércio, podendo acontecer (assim terá acontecido, de facto) que os EUA protegessem mais os bens trabalho-intensivos como forma de proteger o emprego no país (sendo aliás o objectivo de manutenção e criação de emprego um objectivo muito frequente das políticas proteccionistas).

Assim se compreende que as importações se tivessem desviado para produções mais capital-intensivas, explicando ou ajudando a explicar o 'paradoxo'.

2.1.3. Outras teorias

Como se disse, foi no reconhecimento da influência de outros factores, levando designadamente ao afastamento de alguns dos pressupostos da teoria neo-clássica, que se chegou mais recentemente à formulação de novas teorias: entre as quais, ainda pelo lado da oferta, podem distinguir-se as explicações tecnológicas e a explicação do comércio através de economias de escala.

a) Explicações tecnológicas

Estamos agora face a teorias que se afastam do pressuposto da imutabilidade das condições tecnológicas: sendo mesmo o progresso tecnológico o factor desencadeador do comércio internacional, na medida em que o progresso feito não seja imediatamente acessível a todos os países (a ambos, continuando a considerar-se um modelo com dois países).

I – A teoria do intervalo (gap) tecnológico (Posner)

Na sua formulação Posner (1961) pressupõe a existência de dois países com a mesma dotação relativa dos factores, pelo que, nos termos da teoria de Heckscher-Ohlin, não haveria comércio internacional.

Neste quadro o comércio seria desencadeado pelo aparecimento de uma inovação tecnológica num determinado país, levando ao aparecimento de um novo produto, de uma nova qualidade de um produto ou ainda de uma nova maneira de produzir um produto já existente. Depois, haver comércio internacional ou não dependeria do intervalo *(gap)* de reacção verificado no outro país, maior ou menor com a 'procura' ou antes com a 'imitação' na produção do bem.

Assim, se no outro país houver uma reacção de imitação mais rápida, levando à produção do produto novo ou melhorado ou à utilização do novo processo produtivo antes de se verificar uma reacção de procura, não chegará a haver comércio internacional: podendo a produção deste segundo país corresponder já à procura, quando esta se manifestar.

É todavia possível (mesmo provável) que o intervalo de procura seja menor do que o intervalo de imitação, começando por isso por se importar do país onde se verificou a inovação. Depois a evolução poderá dar-se de modos diferentes, tais como os que foram representados por Posner numa figura semelhante à que aqui reproduzimos (figura XIII.9).

Considerando sempre o país que tem a inovação, acima dos eixos horizontais (t's) temos a situação de o bem 'novo' ser exportado e abaixo a situação de o bem 'novo' ser importado.

FIG. XIII.9

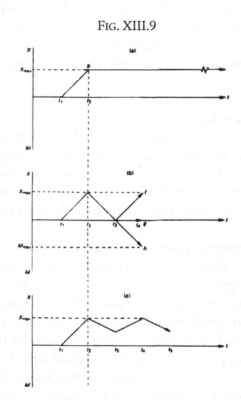

Dando-se a inovação no período t_1 e sendo entre t_1 e t_2 o intervalo de procura menor do que o intervalo de imitação, temos uma exportação líquida do país em causa. Depois, a partir daqui, podemos ver em *a*, em *b* e em *c* evoluções diferentes que podem ocorrer.

Em *a* é considerada a hipótese de o outro país não reagir no sentido de imitar a produção iniciada, continuando a satisfazer o seu consumo com importações e mantendo-se por isso o nível das exportações do país que inovou.

Em *b* é considerada a hipótese de a seguir a t_2 o intervalo de imitação ser menor do que o intervalo de procura, de maneira que em t_3 o segundo país satisfaz o consumo interno com a sua produção. Depois, a partir de t_3 várias hipóteses são encaradas, tais como (em *f*) a de o primeiro país voltar a fazer uma inovação, reagindo no segundo a procura primeiro que a imitação (sendo pois o intervalo de procura menor do que o intervalo de imitação); a de continuar cada país a abastecer-se a si próprio (em *g*); e a de o segundo país, que começou mais tarde a produzir o bem (ou a produzi-lo em melhores condições), ter vantagem comparativa nessa produção, tornando-se por isso num exportador líquido do produto em causa (em *h*).

Por fim, em *c* Posner considera uma hipótese intermédia, em que depois do período t_2 o segundo país tem uma reacção de imitação que não chega todavia para anular a vantagem comparativa do primeiro, o qual, por seu turno, volta a inovar, voltando a ter em t_4 o nível de exportação que tinha em t_2 (seguindo-se, em t_5, uma nova mas ténue reacção de imitação do segundo país).

II – A teoria do ciclo do produto (Vernon)

Neste caso o autor em análise (1966) já se aproxima em alguma medida do teorema de Heckscher-Ohlin ao considerar que o desencadear do processo de inovação tecnológica é de esperar que se verifique num país (tinha presentes os Estados Unidos) com grande dotação de capital e salários altos. Depois, nos termos que podem ser melhor vistos na figura que apresentou (e nós reproduzimos, com adaptações, na figura 5) considera uma sucessão de fases, com a prevalência de países diferentes de acordo com a dotação e os preços relativos dos factores de produção.

Um produto 'novo' aparece no país dotado com mais capital, como referimos atrás, não havendo aliás numa primeira fase senão um pequeno consumo em outros países (a partir de certo momento, em países com salários médios).

Estes países começariam por seu turno a produzir o produto na fase de 'maturidade', sendo todavia a produção insuficiente para corresponder à totalidade da procura, satisfeita em grande medida com importações do país inovador.

FIG. XIII.10

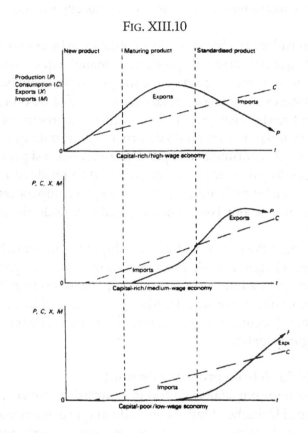

Trata-se de situação que se inverte na terceira fase, de 'estandardização' do produto, tornando-se o segundo país exportador e o primeiro (que havia feito a inovação) um importador líquido a partir de determinado momento; acontecendo ainda que ganha então relevo a produção de países pobres em capital e salários baixos, que já desde a segunda fase consumiam o produto em causa (importando-o todavia quase na totalidade) e nesta terceira passam, a partir de um momento dado, a ser seus exportadores líquidos.

Se pensarmos na evolução que tem havido na localização de indústrias como a têxtil e de confecções podemos reconhecer o padrão de evolução acabado de referir, que se estende agora para outros sectores, como por exemplo para a indústria automóvel.

b) Economias de escala

A existência de economias de escala, com custos médios mais baixos quando são produzidas grandes quantidades (recorde-se do IV.6, em especial a figura IV.4, p. 123), pode levar também ao comércio internacional, neste caso independentemente de haver diferentes dotações de factores e de haver alguma inovação tecnológica.

Sendo indiferente, por não se verificar nenhuma destas circunstâncias, que um país se especialize num dos produtos (por exemplo em A) e o outro no outro produto (por exemplo em B), pode acontecer todavia que produzindo cada um dos países os dois bens nunca chegue a ser atingida a escala que lhes permitiria produzir com custos médios mais baixo: escala essa que já poderá ser atingida com a especialização de cada um em apenas um dos bens, produzido para o mercado conjunto dos dois países.

2.2. Determinantes do lado da procura (breve referência)

Tanto a teoria clássica como a teoria neo-clássica pressupunham identidade dos gostos dos consumidores (bem como homogeneidade dos produtos): pressuposto este que, sendo afastado, abriu caminho para explicações do comércio internacional pelo lado da procura.

Teorias recentes[13] vieram procurar explicar o comércio pelo lado da procura, dando relevo às preferências evidenciadas pelos consumidores.

Acontecerá de facto que numa primeira fase as produções correspondam a estas preferências, conhecidas naturalmente em primeira mão pelos empresários dos países respectivos. Mas já a médio prazo, não havendo dificuldades no comércio internacional, acaba por se verificar uma especialização entre os países de acordo com as vantagens comparativas do lado da oferta: não deixando por exemplo os consumidores de um país com preferência por produtos de alta qualidade de procurar estes produtos num país mais pobre, mesmo num terceiro país, se forem produzidos aqui em melhores condições (de qualidade ou/e preço).

---

[13] De Linder (1961), com a explicação pela 'sobreposição de procuras', e de Lancaster (1966), com a explicação pela 'diferenciação de atributos' (cfr. Porto, 2009a, pp. 64-75, expondo estas e outras teorias; bem como, também entre nós, J. T. Fernandes, 2013, pp. 59 e ss. e Medeiros, 2013, pp. 53-80).

3. As restrições ao comércio

Depois de termos visto o relevo actual, as explicações e as vantagens de aumento da produção que o comércio internacional pode proporcionar, vamos ver agora a temática das restrições: vendo primeiro as formas que podem revestir, depois os seus efeitos e em terceiro lugar que, estando em causa um objectivo no plano interno, deve actuar-se neste plano, não se prejudicando a liberdade de comércio.

3.1. Formas

Entre as formas tradicionais têm a mais longa tradição os *impostos alfandegários,* impostos que, recaindo sobre os bens que são importados, têm os efeitos que serão referidos no número seguinte.

Será de chamar todavia a atenção para que pode haver para esses impostos objectivos conflituantes: um objectivo proteccionista, plenamente atingido quando, com a elevação do preço, nada é importado; ou um objectivo de cobrança de receitas, requerendo um grande volume de importações efectivamente realizadas (só então é cobrado o imposto).Um imposto alfandegário muito elevado poderá ser eficaz de um ponto de vista proteccionista, levando a uma grande redução ou mesmo a uma eliminação das importações, mas proporcionará provavelmente (com elasticidades-preço maiores do que um) um nível muito baixo de receitas (no limite, se impedir por completo as importações, deixará de haver qualquer receita); sendo pelo contrário necessário manter um nível baixo de direitos, permitindo um volume elevado de importações, se se pretende uma receita fiscal avultada.

Uma outra via com grande tradição de estabelecer restrições ao comércio é a das *restrições quantitativas,* sob diferentes formas: *proibições,* proibindo-se por exemplo a entrada de determinados produtos por razões de saúde pública (produtos com uma composição nefasta), de segurança (ex. armas) ou morais (ex. artigos pornográficos); *licenciamentos,* sujeitando-se as importações à outorga de uma licença, condicionada por alguma das razões acabadas de referir ou ainda por exemplo por um propósito proteccionista, sendo concedida a licença (ou sendo concedida mais rapidamente) se não estiver em causa uma produção doméstica que se queira proteger[14];

---

[14] Parecia ser este o caso da outorga dos Boletins de Registo de Importação (BRI's) em Portugal, embora formalmente lhes fosse atribuída uma finalidade estatística.

e quotas, estabelecendo os limites dentro dos quais podem ser feitas as importações[15].

As *restrições aos pagamento* são uma terceira forma 'clássica' de impor restrições ao comércio internacional, não se disponibilizando ou limitando-se as disponibilidades de divisas para pagar as importações: o que leva a que estas deixem de ter lugar, dado que os empresários dos países exportadores têm de um modo geral de fazer nas suas moedas os pagamentos dos factores de produção (v.g. dos salários), das matérias-primas, dos bens intermediários e dos equipamentos utilizados na produção.

Os anos 30 forneceram-nos casos muito expressivos deste tipo de restrições, com o sistema de *clearings*, ficando por exemplo as nossas importações da Alemanha limitadas às disponibilidades em marcos proporcionadas pelas nossas exportações para esse país.

Face às limitações drásticas assim estabelecidos, compreende-se que quando depois da guerra se pretendeu promover a abertura das economias se tivesse considerado como passo indispensável promover a multilateralização dos pagamentos: no espaço europeu com a União Europeia de Pagamentos (1948; a que se sucedeu o Acordo Monetário Europeu, em 1959) e no espaço mundial com o Fundo Monetário Internacional (já desde 1947: ver *infra* XIV.1.2.2, pp. 437-40).

Além das restrições aos pagamentos é possível influenciar o comércio internacional através da variação da taxa de câmbio, por exemplo desvalorizando a moeda do país como forma de diminuir as importações (tomadas mais caras para os nossos residentes, obrigados a dar mais unidades monetárias para obter a mesma quantidade de moeda estrangeira) e promover as exportações (tornadas mais baratas para os residentes de outros países, que com o mesmo montante das suas moedas conseguem mais unidades da nossa moeda). Constitui assim um modo de intervenção que deixa funcionar o mercado (com as suas virtualidades na afectação dos recursos) em maior medida do que as restrições quantitativas, oferecendo ainda, em relação aos impostos alfandegários, a vantagem de agir simultaneamente sobre as importações (dificultando-as) e sobre as

---

[15] Hoje em dia assumem um grande relevo, com as implicações gerais das restrições quantitativas, as restrições 'voluntárias' de exportações (VER's, *voluntary export restraints* na designação inglesa), 'impostas' muitas vezes pelos países importadores mais poderosos.

exportações (promovendo-as), proporcionando por isso com menores custos a possibilidade de serem atingidos objectivos desejados (de promoção de um sector ou ainda por exemplo de reequilíbrio da balança dos pagamentos).

Trata-se todavia de política que tem os limites e os inconvenientes que vimos e veremos noutros locais[16] deixando além disso de poder ser seguida pelos países que aderiram ao euro, com uma só moeda (sendo ainda dificultada no quadro do Fundo Monetário Internacional, para os europeus já antes no quadro do Sistema Monetário Europeu).

Além dos obstáculos agora vistos, com maior tradição e por isso melhor conhecidos, muitos outros poderiam ser referidos também. Trata-se de obstáculos que ganharam especial relevo quando do surto proteccionista dos anos 70, conhecido por 'novo proteccionismo'.

Este caracterizou-se aliás por um lado por ter preocupações sectoriais, de defesa de sectores trabalho-intensivos especialmente sensíveis às importações de produtos vindos de países de mão-de-obra barata (caso dos países asiáticos) e por outro lado pelo uso de meios de intervenção diferentes dos tradicionais.

Assim aconteceu porque o uso de impostos alfandegários, restrições quantitativas e restrições ou variações cambiais deixou de ser possível ou fácil face aos compromissos assumidos nas organizações internacionais de que os países faziam parte (desde o GATT e o FMI, com âmbito mundial, à OECE – antecedendo a OCDE –, à UEP ou aos movimentos de integração, no âmbito europeu). Eram compromissos que os países mantiveram, não tendo tido a coragem ou o desejo de denunciar os acordos celebrados.

Mas não faltou então a imaginação para a utilização de outras vias de defesa das economias[17], ganhando contudo relevo não só novos modos de intervenção como também (relevo relativo) obstáculos à concorrência que vinham já de trás. Na Europa alguns destes obstáculos eram já consi-

---

[16] Designadamente em IV.3.2.b (p.105) e em XIV.1.2.1.a (pp. 434-5) não se verificando o reequilíbrio se as elasticidades forem perversas, havendo consequências inflacionistas e não sendo um modo de atacar o problema na sua raíz.
[17] Num trabalho publicado em 1978 pelo Fundo Monetário Internacional Nowzad inventariou já 33 formas diferentes de fazer proteccionismo...

derados na redacção inicial do Tratado de Roma, tendo sido considerados por nós, a par de outros, quando tratámos das políticas de defesa da concorrência[18].

3.2. Efeitos

As restrições ao comércio têm efeitos em diversos domínios, que vamos mostrar em relação aos impostos alfandegários, não sendo todavia de um modo geral diferentes com outros meios de intervenção (veja-se com maior relevo o que diremos a propósito do efeito de receita fiscal).

Trata-se de efeitos que podem ser melhor vistos através da figura XIII.11:

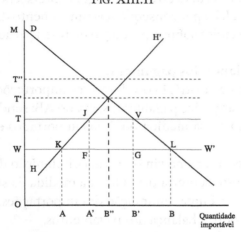

Fig. XIII.11

3.2.1. Sobre o consumo

Na ausência de restrições, podendo os consumidores do país comprar o bem pelo preço do comércio livre, o consumo é de OB.

Levando a restrição (v.g. o imposto alfandegário) a um aumento de preço (de WO para TO), verifica-se uma diminuição do consumo, numa medida determinada pela elasticidade da curva da procura (DD'): para

---

[18] No capítulo VI, pp. 163-84; com uma preocupação de estabelecimento de regras que, com a abertura geral de fronteiras, se pretende que se vão estendendo a nível mundial.

OB', sendo a redução de B'B o efeito sobre o consumo da restrição ao comércio.

3.2.2. Sobre a produção

Com a concorrência dos bens importáveis pelo preço WO a produção nacional tinha de circunscrever-se ao espaço em que o custo marginal das unidades produzidas no país (dado pela curva da oferta interna, HH') é inferior ao preço praticado (o preço internacional), WO: ou seja, até ao ponto da intersecção das duas curvas, em K, sendo a produção OA.

Com a subida do preço interno proporcionada pelo imposto TW/WO, passando a ser TO, as mesmas e outras empresas serão atraídas a produzir até ao ponto em que a curva do custo marginal intersecta este novo preço, o que acontece em J: há por consequência um aumento da produção, para OA', sendo AA' o efeito sobre a produção da restrição ao comércio.

3.2.3. Sobre a balança dos pagamentos

Antes da aplicação da restrição o volume das importações, onerando em tal montante a balança dos pagamentos, era de AB: sendo o consumo do país, OB, satisfeito nessa medida por bens importados e em OA através da oferta interna.

Levando o imposto, como vimos, a uma diminuição do consumo para OB' e a um aumento da oferta para OA', na medida da soma destas diferenças (B'B + AA') há uma diminuição das importações, que constitui o efeito (positivo) sobre a balança dos pagamentos.

Trata-se, de qualquer modo, de uma situação em que se mantém alguma importação (A'B'), ou seja, em que o imposto alfandegário não é proibitivo. Já o será por exemplo um imposto de T'W/WO, levando a que, pela diminuição do consumo, para OB", e pelo aumento da produção interna, até esse montante, deixe de ser importada qualquer quantidade.

Um imposto ainda mais elevado (por ex. de T"W/WO), determinado talvez por uma razão de precaução (admitindo que venha a verificar-se uma descida do preço internacional que leve a um novo movimento de importação), já nada acrescenta a este propósito, sendo redundante (tendo 'água') na medida do excesso T"T".

3.2.4. De receitas fiscais

Passando a haver importações de A'B', oneradas por um imposto alfandegário, há uma cobrança de receita para o Estado correspondente ao produto das unidades importadas (A'B') pelo imposto cobrado por cada uma delas, TW/WO: ou seja, um efeito de receita fiscal representado pelo quadrilátero FGVJ.

Trata-se, como é óbvio, de efeito que em princípio não se verifica com uma outra forma de restrição, v.g. com uma quota, que leve a uma redução das importações quiçá na mesma medida (para A'B'). Neste caso se há comerciantes que, sem contrapartida, beneficiam de vender por um preço mais alto (TO) os bens que importam por um preço mais baixo (WO), o quadrilátero em análise (FGVJ) representa a renda por eles conseguido. Teremos todavia uma situação equiparada à de um imposto alfandegário, constituindo FGVJ uma receita fiscal para o Estado, se a quota da importação é atribuída aos importadores em contrapartida de um pagamento equivalente (ou se forem tributados nesta medida).

3.2.5. De transferência de rendimento (para os produtores)

Além do efeito de transferência de rendimento que acabámos de ver, dos consumidores para o Estado (efeito de receita fiscal; ou, no caso da quota, de transferência – pelo menos imediata – para os importadores), com a intervenção alfandegária (através de um imposto ou, neste caso, também através de qualquer outra forma) há ainda um efeito de transferência de rendimento para os produtores: representado pelo quadrilátero WKJT e correspondendo ao ganho a mais que os produtores que vendiam OA passam a ter (vendendo por TO e já não por WO) e pelo ganho que passam a ter os que (os mesmos ou outros) vêm preencher agora o espaço entre OA e AA', vendendo cada unidade por um preço (TO) superior ao custo marginal, até se chegar ao ponto de intersecção da curva da oferta (do custo marginal) com esse preço, em J.

3.2.6. De bem-estar[19]. A diminuição da 'renda dos consumidores'

Com o aumento do preço acabado de analisar há contudo uma diminuição da renda dos consumidores, 'renda' que como vimos já em V.4.5 (com a

---

[19] Pode haver ainda efeitos sobre os termos do comércio. Tendo um país uma procura representativa no plano mundial, uma restrição ao comércio faz baixar a sua procura e consequen-

figura V.8, p. 146), consiste no produto das unidades compradas pela diferença entre o preço por que cada consumidor admitiria comprar o produto e o preço pelo qual consegue comprá-lo.

Trata-se de renda que representamos agora na figura XIII.12, onde vamos mostrar os efeitos da aplicação de um imposto alfandegário:

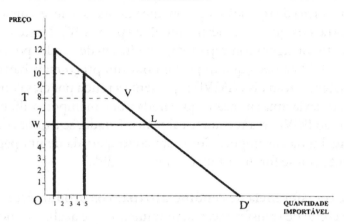

Havendo por exemplo quem estivesse disposto a comprar por 12 ou por 10, consegue fazê-lo por 6. A renda dos consumidores é pois, como se sabe, o somatório de todas as diferenças de 'rendas' assim verificadas, somatório que é representado representado pelo triângulo WLD.

Esta renda fica todavia diminuída na medida de um imposto alfandegário que seja aplicado: por exemplo, um imposto de 2, fazendo subir o preço interno para 8, faz diminuir a renda dos consumidores na medida do quadrilátero WLVT.

Alternativamente, pode dizer-se que a renda dos consumidores é a diferença entre o gozo proporcionado pelo bem, representado pela totalidade do triângulo abaixo de DD' (OD'D), e o custo suportado para ter

temente os preços dos bens importados, com o que fica favorecida a razão de troca dos bens exportados: passando a poder importar mais em 'troca' de cada unidade exportada: ver *infra* 4.2.1, pp. 381-2 (sobre o relevo de uma estratégia destas para os 'blocos regionais' ver 5.5.a, pp. 402-3).

esse gozo, ou seja, o preço a pagar, representado pelo rectângulo OD'LW: ficando diminuída na medida do aumento deste rectângulo, v.g. para OD'VT, como consequência do encarecimento causado pelo imposto alfandegário TW/WO.

A aplicação do imposto TW leva à redução da renda do consumidor (voltamos à figura XIII.8) na medida do quadrilátero WLVT, ficando restringida ao triângulo TVD.

Vimos contudo há pouco que parte desta renda é perdida pelos consumidores a favor do Estado (a receita fiscal FGVJ) e para os produtores (o rectângulo WKJT): não sendo seguro, nestes casos, se haverá uma perda ou um ganho para a sociedade, face à dificuldade (ou mesmo à impossibilidade) de fazer comparações inter-pessoais de utilidade, não podendo dizer-se (pelo menos com segurança), designadamente, que seja mais favorável que a renda WKJT caiba aos consumidores ou aos produtores (e podendo pôr-se como hipótese, em relação à renda FGVJ, que o Estado volte a distribuir a receita cobrada a favor dos consumidores onerados com a cobrança dos impostos alfandegários).

Acontece todavia que a renda perdida pelos consumidores é superior aos ganhos acabados de referir, favorecendo os produtores e o Estado (de imediato); numa medida que na figura é representada pelos triângulos KFJ e GLV, representando o primeiro o custo de distorção na produção (como consequência de se renunciar a uma produção que, em termos sociais, teria sido mais eficiente) e a segunda o custo de distorção no consumo (como consequência de os consumidores se verem forçados a comprar os bens mais caros). Tratando-se de prejuízos que a ninguém aproveitam, constituem perdas líquidas da intervenção alfandegária.

3.3. As vias alternativas de intervenção

Contributos teóricos recentes, da chamada 'teoria das divergências domésticas'[20], vieram mostrar que pretendendo-se atingir um determi-

---

[20] É uma teoria da segunda metade do século XX que, no quadro da teoria do bem-estar, deve muito da sua origem a Haberler (1950) e a Meade (1955); podendo distinguir-se depois, além de vários outros contributos, a sistematização de Bhagwati (1971) e as concretizações de Corden (1974; cfr. 1997). Com ela deixou de se associar necessariamente o comércio livre (livre-cambismo) ao liberalismo interno (*laissez-faire*), ou o proteccionismo à intervenção nas economias. A grande inovação da teoria das divergências domésticas consistiu em ter vindo

nado objectivo no plano interno é melhor utilizar um meio também interno e não a via proteccionista, podendo evitar-se assim os prejuízos de bem-estar a que esta conduz: não sendo por isso uma via de primeiro óptimo, na perspectiva de Pareto, dado que a melhoria conseguida é à custa de algum prejuízo.

Já estaremos numa situação de primeiro óptimo quando assim não aconteça, ou seja, quando algo fique melhor sem que nada nem ninguém fique pior: o que poderá ser conseguido com uma intervenção no plano interno, atingindo, sem outras consequências, o objectivo que é almejado.

Podemos vê-lo num exemplo muito simples (ver a figura XIII.13), num caso em que seja socialmente desejável aumentar a produção de um determinado bem, em cuja produção o país em causa tenha vantagem comparativa:

Fig. XIII.13

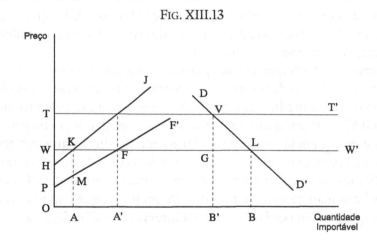

Sendo a produção OA uma produção menor do que a produção socialmente desejável, que será a produção AO', como vimos um aumento para este valor pode ser conseguido com um direito de importação, de

distinguir correctamente os dois planos, mostrando, tal como se diz no texto, que quando há uma divergência ou distorção no mercado só é eficiente ('primeiro óptimo' de Pareto) uma intervenção que atinja o objectivo desejável sem que se originem nova distorção. Não se trata de deixar de ser necessário o Estado, importa é que actue em termos economicamente correctos, promovendo a competitividade (recorde-se de II.4.3, pp. 89-91).

TW/WO. Há assim um ganho social, de MFK, dado que o custo social de AA' é AA'FM (a área debaixo da curva do custo marginal social), enquanto o custo das importações que são substituídas seria de AA'FK. Todavia, em virtude de o preço do produto subir então para OT, o consumo diminui para OB', com um custo de distorção no consumo (perda da renda dos consumidores, como vimos na figura XIII.11) de GLV, que pode ser maior ou menor do que o ganho social de MFK.

Já se terá uma solução de primeiro óptimo, de acordo com as condições de Pareto, se se usar um subsídio de TW/WO. Tal como com o imposto alfandegário da mesma medida, a produção é aumentada para OA', com o ganho social de MFK; não havendo neste caso nenhuma alteração (distorção) no consumo, dado que os consumidores continuam a pagar WO por unidade. Sendo assim, permanece apenas o ganho referido, MFK.

Naturalmente, se a produção está aquém do socialmente desejável devido a alguma ineficiência apenas na utilização de um dos factores de produção, por exemplo do trabalho, a promoção indiscriminada da produção levará a uma utilização excessiva de capital. Num caso destes a intervenção de primeiro óptimo consistirá na formação e melhor afectação da mão-de-obra (algo de paralelo havendo a fazer se a imperfeição é do mercado de capitais: sendo a via correcta – de primeiro óptimo – o afastamento desta imperfeição) (ver Porto, 2009a, pp. 157 ss).

4. O proteccionismo

4.1. Avaliação geral

A teoria das divergências domésticas veio juntar-se a outros contributos teóricos mostrando as vantagens do comércio livre em relação ao proteccionismo. Não fica em causa a necessidade de intervenção pública, deve é tratar-se de uma intervenção correcta, promovendo no plano interno as condições de competitividade (na linha do que já vimos em II.4.3). Não há por isso consequências sociais e económicas negativas, para os consumidores e para os produtores que se seguem na cadeia de produção, tendo de suportar custos mais elevados.

Trata-se de reforço teórico do comércio internacional que tem vindo a ser sucessivamente confirmado pela análise das experiências históricas, levadas a cabo não só em estudos individuais, também em amplos projectos de investigação de reputadas organiza-ções internacionais, a Organização para a Cooperação e Desenvolvimento Económico (OCDE), o National Bureau of Economic Research (NBER) e o Banco Mundial[21] (mais recentemente num amplo estudo de Sachs e Warner, 1995, ou ainda por exemplo em Van den Berg e Lewer, 2007). Uma imagem curiosa dos efeitos da abertura (e da integração) na União Europeia é dada pela figura seguinte:

Fig. XIII.14

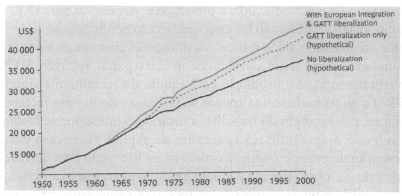

Fonte: Baldwin e Wyplosz (2009, 3ª ed., p. 218, com cálculos de Badinger)

4.2. Argumentos com maior relevo e actualidade

Para além de outros argumentos, não merecedores de crédito no plano económico (justificáveis apenas politicamente) ou com um relevo limitado no tempo (v.g. como intervenções conjunturais)[22], têm um relevo maior dois argumentos centenários: o argumento dos termos do comércio e o argumento das indústrias nascentes.

---

[21] Com as sínteses, respectivamente, em Little, Scitowski e Scott (1970), em Bhagwati (1978) e Krueger (1978) e em Papagiorgiou, Choksi e Michaely (1990; o estudo sobre Portugal foi feito por Macedo, Corado e Porto, 1988).

[22] Com a sua análise, bem como com a análise das razões que podem levar a que haja proteccionismo apesar da falta de apoio da teoria e das experiências conhecidas, na linha da *public choice* (ou 'teoria económica da política'), ver Porto (2009a, pp. 171-9 e 439-40) e, com a consideração especial dos 'grupos de interesses', Grossman e Helpman (2002).

4.2.1. O argumento dos termos do comércio

De acordo com este argumento, que pode reportar-se a Torrens (1824 e 1844), Mill (1848) e Bickerdike (1906 e 1907), um país com uma parcela significativa das compras mundiais terá interesse em impor restrições às importações (por exemplo com impostos alfandegários ou quotas) na medida em que, diminuindo por isso a sua procura global, descem os preços dos bens em causa. Não havendo alteração nos preços dos bens por ele exportados, passa a poder importar uma quantidade maior em troca de cada unidade exportada. Há por isso melhoria do que pode designar-se por termos de troca, razões de troca ou preços internacionais (recorde-se já da n. 19, pp. 375-6).

Trata-se todavia, como é óbvio, de conduta apenas ao alcance de um 'país grande', um país com uma procura tão significativa no mercado mundial que a sua redução leva à redução do preço do bem no mercado internacional. Não está pois ao alcance de um 'país pequeno' (*small country case*), por exemplo de um país como Portugal ou como a quase totalidade dos países do mundo, cuja procura significa muito pouco no total. A título de exemplo, não é pelo facto de a procura de petróleo por Portugal ou mesmo pela Espanha se reduzir que o seu preço se reduz, por pouco que seja.

Para além desta limitação, não é um argumento do ponto de vista do 'bem-estar geral', como costumam dizer os economistas: dado que o ganho de quem fica favorecido com a melhoria dos termos do comércio é prejuízo, nessa mesma medida, de quem fica com eles prejudicado. No exemplo dado, baixando o preço do petróleo, na exacta medida do ganho para os seus importadores, de 20 ou 30%, há perda para os seus produtores.

Não se ficará aliás provavelmente por uma situação de empate, de 'soma nula', com os primeiros a ganharem na medida do que perdem os segundos. De facto pode haver efeitos negativos que se multiplicam, na sequência de medidas de represália tomadas pelos que ficam prejudicados ou como mera consequência de efeitos de rendimento. As empresas produtoras de petróleo, tendo ganhos menores, passam a distribuir menos aos participantes na sua produção, em salários, juros, rendas e lucros. Parte destes rendimentos era gasta na compra de produtos e serviços no mercado interno mas uma outra parte, na medida da propensão marginal à importação, era destinada à compra de bens importados: alguns ou muitos deles fornecidos pelo país ou pelos países que forçaram a melhoria dos termos do comércio a seu favor.

Pode verificar-se por isso uma multiplicação de efeitos negativos que acaba por levar a que todos fiquem prejudicados[23].

4.2.2. O argumento das indústrias nascentes

Tem um alcance bem maior, a par de uma impressionante actualidade, um outro argumento de grande ancestralidade[24], o argumento das indústrias nascentes (ou infantes).

Parte do reconhecimento de que uma actividade produtiva (industrial ou outra) pode não ser capaz de suportar um período inicial de implantação e desenvolvimento mas vir a revelar-se capaz de competir com as produções estrangeiras dentro de um espaço de tempo previsível, no mercado doméstico e mesmo no mercado internacional.

---

[23] Assim acontece com a constatação de que há uma 'moral' nas leis da economia (com mais frequência faz-se um juízo bem diferente...), sendo o bem dos outros o nosso bem e o mal dos outros o nosso mal.

Aos efeitos cumulativos de rendimento é aplicável a fórmula do multiplicador, que veremos em XIV.1.2.3 (pp. 440-2). Tal como pode jogar a favor, quando há um aumento de rendimento no nosso ou num outro país, o multiplicador joga no sentido contrário quando há uma diminuição de rendimento: com a consequência negativa que no limite nos é dada igualmente pela aplicação da fórmula.

É pois nesta lógica, independentemente da medida exacta em que tal acontece, que se explica a preocupação expressada nos relatórios das instituições económicas e financeiras com a evolução das economias mais poderosas: casos da economia alemã ou da economia norte-americana, beneficiando-se com a sua prosperidade e sendo-se penalizado com alguma crise que possa afectá-las.

Portugal será ainda especialmente afectado por qualquer crise que possa afectar a economia espanhola, sendo o nosso principal mercado. Para além de uma alegria efémera e pouco digna de porventura estarmos então melhor do que o país vizinho, com a diminuição do ritmo da sua economia, havendo aí menos rendimentos distribuídos somos afectados na venda dos nossos produtos e ainda por exemplo com a redução na vinda de turistas espanhóis ao nosso país.

[24] Poderá reportar-se aos séculos XVII e XVIII, estando ligado aos privilégios dados a companhias comerciais explorando negócios novos e arriscados ou a quem conseguisse invenções (com as 'patentes de monopólio'). No plano teórico seguiram-se os contributos decisivos de autores proteccionistas, como Hamilton (1791), Carey (1837-40) e List (1841), bem como, como se verá a seguir no texto, de um consagrado autor livre-cambista, Mill (1848).

Havendo vantagem na sua criação ou dinamização, justifica-se o estabelecimento de restrições ao comércio que a proteja até ao momento em que possa singrar por si.

Um exemplo histórico é o exemplo da indústria siderúrgica, iniciada na Inglaterra, onde adquiriu uma vantagem importante. Países que sentiam que poderiam ser competitivos, casos da França, da Alemanha (da Prússia) ou mesmo dos Estados Unidos, tinham todavia a noção de que sem apoio não poderia singrar alguma siderurgia que instalassem, face aos preços ingleses mais baixos. Protegeram por isso um sector que de facto veio depois a revelar-se competitivo, com preços concorrenciais mesmo no mercado inglês.

Confirmando-se as previsões feitas, temos aqui já um argumento 'do ponto de vista do bem-estar geral', dado que da mesma forma que nós (v.g. os consumidores e as empresas transformadoras) temos vantagem em ter produtos em melhores condições, independentemente de serem ou não de fabrico nacional, também as pessoas dos demais países virão a beneficiar com a oferta que poderemos fazer de bens de melhor qualidade e/ou preço mais baixo.

Uma intervenção de acordo com a lógica do argumento das indústrias nascentes só se justificará todavia se se cumprirem três testes: o teste de Mill (1848), o teste de Bastable (1921) e o teste de Kemp (1964).

De acordo com *o primeiro* é preciso que a protecção possa ser temporária, deixando de ser necessária passado algum tempo: o tempo durante o qual o sector se tornou competitivo, podendo por isso ter já custos abaixo dos custos internacionais.

Se não for assim, ou seja, se os custos continuarem a ser superiores aos de outros países, terá de manter-se a protecção (sob pena de a empresa ou as empresas falirem): o que significa perpetuarem-se preços mais elevados, com os sacrifícios para os consumidores (e consumidores somos todos nós...) e para os produtores a jusante nos processos produtivos que foram já sublinhados em XIII.3.2.6 e VIII.3.3.

De acordo com o *teste de Bastable*, é preciso também que os ganhos que venham a ser conseguidos no sector sejam superiores aos custos suportados no período em que esteve a implantar-se.

Não pode deixar de ter-se de facto sempre presente que houve um custo social e económico no período de implantação, com os preços mais elevados provocados pelas medidas proteccionistas (ou com os custos financeiros de medidas directas de apoio). Sendo assim, se nos limitássemos a ter uma situação de sobrevivência, sem ganhos acrescidos, não chegaria a haver a cobertura dos custos suportados, não se justificando por isso a intervenção.

Tem que haver pois nos anos subsequentes um ganho que ultrapasse os custos dos anos iniciais[25].

Por fim, *o teste de Kemp*[26] parte da constatação de que a exigência feita pelos testes anteriores é a exigência feita naturalmente a qualquer empresário. Um investidor privado, seja ele qual for, tem de contar com um período inicial de perda (não tem lucros logo no primeiro ou nos primeiros anos) mas não deixa de fazer o investimento se, com a aplicação do processo de *discounted cash flow*, prevê vir a ter um saldo final positivo. Não se justifica portanto nenhuma intervenção pública, dado que os investidores privados não deixarão de tomar as iniciativas que sejam compensadoras.

Temos aliás aqui um teste desejável do mercado. Se os investidores não tomam as iniciativas é porque verificam, com a sua avaliação (e o risco do seu dinheiro...), que não são rentáveis ou pelo menos as mais favoráveis. Mas então também não são socialmente desejáveis, sendo um sector em que o país não tem vantagem comparativa.

Pode contudo acrescentar-se que não será assim em dois tipos de circunstâncias: se houver economias externas, ou seja, vantagens não apropriáveis, que levem a que um empreendimento não rentável ou pelo menos aconselhável na perspectiva dos empresários o seja na perspectiva social; ou ainda quando haja imperfeições no mercado que os empresários não podem naturalmente eliminar.

---

[25] O apuramento deste ganho, justificando o investimento, é feito com a aplicação do que se designa como processo de *discounted cash flow*, entrando em conta com as perdas dos anos do começo (Cn) e com os ganhos obtidos mais tarde (Gn + m).
Temos assim a fórmula:

$$\frac{C_1}{1+i} + \frac{C_2}{(1+i)^2} + \ldots \frac{C_n}{(1+i)^n} < \frac{C_{n+1}}{(1+i)^{n+1}} + \frac{C_{n+2}}{(1+i)^{n+2}} + \ldots \frac{C_n}{(1+i)^{n+m}}$$

Na qual i é a taxa de juro, n o número de anos durante os quais se conta com prejuízos e m o número de anos durante os quais se esperam ganhos; valendo a pena proteger ou apoiar o sector, satisfazendo-se o teste de Bastable, se for maior o somatório dos valores no lado direito da desigualdade.

[26] A designação deste teste foi dada por Negishi (1968, p. 56).

Do primeiro tipo de circunstâncias pode servir de exemplo a investigação científica e tecnológica, tendo em vista a implantação de uma empresa com um novo processo de fabrico[27]. Se os empresários fossem capazes de guardar só para si os conhecimentos adquiridos, poderiam ressarcir-se mais tarde do investimento feito com a sua aquisição, sendo a indústria de facto competitiva. Mas em muitos casos não acontecerá assim, não sendo possível manter em proveito exclusivo o investimento feito com a aquisição de conhecimentos, que podem aproveitar também a outros empresários.

---

[27] Um outro exemplo com grande relevo encontra-se na formação profissional, de que já falámos em VII.1.4.1, p. 195). Poderá à primeira vista julgar-se que deverá ser feita pelos empresários, que serão depois compensados com a maior produtividade de trabalhadores melhor formados. Como sublinhámos, acontece todavia que não pode haver nenhum vínculo jurídico a prender para sempre ou mesmo por muito tempo qualquer trabalhador a uma empresa (pode ainda acontecer que adoeça ou faleça passado pouco tempo). Sendo assim, o trabalhador é livre de proporcionar depois o seu contributo a um empresário rival ou estabelecer-se por conta própria, ficando o empresário que fez a formação sem tirar proveito da economia externa que criou.

Tratando-se pois de uma vantagem que um empresário privado não pode internalisar, com o exclusivo da sua exploração, justifica-se que seja o Estado ou outra entidade pública a intervir; com a justificação reforçada pelo facto de a sociedade no seu conjunto ter vantagem em dispor de pessoas qualificadas, contribuindo para produções acrescidas, sejam quais forem as empresas ou serviços onde o façam.

Disse-se também que quem pode internalisar a formação feita é o próprio trabalhador, podendo negociar livremente a prestação dos seus serviços; não sendo todavia realista que com recursos próprios ou com o recurso a empréstimos bancários muitas pessoas possam ter a formação requerida, sendo os recursos escassos e/ou sendo as formações muito caras. Justifica-se pois a intervenção pública, pagando parte dela; podendo justificar-se de qualquer modo que alguma parte da formação caiba às empresas, que não deixarão de beneficiar em alguma medida com a formação proporcionada, com a provável permanência de boa parte dos formados, em especial se se tratar de formações muito especializadas, sem relevo para outras empresas.

É naturalmente nesta lógica que se justifica também o pagamento de propinas no ensino superior público (não só privado). Havendo inquestionavelmente uma vantagem social por se dispor de pessoas melhor qualificadas, quem tem um curso universitário tem uma vantagem pessoal, com um nível cultural mais elevado (valor a ter também em conta) e a possibilidade de em princípio, por exemplo como médico, advogado ou arquitecto, ter uma remuneração superior à da generalidade dos cidadãos sem cursos superiores. Justifica-se pois que, tendo a sua família essa possibilidade (tem obviamente que haver bolsas para quem não disponha de meios bastantes, em qualquer tipo de ensino), haja alguma participação no pagamento de um benefício que não se estende a muitas outras pessoas, de um modo geral mais carenciadas.

Ninguém se sentirá por isso estimulado a tomar iniciativas de investigação, muitas delas caríssimas. Havendo contudo vantagens sociais que ultrapassem a vantagem para o empresário inovador justificar-se-á o proteccionismo (ou outro apoio) concedido, como forma de se conseguir o objectivo almejado.

De imperfeições do mercado podem dar-se também exemplos vários, como sejam os casos de haver falhas nos sistemas de informação ou no mercado de capitais.

Também nestes casos não pode esperar-se que sejam os privados a intervir, com intervenções que não terão capacidade para fazer e que de qualquer modo (também elas) não seriam só em seu proveito. Justifica-se pois, é mesmo indispensável, que sejam entidades públicas a fazê-lo.

4.3. O modo de actuar e as dificuldades a ter em conta

Curiosamente, mantendo o argumento das indústrias nascentes um relevo assinalável (à sua actualidade como argumento especialmente importante para a formação de espaços de integração referir-nos-emos em XIII.5.5.b, pp. 403-8), os ensinamentos já referidos da teoria das divergências domésticas mostram que é um argumento 'para que se intervenha' mas não um argumento 'proteccionista'.

Têm nos nossos dias uma actualidade acrescida os testes que acabámos de passar em revista, num mundo aberto que não se compadece com ineficiências.

Mas é nesta mesma lógica que não pode haver intervenções de segundo óptimo quando pode haver intervenções de primeiro óptimo. Tendo a intervenção proteccionista, com os aumentos de preços a que conduz, a consequência de algo (ou alguém) ficar pior para que algo (ou alguém) possa ficar melhor, é uma intervenção de segundo óptimo. Como vimos no número 3.3 (pp. 375-7), a promoção de uma produção deve ser feita antes[28]

---

[28] Todas as exigências referidas, incluindo-se naturalmente a passagem dos testes, têm de ser feitas em relação ao apoio a indústrias em dificuldade, seja qual for a pressão que se faça a 'exigi-lo'.

Temos então o que pode ser designado como 'argumento das indústrias senescentes' (de acordo com a etimologia da palavra, indústrias em 'envelhecimento'). Sendo talvez mais penoso ver desaparecer uma empresa já existente do que não aparecer uma empresa nova, tem que reconhecer-se com realismo que não se justifica ter prejuízos sociais, económicos e financeiros para manter algo em que não somos competitivos.

de um modo directo, promovendo o que há a promover (por exemplo a formação profissional) e afastando o que há a afastar (as imperfeições do mercado).

Um apoio directo tem ainda a vantagem de, tendo um custo orçamental, ser sujeito todos os anos a um escrutínio político, numa repartição de verbas escassas em que muitos estão interessados, designadamente os sectores sociais em que o Estado não pode deixar de intervir (saúde, educação ou assistência). Desejavelmente, há pois que provar todos os anos que o dinheiro está a ser bem gasto.

Em contrapartida, as intervenções de 'primeiro óptimo' têm duas dificuldades, de naturezas diversas, que não se levantam com as intervenções proteccionistas.

Uma delas é a dificuldade de se fazerem as escolhas certas das actividades (v.g. das empresas) a promover. Estamos assim face ao problema delicado de escolher vencedores (*picking the winners*), áreas de actividade e empresas que passados alguns anos, sem nenhum apoio, sejam competitivos a nível internacional. São infelizmente muitos os exemplos de escolhas mal feitas. Não sendo preciso ir mais longe, podem apontar-se os erros portugueses de protecção a sectores que não chegaram a ser competitivos: casos da siderurgia, da petroquímica e da indústria de montagem de automóveis nos anos 60 e 70 (com prejuízos, de várias naturezas, que perduraram ao longo dos anos, continuando alguns a perdurar...).

A outra dificuldade está nos custos administrativos muito mais elevados das intervenções de primeiro óptimo. Assim acontece com as intervenções em si, tendo por exemplo que instalar-se e ter-se em funcionamento laboratórios ou centros de formação profissional. Mas para além disso há os custos administrativos do lançamento, liquidação e cobrança de impostos necessários, em geral muito mais elevados do que os custos dos impostos alfandegários proteccionistas.

Não podendo deixar de dar-se a maior atenção às situações transitórias, em especial aos problemas humanos a resolver, acabará por ser melhor para todos afectar antes os recursos de que se disponha à criação de oportunidades competitivas.
Naturalmente em muitos casos, com o respeito escrupuloso dos testes, justifica-se de facto a reestruturação dos sectores ou das empresas que estão em crise, com as vantagens de já se dispor de mercados e de não ser tão drástica a mudança de ocupação dos trabalhadores (sobre a identidade das exigências a fazer, refutando afirmações contrárias que já foram feitas, cfr. Porto, 2009a, pp. 199-200).

Para além de exigências maiores na sua aplicação (v.g. tendo de se ter em conta a contabilidade de pessoas e empresas, com os impostos sobre os rendimentos de pessoas singulares e colectivas – casos dos nossos IRS e IRC – e sobre o valor acrescentado nas produções – caso do IVA). Trata-se seguramente de impostos que recaem sobre muito mais contribuintes, espalhados pela totalidade dos territórios dos países. Já os impostos alfandegários exigem apenas o reconhecimento presencial dos bens que passam nas fronteiras, são aplicados num número reduzidíssimo de pontos: no caso português tendo relevo apenas dois ou três portos e aeroportos[29].

Quando os impostos alfandegários (ou as restrições quantitativas) são de uma eficiência máxima de um ponto de vista proteccionista, levando a que nada seja importado, é aliás ainda mais fácil o trabalho nas alfândegas... Sabendo-se por exemplo que a importação de um bem não é permitida, não chegará a sair de um armazém da eventual exportadora, não dando trabalho nenhum aos funcionários alfandegários.

Pode dizer-se ainda que com a intervenção alfandegária, sem o risco de escolhas erradas, acabará por desejavelmente (no interesse geral) prevalecer o melhor.

Reconhecendo-se que assim é, para além dos casos em que tem de escolher-se uma ou algumas empresas (caso dos participantes na produção do Airbus, não sendo realista pensar que poderia haver outro produtor europeu a produzir aviões da mesma dimensão), a melhor política consistirá em promover condições gerais de competitividade (como sempre, com a criação de economias externas e o afastamento de imperfeições do mercado) de que possa beneficiar qualquer empresário, mesmo tratando-se de pequenas e médias empresas.

É aliás neste sentido correcto que aponta o Tratado de Lisboa, no TFUE, nos termos em que estão definidas as 'políticas' industrial e de investigação científica e tecnológica. No primeiro caso diz-se (no artigo 173º) de um modo muito abrangente que "a União e os Estados-membros zelarão por que sejam asseguradas as condições necessárias ao desenvolvimento da capacidade concorrencial da indústria da União", numa linha

---

[29] Antes da abertura completa de fronteiras com a Espanha (e os demais países da União Europeia) tiveram relevo ainda as passagens terrestres, mas as passagens ('legais'...) com maior relevo concentravam-se em pouquíssimos postos fronteiriços mais importantes: Vilar Formoso, Caia, Valença e poucos mais.

que passa por exemplo por "incentivar um ambiente favorável à iniciativa e ao desenvolvimento das empresas *do conjunto da União* e nomeadamente das *pequenas e médias empresas*" (itálicos nossos; cfr. Amaral, 2012). A ideia de horizontalidade está reforçada no segundo caso, da I&D, por exemplo com a indicação de que "a União incentivará, *em todo o seu território*, as empresas, incluindo *as pequenas e médias empresas*, os centros de investigação e de desenvolvimento tecnológico de elevada qualidade" (número 2 do artigo 179º, de novo com itálicos nossos; e cfr. N. G. Andrade, 2012).

Temos pois um quadro alargado dentro do qual se espera que, no interesse de todos (v.g. evitando-se ineficiências), sobressaiam os vencedores (os *winners*), capazes de operarem em qualquer país ou região (havendo aliás exemplos magníficos a este propósito, em várias regiões do nosso país).

4.4. O 'sonho' de que os outros não reajam às nossas intervenções proteccionistas

Com enorme frequência defende-se o proteccionismo julgando-se, com a maior ingenuidade, que não haverá reacção dos países que por isso ficam limitados no acesso ao nosso mercado.

Poderá causar impressão ver circular nas nossas estradas veículos de outros continentes ou constatar que nos estabelecimentos comerciais há muitos produtos aí produzidos; tendo sido produzidos por trabalhadores seus, em detrimento de trabalhadores europeus, de preferência trabalhadores portugueses.

A reacção imediata, aliás muitas vezes posta em prática, é a reacção de 'atacar o mal pela raiz', impedindo ou pelo menos limitando as importações desses produtos, com a aplicação de impostos alfandegários elevados ou por alguma outra via.

Trata-se todavia de reacção que esquece duas circunstâncias que não podem deixar de ser tidas também em conta.

A primeira é a de que se esses bens são aqui postos à venda é porque têm preços ou/e qualidades mais favoráveis. Se assim não fosse não iria custear-se um transporte de longa distância, sendo além disso natural que face a circunstâncias semelhantes sejam preferidos os nossos produtos.

Ora, a possibilidade de se comprarem bens em melhores condições favorece os consumidores, no fundo todos os cidadãos, aliás em maior medida os cidadãos de rendimentos mais baixos, que, como se viu em X.3.1 (pp. 258-60), têm de despender em consumo percentagens mais elevadas dos seus rendimentos. Tratando-se de bens indirectos, bens intermediários e equipamentos, a importação em melhores condições favorece as produções a jusante (que as utilizem), com benefícios que obviamente se estenderão também até aos consumidores.

A análise económica não pode naturalmente deixar de considerar todas as componentes de que dependem a actividade económica e o bem-estar dos cidadãos, não podendo em especial esquecer uma componente que afecta em maior medida o bem-estar dos mais desfavorecidos.

Uma segunda circunstância a ter em conta é a de que quem deixa de poder exportar para cá não deixará de reagir. Vimos aliás há pouco que a diminuição de rendimento dos participantes nas actividades exportadoras provoca diminuição de gastos, em alguma medida (v.g. na medida da propensão marginal para importar) com implicações nas exportações de sectores do país que tomou a iniciativa proteccionista, com efeitos que poderão multiplicar-se. Mas além disso não deixará de haver medidas de represália, com consequências idênticas ou mais graves.

Compreende-se por isso que, a não haver uma atitude de abertura total, deva haver uma atitude negocial, que, na linha da 'teoria dos jogos', leve a um desfecho intermédio. Ficar-se-á aquém do que seria conseguido na situação 'sonhada' de nós nos protegermos e os demais ficarem passivamente conformados com a sua sorte: não conseguindo exportar para cá e deixando 'alegremente' que continuássemos a ocupar os seus mercados (sem dúvida com vantagens para os seus consumidores e produtores a jusante...). Mas evitar-se-á o prejuízo geral resultante de uma guerra comercial (na linha do exemplo que apresentámos em V.6.2, pp. 156-7, a propósito do mercado de oligopólio).

As reflexões agora feitas são especialmente relevantes no caso da União Europeia, tendo com frequência balança comercial favorável[30]. Assim acontece designadamente com a Ásia no seu conjunto (não com a China e com o Japão), espaço em relação ao qual há uma sensibilidade muito especial. Estando mais 'à vista' produtos seus, dos automóveis aos aparelhos de ar condicionado, é todavia por exemplo muito grande o nosso superave na indústria química, designadamente na indústria farmacêutica. Mas são além

---

[30] Sendo especialmente significativo o superave da balança de pagamentos da zona euro, em 2014 de 329,6 milhares de milhões de dólares, muito mais do que o dobro do superave da China (de 142,3 milhares de milhões: cfr. *The Economist*, de 12 a 18 de Julho de 2014).

disso grandes os nossos superaves com os Estados Unidos e com a América Latina, espaços que pelo contrário têm enormes défices comerciais.

Alguém poderá pensar que os países em causa não reagiriam? E não seriamos nós os mais prejudicados, sendo quem agora mais ganha com o comércio?[31]

5. A integração económica

5.1. Evolução recente

Recentemente tem vindo a assistir-se à formação de espaços (áreas) de integração, 'blocos' regionais, tendo todavia esta última designação o

---

[31] Como se sabe, é diferente a situação de Portugal, tradicionalmente com a balança comercial deficitária (ver *infra* XIV.1.1.4, pp. 431-2). Mas com a integração na UE não podemos ter a mínima intervenção proteccionista própria, que tivéssemos a 'tentação' de seguir. Admitindo que fosse desejável, o nosso espaço de manobra – aliás por isso ampliado – está em influenciar as posições da União Europeia no seio da Organização Mundial do Comércio, agora nas negociações do Millenium Round (da Agenda de Doha).
Além das reservas já sublinhadas, há que ter em conta contudo que há componentes da balança dos pagamentos que costumam ser superavitárias, casos das receitas do turismo, das remessas dos emigrantes e de alguns casos de movimentos de capitais (ver *infra* o quadro XIV.1, p. 433). Ora, medidas de represália poderiam afectar também uma ou outra destas rubricas, além das exportações de mercadorias em que temos vantagem comparativa.
Em geral, o que Portugal tem de fazer é um esforço permanente de melhoria das suas condições de competitividade, passando a competir melhor em todos os domínios.
Veremos adiante, em 6.3.3 (pp. 418-9), que poderá eventualmente ser justificável uma pressão proteccionista temporária da Europa, desejavelmente em articulação com os Estados Unidos, que leve outros países, em especial países asiáticos, a jogar igualmente o jogo do livre-cambismo: com o que afinal ficarão beneficiados os seus consumidores e de um modo geral a sua actividade.
Numa apreciação geral, constata-se aliás que a União Europeia é já hoje em dia um espaço aberto, com uma média de direitos de importação de 3,6% e entrando sem pagar nada 38% das importações (são semelhantes os valores dos Estados Unidos), mas muito mais elevados os valores da generalidade dos demais países (sendo pelo contrário bem mais aberto, totalmente livre-cambista, o território de Hong-Kong) (cfr. Barthé, 2011, p. 29 e Porto, 2009a, pp. 571-2).
O 'mau' exemplo da União Europeia é a Política Agrícola Comum (a PAC), conforme se sublinhará *infra*, em 6.3.4 (pp. 419-20) e XV.3.6 (p. 525), com todas as consequências negativas daí resultantes, incluindo compreensivelmente a 'represália' de outros países reflectida por exemplo nas dificuldades de negociação que se verificaram no Uruguai Round, com prejuízos claros para os nossos interesses; sendo de desejar que tenha continuidade o acordo conseguido em Genebra no Conselho Geral da OMC concluído no dia 1 de Agosto de 2004, no quadro das negociações do Millenium Round, mas sem que em geral se venha verificando grande progresso (ver Adler, Brunel, Hufbauer e Schott, 2009).

inconveniente de poder indiciar que se trata de espaços fechados, proteccionistas em relação ao exterior (veremos adiante que não é de desejar nem de esperar que tal aconteça).

Trata-se todavia de movimento que não é de agora, já entre 1812 e 1914 se terão verificado dezasseis casos de constituição de uniões aduaneiras; sendo de referir como mais significativo o da criação do *Zollverein* em 1833, com a abertura de fronteiras entre dezoito Estados alemães e o estabelecimento de uma pauta comum em relação ao exterior.

Pouco se avançou depois na primeira metade do século XX, não podendo antever-se os movimento verificados a partir de então.

Com início na CECA (1952) e nas outras duas Comunidades Europeias (CEE e EURATOM, em 1958), teve lugar nos anos sessenta uma 'primeira vaga' de regionalismo, não só na Europa (ainda com a EFTA e, em alguma medida em território europeu, com o COMECON) como noutros continentes, casos da América Latina e da África.

Pode dizer-se que apenas o movimento europeu, centrado nas Comunidades, teve um grande êxito; mas os resultados a que se chegou, com a moeda única e a tantos outros propósitos, não podem fazer esquecer as dificuldades sentidas de permeio, designadamente nos anos setenta.

Foi de qualquer modo o êxito aqui conseguido a determinar a 'segunda vaga' de regionalismo, já nos anos noventa, com o facto novo importante de também os Estados Unidos avançarem agora por tal caminho (abandonando a posição tradicional, de comprometimento apenas com o livre-cambismo mundial, na linha do GATT), e tendo alguns dos movimentos novos uma consistência e um comprometimento de abertura interna sem precedentes nos movimentos anteriores.

5.2. Formas. O caso da União Europeia

Os movimentos de integração têm características diferentes, podendo distinguir-se várias formas, consoante o maior ou menor aprofundamento verificado a diferentes propósitos: designadamente, zonas de comércio livre, uniões aduaneiras, mercados únicos (ou internos), mercados comuns e ainda formas mais avançadas de integração.

Antes disso podem apontar-se casos de *concessão de preferências*, como as concedidas por antigas potências colonizadoras a territórios que lhes ficaram ligados (v.g. o caso das 'preferências imperiais' britânicas) e o actual Sistema de Preferências Genera-lizadas (SPG), bem como casos de *integração de apenas um ou outro sector*, de que constitui um exemplo muito importante a Comunidade Europeia do Carvão e do Aço (CECA), por si própria e por ter aberto caminho ao movimento mais alargado de integração iniciado com a CEE.

Numa *área (zona) de comércio livre* há entre os países membros liberdade de movimentos da generalidade dos produtos (podendo tratar-se da generalidade dos produtos industriais, tal como acontece na EFTA), mantendo todavia cada um deles a possibilidade de seguir uma política comercial própria em relação ao exterior. Como zonas de comércio livre podem ser referidas a EFTA, de que Portugal foi membro fundador, e mais recentemente a NAFTA.

Numa *união aduaneira* além da liberdade de circulação das mercadorias há uma política comercial comum, traduzida designadamente na aplicação de uma pauta única face ao exterior e na negociação conjunta de qualquer acordo com países terceiros[32]. É como se sabe o caso da Comunidade Europeia, a que acresce agora o do MERCOSUL.

Entre as formas de integração poderá distinguir-se igualmente um *mercado único* (ou interno)[33], caracterizado pelo afastamento não só das barreiras alfandegárias ao comércio como também pelo afastamento das 'barreiras não visíveis' *(invisible ou non-tariff barriers*, NTB, de novo na designação em inglês) que impedem a concorrência plena entre as economias: na linha do que na União Europeia se pretendeu conseguir com o 'mer-

[32] Costuma verificar-se também uma afectação comunitária das receitas alfandegárias: evitando-se que não sendo assim sejam especialmente favorecidos os países por onde entram mais bens na união, independentemente de se destinarem a consumidores de outros países, e podendo proceder-se a uma utilização das verbas de acordo com critérios definidos em comum. Entre os seis países iniciais da Comunidade Económica Europeia estariam naquelas circunstâncias – de especial benefício – a Holanda e a Bélgica, na medida em que entram pelos portos de Roterdão e Antuérpia muitas das mercadorias destinadas à Alemanha. O problema fica resolvido aqui com a afectação dos impostos cobrados ao orçamento comunitário. Mas está por resolver no MERCOSUL, que não tem orçamento: verificando-se um prejuízo por exemplo para o Paraguai, em relação a mercadorias destinadas a este país (sendo os seus consumidores onerados com os impostos alfandegários repercutidos nos preços) mas descarregadas em portos dos países membros que confinam com o mar (onde são arrecadados esses impostos).

[33] Julgamos que a designação de mercado 'único' (em tradução à letra da designação inglesa *single market*) é preferível à de mercado 'interno', na medida em que dá melhor a ideia, correcta e desejável, de que não se visa um mercado fechado em relação ao exterior (ver também Monti, 2010, p. 13).

cado único de 1993', resultante do afastamento de barreiras técnicas e fiscais (além das barreiras físicas que se mantinham no atravessamento das fronteiras) entre os países membros.

Tratando-se de um *mercado comum* há a liberdade de circulação dos factores, designadamente do trabalho e do capital. A União Europeia visa ser não só uma união aduaneira e um mercado único como um mercado comum (o mesmo acontecendo com o MERCOSUL).

Por fim, numa fase de maior integração podemos ter a harmonização (maior ou menor) das políticas seguidas ou mesmo a prossecução de políticas comuns, envolvendo já alguma transferência de poderes para um âmbito supra-nacional: numa linha que, como se sabe, em alguma medida está a ser seguida pela União Europeia.

5.3. Justificações não de 'primeiro óptimo'
Dado o seu relevo, compreende-se que os economistas tenham vindo a preocupar-se com a procura de justificação de áreas de integração.

5.3.1. A teoria estática das uniões aduaneiras[34]
Trata-se da primeira procura de justificação, remontando já a Viner, em 1950 (considerando só efeitos sobre a produção, mas tendo autores subsequentes feito a extensão devida a efeitos sobre o consumo).

É uma teoria beneficiária directa do contributo que foi dado pela teoria das divergências domésticas: ou seja, da aplicação da teoria do bem-estar às intervenções no comércio, nos termos que vimos atrás (em 3.2.6, pp. 375-7 e 3.3, pp. 377-9).

---

[34] Compreende-se a prevalência que costuma ser dada à exposição da teoria das *uniões aduaneiras*, não só por ter surgido primeiro na ciência económica – através da teoria estática, que vamos passar a expor – como por ser uma união aduaneira (além de ter já hoje outras componentes, de bem maior integração) a instituição – a Comunidade Europeia, no seio da União Europeia – em que Portugal está agora inserido.
Mas mesmo do ponto de vista pedagógico haverá vantagem em proceder deste modo: partindo-se da exposição da teoria das uniões aduaneiras para, quando haja elementos distintivos, estabelecer a comparação com as áreas (zonas) de comércio livre (ainda com a simples atribuição de preferências alfandegárias), ou com formas mais aprofundadas de integração, desde logo com os mercados únicos e com os mercados comuns.
Com uma reflexão crítica sobre os modos de avaliar as integrações regionais ver Flôres (2003).

Na sua exposição como elemento adicional temos que considerar não só o que se passa em relação a um segundo país, no qual podemos simbolizar todos os demais que se integram na união aduaneira, como também o que se passa em relação a um terceiro país, representando todos os que ficam de fora. Mesmo tratando-se de um modelo muito simples não pode deixar de considerar estes dois tipos de situações, representadas na figura XIII.15:

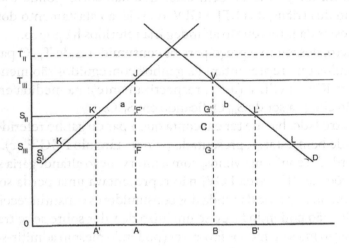

Fig. XIII.15

Podemos considerar que o país terceiro (III, os EUA) tenha um preço menos elevado (S_{III} 0) do que o preço (S_{II} 0) do país a que nos juntamos na união aduaneira (o país II, a França).

Antes da constituição da união aplica-se a mesma tributação (por exemplo de 80%) às importações vindas de todos os países, o que leva a que o preço no mercado interno seja o preço T_{III} 0, resultante da aplicação desse imposto ao preço do bem onde é mais barato e de onde por isso é importado: o preço do país terceiro (os EUA, com S_{III} 0), sendo a procura interna, de OB, satisfeita em OA por oferta interna e em AB por oferta do país III. Como é óbvio, não tinha sentido importar então da França, onde o preço é de S_{II} 0: ficando o preço interno (com imposto) em T_{II} 0.

Trata-se todavia, como sabemos, de uma situação causadora de custos de bem-estar: um custo de distorção na produção, representado pelo triângulo KFJ, e um custo de distorção no consumo, representado pelo triângulo GLV.

395

Com a entrada do país II na união aduaneira deixam de ser-lhe aplicados impostos alfandegários (ou outras restrições), não deixando todavia de tributar-se (ou onerar-se de outra forma) o que vem de III. Passa por isso a importar-se do primeiro destes países, chegando o bem aos consumidores pelo preço S_{II} O, mais baixo do que T_{III} O: aumentando o consumo para OB', AO' satisfeito com oferta interna e A'B' com oferta do país II.

Há assim um ganho de bem-estar que não corresponde todavia ao somatório dos triângulos KFJ e GLV: ou seja, ao afastamento dos custos de bem-estar da intervenção alfandegária referidos há pouco.

De facto, descendo o preço para os consumidores de T_{III} O para S_{III} O os triângulos que representam os ganhos conseguidos são menores, os triângulos K'F'J e G'L'V (*a* e *b*, respectivamente): na medida em que o preço não chega a ser de S_{III} O, ficando em S_{II} O.

Por outro lado, há que ter em conta que a par do ganho referido há um prejuízo de bem-estar, representado pelo rectângulo FGG'F' *(c)*.

Na verdade, conforme vimos, com a intervenção alfandegária sobre as importações de III a área FGVJ não representava uma perda social, na medida em que a perda da renda dos consumidores constitui receita fiscal do Estado, não podendo fazer-se um juízo de valor sobre se se tratava de uma situação mais ou menos favorável (podendo mesmo admitir-se, como hipótese, que o Estado utilizasse o dinheiro recebido para subsidiar os consumidores na exacta medida do que haviam pago com a tributação alfandegária)[35].

Com a formação da união aduaneira, passando os consumidores a comprar pelo preço do país que dela também faz parte (o preço S_{II}O), há uma decomposição da realidade que era representada pelo rectângulo FGVJ.

O sub-rectângulo F'G'VJ continua a representar (agora por razões inversas) uma situação indiferente de bem-estar, na medida em que uma diminuição da receita fiscal é substituída, nessa mesma medida, por uma melhoria (uma recuperação) da renda dos consumidores, que passam a comprar o bem mais barato.

---

[35] Como vimos atrás, pode dizer-se algo de semelhante se se trata de uma quota, com a qual há um ganho (uma transferência) para os importadores (comerciantes), ou talvez também aqui para o Estado, se os importadores tiverem comprado em hasta pública o direito de importar ou forem tributados na medida do ganho conseguido.

É todavia já muito diferente a situação representada pelo sub-rectângulo FGG'F' (c). Vindo o bem de um país da união aduaneira não é obviamente cobrada receita nenhuma, mas em tal medida não há um benefício para os consumidores, obrigados a pagá-lo por S_{II} O. Trata-se, pois, de sub-rectângulo que corresponde a uma situação que a ninguém aproveita: nem ao Estado, que deixa de ter qualquer receita cobrada nas alfândegas, nem aos consumidores, que suportam um preço mais alto do que S_{II} O.

Constata-se deste modo que com a formação de uma união aduaneira a par de um ganho, representado na figura pelo somatório dos triângulos *a e b*, há uma perda, representada pelo rectângulo *c*: constituindo o primeiro – o ganho – o chamado efeito de *criação de comércio* e a segunda – a perda – o chamado efeito de *desvio de comércio*.

Na análise de uma união aduaneira, procurando ver se com ela há uma melhoria ou não, há que contrapor, pois, o efeito de desvio de comércio (havendo-o) ao efeito de criação de comércio: só se verificando um ganho líquido se este segundo for maior do que o primeiro.

5.3.2. O aproveitamento das vantagens da especialização

Uma outra justificação apresentada para a criação de areas de integração está no aumento de oportunidades comerciais que são assim criadas.

De facto, com o afastamento de barreiras ao comércio entre os países-membros há naturalmente um aumento do comércio, explicável pelas teorias que analisámos no número 2 deste capítulo (pp. 355-67).

Tivemos ocasião de ver então que de um modo geral essas teorias, além de explicarem *por que* há comércio, também o *justificam*, mostrando o ganho geral com ele conseguido (repartido entre os países consoante os termos do comércio).

Há pois um ganho com a maior especialização proporcionada pelo comércio internacional de que beneficiam os países que passam a fazer parte de um espaço integrado.

5.3.3. O aproveitamento de economias de escala

Uma explicação para a criação de uma união aduaneira (ou de outro espaço de integração) é a de poder conseguir-se com ela a dimensão suficiente para se produzir com custos médios mais baixos.

Trata-se de dar assim relevo próprio, no quadro de um espaço de integração, a uma das explicações para o comércio internacional (vista em

XIII.2.1.3.b, p. 369): em lugar de cada país produzir todos os tipos de bens (dois bens, nos exemplos que demos atrás) com custos mais elevados, independentemente de qualquer factor de vantagem comparativa haverá um ganho geral se cada um se especializar na produção apenas de alguns (ou de um deles, no exemplo), podendo vender no mercado mais alargado que abrange o próprio país e os seus parceiros comerciais. A título de exemplo, não sendo o mercado português suficiente para justificar a indústria automóvel, mas podendo nós ter custos médios menores, já a justificará o mercado da União Europeia, muito mais vasto.

5.3.4. Efeitos dinâmicos

Passando agora para um outro plano, pode acontecer que com a criação de uma união aduaneira se verifiquem efeitos dinâmicos levando a que se produza com custos médios mais baixos.

Que razões poderão levar a que se verifiquem tais reduções?

a) Em alguns casos poderá tratar-se de diminuição de custos resultante de se produzir com a *maior escala* proporcionada por uma união aduaneira: numa conjugação de efeitos dinâmicos com os efeitos de escala vistos na alínea anterior, possibilitando designadamente efeitos de aprendizagem que levam a uma maior eficiência.

b) Numa linha diferente tem-se sublinhado que com uma união aduaneira deixam de verificar-se situações de monopólio (ou outras de mercado não perfeito) existentes em cada país, geradoras de ineficiências[36].

Trata-se de ineficiências que desaparecem no mercado mais aberto de uma união, beneficiando-se da concorrência resultante de as empresas terem de passar a competir então com as empresas dos demais países membros.

Temos assim um argumento com relevo para o nosso país, que tinha monopólios estaduais que não puderam manter-se com a integração. Foi por isso especialmente significativo o estímulo proporcionado pela integração de Portugal na União Europeia.

---

[36] Poderá acontecer todavia, pelo contrário, que a grande escala assim conseguida permita uma maior eficácia, com a integração vertical ou horizontal das fases de produção ou ainda por se tratar de uma forma de mercado (v.g. de monopólio) indispensável para que haja inovação, só com ela (ou com maior probabilidade com ela) havendo a garantia de se beneficiar do investimento feito em tal domínio. Poderá então vir a revelar-se mais favorável a formação de um monopólio, com custos acentuadamente mais baixos (vimo-lo em V.7, pp. 158-9).

Poderá acontecer todavia, por outro lado, que com a integração acabem por se criar condições para a existência de monopólios (ou outras formas imperfeitas de mercado), já não ao nível de cada país mas ao nível comunitário: com ineficiências talvez maiores do que as dos primeiros.

Trata-se de um perigo real ao qual, conforme vimos atrás (quando tratámos da defesa da concorrência), a Comunidade tem estado atenta desde o seu início, v.g. com base no artigo 86º (actual artigo 82º do TFUE) do Tratado de Roma: numa luta 'dia a dia' indispensável para que se consiga o aproveitamento máximo dos benefícios do mercado.

c) Numa terceira linha chama-se ainda a atenção directamente para as vantagens de estímulo da concorrência que a integração numa união aduaneira pode proporcionar, independentemente do afastamento de situações de monopólio, oligopólio ou outras de imperfeição do mercado (podendo nem sequer existir inicialmente, com um mercado de pequenas empresas).

Trata-se de benefício posto muito em destaque quando da adesão do Reino Unido à Comunidade Europeia, em especial pela voz do antigo Primeiro Ministro Harold McMillan, ao falar de um efeito de 'estimulante chuveiro-frio' *(cold shower effect)*. Face a alguma letargia então existente admitiu-se que com a concorrência verificada no seio da Comunidade a indústria britânica teria um 'abanão' benéfico, que a obrigaria a ser mais eficiente. Deste tipo de estímulo se falou também muito quando da entrada de Portugal e da Espanha.

5.3.5. Efeitos de criação de rendimento

Numa perspectiva dinâmica é de dar relevo também aos efeitos que uma união aduaneira pode ter no aumento do rendimento, no período inicial e nos períodos seguintes, designadamente como consequência dos efeitos do 'multiplicador do comércio externo' (sendo parte do rendimento distribuído como consequência das exportações destinada a importações, geradoras de rendimentos nos outros países; rendimentos que por seu turno, de acordo também aqui com a propensão marginal para importar, poderão levar a novas exportações do país inicialmente considerado)[37].

---

[37] Dando-se assim um contributo para o reequilíbrio da balança dos pagamentos, como veremos em XIV.1.2.3 (pp. 440-2).

5.4. As limitações destas justificações

Foi fecundo o contributo das teorias referidas, mostrando a vantagem da formação de uniões aduaneiras relativamente a situações anteriores de não participação ou de menor participação dos países no comércio internacional.

Acontece todavia que em todos os casos a própria linha de argumentação seguida mostra que não se tem então a situação mais favorável possível, mais concretamente, que melhor do que a participação numa união aduaneira é a existência do comércio livre mundial.

5.4.1. As limitações da teoria estática

Assim acontece com a teoria estática das uniões aduaneiras, tal como pode ser visto recorrendo de novo à figura XIII.15 (p. 395); mas admitindo agora que o país com o qual entramos num espaço de integração é o país com o preço mais baixo a nível mundial, no caso o país III, com o preço S_{III} O. Sendo assim, naturalmente que o bem em causa já era importado daí antes da formação da união aduaneira. Com a aplicação do imposto existente (comum a todas as importações) os consumidores podiam comprá-lo por T_{III} O, verificando-se os custos de bem-estar representados pelos triângulos KFJ e GLV.

Integrando-se o país na união aduaneira deixam de verificar-se estes custos, o que nos dá, como vimos, a medida dos efeitos de criação de comércio.

Por outro lado, passando os consumidores a dispor do bem pelo preço S_{III} 0, que é o preço mais baixo a nível mundial, não há nenhum efeito de desvio de comércio: dado que em toda a medida da redução da receita do Estado, de FGVJ, há um aumento da renda dos consumidores, promovendo o seu bem-estar.

Ora, é óbvio que se estará nesta situação se houver comércio livre mundial, sendo seguro que se disporá então necessariamente – e só então – do bem pelo menor preço possível. É essa, pois, a solução de primeiro óptimo, sendo as soluções de formação de uniões aduaneiras apenas soluções menos favoráveis, de segundo óptimo, dado que pode sempre estar de fora algum país com um preço mais baixo.

Na mesma lógica mostra-se igualmente que melhores do que 'um' mercado único (como o de 1993) e do que 'um' mercado comum seriam um 'mercado único mundial' e um 'mercado comum mundial', sem restrições entre os países, havendo entre todos eles concorrência perfeita e mobilidade plena dos factores.

No caso do 'mercado único mundial' beneficiar-se-ia de ter dentro dele o país com os custos mais baixos sem que se tivesse os obstáculos que entretanto impediam a sua concorrência plena. Por seu turno num mercado comum mundial estariam disponíveis todos os factores de produção existentes, incluindo necessariamente os factores dos países onde o seu preço é mais baixo. Com a livre transferibilidade para os países onde é maior a produtividade marginal alargar-se-iam ao máximo, no interesse geral, os ganhos possíveis.

5.4.2. Extensão da crítica às demais justificações

Acontece contudo que uma crítica semelhante é aplicável a todas as demais justificações já apresentadas: sendo a prática do comércio livre mundial indiscutivelmente mais favorável do que a formação de uma união aduaneira (ou outro espaço de integração).

Assim acontece com a justificação através das vantagens do comércio internacional e da especialização. Como é óbvio as oportunidades serão ainda mais alargados (terão o alargamento máximo) com o comércio livre mundial, podendo haver uma maior produção com os mesmos custos ou a mesma produção com custos mais baixos. Um espaço de integração fica necessariamente aquém do que então se consegue.

Também a justificação pelas economias de escala, que referimos a seguir, é fácil ver que não se limita a justificar um espaço de integração, por maior que seja. Se o problema é um problema de escala, esta é ainda maior no mercado mundial, não se tendo então uma procura de 508 milhões de pessoas, mas sim uma procura de alguns milhares de milhões (embora tendo-se naturalmente em conta, infelizmente, a capacidade de compra muito fraca de grande parte desta população).

O mesmo tipo de constatação aplica-se aos argumentos dinâmicos, sendo maior a escala ou, noutra perspectiva, sendo maior a concorrência com o comércio mundial. Na primeira linha, dispõe-se da procura potencial do conjunto dos países. Na segunda, temos já uma concorrência feita mesmo aos monopólios do espaço de integração (havendo todavia ainda então o risco de se formarem monopólios – ou oligopólios – a nível mundial, de que há aliás alguns exemplos). E, independentemente das estruturas do mercado, é então necessariamente maior a concorrência estimulante feita às empresas da área integrada: no caso da União Europeia vindo já não só do seu mercado como também dos Estados Unidos, do Japão ou de qualquer outro país, com o incentivo à eficiência, há pouco referido, promotor de um maior benefício geral (mas sempre com o receio de que uma grande concorrência leve a que ninguém arrisque na inovação).

Por fim, também os efeitos macro-económicos de criação de rendimento (v.g. como consequência do efeito multiplicador do comércio externo) serão mais sensíveis a nível mundial do que a nível de um espaço de integração: mesmo que se concentrem especialmente nestes espaços, há um acréscimo geral do rendimento que se reflectirá em toda a parte, designadamente aí.

5.5. Melhores justificações económicas de espaços de integração

Numa disciplina de economia importará que se comece por dizer que pode haver razões de outras naturezas, designadamente de natureza política, justificativas da criação de espaços de integração, embora não se justificando, pelo menos como soluções de primeiro óptimo, por razões de natureza económica.

Trata-se de consideração que poderia ter especial pertinência na Europa, massacrada no século XX por duas guerras de enormes proporções e consequências mundiais. A formação de uma Comunidade ou de uma União estariam justificadas só pelo facto de se julgar que seria a única forma de se evitar um novo conflito (aliás com enormes custos económicos, além dos custos humanos e sociais).

Mas para além disso mesmo no plano económico podem encontrar-se boas justificações (de 'primeiro óptimo') para a formação de espaços de integração, designadamente como passos mais fáceis ou indispensáveis no caminho do comércio livre mundial.

a) Assim poderá acontecer na linha do argumento dos termos do comércio (ou, numa perspectiva mais recente, dos jogos comerciais estratégicos): recorde-se pp. 156-7 e na n. 19 p. 375.

Trata-se de argumento de acordo com o qual se justificaria a criação de um espaço de integração para se ganhar *peso* a nível mundial, como forma de se alterarem a seu favor os preços internacionais, dado que é então significativa a procura feita. Não têm peso bastante, individualmente, os países membros: não baixando por exemplo o preço do petróleo pelo facto de num determinado ano Portugal ou a Espanha importarem menos deste produto. Mas já é muito significativa a procura do conjunto da União Europeia, o maior espaço comercial do mundo, baixando naturalmente o preço de um produto que ela deixe de procurar ou passe a procurar em menor medida.

Fica assim favorecido o espaço formado, mas à custa do prejuízo dos países ou dos espaços que na mesma medida ficam com os termos do comércio desfavorecidos, com as suas mercadorias a valer menos no mercado mundial. Não se trata pois de uma perspectiva de bem-estar geral. E para além de outras considerações, v.g. de responsabilidade dos países mais fortes, acontece que mesmo estes podem vir a ficar prejudicados com medidas de represália ou pelos efeitos de rendimento resultantes de passar a haver menos procura das suas exportações (verificando-se pois efeitos inversos dos que referiremos em XIV.1.2.3, pp. 440-2).

Uma 'estratégia de bloco' pode todavia justificar-se já, mesmo do ponto de vista do bem-estar geral, se estiver em causa obrigar-se desse modo países proteccionistas a seguir as 'regras do jogo' do comércio livre (ou ainda por exemplo, no plano interno, regras de liberalização de circuitos ou de salvaguarda de valores sociais e ambientais). Estamos a pensar a este propósito em alguns países asiáticos, que os Estados Unidos da América e a União Europeia, em estratégias concertadas, podem obrigar a seguir tais regras; ao fim e ao cabo no interesse dos seus cidadãos, que serão os maiores beneficiados com os bens mais baratos que poderão conseguir com a liberalização (bem como ainda com as regras de protecção social e ambiental que as suas autoridades forem obrigadas a adoptar).

b) A criação de espaços de integração justificar-se-á também, mesmo de um modo mais claro, na medida em que se trate de passos no sentido do livre-cambismo.

1. Para além de outras considerações que serão feitas adiante, desde logo sobre a maior aceitabilidade que poderá haver de uma abertura maior com a experiência de abertura num quadro mais restrito, assume um relevo assinalável a possibilidade de um espaço de integração ser o espaço indispensável para a instalação de novos sectores em que se venha a ter vantagem comparativa, mas que não se instalariam face à vantagem já adquirida em outros países. Trata-se de uma aplicação do 'velho' argu-

mento das indústrias nascentes (recorde-se de XIII.4.2.2, pp. 382-6), justificando algum apoio durante um período transitório. Sendo um sector de facto competitivo em termos mundiais, passado algum tempo o apoio é retirado (passa a ter que se concorrer); passando então todos os países a poder dispor do bem em causa em melhores condições. Diferentemente do argumento dos termos do comércio, trata-se pois de um argumento do ponto de vista do bem-estar geral.

Perguntar-se-á todavia o que justificará a intervenção de espaços de integração, ou seja, por que não serão antes os países – na linha de um princípio básico da União Europeia, o princípio da subsidiariedade – a proporcionar as condições indispensáveis para a implantação dos novos sectores (ou a consolidação de sectores que já existem).[38]

Serão de facto muitos os casos – a larga maioria – em que deverão ser os países, ou entidades mais próximas dentro deles (sempre na lógica do princípio da subsidiariedade), a criar as condições indispensáveis para o aparecimento e a consolidação dos sectores desejados, estando nas melhores condições para o afastamento das imperfeições do mercado e para a criação das economias externas que são necessários.

Acontece, porém, que em alguns casos a dimensão e as características do apoio a dar levam a que deva intervir-se em espaços mais alargados. Tratando-se de um projecto de grandes dimensão e risco não pode esperar-se por isso que uma empresa ou mesmo um país assumam sozinhos, na íntegra, a responsabilidade de o levar a cabo; estando em causa por exemplo (será um caso provável) uma investigação de grande fôlego poderia bem acontecer que um outro país (ou uma outra empresa do próprio país) viesse a conhecê-la e a colher os benefícios da sua utilização sem ter suportado os encargos inerentes.

Põe-se aqui, pois, um problema de externalidade e de escala que pode justificar a intervenção comunitária, podendo servir de exemplo o apoio bem sucedido dado ao projecto Airbus. Durante duas ou três décadas os países da Europa não concorreram com o fabrico de aviões comerciais de

---

[38] Estamos já a admitir que é necessária a intervenção pública, no afastamento de imperfeições do mercado e na criação de economias externas: ou seja, que não estejamos perante casos – e são muitos – em que basta a iniciativa privada, com o encargo de um investimento inicial que será ressarcido com os ganhos posteriores, tratando-se de uma produção em que esse país tenha vantagem comparativa (só então se justificando a sua implantação).

médio e grande porte, sendo o mercado mundial preenchido na integra por empresas dos Estados Unidos da América: a Boeing, a Mc Donnell Douglas e durante algum tempo também a Lockhead. Tendo-se reconhecido todavia que a Europa teria vantagem comparativa na produção de aviões desta natureza foi lançado o projecto Airbus, com a preocupação, correcta, de satisfazer os testes do argumento das indústrias nascentes; e de facto hoje os aviões Airbus são capazes de concorrer em todo o mundo, mesmo no mercado americano[39], com benefício igualmente para a sua economia e os seus consumidores. Assim acontece designadamente porque com o domínio da Boeing sobre a Mc Donnell Douglas e o afastamento da Lockhead da produção de aviões comerciais (passou a produzir apenas aviões militares) se não houvesse o Airbus estaríamos numa situação de monopólio, sem um mínimo de escolha para as companhias transportadoras americanas. Ou seja, estas teriam de comprar mais caros os aviões, com prejuízos gerais para os cidadãos e para a economia do país.

Trata-se de um caso inquestionável em que, devido ao custo do empreendimento e às suas externalidades, se justificava a intervenção de um espaço de integração. Não poderia de facto esperar-se, por estas duas razões, que houvesse a iniciativa indispensável da parte de um só dos países da Europa: com um grande ónus orçamental e havendo o risco de que outros beneficiassem igualmente com o apoio proporcionado (v.g. com a investigação feita) sem que tivessem suportado o custo inicial[40].

---

[39] Como se previa, em 2003 as vendas da Airbus ultrapassaram já as vendas da Boeing (sobre a disputa entre as duas companhias ver Newhouse, 2007); e recorde-se o que vimos p. 154:
FIG. XIII.16

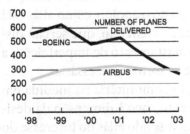

Fonte: *Business Week* (28.10.2002, p. 21)

[40] Os custos e externalidades que não será possível evitar levarão provavelmente a que a investigação conducente à produção do avião supersónico de grande porte exija um investimento conjunto dos Estados Unidos, da Europa e talvez ainda do Japão e de outra(s) potência(s).

Justificar-se-á que se diga ainda que neste apoio bem sucedido não se seguiu a via proteccionista. Teria sido fácil fazê-lo, estabelecendo impostos alfandegários muito altos ou restrições quantitativas à importação dos aviões americanos. Estar-se-ia todavia então a prejudicar os consumidores e toda a actividade económica da Comunidade, com a penalização (muito desvantajosa) de um modo de transporte de tanta importância (aliás já hoje mais caro na Europa por ser menor a concorrência na prestação dos serviços).

Em lugar de se seguir tal via preferiu-se antes a via correcta (vimo-lo atrás, em 4.3, pp. 386-9), de promoção directa da produção, ajudando o projecto Airbus com apoios que se tornavam necessários, designadamente na investigação tecnológica (o projecto não começou aliás como um projecto comunitário, mas sim como uma iniciativa de empresas de alguns países; mas na sua sequência passou a dispor do apoio da União).

2. Para além de casos como o acabado de referir, de um projecto de grande dimensão, poderá acontecer que a União tenha competitividade, em economia aberta, em determinadas regiões até agora mais desfavorecidos. Sendo todavia difícil que os países, isoladamente, as promovam, justificar-se-á que o apoio seja dado por um espaço de integração; e também aqui não por uma via proteccionista, com custos de distorção, mas sim por uma via de primeiro óptimo, como é o caso dos fundos estruturais.

Acrescendo a razões políticas que poderão justificá-la, na sua dimensão actual é em grande medida nesta lógica que se justifica a política regional: uma lógica de eficiência, face aos desafios mundiais.

Naturalmente também a intervenção regional deve seguir os crivos – a todos os propósitos – do argumento das indústrias nascentes: justificando-se como um 'argumento de regiões nascentes', apoiando-se numa primeira fase regiões que depois terão de ser competitivas em economia aberta (vê-lo-emos em XV.3.2, v.g. pp. 501-2). Por seu turno o apoio – como aliás está previsto – não deve ser dado com restrições ao comércio, que seriam distorçoras, mas sim dirigido directamente ao afastamento de imperfeições a sanar e à criação de economias externas que se tornam necessárias.

Neste caso justifica-se pois a intervenção comunitária na medida em que a intervenção dos países seria insuficiente, face à dimensão da desigualdade e do esforço de aproximação a fazer: sendo aliás do interesse do conjunto comunitário e mesmo mundial que se dê tal aproximação[41].

---

[41] Sobre as vantagens gerais, mesmo para as regiões e os países mais ricos, que resultam de um

3. Em terceiro lugar, na caminhada para o comércio livre mundial há que ter em conta que há sectores (ou factores ou regiões) que terão dificuldades, pelo menos de imediato. A criação de uma união aduaneira ou de preferência um espaço de integração com maior capacidade de intervenção pode revelar-se vantajosa:

– Na medida em que crie de imediato oportunidades alternativas para esses sectores (factores ou regiões), não sendo tão grande a reacção negativa de quem fica prejudicado. Nas palavras de um autor (Gowland, 1983), mesmo «in the France of the 1950's, no unilateral tariff cut was possible because no government that proposed it would have survived for more than few days». Trata-se de oportunidades que já a Comunidade inicial oferecia, mas sendo obviamente bem maiores agora as oportunidades que o mercado interno dos vinte e cinco (ampliado ao EEE) pode proporcionar.

– Já menos numa lógica de eficiência económica mas tendo-se em conta que há custos sociais e políticos de ajustamento que têm que ser suportados até se chegar à solução desejável (competitiva a nível internacional), os espaços de integração, beneficiando no seu conjunto, deverão ter a responsabilidade de assegurar as compensações indispensáveis. Estará em causa ultrapassar uma dificuldade social e política, mas não estamos a fugir do plano económico, por se tratar de via para se chegar a um objectivo desta natureza.

4. Por fim, embora seja sabido, como vimos, que as vias mais directas (de primeiro óptimo) para se atingir algum objectivo no plano interno não são as restrições comerciais, poderá justificar-se a sua utilização (no quadro institucional actual a sua manutenção, dado que não podem ser agravadas), face às dificuldades administrativas e políticas das primeira: exigindo uma actuação complexa e dispersa no terreno com as acções a apoiar e com a cobrança dos impostos necessários para o seu financiamento (IVA's, IRS's ou IRC's...), todos eles de aplicação e cobrança mais difícil e custosa do que a aplicação dos impostos alfandegários ou outras restrições ao comércio (num número muito reduzido de postos alfandegários e em relação a operações facilmente identificáveis: recorde-se de 4.3, p. 388).

Trata-se de possibilidade que se mantém na Organização Mundial do Comércio (nos termos do GATT) ao admitir no seu seio uniões aduaneiras

---

maior equilíbrio regional (v.g. evitando-se deseconomias de concentração, explorando-se mais eficientemente os recursos disponíveis e alargando-se as oportunidades de mercado), ver *infra* XV.3.2, pp. 498-502.

e zonas de comércio livre (art. 24º). Não se levanta assim um obstáculo jurídico a uma solução que evita as dificuldades referidas no parágrafo anterior.

6. Os espaços regionais e a globalização
Conforme se referiu já atrás, actualmente ganha relevo a situação nova de para além da Europa (v.g. na América do Norte e na América do Sul) estarem a organizar-se com uma consistência e uma ambição assinaláveis diferentes espaços regionais, liberalizando-se o comércio dentro deles mas sendo susceptíveis de constituir 'fortalezas' em relação aos demais[42].

É uma evolução que está a dar lugar a uma vasta e interessante literatura procurando, entre outros pontos, ver em que medida se caminha assim no sentido do proteccionismo (com todas as implicações, v.g. em termos de disputas entre os espaços regionais) ou no sentido do comércio livre multilateral (mantendo-nos na lógica livre-cambista do artigo 24º do GATT): com as implicações favoráveis que foram apontadas.

Trata-se de ponto que vamos abordar, dando todavia primeiro algumas indicações sobre a evolução deste movimento e sobre as características que a 'regionalização' assume em cada um dos continentes.

6.1. A evolução recente: o 'segundo regionalismo'
Compreende-se que para o aparecimento desta nova fase o êxito europeu tenha tido uma grande influência, com alguns dos blocos novos determinados pelo objectivo de contrabalançarem o 'peso europeu' e/ou de, independentemente disso, seguirem o 'bom exemplo' da nossa organização.

Como facto novo e de grande relevo aparecem os Estados Unidos a participar num 'bloco formal', a NAFTA[43] (ainda na APEC, em 1989, não sendo além disso claros os seus desígnios em relação às demais 'Américas'). Com a conversão deste país ao regionalismo constata-se aliás que entre os

---

[42] A designação de 'fortaleza' foi atribuída pelos norte-americanos à Europa quando do Acto Único Europeu. Mas além de não terem razão terá havido algum 'jogo estratégico' nesta acusação, da parte de quem é mais fechado do que nós na maior parte dos sectores...

[43] Com o precedente, em 1985, de uma zona (área) de comércio livre entre os Estados Unidos e Israel, caso curioso de um espaço de integração com enorme afastamento geográfico.
Um 'bloco formal' é caracterizado por resultar de um acordo celebrado e dispor de estruturas institucionais mais ou menos complexas; distinguindo-se assim de um 'bloco informal', resultante de meras relações de mercado.

membros da Organização Mundial do Comércio (antes, já do GATT) apenas Hong-Kong, o Japão e a Coreia do Sul não notificaram até há pouco a participação em nenhum movimento de integração (a APEC não foi notificada); seguindo-se à iniciativa de criação de uma área de comércio livre entre o Japão e a ASEAN a aproximação de outras potências asiáticas.

Do significado da evolução verificada é bem esclarecedora a figura seguinte (figura XIII.17), com as notificações feitas nos termos do artigo 24º (sendo naturalmente em muito maior número as zonas de comércio livre do que as uniões aduaneiras).

FIG. XIII.17

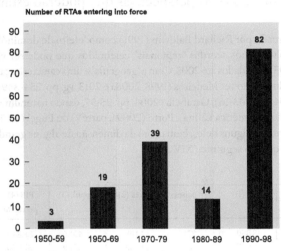

Fonte: World Bank (1999, p. 54)[44]

---

[44] A evolução de acordos comerciais regionais (ACR's) em vigor e em negociação até 2002 é ilustrada também pela figura seguinte (XIII.18):
FIG. XIII.18

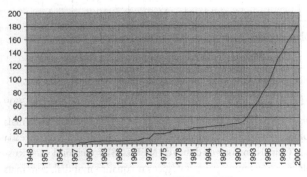

Fonte: Lemoine, Madiès e Madiès (2012, p. 365)

Com o alargamento dos espaços de integração aumenta compreensivelmente o desejo de adesão de quem está de fora[45], ou, talvez melhor, o receio de perda de oportunidades comerciais. Além do caso europeu é agora bem claro o caso do MERCOSUL, a suscitar pedidos de adesão de quase todos ou mesmo de todos os países da América do Sul.

6.2. As iniciativas nos vários continentes

Não podendo naturalmente referir-se aqui com pormenor as características de cada 'bloco', justificar-se-á que demos algumas indicações sobre as iniciativas em curso e as perspectivas que poderão estar a abrir-se[46].

---

[45] No que foi designado por Richard Baldwin (1991) como 'efeito de dominó'.
[46] Trata-se de evolução, nos acordos "regionais" celebrados que pode ser vista também em Dicken (2011, p. 203) com dados até 2005. Com a 'geografia' e uma caracterização geral dos vários blocos 'regionais' do mundo ver Medeiros (1998, 2008a e 2013, vg. pp. 254-349), Ténier (2003), Van den Berg (2004, pp. 303-16), Garabelli (2004, pp. 25-97, dando naturalmente uma atenção especial à integração na América Latina), Porto (2009a, parteV) ou Pugel (2011, pp. 247 ss).
Da dimensão recente de alguns deles, bem como da dimensão de alguns grandes países, é dada uma imagem pelo quadro seguinte (XIV.2)

QUADRO XIII.2

Blocos	PIB (1)	Nº países	Área (2)	Popul. (3)	PIB (4) per capita
União Europeia	18 850	27	3,1191	491,6	38 346
NAFTA	17 037	3	21,293	451,9	37 670
Japão	4 844	1	0,378	127,1	38 118
China	4 222	1	9,597	1 338,6	3 154
MERCOSUL	2 050	4	11,911	249,4	8 225
Rússia	1 757	1	17,075	140,0	12 546
ASEAN	800	9	4,466	558,2	1 455
Austrália	1 237	1	7,741	20,3	47 546
Índia	800	1	3,288	1 166,1	1 060

(1) Milhares de milhões de dólares (EUA)
(2) Milhões Km²
(3) Milhões de habitantes
(4) Dólares
Fonte: International Monetary Fund (IMF, FMI), *World Economic Outlook Database*, Abril de 2009

Em termos de produtos ombreiam a NAFTA e a União Europeia, esta à frente (sendo ainda mais significativo o peso da UE no comércio mundial). O Japão, por si só tem mais de um terço de cada um desses PIB's, vindo a seguir já a China, com mais do dobro do MERCOSUL (seguindo-se a Rússia). Procurando antecipar evoluções e 'arranjos' geoestratégicos no quadro mundial, com mais

6.2.1. Os círculos 'concêntricos' na Europa

Sendo a União Europeia o elemento central no nosso continente, a evolução futura do 'bloco' europeu dependerá em grande medida da maior ou menor adesão que se verifique e dos acordos que forem celebrados com os países que ficam de fora.

Em relação aos países da EFTA é muito grande a integração que se verifica: tanto em termos 'formais' como 'informais'.

Está nas primeiras circunstâncias o Espaço Económico Europeu, tendo os países da EFTA que o integram (a Noruega, a Islândia e o Lichtenstein) aceite a totalidade do *acquis communautaire* (mesmo a jurisdição comunitária), havendo assim não só um mercado comum como também um mercado único, embora sem que haja uma união aduaneira.

Em relação aos países da Europa Central (ex-membros do COMECON), com uma rápida e progressiva integração das suas economias com a economia da União Europeia[47] numa clara integração 'informal', são relevantes os acordos de associação celebrados (Acordos Europeus). Mas o desejo da generalidade destes países é a integração tão rápida quanto possível (além do mais por razões políticas, de garantia de manutenção das suas democracias): sendo esta a hipótese realista a considerar, mesmo tendo em conta as dificuldades que se levantam. Trata-se de desejo concretizado no dia 1 de Maio de 2004, em relação a oito destes países, aos quais acresceram Chipre e Malta (não levantando nenhum problema económico, apenas problemas institucionais e políticos, dada a sua pequena dimensão e no caso de Chipre a divisão da ilha), em 2007 as entradas da Roménia e da Bulgária e em 2012 a entrada da Croácia.

Não deixarão para além disso de poder abrir-se outras hipóteses de integração a médio ou longo prazo (teoricamente a todos os países democráticos do nosso continente, mas há anseios de países vizinhos de outros continentes...), para além do estreitamente das ligações económicas que continuará a verificar-se entre o conjunto dos países da 'grande Europa'; incluindo países do Norte da África e do Próximo Oriente, sendo de desejar que tenha o maior êxito a Política Europeia de Vizinhança (a PEV: ver

---

países a 'emergir', pode ver-se Khanna (2009) e mais recentemente Scharma (2013 (12)). E nas projeções por exemplo da Goldman-Sachs e da Price-Waterhouse-Coopers em 2050 a China terá claramente a maior economia do Mundo (o maior PIB), seguindo-se ainda os Estados-Unidos ou já a Índia e estando o Brasil em quarto lugar, muito à frente do Japão (cfr. Monteiro, 2012, p. 139).
[47] Sendo de 18% em 1960 o seu comércio com a UE passou para 53% já em 1994.

Porto, 2009a, pp. 507-10 ou M. F. Ferreira, 2009, numa perspectiva identitária e de segurança).

6.2.2. A NAFTA

Na sequência da CUSTA, uma zona de comércio livre formada em 1988 pelos EUA e o Canadá, em 1994 veio a ser formada a NAFTA, englobando ainda o México.

O seu relevo é enorme no plano mundial, acrescendo ao peso económico e comercial a clara prevalência de um dos seus membros, os EUA, nos planos político e militar.

No plano económico, a que nos circunscrevemos nestas lições, um grande motivo de interesse é constituído pelo facto de ser formada por países de dimensão e avanço económico muito diferentes. Fica a dúvida sobre se estes desequilíbrios serão de molde a comprometer ou pelo menos a que se fique aquém dos efeitos favoráveis que têm estado associados aos movimentos de integração em espaços mais equilibrados.

Constitui além disso um espaço cujo significado dependerá dos alargamentos e/ou das associações que venham a ter lugar. Não se prevendo agora a adesão de nenhum novo membro (foi hipótese que chegou a ser considerada pelo Chile), estará em causa saber se virá a formar-se um grande espaço em toda a América, na sequência da 'Iniciativa para as Américas' do Presidente Bush (1990), ou por exemplo se prevalecerá um alargamento e/ou um aprofundamento das ligações dos EUA e do Canadá à Ásia e ao Pacífico no seio da APEC.

6.2.3. O MERCOSUL (e a América Latina)

Formado por quatro países do sul da América Latina (a Argentina, o Brasil, o Paraguai e o Uruguai), agora também pela Venezuela (desde 2006; estando a Bolívia em processo de adesão, sendo associados o Chile, a Colômbia, o Peru e o Equador e estando a Guiana e o Suriname em processos de associação), na sequência do Tratado de Assunção (1991) e do Protocolo de Ouro Preto (1994), é muito mais integrado do que a NAFTA (em termos institucionais, v.g. sendo uma união aduaneira e um mercado comum), mas constitui um espaço em que são também grandes as diferenças de desenvolvimento e principalmente de dimensão[48].

---

[48] Depois de antecedentes diversos em períodos anteriores, em 1960 foi criada a Associação Latino-Americana de Livre Comércio (ALALC), uma zona de comércio livre a que vieram a

As diferenças de dimensão têm dificultado naturalmente o aprofundamento institucional, sendo designadamente difícil o funcionamento de um Parlamento ou de um Tribunal quando um dos países tem mais de 200 milhões de habitantes e outros poucos milhões. Com uma representação mais ou menos proporcional a participação destes não teria significado e uma participação paritária levaria a uma subrepresentação inaceitável dos cidadãos do Brasil, com uma população quatro vezes superior à dos outros três fundadores em conjunto[49].

Põe-se deste modo um problema de desequilíbrio (é muito menor na União Europeia, havendo mais países e não chegando o país mais populoso, a Alemanha, a ter um quinto da população total) que justifica que a via a seguir tenha vindo a ser a da inter-governamentalidade. A experiência dos primeiros anos decorridos foi todavia muito positiva, com a obtenção de resultados que não seriam talvez esperados pelos mais optimistas. Fica porém a questão de saber se poderá continuar a avançar-se assim no processo de integração.

Há a assinalar de facto o êxito inicial, com um acréscimo significativo do comércio intra-MERCOSUL, que mais do que duplicou entre 1990 e 1993, com uma progressão claramente maior do que em relação aos demais espaços e um aumento sensível ainda até 1997[50]; seguindo-se contudo, já neste século, uma diminuição significativa do relevo do comércio intra-bloco[51].

O êxito conseguido tem levado aliás a uma vontade de integração no MERCOSUL de países que há poucos anos estariam longe de encarar tal hipótese.

aderir todos os países dessa área. Tendo fracassado, em 1980 foi criada a Associação Latino-Americana de Integração (ALAI). Mas razões de naturezas diferentes (em especial as indicadas *infra* na n. 31, p. 489) explicam que também tenha sido pequeno o relevo desta organização.
[49] Neste quadro é de saudar todavia a instituição, no dia 13 de Agosto de 2004, de um Tribunal Permanente de Revisão de decisões arbitrais, em relação a questões de direito (podendo também ser consultado para dar pareceres, visando-se promover a harmonização da jurisprudência): na sequência do Protocolo de Olivos (2002), que revogou o Protocolo de Brasília (1991). Mas é apenas um pequeno passo, estando as dificuldades para se ir mais além reflectidas naturalmente nas posições de autores do Brasil e de outros países do MERCOSUL (ver por exemplo Barral, 2002 e 2003, e De Klor e Fernandez Arroyo, 2004).
[50] Enquanto o aumento intra-MERCOSUL foi de 143%, foi de 55% em relação à América Latina e de 16% em relação ao resto do mundo.
[51] Em particular das exportações intra-MERCOSUL, que baixaram de 21% do total para 13% em 2004 (cfr. Vasconcelos, 2007, p. 168); num quadro comum aos quatro países fundadores (ver. R. Medeiros, 2008, p. 117 e já Barral, 2003, p. 133 e Kegel e Amal, 2004).
Com traços gerais da evolução verificada e de perspectivas que podem abrir-se ver Accioly (2011 e 2013).

E agora tem especial significado o tratado constitutivo da UNASUL, celebrado em Brasília a 23 de Maio de 2008 (entrou em vigor em 11 de Março de 2011) entre a Argentina, a Bolívia, o Brasil, o Chile, a Colômbia, o Equador, a Guiana, o Paraguai, o Peru, o Suriname, o Uruguai e a Venezuela[52].

Nos termos afirmados, através da união das Nações Sul-Americanas, procura-se a construção de uma identidade e cidadania para a região e desenvolver um espaço regional integrado não só no âmbito económico, como os blocos regionais são idealizados tradicionalmente, mas especialmente nos âmbitos político, social, cultural, ambiental, energético e de infraestruturas[53].

Procura-se em boa medida continuar na senda de dois importantes processos de integração regional, o MERCOSUL e a Comunidade Andina: um bloco formal formado pela Bolívia, Colombia, Equador, Peru e Venezuela, com as várias instituições em funcionamento, incluindo um Parlamento e um Tribunal[54]. Aproveitando-se os avanços destes processos, bem como as experiências do Chile, da Guiana e do Suriname, diz-se visar um modelo inovador de integração tendo como princípios basilares: respeito pela soberania, integridade e inviolabilidade territorial dos Estados; autodeterminação dos povos; solidariedade; cooperação; paz; democracia, participação cidadã e pluralismo; direitos humanos universais, indivisíveis e independentes; redução das assimetrias e harmonia com a natureza para um desenvolvimento sustentável.

São já diferentes pela sua situação geográfica (e económica) muito próxima da NAFTA (v.g. dos EUA) as perspectivas do Mercado Comum da América Central, CACM (formado por Costa Rica, Guatemala, Honduras, Nicarágua e Salvador); um bloco (pequeno) com todas as instituições em funcionamento e com uma identidade assinalável[55].

---

[52] Da América do Sul só ficam afastadas a Guiana Francesa e as Ilhas Gregória do Sul e Sandwich do Sul (territórios ultramarinos francês e britânicos, respectivamente).

[53] Sobre implicações no campo do direito pode ver-se Oliveira, Quinelatto e Grinado (2014).

[54] Na Cimeira de Trujillo (1997), modificando-se o Acordo de Cartagena (de 1969), visou-se o 'rejuvenescimento' institucional deste bloco (ver Vilaça e Sobriño Heredia, 1997), continuando todavia a haver dificuldades de integração económica e não podendo esquecer-se que continua a haver um conflito latente entre dois dos países membros, com fronteiras por definir...

[55] Poderá referir-se ainda o Mercado Comum das Caraíbas (CARICOM), formado por 13 países em 1973 (tem agora 14), a iniciativa em 1994, mas sem sequência, de criação de uma área de livre comércio das américas (ALCA): cfr. M. S. Pinto (2004), bem como a iniciativa, na sequência de uma proposta de Hugo Chávez, de constituição, em 2010, de uma Comunidade de Estados

6.2.4. O espaço da Ásia e da Oceania

No conjunto da Ásia estamos perante um bloco informal, embora com algumas associações no seu seio.

O êxito económico conseguido nesta área mostra as potencialidades dos mecanismos do mercado, podendo por isso pôr-se em causa a necessidade de se ir muito longe com mecanismos formais de integração: trata-se da área do mundo em que se prevê o crescimento mais elevado nas próximas décadas, com um grande incremento dos movimentos intra-regionais, não só do comércio como também de capitais.

Não deixaram todavia de ter vindo a formar-se associações com algum relevo, como são os casos da ASEAN *(Association of South-East Asian Nations)*, englobando o Brunei, Cambodja, as Filipinas, a Indonésia, Laos, Myanmar, a Malásia, Singapura, a Tailândia e o Vietname[56], ou da SAARC *(South Asian Association for Regional Cooperation)*, englobando o Bangladesh, o Butão, a Índia, as Maldivas, o Nepal, o Paquistão e o Sri Lanka. Mas é de facto muito duvidoso que possa vir a formar-se um bloco formal com todo o espaço asiático.

Por outro lado, como adiantámos já a propósito da NAFTA, será interessante analisar a evolução da APEC *(Asea-Pacific Economic Forum)*, ligando países asiáticos (Brunei, China, Coreia do Sul, Filipinas, Indonésia, Japão, República da Formosa, Singapura e Tailândia) a países da Oceania (Austrália e Nova Zelândia) e da América do Norte (os Estados Unidos e o Canadá), em que medida esta formação poderá pôr em causa outras aproximações, por ex. dos EUA à América Latina ou à Europa.[57]

No que respeita aos dois países da Oceania, a Austrália e a Nova Zelândia, além da ligação muito estreita, formal e informal, que não podem deixar de ter (dada a sua pequena dimensão populacional) a outros espaços, em especial à Asia (dada a sua proximidade), na sequência de um acordo de comércio livre anterior (com as iniciais NAFTA...) em 1983 celebraram um Acordo de Relações Económicas mais Próximas (CER).

Latino-Americanos e Caribenhos (CELAC), com 32 países do hemisfério americano (excluindo os Estados Unidos e o Canadá).

[56] Tendo sido prevista a adesão de Timor-Leste. Sobre a ASEAN e vários outros países da Ásia ver Medeiros (2013, pp. 243-318).

[57] Suscita especial curiosidade que sejam membros a República da Formosa (Taiwan) e a República Popular da China, quando esta nem sequer tem reconhecido a existência da primeira (havendo todavia uma aproximação recente).

6.2.5. A África e os países lusófonos

O caso da África constitui um caso aparte, como consequência da situação de atraso e grande pobreza da maior parte dos seus países[58].

Como se compreende, aqui deverão interessar-nos muito especialmente os movimentos em que se integram os países lusófonos: o caso da ECOWAS (Comunidade Económica dos Estados da África do Oeste), onde se integram Cabo Verde e a Guiné Bissau, da ECCAS (Comunidade Económica dos Estados da África Central), onde se integram Angola e S. Tomé e Princípe, e da SADC (Comunidade para o Desenvolvimento da África Austral), onde se integram Angola e Moçambique; sendo de perguntar ainda que futuro terão a CMESA (Comunidade Económica para o Leste e o sul de África), também com Angola e Moçambique e mais 18 países, ou a AEC (Comunidade Económica Africana, com 51 membros, incluindo os países lusófonos e o propósito de vir a abranger o conjunto dos espaços regionais que o integram[59].

Tratando-se de movimentos de integração em áreas menos desenvolvidas, levanta-se a problemática teórica e prática de saber se podem esperar-se efeitos semelhantes aos verificados em espaços mais desenvolvidos.

Muito em particular, será de esperar que tenha de ser grande a dependência desses espaços em relação a espaços mais desenvolvidos; sendo especialmente grande a ligação da África à Europa e cada vez mais à China; continuando a ser pequena a percentagem de comércio intra--África, entre países deste continente.

6.3. O significado dos movimentos em curso

Procurando perspectivar o futuro, interessa ver o que poderão significar, v.g. se deverão ou tenderão a constituir espaços auto-suficientes ou pelo contrário espaços de abertura a nível mundial. Constitui questão de grande importância para a Europa no que respeita à sua estratégia, devendo ter em conta o que se passa nos demais espaços.

---

[58] Estando contudo a verificar-se agora uma evolução muito positiva (ver por exemplo MAHAJAN, 2013(11) e CLARKE, 2013); bem como, considerando aspectos vários da África contemporânea, Gordon e Gordon, ed., 2013), prevendo-se que se verifique em África metade do aumento da população mundial até 2050, de 2 a 3 milhares de milhões de habitantes.

[59] Com os textos básicos ver Vasques (1997), e com a análise de alguns espaços (ainda da UAEAC-CEMAC, União Aduaneira e Económica da África Central) e países africanos Medeiros (2013, pp. 319-61).

6.3.1. A abertura muito diferente dos vários blocos

A situação muito diferente dos vários blocos leva a que seja também muito diferente a sua dependência deles próprios e de terceiros (num quadro geral de aumento do relevo do comércio intra-blocos a nível mundial, em 1985 já 53% do total).

Trata-se de situação que pode ser vista no quadro XIII.3, considerando 'blocos informais', de um modo aproximado os espaços continentais.

QUADRO XIII.3
Percentagem do comércio intra-bloco

	1948	1958	1968	1979	1993	1997	2000	2003	2009
Europa Ocidental	41,8	52,8	63,0	66,2	69,9	67,0	67,8	67,7	72,2
PECO'S(ex URSS)	46,4	61,2	63,5	54,0	19,7	18,6	26,6	24,4	(−)
América do Norte	27,1	31,5	36,8	29,9	33,0	36,2	39,8	40,5	48,0
América Latina	20,0	16,8	18,7	20,2	19,4	20,5	17,3	15,6	25,0
Ásia	38,9	41,1	36,6	41,0	49,7	50,7	48,9	49,9	51,6
África	8,4	8,1	9,1	5,6	8,4	9,4	7,6	10,4	11,7
Médio Oriente	20,3	12,1	8,1	6,4	9,4	6,6	6,5	7,4	15,15
No conjunto mundial	32,9	40,6	−	−	50,4	50,2	49,2	50,5	54,1

Fonte: OMC (1995, p. 39) e Barthé (2011, p. 50). Com dados dos 'blocos formais' ver World Bank (2002a, p. 345)

Vê-se pois que de um modo geral aumentou o comércio intra-blocos ainda em 2009, constituindo a maior excepção (em 2009) o caso dos PECO's e da Rússia a partir do desaparecimento do COMECON (desaparecendo o 'bloco formal' poderia eventualmente ter-se mantido um 'bloco informal'). No caso do Médio Oriente o aumento da dependência exterior está ligado à prevalência que passou a ter a exportação do petróleo para países terceiros (possibilitando também um grande aumento de importações). Por fim, é de sublinhar a perda ainda de algum relevo relativo do comércio intra-bloco na América Latina e na África[60].

---

[60] A par desta evolução é interessante verificar a polarização regional de cada bloco, ou seja, a ligação de cada bloco a cada um dos demais (ver Kol, 1996, pp. 17-37, com as figuras reproduzidas em Porto, 2009a, pp. 611-7: onde se vê designadamente que a Europa é um caso singular,

6.3.2. O aumento dos comércios intra e extra-regional

Importa todavia sublinhar, com o maior relevo, que com o aumento relativo do comércio intra-bloco não deixa de haver aumento absoluto do comércio extra-bloco. Assim aconteceu por exemplo entre 1985 e 1993, conforme pode ver-se no quadro XIII.4:

QUADRO XIII.4
Comércio intra e extra-bloco

	PNB	Total	Intra-bloco	Extra-bloco
1958	100	10	4	6
1993	200	36	18	18

Fonte: OMC (1995, p. 41)

Tendo duplicado o PNB, aumentou o relevo relativo do comércio, passando a representar 18% desse valor em 1993, quando representava 10% em 1958 (mais do que triplicou; com os valores desde o começo do século recorde-se da p. 348). No maior crescimento verificado foi naturalmente mais relevante o crescimento do comércio intra-bloco, com um relevo em relação ao produto que mais do que duplicou (passou de 4 para 9% do PNB); mas não deixou de aumentar o relevo do comércio extra-bloco, passando de 6 para 9% do PNB.

Na linha do que veremos nos números seguintes, não é contudo pelo facto de, como seria de esperar, o comércio intra-bloco aumentar mais do que o comércio extra-bloco que deve considerar-se negativamente o regionalismo, podendo ser mesmo o modo de se avançar com mais segurança e/ou mais rapidamente para o multilateralismo.

6.3.3. As estratégias dos blocos

É neste quadro que, para além de se ver a tendência em cada bloco, importa avaliar as estratégias comerciais que podem ser seguidas.

A dimensão de alguns deles, v.g. dos blocos europeu e norte-americano, pode suscitar uma tentação proteccionista, julgando-se que se tem

dela dependendo predominantemente ou em grande medida todos os demais espaços do mundo; o que nos cria responsabilidades – sem dúvida também oportunidades – a que não podemos fugir).

aí um mercado suficiente para o desenvolvimento das economias. Com a totalidade do continente europeu (acrescido dos países do leste e do sul do Mediterrâneo) temos um bloco informal de várias centenas de milhões de pessoas, podendo os EUA formar um bloco também de grande dimensão com a generalidade dos países das Américas (para não falar já de uma 'coligação' asiática, através da APEC).

Está em causa todavia, como vimos já também, saber se acaba por ser mais vantajoso seguir-se uma estratégia 'agressiva' ou uma estratégia cooperativa (com a qual ninguém ganhará o máximo mas haverá a segurança de todos ganharem alguma coisa); e no caso europeu, além do interesse próprio,[61] importa saber se se trataria de uma estratégia de acordo com as nossas responsabilidades perante o mundo, em especial perante o mundo menos desenvolvido que nos está mais estreitamente ligado.

Vimos contudo atrás que é já diferente, v.g. no fim último a atingir, uma posição de acordo com a qual poderá usar-se o 'peso' de que se disponha no comércio mundial para obrigar países e blocos fechados a abrir as suas fronteiras (recorde-se agora de 5.5.a, pp. 402-3). Trata-se de posição representada por exemplo por um conhecido economista norte-americano, Dornbush, de acordo com a qual deveria haver um entendimento entre a Europa e os Estados Unidos, dois blocos de liberdade económica e política, no sentido de 'forçarem' os demais (o principal visado era o Japão) à abertura do comércio. São dois blocos com especiais responsabilidades e interesses, que deveriam abrir-se entre si e poderiam exercer uma 'pressão' desejável no sentido da abertura comercial também dos outros espaços do mundo, designadamente do bloco asiático, especialmente avesso a seguir as 'regras do jogo' do comércio internacional.

Só assim poderá beneficiar-se das vantagens gerais proporcionadas pelo comércio internacional, na linha do que vimos atrás; podendo e devendo os blocos regionais ter o papel, que sublinhámos também, de criar condições para que se implantem e consolidem sectores competitivos e contribuir, com a sua influência e o seu exemplo, para que seja alargado o âmbito do comércio livre mundial.

---

[61] Conforme sublinhámos em 4.4 (pp. 389-91), não pode ter-se a ingenuidade de pensar, tal como parece estar por detrás de tantas afirmações, que os países terceiros assistiriam passivamente ao impedimento da exportação dos seus produtos, continuando a importar os nossos. E para além de prováveis medidas de represália haveria efeitos negativos de rendimento, levando à diminuição das nossas exportações.

6.3.4. A perspectiva de que se caminhe para o comércio livre mundial

Sabe-se todavia que há forças que se opõem a esse interesse geral: de grupos poderosos e organizados que conseguem fazer prevalecer os seus interesses sobre o interesse da maioria dos cidadãos. O caso mais expressivo na União Europeia é o caso das forças que defendem a Política Agrícola Comum (PAC), uma política proteccionista que tem beneficiado os agricultores mais ricos dos países mais poderosos (designadamente da França e da Alemanha, para onde ainda em 1996 ia 42,6% do dinheiro, à custa da generalidade dos consumidores (que com ela têm os produtos mais caros) e dos contribuintes, que também até há alguns anos viam afectado a essa política 46,5% do orçamento comunitário (ainda à custa dos agricultores de menor dimensão dos países menos poderosos, que gostariam de ter outra PAC; por exemplo para Portugal, também em 1998 com 2,7% da população da UE-15 e indicadores de um modo geral mais desfavoráveis, a ter apenas 1,6% do dinheiro do FEOGA-Garantia, que absorvia 95% do total do dinheiro do FEOGA; ou 1,8% em 2005, na UE-25, quando a Alemanha e a França tinham 34,2%, vindo a Espanha em 3º lugar)[62].

O que está em causa, afinal, é saber se as posições proteccionistas, sectoriais (não apenas do sector agrícola!) ou outras, mesmo de índole política, virão a prevalecer; ou se pelo contrário será de esperar que prevaleçam as forças do livre-cambismo.

Alguns autores, defensores convictos do livre-cambismo, vêem com a maior apreensão a formação de blocos regionais, julgando designadamente que há agora um perigo que não havia nos anos 60.

Trata-se de receio que baseiam em razões de naturezas muito diferentes: incluindo o menor (ou nenhum) empenho no comércio livre quando se conseguem já nos blocos de que se faz parte as economias de escala julgadas bastantes; a criação aqui de uma menta-lidade proteccionista (uma

---

[62] P. 525 n.77 referir-nos-emos ao modo de funcionamento da PAC e aos desequilíbrios ainda mais chocantes entre os agricultores.
Já é aceitável a repartição das verbas (muito menores...) do FEOGA (Fundo Europeu de Orientação e Garantia Agrícola)-Orientação, actual FEADER (Fundo Europeu Agrícola de Desenvolvimento Rural), com Portugal a receber em 2000 9,6 do total: visando, neste caso numa linha correcta, a promoção de melhorias estruturais, capazes de dar maior competitividade à agricultura europeia (criticando a situação existente e apontando o caminho que deveria ser seguido ver A. Cunha, 2000, 2004, 2007 e 2008 ou ainda Porto, 2009a, pp. 315-39, e as referências aqui feitas).

fortress mentality); a falta de apoio político que por isso pode faltar («regional agreements might undermine broad-based political support for a multilateral agreement»); ou inclusivamente a afectação aos projectos regionais de pessoas e energias que deixam por isso de estar disponíveis ou motivadas para 'lutar' pela economia livre mundial. São naturalmente autores que juntam às considerações sobre a probabilidade de não se caminhar para o comércio livre mundial juízos de valor negativos acerca dos blocos, na linha do que é evidenciado pela experiência e pela teoria, como referimos atrás (ver por todos Bhagwati, Greenaway e Panagariya, 1998, e a entrevista com o último em Reinert, 2005, pp. 121-3).

Há todavia indicações de que não seja esta a tendência em curso, havendo pelo contrário forças no sentido do comércio mundial que poderá esperar-se que venham a sobrepor-se: estando a contribuir aliás já agora para que, conforme vimos, a par do aumento do comércio intra-bloco em termos absolutos esteja a aumentar também o comércio extra-bloco.

Neste sentido poderá apontar uma tomada de consciência crescente das maiores vantagens do comércio livre. Não pode de facto esquecer-se que mesmo a conjugação da experiência positiva de que se dispõe com os ensinamentos da teoria é com frequência insuficiente face às forças do proteccionismo. Mas a acumulação de indicações favoráveis não deixará de ter a sua influência, 'pesando' cada vez mais no prato da balança favorável ao livre-cambismo.

Sem dúvida com o afastamento do proteccionismo haverá sempre sectores penalizados e espíritos derrotistas ou pelo menos inquietos: mas a comparação tem de ser feita com o interesse da generalidade dos cidadãos e com o que teria acontecido sem a abertura comercial *(anti-monde)*, havendo factores não dependentes de nós que teriam levado também (provavelmente em maior medida) aos problemas que agora nos afectam, com especial relevo para o problema do desemprego.[63]

---

[63] A economia portuguesa é um caso bem significativo de dependência do exterior, v.g. em sectores especialmente criadores de emprego (recorde-se a n. 3 p. 347, referindo o sector têxtil e das confecções; mas podem acrescentar-se os sectores do calçado, automóvel, florestal, etc.). Pode imaginar-se o descalabro que resultaria do encerramento dos mercados onde colocamos os nossos produtos, e não podendo obviamente esperar-se, conforme sublinhámos há pouco, que pudéssemos fechar-nos sem que os outros fizessem o mesmo...
Naturalmente em relação a muitos produtos (os referidos ou outros) o nosso desejo seria de que tivessem o acesso livre aos mercados da União Europeia, fechando-se todavia esta em rela-

Trata-se de resultados mais favoráveis do comércio livre que se estimou que se acentuassem como consequência do Uruguai Round, que, de acordo com estimativas feitas, se esperou que proporcionasse um ganho de bem-estar de 510 mil milhões de dólares entre 1995 e 2000 (quadro XIII.5).

QUADRO XIII. 5
(milhares de milhões de dólares)

União Europeia	163,5
Estados Unidos da América	122,4
EFFA (7)	33,5
Canadá	12,4
Japão	6,7
Australia	5,8
China	18,7
Republica da Formosa	10,2
Resto do Mundo	116,8

Fonte: Dent (1997, p. 195, com estimativas da OMC; e com previsões de ganhos conseguidos com a desejável conclusão de Doha (Millenium) Round ver Adler *et al.*, 2009)

De acordo com estas estimativas a parcela de ganho maior (em termos absolutos, não necessariamente em termos relativos) terá sido conseguida aliás pela União Europeia, seguida pelos Estados Unidos da América;

ção a terceiros (designadamente em relação aos países asiáticos). Podemos todavia compreender a dificuldade de que assim aconteça, na estratégia da União. No que temos de ser intransigentes é na exigência de que: 1) a abertura dos mercados europeus não se faça só para produtos que nós produzimos, tendo de ser igual para os produtos produzidos em maior medida (caso de determinados produtos agrícolas) pela França e pela Alemanha; 2) sejam respeitados os prazos acordados no seio da Organização Mundial do Comércio para o abaixamento das restrições, não se antecipando por exemplo *apenas* em relação a têxteis e confecções, conforme foi já pretendido por Comissários de países do norte...; 3) os países que concorrem connosco tenham exigências mínimas nos domínios social e ambiental, beneficiando-se aliás desde logo assim, com esta nossa exigência, as suas populações; 4) esses países não ponham obstáculos, de ordem externa (v.g. alfandegária) ou interna (com intervenções nos circuitos comerciais) ao acesso dos nossos produtos, também no interessa dos seus consumidores; 5) haja programas de reestruturação ou reconversão de sectores mais vulneráveis ao comércio livre mundial, na linha do que foi feito (e devia ser reforçado) com o Programa de Apoio à Indústria Têxtil Portuguesa, estabelecido quando do acordo do Uruguai Round.

sendo todavia um ganho que terá favorecido todos os espaços do mundo e que, sendo confirmado, é de esperar que dê mais um contributo para a aceitação do comércio livre.

No quadro dos interesses contraditórios em presença é de esperar por seu turno que se confirme o peso das grandes empresas multinacionais; e que, a par de empresas menos ambiciosas que julgam bastar-se ou ficar beneficiadas com espaços mais restritos, vá prevalecendo o peso maior de empresas competitivas que não se satisfarão com esses limites.

Independentemente de se tratar ou não de grandes empresas ou grupos, poderá julgar-se também que haja uma maior abertura com o processo de privatizações que está em curso na generalidade dos países do mundo: não podendo os empresários privados, diferentemente das entidades públicas, dar-se ao 'luxo' de deixar que se fique aquém das oportunidades de uma máxima eficiência conseguido com a abertura comercial e o funcionamento do mercado.

É de facto assim, mas não pode esquecer-se por outro lado que não têm sido só empresas públicas a querer o proteccionismo, em muitos casos este tem sido o reflexo do *lobbying* de sectores privados menos preparados para a concorrência que perdem com a abertura das economias. Não tendo as vias de influência mais directa das grandes empresas e dos grandes grupos, conseguem-na com o 'peso' eleitoral do seu número, dos seus trabalhadores e da sua implantação geográfica, com a intervenção das suas estruturas representativas, conjugando-se aliás os esforços das estruturas patronais e sindicais para salvarem as empresas e os empregos em risco.

No sentido de que a formação de espaços regionais de integração seja de facto uma via de aproximação do comércio livre mundial é invocado ainda que se consegue com eles a atenuação dos nacionalismos económicos, com o aumento da consciência da vantagem e mesmo da necessidade de uma maior interdependência; ou que de qualquer modo se ganha uma 'experiência' útil de abertura comercial. Assim se contribui pois para o afastamento de obstáculos a uma desejável liberalizarão.

É de assinalar também que mesmo nos blocos que constituem mercados muito favoráveis é clara a insatisfação dos seus responsáveis (não só das empresas multinacionais, que referimos há pouco), procurando sempre intersecções com outros blocos e países: assim acontece na União Europeia, tendo sido aberta por exemplo a perspectiva de uma zona de comércio livre com o MERCOSUL (cfr. Faria e Accioly, 2013), ou nos

Estados Unidos da América, não se satisfazendo obviamente com a NAFTA e procurando perspectivas mais amplas (o caso da APEC); tendo agora especial relevo a perspectiva de uma Parceria Transatlântica de Comércio e Investimento (T-TIP, Transatlantic Trade and Investment Partnership) entre a UE e os EUA.

O sentimento de insuficiência será aliás especialmente sensível da parte de países que têm posições dominantes nos blocos de que fazem parte, não podendo por exemplo os Estados Unidos bastar-se com o mercado da NAFTA (ou mesmo de outro bloco que possa prever-se que venham a integrar), tal como o Brasil não pode bastar-se com o mercado do MERCOSUL ou mesmo de toda a América Latina, a Índia com a SAARC, ou ainda a Alemanha com o mercado da Europa....

Temos assim (não deixando naturalmente países, mais pequenos, como é o caso do nosso, de ter o mesmo empenho) poderosas 'forças de abertura' que na realidade têm vindo a prevalecer, reconhecendo a própria Organização Mundial do Comércio (1995, p. 2) que «there have been no fortress type regional integration agreements among WTO members»; tendo sido mesmo em grande medida países de blocos regionais a 'forçar' a conclusão (difícil) do Uruguai Round, exactamente num momento sem paralelo de criação, alargamento e/ou reforço dos seus mercados 'internos'.

Talvez com menos capacidade de pressão mas sendo igualmente um elemento a atender, há que considerar por outro lado os interesses e o empenho dos países que ficam de fora de qualquer bloco ou dos blocos onde estão os melhores mercados. A resposta a estes casos, que os membros dos blocos não deixarão de ir sendo levados a dar, estará na celebração de acordos preferenciais: numa linha que por um lado, também em benefício dos países membros, fará baixar os efeitos de desvio do comércio e potenciar os demais ganhos proporcionados pelos espaços de integração, abrindo-se deste modo também o caminho para o comércio livre mundial.

Com a consciência das vantagens do comércio mundial, a formação de blocos pode ser ainda um elemento facilitador de negociações, na medida em que diminui o número de negociadores. Dando de novo o nosso exemplo, assim acontece com a participação da Comunidade Europeia, v.g. nas negociações do GATT (agora da OMC), sendo só a Comissão (através do Comissário competente) a participar nas reuniões, de acordo com o mandato de negociação atribuído pelo Conselho.

Por fim, a formação de mercados 'únicos' no seio dos blocos, embora visando em primeira linha o interesse dos países membros, vem harmonizar normas e criar outras condições que tornam muito mais fácil o acesso de terceiros. A título de exemplo, com a harmonização proporcionada na União Europeia um exportador ou um investidor americano ou brasileiro não tem de conhecer e adaptar-se a requisitos diferentes de país para país, podendo ter acesso a todos eles com o cumprimento das mesmas regras (desde as regras técnicas até por exemplo às regras dos concursos públicos, podendo ainda recorrer às mesmas e únicas instâncias de apreciação, em Bruxelas, na Comissão, ou no Luxemburgo, nos Tribunais, se julgar que não estão a ser cumpridas), não sofrendo também naturalmente com demoras nas fronteiras.

Trata-se de vantagens de enorme monta, de que devemos dispor igualmente quando concorremos em mercados de outros blocos: sendo por isso do nosso interesse que se aprofundem igualmente os seus processos de integração.

Como 'contributo' europeu será especialmente sensível a criação da moeda única, facilitando a actividade negocial no espaço da União, aos europeus e aos empresários de qualquer outro continente (facilitando ainda a vida aos turistas que nos visitam).

7. O papel da Organização Mundial do Comércio (OMC)

Na evolução favorável que é de esperar que venha a verificar-se importa que tenha um grande relevo a Organização Mundial do Comércio, criada na sequência do Uruguai Round (na reunião final de Marraqueche, em Dezembro de 1993).

Ao longo de três décadas e meia foi sem dúvida importante o papel do GATT, através dos dois mecanismos básicos de que dispõe: a aplicação da cláusula da nação mais favorecida, nos termos da qual o favorecimento que um país concede a outro se estende automaticamente a todos os demais, e as negociações *(rounds)* multilaterais, através das quais se procedeu a afastamentos generalizados de restrições (designadamente a reduções do nível dos impostos alfandegários).

No Uruguai Round, o oitavo *round* realizado, conseguiram-se progressos assinaláveis. Havia sido muito grande o relevo dos anteriores, tendo o volume do comércio subido de 10 mil milhões de dólares no *round* de Genebra (1947) para 155 mil milhões no *round* de Tóquio (1973-9), com o número de países membros a elevar-se de 23 para 99. Mas foi um grande progresso que o Uruguai Round tenha vindo considerar outros sectores, incluindo a agricultura[64], os serviços, a propriedade intelectual (v.g. as patentes), o ambiente, etc.[65], tendo o valor do comércio considerado subido para mil milhões de dólares e o número de participantes no final já para 117 (são agora 153). Temos assim uma progressão assinalável, estando no seu âmbito a maior parte do comércio mundial. Trata-se de circunstância feliz que poderá ajudar a que se caminhe com realismo e eficácia para uma melhor definição e um cumprimento maior das regras do comércio internacional, agora no seio da OMC: com um papel que poderá ser de especial importância quando estão em causa questões com países fora de qualquer bloco, entre países de diferentes blocos ou mesmo entre países de um bloco que tenha dificuldades em ter um mecanismo eficaz de resolução de conflitos (v.g. devido à grande diferença na sua dimensão: recorde-se o que vimos há pouco sobre o MERCOSUL, aplicável aliás também à NAFTA).

Com a experiência que vamos tendo será de perguntar todavia se não é necessário ir mais além, relativamente ao conseguido em Marraqueche. Trata-se de questão que tem de pôr-se no que respeita à adequação das regras em vigor (parecendo ser designadamente necessária uma actualização do art. 24º); mas que para além disso tem um grande relevo a propósito do processo de resolução de conflitos (v.g. com a intervenção de 'paineis' de peritos)[66].

---

[64] Sector cuja inclusão provocou todavia, tal como seria de esperar, as maiores dificuldades da parte dos defensores da PAC europeia, levando a que se tivesse alongado por sete anos, mais três a partir da data prevista para a sua conclusão, em Dezembro de 1990; 'record' já batido agora, em grande medida pelas mesmas 'razões', com a demora na aprovação da Agenda de Doha, estabelecida em 2001.

[65] São de assinalar também por exemplo os passos na política anti-*dumping*, bem como a atenção dada aos investimentos directos estrangeiros: com um relevo crescente, tendo tido uma multiplicação de doze vezes entre 1973 e 1995, período ao longo do qual as exportações aumentaram oito vezes e meia.

[66] Sobre o modo de funcionamento da Organização Mundial do Comércio podem ver-se por exemplo L. Cunha (1997, cap. VII e 2008), FLAD (1998), Lafer (1998), Warégne (2000), Hoekman e Kostecki (2001), Tamames e Huerta (2001, pp. 153-74), Jounneau (2003), Luff (2004), P. Ferreira (2004, pp. 307-33) Luff (2004), Reinert (2005, pp. 81-101), I. Mota (2005) Georgiu e Van der Vorght (2006) Matsushita, Schonbaum e Mavroidis (2006) Wolcrum, Stoll e Kaiser (2006), Rainelli (2007), Canal-Forges (2008), Dumas (2009), Matsuchita, Schoen-

Foram no bom sentido os passos já dados. Mas são ainda muitos os passos a dar, justificando-se todo o empenho que possa ser posto nas negociações do Millenium Round, a decorrer (fala-se agora mais em Agenda de Doha: ver *infra* p. 490), num mundo em que são com frequência de peso muito desigual os interesses em disputa; tendo-se criado alguma esperança, como se disse atrás (n. 31 p. 391), com o acordo sobre produtos agrícolas (com o afastamento de proteccionismos e apoios às exportações) conseguido em Genebra a 1 de Agosto de 2004.

É de facto imprescindível que a OMC (ou alguma outra organização) se afirme como uma instância eficaz, estabelecendo e assegurando o cumprimento das regras do comércio internacional.

Trata-se de nota de especial relevo a concluir este capítulo, em que procurámos mostrar as vantagens do comércio livre, incluindo a criação de espaços de integração progressivamente abertos ao mundo. Não pode ser de modo algum um comércio sem regras, sob pena de se premiar quem não cumpre, estando aliás a prestar-se assim um mau serviço mesmo aos cidadãos do país prevaricador (v.g. não se lhes exigindo melhorias básicas nos domínios social ou ambiental).

---

baum, e Mavroidis (2006), Wolfrum, Stolle Kaiser (2006), Rainelli (2007), Canal-Forges (2008), R. Medeiros (2010 e 2013, pp. 159-226) ou J. T. Fernandes (2013, pp. 98-118). Sobre o significado especialmente importante da entrada da China pode ver-se Wei (2001). Com uma comparação dos sistemas de solução de controvérsias em diferentes áreas, designadamente na OMC, na União Europeia e no MERCOSUL ver Accioly (2004) e De Klor, Pimentel, Kegel e Barral (2004) (ou ainda Caminha, 2001-2).

Sobre o seu futuro pode ver-se nº 35 de *L'Économie Politique* (Junho de 2007), com o título *l'OMC a t'elle un Avenir?*; e em especial sobre o papel que deverá caber-lhe em relação ao Direito da Concorrência L. P. Cunha (2014) e Zäch (1999).

Capítulo XIV
Os Pagamentos Internacionais

Compreende-se que se tenha sempre uma grande preocupação com as relações externas de uma economia.

Quando estão em causa países com moedas diferentes põe-se um problema de pagamentos, não podendo naturalmente acumular-se situações de défice.

Tendo agora Portugal o euro, uma moeda partilhada já por mais 16 países, entre eles deixa de haver um problema cambial. Um excesso de pagamentos sobre recebimentos em relação à Espanha, à França ou à Alemanha é resolvido com a utilização da 'moeda única', não havendo nada de diferente do que se passa com os pagamentos entre dois estados dos Estados Unidos, por exemplo entre a Nova Inglaterra e a Califórnia, ou mesmo entre duas 'regiões' do nosso país.

Um problema de pagamentos põe-se pois apenas em relação a países com moedas diferentes, nos termos que veremos adiante.

Não se pondo um problema de pagamentos, põe-se todavia sempre um problema de competitividade e endividamento, sendo uma situação sucessivamente deficitária indicadora de que as empresas estão a perder em relação às demais. Trata-se de preocupação que qualquer dos participantes não poderá deixar de ter em relação aos demais países do euro, a 'Eurolândia'.

Importa pois ver como podem registar-se os movimentos com o exterior, mesmo com países do mesmo espaço monetário.

1. A balança dos pagamentos

A balança dos pagamentos é o registo de todos os fluxos com o exterior. Sob pena de haver duplas contagens, quando há movimentos reais (por exemplo de mercadorias e de serviços) a balança regista apenas os movimentos financeiros correspondentes (no caso, os pagamentos), bem como naturalmente todos os demais movimentos de dinheiro.

1.1. Composição

A distinção básica que é feita actualmente[1] é a distinção entre a balança corrente, a balança de capitais e a balança financeira.

1.1.1. Balança corrente

A balança corrente compreende, essencialmente, as transacções entre residentes e não residentes associadas ao comércio internacional de mercadorias e serviços e aos rendimentos do trabalho e de investimento. Incluem-se também nesta balança os valores correspondentes a mudanças de propriedade sem contrapartida (transferências unilaterais) devidas a operações de natureza corrente, casos das remessas de emigrantes e imigrantes, das transferências correntes com a União Europeia, dos fluxos financeiros associados à cooperação entre Estados e do recebimento de pensões por emigrantes regressados definitivamente.

A balança corrente desagrega-se pois em:

– Balança dos *bens (mercadorias)*
– Balança dos *serviços*
– Balança dos *rendimentos*
– Balança das *transferências correntes*

1.1.2. Balança de capital

A balança de capital compreende as transferências de capital e a aquisição/cedência de activos não produzidos não financeiros. As transferências de capital correspondem a mudanças de propriedade sem contra-

---

[1] Anteriormente fazia-se uma distinção básica apenas entre a balança corrente e a balança de capitais. Sobre a autonomização da balança financeira, bem como sobre outros 'acertos', ver o *Suplemento ao Boletim Estatístico* do Banco de Portugal, Fevereiro-Março de 1999, *Nova Apresentação das Estatísticas da Balança de Pagamentos*.

partida, que se traduzem no aumento dos activos do país receptor ou na diminuição dos seus passivos, como são os casos das transferências da União Europeia para financiamento de infraestruturas, das transferências de património resultantes do regresso dos emigrantes ou do perdão de uma dívida de um país terceiro face a Portugal. A aquisição/cedência de activos não produzidos não financeiros abrange transacções: sobre activos intangíveis, como patentes, licenças, *copyrights*, marcas, *franchises* e outros contratos transferíveis (ex. contratos de 'transferência' de jogadores de futebol); e sobre activos tangíveis, nomeadamente a aquisição de terrenos por embaixadas.

1.1.3. Balança financeira

Por fim, a balança financeira compreende: a) as transacções que envolvam a mudança de titularidade entre residentes e não residentes de activos e passivos financeiros e b) outras variações nos activos e passivos financeiros da economia, como a criação ou a extinção de activos ou passivos financeiros sobre o/ou do 'Resto do Mundo'. São exemplos do primeiro caso: a aquisição, por um investidor não residente, de uma empresa residente (investimento directo do exterior em Portugal); a aquisição, por um residente, de obrigações do tesouro americano (investimento de carteira de Portugal no exterior); a aquisição, pelo Banco de Portugal, de títulos denominados em dólares americanos e emitidos fora da área do euro (activos de reserva, activos cambiais e títulos). São exemplos do segundo caso: a concessão, por um banco residente, de um empréstimo a um não residente; ou a constituição por uma sociedade não financeira residente de um depósito num banco localizado num *off shore* financeiro.

1.1.4. A balança dos pagamentos portuguesa

Para ilustrarmos o que acaba de ser exposto, servindo ao mesmo tempo para darmos alguma ideia acerca das realidades (v.g. das dificuldades) da nossa economia, vale a pena mostrar como se apresentou a balança dos pagamentos portuguesa nos últimos anos, com um abrandamento geral dos valores, com a crise que tem vindo a ocorrer (quadro XIV.1):

Na sequência dos anos anteriores, a balança dos pagamentos portuguesa teve em 2013 um saldo negativo avultado na balança das mercadorias (dos bens), de 7080 milhões de euros, bem como na balança dos rendimentos, de 5925 milhões de euros. Sendo todavia resultados menos volumosos do que nos anos anteriores, e sendo mais elevados os saldos positivos da balança dos serviços, de 9925 milhões (com o contributo do saldo das viagens e turismo) e da balança das transferências correntes, de 3 961 (v. g. com as transferências dos emigrantes) teve-se em 2013 um saldo positivo na balança corrente, de 881 milhões de euros.

Foi também positiva a balança de capital, com 3412 milhões de euros, devido às transferências públicas.

Por fim, um saldo negativo da balança financeira, de 4464 milhões de euros, correspondeu a movimentos de acumulação de compromissos e de perda de activos (tendo o conjunto da balança corrente e da balança de capital tido um saldo positivo de 4293 milhões de euros, com um 'acerto' de erros e omissões de 170 (sobre a evolução em décadas anteriores ver Confraria, 2001, pp. 32-5).

1.2. A problemática do reequilíbrio

Uma balança está sempre *contabilisticamente* equilibrada, dado que um superave ou um défice em alguma ou algumas das suas rubricas está compensado por um movimento inverso, de igual montante, em alguma ou algumas das outras. A título de exemplo e como vimos, um défice nas balanças corrente e de capital tem correspondência num movimento positivo escriturado na balança financeira.

OS PAGAMENTOS INTERNACIONAIS

Quadro XIV.1

BALANÇA DE PAGAMENTOS
Em milhões de euros

	1999	2000	2001	2002	2003	2004	2005	2006	2007	2008
Balança Corrente	-9 666	-12 521	-12 801	-10 961	-8 457	-10 923	-14 139	-15 589	-15 374	-20 163
Mercadorias	-13 571	-15 753	-15 543	-14 094	-12 599	-14 789	-16 362	-16 763	-17 549	-21 362
Serviços	1 839	2 172	2 869	3 339	3 578	4 015	3 843	4 954	6 489	6 548
Transportes	-428	-537	-562	-301	-87	-62	20	690	1 062	1 292
Viagens e turismo	2 833	3 298	3 762	3 847	3 718	3 971	3 744	4 014	4 533	4 501
Seguros	-31	-44	-40	-73	-70	-86	-87	-94	-90	-97
Direitos de utilização	-260	-267	-251	-303	-239	-253	-227	-248	-260	-284
Outros serviços	-140	-145	20	188	265	428	393	558	1 278	1 124
Operações governamentais	-135	-132	-59	-19	-8	17	0	-67	-35	11
Rendimentos	-1 544	-2 570	-3 880	-3 160	-2 321	-2 991	-3 894	-6 301	-6 921	-7 817
Rendimentos de trabalho	28	42	-33	-59	-118	-161	-143	-5	-31
Rendimentos de investimento	-1 572	-2 611	-3 847	-3 121	-2 302	-2 872	-3 733	-6 158	-6 917	-7 786
Rendimentos de investimento directo	-924	-1 322	-1 435	-869	-717	-787	-1 263	-2 271	-1 995	-1 515
Rendimentos de investimento de carteira	-186	-463	-574	-808	-592	-603	-667	-726	-1 241	-2 831
Rendimentos de outro investimento	-462	-826	-1 838	-1 444	-993	-1 482	-1 804	-3 161	-3 680	-3 440
Transferências correntes	3 610	3 629	3 753	2 974	2 885	2 842	2 274	2 521	2 607	2 468
Transferências públicas	582	235	273	400	662	646	422	274	35	-175
Com a UE	571	245	262	471	765	694	521	371	150	59
Transferências privadas	3 028	3 394	3 480	2 574	2 223	2 196	1 852	2 247	2 572	2 642
Remessas de emigrantes/imigrantes	2 988	3 269	3 327	2 382	1 967	1 957	1 717	1 810	2 018	1 905
Balança de Capital	2 324	1 670	1 198	1 996	2 623	2 202	1 721	1 234	2 097	2 747
Transferências de capital	2 332	1 652	1 215	1 994	2 609	2 164	1 672	1 226	1 937	2 325
Transferências públicas	2 317	1 649	1 208	2 049	2 692	2 275	1 775	1 324	2 096	2 380
Com a UE	2 305	1 672	1 259	1 950	2 743	2 323	1 844	1 483	2 148	2 439
Transferências privadas	15	3	7	-55	-83	-111	-102	-98	-159	-55
Aquisição / cedência de activos não produzidos não financeiros	-9	18	-17	2	13	38	48	7	160	422
Balança Financeira [a]	8 328	10 881	10 835	8 332	5 084	9 341	13 062	14 116	13 136	18 050
Erros e Omissões [b]	-986	-30	768	633	750	-621	-844	239	142	-634

Por memória:
| Balança Corrente + Balança de Capital | -7 342 | -10 851 | -11 603 | -8 965 | -5 834 | -8 720 | -12 418 | -14 356 | -13 278 | -17 416 |

Fontes: INE e Banco de Portugal.
Notas: (a) Para uma desagregação da Balança Financeira ver o Quadro Suplementar A.7.1., deste Relatório. (b) Um sinal positivo (negativo) representa um crédito (débito) não contabilizado em outra rubrica da Balança de Pagamentos.

433

Tratando-se todavia de um movimento de 'empréstimo', de algo que fica a dever-se, ou da perda de activos, não pode obviamente perpetuar-se. A continuidade de situações deste tipo obriga pois a que se tomem medidas de recuperação das economias.

1.2.1. O reequilíbrio pela via cambial

a) O reequilíbrio automático com câmbios flutuantes

Uma possibilidade, com méritos mas também com limitações e inconvenientes, é a de as autoridades não se preocuparem com as situações de desequilíbrio, deixando os câmbios flutuar, em movimentos que levariam ao reequilíbrio automático da balança dos pagamentos[2].

Os câmbios são preços, os preços de moedas noutras moedas. A título de exemplo, se o câmbio do dólar era de 200$00 portugueses, 200$00 era o preço que se tinha que dar por cada unidade monetária norte-americana.

Para vermos o contributo reequilibrador que pode ser dado pelos câmbios a flutuar livremente, de acordo com a lei da procura e da oferta, podemos considerar por exemplo um défice de Portugal em relação à França, no tempo em que ainda havia as moedas nacionais destes dois países. Estando antes o câmbio do franco em 30$00, a procura acrescida sem que houvesse um aumento da oferta correspondente, dado que importávamos mais do que o que importávamos, levava a que o franco fosse subindo, para 32,33 ou 35$00.

Com esta subida do franco os bens franceses passavam a ficar mais caros para os portugueses, diminuindo por isso as nossas importações. Por outro lado, se com cada franco os franceses passavam a poder comprar mais escudos, 35 em vez de 30, os nosso bens tornavam-se mais sedutores, aumentando as nossas exportações.

Diminuindo as importações e aumentando as exportações contribuía-se para a diminuição ou mesmo eliminação do défice existente.

Havia assim um automatismo sedutor, levando à primeira vista a que não houvesse razões para que as autoridades se preocupassem com situa-

---

[2] Veremos adiante (na n. 6, p. 437-8) que poderia haver também um reequilíbrio automático com o sistema do padrão-ouro.

ções de défice. A 'mão invisível' do mercado, neste caso através das variações dos preços das moedas, se encarregava de sanar situações de desequilíbrio...

Pode todavia acontecer que as elasticidades da procura sejam de molde a que não se chegue ao reequilíbrio (elasticidades perversas): assim acontecendo quando as elasticidades preço da procura de bens importados e de bens exportados sejam muito baixas, de pouco ou nada adiantando o efeito conseguido[3].

Mas mesmo havendo um contributo para o reequilíbrio, trata-se de uma 'fuga para a frente', que vai protelando problemas: dado que com a desvalorização cambial ficam mais caros os bens importados (petróleo, matérias-primas, equipamentos, alimentos, etc.), com o que se contribui para a subida dos preços internos, o que por seu turno volta a tirar competitividade.

b) A teoria da paridade dos poderes de compra

Mantendo actualidade, face às situações sempre existentes de câmbios que podem variar, foi formulada uma teoria que procura definir a situação cambial para que se tenderia e em que tenderia a permanecer-se.

De acordo com uma primeira formulação, a *formulação rígida*, os câmbios corresponderiam à paridade dos poderes de compra: ou seja, trocando-se uma moeda por outra, o montante recebido em troca permitiria comprar no país da moeda que se comprava exactamente o mesmo que o montante entregue no país inicialmente considerado. A título de exemplo, estando a libra esterlina a 1,5 euros, no Reino Unido poderia comprar-se com 100 libras o mesmo que com 150 euros na 'Eurolândia'.

Partindo-se desta situação de base, o mercado se encarregaria de automaticamente ir mantendo a paridade referida, em resposta a variações verificadas nos preços internos. Subindo por exemplo 20% os preços da zona do euro, não havendo subida nenhuma no Reino Unido, passar-se-ia naturalmente a comprar mais bens neste país. Por seu turno os ingleses passariam a comprar menos nos países do euro. Com o acréscimo de com-

---

[3] Com exemplos numéricos esclarecedores ver T. Ribeiro (1962-3, pp. 162-4) ou Laranjeiro (2000, pp, 34-6). Trata-se de dificuldade para que chamámos já a atenção em III.3.2.b (p. 105), referindo que há que atender também às elasticidades da oferta.

pras ia aumentando a procura de libras, por isso o seu preço, numa evolução acompanhada por uma menor compra de euros pelos habitantes do Reino Unido (comprando menos bens aqui), até ao ponto em que, estando a libra a 1,78 euros (mais 20%), com este montante se comprariam entre nós os mesmos bens que com uma libra no Reino Unido. Seria pois este o câmbio de equilíbrio estável, para que tenderia o câmbio da paridade dos poderes de compra.

Não é todavia de esperar que na realidade se verifique a correspondência acabada de referir, nos movimentos que se dão e nos câmbios que se estabelecem. Não será assim porque muitos preços internos são preços de bens não comercializáveis (*non tradeable goods*), que não têm obviamente influência nos câmbios. A título de exemplo, uma subida de 30% de bens materiais e serviços desta natureza (por exemplo electricidade ou serviços médicos) não tem influência na procura da libra, dado que se trata de bens (v.g. serviços) que não podem ou só em muito pequena medida podem ser substituídos por importações.

Não podendo pois esperar-se a correspondência exacta da teoria rígida, é de esperar que as coisas se passem de acordo com uma *formulação mitigada*, havendo de facto uma subida do câmbio da(s) outra(s) moeda(s) quando os nosso preços internos sobem. Haverá uma subida cambial, ainda que não seja na mesma proporção.

c) O reequilíbrio através de alterações cambiais decididas pelas autoridades

Para além do contributo automático que pode ser dado pelas relações cambiais, de acordo com a lei da procura e da oferta, podem ser as autoridades monetárias a decidir uma desvalorização.

Trata-se de intervenção que tanto pode ter-se numa só vez, em princípio inesperada, como tratar-se de um processo continuado, em princípio do conhecimento dos agentes económicos e dos consumidores.

No primeiro caso haverá de facto vantagem em que se trate de uma medida de surpresa. Se por exemplo se quer desvalorizar a moeda em 20%, para se recuperar de uma perda de competitividade nesta medida (talvez por haver inflação), um anúncio prévio de uma mudança tão grande teria como consequência uma antecipação significativa de compras, com o agravamento da situação da balança dos pagamentos e a frustação do objectivo almejado. Temos ainda na nossa memória recente casos em que assim aconteceu (ou em que, não se confirmando o 'boato' de uma desvalorização, se ficou apenas pelos efeitos negativos...). E algum efeito desejável só será atingido se as elasticidades não forem 'perversas'[4].

O segundo caso é o caso do *crawling peg*, de uma depreciação pequena e permanente de uma moeda, recuperando-se apenas alguma capacidade de concorrer com os outros mercados. Foi uma política seguida em Portugal nos anos 80[5], com uma depreciação mensal de 1%, levando a um efeito acumulado de mais de 13% ao fim do ano: atenuando-se assim o diferencial da inflação em relação aos nossos parceiros principais, que era então superior a 17% (em 1986, de cerca de 9% para 28,7%, a taxa de inflação maior a que chegámos nas últimas décadas).

Não deixava pois deste modo de haver algum esforço de melhoria de competitividade e era pequeno o efeito de agravamento da inflação 'importada'. Mas julga-se hoje, como se verá melhor adiante, que a competitividade das economias deve ser promovida sem estas 'pequenas ajudas'.

1.2.2. O reequilíbrio procurando-se manter os câmbios. O papel do Fundo Monetário Internacional (FMI)

Foi no reconhecimento dos inconvenientes da variabilidade dos câmbios que durante a guerra se imaginou um outro sistema de pagamentos internacionais[6].

---

[4] Sobre os efeitos que podem verificar-se recorde-se de p. 102-11.
[5] Também por exemplo na Bélgica: conforme referimos já *supra* na n. 37 p. 309.
[6] Tendo hoje apenas interesse histórico, justifica-se de qualquer forma uma referência, embora breve, ao sistema de câmbios estáveis do padrão-ouro, sistema que ainda teve um reaparecimento em 1931 e defensores em anos mais recentes.
Neste sistema as moedas estavam ligadas ao ouro ou a valores-ouro, podendo ser livremente convertíveis.
Sendo um país deficitário, com a necessidade de pagar na moeda do país de onde se importava, havia um aumento da procura da moeda deste país, que levaria a um aumento do seu preço. Supondo que estavam em causa Portugal e a Alemanha, sendo nós deficitários, o marco tenderia a subir, de 100 para 102, 103 ou mais escudos. Chegava assim o momento, depois de passado o 'ponto de saída do ouro', em que mais valia aos importadores portugueses enviar o ouro (ou valores-ouro), com um encargo que não levava a um valor muito acima dos 100 escudos.
Este movimento de saída do ouro acabava todavia por ter a consequência desejável de levar ao

Das propostas feitas veio a resultar os sistema de Bretton Woods[7], o sistema do Fundo Monetário Internacional.

Para além do objectivo da multilateralização dos pagamentos, com os países membros a disponibilizarem meios monetários (com o mesmo propósito foi criada então na Europa a União Europeia de Pagamentos), procurou-se um sistema que desse estabilidade cambial: com o dólar como moeda de referência, ligado ao ouro, estando as outras moedas por seu turno ligadas ao dólar, sendo convertíveis em ouro por seu intermédio. Os Estados Unidos comprometeram-se a converter a sua moeda em ouro a uma taxa fixa de 35 dólares por onça[8], sempre que para tal fossem solicitados pelos outros bancos centrais. Ter dólares era pois o mesmo que ter ouro. Tendo sido indicado o câmbio do dólar em relação a cada moeda, por exemplo para o escudo foi indicado o câmbio de 28$75 por dólar.

Os desequilíbrios que se verificavam eram sanados com medidas de apoio e de penalização dos países que fossem sucessivamente deficitários, sob pena de o Fundo deixar de ter moeda dos países sucessivamente superavitários e ficar 'encharcado' com a moeda dos primeiros[9]. Em reequilíbrio automático da balança dos pagamentos. Saindo do país deficitário, dado que com o padrão-ouro a quantidade de moeda em circulação está ligada a este metal, diminuía a massa monetária e por isso desciam os preços, passando a economia a ficar mais competitiva. No país superavitário, por seu turno, entrando o ouro (ou valores-ouro) aumentava a massa monetária e subiam os preços, diminuindo por isso a sua competitividade e consequentemente o seu superave.

Os movimentos do ouro contribuíam pois para um reequilíbrio automático das balanças dos pagamentos, mas com inflações e deflações, por isso à custa de sacrifícios: de um modo mais sensível para os países deficitários, correspondendo à diminuição da moeda uma contracção da actividade económica, com consequências graves no desemprego (recorde-se da p. 378). Quando os movimentos do ouro não eram suficientes as autoridades deveriam aliás 'colaborar' com as chamadas 'regras do jogo', acentuando os movimentos de subida dos preços no país superavitário e de descida dos preços no país deficitário; ou seja, agravando problemas.

A sua rigidez, impedindo que com frequência se correspondesse à evolução desejável das economias, contribuiu aliás compreensivelmente para o abandono definitivo do padrão-ouro (apesar das tentativas de recuperação que foram feitas).

[7] Relatando as circunstâncias que levaram ao acordo celebrado nessa localidade dos Estados Unidos ver Porto e Calvete (2010a, pp. 493-508).

[8] Equivalendo a onça *troy* a 31,1035 gramas.

[9] Também eram 'pressionados' os países sucessivamente superavitários.

última análise, eram admitidos ajustamentos no câmbio inicialmente indicado.

No quadro fixado, poderia vir a verificar-se naturalmente uma de duas situações: ou uma situação de falta de liquidez, um *dollar gap*, ou pelo contrário uma situação de excesso de dólares em circulação, dada a posição privilegiada desta moeda, o que veio a ficar conhecido por *dollar glut*[10].

Está na linha da primeira destas preocupações a primeira emenda do Estatuto do FMI, 'pensada' pelo menos a partir de 1965 e aprovada na Assembleia Geral que teve lugar no Rio de Janeiro em Setembro de 1967 (entrou em vigor no dia 28 de Julho de 1969). Através dela foram criados os 'direitos de saques especiais', numa iniciativa com um significado muito especial, dado que represen-taram e continuam a representar a criação de uma nova forma de liquidez internacional[11].

Com este acerto o sistema foi funcionando satisfatoriamente até 1971, quando a balança comercial dos Estados Unidos começou a ser deficitária e se acentuou uma enorme pressão sobre o dólar. Tendo uma moeda geralmente aceite, cada vez em maior medida os americanos foram pagando dívidas com a moeda que emitiam. Compreende-se todavia que progressivamente se fosse verificando falta de confiança da parte dos outros países, que aumentaram rapidamente os pedidos de conversão. Os números falam por si: com as reservas de ouro dos Estados Unidos a descer de 22,9 mil milhões de dólares em 1957 para 11 mil milhões em 1967 e 1,1 mil milhões em 1971, quando circulavam no exterior 47 mil milhões de espécies monetárias americanas.

Não podia pois deixar de verificar-se a suspensão da convertibilidade do dólar, em 15 de Agosto de 1971[12], acabando assim um elemento essencial do sistema de Bretton Woods; e abrindo-se caminho para uma maior flutuação das moedas.

---

[10] Estas hipóteses em alternativa ficaram conhecidas por 'dilema de Triffin', na sequência da análise feita por este autor (1960, com antecedentes em outros textos e tomadas de posição: cfr. Porto e Calvete, 2010a, pp. 493-508.).

[11] Sobre esta e as emendas que se seguiram, com um alcance menos 'revolucionário', ver de novo R. Medeiros (2007, pp. 804-19) e Porto e Calvete (2010a, pp. 515-24).

[12] Decidida pelo Presidente Nixon, que simultaneamente estabeleceu uma sobretaxa sobre as importações.

Não deixou todavia o FMI de continuar a ser o centro dos pagamentos internacionais, com as adaptações que foram feitas.

No juízo a fazer, há que sublinhar os seus méritos ao longo já de meio século, permitindo a multilateralização dos pagamentos internacionais. Afastou pois de vez as limitações que se verificavam com bilateralizações dos pagamentos, tal como acontecia com o sistema de *clearings* (recorde-se da p. 371).

No que o FMI é criticável, por vezes com razão, é nas exigências que faz aos países a que dá apoio, obrigando-os a políticas muito austeras que podem impossibilitar a recuperação das economias. Mas há também casos de êxito, em que foram correctos os 'conselhos' dados (assim terá acontecido com Moçambique).

Continua além disso a verificar-se um relevo exagerado do dólar, que permite aos Estados Unidos financiar os seus enormes défices (sem paralelo a nível mundial) com uma moeda que todos aceitam. Não se trata todavia de um problema do FMI, a solução terá de passar pela criação de uma ou mais moedas igualmente relevantes no plano mundial, com grande aceitação, como poderá ser o caso do euro e desejavelmente o(s) caso(s) de mais alguma(s) moeda(s) (vê-lo-emos melhor em 3, pp. 448-50).

1.2.3. O contributo das variações de rendimento

Como já se referiu em XIII.4.2.1 (pp. 381-2), também as variações de rendimento podem contribuir para o reequilíbrio das balanças dos pagamentos.

Sendo um país superavitário, são em maior montante os rendimentos a distribuir pelos participantes na produção. A título de exemplo, se há um superave de 1 000 há mais 1 000 para distribuir em salários, rendas, juros e lucros.

Parte destes rendimentos, o que não é aforrado (e eventualmente investido), é destinado a consumo, uma parte na compra de bens produzidos internamente e a outra parte, na medida da propensão marginal às importações, na compra de bens importados. Supondo-se que a propensão marginal ao consumo é de 8/10, podemos supor que é de 6/10 a propensão marginal ao consumo de bens internos e de 2/10 a propensão marginal às importações.

Importando-se do país inicialmente deficitário, há assim um aumento de 200 nas exportações deste segundo país, montante que contribui para a redução do seu défice inicial.

Acontece todavia que em períodos sucessivos o impulso reequilibrador do país superavitário não fica por este valor. Sendo de 6/10 a propensão marginal ao consumo de bens domésticos, num segundo período são 600 distribuídos internamente em salários, rendas, juros e lucros, por pessoas que utilizarão parte do rendimento em consumo interno (6/10) e a outra parte em importações (2/10). E dos 6/10 aplicados internamente haverá de novo no período seguinte, bem como nos que se seguem, uma afectação percentual semelhante.

O efeito cumulativo que se verifica é-nos dado por uma fórmula que já conhecemos, a fórmula do multiplicador[13], neste caso o multiplicador do comércio externo:

$$K = \frac{1}{1-c'}$$

Sendo K o coeficiente do multiplicador e c' a propensão marginal ao consumo de bens internos, temos que

$$K = \frac{1}{1-6/10} = \frac{1}{4/10} = 2,5$$

Se por exemplo c' for de 6/10, ou seja, se for nesta medida a propensão marginal ao consumo, temos que K = 2,5.

Aplicando o multiplicador ao aumento inicial de importações provocado pelo superave, temos que 200 × 2,5 proporcionam 500, valor que mesmo no limite (no final dos vários períodos) é inferior ao superave (e ao défice) iniciais, de 1 000.

Acontece todavia que ao superave do país superavitário corresponde um défice do mesmo montante no outro país, o país deficitário. É um défice que se traduziu em menos 1 000 de rendimento distribuído aos participantes na produção, em salários, rendas, juros e lucros. Deste rendimento, por seu turno, parte seria despendida na compra de bens de consumo, alguns deles produzidos internamente e os outros importados. Nesta medida houve uma diminuição de importações, logo, uma diminui-

---

[13] Em XI.6.2.2 (pp. 297-9) vimos o multiplicador do crédito e em X.5 (pp. 264-5) referimos o multiplicador do investimento.

ção das exportações do país superavitário, o que ajudou igualmente à recuperação do desequilíbrio inicial.

Admitindo que haja aqui também uma propensão marginal ao consumo de 6/10 e uma propensão marginal à importação de 2/10 teríamos, com o multiplicador a funcionar 'pela negativa', no limite uma redução de 500 no rendimento do país inicialmente superavitário

O reequilíbrio requeria todavia que em cada período a soma das propensões marginais à importação fosse igual a 1, o que certamente não acontece (para além de só se verificarem os efeitos indicados se houver desemprego ou sub-emprego; não sendo assim, há meros aumentos de preços). Mas embora não se atingindo o reequilíbrio apenas por esta via, é uma via que contribui para ele, com a dinâmica do(s) país(es) superavitário(s) a ter implicações positivas no aumento da actividade do outro (ou de outros); e a falta de dinâmica do(s) país(es) deficitário(s) a diminuir os ganhos dos país(es) superavitário(s).

2. O caso europeu

O caso europeu é actualmente um caso interessante, estando já 16 países num espaço monetário de grande relevo, onde se desenrola a maior parte das suas transacções (recorde-se o quadro XIII.3, p. 417) e de outros movimentos económicos internacionais, sendo além disso muito grande o seu significado no plano mundial.

2.1. No plano interno (da 'Eurolândia'): reequilíbrio apenas com medidas internas (e com o apoio de fundos estruturais)

Fora o caso da Alemanha, que tem com o exterior um movimento comercial semelhante ao que tem com o conjunto dos demais países do euro, todos os outros países têm mais comércio com outros membros da 'eurolândia' do que com países com diferentes moedas (devendo esta concentração geográfica ser semelhante com os demais movimentos económicos internacionais).

Sendo assim, na maior parte dos casos de pagamentos não se levanta um problema cambial, dado que é tudo pago na mesma moeda.

Como se sublinhou no início deste capítulo, não deixa todavia de haver desequilíbrios, a que os países têm que estar atentos: não podendo por exemplo suceder-se situações sucessivamente deficitárias, que significam que as suas empresas não conseguem competir com as dos demais, com os riscos consequentes de falência e de desemprego (ainda por exemplo com a consequência de no mercado bancário haver o recurso progressivo a bancos estrangeiros).

Torna-se pois necessário tomar então medidas de recuperação da competitividade.

Uma via de perda de competitividade num espaço monetário será a da inflação, se no país em análise os preços estiverem a subir mais do que nos outros. Embora seja responsabilidade básica do Sistema Europeu de Bancos Centrais, como vimos, assegurar a estabilidade dos preços no conjunto da 'eurolândia', há que tomar também medidas orçamentais ou de outras naturezas que evitem subidas mais elevadas num país do que nos demais (também no tempo do escudo as subidas de preços não eram iguais em todas as áreas do nosso país, tal como diferem de estado para estado nos Estados Unidos da América, embora tendo a mesma moeda).

Medidas de recuperação das economias defrontam-se todavia na 'Eurolândia' com a dificuldade de não poderem ser agravados os défices orçamentais nacionais, com a exigência de cumprimento do Pacto de Estabilidade e Crescimento agora do Tratado Orçamental (tal como vimos em XI.9.3.2 e em XI.9.3.3, pp. 318-20).

Tratando-se de países menos desenvolvidos, está aqui uma razão acrescida para a manutenção e mesmo para o reforço dos apoios estruturais da União Europeia.

Nesta linha, para além de deverem manter-se ou mesmo reforçar-se os apoios dos 'fundos estruturais', que vêm de trás[14], não tinha nenhum sentido a sugestão feita para que deixassem de beneficiar do Fundo de Coesão os países que passaram a integrar o euro. Trata-se de fundo a que têm direito os países com menos de 90% do PIB *per capita* da União, razão substancial da sua criação, que obviamente se mantem com a entrada no euro. Dado que com esta entrada os países deixaram de ter a arma monetária e cambial e têm grandes limitações orçamentais (acrescidas com o Pacto de

---

[14] São designados como 'fundos estruturais' o FEDER, Fundo Europeu de Desenvolvimento Regional, o Fundo Social Europeu (FSE) e o FEOGA-Orientação (actual FEADER: recorde-se da n. 58 p. 420: e sobre a experiência anterior por ex. L. M. Pires, 1998). Mas o Fundo de Coesão, de que se fala a seguir no texto, promove também melhorias estruturais nas economias, nos domínios das grandes infraestruturas de transportes e do ambiente.

Estabilidade e Crescimento e o Tratado Orçamental), há até razões acrescidas para que o apoio do Fundo se mantenha enquanto se estiver aquém daquele limiar de PIB *per capita*. O texto do Tratado não abria aliás nenhuma excepção a esta regra, não distinguindo designadamente (afastando-o) um país que entrasse no euro; e foi um texto aprovado por todos os países... Seria ainda chocante que quem tivesse feito um esforço enorme bem sucedido de convergência nominal fosse 'penalizado' por isso, deixando de ter apoios de que continua a carecer, sendo pelo contrário 'premiado', podendo continuar a ter dinheiro do Fundo, um país que não tivesse entrado no euro por ter feito um esforço menor (assim aconteceu inicialmente com a Grécia).

A utilização de fundos, nacionais e comunitários, tem de ser acompanhada por outras medidas correctas (todas as medidas pos-síveis) de flexibilização e aumento da eficiência das economias.

A questão do êxito do euro tem-se posto perguntando-se aliás se a sua área poderá ser considerada uma 'área monetária óptima': numa linha de análise que vem de Mundell (1961), de acordo com a qual uma moeda única tem exigências designadamente nos domínios da flexibilidade e da mobilidade dos factores.

Embora compreendendo-se as dificuldades que se levantam, em particular com a flexibilização dos salários e a mobilidade dos trabalhadores, não pode deixar de constatar-se que uma rigidez não realista impede a manutenção de condições de competitividade. Acontece aliás que uma rigidez exagerada, que se julgue à primeira vista que é favorável a quem trabalha, acaba por levar às falências e ao desemprego, e antes disso a que não se tomem iniciativas empresariais. Ou seja, os mais prejudicados acabam por ser os mais desfavorecidos, aqueles que não têm ocupação.

Também aqui tem de ter-se sempre presente a experiência (positiva ou negativa) dos Estados Unidos da América, com muitas décadas de moeda única e níveis de desemprego muitíssimo mais baixos do que na Europa.

Trata-se naturalmente de flexibilização que tem se de ser acompanhada por todas as medidas possíveis de melhoria da eficiência das economias, num esforço em que têm de empenhar-se as autoridades públicas e todos os participantes na produção.

2.2. A sugestão de criação de um fundo para acorrer a choques assimétricos

Face à perda da arma cambial (e monetária), foi feita a sugestão de criação de um fundo para acorrer a dificuldades dos países participantes do euro. Estão em causa designadamente os chamados 'choques assimétricos', resultantes por exemplo da crise de um sector, mais sentida nuns países do que noutros[15].

Quando havia moedas próprias, embora com as limitações e os inconvenientes referidos atrás, havia uma via nacional de intervenção, 'adequável' às circunstâncias de cada país. O fundo sugerido viria colmatar a falta agora verificada.

Acontece todavia, curiosamente, que a probabilidade de choques assimétricos parece ser relativamente pequena na área do euro, como consequência da aproximação verificada nas estruturas das economias. Um primeiro indicador desta aproximação é o já referido crescimento do comércio intra-sectorial[16]. Teremos assim a este propósito uma situação mais favorável do que nos Estados Unidos da América, onde por exemplo uma crise no sector automóvel afecta fundamentalmente os poucos Estados em que se concentra a sua produção. Já na Europa constata-se que todos os países têm uma participação importante nesta indústria, na produção final de automóveis ou/e no fabrico de componentes.

A pouca probabilidade de choques assimétricos tem vindo a ser confirmada por estudos econométricos levados a cabo, com a constatação de evoluções conjunturais semelhantes em todos os países, designadamente no nosso (ver Ministério das Finanças, 1998, pp. 115-26 e 153-90).

Acresce que, mesmo admitindo que não fossem percentualmente muito grandes os recursos requeridos, quem seja de um país como Portugal não pode deixar de ser sensível aos riscos reais de o fundo vir a beneficiar em maior medida países mais ricos e ser financiado à custa dos fundos estruturais e do Fundo de Coesão.

---

[15] Ver por exemplo entre nós Constâncio (1997), P. Cunha (1997), C. Silva (1999), S. Lopes (1999), F. Amaral (1999), Laranjeiro (2000) e Anastácio (2001).
[16] Cfr. Brülhart e Hine, ed. (1999) ou ainda Reinert (2011, pp. 39-50). Em relação a Portugal recorde-se a n. 4 p. 351.

Compreendendo-se que haja sempre uma preocupação especial com o desemprego (v.g. reflectindo os choques), acontece que ficaríamos especialmente prejudicados na utilização dos seus recursos, dado que é muito menor no nosso país do que em alguns países mais ricos (e de maior dimensão) da Europa. Seriam destinados a eles em muito maior medida.

No que respeita à sua dotação, o receio de que o fundo a criar fosse financiado apenas ou fundamentalmente com dinheiro destinado aos fundos de apoio aos países mais atrasados (os 'fundos estruturais' e o Fundo de Coesão) teve a confirmação esperada no modo do financiamento do alargamento que está agora em curso (vê-lo-emos em XV.3.7, pp. 528-9)[17].

Em vez de se criar pois um fundo que com grande probabilidade funcionaria à custa dos países menos desenvolvidos, há que prosseguir antes as políticas estruturais; a par das medidas de flexibilização dos mercados a que nos referimos no final do número anterior, também com consequências na melhoria da sua eficiência.

2.3. No plano externo: a política de 'negligência benigna'

É em relação a países terceiros que se põe pois um problema de pagamentos internacionais.

Uma primeira questão é a questão de saber como pode intervir-se no quadro institucional que está estabelecido.

Curiosamente, sendo a política monetária dirigida unicamente pelo Sistema Europeu de Bancos Centrais, em particular pelo Banco Central Europeu (vimo-lo em XIV), é já diferente o quadro de intervenção no plano externo.

Tendo resultado de um compromisso quando da negociação do Tratado de Maastricht, o artigo 109º veio dispôr que é ao Conselho que cabe "celebrar acordos formais relativos a um sistema de taxas de câmbio do ECU em relação às moedas não comunitárias". Actualmente, nos termos

---

[17] Foi por estas razões que nos opusemos no Parlamento Europeu à criação do 'novo' fundo (Porto, 1999, pp. 47-8); e em alguma medida também por isso, mais recentemente, pusemos reservas à criação do Fundo Europeu de Ajustamento à Globalização (Porto, 2007a e 2009a, pp. 574-5). A razão do receio então expressado foi confirmada (em Agosto de 2002), com a sugestão de se acudir aos estragos causados pelas intempéries na Alemanha com a utilização da 'reserva' dos fundos estruturais, que era naturalmente destinada a países e regiões menos desenvolvidos.

do artigo 219º do TFUE (cfr. Laranjeiro, 2012), o Conselho, deliberando por unanimidade e após consulta ao Parlamento Europeu (e por recomendação do Banco Central Europeu ou da Comissão, após consulta ao BCE), "pode celebrar acordos formais relativos a um sistema de taxas de câmbio do euro em relação às moedas de Estados terceiros"; cabendo ainda ao Conselho, já por maioria qualificada, "adaptar, ajustar ou abandonar as taxas centrais do euro no sistema de taxas de câmbio" (ver também o art. 138º do TFUE e J. P. Ferreira, 2012).

Sendo este o quadro estabelecido, é de perguntar qual deverá ser a linha de actuação das autoridades europeias.

Uma primeira hipótese seria a de procurar influenciar o câmbio do euro, por exemplo na procura da manutenção de condições de competitividade no quadro mundial.

Não é todavia neste sentido a linha de actuação escolhida, preferindo-se antes uma atitude de 'negligência benigna' (*begnin neglect*), deixando o mercado funcionar de acordo com as forças da procura e da oferta.

Uma primeira razão para esta 'política' está no relevo relativamente menor das relações externas da Eurolândia, quando comparadas com as relações internas.

Acontece que, embora sendo grande o grau de abertura comercial dos países (vimo-lo no quadro XIII.1, p. 346), grande parte das relações dos países do euro são intra-Eurolândia, sendo com o exterior, apenas cerca de 15% do total; não sendo muito diferente o que se passa em relação às demais relações económicas.

Sendo assim, compreende-se que as autoridades tenham uma preocupação menor com as implicações externas do valor do euro.

Acontece aliás que se se tivesse esta preocupação poderia haver contradição com o objectivo básico a atingir: como sublinhámos em XI.9.3.1 (p. 317), o objectivo da manutenção da estabilidade de preços internos. Compreende-se por isso que no artigo 127º (cfr. F. Gomes, 2012) se reafirme a ideia básica do artigo 119º do TFUE (cfr. P. Ferreira, 2012), dispondo-se que a prossecução dos referidos objectivos cambiais não pode prejudicar "o objectivo primordial" do SEBC de "manutenção da estabilidade dos preços" (ver também o art. 3º do TUE; cfr M. R. Sousa, 2012).

A título de exemplo, quando o euro começasse a perder relevo (tendo começado com o câmbio de 1,179 dólares por um euro, em 2000 chegou a ser de 0,8252), uma preocupação prevalecente pela recuperação do valor externo do euro poderia ter levado à subida das taxas de juro. Haveria assim uma maior atracção de capitais para a Europa, compensando a maior atracção das taxas mais elevadas nos Estados Unidos[18], com o que haveria uma subida relativa do câmbio do euro. Seria contudo uma medida que não estaria de acordo com o objectivo da estabilidade dos preços internos[19].

3. O euro e o sistema monetário internacional. A participação no FMI

O euro deverá ter um peso apreciável no plano mundial, seguramente maior do que o peso de que já dispunham as moedas dos países membros.

Estava aliás a ser muito sensível o crescimento do relevo destas moedas antes de se chegar ao euro, nas três vertentes a considerar: como meio de pagamentos internacionais, como modo de aplicações financeiras e como moeda de reserva de bancos emissores.

Assim, quando em 1990 quase 50% do comércio mundial era em dólares e 15% em marcos (5% em yens), em 1995 a utilização do dólar havia baixado para 42% e a utilização do marco subido para 18% (a do yen para 12%). Como moeda de reserva a utilização do dólar desceu de 76 para 61,5% do total entre 1973 e 1995, tendo a utilização do marco subido de 7 para 14,2% (a do yen de 0,1 para 7,4%). E nas aplicações financeiras, entre 1981 e 1995, enquanto o dólar desceu de 67 para 40% as moedas europeias subiram de 13 para 37%, com alguma quebra nos meses mais recentes (com outros dados ver Silguy, 1998, p. 352). E é naturalmente de esperar que o papel do euro venha a ser superior ao somatório do relevo das antigas moedas dos países participantes. Assim deverá acontecer porque com ele serão conseguidas 'economias externas de rede' (*network externalities*), diminuindo os custos gerais de transacção de uma moeda à medida que mais pessoas e empresas a utilizam como meio de pagamentos ou com algum outro propósito (o que, por seu turno, induz muitos mais a utilizá-la); sendo além disso chamada progressivamente a ter um papel de intermediação em operações entre outras moedas, sendo mais conhecida (*round paid operations*)[20].

---

[18] Para o ganho do valor do dólar contribuíram também os resultados claramente melhores da economia norte-americana, referidos há pouco (cfr. Laranjeiro, 2000, pp. 449-50).
[19] Já houve todavia pelo menos uma excepção em relação a esta ausência de preocupação com o valor externo do euro, quando em Fevereiro de 2000 as taxas de juro na zona euro aumentaram 'em resposta' à perda do valor da nossa moeda face ao dólar (Laranjeiro, 2000, p. 250).
[20] Usa-se de permeio uma terceira moeda nas trocas entre moedas menos relevantes: a título de exemplo, estando em causa um negócio entre empresários do Vietnam e da Bolívia. Trata-

As primeiras indicações foram contudo no sentido do aumento de relevo do euro (v.g. face ao dólar) apenas nas aplicações financeiras, não havendo 'ganhos de terreno' ou havendo mesmo perdas como moeda de reserva dos bancos emissores e como meio de pagamentos (cfr. Bénassy-Quéré e Coeuré, 2010, p. 97). É preciso ter porém em conta que o período considerado, de 1998-9, foi um período inicial e em que não havia ainda espécies monetárias a circular, não podendo naturalmente haver a mesma confiança em relação a uma moeda que 'não se vê'[21].

Face a este peso, e de qualquer maneira dada a circunstância de os países membros terem deixado de ter uma moeda e uma política monetária próprias, poderá perguntar-se se terá sentido que continuem a participar individualmente nos órgãos do FMI.

Neste sentido aponta desde logo a razão formal de os Estatutos desta instituição só permitirem participações de Estados, não de agrupamentos de Estados. Uma participação conjunto exigiria pois uma alteração dos Estatutos. Será todavia de perguntar se se justifica esta alteração ou, mesmo justificando-se, se os países estão interessados nela. No sentido de uma resposta negativa à primeira questão aponta a circunstância de o Fundo se preocupar também com políticas orçamentais. Ora, apesar de as políticas orçamentais dos países membros do euro estarem hoje em dia muito condicionadas pelo Tratado de Maastricht, pelo Pacto de Estabilidade e Crescimento e pelo Tratado Orçamental, não têm de ser iguais. Acontece aliás que há uma experiência bem anterior de participação nacional no FMI de dois países com a mesma moeda, a Bélgica e o Luxemburgo, ao longo dos anos em que circulou o franco belgo-luxemburguês. E são dois casos em que claramente quaisquer sugestões de política orçamental deveriam ser totalmente diferentes, tendo a Bélgica um dos défices

---

-se de papel que até agora tem sido desempenhado fundamentalmente pelo dólar, mas que o euro virá por certo a desempenhar em boa medida (sobre este e outros papeis de relevo que o euro poderá ter ver ainda por exemplo Hartmann, 1996 e 1998, Funck e Kennedy, 1997 ou alguns dos textos inseridos em P. Cunha e Porto, org., 2002, designadamente na parte dedicada à percepção do euro em outros continentes).

[21] Cfr. Bourguinat (2001). Para a manutenção ou mesmo algum aumento de relevo do dólar terão contribuído também os resultados muito positivos da economia norte-americana referidos há pouco, muito superiores aos europeus, com taxas de crescimento mais elevadas e uma taxa de desemprego muito mais baixa.

mais elevados da União e o Luxemburgo um equilíbrio de contas invejável. Para além desta razão substancial, os países europeus não poderão deixar de ter presente que o seu peso é maior com representações separadas do que com uma representação conjunta: tendo o conjunto dos 12 países 23% dos direitos de voto, quando os Estados Unidos têm 17%... E curiosamente este país parece não querer ver nessa instituição sediada em Washington a representação conjunta de um bloco que tem uma moeda com a ambição natural e desejável de ombrear com o dólar[22]. Não é pois de esperar nenhuma 'pressão' da sua parte.

Não sendo possível alongar-nos nesta temática, é de esperar que a existência de uma 'nova' grande moeda seja vantajosa não só para os países membros como também para o sistema monetário mundial, mesmo para o dólar, sendo os Estados Unidos 'obrigados' a seguir uma política ponderada, sob pena de haver uma fuga da sua moeda[23].

Trata-se pois de um contributo do euro para que venha a ser mais 'fácil' e eficaz a actividade do Fundo Monetário Internacional.

---

[22] Embora seguramente sem os riscos políticos para que Martin Feldstein (1997 e 1998) chamou a atenção, vendo 'fantasmas' que não existem (ver Porto, 2002c, pp. 289-92).
[23] Alguma maior 'volatilidade' seria de recear talvez apenas no início, mas de facto não se verificou.

Capítulo XV
Crescimento e Desequilíbrios Espaciais

1. O Crescimento

1.1. A tendência para o crescimento

Para além de oscilações de curto prazo da actividade económica, com períodos de expansão mais rápida (com frequência reflectida em subidas inflacionistas dos preços) alternando com períodos de expansão menor ou mesmo de estagnação e recessão (com implicações nos níveis de desemprego), constata-se ao longo das décadas uma linha geral de crescimento das economias.

Trata-se de linha que em Portugal teve a evolução ilustrada pelas figuras seguintes, a figura XV.2 comparando-a, no último quartel do século XX, com as de outros países e a da média da OCDE:

FIG. XV.1

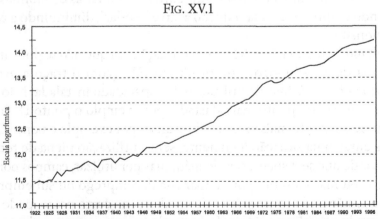

Fonte: Abel Mateus (2013, p. 23; com dados desde 1833, Neves e Rebelo, 2001, p. 35, autores que na p. 29 apresentam a evolução ocorrida nos Estados Unidos desde 1889)

Fig. XV.2

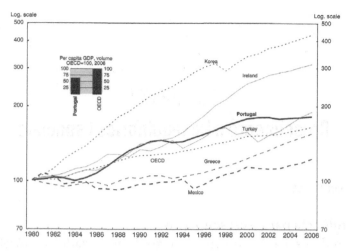

Fonte: OCDE (2008b, p. 19;

As oscilações de curto prazo dão-se, como vimos em X.2 (pp. 253-8), com uma capacidade produtiva dada. É neste contexto que tem relevo uma política alterando ou promovendo a alteração das várias despesas aí referidas, pela via monetária (capítulo XI) ou e pela via orçamental (a estudar na disciplina de Finanças Públicas: cfr. T. Ribeiro, 1997, pp. 141-81, Franco, 1992 (03), vol. II, pp. 217-311) na lógica de intervenção sugerida por Keynes: com o seu aumento a reanimar as economias, promovendo emprego, e a sua redução a 'arrefecê-las', diminuindo a tensão inflacionista.

Voltando à figura I.5 (p. 52), é uma situação em que não se pode ir além da curva de possibilidades de produção HH (com o traço a grosso): estando nela o máximo de utilização da capacidade instalada. Não pode pois atingir-se um ponto mais afastado, por exemplo o ponto D. Pode já atingir-se um ponto mais próximo da origem, por exemplo o ponto C, mas temos então uma situação ineficiente, sem a utilização plena de todos os recursos de que se dispõe, estando máquinas por utilizar, campos por agricultar e/ou mão-de-obra por ocupar (há desemprego ou subemprego).

O que não pode conseguir-se de imediato, no curto prazo, pode já ser conseguido a médio e principalmente a longo prazo, com a alteração (a melhoria) da capacidade de produção. Passa-se então para uma curva de possibilidades de produção mais favorável, mais afastada da origem, como é o caso da curva H'H' (com traço mais fino) na figura para que temos estado a remeter (a figura I.5).

1.2. Os factores de crescimento
Com diferentes especificações, pode dizer-se que o aumento da capacidade das economias, levando ao crescimento, depende de quatro tipos de factores: naturais, humanos, de capital e de progresso tecnológico (incluindo melhorias de gestão)[1].

Em equação temos a função:

$$Q = A F (R, L, K),$$

em que Q é a produção, R os recursos naturais, L o trabalho, K o capital, A o nível da tecnologia, podendo influenciar todos e cada um dos factores, e F a função de produção.

1.2.1. Factores naturais
Compreende-se bem que um maior crescimento dependa de haver condições naturais mais favoráveis: podendo notar-se alguma ligação entre a existência em abundância de recursos e condições desta índole e o desenvolvimento de determinados países e regiões, tal como a sua ausência explicará de imediato o grau de atraso de vários outros.

a) A inalterabilidade dos recursos naturais
Sendo factores que pouco ou nada se alteram, a primeira nota a sublinhar é a de que podem explicar-se assim situações de desenvolvimento ou de subdesenvolvimento que perduram ao longo do tempo, mas já não mudanças a médio e longo prazos. Estamos pois face a um factor totalmente diferente dos que analisaremos a seguir, podendo a médio prazo melhorar-se a qualificação das pessoas, conseguir-se mais capital ou ter-

---

[1] Com progressiva elaboração, as preocupações ou a indicação das condições de crescimento remontam a Smith (cfr. Rostow, 1990, ou Thirlwall, 2002). Em décadas recentes tiveram grande notaridade os modelos Cobb-Douglas e Harrod-Domar, todavia ainda sem a consideração da componente tecnológica, que veio a ser incorporada no modelo de Solow, tal como referimos adiante no texto.

-se um progresso tecnológico (ou de gestão) significativo. Mas nem ao longo de milénios se alteram as condições climatéricas ou as dotações dos territórios em minérios utilizáveis em produções industriais[2]. Trata-se pois de circunstâncias em relação às quais não pode actuar-se, ou em relação às quais pode actuar-se apenas de um modo muito remoto.

Nos factores naturais têm contudo de ser consideradas situações muito diversas.

Um primeiro factor é o factor climatérico, inquestionavelmente de grande importância: não podendo esperar-se que haja condições de desenvolvimento e mesmo de vida em áreas do globo muito a norte e muito a sul (próximo dos pólos), com temperaturas muito baixas; tal como as temperaturas muito elevadas do Equador, além de não favorecerem determinadas produções agrícolas, são desincentivadoras de uma actividade mais laboriosa[3].

Às condições climatéricas ligam-se outras determinantes de uma maior ou menor capacidade agrícola, capacidade que continua a explicar em grande medida os graus de maior ou menor desenvolvimento de determinados países, não obstante o relevo crescente que têm vindo a ter os sectores industrial e dos serviços. Não haverá melhor exemplo do que o dos Estados Unidos da América, continuando a contar-se algumas das suas empresas do ramo alimentar entre as mais lucrativas do país e dependendo muitos países do mundo dos seus fornecimentos de alimentos...[4]. Para

---

[2] Pode já bem acontecer que um recurso natural existente há milénios não esteja a ser aproveitado por não se conhecerem as suas virtualidades. Assim aconteceu até há algumas décadas com o petróleo. O que foi decisivo, novo, foi o progresso tecnológico conducente à sua utilização.

Pode também acontecer que recursos naturais importantes não estejam a ser aproveitados por haver uma situação de guerra. Vinda a paz, é ela que constitui uma situação nova, não a existência dos recursos (é esta a novidade verificada agora felizmente em Angola e em Timor-Leste).

Sobre a concorrência actual na procura de recursos naturais pode ver-se Dambisa (2013).

[3] Ficaram célebres teorias de acordo com as quais condições climatéricas mais a norte, obrigando o homem a lutar por isso contra alguma adversidade (v.g. de temperaturas), explicariam o maior desenvolvimento que acabou por ser conseguido por países dessa área do globo.

[4] Veremos que todavia um crescimento baseado apenas ou quase apenas na agro-pecuária, levando a altos níveis de vida e de salários sem que se tenha praticamente começado um processo de industrialização, pode comprometer mais tarde o seu começo: em concorrência com países que o iniciaram com níveis salariais muito mais baixos.

além deste exemplo podem naturalmente apontar-se muitos outros, da França[5] à Argentina ou à Austrália, onde em épocas diferentes as potencialidades agrícolas foram determinantes dos elevados níveis de desenvolvimento que atingiram.

A abundância de recursos minerais foi também, como seria de esperar, factor de desenvolvimento de muitos países. Há casos históricos bem conhecidos de países que rapidamente se tornaram países desenvolvidos. Assim aconteceu a título de exemplo na Suécia, com a exploração de um recurso mineral de grande importância. E o progresso recente de muitos outros, embora com grandes desequilíbrios, está a dever-se à existência de importantes jazidas de petróleo.

Justifica-se todavia que se conclua esta alínea sublinhando que a existência de recursos naturais importantes não é indispensável nem suficiente para que se atinjam níveis elevados de desenvolvimento. Encontramos aqui na Europa países muito desenvolvidos, como são os casos da Suíça ou da Irlanda, que são pobres em recursos naturais (dispuseram e dispõem sem dúvida de assinaláveis condições de vantagem a outros propósitos). E infelizmente é fácil encontrar em outros continentes países, como são os casos de Angola, de Moçambique, do Congo, da Nigéria ou da Bolívia, que apesar de disporem de importantíssimos recursos minerais e agrícolas por razões diversas continuam a contar-se entre os menos desenvolvidos do mundo (mas alguns agora em franco crescimento, como são os casos de Angola e de Moçambique).

b) O receio da insuficiência dos recursos naturais

Com o aumento da população mundial que tem vindo a verificar-se ao longo dos últimos séculos (tendo-se acentuado no século XX) houve algum ressurgimento da perspectiva pessimista de Malthus (1798 e 1820) em relação à suficiência geral dos recursos do mundo.

Está aqui uma razão estrutural para as dificuldades que a Argentina está agora a ter. Depois de ter tido nos anos 50 do século XX dos níveis de vida mais elevados do mundo, com a 'antecipação' de estádios na 'sucessão' de Rostow (recorde-se de II.3.5, pp. 80-3), para se industrializar nos nossos dias tem de concorrer com os níveis de salários mais baixos não só dos países asiáticos como mesmo do seu poderoso vizinho brasileiro, com condições de vantagem também a outros propósitos.

[5] Em pleno período da Revolução Industrial Inglesa era mais elevado o nível de vida das populações na França.

Smith (1791) tinha uma perspectiva optimista a este propósito[6], julgando que na medida do aumento da população, designadamente na medida do aumento da mão-de-obra disponível, haveria um aumento das produções: com a correspondência representada na figura que se segue:

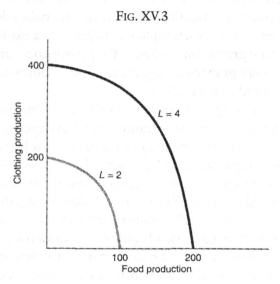

FIG. XV.3

Fonte: Samuelson e Nordhaus (2010, p. 507)

Nesta perspectiva um aumento de mão-de-obra para o dobro, de 2 para 4, levaria a um aumento das produções para o dobro, passando a produção de vestuário de 200 para 400 e a produção de alimentos de 100 para 200.

As coisas já não são assim na perspectiva pessimista de Malthus, ilustrada pela próxima figura:

---

[6] Como vimos atrás, em II.2 (pp. 73-4), também acerca das virtualidades do mercado, para, com uma 'mão invisível', se chegar a um aproveitamento máximo (sem ineficiências) dos recursos disponíveis.

FIG. XV.4

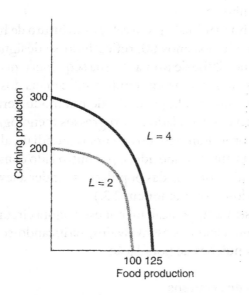

Fonte: Samuelson e Nordhaus (2010, 507)

Aqui, um aumento também para o dobro da mão-de-obra disponível, de 2 para 4, já não leva à duplicação das produções, muito longe disso: leva a um aumento do vestuário de 200 para 300 (aumento de 50%) e a um aumento dos alimentos de 100 para 125 (aumento de 25%).

Estamos assim na lógica da lei dos rendimentos decrescentes, já referida atrás (em IV.2, p. 116-7). No plano mundial, o pessimismo de Malthus acabava por se exprimir através da previsão de que enquanto os recursos aumentariam em proporção aritmética a população aumentaria em proporção geométrica[7]. Com alguma actualidade em relação a determinados países subdesenvolvidos (vê-lo-emos melhor em 2.3.2.a, pp. 473-5), na perspectiva de Malthus a população tenderia a viver com um mínimo de subsistência. Estando acima deste mínimo, os casais teriam mais filhos, havendo por isso mais bocas a alimentar, com o que se voltava ao mínimo

---

[7] Como se sabe, enquanto no primeiro caso se *soma* o mesmo valor em cada período no segundo há em cada período a *multiplicação* pelo mesmo valor.

de subsistência[8]. E aqui tenderia a ficar-se, não havendo já então tendência para se ter mais filhos.

Uma perspectiva malthusiana em relação ao futuro da humanidade voltou a ter actualidade nos anos 60, reflectindo-se designadamente num célebre relatório do Clube de Roma. Na sua sequência foi defendida a tese do *crescimento 0*, só assim se assegurando a suficiência dos recursos.

Trata-se de pessimismo hoje em dia de um modo geral ultrapassado, como consequência por um lado de progressos tecnológicos que permitem um melhor aproveitamento dos recursos mundiais, alguns cujo aproveitamento não era antes conhecido, e por outro lado como consequência de o aumento do nível de vida das populações tender a levar ao equilíbrio demográfico (vê-lo-emos melhor em 2.3.).

Problemas desta natureza acabam por estar agora circunscritos a determinados países ainda menos desenvolvidos, verificando-se nos países mais ricos mesmo diminuições de população.

c) A depredação de recursos

Em épocas anteriores punha-se a referida questão da suficiência geral dos recursos mas não a questão da sua delapidação, como consequência da acção do homem. Admitia-se que com a sua intervenção houvesse danos localizados, mas não danos com implicações mundiais.

Assumem por isso um relevo sem precedentes preocupações desta natureza, sendo talvez mais publicitada a preocupação com a emissão de CO_2, provocando um buraco na camada de ozónio que porá em risco o equilíbrio actual.

Não se trata aliás de um desequilíbrio que se evitaria com um progresso rápido nas exigências aos países ainda menos desenvolvidos, dado que são os países mais ricos os grandes poluidores da humanidade, mesmo os únicos que o fazem em termos significativos: tendo os Estados Unidos 25% das emissões mundiais de CO_2 e na Europa os quatro países com mais indústria, a Alemanha, o Reino Unido, a Itália e a França, quase 70% do total (Portugal, com 2,7% da população, é responsável apenas por 1,4% das emissões (cfr. Porto, 2002d, p. 916).

---

[8] Os pobres eram pois responsáveis por este seu destino.... (cfr. Fusefeld, 2002, pp. 39-41; recorde-se *supra* a n. 2 p. 74, bem como as referências aí feitas).

Tem por isso de ter-se uma exigência muito maior em relação aos países mais ricos, sendo difícil de compreender que um país como os Estados Unidos não assuma compromissos a este propósito (caso do compromisso de Kioto). Mas embora possa de momento haver uma atitude mais contemporizadora em relação aos demais, há que ter em conta que com a sua industrialização se vão tornando cada vez mais poluidores. O caso mais impressionante é o caso da China, que, tendo agora 4% das emissões, com a taxa de industrialização que está a ter se prevê que dentro de 20 anos tenha 20% das emissões mundiais de CO_2.

Face a este quadro, pode recear-se que o aumento dos produtos (PIB's) dos países só se consiga à custa da diminuição da qualidade do ambiente. Trata-se da situação representada pelas curvas de possibilidades de produção mais próximas da origem na figura que se segue (figura XV.5):

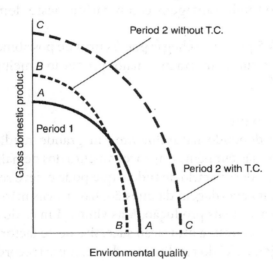

Fonte: Samuelson e Nordhaus (17ª ed., 2001, p. 575)

Partindo-se da situação inicial com a curva AA, o aumento do PIB, representado no eixo vertical, é conseguido à custa da diminuição da qualidade ambiental, representada no eixo horizontal, com a curva BB.

Estamos assim face a uma opção difícil, com o progresso no presente a comprometer o bem-estar no presente e provavelmente também o progresso e o bem-estar no futuro. Face a esta responsabilidade devemos ter sempre presente um provérbio hindu de Kashmira, de acordo com o qual "nós apenas pedimos o mundo emprestado aos nossos filhos – um dia vamos ter que lho devolver".

Exigindo-se o esforço dos cientistas e a responsabilização de todas as pessoas (dos dirigentes políticos, dos empresários e dos consumidores, que terão de racionalizar os seus hábitos), é todavia de esperar que venham a conciliar-se os dois objectivos, de crescimento dos produtos e de melhoria da qualidade ambiental. Acontece aliás que novos equipamentos, na indústria ou também por exemplo nos transportes, com frequência são simultaneamente mais eficientes e menos poluentes. Exigindo-se sem dúvida um esforço financeiro para a renovação a fazer, acontece ainda que as 'indústrias de ambiente', produtoras desses equipamentos, são indústrias que podem dar contributos importantes para as economias dos países (designadamente para a economia portuguesa, apontada como tendo vantagens comparativas neste domínio da produção).

Na figura XV.5 podemos chegar pois à curva de possibilidades de produção CC, tendo simultaneamente maior produção e melhoria da qualidade ambiental.

1.2.2. Factor humano

O crescimento depende naturalmente em grande medida do factor humano, ligado aliás também ao aproveitamento dos demais; sendo além disso o Homem o destinatário de tudo o que pode e deve ser feito.

Numa primeira abordagem da questão, haver mais mão-de-obra corresponderia a haver mais produção. Mas vimos já mais do que uma vez que, sem mais mudanças, a utilização sucessiva deste factor de produção variável está sujeita à lei do rendimento decrescente (recorde-se de novo de IV.2, pp. 116-7).

Deixando para diante a hipótese de haver melhorias tecnológicas (poderá também haver aumentos de recursos naturais, com novas extensões de terrenos agricultáveis, ou a disponibilidade de novos minérios), um aumento de produção pode ser conseguido com melhorias na qualificação das pessoas.

Não havendo aliás ligação necessária entre os recursos naturais e o desenvolvimento (vimo-lo atrás), já há sempre correlação entre o desenvolvimento dos países e a qualificação da sua população: com as implicações que veremos melhor em 2, a propósito da problemática dos países subdesenvolvidos.[9]

Aqui, adiantamos apenas que mesmo nos países mais desenvolvidos levantam-se problemas delicados na adequação do ensino e da formação profissional á produtividade das pessoas, num mundo aberto e concorrencial em que pode estar neste domínio o desafio maior a que há que dar resposta.

Para além da formação das pessoas para desempenharem funções por conta de outrém, em empresas pequenas ou grandes (caso das multinacionais mais prestigiadas) ou em serviços e empresas públicos, num processo de desenvolvimento será decisivo que haja entre os cidadãos espírito de iniciativa. Será fácil que exista para o desempenho de profissões liberais, com a maior tradição e riscos muito menores, mas não é infelizmente tão frequente e assume um enorme relevo a predisposição para a criação de novas empresas.

Sendo sem dúvida importantes as grandes empresas, em todos os países, designadamente nos países mais ricos (na Europa, na América do Norte ou ainda por exemplo no Japão), têm vindo a assumir um relevo crescente as pequenas e médias empresas: no investimento, na criação de emprego (vimo-lo em VI.2, pp. 181-3), na conquista de mercados para a exportação, etc. Também em Portugal é nítido o papel que têm tido no desenvolvimento de determinadas regiões, com grande dinâmica sem ser na dependência de favores públicos.

O seu aparecimento depende todavia de haver entre a população uma mentalidade empreendedora, com iniciativa e não temendo os riscos, sem

---

[9] O papel decisivo da educação e da qualificação das pessoas tem vindo naturalmente a merecer uma atenção crescente. Numa abordagem geral do problema ver McMahon (1999) ou Carvalho (2004) e tendo especialmente em conta os casos europeu e português, bem como outros factores de que dependem a produtividade e a competitividade, ver Tavares (2000), Conselho Nacional de Avaliação do Ensino Superior, CNAVES (2001), Pinho (2002), S. Cabral, Tavares e Mateus (2003), Comissão Europeia (2003), Gago, Cardoso, Campos, Vicente e Santos (2003), M. J. Rodrigues (2003), Conselho Nacional de Educação (CNE, 2004), C. Lopes (2007), M. J. Rodrigues et al. (2008, tal como na obra anterior dando especial relevo à Estratégia de Lisboa; ver outras referências em Porto, 2009a, pp. 493-6, bem como supra a n. 6, pp. 195-6, ou M. L. Rodrigues, org., 2014, considerando a situação do nosso país nas últimas quatro décadas).

a qual é difícil que apareça algo de novo. Num projecto da OCDE que procurava identificar os factores capazes de levar ao desenvolvimento a questão básica que se punha era exactamente a questão de saber como criar uma atitude de iniciativa empresarial em países e regiões onde nunca existiu (habituados a uma atitude passiva de subsídio-dependência).

1.2.3. Capital
Um terceiro factor de crescimento é naturalmente o capital, dependendo dele a possibilidade de ser maior ou menor a resposta de cada país.

Trata-se de factor privilegiado no modelo mais célebre explicativo do crescimento, o modelo de Solow (1956 e 1957; ver por exemplo R. Gordon, 2014, pp. 383-402), conhecido como modelo neo-clássico. De acordo com ele, numa primeira formulação que considera invariantes a tecnologia, a qualificação das pessoas e os recursos naturais, temos que (figura XV.6):

Fig. XV.6

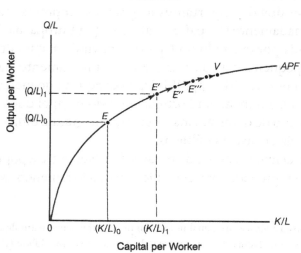

Fonte: Samuelson e Nordhaus (2010, p. 509)

No eixo vertical mede-se o produto por trabalhador, Q/L, e no eixo horizontal o capital por trabalhador, K/L.

À medida em que vai havendo mais capital, reflectido no aumento de K/L, aumenta o produto por trabalhador: Q/L. Trata-se todavia de aumento cada vez menor, tal como se reflecte na diminuição da inclinação da curva da produtividade de capital, tendendo-se por isso para a estagnação na sua remuneração.

1.2.4. Tecnologia

Tendo já visto outras aflorações da influência do progresso tecnológico, em geral (a par dos outros factores) fazendo deslocar a curva de possibilidades de produção para uma situação mais afastada da origem (recorde-se mais uma vez a figura I.5, de p. 52) ou permitindo conciliar o crescimento com a melhoria ambiental (recorde-se agora a figura XV.4, da p. 457), podemos ver como, no modelo de Solow, a tendência para a estagnação da remuneração do capital, vista no número anterior, é ultrapassada com a introdução do factor agora em análise.

Passamos a ter a situação da figura XV.7, com duas curvas de produtividade do capital, em anos diferentes (no exemplo 1950 e 2000), entre os quais se verificaram progressos tecnológicos.

FIG. XV.7

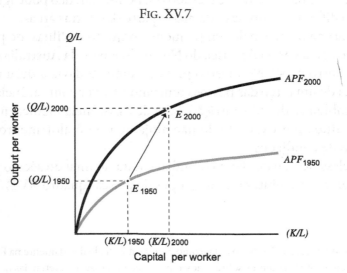

Fonte: Samuelson e Nordhaus (2010, p. 510)

Com o progresso tecnológico temos uma curva mais afastada do eixo horizontal, correspondendo à possibilidade de com os mesmos níveis de relação capital-trabalho (K/L) termos valores mais elevados de produto por trabalhador (Q/L), fugindo-se ainda por isso à 'condenação' da tendência para a estagnação na remuneração do capital.

Será de esperar, na mesma lógica, que em 2020 se tenha uma curva ainda mais afastada.

Compreende-se pois a atenção que tem vindo a ser dada à investigação científica e tecnológica.[10]

2. A problemática do subdesenvolvimento

A tendência geral para o crescimento, vista no número 1 deste capítulo, não pode deixar-nos esquecer que se mantêm, que em alguns países se acentuam mesmo, graves problemas de atraso, exigindo respostas correctas e inadiáveis.

2.1. O quadro da pobreza mundial

Quem vive numa área favorecida do mundo, como é o caso da União Europeia, com a generalidade dos seus 508 milhões de habitantes disfrutando de níveis comparativamente elevados de bem-estar, não pode ignorar que é muito diferente a situação da maior parte das outras áreas.

A Europa faz parte de um pequeno conjunto de 'ilhas' de progresso e bem-estar, a par da América do Norte, do Japão, da Austrália e de mais um ou outro país[11]. No mesmo planeta temos todavia a dura realidade de cerca de um terço das pessoas tem vindo a viver com carências graves, com problemas de sub-nutrição, falta de assistência médica, má educação ou ainda por exemplo de não alojamento ou alojamento sem um mínimo de condições.

Na classificação do Banco Mundial e feita no final do século podemos considerar os seguintes quatro grupos de países (quadro XV.1)

---

[10] A par da qualificação das pessoas, tal como estava sublinhado devidamente na Estratégia de Lisboa e em estudos recentes sobre o nosso país (recordem-se as referências n. 6 pp. 195-6 e da n.9 p. 461).

[11] O mapa que reproduzimos no interior da contracapa (de Todaro e Smith, 8ª ed., 2002, mais claro do que o da 11ª ed., 2011, tb. no interior da contracapa; cfr. tb. Perkins, Radelet, Lindauer e Block, 2013, *loc. cit.*) é esclarecedor a este propósito (sendo todavia de saudar o crescimento que tem vindo a verificar-se nos últimos anos em países antes menos desenvolvidos, mesmo de África: recorde-se da n. 58, p. 416). Com a evolução verificada nas preocupações e na análise da problemática do desenvolvimento ao longo do último meio século ver P. Ferreira (2004, pp. 45-200).

QUADRO XV.1
Gross National Product (at purchasing-power parity exchange rates)

	Population, 1998 (million)	Total, 1998 ($, billiion)	Per Capita GNP				
			Level, 1998 ($)	Growth, 1990-1998 (% per year)	Adult illiteracy, 1998 (%)	Life expectancy at birth (years)
Country group						
Low-income economies	3,515	7,475.1	2,130	7.3	32	63
Excluding China and India	1,296	1,821.3	1,400	3.6	39	56
Lower-middle-income economies (e.g., Peru, Philippines, Thailand)	908	3,709.4	4,080	-1.3	15	68
Upper-middle-income economies (e.g., Brazil, Malaysia, Mexico)	588	4,606.3	7,830	3.9	11	68
High-income economies (e.g., United States, Japan, France)	885	20,766.0	23,440	2.1	<5	78

Fonte: Samuelson e Nordhaus (17º ed., 2001, p. 592; ou 19ª ed., 2010, p. 524, com o quadro reproduzido a seguir como quadro XV.2, considerando todavia só países menos desenvolvidos; bem como, com a mesma figura ilustrando a evolução que tem vindo a verificar-se, Perkins, Radelet, Lindauer e Block, 2013, p. 188).

Os números são esclarecedores mostrando as tremendas desigualdades do nosso planeta

Entre os países com "baixo rendimento" estão ainda aqui os dois países de longe mais populosos do mundo, a China e a Índia, à sua conta com 2 504,7 milhões de habitantes, ou seja, muito mais do que um terço do total (37,6%). Felizmente, como começa a notar-se já no quadro XV.1, taxas de crescimento muito elevadas nestes dois países ao longo das três últimas décadas[12] (também em outros países, designadamente na Ásia),

---

[12] As perspectivas eram menos favoráveis em décadas anteriores, compreendendo-se por isso que a este propósito fosse dada então uma atenção muito maior à análise destes dois 'gigantes': com o aliciante adicional de então se pôr ainda o problema de saber se seria mais eficaz, designadamente como modo de se ultrapassar o subdesenvolvimento, um modelo de direcção central (seguido na China) ou de mercado (seguido em maior medida na Índia): ver por exemplo Gill (1963, cap. 6). O caso da China é agora um caso curioso, de economia governada por um partido comunista mas que começou a ter taxas impressionantes de crescimento com o processo de abertura iniciado por Deng Xiaoping: passando de um crescimento na casa dos 4% no final da década de 80 para taxas que foram de dois dígitos em alguns anos da década de 90

levaram a uma melhoria sensível das médias, diminuindo significativamente as percentagens da pobreza no mundo; o que não quer dizer que se trate de países sem graves problemas, tendo enormíssimas desigualdades (designadamente a Índia), uma tremenda pressão demográfica (apesar dos esforços feitos especificamente neste domínio, como veremos adiante, as populações continuam a aumentar) e ausência de liberdades (de circulação e participação sindical e política, no caso da China)[13].

Excluindo-se estes dois países que fazem subir a média, podemos ver que as demais economias de "baixo rendimento", tendo quase 20%

(por ex. de 14,2% em 1992: ver Wei, 2001, p. 22). E a Índia, por seu turno, começou a ter taxas muito elevadas de crescimento com a maior abertura externa e interna da sua economia levada a cabo na década de 90 pelo Primeiro Ministro P. V. Narasimha Rao e pelo Ministro das Finanças, depois também (e até há pouco tempo) Primeiro Ministro, Manmohan Singh (ver Das, 2002 ou Steingart, 2009, pp. 124-30). Ainda em 2014 a China está a ter uma taxa de crescimento de 7,3% e a Índia de 6%, muito acima das taxas de crescimento da generalidade dos países do mundo. Cfr. *The Economist* de 12.18 de Julho de 2014). Sobre o papel que poderá caber ao Estado nestes e em outros países ver Weiss, ed., (2003).

[13] Para além do seu demérito próprio, estando em causa valores a que a população não tem por isso acesso, esta falta de liberdades poderá levar no futuro a convulsões internas e não deixará de ser limitativa do próprio processo de crescimento, a partir de um certo estádio de desenvolvimento. A ligação recíproca entre liberdade e desenvolvimento (v.g. económico) é analisada de um modo admirável por Sen, em *Development as Freedom* (1999; referindo perspectivas diferentes ver Dicken, 2011, pp. 524 e ss. e Noell, Smith e Webb, 2013).

É também por isso de saudar a evolução verificada recentemente na implantação e reforço de democracias políticas (referida já p. 74), conforme pode ver-se na figura seguinte:

FIG. XV.8

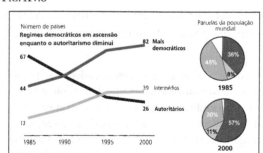

Fonte: *Nações Unidas* (2002, p. 15; ver também World Bank, 1999, p. 9, ou, com outros indicadores de abertura, por exemplo na imprensa e na administração, World Bank, 2002b, pp. 9-27).

da população mundial, têm menos de 5% do produto (tendo os países com "alto rendimento", com 15% da população, quase 57% do total). Em termos de valor *per capita*, tendo 1 400 dólares por ano, têm 16 vezes menos do que os habitantes dos países mais ricos (com 23 766 dólares). Olhando para dois outros indicadores, constata-se que enquanto a esperança de vida nos primeiros é de 56 anos, já nos mais ricos é de 78, sendo o grau de iliteracia de 39% nos primeiros e abaixo dos 5% nos segundos.

Como elemento favorável, o conjunto dos países menos desenvolvidos, mesmo excluindo-se a China e a Índia, tem tido taxas de crescimento muito elevadas, acima das médias mundiais (em especial acima das economias de "rendimento médio inferior"). São todavia valores que escondem casos muito díspares, juntando-se casos de países estagnados ou mesmo em recessão com casos de países com taxas elevadas de crescimento, acontecendo além disso que é possível ter taxas de crescimento excepcionalmente elevadas em países que partem de maiores níveis de atraso muito grandes (tem sido o caso de Angola, com taxas das mais elevadas do mundo; bem como dos outros países lusófonos: ver Porto, 2007b, p. 30 e 2009b, bem como outros artigos em Wei, coord., 2009).

Da evolução que tem vindo a verificar-se é dada uma imagem pelo quadro que se segue (XV.2):

QUADRO XV.2

Region	Total number, 2006 (millions)	Growth rate, 2000–2006 (% per year)	Life expectancy at birth (years)	Per capita GDP 2006 ($)	Growth, 2000–2006 (% per year)	Adult illiteracy (%, ages 15 and older)	Net Migration Rate (per 1,000 persons)
East Asia and Pacific (China, Indonesia, ...)	1,900	0.9	71	6,820	7.6	9	−2.0
Eastern Europe and Central Asia (Russia, Poland, ...)	460	0.0	69	9,660	5.7	2	−0.4
Latin America and Caribbean (Brazil, Mexico, ...)	556	1.3	73	8,800	1.8	10	−1.2
Middle East and North Africa (Egypt, Iran, ...)	311	1.8	70	6,450	2.3	27	−0.9
South Asia (India, Pakistan, ...)	1,493	1.7	63	3,440	5.1	42	−0.2
Sub-Saharan Africa (Nigeria, Ethiopia, ...)	770	2.3	47	2,030	2.3	41	−0.1

Fonte: Samuelson e Nordhaus (2010, p. 524)

2.2. Uma situação que se agrava?

Os dados mais recentes, designadamente os dados dos quadros XV.1 e XV.2, mostram alguma melhoria na generalidade das áreas do mundo. De acordo com os dados do primeiro, só as economias com "rendimento médio baixo" terão tido em média um crescimento negativo nos anos 90, sendo relativamente elevadas, mais elevadas do que a taxa média dos países de "rendimento alto", as taxas de crescimento médias dos países de "rendimento baixo" e dos países de "rendimento médio superior"[14].

É por seu turno muito nítido o crescimento de investimento que se tem verificado nos anos 90 nos países em desenvolvimento, tanto investimento directo como investimento em títulos (figura XV.9):

FIG. XV.9

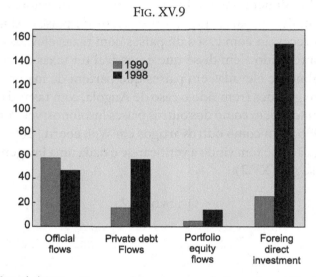

Fonte: World Bank (1999, p. 7; ver também por exemplo Samuelson e Nordhaus, 18ª ed., 2005, p. 582)

---

[14] No seu livro mais recente, Maddison (2006, p. 28), mostra os crescimentos médios anuais em séries muito longas (desde o início da nossa era...). Tem havido de facto um crescimento generalizado ao longo dos séculos.
Sendo todavia o subdesenvolvimento uma situação de sempre, poderá estranhar-se que só desde meados do século XX lhe fosse dada uma atenção maior, face à teoria, à doutrina e à política (perspectivas referidas na n.30 p. 57). Acontece porém, tal como em relação à problemática regional (a tratar em XV.3), que os desequilíbrios se têm acentuado e são agora

Apesar desta evolução favorável, há indicações no sentido de que não estivesse a verificar-se (nos anos considerados) aproximação em relação aos países mais desenvolvidos, de um modo geral com evoluções ainda mais favoráveis (em especial o terço mais favorecido):

FIG. XV.10

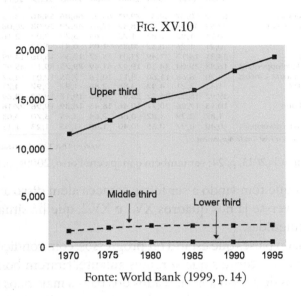

Fonte: World Bank (1999, p. 14)

A situação actual, ainda em 2010-2011, é aliás de continuar a destinar-se aos países desenvolvidos quase metade do investimento directo estrageiro (IDE) mundial (era mais de dois terços nos anos anteriores...), em grande medida à União Europeia, mais de 26%, quase o dobro do destinado aos Estados Unidos, depois de ter sido quase três vezes superior:

melhor conhecidos, na sua realidade e nos seus inconvenientes. E releva ainda a circunstância de grande parte dos territórios mais atrasados serem antes colónias, não podendo exprimir-se então da mesma forma os anseios das suas populações.

QUADRO XV.3
Table (with percentages)

Tableau 3. **Répartition des flux d'IDE entrants par régions** (en %)

Région	1986-1990	1991-1992	1993-1998	1999-2000	2001-2004	2005-2006	2008-2009	2010-2011
Pays développés	83,12	70,37	64,30	79,91	65,92	66,86	54,40	48,23
Union européenne	37,52	49,39	35,19	48,32	42,41	44,29	30,08	26,08
PECO	0,11	1,92	2,87	1,73	3,65	5,77	3,03	2,16
Japon	0,21	1,26	0,32	0,85	1,08	0,41	1,22	–
États-Unis	34,31	13,13	21,49	24,01	15,37	13,38	15,06	14,99
Pays en développement	16,88	29,04	34,30	19,47	31,49	29,25	39,12	45,92
Amérique latine et Caraïbes	4,70	8,68	11,60	8,11	10,18	7,35	12,01	14,27
MERCOSUR	1,43	3,21	4,32	3,88	2,86	1,97	2,97	4,75
NAFTA*	39,92	18,37	26,72	28,97	20,85	19,18	19,13	18,69
Asie-Pacifique	10,13	17,86	20,77	10,46	18,43	18,39	19,96	27,16
Afrique	1,87	2,29	1,82	0,88	2,84	3,45	3,70	3,03
Pays les moins développés	0,40	0,97	0,65	0,40	1,48	1,35	1,23	1,13

* North America Free Trade Agreement.

Source : UNCTAD database.

Fonte: Mouhoud (2013, p. 24; ver também o mapa em Porto, 2009a, p. 607).

Nas análises que têm vindo a ser feitas começa além disso a ser claro, conforme pode ver-se já nos quadros XV.1 e XV.2, que há situações que têm de ser distinguidas.

Há por um lado países que estão a ter progressos, com condições designadamente para, nos termos que veremos adiante, tirarem bom partido de oportunidades de acesso aos mercados dos países mais ricos (v.g. com o aproveitamento da concessão de preferências generalizadas).

A par destes há contudo um conjunto de algumas dezenas de países cujas expectativas não podem deixar de ser sombrias, em relação aos quais designadamente pouco ou nada adiantam oportunidades comerciais que lhes sejam proporcionadas (são apontados 48 ou 49)[15].

Mesmo os valores mencionados sobre o investimento estrangeiro não distinguem realidades muito distintas, como é o caso de se ter concentrado apenas em três países, a China (21%), o Brasil (18%) e a Argentina (13%), mais de metade (52%) do total do investimento em países menos desenvolvidos feito entre 1970 e 1990, e apenas em quatro, os três referidos e o México, mais de metade do total entre 1990 e 2000 (cfr. Todaro e Smith, 8ª ed., 2002, p. 636 e World Bank, 2002b, p. 197); tendo a China (incluindo Hong Kong e Macau) recebido 31% do total em 2009, quando foi de 5,3 a percentagem dirigida a África, 3,6% excluindo o norte de África (Todaro e Smith, 2011, p. 686).

Para além disso, mesmo em relação a países onde pode ser maior a esperança de crescimento são enormes os desequilíbrios internos, com

---

[15] Do fosso que se vai agravando é dada uma imagem muito clara em Manzagol (2003, em especial p. 168); agora todavia com as esperanças referidas por ex. nas ns. 58 p. 416 e 11 p. 464.

grande parte da população a viver com menos de 1 ou 2 dólares por dia (ver o quadro seguinte):

QUADRO XV.4

País	População Milhões (2000)	Crescimento anual (%) (1990-2000)	Linha de pobreza Abaixo de 1 dólar/dia %	Abaixo de 2 dólares/dia %
África do Sul	43	2.0	11.5	35.8
Arménia	4	0.8	7.8	34.0
Bangladesh	130	1.6	29.1	77.8
Bolívia	8	2.4	29.4	51.4
Botswana	2	2.3	33.3	61.4
Brasil	170	1.4	9.0	25.4
Burkina Faso	11	2.4	61.2	85.8
Cazaquistão	15	-0.9	1.5	15.3
China	1.261	1.1	18.5	53.7
Colômbia	42	1.9	11.0	28.7
Costa do Marfim	16	3.0	12.3	49.4
Costa Rica	4	2.0	6.9	23.3
Egipto	64	2.0	3.1	52.7
El Salvador	6	2.1	26.0	54.0
Equador	13	2.1	20.2	52.3
Estónia	1	-0.9	<2	5.2
Etiópia	64	2.3	31.3	76.4
Ghana	19	2.6	38.8	74.6
Guatemala	11	2.6	10.0	33.8
Honduras	6	2.8	40.5	68.8
Hungria	10	-0.3	<2	7.3
Índia	1.016	1.8	44.2	86.2
Indonésia	210	1.7	7.7	55.3
Jamaica	3	0.9	3.2	25.2
Lesotho	2	2.2	43.1	65.7
Madagascar	16	2.9	63.4	89.0
Mali	11	2.5	72.8	90.6
Mauritânia	3	2.8	28.6	68.7
México	98	1.6	12.2	34.8
Moçambique	18	2.2	37.9	78.4
Moldávia	4	-0.2	11.3	38.4
Mongólia	2	1.3	13.9	50.0
Namíbia	2	2.5	34.9	55.8
Nepal	24	2.4	37.7	82.5
Níger	11	3.4	61.4	85.3
Nigéria	127	2.8	70.2	90.8
Panamá	3	1.7	10.3	25.1
Paquistão	138	2.5	31.0	84.7
Paraguai	5	2.6	19.5	49.3
Peru	26	1.7	15.5	41.4
Quénia	30	2.4	26.5	62.3
Rep. Central Africana	4	2.0	66.6	84.0
Rep. Dominicana	9	1.9	3.2	16.0
Rep. do Yemen	18	3.9	15.7	45.2
Ruanda	9	2.0	35.7	84.6
Rússia	146	-0.2	7.1	25.1
Senegal	10	2.6	26.3	67.8
Serra Leoa	5	2.3	57.0	74.5
Sri Lanka	19	1.3	6.6	45.4
Tanzânia	34	2.8	19.9	59.7
Turquemenistão	5	2.8	20.9	59.0
Turquia	65	1.5	2.4	18.0
Ucrânia	50	-0.5	2.9	31.0
Venezuela	24	2.1	18.7	44.6
Zâmbia	10	2.6	63.7	87.4
Zimbabwe	12	2.2	36.0	64.2

Fonte: Todaro e Smith (8ª ed., 2002, p. 225-6; com um quadro mais completo que na 11ª ed., 2011, p. 217; ver também World Bank, 2002a, pp. 68-71)

São números com que não podemos deixar de ficar impressionados, havendo dois países, o Mali e a Nigéria, em que mais de 70% da população tem vivido com menos de um dólar por dia, e outros cinco países da África em que tem estado abaixo desse limiar 60% da população. Também com menos de um dólar/dia encontramos mais de 40% da população de países de outros continentes, casos das Honduras na América Latina e ainda então da Índia na Ásia.[16]

Passando-se, para o patamar dos dois dólares/dia, encontramos percentagens impressionantes nos vários continentes, com o Mali e a Nigéria a ultrapassarem os 90% da população e outros seis países da África a ultrapassarem os 80%, percentagem ultrapassada também pela Índia, pelo Paquistão e pelo Nepal.

Mas mesmo um país como o Brasil tinha então 9% da população com menos de um dólar/dia e 25,5% abaixo dos dois dólares/dia, sendo ainda mais desfavoráveis os valores do México, um país membro da NAFTA, com 12,2 e 34,8%, respectivamente. Serão de referir também os valores da Turquia, um país candidato à União Europeia, com 2,4 e 18,0%, ou ainda os valores da China, com 18,5 e 53,7%, da Rússia, com 7,1 e 25,1%, ou da África do Sul com 36,0 e 64,2%.

Trata-se de situações com melhorias sensíveis nas primeiras décadas do século XXI.

---

[16] Trata-se de situação que na década considerada em algumas áreas do mundo não melhorou, ou melhorou apenas em termos percentuais, como pode ver-se no quadro seguinte:

QUADRO XV.5

Região	Pessoas com menos de 1 dólar/dia			
	Parcela (percentagem)		Número (milhões)	
	1990	1999	1990	1999
África Subsariana	47,7	46,7	242	300
Ásia Oriental e Pacífico	27,6	14,2	452	260
excluindo a China	18,5	7,9	92	46
Ásia do Sul	44,0	36,9	495	490
América Latina e Caraíbas	16,8	15,1	74	77
Europa Central, do Leste e CEI	1,6	3,6	7	17
Médio Oriente e África do Norte	2,4	2,3	6	7
Total	**29,0**	**22,7**	**1.276**	**1.151**
Excluindo a China	28,1	24,5	916	936

Fonte: Nações Unidas (2002, p. 18; ver também P. Ferreira, 2004, pp. 29-30).

2.3. Especiais dificuldades com cada um dos factores de crescimento

2.3.1. Recursos naturais
Como se viu há pouco, a existência de recursos naturais não leva necessariamente a situações de desenvolvimento, havendo países bem perto de nós que infelizmente ilustram esta constatação.

Sendo países sem recursos naturais, terá que contar-se apenas com outros factores de desenvolvimento, o que complica ainda mais as coisas onde são já poucas as razões de esperança...

Havendo recursos naturais há por seu turno que criar condições para que constituam benefício para as populações dos próprios países, o que infelizmente não acontece em muitos casos. Tal depende desde logo da conjugação dos demais factores de desenvolvimento, em particular de haver empresários capazes de os explorar, recursos financeiros disponíveis para os investimentos necessários, domínio das tecnologias requeridas ou ainda pessoas qualificadas para participarem nos processos produtivos.

Para além disso, sendo em muitos casos recursos importantes também para outros países, há que garantir que os países atrasados não caiam em condições de dependência que levam a que sejam multinacionais ligadas aos países mais poderosos a tirar todo ou quase todo o proveito desses recursos. São infelizmente inúmeros os exemplos que podem ser apontados para ilustrar este receio.

2.3.2. Recursos humanos

a) O problema demográfico
Como se disse há pouco, o receio malthusiano, que já não se põe actualmente em relação ao conjunto do mundo, de haver um excesso de população sem correspondência nos recursos disponíveis, ainda se levanta em relação a alguns países subdesenvolvidos, embora agora com menos dramatismo do que alguns anos atrás.

Ao longo de muito tempo o equilíbrio demográfico foi sendo mantido com o que foi designado como 'equilíbrio do esturjão', peixe que tem muitas ovas das quais todavia são muito poucas as que sobrevivem. Com as pessoas verificava-se uma situação semelhante, sendo muito grandes não só a taxa de natalidade como também a taxa de mortalidade. Nasciam pois muitas pessoas, as famílias eram muito numerosas, mas eram muitas as que iam morrendo, pouco depois do nascimento (mortalidade infantil) ou mais tarde, sendo pequena a esperança de vida.

Este equilíbrio foi alterado porque no século XX progressos na medicina e na higiene vieram diminuir a taxa de mortalidade de um modo muito sensível (assim aconteceu designadamente com a descoberta do DDT) sem que simultaneamente ou pelo menos em medida semelhante diminuísse a taxa de natalidade.

Curiosamente, a falta de condições de alimentação não diminui a fertilidade, já foi mesmo sugerido que a aumentaria, não deixando as mulheres com deficiências de nutrição de ter muitos filhos. A diminuição da natalidade acaba por se verificar apenas por razões sociais, podendo apontar-se algumas: enquanto em sociedades primitivas os filhos são utilizados desde muito novos nos trabalhos do campo, 'rendendo' e quase não tendo custos de manutenção, já não é de esperar a mesma colaboração em sociedades mais urbanizadas; nestas, há especiais exigências de educação, ao longo de vários anos, sendo por isso 'caro' ter cada filho a mais, que só ao fim desses anos passa a ser um 'factor de produção'; há além disso nestas sociedades uma ambição cada vez maior para o futuro profissional dos filhos, o que alonga e encarece ainda mais a sua educação (até à conclusão de um curso superior); em sociedades deste tipo, pelo menos até que se atinjam níveis de rendimentos mais elevados, por necessidade material e/ou desejo de realização pessoal, todas as mulheres tendem a trabalhar fora de casa, diminuindo a disponibilidade para ter filhos e tomar conta deles; por fim, anseios progressivos dos casais, de viajar, fazer turismo, obter qualificações mais elevadas, frequentar espectáculos, etc. ocupam o 'espaço' que seria dedicado a ter e educar muitos filhos.

Processos drásticos ou de persuasão que visaram a diminuição da natalidade, além dos juízos éticos que podem ser feitos acerca deles, é duvidoso que tenham sido ou estejam a ser eficazes. Na China proibiu-se ou desincentivaram-se os casais de ter mais do que um filho, v.g. com a criação de dificuldades na educação de uma segunda criança. Mas se esta política tivesse sido integralmente cumprida já não estaríamos a assistir, quatro décadas depois, ao aumento da população do país. Na Índia houve uma campanha de persuasão junto das mulheres, no sentido de deixarem esterilizar-se com a contrapartida de 1.000 rupias e um transistor. Mas de imediato apareceram umas 'profissionais' capazes de, com uma intervenção simples e de preço mais baixo, restabelecer a capacidade de procriar. Revelou-se por isso 'bom negócio' ficar com a diferença em relação às 1.000 rupias, ficar com o transistor e voltar a ter filhos...

Não podendo deixar de se ser sensível às dificuldades de um período de transição, a única via seguramente eficaz e imune a qualquer juízo negativo é a via da melhoria do nível de vida médio da população (estando todavia agora os países mais ricos com o problema contrário, de envelhecimento e diminuição da população, sendo insuficiências de mão-de-obra colmatadas com imigrantes vindos de países mais atrasados).

Em relação a África, é dramático que o equilíbrio demográfico esteja hoje a ser 'recuperado' com o alastramento da SIDA, da malária, da cólera e de outras doenças que estão a causar a morte de milhões de pessoas em cada ano. Seremos todos responsabilizados se numa vasta área do nosso mundo se verificar de novo no século XXI um 'equilíbrio do esturjão', com a taxa de mortalidade a corresponder ou a ultrapassar a taxa de natalidade...

Mais pelas razões positivas referidas antes do que por esta última razão, embora deva haver ainda um aumento próximo da população mundial, de 6 090 milhares de milhões em 2000 para 9 200 em 2050[17], temos então já uma taxa de crescimento anual de 0,65%, depois de ter sido de 2,09% na década de 70 e de 1,76%, nos anos 80. Há pois sinais de esperança no afastamento de receios, com a tendência para a estabilização a partir do meio do século XXI, de 2050[18].

---

[17] Era de 1 608 milhões em 1900 e de 2 756 em 1950. Distinguindo-se por grandes áreas geográficas, constata-se que entre 2000 e 2006 o crescimento demográfico foi maior (de 2,3% ao ano) na área mais desfavorecida, a África Subsahariana, tendo sido menor em áreas com PIB's *per capita* mais elevados (recorde-se do quadro XV.2, p. 467).

[18] Todaro e Smith (2011, pp. 270 e ss., estando na página 272 uma figura que mostra a tendência para a diminuição do crescimento anual, tendência que se vê também na nossa figura XV.11). Trata-se de evolução que se verificará com a acentuação da urbanização, com a maior parte das pessoas a viver em megacidades (com mais de 10 milhões de habitantes), *cities* (entre

b) O problema da qualificação das pessoas

Um outro problema, neste caso um problema de todos os países menos desenvolvidos, é o problema da qualificação das pessoas.

Vimos atrás que, diferentemente do que acontece com os recursos naturais, já em relação a este factor há uma correlação clara, sendo economicamente mais desenvolvidos os países com pessoas mais qualificadas (e melhores condições) e menos desenvolvidos os países com pessoas menos qualificadas (e piores condições).

Trata-se de correlação que pode ser vista na figura seguinte:

100 000 e 10 milhões) e *towns* (cidades com menos de 100 000 habitantes): fenómeno a que tem de ser dada uma atenção muito especial (ver também Dicken, 2011, pp. 513-5 e World Bank, 2009, v.g. p. 13), como é ilustrado pela figura:

Fig. XV.11

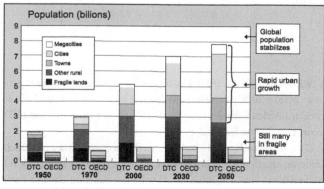

Fonte: World Bank (2009, p. 13)

Fig. XV.12

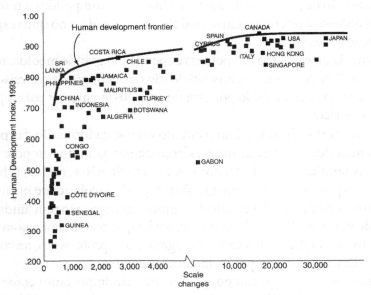

Fonte: Samuelson e Nordhaus (17ª ed., 2001, p. 594, com o Índice de Desenvolvimento Humano a depender, além da esperança de vida e do rendimento, da escolaridade e da literacia)

Como seria de esperar, temos no fundo da escala países como a Guiné, o Senegal e a Costa do Marfim, com os índices mais baixos de 'desenvolvimento humano' e de PIB *per capita*[19]. Já no cimo da escala, com os valores mais elevados nestes dois índices, temos países como o Japão e os Estados Unidos da América.

Há aliás em relação à formação das pessoas um *círculo vicioso*, do qual é difícil sair. Num país rico as pessoas têm por um lado recursos financeiros e por outro lado disponibilidade de tempo para terem estudos mais pro-

---

[19] Continuam a ser impressionantes as taxas de analfabetismo na África: em 1997 de 86% na Nigéria, 80% no Burkina Faso, 66% no Benin e 65% na Etiópia, no Mali e no Senegal; com a média aritmética de 45%, quando era de 4% na ex-URSS, 13% na América Latina e 17% na China (ver Maddison, 2006, p. 163 ou, distinguindo entre homens e mulheres, World Bank, 2002a, pp. 98-101).

longados, não precisando de começar a trabalhar tão cedo. Já num país mais atrasado os jovens ainda em tenra idade são compelidos a trabalhar, acentuando-se a diferença entre os dois tipos de países no que respeita à qualificação das pessoas.

Como da qualificação das pessoas depende em grande medida, mesmo numa medida decisiva, a competitividade das economias e a criação do rendimento, vai-se cavando por esta forma o fosso entre os países pobres e os países ricos.

A única forma de se quebrar o círculo vicioso da formação das pessoas não poderá deixar de estar num esforço de paragem no tempo e financeiro. As famílias terão de aceitar o sacrifício de não terem os filhos tão depressa a ganhar, com o aumento do tempo de escolaridade obrigatória (em muitos países subdesenvolvidos muitas crianças não têm ainda escolaridade nenhuma!). No plano financeiro há que contar ainda com o custeamento das tarefas educativas, no pagamento a professores, na construção de edifícios e na compra de material didáctico.

Temos pois aqui um campo, pelo menos tão importante como todos os demais, em que é indispensável a cooperação internacional, não podendo esperar-se nenhum êxito ou ficando em causa outros interesses essenciais (por exemplo o apoio à saúde) se houver um esforço apenas nacional, em países com enormes carências.

Com grande relevo mas com dificuldades agravadas nestes países, importa que seja estimulado o espírito empresarial, com muitas pessoas a tomar iniciativas, nas várias áreas dos seus territórios. O que constitui algo de esperado por exemplo em várias regiões do nosso país, onde aparecem empresas 'todos os dias' (como são os casos, a par de outras, das áreas de Aveiro, de Leiria ou de Braga), ou em outros países da Europa, não acontece num país muito pobre de África.

A falta de ambição põe-se aliás não só em relação à criação de empresas, põe-se em relação a ganhar dinheiro por qualquer outra forma. Conforme é referenciado em análises sobre os países subdesenvolvidos, aparece aqui o comportamento curioso de pessoas que estavam habituadas a trabalhar todos os dias da semana para ganhar um determinado montante, o montante mínimo exigido para a sua manutenção, se a partir de determinado momento conseguem ganhar mais, por exemplo o dobro, em lugar de trabalharem mais tempo, melhorando o seu nível de vida, preferem passar a trabalhar metade do tempo.

Não entrando em juízos de valor sobre esta falta de ambição das pessoas, que preferem não se esforçar e manter-se num nível muito modesto de sobrevivência, está em causa com esta sua conduta a possibilidade de os países disfrutarem de oportunidades mais alargadas para o seu desenvolvimento.

Em alguns deles a ausência de ambição resulta de convicções religiosas, convicções que dão valor apenas à contemplação, centrando-se nela toda a motivação das pessoas; podendo mesmo dar-se o caso de o ganho de dinheiro ser julgado pecaminoso.[20] No caso da Índia é muito conhecido o culto da 'vaca sagrada', que não pode ser utilizada na alimentação, perdendo-se por isso uma oportunidade de ganhos na pecuária e de melhoria das condições alimentares num país onde tanta gente passa fome[21].

Compreendem-se bem as dificuldades de motivação das pessoas para a actividade económica quando há tradições ancestrais ou convicções religiosas que afastam a ambição de melhoria do bem-estar.

2.3.3. Capital

Em relação à formação de capital deparamos com um *outro círculo vicioso*, não se formando porque os países são pobres e continuando a ser pobres porque não há aforro que permita um investimento maior.

Tanto a nível individual (vimo-lo em X.3.1, pp. 256-60) como a nível colectivo reflecte-se aqui a circunstância de, sendo os rendimentos baixos, ter de ser tudo ou quase tudo gasto em consumo. Se nada sobra para ser aforrado não pode haver investimento.

---

[20] No nosso continente é bem conhecido o exemplo histórico do contributo do protestantismo, 'legitimando' o ganho com o empréstimo de dinheiro (cfr. a obra clássica de Max Weber, 1904-5).

[21] Reflectindo-se no texto da própria Constituição do país a preocupação de simultaneamente se promover a eficiência e se salvaguardarem os valores religiosos: "O Estado procurará organizar a agricultura em bases modernas e científicas e em particular diligenciar no sentido de conservar e desenvolver as raças indígenas e proibir a matança de vacas e vitelas bem como outro gado produtor de leite e de tracção animal". Para um observador ocidental estas medidas parecem contraditórias. Independentemente do juízo que se faça, mostram bem o tipo de problemas sociais e culturais em países que, como a Índia, enfrentam a necessidade de desenvolvimento económico.

Há assim um contraste marcante com os países ricos, onde as pessoas ficam longe de ter de gastar todo o rendimento em consumo, sobrando quantias elevadas que são aforradas. Não pode naturalmente esperar-se que muitas das pessoas que têm aforros invistam elas mesmas, mas há mecanismos razoavelmente seguros de colocação do dinheiro e depois de encaminhamento para o investimento. Na primeira linha, mais directa, as sociedades anónimas ou de qualquer outra natureza são uma forma eficaz de canalização para o investimento de aforros de pessoas (por exemplo pessoas de idade) que não se poderia esperar que tomassem elas próprias a iniciativa de um negócio e que depois o gerissem. Uma forma também directa será através da subscrição de obrigações. De um modo indirecto, os bancos são uma forma eficaz, a par de outras, de encaminhamento dos vultuosos fundos que neles são depositados.

Ora, acontece que nos países mais atrasados não chega a haver sobras de rendimento que, por qualquer via, possam ser canalizadas para o investimento. E não havendo investimento não se gera mais rendimento (que poderia por seu turno ser aforrado e investido num momento seguinte).

Face a esta situação, de pouco ou nada adianta a hipótese de o Estado se substituir aos particulares, cobrando impostos com os quais faria os investimentos. Impostos elevados sobre quem tem pouco teriam um custo social muito elevado. Quando muito poderão contribuir (talvez também com algum recurso a empréstimos) para a construção de infraestruturas colectivas, estradas, portos, hospitais ou escolas. Mas por certo não sobrarão recursos para investimentos empresariais, sendo aliás duvidoso que deva ser o Estado a fazê-los, nos países pobres tal como nos países ricos (recorde-se de II.4.3, pp. 89-95 e veja-se a n. 28, p. 487).

Não devendo deixar de se fazer todos os esforços possíveis para que nestes países se canalizem aforros para o investimento, em muitos deles – – nos mais carecidos – a quebra do círculo vicioso não pode deixar de passar pelo investimento externo.

Em vários casos trata-se de investimentos aliciantes, por exemplo na exploração de recursos mineiros raros a nível mundial. Nestes casos o cuidado a ter será o cuidado de se impor que na medida do possível os investimentos sejam valorizadores dos países onde são feitos, com reinvestimento pelo menos de uma parte apreciável dos lucros, a subcontratação com empresas fornecedoras locais, a criação de condições condignas de apoio social aos trabalhadores, o respeito pelas condições ambientais, etc. É do interesse dos países menos desenvolvidos que as empresas tenham êxito, mas este não é posto em causa com o respeito de condições mínimas de trabalho. Aliás, as próprias empresas são beneficiadas com o serviço de um operariado bem pago e convenientemente apoiado, por isso com maior produtividade.

Olhando para os números, vimos já na figura XV.9 (p. 468) que de facto nos anos 90 houve um aumento sensível do investimento estrangeiro nos países em desenvolvimento, tanto investimento directo com em títulos: não podendo todavia deixar de chamar-se a atenção para duas limitações.

A primeira, já referida, é a de o investimento se ter concentrado basicamente num pequeno número de países; contribuindo por isso para que se esteja por seu turno a cavar um fosso entre os países que têm sido tradicionalmente menos desenvolvidos.

A outra limitação está no risco, de que há já várias experiências muito dolorosas, de se criarem situações delicadas de endividamento.

Assim aconteceu em casos em que uma euforia conjuntural e um bom *marketing* dos mutuantes fez julgar que se tratava de empréstimos convenientes e facilmente reembolsáveis, não tendo todavia a evolução dos negócios vindo a confirmar as expectativas optimistas que foram criadas. O peso da dívida, por vezes com exigências antecipadas de amortização, acabou por vir a revelar-se insuportável, com consequências de que em alguns casos não se conhecem ainda todas as consequências.

São exemplos destas situações as dívidas acumuladas por países da América Latina já em décadas anteriores, como foram os casos das dívidas do Brasil e da Argentina. Tendo sido difícil e penoso o processo de renegociação da dívida brasileira, com o Plano Bradley, no caso da Argentina algumas das marcas deixadas estão ligadas à situação dramática que o país está ainda a viver nos nossos dias.

Mais recentemente a Crise Asiática de 1997-8, que não se confinou aliás a países desta área do mundo, foi um outro exemplo claro e dramático dos riscos de um endividamento mal assumido. Face ao crescimento enorme de alguns dos países em causa (v.g. dos 'tigres asiáticos'), foram de grande monta as aplicações aí feitas por investidores dos países mais ricos, atraídos por taxas muito altas de remuneração do capital. Bastou todavia algum abrandamento das economias, acompanhado por uma série de crises bancárias[22], para que banqueiros que tinham feito grandes investimento começassem a exigir a restituição dos seus créditos: avolumando-se pois as saídas de fundos da Tailândia, da Indonésia e da Coreia do Sul, entre outros. Com a saída de moeda desses países deu-se também uma crise cambial, a cuja solução o FMI correspondeu, todavia com a exigência de políticas contraccionistas.

Neste caso a crise veio a ser superada pouco tempo depois. Mas o facto de se ter dado em países que tinham tido pouco antes dos níveis mais elevados de crescimento no mundo tem de levar-nos a reflectir acerca dos riscos de uma dependência excessiva de financiamentos externos (bem como naturalmente acerca de outros factores de eficiência das economias).

Para além destes casos, com os seus sucessos e os seus insucessos (devendo a seu propósito colher-se ensinamentos em relação ao futuro), não pode deixar de ser dedicada uma última palavra a países tão desfavorecidos que não conseguem atrair investimentos em época nenhuma, mesmo em más condições....

Em relação a eles não pode deixar de haver uma atitude de cooperação significativa dos países mais ricos, em grande parte um atitude desinteressada, que todavia pouco representará nos seus enormes PIB's.

Devendo alargar-se também o nosso apoio, importa referir que a Europa é de longe o espaço do mundo que dá mais apoio ao desenvolvimento. Assim acontece tanto com o apoio dado pela União Europeia como com o apoio dado bilateralmente pelos países (no caso português principalmente aos países lusófonos de África e a Timor-Lorosae, todavia sempre aquém do que seria desejável), em medida muito maior do que o

---

[22] A crise asiática veio evidenciar, o que para muitos constituíu surpresa, uma assinalável debilidade do sistema financeiro desses países (no caso da Coreia do Sul também do sistema dos conglomerados, levando a que, não havendo avaliações separadas da eficácia de cada entidade, fossem encobertas situações de ineficácia que vieram ao de cima quando se deu a crise; podendo refererir-se por exemplo que a capacidade instalada nos estaleiros desse país é de tal forma excedentária que daria para a produção de todos os navios em construção no mundo). A ideia de que os sistemas norte-americano ou europeu estariam imunes a uma crise semelhante foi todavia dramaticamente afastada com a crise actual, evidenciando enormes insuficiências e falhas (...) nas instituições responsáveis pela regulação (entre muitos outros pode ver-se Krugman, 2009).

apoio dado por outros países ricos do mundo, como são os casos dos Estados Unidos e do Japão.

Tendo sido estabelecido o objectivo de os países ricos contribuírem com 0,7% do seu PNB para a ajuda ao desenvolvimento, podemos ver na figura seguinte que apenas cinco ultrapassam esse limite (fazendo parte do *Comité* de Apoio ao Desenvolvimento da OCDE):

FIG. XV.13

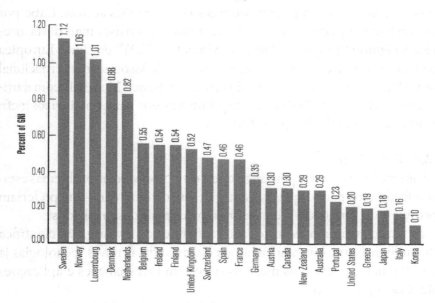

Fonte: Perkins, Radelet, Lindauer e Block (2013, p. 506; ver também Charnoz e Severino, 2007, p. 36, Black, 2002, p. 31, indicando p. 39 os sectores por que se distribui a ajuda, com um relevo maior para os transportes e a indústria, e sobre a cooperação portuguesa V.Simão e Oliveira, 2002)

É chegada a altura de *todos* os países ricos se sentirem solidários com os países pobres do mundo.

No plano multilateral devem ser reforçadas ainda as intervenções de bancos, tanto do Banco Mundial[23] como de bancos 'regionais', como são

---

[23] Tradução de World Bank, que por sua vez é a designação abreviada de Banco Internacional de Reconstrução e Desenvolvimento (BIRD, ou IBRD): por seu turno uma das instituições do Grupo respectivo (cfr. por ex. Porto e Calvete, 2010b, ou ainda por ex. Cling e Roubaud, 2008).

os casos do Banco Interamericano de Desenvolvimento, do Banco Africano de Desenvolvimento, do Banco Asiático de Desenvolvimento e do Banco Europeu para a Reconstrução e o Desenvolvimento, o BERD, que visa a promoção dos países ex-comunistas (tendo também participação dos Estados Unidos da América, do Canadá e do Japão) e do Banco Europeu de Investimento, o BEI (que pode conceder empréstimos fora da Europa).

Sendo instituições financeiras que utilizam fundos do mercado, têm de cobrar um juro compensatório nas suas operações activas. Cabe por isso um papel especial na concessão de fundos aos países mais desfavorecidos ao Fundo Europeu de Desenvolvimento (FED)[24] da União Europiea (com meios financeiros dos países membros) e a Associação Internacional para o Desenvolvimento (AID), do Grupo do Banco Mundial (com a utilização dos lucros do BIRD e de suprimentos dos países mais ricos): cfr. Porto e Calvete, 2010b, pp. 580-3).

2.3.4. Tecnologia

À primeira vista poderia pensar-se que a este propósito os problemas estariam facilitados para os países menos desenvolvidos, dado que poderiam aproveitar do progresso já conseguido pelos mais desenvolvidos.

Assim se evitariam os custos avultadíssimos da investigação científica e tecnológica; com a vantagem ainda de, estando as novas tecnologias já testadas, não correrem os mesmos riscos em investigações e aplicações iniciais sempre incertas.

Infelizmente a realidade é todavia bem diferente. Em alguns casos, de sectores mais sofisticados, trata-se de processos patenteados que não se quer ceder. Em muitos outros as tecnologias adequadas a um país rico não são adequadas a um país pobre. Um caso significativo será naturalmente o da agricultura, muito eficiente nos Estados Unidos com muito equipamento e pouca mão-de-obra, mas não sendo obviamente adequado ou mesmo possível utilizar a mesma tecnologia num país da África. Um outro caso paradigmático será o das obras de grandes infraestruturas, por exem-

---

[24] Sobre a política apoio ao desenvolvimento da União Europeia ver o livro recente de M. Holland e Doidge (2012) e sobre as perspectivas de mercado que a UE proporciona pode ver--se Porto (2013 e 2014).

plo estradas, feitas nos países ricos com equipamento caríssimo e pouca mão-de-obra (sendo o juro do dinheiro baixo e os salários muito elevados) mas nos países pobres, onde escasseia o capital e há muita mão-de-obra para ocupar, com pouco equipamento mas muito pessoal. Serão também muitos os casos na indústria transformadora em que devem ser diferentes as tecnologias aplicadas[25].

Tal como para a formação de pessoas e para a formação de capital, acresce que para as tecnologias também há um *círculo vicioso*, não tendo os países pobres a disponibilidade para investir na procura das tecnologias mais adequadas, diferentes das dos países ricos. E também assim se agrava o fosso entre eles...

Tal como nos países ricos, ou com maior relevo nos países pobres, importa aliás que a investigação tecnológica seja feita em estreita articulação com a actividade económica que vai utilizá-la. Só assim se aproveitam na maior medida possível os recursos humanos e financeiros escassos de que se dispõe e só assim há a garantia de que não estão a ser construídas 'catedrais no deserto', com pesquisas tecnológicas sofisticadas que não servem a ninguém...[26]

2.4. O modelo político e económico adequado

Compreende-se que ao longo de várias décadas se assistisse com a maior atenção à disputa de dois modelos distintos na procura de solução para os problemas dos países subdesenvolvidos: o modelo da direcção central e o

---

[25] Um caso curioso, de que talvez não se tenha consciência, é o do sector têxtil, um sector tradicional. Apesar disso contata-se que o maior exportador mundial é a Alemanha, um país com grande dotação de capital e mão-de-obra cara. Dispondo também de uma tecnologia aperfeiçoada, naturalmente a produção é feita aqui com processos capital-intensivos, certamente diferentes dos processos do segundo maior exportador do mundo, que é a China (ou de um dos que vêm a seguir, a Índia, seguramente também com processos trabalho-intensivos).
Um outro exemplo poderá ser o da produção de calçado, se se comparar a produção na Itália (agora também em Portugal), com a que é feita em outros continentes.
Em qualquer dos casos seria ruinoso utilizar em países pobres as tecnologias adequadas aos países ricos.
[26] Constituem bons exemplos os centros tecnológicos em funcionamento no nosso país (custeadas pelos seus utilizadores), quando comparados com grande laboratórios sofisticados mas a muitos propósitos desligados da realidade empresarial (e custando somas enormes ao erário público).

modelo do mercado (referidos atrás, a propósito do funcionamento de qualquer economia, em II.4, pp. 83 a 95).

Assim acontecia no tempo da bipolarização, quando o mundo estava dividido em grande medida entre o 'império soviético' e o 'império americano' (ou euro-americano, no que respeita à economia).

Havendo de um lado e do outro motivações de domínio mundial, com os inerentes benefícios económicos, terá de admitir-se que não deixava de haver também da parte de muitos responsáveis a convicção de que estavam a lutar por algo que era de facto mais favorável para os países atrasados. Assim acontecia com os responsáveis dos 'países dominantes', quando tentavam convencer os demais, e assim acontecia também com os responsáveis dos países a promover, convencidos de que o modelo implantado, quando puderam implantá-lo com liberdade, era o mais favorável.

A queda da União Soviética, a par da alteração sensível verificada na China (tal como no Vietnam, em Cuba e em vários outros países), veio alterar radicalmente este estado de coisas. Com o fim da 'guerra fria' deixou de haver o apoio ou a intervenção em países subdesenvolvidos no sentido de se manterem ou de se encaminharem para sistemas comunistas. Para além disso a queda do mundo soviético, determinada basicamente pelo fosso que se foi criando em relação ao êxito de alguns países capitalistas[27], levou naturalmente a que os dirigentes dos países mais atrasados tenham deixado de ver no comunismo o modelo a seguir.

Esta mudança de modelo reflectiu-se em muitos casos no abandono do marxismo como referência ideológica desses países, que deixaram de ter no poder partidos comunistas. Mas mesmo em países em que se mantém partidos comunistas a governar houve alterações muito sensíveis no modelo económico que está a ser seguido: com especial relevo, mesmo

---

[27] Havendo sem dúvida razões supervenientes, é impressionante constatar que a Rússia, depois de ter sido o centro de uma das duas grandes potências mundiais, tinha em 2001 um PIB que não chegava a ser metade do PIB do Brasil (47,95%), tendo 83,89% da população do primeiro (ver World Bank, 2003, pp. 234-5 (cfr. a 2ª ed. deste livro, 2004, quadro XIII.3, p. 410); com uma grande recuperação nos anos seguintes, já reflectida no quadro XIII.2 (*supra*, p. 410), em boa medida como consequência da exportação de produtos energéticos. Na Alemanha dividida, constatou-se que em quarenta anos se cavou uma diferença enorme entre o leste (comunista) e o ocidente (capitalista), sendo o PIB *per capita* da primeira de cerca de um quarto do da segunda; e sendo muito mais acentuado o 'fosso' entre a Coreia do Norte e a Coreia do Sul.

pela sua importância mundial, para a alteração verificada na China (sendo semelhantes as evoluções ocorridas nos outros dois países referidos, o Vietnam e Cuba). Um modelo económico comunista manter-se-á hoje apenas na Coreia do Norte, sem sinais de abertura. Nos demais casos a permanência no poder dos partidos comunistas reflecte-se basicamente apenas na estrutura política dos países, com ausência de pluripartidismo, ausência de liberdade sindical e limitações de circulação de pessoas e informação; havendo já no campo económico uma aproximação clara do modelo capitalista, com predomínio das indicações do mercado (tendo-se reduzido drasticamente o planeamento central) e em particular com um enorme peso dos investimentos estrangeiros (como se viu p. 470, já em décadas anteriores a China era o país 'em desenvolvimento' que atraía mais investimento estrangeiro, numa tendência reforçada neste século).

Constatando-se todavia que o modelo capitalista também não tem sido capaz de fazer sair alguns países de estádios de grande atraso, ou de evitar enormes desequilíbrios em alguns outros, poderão pôr-se duas hipóteses.

Uma delas será a de continuar a procurar-se um modelo económico diferente, mais eficaz e mais justo: ou seja, uma terceira via[28].

Uma segunda hipótese será a de, não se julgando possível ou desejável abandonar a lógica do mercado, encontrar instrumentos mais eficazes de aproveitamento das suas potencialidades e de atenuação dos seus desequilíbrios (à atitude a tomar em relação à globalização referir-nos-emos em 2.5.1, pp. 488-92).

Em qualquer dos casos há hoje a noção clara de que a fuga ao subdesenvolvimento não se compadece com a mera afirmação (ingénua ou dolosa) de boas intenções, não podendo prescindir-se do aproveitamento máximo de todas as potencialidades existentes. De um modo muito especial, não pode prescindir-se da iniciativa e da dinâmica dos seus cidadãos, a maior riqueza de qualquer país[29].

---

[28] Uma verdadeira terceira via, o que não foi o caso da via com esta designação seguida pelo ex-Primeiro-Ministro do Reino Unido, Toni Blair... Estamos de facto aqui inquestionavelmente em sistema capitalista, com grande crença no mercado, não tendo havido nenhuma nacionalização, mesmo ainda a privatização de mais um sector, depois de um governo tão liberal como o de Margareth Tatcher, e não podendo mesmo dizer-se que tenha tido mais preocupações sociais do que as existentes em regimes catalogados mais à direita.

[29] Não podendo deixar de sublinhar-se o desencanto em relação à esperança que houve anteriormente com a intervenção de empresas públicas no sector industrial. Um quadro de Neves

Face à situação de miséria de tantas pessoas e às indicações inequívocas das experiências de que já se dispõe, é eticamente intolerável que voltem a impôr-se políticas que se sabe à partida que não são realistas.

2.5. Outras opções em alternativa

2.5.1. Proteccionismo ou livre-cambismo? Os termos do comércio (ou de troca)

Um debate que pode manter-se com actualidade é o debate acerca da estratégia a seguir no que respeita à abertura das economias.

Tendo sublinhado atrás, em XIII.4 (pp. 379-91), as vantagens gerais do livre-cambismo, demonstradas pela teoria e confirmadas pelas experiências de que se dispõe, poderá perguntar-se se a situação dos países subdesenvolvidos justifica uma atitude diversa. Trata-se de pergunta com a maior actualidade, quando há uma preocupação tão grande com a globalização, com uma contestação que não tem talvez paralelo na sua capacidade de juntar pessoas em grandes manifestações. O próprio Dia do Trabalhador, o dia 1 de Maio, por vezes não tem sido tanto um dia de protesto contra políticas internas menos correctas, tendo sido em maior medida um dia de protesto contra a globalização[30].

Uma primeira hipótese a considerar não pode deixar de ser a de os países se fecharem, libertando-se de forças que julguem que os prejudicam. Não se trata de hipótese meramente académica, qualquer país pode

---

e Rebelo (2001, p. 65) é impressionante mostrando a diferença de relevo dessas empresas no "mundo industrializado" e no "mundo em vias de desenvolvimento", sendo este certamente prejudicado pelo facto de em alguns casos lhes caberem (às empresas públicas) mais de 50% da produção industrial (e nada ou quase nada no primeiro caso). Sobre a diminuição do seu relevo em Portugal ver Mateus e Mateus (2000(8), vol. I, p. 448).

[30] O que constituíu um alívio para dirigentes nacionais pouco competentes, com este 'bode expiatório'.

A luta contra a globalização tem um campo muito alargado de apoio, dado que congrega, embora com fundamentos e objectivos naturalmente distintos, pessoas mais de 'esquerda', que põem em causa o sistema económico, e pessoas claramente de direita, adversárias da globalização por razões de nacionalismo ou conservadorismo, de receio do que vem de fora e da mudança.

fazê-lo, impedindo a entrada de mercadorias, capitais e/ou pessoas. Houve casos ao longo da história em que assim se procedeu, sendo hoje em dia o caso mais claro de fronteiras muito pouco ou nada abertas o caso da Coreia do Norte.

A experiência conhecida, para não falar já dos ensinamentos da ciência económica, mostra-nos todavia, sem margem para dúvidas, que se trata de uma política 'suicida', agravadora da situação desses países. Necessitando de bens externos vários, haverá por outro lado sempre a possibilidade de colocar produtos exportáveis ou de obter alguns recursos com a atracção de turistas (depois de durante alguns anos ter rejeitado este via de promoção, como se sabe – basta olhar para as montras das agências de viagens... – Cuba está agora decididamente voltada para o turismo de massas, com programas muito atraentes e competitivos).

Uma estratégia proteccionista de substituição de importações suscitou grande entusiasmo na América Latina, nos anos 60. Era este o modelo proposto pela CEPAL (Comissão Económica para a América Latina), sob a influência de Raul Prebish (1959). Mas aqui, tal como nas demais áreas do mundo, à esperança seguiu-se a desilusão...[31].

Podendo fazê-lo (importa tê-lo sempre presente), não haverá todavia país nenhum (ou quase nenhum) que siga pela via do encerramento total das fronteiras.

A hipótese que se põe é por isso apenas a hipótese de restringir em alguma medida as importações e/ou outros movimentos: a título de exemplo, aumentando o nível dos impostos alfandegários ou limitando os movimentos de capitais.

---

[31] A manutenção de proteccionismos nacionais, a par de grandes regulações internas, terá aliás sido uma das causas da falta de sucesso dos movimentos de 'integração' regional que tiveram então lugar (recordados na n. 48 p. 412).
O desencanto com o proteccionismo terá sido maior, com o consequente atraso no 'arranque', em países que, por serem grandes – casos da China, da Índia, do Brasil ou mesmo da Espanha – – julgaram ter um mercado bastante, não precisando pois de se abrir (com uma avaliação recente de alguns países a partir de 1985, face aos resultados de políticas de "substituição de importações", ver Krugman, Obstfeld e Melitz, 2012, pp. 292-9, falando designadamente num "milagre asiático", num "Asian take-off").

Trata-se de hipóteses que poderiam surgir de novo com o Millenium Round[32], com novas potências e uma capacidade acrescida de influência para os países menos desenvolvidos, com um peso cada vez maior numa organização que, como se disse, tem já hoje 153 membros.

Os dados estatísticos de que se dispõe mostram que estes países têm vindo a participar cada vez em maior medida no comércio internacional:

FIG. XV.14

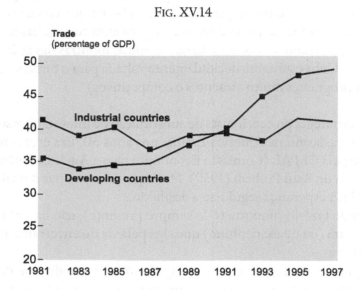

Fonte: World Bank (1999, p. 5; ilustrando os melhores resultados consegui-dos geralmente com economias abertas recordem-se as referências de pp. 426-7, designadamente a figura XIII.14

---

[32] Este novo ciclo de negociações multilaterais teve lugar em Marraqueche, quando foi criada a Organização Mundial do Comércio. As reuniões fracassaram todavia na reunião geral seguinte, em Seattle (EUA), em Novembro de 2000, com um desacordo, em relação às normas sociais, entre os Estados Unidos e países menos desenvolvidos (pode dizer-se que com ganho destes). Já foram dados passos em frente na reunião seguinte, em Doha (no Quatar), em Novembro de 2001, passando por isso a falar-se em Agenda de Doha (referimo-lo já p. 427). Mas a reunião que se seguiu, em Cancun, voltou a defraudar as expectativas, não tendo sido também grandes os progressos conseguidos desde então (ver de novo Adler et al., 2009).

De um modo mais analítico, não pode todavia deixar de aplicar-se a eles o que a teoria nos ensina: que o proteccionismo lesa o nível de vida dos consumidores, prejudica a expansão de produções com a tributação de bens intermediários e 'adormece' as energias dos países, deixando de estar motivados para a melhoria da sua competitividade.

Não podemos porém deixar de voltar a recordar aqui a cerca de meia centena de países mais pobres, incapazes de aproveitarem as oportunidades externas de mercado.

Pergunta-se com frequência se para os países mais atrasados não é mais dinamizador promover o comércio (o *trade*), não devendo dar-se o mesmo relevo à ajuda (à *aid*). Não se trata todavia de escolher a primeira ou a segunda destas vias, são ambas necessárias. E em relação aos mais pobres dos pobres, não podendo sequer aproveitar de oportunidades de *trade*, não podemos fugir à responsabilidade que nos cabe no fornecimento da *aid*.

Além da ajuda que pode e deve ser dada por cada um dos países (mesmo organizações não governamentais), deverá avultar a ajuda que podem proporcionar organizações como a União Europeia, o Banco Mundial e os Bancos 'regionais' e fundos já referidos atrás.

*
* *

Em relação às oportunidades proporcionadas pelo comércio põe-se a questão muito debatida de saber se a evolução dos termos de troca internacionais (termos do comércio) não é de molde a prejudicar precisamente os países mais atrasados. Trata-se de ideia que remonta a Prebisch (1950) e Singer (1950) (cfr. Todaro e Smith, 2012, pp. 573-5) nos anos 50, ficando conhecida por 'tese de Prebisch-Singer'.

Como vimos em XIII, havendo vantagens gerais com o comércio pode acontecer que só uma das partes beneficie, à custa do prejuízo da outra.

A observação da evolução verificada ao longo das década aponta no sentido de ser muito diferente a situação dos países produtores de petróleo e do conjunto dos demais. Não se considerando o petróleo temos a evolução da figura seguinte:

ECONOMIA: UM TEXTO INTRUDUTÓRIO

Fig. XV.15

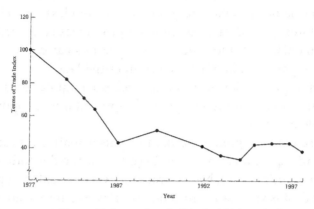

Fonte: Todaro e Smith (8ª ed., 2002, p. 523)

Há todavia a este propósito uma mudança geral muito nítida, com um grande aumento de relevo dos produtos industriais no conjunto das exportações dos países em desenvolvimento, como pode ver-se na figura XV.16 (mas recentemente, depois de uma tradicional diminuição do preço dos bens agrícolas e minerais, predominantes em alguns países menos desenvolvidos, verificou-se uma subida que fez aumentar os termos do comércio de alguns deles):

Fig. XV.16

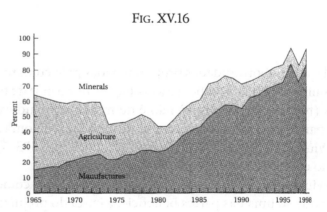

Fonte: Todaro e Smith (8ª ed., 2002, p. 524; vendo-se todavia na figura da página seguinte que o relevo dos produtos industriais ainda é relativamente pequeno na África Sub Sahariana); e em 2011 (11ª ed.), p. 571, pode ver-se um quadro com as percentagens das exportações de produtos industriais em alguns países em desenvolvimento e, naturalmente elevadas em três países desenvolvidos (Reino Unido, Japão e Estados Unidos da América).

2.5.2. Indústria ou agricultura

Uma outra polémica travada acerca da estratégia de promoção dos países menos desenvolvidos, com menos relevo e principalmente com muito menos actualidade do que a anterior, é a polémica acerca do eventual privilegiamento de um determinado sector.

Trata-se de polémica que teve especial acuidade nos anos 50 e 60, quando, como vimos, começou aliás a cuidar-se da temática do subdesenvolvimento.

Com a constatação da insuficiência geral dos recursos julgou-se que não poderia conseguir-se tudo ao mesmo tempo, devendo optar-se. Sendo assim, a opção deveria ser feita pela concentração de esforços na promoção da indústria, com base na ideia de que por seu turno o desenvolvimento industrial arrastaria consigo a promoção dos outros sectores, designadamente a promoção da agricultura e dos serviços: com o aproveitamento de matérias-primas agrícolas, a exigência de serviços de transportes ou bancários ou ainda, de um modo mais indirecto, com a procura acrescida de bens e serviços com os rendimentos proporcionados aos participantes na produção industrial[33].

Esta perspectiva de arrastamento de efeitos foi desenvolvida e um modo especialmente notório por Hirschman (1958).

A experiência tem mostrado todavia as limitações de uma estratégia de desenvolvimento que descura algum sector básico. Cuidar da agricultura – – o sector basicamente em causa na argumentação em análise – não significa contudo manter nela toda a população activa ainda presente nos países mais atrasados, grande parte da qual nada ou quase nada acrescenta. É aliás a própria promoção da eficiência neste sector que pode libertar pessoas que são necessárias para o desenvolvimento da indústria e dos serviços.

2.5.3. Uma maior concentração para o 'arranque'?

Estamos aqui face a uma opção ligada a aspectos já considerados, designadamente aos círculos viciosos da qualificação das pessoas, da formação de capital e da promoção da tecnologia.

---

[33] Este relevo maior atribuído ao desenvolvimento da indústria havia influenciado o argumento das 'indústrias' nascentes, desde logo na sua designação tradicional e ainda corrente. Mas, como vimos, tem a mesma validade e pode ter idêntico relevo na promoção da agricultura ou de qualquer outro sector.

Na linha ainda da reflexão feita acerca de alternativa 'indústria ou agricultura', está em causa um problema de escassez de recursos face a tudo o que há a fazer, em termos gerais um 'círculo vicioso da pobreza'.

Com contornos mais alargados e com importantes implicações sociais, põe-se a questão de saber se o arranque para o desenvolvimento não exige que no início haja uma concentração de rendimento num número limitado de pessoas, capazes de aforrar e de ter as qualificações indispensáveis (mesmo a ambição) para que se tomem iniciativas empresariais. Por seu turno a manutenção de uma certa camada da população com salários muito baixos seria indispensável para que tivessem êxito os primeiros investimentos.

Não se mostra todavia que uma pequena oligarquia com o exclusivo da riqueza invista sempre o dinheiro no país e faça render aí os seus 'talentos'. Em muitos casos o dinheiro é colocado em contas na Suiça ou em propriedades na Europa ou na América do Norte, quedando-se as pessoas passivamente, sem outra 'ambição', a viver dos rendimentos. Por seu turno, conforme se sublinhou já (em XV.1.2.2, pp. 460-2, e em XV.2.3.2.b, pp. 476-9), uma mão-de-obra melhor qualificada, como consequência de haver um nível de vida razoável, é indispensável em qualquer processo de crescimento que se queira com futuro; e só uma população com um nível de vida razoável pode assegurar um mercado interno significativo, que garanta logo no país a colocação dos bens que são produzidos.

Uma economia progressivamente bem organizada promove ainda, pelo sistema bancário e por outras vias, o aproveitamento dos pequenos e médios aforros da população. E os números mostram bem que, enquanto o 'pouco de muitos dá muito', já dá pouco (ou mesmo nada...) o 'muito de poucos'.

Passado talvez um período inicial, um equilíbrio maior entre as pessoas é pois condição indispensável para que haja um processo auto-sustentado de desenvolvimento.

3. A problemática dos desequilíbrios internos (regionais)

3.1. A anterior ausência de preocupações
Poderá causar também estranheza que só recentemente, já na segunda metade do século XX, tenha começado a dar-se relevo à problemática dos desequilíbrios no interior dos países.

Recuando dois séculos atrás, pode recordar-se que a teoria económica foi construída a partir de uma perspectiva não só em alguma medida ahistórica – vimo-lo em II.2, pp. 73-4 – como também aespacial: sendo esta fundamentalmente a perspectiva do pensamento clássico, de acordo com a qual o livre jogo do mercado levaria, num sistema a que não se seguiria nenhum outro, à optimização na determinação dos bens a produzir, na utilização dos factores de produção, na repartição dos rendimentos, no escalonamento temporal das decisões e na localização das actividades económicas (*a wonderland of no dimensions*, na expressão de Isard, 1956).

Trata-se de perspectiva aespacial que se manteve quase inalterada durante muito tempo, até aos meados do presente século, apesar de a economia internacional (v.g. a teoria do comércio internacional) ter constituído um dos ramos iniciais da ciência económica. Mas tanto nas formulações iniciais, em que se consideravam apenas transacções de mercadorias, como em formulações mais recentes, considerando também já transferências internacionais dos factores, não se curava em princípio da localização dos países, abstraindo-se ainda dos custos de transporte.

E trata-se de perspectiva, explicando em grande medida a importância tardia conferida à economia regional, que curiosamente foi ainda determinante no pensamento de alguns dos seus promotores iniciais mais significativos, os autores das teorias do auto-equilíbrio regional (*theories of regional self-balance*; casos de A. Weber, 1929, Ohlin, 1933, Lösch, 1939 e Isard (1956): entendendo fundamentalmente, com algumas reservas de Weber, que a optimização seria conseguida através do livre jogo das forças do mercado, levando os capitalistas a maximizar os seus ganhos e os trabalhadores os seus salários localizando-se onde as circunstâncias fossem mais favoráveis, tanto do ponto de vista individual como do ponto de vista social. Mais concretamente no que respeita ao capital, seria atraído das regiões com salários mais altos para as regiões com salários mais baixos, onde, por ser escasso, seria maior a sua produtividade marginal. Por seu turno a mão-de-obra mover-se-ia no sentido contrário, para as regiões mais desenvolvidas, onde a sua escassez teria como consequência ser mais alta a produtividade marginal do trabalho (sem dúvida empobrecendo demograficamente as regiões de origem).

Havendo deste modo tendência para a optimização na utilização dos recursos e para o equilíbrio não se justificaria a intervenção pública.

Só nos anos mais recentes veio a verificar-se o reconhecimento da acentuação dos desequilíbrios (sendo maiores e havendo um melhor conhecimento estatístico da sua dimensão) e dos seus inconvenientes de ordem geral: assim se justificando o aparecimento das teorias do desequilíbrio regional (*theories of regional imbalance*), tendo como representantes mais significativos nos anos 50 Perroux (1955), Hirschman (1957 e 1958) e Myrdal (1957a e 1957b) e já nos anos 60 e 70 Kaldor (1979) e J. Friedmann (1966, 1972 e 1973): julgando todos eles que o livre jogo do mercado não tenderia para o equilíbrio[34].

Na lógica deste modelos compreende-se ainda que os problemas se tornem mais graves com os movimentos de integração internacional, dado que nos grande espaços podem ser mais sensíveis os efeitos de desequilíbrio[35].

Não podendo fazer-se aqui uma apreciação geral das duas correntes, do *regional self-balance* e do *regional imbalance*, pode concluir-se com três considerações.

---

[34] Foram modelos com formulações diferentes 'distinguindo' Perroux o papel dos 'polos de crescimento', Hirschman os efeitos de *trickle down* e *polarization* (em tradução à letra 'dispersão' e 'polarização') e Myrdal os efeitos de *spread* e *backwash* ('difusão' e 'regressão'); vindo depois os modelos de 'causação cumulativa' (*cumulative causation models*), elaborados a partir de Kaldor, a dar lugar, em versões mais alargadas, aos modelos do 'centro-periferia' (*core-periphery*) (além de J. Friedmann ver ainda S. Holland, 1976 e Aydallot, 1980).

[35] Estes riscos de que a integração seja agravadora dos desequilíbrios regionais são naturalmente reconhecidos na União Europeia, não se limitando a política regional a pretender reduzir os desequilíbrios existentes, pretendendo-se com ela também prevenir novos desequilíbrios resultantes das novas circunstâncias. Conforme salientou P. Cunha antes da adesão (1980, p. 45) Portugal, com a sua posição periférica e as diferenças no grau de desenvolvimento, ficaria de modo especial exposto "ao bem conhecido efeito de disparidades regionais", sendo por isso premente que se dessem "passos efectivos de integração positiva" (ver tb. por ex. J. Reis, 2000). O problema vai-se tornando particularmente difícil com o relevo crescente do capital monopolista e multi-nacional, que faz perder efeito a qualquer medida que se tome apenas no âmbito nacional e torna indispensável, na opinião de S. Holland, que desenvolveu esta perspectiva (cfr. 1976), a criação de empresas públicas no sector *meso-económico*, como forma de estabelecer novos centros de crescimento nas "regiões-problema" e evitar os efeitos cumulativos do desequilíbrio. Segundo o mesmo autor, só assim poderá depois ser eficiente o planeamento micro-económico a nível regional e conseguir-se atrair unidades industriais de pequena dimensão para as áreas de desemprego persistente.

Uma primeira é a de que a teoria do equilíbrio automático, cuja lógica é indiscutível, assenta em pressupostos que na sua pureza não se verificarão na realidade. Na formulação expressiva de Holland, "regional self-balance theory starts with a blindfold to the main feature of regional world, and introverts into an idealised, unrealistic analysis" (1976, p. 127). Designadamente o equilíbrio nas remunerações marginais dos factores, com a sua plena utilização onde fosse mais conveniente, requereria uma completa perfeição no mercado que não se encontra, tal como a existência de economias de escala e externas impede que se atinjam situações de igualdade em todas as regiões. A título de exemplo, por estas razões será mais frequente que a produtividade marginal do capital, tal como a produtividade marginal do trabalho, seja mais alta na região mais desenvolvida, sendo atraídos para ela todos os factores de produção. Recentemente tem tido especial relevo a posição de Krugman (ver por exemplo 1991).

Pode acontecer por isso que para se reduzirem as desigualdades tanto na produção como no rendimento e no bem-estar a intervenção pública seja indispensável, designadamente quando é preciso contrabalançar os *backwash effects* da integração internacional (sendo de esperar, como se disse já, que se levantem dificuldades maiores para contrabalançar o relevo crescente das grandes concentrações de capital a nível mundial). Em muitos casos a intervenção deverá traduzir-se no afastamento de imperfeições do mercado que impedem que se atinja uma situação de maior equilíbrio.

Uma segunda consideração é a de que mesmo algo que venha a ser atingido a longo prazo pode não o ser a curto e médio prazos. Recordaremos dentro em pouco (na n. 38 p. 500) que na própria União Europeia há tendência para o equilíbrio em épocas de maior crescimento (provavelmente de um modo acrescido com a moeda única, pelas razões que vimos em XI.9.1 e XI.9.2, pp. 305-16). Mas não obstante poder ser assim, importa que se verifique a intervenção regional para que vão sendo resolvidos os problemas económicos e sociais do período de transição e para que se chegue mais depressa a uma situação que a todos beneficiará, com um aproveitamento melhor dos recursos de que se dispõe. De facto as "desigualdades tendem a diminuir lentamente ao longo do tempo", sendo a recuperação "um processo lento para o qual é necessário um compromisso a longo prazo" (Comissão Europeia, 1997a, pp. 115 e 128).

Por fim, em terceiro lugar há que saber se a tendência para o reequilíbrio, mesmo a longo prazo, se verifica só entre grandes espaços – de um modo geral entre os países – ou também entre espaços regionais (v.g. ao nível das NUT's II e III), que importa igualmente aproximar, por razões de todas as naturezas.

3.2. As justificações da política regional

Face ao reconhecimento da existência e quiçá da possibilidade de agravamento dos desequilíbrios, razões de três índoles apontam no sentido de dever dar-se um grande relevo à política regional.

Uma delas é de índole ético-social e política, por não ser justo que as populações das regiões mais desfavorecidas vivam em condições muito abaixo do que se considera aceitável ou constitui a média do país ou do espaço em causa, verificando-se por consequência uma compreensível reacção negativa a que importa dar resposta.

Uma outra, já de índole económica, tem em conta as deseconomias externas resultantes das excessivas concentrações verificadas nas regiões e áreas urbanas mais desenvolvidas, pondo em causa não só o crescimento como os níveis de satisfação social dos seus habitantes.

Em terceiro lugar reconhece-se actualmente, v.g. com as facilidades proporcionadas pelas novas tecnologias de comunicação e informática, que a promoção regional pode constituir um modo de aumentar o crescimento global dos países, com um aproveitamento muito mais completo e eficiente dos recursos disseminados pelo seu território. Numa perspectiva de aproveitamento máximo dos recursos regionais e locais podemos remontar a experiências pioneiras de áreas integradas, como foi já o caso, nos anos 20, do projecto integrado da *Tennessee Valey Authority*, nos Estados Unidos, a que se seguiram realizações americanas e europeias da mesma índole. Só em anos recentes, contudo, se tornou mais claro que o desenvolvimento das regiões deprimidas pode conferir benefícios gerais, promovendo um crescimento mais elevado e não apenas uma redistribuição do rendimento. Trata-se de ideia sublinhada pela Comissão Europeia (1997a, p. 128): "A solidariedade com essas regiões[36] é uma base indispen-

---

[36] Tratava-se das regiões "objetivo 1", designadas depois (de um modo geral as mesmas regiões) como regiões "de convergência" e agora (no quadro atual) como regiões "menos desenvolvidas" (vê-los-emos em 3.4.).

sável para o progresso não só por razões sociais, mas *também por forma a aumentar o potencial económico da União no seu todo* (itálico nosso)[37].

Não há de facto um *trade-off* entre crescimento e equilíbrio, como por vezes se julgou ou pretendeu fazer crer[38]. Tratar-se-ia de um *trade-off* representado pela 'curva' a tracejado, de inclinação negativa, da figura seguinte:

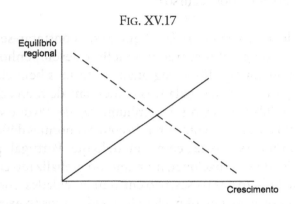

Fig. XV.17

---

[37] Um factor importante para tal é o alargamento de oportunidades do mercado proporcionado por um maior equilíbrio. Nas palavras de Leygues (1994a, p. 118 e 1994b, p. 59), tendo então em conta especialmente os casos da Grécia, da Espanha e de Portugal, depois de dizer que «l'effort de solidarité, notamment financier, en faveur des pays de la cohésion, ne correspond pas exclusivement à une démarche de pure generosité», há uma «redistribution en ricochet du Sud vers le Nord, puisque qu'on estime que par exemple pour 100 ECU de co-financements communautaires au Portugal, le taux de retour est de 46 ECU pour les autres pays de la Communauté, en particulier pour les plus gros contributeurs au budget communautaire». De facto, nunca foi sugerido sequer que a entrada desses países tenha enfraquecido o todo da União Europeia.

De um modo muito particular, os alargamentos recentes foram especialmente favoráveis para os países mais ricos da União Europeia, designadamente para a Alemanha, acrescendo neste caso o peso das posições geográficas dos países em causa, na sua proximidade.

[38] Uma afloração desta ideia aparece na defesa da promoção das regiões já mais favorecidas como 'motores' do conjunto das economias nacionais (ver Porto, 2009a, n. 219, p. 419); com efeitos de difusão (*spill-over effects*) que levariam – assim foi entendido no QREN português para 2007-2013, como voltaremos a referir, na p. 519, n. 63 – a que a promoção do centro mais favorecido teria efeitos muito vantajosos (mais vantajosos...) nas áreas desfavorecidas.

A prossecução de um maior equilíbrio (medido no eixo vertical) comprometeria um maior crescimento (medido no eixo horizontal), o qual por seu turno só seria conseguido (v.g. na medida desejável) à custa de disparidades regionais.

Mas a situação real é antes configurável por uma 'curva' como a que está a cheio na figura, sendo um maior equilíbrio condição de um melhor aproveitamento geral dos recursos[39].

Trata-se de ausência de *trade-off* que pode constatar-se na Europa, onde de um modo geral têm tido um melhor desempenho económico os países com maior equilíbrio regional; em termos bem claros, só têm superaves significativos nas balanças comerciais de mercadorias países com grande equilíbrio urbano, sem nenhuma *megalopolis* que seja o 'motor' das economias respectivas; contrastando com os enormes défices de **todos** os países que têm essa 'sorte', com o modelo que Portugal quer imitar... A competitividade internacional, num mundo globalizado cada vez mais exigente, está de facto nos países, não em grandes cidades, com inevitáveis ineficiências enormes e custos nacionais pesadíssimos (o exemplo português é também já bem claro a este propósito)[40].

---

[39] E vice-versa, tendo correspondido de facto na Europa de um modo geral a um maior crescimento uma aproximação maior entre os países, podendo distinguir-se três períodos básicos; o primeiro, de convergência, nos anos de crescimento entre a formação da Comunidade e 1973; o segundo, de afastamento, até 1985, na sequência da recessão dos anos 70; e o terceiro, de atenuação dos desequilíbrios e mesmo de alguma convergência entre os países, na fase geral de retoma das economias que tem vindo a decorrer até aos anos 90 ('ilustrando' em geral estas três fases distintas de crescimento recorde-se a fig. XIII.4, p. 351).
Entre outras razões contribui para a relação referida no texto a circunstância de os países e as regiões menos desenvolvidos estarem mais dependentes de produções que variam mais ao sabor de flutuações conjunturais, sofrendo por isso em maior medida com os abrandamentos e as recessões e tendo um crescimento mais rápido nos períodos de expansão das economias. Naturalmente, nestes períodos é também maior a possibilidade de orientar recursos para o desenvolvimento regional.
Trata-se de constatação de convergência que, sem prejuízo das cautelas e medidas que veremos de seguida (não podendo pensar-se que bastaria aguardar o crescimento, sendo desnecessária a política regional), contribui para o afastamento da ideia do alegado *trade-off* entre um maior crescimento e um maior equilíbrio que referimos no texto (com a consideração em geral doa articulação e promoção regional com o crescimento podem ver-se em textos de Capello e Nijkamp, ed., 2009).

Mesmo no que respeita a problemas geralmente tido como conjunturais, como a inflação e o desemprego, pode constatar-se a possibilidade de serem mais eficazmente (ou só serem) ultrapassados através da descentralização e da promoção regional, que não deverão por isso ser proteladas[41].

Numa lógica económica correcta, dadas as deseconomias externas das grandes aglomerações e as potencialidades de um desenvolvimento mais equilibrado, têm pois plena justificação medidas de apoio de carácter transitório: nos termos do argumento das indústrias nascentes – reconduzido aqui a um 'argumento de regiões nascentes' (cfr. Denton e O'Cleireacain, 1972, p. 25 e recorde-se de XIII.4.2.2, pp. 430-4) –, de acordo com o qual valerá seguramente a pena, mesmo numa perspectiva puramente economicista, promover certas zonas e as empresas nelas instaladas durante um determinado período, usando para tal intervenções no mercado, se vierem

---

[40] Segundo dados recentes (cfr. *The Economist* de 12-18 de Julho de 2014) a Alemanha teve nos doze meses anteriores um superave de 278,8 milhares de milhões de dólares (quase o dobro do da China, com 142,3), a Holanda de 86,3 e a Suíça de 105,4, não tendo nenhuma cidade (excluindo-se o caso de Berlim, mas por razões históricas, não sendo de forma alguma o centro económico e financeiro do país, o seu 'motor', estando em diferentes outras cidades as grandes empresas, as 20 maiores – quase cada uma em sua... – e não tendo por exemplo um aeroporto com muitos voos inter-continentais) da dimensão de Lisboa ou sequer Porto; o que contrasta com o Reino Unido, com o seu 'motor' em Londres, a ter um défice de 117,7 milhares de milhões de dólares ou com a França, com Paris, de 33,5 milhares de milhões.

[41] Já num influente artigo publicado em 1973 Higgins parte da observação de casos reais para chegar à conclusão de que a curva de Phillips é mais afastada da origem em países com maiores desigualdades regionais (será pois uma curva 2, não a curva 1, numa figura como a fig. XII.10 que vimos p. 380). Por essa razão "measures to reduce regional *gaps*, far from being a luxury to be afforded when things are otherwise going well in the country, are the essence of a policy to accelerate growth, reduce unemployment, and maintain price stability", numa constatação reforçada na actualidade (cfr. Martin, 1992 e 1999 ou ainda Armstrong e Taylor, 2002). É aliás esta em boa medida a experiência portuguesa, não deixando a região mais rica de um país muito desequilibrado, a região de Lisboa e Vale do Tejo, de ter valores de desemprego relativamente elevados no quadro nacional (de 7,9%, quando a média era de 6,7%): sendo a promoção também de outras regiões (v.g. de centros urbanos do interior) a forma de evitar ou pelo menos travar esta situação, com a criação de empregos capazes de reter a população (sendo especialmente necessária – na linha das teorias do desequilíbrio – a criação de empregos capazes de reter a população jovem mais qualificada).
Sobre as implicações que a conjugação de interesses aqui sublinhada tem de ter no futuro das políticas estruturais ver *infra* XV.3.7 (pp. 527-9).

a ter capacidade competitiva (podendo prescindir-se depois do apoio inicial necessário ao seu aparecimento e crescimento) e se os benefícios proporcionados ultrapassarem os custos da fase intermediária[42].

3.3. A atenção crescente dada à problemática dos desequilíbrios espaciais

É no reconhecimento dos inconvenientes gerais dos desequilíbrios e das vantagens também económicas do desenvolvimento regional que se explica em grande medida a evolução verificada em Portugal (embora aqui muito limitada e insuficiente, como veremos) e na União Europeia[43].

3.3.1. Em Portugal

Uma preocupação mais clara pela racionalização de esforços de desenvolvimento reflectiu-se no nosso país na elaboração dos Planos de Fomento, tendo o primeiro coberto o período de 1953 a 1958 e o segundo o período de 1959 a 1964.

---

[42] Como se viu (pp. 383-6), trata-se dos testes de Mill e Bastable, aos quais acresce o teste de Kemp para que se justifique a intervenção (importando ainda que seja feita nos termos adequados).

É esta a razão de índole económica que pode levar a que não se dê preferência àquilo que à primeira vista seria a *people's prosperity* em relação à *place prosperity* (na distinção que remonta a Winnick, 1961). Sendo o Homem o destinatário de toda a actividade económica e social, mais valeria o custo de transferir as pessoas das áreas menos favorecidas para a mais favorecidas. Mas é do interesse de todos que se promovam as primeiras, com a fixação das pessoas (v.g. das mais válidas), criando-se condições para que venham a ser competitivas a médio e longo prazos (além deste interesse económico preservam-se e promovem-se assim valores ambientais, culturais e sociais que ficam irremediavelmente comprometidos com a desertificação das áreas mais desfavorecidas).

Com a descrição desta evolução ver por ex. Bache (1998, pp. 31 ss.), com análises mais alargadas Fayolle e Lecuyer (2000), Desurmont e Docquier (2012), Funk e Pizzati, ed. (2003) ou entre nós, com o 'estado da arte' em relação aos aspectos vários da problemática regional, APDR (2010).

[43] Procurando mostrar o relevo das razões apontadas em Portugal, onde são especialmente sensíveis os custos das grandes aglomerações e especialmente favoráveis as oportunidades existentes a nível regional, ver Porto (1996 e 2008a; podendo acrescentar-se, na ilustração dos custos, com um relevo recente, que 29 quilómetros de um troço novo da rede de metropolitano em Lisboa custaram mais do que duas centenas de quilómetros para um comboio rápido, que teria aproximado o país).

Foram todavia planos em que não se verificou ainda preocupação com a problemática dos desequilíbrios espaciais, constituindo por isso um primeiro passo o Plano Intercalar para 1965-8, chamando já a atenção para o seu relevo. Depois, o III Plano de Fomento, para 1967-73, dedicou um volume (o título III da 1ª parte) a esta questão, sublinhando os desequilíbrios entre os distritos (ficou a saber-se, por exemplo, que os distritos de Viana do Castelo, Vila Real e Bragança tinham 29% do PIB *per capita* de Lisboa), estabelecendo objectivos e individualizando medidas a tomar[44].

Foi na sua sequência que foram criadas as Comissões Regionais[45], tendo sobressaído na sua actividade inicial a participação e as responsabilidades (a nível regional) na preparação do IV Plano de Fomento. Trata-se de plano que deveria ter vigorado entre 1974-1979, mas assim não aconteceu dada a alteração política ocorrida logo nesse primeiro ano com o "25 de abril".

Actualmente assume um relevo de significado muito especial a participação de toda a estrutura existente, a nível central e regional (nos Açores e na Madeira trata-se naturalmente de encargo dos seus Governos), na preparação, aplicação e acompanhamento do Plano de Desenvolvimento Regional Nacional e dos Programas Operacionais das 'regiões', dando sequência primeiro aos Quadros Comunitários de Apoio (QCA's), depois ao Quadro de Referencia Estratégico Nacional (QREN) e agora ao Acordo de Parceria 2014-2020 – Portugal 2020, através dos quais Portugal participa nos apoios da União Europeia a que tem direito.

---

[44] Curiosamente este plano marcou também uma evolução significativa em relação ao comércio internacional, passando-se de uma estratégia mais virada para o mercado interno, *inward orientation*, para uma estratégia de maior abertura, *outward looking* (ver Mateus, 2013, p. 94).

[45] As Comissões 'Consultivas Regionais', geralmente conhecidas como 'Comissões de Planeamento'. Foram mais tarde 'substituídas' pelas 'Comissões de Coordenação', com uma evolução que não se justificará que se descreva aqui; justificando-se que se diga apenas que além das funções de planeamento e promoção económica têm tido também a partir de 1974 funções de apoio às autarquias, de ordenamento e planeamento urbanístico e (embora em períodos mais curtos) no domínio do ambiente (tal como, correctamente, está a acontecer agora, regidas pelo Decreto-Lei n.º 228/2012, de 25 de Outubro, substituindo o Decreto-Lei nº 134/2007, de 27 de Abril; antes, o Decreto-Lei nº 104/2003, de 23 de Maio, havia procedido a um acrescento na sua designação, como Comissões de Coordenação e *Desenvolvimento* Regionais).

3.3.2. Na União Europeia

Quando o Tratado de Roma foi celebrado, em 1957, não foi dedicado à política regional um mecanismo, um título ou sequer um artigo: apenas no preâmbulo e no artigo 2º se fazia referência à necessidade de um maior equilíbrio, no artigo 92º (actual artigo 107º no Tratado de Lisboa, TFUE) o apoio regional era admitido como excepção à proibição de se concederem subsídios públicos (vimo-lo em IV.2.1.3) e no número 2 do artigo 80º (actual artigo 96º no TFUE) se atendia a considerações regionais como excepção à concorrência na política de transportes.

Trata-se de ausência que, na linha do que já se foi salientando, só pode compreender-se tendo em conta o momento em que se estava ainda, mais de cinco décadas atrás (cfr. R. Gonçalves. 2010. pp. 599 e ss).

Por um lado os desequilíbrios eram menores, designadamente na 'Comunidade dos Seis', onde apenas o sul da Itália (o Mezzogiorno) era uma região especialmente desfavorecida.

Com a entrada de novos países, em 1973 com a entrada da Irlanda e do Reino Unido (era diferente o caso da Dinamarca, de muito maior equilíbrio), em 1981 da Grécia e em 1986 de Portugal e da Espanha passou a ser maior a diferença de desenvolvimento entre as regiões mais ricas e as regiões mais pobres da Comunidade[46].

---

[46] O 'terceiro alargamento' (considerando no 'segundo', em conjunto, as entradas da Grécia e dos países da Península Ibérica) não levantou grandes problemas neste domínio, sendo a Áustria, a Suécia e a Finlândia países com níveis elevados de desenvolvimento (pondo-se nestes dois países nórdicos fundamentalmente o problema da pequena densidade populacional e do grande afastamento – com invernos rigorosos – de algumas regiões setentrionais; e tendo apenas a Áustria uma região objectivo 1, Burgenland, onde vive todavia apenas 1,5% da população do país). São naturalmente já muito grandes os problemas que se levantam agora com a integração dos países da Europa Central e Oriental (os PECO's) (bem como, mais tarde, se se verificar, com a integração da Turquia), sendo países com graus de desenvolvimento ainda muito menores. Como pode ver-se em edição anterior deste livro (2ª ed., 2005, pp. 563-4), passaram a ser destes países, ainda antes das entradas da Roménia e da Bulgária (que passaram a ser os países mais pobres...), as 29 regiões mais pobres, tendo 36 entre as 50 mais pobres da União. Trata-se de países que com a mudança de regime em alguns casos têm tido crescimentos rápidos, alguns deles ultrapassando o nosso país.
No caso da União Europeia a favor da política regional 'joga' também naturalmente a necessidade 'política' de todos os países, mesmo os menos desenvolvidos, se sentirem participantes num processo que a todos deve empenhar (ver por exemplo F. L. Pires, 1995, p. 195, M. Ramos, 1999, p. 116 ou Porto, 2003b).

Simultaneamente, ao longo dos anos em que se acentuou a diferença houve melhoria nos processos estatísticos, permitindo um conhecimento mais correcto da sua medida.

Por fim, contribuiu sem dúvida também para tal a evolução verificada na ciência económica, referida em 3.1.

Trata-se de reconhecimento de importância que teve naturalmente tradução no plano institucional, entre outros passos em 1968 com a criação de uma Direção Geral dedicada á problemática regional, a DG-16 (actualmente designada por REGIO), em 1975 com a criação do Fundo Europeu de Desenvolvimento Regional (FEDER) e em 1986 finalmente com a consideração da política regional no Tratado de Roma, através do Acto Único Europeu, sob a epígrafe de "Coesão Económica e Social".

Depois de reafirmada em revisões posteriores, a política regional está agora consagrada no Tratado de Lisboa, no Título XIII do Tratado sobre o Funcionamento da União Europeia (TFUE), sob a epígrafe de "A Coesão Económica, Social e Territorial"; com o acrescento desta última palavra a exprimir bem, de um modo reforçado, as preocupações espaciais que têm de ser tidas em conta.

Nesta linha, diz-se no início do artigo 174º que "a fim de promover um desenvolvimento harmonioso do conjunto da União, esta desenvolverá e prosseguirá a sua acção no sentido de reforçar a sua coesão económica, social e territorial"; acrescentando-se que "em especial, a União procurará reduzir a disparidade entre os níveis de desenvolvimento das diversas regiões e o atraso das regiões mais desfavorecidas"[47].

Nos artigos 175º a 178º, por seu turno[48], dispõe-se sobre o modo como são concretizadas estas políticas, com a intervenção dos fundos estruturais, em especial com a intervenção do FEDER.

Trata-se de propósitos que, importa sublinhá-lo, não ficaram apenas em boas intenções com os passos institucionais que foram dados: tendo

---

[47] Particularizando-se por seu turno no terceiro parágrafo que "entre as regiões em causa, é consagrada especial atenção às zonas rurais, às zonas afetadas pela transição industrial e às regiões com limitações naturais ou demográficas graves e permanentes, tais como as regiões mais setentrionais com densidade populacional muto baixa e as regiões insulares, transfronteiriças e de montanha".

[48] Comentando o art. 174º e os dois primeiros destes quatro artigos ver E. Ferreira (2012) e os outros dois Andrés (2012).

sido muito significativos os aumentos de dotações que se foram verificando, com os meios financeiros do FEDER a aumentar entre 1975 e 1988 de 2,57 para 3.684 milhões de ECU's (de uma percentagem de 4,8 para uma percentagem de 8,1% do orçamento comunitário), havendo depois uma duplicação de fundos entre 1989 e 1993, com as primeiras Perspetivas Financeiras. Com as Perspetiva Financeiras seguintes (incluindo já o Fundo de Coesão) as verbas para a promoção estrutural aumentaram de 22.192 milhões de ECU's em 1993 para 34.596 em 1999, de uma percentagem de 30, 8 para uma percentagem de 36,0% do orçamento (com uma nova duplicação para os então países da 'coesão', Grécia, Portugal, Espanha e Irlanda). Depois de algum retrocesso percentual com as Perspetivas Financeiras para 2000-2006, há que saudar que a política regional tenha passado a ter a maior percentagem das verbas dos orçamentos, ultrapassando a política agrícola, com as Perspectivas Financeiras para 2007-2013, o mesmo se passando, como veremos adiante, com as Perspectivas Financeiras agora em começo de concretização, para 2014-2020.

3.4. O Quadro Estratégico de Convergência (QEC), agora em aplicação

A estratégia a seguir e os meios financeiros disponibilizados são determinados, para além das disposições do Tratado de Lisboa, pela estratégia definida para a União Europeia para os próximos anos, conhecida por Estratégia Europa 2020.

Trata-se de estratégia que procura fazer face aos desafios da atualidade e do futuro, como são os casos do envelhecimento da população, da escassez dos recursos e da globalização: estabelecida no COM (2010) 2020 final, de 3 de Março de 2010, com o título *Estratégia para um crescimento inteligente, sustentável e inclusivo*[49]. Como veremos adiante, estão naturalmente neste quadro as Perspetivas Financeiras para o período temporal considerado, o período de 2014 a 2029.

---

[49] Com a análise desta estratégia pode ver-se Porto (2012a). Antes havia sido estabelecida a Estratégia de Lisboa (com a sua crítica e as suas limitações, com uma ambição exagerada e por isso talvez não realista em relação aos objetivos a atingir e meios a utilizar, pode ver-se Porto, loc. cit. pp. 549-572 e já 2009a, pp. 493-6).

Com a terceira prioridade estabelecida, de um "crescimento inclusivo", está em causa "fomentar uma economia com níveis elevados de emprego que assegure a coesão social e territorial", apontando-se pois inequivocamente no sentido de um maior equilíbrio regional.

O Regulamento (UE) nº 1303/2013, do Parlamento Europeu e do Conselho, de 17 de Dezembro de 2013, veio estabelecer "disposições comuns relativas ao Fundo Europeu de Desenvolvimento Regional, ao Fundo Social Europeu, ao Fundo de Coesão, ao Fundo Europeu Agrícola de Desenvolvimento Rural e ao Fundo Europeu dos Assuntos Marítimos e das Pescas", "Fundos Europeus Estruturais e de Investimento – FEEI" (revogando o Regulamento (CE) nº 1083/2006 do Conselho).

Conforme se diz logo no preâmbulo do diploma, em (3), "os FEEI deverão desempenhar um papel importante na consecução dos objetivos da estratégia da União para um crescimento inteligente, sustentável e inclusivo": estando em causa, de acordo com o artigo 1º, "a eficácia dos FEEI" e "a coordenação dos Fundos entre si e com os outros instrumentos da União".

Para a prossecução dos objetivos propostos, com a utilização dos fundos de que pode dispor-se, cada país tem de assinar um 'acordo de parceria' com a Comissão Europeia: tendo Portugal apresentado o "Acordo de Parceria 2014-2020, Portugal 2020", com o propósito afirmado logo no início de que os fundos estruturais serão "o instrumento essencial de apoio ao desenvolvimento do país e à correção das assimetrias regionais que ainda persistem"[50].

---

[50] Acrescentando-se de imediato que "hoje o principal défice do País não é um défice de infraestruturas, mas sim de competitividade. Por isso, o primeiro objetivo para os fundos é a dinamização de uma economia aberta ao exterior, capaz de gerar riqueza de maneira sustentada".
Veremos todavia adiante que depois de se ter exagerado na "crença" nas infraestruturas passou a exagerar-se na sua condenação, não se reconhecendo os benefícios que têm vindo a proporcionar, não só de um ponto de vista económico, e havendo países mais desenvolvidos do que o nosso que continuam a apostar em maior medida na sua implantação.
Tem é de tratar-se, obviamente, de infraestruturas corretas. Em particular no que respeita aos transportes terrestres importa apostar nos transportes sobre 'rail', tanto nas ligações ferroviárias de serviço a cidades e portos como nos transportes urbanos; e tendo de dar-se relevo não só ao transporte de mercadorias como também em grande medida ao transporte de passagei-

São de seguida estabelecidos os princípios básicos a ter em conta: a) da racionalidade económica, b) da concentração, c) da disciplina financeira e d) da integração orçamental, desagregação das funções de gestão e da prevenção de conflitos de interesses e da transparência e prestação de contas.

As verbas chegam aos países com a concretização de "Programas Operacionais", no caso de Portugal com dezassete programas:

a) Quatro programas temáticos no Continente: 1) Competitividade e Internacionalização, 2) Fomento do Capital Humano, 3) Inclusão Social e Emprego e 4) Sustentabilidade e Eficiência no Uso dos Recursos

b) Cinco programas operacionais regionais no Continente: 1) Norte, 2) Centro, 3) Lisboa, 4) Alentejo, e 5) Algarve

c) Dois programas regionais nas Regiões Autónomas

Com a preocupação de se promover uma maior equilíbrio regional, tem-se em conta, com os referidos sete programas regionais (cinco no Continente e dois nas Regiões Autónomas), a existência de três tipos de regiões[51]:

---

ros, evitando-se congestionamentos e demoras injustificáveis, muito maior poluição e uma dependência desnecessária do petróleo, em favor do uso da eletricidade, produzida no nosso país. E tal só se conseguirá se no século XXI vier a haver no nosso país comboios rápidos, com tempos de ligação menores do que há mais de meio século, menores dos que os tempos de ligação em automóvel (não se trata de uma ambição exagerada...).

Mas mesmo em relação às melhorias substanciais nas rodovias não se pode esquecer, a par de outros benefícios (económicos, sociais, culturais, etc,. com a acesso muito facilitados a serviços proporcionados a quem está nas periferias, v.g. no no interior, pessoas que têm de merecer o nosso respeito!), a redução impressionante de mortes e ferimentos nas estradas nos últimos anos (sendo Portugal o terceiro país da UE-27 que mais reduziu a sinistralidade rodoviária nas últimas décadas: ver Aug. Mateus, coord., 2013, pp. 398-402) não estando além disso calculadas as vidas que se salvaram por se ter chegado em muito menos tempo a um centro de referência, v.g. em Lisboa, Porto, Coimbra ou alguma outra cidade.

[51] Trata-se de distinção que, como se adiantou já (n. 36 p. 498), corresponde em alguma medida à verificada com as programação anterior, dos Quadros Comunitários de Apoio (QCA), com o Quadro Estratégico de 2007-2013 a distinguir três objectivos. Objetivo de Convergência, Objetivo de Competitividade Regional e Emprego e Objetivo de Cooperação Territorial, havendo ainda situações de *phasing out e de phasing in* (sobre esta distinção e o modo como estavam integradas e financiadas as regiões portuguesas pode ver-se a edição anterior deste livro, 2009, pp. 568-70).

Cada uma das regiões que temos vindo a mencionar corresponde a uma NUT II nas categorias estatísticas da UE: havendo três unidades geográficas: as NUT's 1 correspondendo em princípio

"Regiões menos desenvolvidas", regiões com menos de 75% do PIB *per capita* da UE; estando aqui as Regiões Norte, Centro, Alentejo e Açores;

Regiões em transição, com o PIB *per capita* entre 75 e 90%; estando aqui a Região do Algarve;

Regiões mais desenvolvidas, com o PIB *per capita* superior a 90%, estando aqui as Regiões de Lisboa e do Algarve.

Em termos financeiros, estando prevista para Portugal uma dotação geral de 21.195 milhares de milhões de euros (a que acrescem valores para a agricultura), a verba mais elevada, de 4.423 milhares de milhões de euros, virá para o programa temático de Competitividade e Internacionalização, tendo os demais programas temáticos as verbas seguintes: 2.130 milhares de milhões de euros para o programa de Inclusão Social e Emprego, 3.096 para o programa de Formação do Capital Humano e 2.208 para o programa de Eficiência de Recursos e Sustentabilidade.

Os programas operacionais temáticos do Continente têm pois um total de perto de 56% do total das verbas.

Nos programas operacionais regionais, por seu turno, a verba maior, de 3.321 milhares de milhões de euros virá para a Região Norte, seguindo-se a Região Centro com 2.117, a Região do Alentejo com 1.215, a Região dos Açores com 1.140, a Região de Lisboa com 833, a Região da Madeira com 403 e a Região do Algarve com 319.

3.5. Os resultados alcançados ao longo dos anos

3.5.1. No conjunto da União Europeia

Não é fácil ou mesmo possível em economia saber com segurança se determinados efeitos são a consequência (apenas) de determinadas medidas.

aos países, mas por exemplo entre nós também (separadamente) aos Açores e à Madeira; as NUT's II às "regiões de cada país, 271 na UE, havendo cinco no Continente português (as áreas das Comissões de Coordenação e Desenvolvimento Regionais, Norte, Centro, Lisboa e o Vale do Tejo, Alentejo e Algarve); e as NUT's III correspondendo em Portugal a 52 agrupamentos de municípios.

Assim acontece a propósito da política regional da União, acrescendo que a totalidade dos efeitos de uma política *estrutural* só pode ser conhecida alguns anos mais tarde, só então podendo ser integralmente medidos os efeitos económicos e sociais resultantes da melhoria da capacidade produtiva de um país ou de uma região.

As estatísticas mostram que até meados da década passada houve em geral uma aproximação dos países da "coesão" na UE-15 (Portugal, Espanha, Grécia e Irlanda) em relação à média comunitária (quadro XV.6)[52]:

QUADRO XV.6
PIB/habitante nos "países da coesão", 1988-2004

	Ano	Grécia	Espanha	Irlanda	Portugal	UE 3 (1)	UE 15 (2)
Variação anual média do PIB em %	1988-1998 (3)	1,9	2,6	6,5	3,1	2,6	2,0
	1998-2004 (4)	4,0	3,3	7,3	2	3,1	2,2
PIB/habitante (em PPC) UE-15 = 100	1988	68,0	74,3	69,2	60,1	67,5	100
	1989	68,1	75,4	71,7	62,2	68,6	100
	1990	66,1	76,3	75,5	63,1	68,5	100
	1991	68,4	79,2	77,5	66,6	71,4	100
	1992	67,9	79,1	79,0	66,9	71,3	100
	1993	67,0	78,8	81,5	65,9	70,6	100
	1994	66,4	78,6	83,9	64,8	69,9	100
	1995	65,0	78,9	89,4	65,9	69,9	100
	1996	64,7	79,3	93,3	66,0	70	100
	1997	65,4	79,5	101,9	67,1	70,7	100
	1998	65,1	80,8	106,2	68,4	71,4	100
	1999	65,1	83,4	110,8	70,1	72,9	100
	2000	65,8	83,3	115,0	70,2	73,1	100
	2001	67,2	84,1	117,9	70,3	73,9	100
	2002	71,1	86,4	121,2	70,1	75,9	100
	2003	74,2	89,5	121,2	68,4	77,4	100
	2004	75,7	89,7	123,4	67,4	77,6	100

(1) Grécia + Espanha + Portugal; (2) Período 1988-98: sem os novos Länder alemães; (3) Taxa média anual; (4) Média das taxas anuais.

Fonte: CCE (2003: Anexo Estatístico, Quadro 1); CCE (2005d) (cfr. A. Marques, 2006 (11), p. 369)

Não diminuiu a diferença em relação aos países antes já mais ricos, aumentou mesmo, tendo por exemplo o PIB *per capita* do Luxemburgo aumentado entre 1990 e 2004 (sempre em paridade de poderes de com-

---

[52] Em relação aos membros novos, entrados a partir de 2004, há ainda um espaçamento temporal menor para se fazer uma análise segura dos efeitos estruturais da política regional; e o que nos interessa em maior medida é naturalmente o que se tem passado com Portugal.

pra, PPC) de 150 para 223 da média da UE-15, ou ainda por exemplo o da Dinamarca de 104 para 122 e o da Holanda de 100 para 119.

Mas houve claramente um aproximação da média dos quatro países da "coesão", com um relevo muito especial para a Irlanda (recentemente países com grandes problemas, face à crise mundial) que, tendo em 1988 69,2% da média, 5,1% abaixo da Espanha, estava em 2004 no segundo lugar da UE-25, a seguir ao Luxemburgo, com 123,4%, 33,7 pontos percentuais acima da Espanha (de facto, a Irlanda não se aproximou da média: afastou-se da média, mas para cima...). E assim aconteceu apesar de o país nosso vizinho ter tido também uma aproximação clara, de 74,3% da média em 1988 para 89,7% em 2004 (sofrendo todavia também gravemente com a crise agora atravessada).[53]

Portugal e a Grécia tiveram evoluções distintas nas décadas referidas.

Tendo partido de uma situação mais desfavorável, com 60,1% da média da UE-15 em 1988, quando a Grécia tinha bem mais, tinha 68%, ultrapassámos claramente os gregos na década de 90, tendo em 2001 70,3% da média, com a Grécia a ter 67,2% (havia tido 64,7% em 1996).

Já na primeira década desde século há uma nova inversão das posições, com Portugal a divergir da média da UE-15, tendo 67,4% em 2004, e a Grécia a convergir, com 75,7% neste mesmo ano (sobre o processo português ver Constâncio, 2008).

Estes quatro países da "coesão" na UE-15 foram naturalmente os destinos preferenciais dos fundos estruturais, tendo representado percentagens significativas dos PIB's e das formações brutas de capital fixo (FBCF):

QUADRO XV.7
Peso dos Fundos Estruturais no PIB e na FBCF dos "países da coesão"

	Grécia	Irlanda	Espanha	Portugal	UE4
			PIB (%)		
1989-1993	2,6	2,5	0,7	3,0	1,4
1994-1999	3,0	1,9	1,5	3,3	2,0
2000-2006	2,8	0,6	1,3	2,9	1,6
			FBCF (%)		
1989-1993	11,8	15,0	2,9	12,4	5,5
1994-1999	14,6	9,6	6,7	14,2	8,9
2000-2006	12,3	2,6	5,5	11,4	6,9

Fonte: CCE (2001: Parte III, Quadro 9).

[53] Sobre a evolução verificada ver igualmente J. R. Gonçalves (2010, pp. 527-9), referenciando o caso irlandês como "até agora o de maior sucesso económico em toda a história da construção europeia, ao longo das últimas décadas".

Como não podia deixar de ser, Portugal foi dos países mais beneficiados, mesmo o mais beneficiado em termos de percentagens dos PIB's.

Tendo sido além disso clara a aproximação geral dos países da União Europeia, mais concretamente a aproximação dos primeiros quatro países da "coesão" (na UE-15), tem de pôr-se a questão de saber se também houve aproximação entre as regiões, designadamente das NUT's II mais desfavorecidas. Os textos da União Europeia, desde logo os Tratados, e para além disso os interesses dos cidadãos e das economias em geral[54], exigem que não nos satisfaçamos com um maior equilíbrio estatístico entre os países nos seus conjuntos, havendo grandes desequilíbrios dentro deles.

Os resultados que têm vindo a ser apurados, por vias diversas, v.g. comparando-se as situações das dez ou vinte e cinco regiões mais pobres com as situações das dez ou vinte e cinco mais ricas, têm sido contraditórios ou não conclusivos.

Depois de parecer ter havido quando muito a manutenção da situação anterior, já nos anos 90 a Comissão Europeia (1999b, pp. 7 e 200) julgou ter havido aproximação entre as NUT's II[55]; ideia reafirmada mais recentemente (Comissão, 2005), no COM (2005) 192, com a indicação de que "as disparidades regionais são mais acentuadas do que a nível nacional mas estão igualmente a diminuir".

Continua todavia a não ser seguro que assim aconteça, mantendo-se as dúvidas que vêm de trás; pelo contrário, havendo cálculos que apontam no sentido do seu agravamento, ainda que pequeno e mais sensível em alguns países[56].

Em relação aos casos de aproximação, importa por seu turno saber se a aproximação verificada ficou a dever-se à política regional ou se teria

---

[54] Na linha da justificação básica da política regional em geral, recordada há pouco (em 3.2, pp. 498-502).

[55] Com análises apontando no mesmo sentido podem ver-se R. Martin (1999), Button e Pentecost (1999) ou Fitoussi (2000, cap. 5).

[56] Ainda em relação aos anos 90 e sobre o início da primeira década do século atual podem ver-se A. Marques e Soukiazis (1999), Pontes (2000; cfr. tb. 2005), Solanes e Ramon (2002), Amorim *et al.* (2004), bem como textos inseridos em Tumpel-Gugerell e Mooslechner (2003) ou já em Bliss e Macedo, ed. (1990). Perspectivando vários aspectos ver Von Schütz *et al.* (2008). E com algumas referências à evolução nas NUTS III entre 1995 e 2009 ver Seixas, Madruga e Escária, (2014, pp. 465-70).

tido lugar mesmo sem ela, v.g. como mera consequência da dinâmica de um mercado mais concorrencial. Trata-se de questão de grande importância, dependendo naturalmente de uma resposta afirmativa a justificação da sua manutenção ou mesmo do seu reforço.

Conforme foi sublinhado pela Comissão (1999b, cap. 5), concluíram no primeiro sentido estudos levados a cabo[57], tendo a utilização dos fundos levado a um acréscimo do crescimento anual de 0,5%, em relação ao que teria acontecido sem eles, nas regiões objectivo 1 (1% em Portugal e na Grécia; cfr. Fitoussi, 2000, p. 174). De acordo com as estimativas feitas, em 1999 o efeito acumulado dos fundos terá elevado em 10% os PIB's da Grécia, da Irlanda e de Portugal, e em 4% o PIB da Espanha[58].

Mesmo reconhecendo-se o contributo da política regional, mais concretamente dos fundos, para um crescimento maior dos países ou das regiões, importa ainda assim pôr a questão de saber se os recursos foram utilizados da forma mais eficiente possível: ou seja, a questão de saber se teria sido possível atingir o mesmo resultado com menos recursos ou melhores resultados com as mesmas verbas, em grande medida verbas do erário público, de qualquer modo recursos nacionais e da União.

Por fim, uma questão importante e de grande actualidade a é a questão de saber se foram seguidas filosofias de actuação diferentes.

Mais concretamente, numa edição anterior deste livro (2ª ed., 2004, p. 561), fizemos referência à distinção entre estratégias pela via da procura ou da oferta, sendo Portugal acusado de, seguindo mais a primeira via, mais fácil e com resultados mais rápidos, pôr em causa a nossa competitividade no futuro; com a alegação explícita ou implícita de que estariam nas primeiras circunstâncias os investimentos em infra-estruturas, comprometendo recursos que deveriam ser afectados antes a investimentos imateriais.

Ninguém poderá aliás ser mais sensível do que nós à necessidade da qualificação das pessoas em geral para se conseguir a promoção da efi-

---

[57] Com análises anteriores e contemporâneas de um modo geral menos favoráveis ou indefinidas ver por exemplo Neven e Gouyette (1995), Fagerberg e Verspagen (1996), J. R. Silva e Lima (1997) e Magnini (1999) (cfr. já A. Marques, 1993).

[58] Com uma análise (positiva) da experiência espanhola de apoio estrutural, com a sua estrutura regional, em duas décadas atrás, ver De la Fuente e Vives (1995).

cácia nas produções, num mundo cada vez mais exigente, agora à escala global.

Mas dados conhecidos não mostram que tenha havido tal privilegiamento, por si mesmo e no cotejo com as estratégias seguidas pelos outros países, designadamente pelos países que nos estão "mais próximos".

É o que resulta da observação do quadro XV.8, com dados também de outros países, não só dos países da "coesão" na EU-15:

Quadro XV.8
Peso dos Fundos Estruturais no PIB e na FBCF
dos "países da coesão"

	Greece	Spain	Portugal	France	Italy	Ireland	UK	Germany	Belgium
1994–9									
Infrastructure	45.8	37.1	29.5	29.2	34.7	17.2	20.6	8.0	14.2
Human resources	23.5	24.4	26.6	27.8	14.2	35.7	30.7	26.7	13.3
Production	30.1	30.0	39.3	35.7	50.3	40.0	41.7	62.9	61.2
2000–6									
Infrastructure	43.2	42.4	22.5	29.5	37.2	45.8	22.9	22.7	14.1
Human resources	19.0	25.4	24.3	31.8	20.1	28.1	31.0	28.3	26.5
Production	25.5	28.1	38.1	33.8	39.6	22.6	44.2	44.9	52.4

Note: Remaining share of programmes goes to 'other measures', e.g. technical assistance.
Source: Author's calculations based on data from European Commission (2001).

Fonte: Tondl (2006, p. 186; ver também A. Marques, 2006 (11), p. 385).

Aqui se vê que (com a excepção da Bélgica) mesmo em países com infraestruturas muito mais desenvolvidas foi maior a percentagem que lhes foi dedicada: por exemplo uma percentagem bem maior na Itália e claramente maior na Irlanda, país que depois de 2000 já não era país da "coesão" e onde pela sua dimensão poderiam ser muito menores as preocupações com determinados tipos de infra-estruturas (no fundo, todas). Não deixou todavia de apostar nelas.

No nosso caso a aposta nos recursos humanos é maior do que na Grécia e na Itália (menor do que nos demais), estando além disso a aposta que tem vindo a ser feita na actividade produtiva, por exemplo entre 2000 e

2006, claramente acima da da Irlanda, da da Grécia e da da Espanha (mesmo acima da da França).

Não podendo de forma alguma desvalorizar-se a necessidade de afectar fundos à qualificação das pessoas, não podemos desconhecer que Portugal, tendo os indicadores mais desfavoráveis da OCDE em educação e formação profissional (acesso a graus mais elevados, níveis de aproveitamento, abandono escolar, etc.), tem a percentagem mais elevada de gasto público com a educação em relação ao PIB, a seguir à Coreia do Sul (também no seio da UE: ver Eckaus, 2008).

É pois necessário, para além do aumento de verbas, um esforço muito grande para que haja um aproveitamento muito melhor do que temos e viremos a ter (houve um aumento muito sensível do apoio do Fundo Social Europeu nas Perspectivas Financeiras anteriores), muito em particular um esforço de todos os que, como é o caso do autor deste livro, têm responsabilidades no ensino e na formação.

Por fim, importa tornar muito claro que uma política de fomento, com infra-estruturas valorizadoras de um país, não é uma política keynesiana de curto ou médio prazo e meramente do lado da procura. Tal como um país é valorizado com medidas sérias de qualificação das pessoas, ou ainda por exemplo de investigação e desenvolvimento, também o seria por exemplo com a melhoria dos transportes ferroviários, v.g. no nosso eixo principal diminuindo para muito menos de metade os tempos de deslocação entre os centros principais e uma importantíssima região espanhola (a Galiza: ver *infra* a nota 63). Assim se conseguiria, pelo lado da oferta, uma melhoria muito sensível das condições de competitividade e de vida das pessoas[59].

---

[59] Não podendo deixar de considerar-se ainda, tal como fomos já adiantando, os ganhos ambientais, de diminuição da dependência energética (dependendo-se da electricidade), de ordenamento e de segurança (poupando-se vidas humanas!), bem como uma maior aproximação da população portuguesa a oferta de serviços de saúde ou culturais que não podem naturalmente multiplicar-se em todos os municípios; de nada adiantando, pelo contrário (havendo desperdícios injustificáveis de recursos), investimentos que não levem a mudanças de horários, tal como tem vindo a acontecer no nosso país ao longo de mais de meio século, ou reduções que não cheguem a desviar todo ou grande parte do tráfego dos aviões e dos automóveis, bem como a atrair novos públicos a mais oportunidades de mercado (cfr. Porto, 2008a).

3.5.2. No quadro regional português

Pondo-se as dúvidas já referidas em relação à aproximação entre as NUT's II no quadro europeu, trata-se de dúvidas que infelizmente nem se põem em Portugal: onde é muito clara e preocupante (pelo menos para nós...) a acentuação dos desequilíbrios regionais.

Em 1993, quando Portugal tinha 67,7% da média da UE-15, a região mais pobre era a Região dos Açores, com 49,2%, seguindo-se a da Madeira, com 50,5, a do Alentejo, com 54,4, a do Centro, com 55,2, a do Norte, com 59,6, a do Algarve, com 70,6 e a de Lisboa e Vale do Tejo, com 87,4%. Ou seja, verificava-se uma diferença de 38,2 pontos percentuais nos PIB's *per capita* entre os dois extremos.

Em 2004, considerando-se agora já a UE-25, a região mais pobre passou a ser a Região Norte, com 58,8%, seguindo-se a Região Centro, com 64,3, os Açores, com 65,6, o Alentejo, com 70,3, o Algarve, com 77,1, a Madeira, com 90,8 e a Região de Lisboa, com 105,8% do PIB *per capita* da União. Constata-se pois que a diferença entre os valores extremos *per capita* passou a ser de 47%.

Ou seja, num espaço de tempo tão curto a distância agravou-se perto de dez pontos percentuais, tendo a região mais rica, a Região de Lisboa, já quase o dobro do PIB *per capita* da região mais pobre, agora a Região Norte (então também com a mais grave taxa de desemprego do país): sendo de 9900 euros *per capita* no Norte e de 18.200 na Região de Lisboa.

Mais recentemente, em 2013, na UE-28 a Região Norte aparece com o valor de 62% do PIB *per capita* da União, a Região Centro com 64%, o Alentejo com 70%, os Açores com 72%, o Algarve com 79%, a Madeira com 99% e Lisboa e Vale do Tejo com 107%; ou seja, havendo uma pequena atenuação, para 45 pontos percentuais, da diferença entre a região menos favorecida e a região mais favorecida[60].

O crescimento muito diferente das 'regiões' portuguesas nos últimos anos é ilustrado pela figura seguinte, com a Madeira a crescer à média anual de 4% entre 1995 e 2007, seguindo-se os Açores, com 2,6%, e o Algarve e Lisboa, com 2,5%:

---

[60] Com um quadro com as 271 Regiões (NUTS II) da UE-27 em 2009 ver J. M. Fernandes (2013, pp. 84-7).

Fig. XV.18

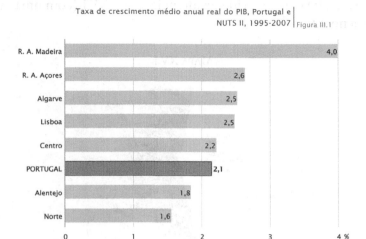

Taxa de crescimento médio anual real do PIB, Portugal e NUTS II, 1995-2007

Fonte : INE, Contas Regionais

As subidas da Madeira e dos Açores, apesar das dificuldades resultantes de serem regiões periféricas e marítimas, devem-se naturalmente em boa medida ao facto de terem a dinâmica própria das suas autonomias[61]; contrastando com a ausência de idêntico poder regional no norte e no centro do país. Tem pois menos relevo a localização continental destas áreas, muito mais favorável do que a de ilhas atlânticas distantes: v.g. a Região Norte confinando com a Galiza, uma região espanhola que com a autonomia tem tido um crescimento muito acentuado, estando já hoje algumas dezenas de pontos percentuais acima e constituindo um excelente mercado para o nosso país[62]. Trata-se de perda de posição que não pode deixar

---

[61] Sem dúvida com o benefício dos fluxos financeiros da República para as Regiões Autónomas, com capitações significativas, complementando os apoios comunitários; mas não podem 'desconhecer-se' os grandes favores, financeiros e de outras naturezas, de que goza também o continente, em especial a Região de Lisboa (ver por ex. *infra* a n. 64).

[62] Tendo tido (o conjunto do país) um benefício enorme com a regionalização, são impressionantes as diferenças nos indicadores das regiões espanholas que confinam com as nossas regiões mais pobres, com a Galiza a ter (também em 2011) um PIB *per capita* de 87% da média da UE-27, 25% acima da Região Norte portuguesa (com 62%), ou Castela-Leão, com 95% (e

de preocupar-nos, estando no norte e no centro mais de seis milhões de portugueses, tal como é evidenciado pelo mapa XV.1 (com uma razoável presença no interior):

MAPA XV.1

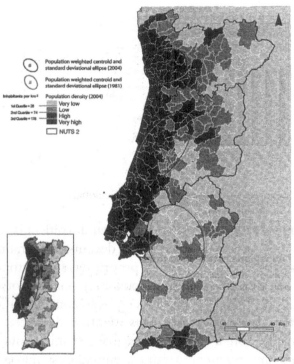

Source: INE, Retrato Territorial de Portugal 2004, ed. 2005, p. 25.

No quadro demográfico, mais do que os movimentos gerais de pessoas tem de suscitar enorme preocupação a "fuga" das demais regiões dos quadros melhor qualificados, acontecendo que quase só no(s) centro(s) privi-

sem estar no litoral...), a ter mais 33% do que o nosso Norte a mais 31% do que a Região Centro (com 64%). Os números falam por si... (já a Extremadura espanhola, com 67,1%, está abaixo do nosso Alentejo, com 70%; tendo a Andaluzia 73%).
E a Galiza é de longe o maior mercado para o nosso país, com 23,0% das exportações para Espanha, muito acima da segunda região (Madrid, com 16,8%): com um valor global superior ao das exportações para os Estados Unidos ou para a Itália.

legiado(s) há empregos atractivos, em actividades mais dinamizadoras[63]. Temos por isso um empobrecimento grave dos meios urbanos de pequena e média dimensão, incapazes de fixar estes quadros (todos nós temos presentes exemplos a tal propósito); empobrecimento que é factor cumulativo do agravamento das assimetrias, na linha dos modelos do centro-periferia e da causação cumulativa (recorde-se da p. 496).

Verificam-se assim desequilíbrios que não encontram justificação nas condições de que dispomos no continente português, especialmente favoráveis para, com vantagem para todos, se seguir antes uma política promotora de um maior equilíbrio, v.g. com a valorização dos centros urbanos de média e pequena dimensão, alguns deles do interior (e com instituições de ensino superior), beneficiados com a aproximação da economia espanhola[64] (bem como com as oportunidades oferecidas hoje pelas teleco-

---

[63] Impressiona de um modo muito especial a concentração em Lisboa da actividade de investigação e desenvolvimento tecnológico (I&D) apoiado publicamente no nosso país, com um grande afastamento em relação ao tecido industrial: mais de 65% concentrada em Lisboa (82% da investigação do Estado em 1995, segundo o Observatório da Ciência e Tecnologia), distrito que tem 25% da produção industrial portuguesa, por seu turno já 'atraída' para aí por essa e outras vias. Com a sua dimensão e as suas implicações, este desequilíbrio português é 'distinguido' já, embora sendo então ainda menor, nas críticas negativas de F. Amaral (1992), Leygues (1994a) e Torres (1999): falando o primeiro (p. 68) em "regressividade", com o efeito desequilibrador verificado (tal como com a PAC), e chamando Torres a atenção para que "this concentration" (empresarial e geográfica) "of domestic resources prevents a faster real convergence with the EU" (ver ainda Porto, 2009a, p. 380, chamando a atenção para o enorme custo e o papel desequilibrador desempenhado pelos grandes laboratórios nacionais v.g. no cotejo com os centros tecnológicos, perto das actividades produtivas e custos muito pequenos, ou mesmo nenhuns, para o erário público).

Chocou por isso de um modo muito particular que através do Anexo V o QREN português para 2007-2013 tenham sido desviados das regiões mais pobres do país (das regiões de 'convergência') verbas, a que tinham direito, destinadas à 'investigação científica e tecnológica, bem como ao apoio à inovação, à melhoria da administração pública, à "gestão e aperfeiçoamento profissional" e à assistência técnica... (ver Porto, 2008b e Porto e Gorjão-Henriques, 2009, bem como já *supra* a nota 38, p. 499). Recentemente, é de recear que, além de um empobrecimento geral do país, se tenham agravado os desequilíbrios com os centros de investigação que deixam de ser apoiados pela FCT (por exemplo com a investigação em Física a limitar-se a Lisboa, deixando de ser apoiada no Porto, em Braga e em Coimbra: ver o *Público* de 19 de Julho de 2014).

E acontece que nem a área de Lisboa está a conseguir fixar os 'cérebros' portugueses, estando em grande medida a emigrar para outros países.

[64] A Espanha é aliás mais um excelente exemplo, a juntar a tantos outros, da Alemanha à Suíça, da possibilidade de haver no interior centros urbanos de grande qualidade e dinamismo.

municações, perdendo relevo o afastamento geográfico); havendo pelo contrário razões específicas para que sejam muito grandes (em comparação com os outros países) os custos económicos e sociais das concentrações de Lisboa e em menor medida do Porto (dependendo desde logo do seu alívio a possibilidade de se conseguir uma melhor qualidade de vida para as suas populações [65]): ver mais uma vez Porto (1998a, pp. 12-21).

Não estando pois em condições naturais, sociais ou económicas a explicação para os desequilíbrios, esta encontra-se antes (na linha de uma tradição de centralização política e administrativa, fortemente acentuada já com o "Estado Novo") na 'teoria económica da política', sendo 'politicamente' mais 'rentável' (politicamente mais 'eficiente') favorecer as zonas mais próximas do poder (incluindo a burocracia) e onde há mais votos, num processo cumulativo de concentração da riqueza e da população que leva a que dentro de poucos anos esteja aí mais de metade dos portugueses [66].

---

[65] Nas palavras de um documento do Ministério do Planeamento (1999, p. III-10), "*as áreas metropolitanas de Lisboa e do Porto* desenvolveram-se, a partir dos anos 60, numa lógica do tipo das metrópoles do Terceiro Mundo, onde um núcleo central, gerador de emprego qualificado, coexiste com amplas zonas de crescimento desarticulado, sem qualidade e sem identidade". Conforme sublinhámos num texto anterior (Porto, 1996a, p. 46), é aplicável a Portugal o modelo Harris-Todaro (1970), elaborado tendo em conta realidades africanas, sendo a expectativa entre remunerações altas e zero (com desemprego) nos grandes meios urbanos suficiente para atrair pessoas de regiões com menos desemprego. A solução estará, conforme se sublinha a seguir no referido documento do Ministério do Planeamento, não só em melhorar as condições dessas áreas como tendo "igualmente prioridade *o reforço e a consolidação de um sistema urbano equilibrado em termos nacionais, baseado na rede das cidades médias*" (itálicos do original). Mas estas boas intenções, na linha dos bons exemplos europeus, não serão capazes de prevalecer sobre a lógica política a que nos referimos no próximo parágrafo do texto (prejudicando aliás, inevitavelmente a qualidade de vida de quem vive no(s) centro(s) mais favorecido(s) mas congestionados e menos seguros).

[66] Calcula-se que os distritos das áreas metropolitanas (Lisboa, Setúbal e Porto, devendo juntar-se ainda por ex. os municípios do norte do distrito de Aveiro...), tinham em 2007 (cálculos do INE) 46,21% da população portuguesa (48,44% da população continental), num processo que se agravou nas últimas décadas (tinham 35,6% em 1961, 45,9% em 1981 e 45,44% em 2001), sendo daí 113 dos 230 deputados da Assembleia da República bem como, fundamentalmente de Lisboa, as figuras nacionais que encabeçam em muitos casos as listas distritais dos partidos (ainda seguramente os participantes de uma já proposta lista única nacional). Concentrando-se ainda aí o poder governamental e quase todo o poder de decisão administrativa e financeira, não será possível 'fugir-se' ao que a 'teoria económica da política' nos ensina (tendo ainda relevo, por exemplo na implantação de uma grande infra-estrutura, como um aeroporto, o modo como os interesses se concentram; sendo mais fácil a junção de poucos mas

No QREN acabado de concretizar-se (2007-2013) tivemos, como se disse já, um favorecimento das 'regiões de convergência'[67], tal como virá a acontecer com as regiões menos desenvolvidas no quadro que começou a ser aplicado (2014-2020). Mas é bem de recear que não sejam de forma alguma bastantes para que se inverta a tendência para um desequilíbrio ainda maior.

Desde logo, as verbas dos Programas Operacionais (PO's) Regionais, como vimos também já, estão longe de ser todas as verbas que vêm para Portugal, algumas delas desequilibradoras.

Depois, um maior equilíbrio territorial não é conseguido continuando a tirar-se os apoios necessários, sucedendo-se os encerramentos dos ser-

grandes interesses, sem os problemas de *free-riding*, do que de muitos interesses difusos e modestos, v.g. em pequenas propriedades).
Trata-se de situação que (só) poderia ser devidamente alterada com o 'peso' político de regiões (ou estruturas equivalentes) correctamente criadas, tendo-se aliás já os bons exemplos da Madeira e dos Açores; estando pelo contrário a situação portuguesa a ser agravada por haver estruturas institucionais influentes em Lisboa e Porto – as Áreas Metropolitanas, no fundo estruturas "regionais" – sem que haja estruturas democráticas semelhantes nas demais áreas do país. Participam designadamente "na elaboração dos Planos e Programas de investimentos públicos com incidência na Área Metropolitana" (no PIDAC, cfr. o art. 67º da Lei nº 75/2013, de 12.09), dispondo as suas Câmara Municipais de uma oportunidade que não é aberta às Câmaras das outras áreas (v.g. das Comunidades Intermunicipais: ver o art. 81º da mesma Lei);
Mas infelizmente a lógica da situação criada, já agora com a concentração nestas áreas privilegiadas (para este efeito com muito maior relevo para a área de Lisboa) de um número muito significativo de votantes a quem não interessava a regionalização, conjugando-se com a circunstância de se ter apresentado um projecto não credível (ver Porto, 1998a), levou ao voto *não* no referendo que teve lugar em 1982; provavelmente de nada adiantando um novo referendo, com a concentração de votantes que não deixará de continuar a verificar-se.
Há que sublinhar aliás ainda que as diferenças nos níveis de vida e de poder de compra são muito mais acentuadas do que entre os PIB's *per capita*, tendo a população da Grande Lisboa um poder de compra *per capita* de 145,56 em relação à média nacional (de 216,04 no concelho de Lisboa) e a população do Grande Porto um poder de compra de 111,39 (sendo de 164,26 no concelho do Porto) (e por ex. de 47,25 em Resende: dados do IPCC, *Estudo sobre o Poder de Compra Concelhio*, ed. de 2007).

[67] Sendo de recordar todavia de novo o reparo feito nas notas 38 e 64 em relação ao Anexo V do QREN. Dir-se-á talvez que no conjunto não se trata de montantes muito elevados. Mas mais do que a quantidade releva a "qualidade", tratando-se de verbas destinadas a poder-se corresponder a desafios tecnologicamente mais exigentes. E não foi nada esclarecedora, pelo contrário (teria sido melhor não ter respondido...), a resposta dada pela Comissão a uma pergunta escrita formulada pelo deputado europeu José Silva Peneda (P-4059/08PT, a 2.9.2009).

viços mais qualificados fora de Lisboa, com a "emigração" dos seus funcionários. E o elemento humano será sempre o factor decisivo nos processos de desenvolvimento.

Mesmo em termos de verbas a experiência tem sido desanimadora. Impondo os regulamento comunitários a referida concentração de esforços nas regiões mais desfavorecidas, agora nas regiões "menos desenvolvidas", nas verbas nacionais tem prevalecido uma políticas deliberada de acentuação dos desequilíbrios (em alguns casos com o complemento das verbas comunitárias[68].

Foi aliás logo anunciado, quando com o QCA II se constatou que e Região de Lisboa e Vale do Tejo não poderia continuar no objectivo I (com um grave inconveniente geral para o país, v.g. não revertendo as verbas que deixam de vir para aí para as outras regiões portuguesas) que seria compensada com verbas do PIDAC e do Fundo de Coesão[69].

Nas verbas nacionais tem continuado a avultar o desequilíbrio provocado com o PIDAC: por exemplo em 2004 com a concentração nos distritos das áreas metropolitanas (distritos de Lisboa, Setúbal e Porto) de 48,4% do total das verbas 'regionalizadas'[70], quando com as proximidades

---

[68] Com as áreas com maior peso político a ser beneficiadas ainda com legislação e meios de intervenção que não são iguais para todo o país, com regimes excepcionais de favor, mesmo de constitucionalidade duvidosa, estando em causa interesses sociais básicos dos cidadãos; por exemplo, podendo recordar-se de há alguns anos atrás um programa de extinção de barracas apenas em Lisboa e no Porto (quando no resto do país também há cidadãos sem alojamento condigno), que só aí são apoiados pelo Estado os défices de exploração dos transportes urbanos de passageiros, ou, também há poucos anos a suspensão da adjudicação de auto-estradas promotoras do interior, por terem um valor superior ao dos termos do concurso, quando tal nunca havia acontecido com casos mais graves de auto-estradas (e outras obras) que servem as áreas mais favorecidas (ver por exemplo o *Jornal de Negócios* de 11 de Agosto de 2009, sublinhando na notícia de abertura que em relação à auto-estrada do Baixo Tejo, na área metropolitana de Lisboa, não foi levantado nenhum problema apesar de a diferença de valores ter sido muito superior, tendo ultrapassado os 167%...). É de lamentar que uma sem dúvida desejável e louvável preocupação de rigor só apareça quando se trata de dar um apoio indispensável às populações mais carenciadas.

[69] A afirmação neste sentido foi noticiada pela imprensa diária de 3 de Outubro de 2000.

[70] Sendo de julgar que é muito maior a concentração das não regionalizadas.
A concentração é também muito grande (mesmo maior) em outros investimentos dependentes do Estado, por exemplo tendo sido destinado às duas áreas metropolitanas 69,6% do inves-

existentes poderiam 'esperar-se' economias externas e de escala, devendo os mesmos equipamentos e serviços ser capazes de prestar apoio a um número maior de pessoas[71].

Em termos de grandes sectores de intervenção, no I Quadro Comunitário de Apoio foi especialmente agravador dos desequilíbrios o apoio do Fundo Social Europeu, com uma capitação na Região de Lisboa e Vale do Tejo muito mais do que dupla das capitações das Regiões Norte, Centro e Algarve; tanto no 1º como no 2º Quadro a concentração das verbas de investigação e desenvolvimento tecnológico; podendo recordar-se ainda a concentração total de verbas para renovação urbana que se verificou com o II Quadro Comunitário (procurando analisar a aplicação espacial dos fundos no nosso país ver CCRC, 1989 e em especial Porto, 1996a)[72].

No III Quadro Comunitário de Apoio (2000-2006) um volume maior de verbas do eixo 4, que visava "promover o Desenvolvimento Sustentável das Regiões e a Coesão Nacional", foi para a Região Norte. Em termos de capitações, foram especialmente "beneficiadas" as regiões dos Açores e da Madeira, com 1 032,8 e 918,9 euros, respectivamente, seguindo-se o Alentejo, com 728,2. O Algarve, apesar de ter o segundo PIB *per capita* mais elevado do país, veio a seguir, com 420,7 euros, seguindo-se a Região Centro, com 335,1, a Região Norte com 261,1[73] e a Região de Lisboa e Vale do Tejo (no regime *de phasing out*) com 165,1. Estes números dizem todavia respeito apenas ao eixo 4, com 3 062 milhões de euros, muito menos do que o conjunto dos outros três, com

---

timento em material circulante feita pela CP na programação até 2002, continuando adiada a aproximação do país que deveria ser feita com um modo de transporte de tanta importância (ver Porto, 1998a, p. 30 e *supra* o final de XV.3.5.1, v.g. a nota 60 p. 515).

[71] Serão de referir ainda as concentrações de grandes projectos e eventos nacionais, contrastando com o que se passa nos outros países, onde por exemplo as *Expos* têm sido em cidades secundárias, promovendo diferentes áreas dos territórios nacionais

[72] Sendo de lamentar que a generalidade dos estudos tenha 'desconhecido' a distribuição das verbas dentro do nosso país, limitando-se mesmo em alguns casos a considerar os seus efeitos sobre a balança dos pagamentos, esquecendo pois o objectivo de aproximação estrutural e espacial que determinou a sua instituição (ver a título de exemplo a generalidade dos textos inseridos em Ministério do Planeamento e da Administração do Território, 1992, no número de Janeiro de 1994 da revista *Economia*, e em Romão (org.) 2006; bem como, num plano mais teórico, Gaspar, 1998).

[73] Estando quase na "cauda", pois, as duas regiões que, como vimos atrás, têm agora os valores mais baixos de PIB *per capita*.

4 817 milhões de euros, a que acrescem as verbas do Fundo de Coesão. Tratando-se de verbas destinadas a acções de grande importância para uma eventual dinamização regional (caso dos 192 milhões de euros para a ciência, a tecnologia e a inovação e dos 56,6 milhões de euros para o emprego, a formação e o desenvolvimento social), a sua aplicação foi especialmente marcante no reforço do desequilíbrio no padrão espacial de desenvolvimento do nosso país.

Trata-se de agravamento das disparidades no continente português, com o empobrecimento do norte e do centro, que será acentuado, não se concretizando com as mesmas características de velocidade ou protelando-se a ligação Aveiro Vilar-Formoso (diferentemente do que se passa nos demais países, "fugindo-se" das pessoas e das actividades económicas: o mapa XV.1 p. 518 é bem expressivo e a este propósito!), se a nova ligação ferroviária (v.g. em TGV's) à Espanha e aos outros países da Europa se limitar a servir a Região de Lisboa e o Alentejo (depois de ter sido abandonado o "T deitado", uma só ligação básica servindo a maior parte do país e assegurando a rentabilidade do investimento); sendo ainda o sul servido por três aeroportos internacionais, o que está projetado para Lisboa, em Alcochete, Beja e Faro, separados entre si por cerca de centena e meia de quilómetros; não havendo nenhuma infra-estrutura semelhante entre o Tejo e o Douro, numa distância de cerca de 300 quilómetros onde se concentra cerca de dois terços da população (olhe-se de novo o mapa XV.1) e da actividade económica do país (ver Porto, 2008a).

Trata-se de "abandono" ainda injustificável por se tratar de áreas em que têm sido inúmeros os bons exemplos de empreendedorismo, um factor imaterial decisivo em qualquer processo de desenvolvimento. Não é preciso recordar os nomes dos grupos empresariais aí aparecidos, não sendo de esperar que, sem acessibilidades similares e razoáveis (do século XXI), tal continue a acontecer e valorizar o nosso país.

3.6. O sentido contrário de outras políticas, em Portugal e na União Europeia

Numa linha de coerência seria indispensável ainda que as demais políticas de Portugal e da União Europeia apontassem também no sentido de um maior equilíbrio regional, ou que pelo menos não o contrariassem.

Não acontece ou não aconteceu todavia sempre assim, havendo em alguns casos circunstâncias e intervenções que, com um peso superior, acabam ou acabaram por ser causas do agravamento dos desequilíbrios regionais.

Não será necessário dar mais referências, para lembrar que assim tem acontecido e continuará a acontecer com a estrutura centralizada e as políticas seguidas no nosso país.

E por seu turno na União Europeia tem havido políticas e intervenções que, com um relevo maior, têm contrariado as intenções correctas da política regional.

Assim tem acontecido com a política agrícola comum (a PAC), privilegiando com as suas regras[74], as organizações comuns do mercado (OCM's) de determinados produtos, os cereais, a carne bovina e os lacticínios, com mais de dois terços (67%) das verbas do FEOGA-Garantia[75]. Como vimos já (pp. 419-20), beneficia por isso os países (e as regiões) que os produzem em maior quantidade, casos da França e da Alemanha, que recebiam por exemplo 42,6% do total quando no outro extremo, do desfavorecimento, estava o nosso país, recebendo 1,6% do dinheiro do FEOGA-Garantia, tendo 2,7% da população[76].

Chegou-se assim às situações paradoxais de um país rico como a Dinamarca ser beneficiário líquido do orçamento da União, de o Luxemburgo ter as contas 'saldadas' e de a França receber quase tanto como aquilo que pagava, ou ainda de um agricultor dinamarquês receber em média do FEOGA 15 vezes mais do que um agricultor português e um agricultor sueco 6,5 vezes mais (um grego 4 vezes mais).

---

[74] Sobre o modo de funcionamento da PAC ver por exemplo entre nós Seia (1994), M. E. Azevedo (1996), A. Cunha (2000, 2004, 2007, 2008 e 2012), Avillez (2004) ou Porto (2009, pp. 339 ss); e sobre os seus efeitos em Portugal Avillez *et al.* (2005), Avillez (2006) e Varela (2007).

[75] Tendo sido já dificultada ou mesmo impedida a criação de organizações comuns do mercado para novos produtos (sobre o caso curioso da banana, com interesse para a Madeira, ver Stevens, 1996; bem como, considerando as diputas que têm vindo a ocorrer, Breuss, Griller e Vranes, ed., 2003 e Josling e Taylor, ed., 2003).

[76] Dadas as suas produções e estruturas produtivas, são claramente mais favoráveis os casos da Grécia e da Espanha.

Tem sido já correcta e também favorável para Portugal a repartição das verbas do FEOGA-Orientação (actual FEADER), visando melhorias estruturais mas dispondo ao longo dos anos só de 3% das verbas do orçamento.

Com a sua regra de favorecer quem produz mais o FEOGA-Garantia tem sido também desequilibrador do ponto de vista pessoal, com 4% dos agricultores (os mais ricos) a receberem 40% dos subsídios (com outras ilustrações dos desequilíbrios provocados ver Porto, 2009a, pp. 344-51).

Por outro lado, numa perspectiva que não pode deixar de ser igualmente considerada, há que lembrar que, contrariando o efeito reequilibrador das políticas estruturais, durante anos verificou-se um desequilíbrio inaceitável na incidência dos recursos próprios, dado o peso do 'recurso IVA' bem como, embora com menor significado, da pauta alfandegária e dos direitos niveladores agrícolas: chegando-se assim a uma situação de clara regressividade, com os mais pobres a pagar percentagens maiores do seu rendimento pessoal e os mais ricos a pagar percentagens mais baixas (recorde-se de IX.3.1.1, pp. 273-4)[77]. Podemos vê-lo no quadro XV.9.

QUADRO XV.9
Recursos próprios/PIB *per capita*

	1993	1997
Alemanha	1,18	1,20
Bélgica	1,45	1,41
Dinamarca	1,09	1,07
Espanha	1,14	1,13
França	1,11	1,12
Grécia	1,37	1,09
Holanda	1,59	1,50
Irlanda	1,49	1,08
Itália	0,99	0,96
Luxemburgo	1,13	1,22
Portugal	1,40	1,17
Reino Unido	0,87	0,77

Fonte: Coget (1994, p. 83) e Relatório Jutta Haug (Parlamento Europeu, A4-0105/99, p. 25). Ver em Comissão Europeia (1999b, p. 120) um quadro também interessante comparando a quota parte dos Estados-Membros no financiamento e no PNB da União

A situação melhorou de 1993 para 1997, com a diminuição do 'recurso IVA' e o aumento do relevo do 'recurso PNB' (sem dúvida um recurso 'pouco comunitário': ver J. Quelhas, 1998). Continua todavia um portu-

---

[77] Acontece ainda que, como voltaremos a sublinhar adiante, terão sido os países ricos do centro e norte da Europa a ter um ganho maior com os alargamentos a leste da União Europeia, devendo Portugal ter um prejuízo geral.

guês a pagar 1,17% do seu rendimento pessoal, quando um dinamarquês pagava 1,07% e um francês 1,12%. Como veremos em 3.8, há que dar uma atenção muito grande à reforma do modo de financiamento da União, não podendo haver uma alegada preocupação de equilíbrio apenas do lado das despesas[78].

3.7. O futuro da política regional

Não pode deixar de haver apreensão acerca do futuro da política regional, face à existência de situações de desemprego elevado em países e regiões mais ricos e às exigências orçamentais acrescidas com a entrada de novos membros (os PECO's).

a) Compreende-se naturalmente que haja sempre uma grande sensibilidade aos problemas do desemprego. Mas o nosso país foi em anos anteriores um exemplo claro de não coincidência com a existência de atrasos estruturais, havendo antes da crise taxas de desemprego mais baixas do que em países mais desenvolvidos: por exemplo de 7,2% em 2004 quando era de 9,1% na área do euro ou ainda por exemplo de 9,6% na Alemanha, de 8,3% na Bélgica, de 10,9% na Espanha, de 9,2% na Finlândia e de 9,7% na França. As diferenças eram aliás ainda maiores em anos anteriores, por exemplo em 2001 o desemprego era de 4,4% em Portugal e de 7,9% na UE-15, sendo além disso especialmente baixo em algumas regiões mais pobres do nosso país, como eram os casos da Região Centro, com 2,4%, a segunda taxa mais baixa de toda a União, sendo contudo a 12ª região mais pobre, e dos Açores, com 3,7% de desemprego, mas sendo a 4ª mais pobre...[79]

A 'tradição' de nas últimas décadas o desemprego ser menor em Portugal do que na União Europeia (UE-15), com uma mudança recente de posição, é ilustrada pela figura que se segue:

---

[78] Esperava-se que a Espanha, na Presidência no primeiro semestre de 2002, tivesse conseguido avançar com a proposta que apresentou em 1998, levando a um financiamento mais equilibrado do orçamento da União (ver Porto, 2006b e 2009a, p. 537). Mas assim não aconteceu. Sobre uma proposta recente ver Porto (2012b e 2012c).

[79] Com um aumento generalizado do desemprego nos últimos anos, ainda agora (em 2014) a Região Centro, com o seu equilíbrio urbano, tem a taxa de desemprego menos elevada, de 11%, quando é de 15,1% no conjunto do país e de 16,4% em Lisboa (sendo a mais elavada no Algarve, com 18,3%).

Fig. XV.19

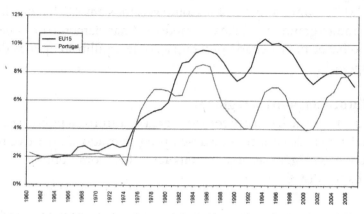

Fonte: Bento (2009, p. 74)

Havia e há em geral uma 'luta' difícil a travar, sendo de prever que fôssemos perdendo aliados, desde logo a Espanha, com uma taxa de desemprego de quase 11% em 2004, agora, com a crise, de 25,1%, e tendo pouca população em regiões de 'convergência'. Poderão passar a ser 'aliados' os PECO'S, que todavia, a par de baixos níveis de PIB *per capita* (alguns todavia com subidas rápidas recentes, já antes da crise...) têm simultaneamente níveis altos de desemprego.

Face a este quadro será difícil fazer valer a posição de que não pode esmorecer a promoção regional, mesmo sabendo-se que só com ela é possível assegurar empregos estáveis às populações.

b) Os alargamentos que têm vindo a verificar-se, por seu turno, além de levarem a uma pressão muito maior nas despesas da PAC (política que, embora seja errada, não pode ser radicalmente mudada de um momento para o outro), têm exigências inquestionáveis na política regional, havendo novos membros, já integrados e a integrar, com PIB's *per capita* pouco acima ou mesmo abaixo de 30% da média da União.

Os cálculo feitos quando tiveram início foram muito dispares, em especial em relação aos custos da política agrícola. Alguns eram aliás inaceitáveis, só explicáveis por uma grande preocupação, da parte de alguns autores, em que os países ricos não pagassem mais para o orçamento da União... Com realismo, era de esperar que a PAC aplicada aos PECO's custasse mais de 12 000 milhões de euros[80] e que com as políticas estruturais se paguasse um montante semelhante ao que era já dispendido (cfr. Porto, 2009a, pp. 503-7).

Poderia haver pois a tentação de se promover a coesão nesses países à custa do esforço regional nos membros actuais; que todavia continuam a ter problemas estruturais a resolver.

É de saudar, pois, o equilíbrio mantido, com a continuação de apoios aos países já membros (com o relevo assinalado em relação a Portugal).

3.8. A exigência de orçamentos realistas, adequados aos desafios e justos

O orçamento de cada ano tem de se circunscrever ao que está estabelecido nas Perspectivas Financeiras, agora nas que foram aprovadas para o período entre 2014 e 2020. Com o seu conhecimento podem fazer-se juízos acerca dos montantes totais disponíveis e do modo com em geral são repartidas as verbas. Mas para além disso importa ajuizar acerca do modo com os orçamentos são financiados.

3.8.1. A exiguidade dos recursos

Num processo que vem de trás, depois de uma proposta inicial da Comissão, feita em 10 de Fevereiro de 2004, através do COM(2004)101 final (Comissão Europeia, 2004d[81], de 1.025,04 milhares de milhões de euros para dotações de autorização (928,70 para dotações de pagamento, 1,15% em relação ao rendimento nacional bruto, RNB, da União), foi-se assistindo à apresentação de propostas ainda mais modestas (ver Porto, 2006), com uma recuperação muito pequena no acordo que veio a ser conseguido então entre as três instituições responsáveis, a Comissão, o Conselho e o Parlamento Europeu, no dia 17 de Maio de 2006.

Acabou por se ficar pelo valor global de 864,316 milhares de milhões de euros para o total das dotações para autorização: valor que correspondia a 1,048 do RNB.

---

[80] Mesmo com uma perspectiva mais optimista, de 10 000 milhões, Senik-Leygonie (2002, p. 299) não deixou de concluir que "la perspective de l'élargissement accroît la pression en ou faveur de la réforme de la PAC".

[81] Publicada em *Temas de Integração*, n. 17, 1º Semestre de 2004 (Almedina, Coimbra), pp. 167--228.

Sendo nós os últimos a defender (em geral) grandes orçamentos, defendendo em especial a lógica comunitária da subsidiariedade (ficando para os vários escalões nacionais tudo o que possa ser feito aqui pelo menos com a mesma eficiência), não podemos desconhecer que temos assim orçamentos modestos: muito menores do que os orçamentos de grande parte dos Estados-Membros, por exemplo só 25% acima do orçamento do Estado português (numa comparação impressiva, é de referir ainda que a Comissão Europeia tem tido um orçamento mais pequeno do que o do *Mayor* de Londres e o conjunto das instituições menor do que o do *Maire* de Paris (cfr. I. Begg, 2004, p.1; e referindo outras comparações curiosas Porto, 2009a, p. 530-1)

Mais concretamente, o que está em causa é saber se se trata de orçamentos capazes de dar resposta aos desafios mínimos da União Europeia, como vimos, o mais importante espaço económico do mundo.

Está em causa aliás não só o nosso interesse como o interesse dos demais espaços e países do mundo, que só têm a ganhar com uma Europa forte, criadora de oportunidades de mercado e parceiro privilegiado na ajuda ao desenvolvimento (cfr. Porto, 2013 e 2014).

Face às necessidades com os alargamentos que têm vindo a ocorrer, responsáveis dos países mais ricos (com o seu peso) foram tentando mostrar que poderia haver poupança em relação ao limite estabelecido (então de 1,275 do PIB[82]; afinal tendo-se ficado mais abaixo, como vimos), estando naturalmente em grande parte em causa as políticas estruturais.

Mas se há algo com que os países mais ricos têm beneficiado tem sido precisamente com os alargamentos, com um aumento significativo das oportunidades de mercado na sua vizinhança: não podendo desconhecer-se que a Alemanha tem 50% das exportações para os PECO's, sendo 18% da Itália, 8% da França e apenas 0,34% de Portugal; ou que com a aplicação de um modelo de equilíbrio geral, considerando os efeitos mais relevantes (cfr. Baldwin *et al.*, 1997), se estimou que com o alargamento a Alemanha terá um ganho de 33,8%, a França de 19,5% e o Reino Unido de 14,1%, devendo Portugal ter mesmo um prejuízo, de 0,06%) (ver também Mayhew, 1998-9).

---

[82] E o Parlamento Europeu não deixou de condenar a 'intangibilidade' deste limite que vinha da Agenda 2000, quando da aprovação do Relatório Colom I Naval (doc. A4-033/97; cfr. Porto, 1998b, p. 38 e 1999, pp. 101-2, Colom I Naval, 2000a e 2000b ou ainda A. Marques, 1999).

3.8.2. As prioridades estabelecidas para as despesas

Agora, na sequência de uma primeira proposta da Comissão para o Quadro Financeiro para 2014-2020, feita através do COM (2011) 398 final e do COM (2011) 500 final, ambos de 29.6.2011, veio a conseguir-se um acordo, com a repartição de depesas que consta do quadro seguinte (quadro XV.10):

QUADRO XV.10
Quadro Financeiro Plurianual (UE-28)

(milhões de EUR – preços de 2011)

DOTAÇÕES DE AUTORIZAÇÃO	2014	2015	2016	2017	2018	2019	2020	Total 2014-2020
1. Crescimento inteligente e inclusivo	60 283	61 725	62 771	64 238	65 528	67 214	69 004	450 763
1a: Competitividade para o crescimento e o emprego	15 605	16 321	16 726	17 693	18 490	19 700	21 079	125 614
1b: Coesão económica, social e territorial	44 678	45 404	46 045	46 545	47 038	47 514	47 925	325 149
2. Crescimento sustentável: Recursos naturais	55 883	55 060	54 261	53 448	52 466	51 503	50 558	373 179
das quais: Despesas de mercado e pagamentos diretos	41 585	40 989	40 421	39 837	39 079	38 335	37 605	277 851
3. Segurança e cidadania	2 053	2 075	2 154	2 232	2 312	2 391	2 469	15 686
4. Europa global	7 854	8 083	8 281	8 375	8 553	8 764	8 794	58 704
5. Administração	8 218	8 385	8 589	8 807	9 007	9 206	9 417	61 629
das quais despesas administrativas das instituições	6 649	6 791	6 955	7 110	7 278	7 425	7 590	49 798
6. Compensações	27	0	0	0	0	0	0	27
TOTAL DAS DOTAÇÕES DE AUTORIZAÇÃO	134 318	135 328	136 056	137 100	137 866	139 078	140 242	959 988
em percentagem do RNB	1,03 %	1,02 %	1,00 %	1,00 %	0,99 %	0,98 %	0,98 %	1,00 %
TOTAL DAS DOTAÇÕES DE PAGAMENTO	128 030	131 095	131 046	126 777	129 778	130 893	130 781	908 400
em percentagem do RNB	0,98 %	0,98 %	0,97 %	0,92 %	0,93 %	0,93 %	0,91 %	0,95 %
Margem disponível	0,25 %	0,25 %	0,26 %	0,31 %	0,30 %	0,30 %	0,32 %	0,28 %
Limite máximo dos recursos próprios em percentagem do RNB	1,23 %	1,23 %	1,23 %	1,23 %	1,23 %	1,23 %	1,23 %	1,23 %

Trata-se de um quadro que está na linha da estratégia definida para esta década, a Estratégia Europa 2020.

Seguindo-se à estratégia de Lisboa, a Estratégia Europa 2020 (COM: Comissão Europeia, 2010 (2010) 2020 *final*, de 3.3.2010) tendo em conta desafios que se avizinham e a que a Europa tem de dar resposta (casos da globalização, da pressão sobre os recursos e do envelhecimento da população), veio estabelecer três prioridades básicas, "que se reforçam mutuamente) :

1) Um crescimento "inteligente" ("*smart growth*"), estando em causa "desenvolver uma economia baseada no conhecimento e na inovação":
2) Um crescimento sustentável, com a promoção de "uma economia mais eficiente em termos de utilização dos recursos, mais ecológica e mais competitiva", e
3) Um crescimento inclusivo, com o fomento de "uma economia com níveis elevados de emprego que assegure a coesão social e territorial; não se perdendo pois de vista, corretamente, as preocupações sociais e regionais".

São prioridades a que é dada naturalmente sequência no Quadro Financeiro Plurianual para 2014-2020, sendo-lhes destinadas mais de 85,2% das verbas totais.

A primeira e a terceira prioridades vêm em conjunto, numa secção sobre Crescimento Inteligente e Inclusivo: com a afetação de 450 763 milhares de milhões de euros ao longo dos sete anos, 46,9% do total.

Aqui, a parcela de longe maior (de 325 149 milhares de milhões de euros, mais de 72,13% do subtotal desta primeira secção) vai para a Política de Coesão (podendo ver-se numa análise mais desagregada que por seu turno a maior fatia vai para a convergência regional, com 162 590 milhares de milhões de euros, em grande medida para as regiões (NUT's II) com PIB's per capita abaixo de 75% da média da União (regiões que poderão além disso, para além das verbas a que têm direito por este via, participar de outros recursos, como é o caso do Fundo de Coesão).

A segunda secção, com o título de Crescimento Sustentável: Recursos Naturais, tem uma afetação de 373 179 milhares de milhões de euros, 38,87% do total do orçamento da União. Na linha do tradicional relevo da PAC, referido atrás, ainda lhe são destinados, em pagamentos directos e despesas de mercado, 277 851 milhares de milhões de euros; sendo todavia de saudar que ao desenvolvimento rural seja destinado perto de um quarto deste subconjunto.

Está-se ainda muito aquém do que será desejável, em intervenções de "primeiro ótimo", numa linha de melhorias estruturais (com a promoção do desenvolvimento rural), não se agravando preços, tal como foi acontecendo com a PAC ao longo de décadas, com os já referidos prejuízos sociais (v.g. com os preços dos alimentos) e económicos (perdendo-se competitividade nas indústrias transformadoras). Mas é bem mais do que o que era destinado ao antigo FEOGA-Orientação (ao longo de vários anos menos de 5% do que era destinado à agricultura).

São depois muito menores os valores das outras três secções: a secção da Segurança e Cidadania, com 15 686 milhares de milhões de euros, 1,63% do total do orçamento da UE, uma secção designada de Europa Global, com 58 704 milhares de milhões, 6,12% desse total, e por fim a secção de Administração com 61 629 milhares de milhões de euros, que representam pouco mais de 6,42%.

Com este último valor são contrariadas as críticas de que a União Europeia terá uma estrutura administrativa muito pesada. Haverá seguramente casos de peso excessivo, mas o conjunto é um bom exemplo para vários Estados nacionais, como é o caso da nossa administração central.

3.8.3. O financiamento dos orçamentos

Por fim, importa saber como são financiados os orçamentos, não podendo deixar também aqui de se ter a maior cautela no cumprimento de critérios de equidade e eficiência económica (ainda por exemplo administrativos, podendo ser muito diferentes os custos de cobrança das receitas).

Muito em particular, tal como os Estados nacionais a União Europeia tem de ser "pessoa de bem", não podendo desconhecer eventuais faltas de justiça no modo como os cidadãos são onerados. É pois especialmente chocante que no COM (98) 560[83], tratando do financiamento da Agenda 2000, em contradição com passos em que está expressada uma preocu-

---

[83] Comissão Europeia (1998). Com a referência a outras afirmações igualmente criticáveis pode ver-se já Porto (2000).

pação correcta[84], tenha defendido que a preocupação de equidade não teria de verificar-se no lado das receitas, apenas no lado das despesas, bastante e adequado para se assegurar a justiça (trata-se de afirmação especialmente inaceitável quando mesmo do lado das despesas temos a PAC, com as enormes iniquidades já sublinhadas).

Há dez anos a Comissão fez a sugestão que consta do COM (2004) 501, de 14 de Julho de 2004 (com outras sugestões, de outras entidades, ver Porto, 2006 e 2009a, pp. 537 e 540-4): com o intuito declarado de que "o sistema de recursos próprios da União" passasse "de um sistema de financiamento predominantemente baseado em contribuições nacionais para um sistema de financiamento que reflectiria melhor uma União de Estados Membros e as populações da Europa", em resposta a alegadas críticas de "falta de transparência para os cidadãos da União Europeia", de "autonomia financeira limitada" e de "complexidade e opacidade"[85] (p. 222). Sugeriu-se por isso a substituição das contribuições RNB por "recursos fiscais relativamente importantes e visíveis, a pagar pelos cidadãos da UE e/ou pelos operadores económicos", sendo apontados como "candidatos principais" "1) um imposto sobre o rendimento das sociedades, 2) um verdadeiro recurso IVA e 3) um imposto sobre a energia".

Se se quer privilegiar a *accountability* e a transparência para os cidadãos, exigindo 'contrapartida' do que sentem que estão a pagar, trata-se de propósito que não se atinge todavia obviamente com o IVA, que como se sabe recai sobre os consumidores sem que dele se apercebam (assim acontecerá também em grande medida com a tributação das sociedades e mesmo da energia). Por outro lado, há mais valores a ter em conta, o primeiro dos quais é o valor da justiça da tributação, sendo ainda da maior importância assegurar a competitividade da União Europeia, valores que

---

[84] Curiosamente, assim havia acontecido inclusivamente, como veremos adiante, com o COM(97) 2000, de 8.4.1997, o primeiro documento que abriu caminho para a Agenda 2000 (Comissão Europeia, 1997b), na base das Perspectivas Financeiras para 2000-2006.

[85] Acrescentando-se todavia logo no parágrafo seguinte que "o sistema actual de financiamento funciona relativamente bem de um ponto de vista financeiro, na medida em que assegurou um bom financiamento e mantém os custos administrativos do sistema a um nível bastante baixo". Sendo ainda justo e não penalizador da competitividade, quando comparado com o que se propõe (vê-lo-emos a seguir), há que ponderar se deverá ser alterado...

ficam gravemente prejudicados com as propostas feitas (não sendo já preocupante que se trate de uma Europa *de países...*)

Como vimos no quadro XV.9, p. 526, um peso exagerado de tributação indirecta levou a uma regressividade inaceitável, de tal modo que o contributo para a União Europeia representava há poucos anos mais para os cidadãos de Portugal e da Grécia do que para os cidadãos do Luxemburgo ou da Dinamarca. Um peso exagerado da tributação das sociedades e da energia põe por sua vez em causa a competitividade da União Europeia, num mundo aberto em que temos que dar atenção a todos os factores que possam prejudicar-nos (a tributação da energia leva ainda a um aumento da regressividade sendo abrangidos consumos domésticos, dado que percentualmente gastam mais em energia os pobres do que os ricos, bem como a uma oneração maior dos países da periferia, mais dependentes dos custos de transporte: ver Porto, 2002d).

De nada adianta dizer, em termos sedutores (ainda p. 222), que "em cada caso, a pressão fiscal sobre os cidadãos não tem de aumentar, uma vez que a taxa do imposto da UE poderia ser contrabalançada por uma diminuição da parte do mesmo imposto, ou de outros impostos, que reverte a favor do orçamento nacional". Fica todavia por resolver satisfatoriamente (ainda que se mencione) a questão da distribuição pelos países e pelas pessoas com os impostos indirectos a recair mais sobre os países e as pessoas pobres, quando o recurso RNB recai sobre os países ricos. A quebra de receita nacional não pode por outro lado deixar de ser compensada em todos os países por tributação indirecta, face à falta de margem de manobra com a tributação directa, com consequências no agravamento da regressividade que já se sublinhou.

Uma distribuição justa, mesmo progressiva, que satisfaria os requisitos de transparência e *accountability*, seria conseguida com uma tributação ligada aos impostos pessoais sobre os rendimentos das pessoas, os IRS[86]. Compreende-se todavia a dificuldade desta solução, obrigando a uma harmonização das bases tributáveis que os países não aceitarão. Sendo assim o sucedâneo mais próximo, mais justo e menos penalizador da competitividade da União Europeia (ainda de administração mais fácil) é o do recurso RNB.

---

[86] Referimo-lo num relatório que elaborámos no Parlamento Europeu (ver Porto, 1999, pp. 103-4).

Não poderá aliás deixar de causar estranheza que no documento em análise (o COM82004)101) não haja preocupação com a regressividade do sistema, preocupação que havia ficado bem sublinhada no Protocolo nº 15 do Tratado de Maastricht, em 1992, ou no já referido COM897) 2000: alertando-se para que "a introdução de um novo recurso próprio, qualquer que seja a sua natureza, tornará provavelmente o sistema de financiamento menos equitativo dado a repartição do rendimento do novo recurso entre os Estados-Membros não corresponder provavelmente à repartição do PNB". Pergunta consequentemente "se não seria mais eficaz passar a um sistema inteiramente baseado nas contribuições do PNB" (agora no RNB), solução que além disso é de aplicação muito fácil e garante sempre a suficiência de recursos[87].

O maior peso actual deste recurso é ilustrado pelo quadro (XV.11) e pela figura (XV.17) que se seguem, reflectindo as reduções impostas ao recurso IVA e a diminuição natural do relevo dos recursos próprios tradicionais (receitas da aplicação da pauta alfandegária comum e dos diferenciais sobre as importações de produtos agrícolas, nos termos da PAC); que estarão já hoje a evitar ou pelo menos a atenuar a regressividade mostrada pelo quadro IV.9 (p. 589).

---

[87] A preocupação com a regressividade do sistema e alguma sugestão no sentido de "o sistema de financiamento ser baseado na capacidade contributiva que deriva da riqueza relativa dos Estados-Membros expressa principalmente em termos de PNB" foi manifestada também nos trabalhos da Convenção, mas não ficou consagrada no texto proposto para a Constituição Europeia, que se limita a remeter, no artigo I-53, nº 4, para "uma lei europeia do Conselho de Ministros", "após aprovação do Parlamento Europeu" (cfr. O. Martins, pp. 84-6); nem agora no Tratado de Lisboa, estando na mesma linha o artigo 311º do TFUE (cfr. Porto, 2012b e 2012c).

QUADRO XVI.1
Recursos próprios da União Europeia

	1996	1997	1998	1999	2000	2001	2002[1]	2003	2004[2]	2005[3]	2006[4]	2007[5]	2008[6]	2009[7]
RPT	19,1%	18,8%	17,2%	16,8%	17,4%	18,1%	11,9%	13,0%	11,50%	11,75%	12,85%	15,14%	15,77%	16,74%
IVA	51,3%	45,5%	40,3%	37,8%	39,9%	38,7%	28,8%	25,4%	14,48%	14,55%	14,35%	15,60%	16,06%	17,10%
PNB/RNB	29,6%	35,7%	42,5%	45,4%	42,7%	43,2%	59,3%	61,6%	74,02%	73,71%	72,79%	69,26%	68,18%	66,16%
Total de recursos próprios (mil milhões de euros)	71,1	75,3	82,2	82,5	88,0	80,7	77,7	83,6	98,91	105,25	110,67	114,28	118,92	114,73

Fonte: Comissão Europeia

[1] A partir de 2002, a percentagem dos RPT retida pelos Estados-Membros enquanto compensação pelos custos de cobrança foi aumentada de 10% para 25%. Esta diferença representou cerca de 2,2 mil milhões de euros em 2002 e 2003.
[2] Anteprojecto do orçamento rectificativo n.º 8/2004 (UE-25).
[3] Anteprojecto do orçamento 2005.

FIG. XV.20

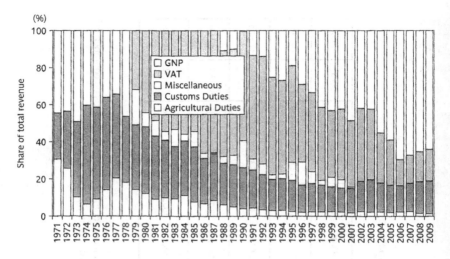

Fonte: Baldwin e Wyplosz (2012, p. 83)

Tendo vindo a verificar-se pois seguramente uma melhoria, com o aumento do peso de PNB (ou RNB), será inaceitável que se retroceda num sentido que, sem trazer nada de melhor, pelo contrário, nos afastaria do caminho mais justo e mais favorável dos pontos de vista económico e financeiro que tem vindo a ser seguido.

Trata-se todavia de receio que não está afastado. Depois de outras propostas também feitas (pode ver-se Porto, 2012b e 2012c), vem no sentido de haver um novo recurso IVA, bem como no sentido da tributação das transacções financeiras (permitindo a redução das contribuições nacionais) a proposta mais recente da Comissão, com o COM(2011)510 final, de 29.6.2011 (Comissão Europeia, 2011b).

Trata-se de proposta que está considerada no quadro que se segue (quadro XV.12), comparando as verbas e as percentagens constantes do projecto de orçamento para 2012 com a antevisão para 2020, de acordo com o que se propõe:

QUADRO 4
Evolução estimada da estrutura do financiamento da UE (2012-2020)

	Projecto de orçamento de 2012		2020	
	Mil milhões de EUR	% de recursos próprios	Mil milhões de EUR	% de recursos próprios
Recursos próprios tradicionais	19,3	14,7	30,7	18,9
Actuais contribuições nacionais das quais	111,8	85,3	65,6	40,3
Recurso próprio baseado no IVA	14,5	11,1	-	-
Recurso próprio baseado no RNB	97,3	74,2	65,6	40,3
Novos recursos próprios dos quais	-	-	66,3	40,8
Novo recurso IVA	-	-	29,4	18,1
Imposto da UE sobre as operações financeiras	-	-	37,0	22,7
Total dos recursos próprios	131,1	100,0	162,7	100,0

Aqui se aponta para que em 2020 os recursos próprios tradicionais proporcionem 18,9% do total das receitas do orçamento da União, o novo recurso IVA 18,1%, a tributação das transacções financeiras 22,7% e o contributo RNB 40,3%.

Este último recurso terá pois ainda um relevo assinalável, mas que não será bastante para que se evite uma distribuição geralmente regressiva com o conjunto das receitas (havendo aliás até 2020, nos termos do artigo 4º da proposta, um "abatimento" no contributo RNB para quatro dos países mais ricos: o Reino Unido, a Alemanha, a Holanda e a Suécia).

Trata-se pois de proposta a merecer uma profunda reflexão, tendo-se ainda em conta as cautelas que tem de haver sempre com as transacções financeiras, num mundo aberto em que não pode deixar de se ter a concorrência de espaços especialmente favorecidos.

A atractividade por recursos próprios, em relação a transferências orçamentais, não podia estar expressada de um modo mais claro quando se afirma (p. 2) que "consequentemente as contribuições dos Estados-membros para o orçamento da UE irão diminuir, pelo que estes passarão a dispor de uma maior margem de manobra na gestão e recursos nacionais escassos".

Trata-se de facto de algo atraente, em especial no período de crise que atravessamos; mas não pode deixar de continuar a pôr-se a questão de saber se tal vantagem ultrapassará os inconvenientes de menor equidade e perda de competitividade que foram apontados.

ÍNDICE DE ASSUNTOS

A
Abertura de crédito – 292
Acções – 276-7
Acelerador – 265, 333
Acordo de Cartajena – 414
Acordo Monetário Europeu (AME) – 354, 371
Acordo de Parceria 2014-2020 – 503, 507-9
Acto Único Europeu – 172, 408
AEC (African Economic Community) – 416
Aerospaciale – 170
AGAA (Administração Geral do Açúcar e do Álcool) – 171
Agenda 2000 – 530, 534
Ahistoricismo dos clássicos – 73-4
AICEP (Agência para o Investimento e Comércio Externo de Portugal) – 182
AID (Associação Internacional para o Desenvolvimento) – 484
Airbus – 154, 405
Ajuda ao desenvolvimento – 482-4
ALAI (Associação Latino-Americana de Integração) – 413
ALALC (Associação Latino-Americana de Comércio Livre) – 412-3
Alargamento (da União Europeia) – 528-9
ALCA (Área de Livre Comércio das Américas) – 414-5
Alenia – 170
Altmark (acórdão) – 175
Amortizações – 214-7
APEC (Asea-Pacific Economic Forum) – 408, 409, 412, 415, 424
Área (zona) de comércio livre – 393
'Área monetária óptima' – 444
ASEAN (Association of South East Asian Nations) – 415
ATR – 170
Auto-Europa – 176
Austeridade – 266-7
Auxílios públicos – 173-6

B
Balança de capital – 430-1
Balança corrente – 430
Balança financeira – 431
Balança dos pagamentos – 430-42
Bananas (disputa) – 525

Banco(s) – 287-99
Banco Central Europeu (BCE) – 287, 293, 295, 302, 316, 317, 318, 324, 339, 446
Bancos centrais nacionais – 287, 295
Banco Mundial (World Bank) – 354, 484
Banco de Portugal – 287, 288
Banking principle – 294-5
'Barreiras não visíveis' (NTB) – 393
Barter trade – 270
BEI (Banco Europeu de Investimento) – 484
Bens (noção) – 30
Bens complementares – 35, 108-9
Bens consumíveis – 32
Bens directos (ou de consumo) – 32-3
Bens duradouros – 33
Bens duráveis – 35
'Bens económicos' – 43
Bens finais (v. produtos acabados)
Bens fungíveis – 35-6
Bens imateriais (v. serviços)
Bens indirectos (ou de produção) – 31
'Bens livres' – 43
'Bens de luxo' – 260
Bens materiais – 30
Bens naturais – 31
'Bens de necessidade' – 260
Bens perecíveis (ou deterioráveis) – 35
Bens de produção associada – 36
Bens de produção conjunta – 36
Bens produzidos – 31
Bens substituíveis – 35
Bens sucedâneos – 35-6, 107-8
BERD (Banco Europeu de Reconstrução e Desenvolvimento) – 484

Bloco formal – 408
Bloco informal – 408
BMW – 170
Boeing – 154, 405
Bombardier – 154
Bretton Woods (sistema) – 38-10
BRI's (Boletins de Registo de Importação) – 370
British Aerospace – 170

C

CACM (Mercado Comum da América Central) – 414
Caixa de Edgeworth-Bowley – 50-2
Caixa Geral de Depósitos – 289
Câmbios – 434-7
Câmbios flutuantes – 434-5
Capital – 48-52, 200-6, 479-84, 521
Capital humano – 197-8, 406-9, 476-9
CARICOM (Mercado Comum das Caraíbas) – 414
Cartel – 157
Causação cumulativa (modelos de) – 496
CECA (Comunidade Europeia do Carvão e do Aço) – 168, 172, 392-3
CEE – 392
CELAC (Comunidade de Estados Latino-Ameircanos e Caribenhos) – 415
Centro-periferia (modelos de) – 496
CEPAL – 489
CER (Acordo de Relações Económicas mais Próximas) – 415
Chechini (relatório) – 307
Chicago (Escola de) – 254, 300, 329
Cheques – 383-4
Cheques cruzados – 284

Choques assimétricos (v. fundo para acorrer a)
'Ciclo de vida' (*life-cycle*) – 258
Cimeira de Trujillo – 414
Circuito económico – 207-12
Circulação monetária (v. velocidade de circulação de moeda)
Círculo vicioso
　da falta de educação – 477-8
　da formação de capital – 477-8
　da pobreza – 493-4
　da tecnologia – 484-5
Cláusula da nação mais favorecida – 425
Clayton Act – 163-4
Clearings – 37-440
Clube de Roma – 458
CMESA (Common Market for Eastern and Southern Africa) – 416
Coeficiente de Gini – 237-41
Coesão (fundo de) – 506
Coesão (países da) – 557
Cold shower effect – 399
COMECON – 392, 411, 417
Comércio intra-bloco – 416-7
Comércio intra-sectorial (v. IIT)
Comissões de Coordenação Regionais – 503, 509
Comportamento monopolístico – 131
Comportamento oligopolístico – 131
Comportamento polipolístico – 131
Compras públicas – 177-8
Comunidade Andina – 414
Concentrações de empresas (*mergers*) – 168-70
Concorrência (política de) – 163-84
Concorrência bilateral – 130
Concorrência-condição – 164

Concorrência-meio – 165-179
Concorrência monopolística – 150-3
Concorrência perfeita (ou pura) – 131, 135-8
Contabilidade Nacional – 207-30
Continental Can (acórdão) –169
'Convergência' (regiões de) – 498, 508
Cournot (v. princípio de)
Crawling peg – 309, 314, 437
Creeping inflation (v. inflação rastejante)
Crescimento – 266-7, 451-64
'Crescimento 0' – 458
Criação de comércio – 397
Criação de rendimento – 399
Crise asiática – 481-2
Cross section (análise) – 61
Currency principle – 294-5
Curva de indiferença no consumo – 47-8, 102
Curva de isoquanta (ou isoquantidade) – 48-50, 119-20
Curva de Lorenz – 235-7
Curva de Phillips – 309, 341-3, 501
Curva de possibilidades de produção – 50-4
Curva quebrada da procura – 155
CUSTA – 412
Custo fixo – 121
Custo marginal (curva) – 116, 119, 124-6
Custo médio – 121-5
Custo pleno (ou *full cost*) – 127
Custo total – 121
Custo variável – 121

D

Dano potencial – 164
De Havilland – 170

De minimis (regra) – 167
Dedutivo (método) – 59-62
Deflação – 336-7
Democracia (na base do desenvolvimento) – 466-7
Demografia (excesso demográfico) – 473-9
Demonstração (efeito de) – 99-100
Depósitos – 289-90
Depósitos fictícios – 290, 297
Depósitos reais – 290
Depressão – 253, 266, 325-6
Desconto – 290-1
Deseconomias externas – 183, 129-30
Desemprego – 253-4, 265, 340-1, 452
Desigualdades – 231-41
Despesa (tipos de) – 258-62
Despesa pública – 91-5, 261
Desvalorização – 436-7
Desvio de comércio – 397
Diagrama da Caixa de Edgeworth-Bowley (v. Caixa)
'Diferenciação de atributos' (teoria) – 369
'Dilema do prisioneiro' – 156
Dilema de Triffin – 439
Dinâmica (análise) – 59
Dinâmicos (efeitos) – 389-9
Direcção central – 83-5
Direitos niveladores agrícolas – 243, 526
Direitos de saque especiais – 439
Discriminação dos preços – 145-50
Dispersão (efeitos de) – 496
Distorção – 377
Divergências (v. teoria das)
Doha (Agenda de) – 391, 422, 427, 490
Dollar gap – 439

Dollar glut – 439
Doutrina (noção) – 56-7
'Doutrina social' (da Igreja) – 57
Duplas contagens – 209-10, 214-7

E
ECCAS (Economic Community of Central African States) – 416
ECOFIN – 319
Econometria – 70-1
Economia (definição) – 27-9
Economias de escala – 122-5, 369, 397-8
Economias externas – 183-4, 229-30
Economias internas – 181-3
ECOWAS (Economic Community of the West African States) – 416
Educação e produtividade – 466, 476-9
'Efeito de demonstração' – 94-100, 107
'Efeito de dominó' – 410
Efeito de rendimento – 98-9
Efeito de substituição – 98-9
Efeito volume de produção – 99
Efeitos dinâmicos – 398-9
Eficiência marginal do capital (v. taxa interna de rentabilidade)
EFTA (European Free Trade Association) – 354, 393, 462-3
Elasticidade-cruzada – 108-9
Elasticidade-preço da oferta – 118-9
Elasticidade-preço da procura – 105-8
Elasticidade-rendimento da procura – 80, 111-2
Elasticidades perversas – 105, 435-7
Embraer – 154
Emissão (ganhos de) (v. senhoriagem)
Empresas públicas – 172-3
Engel (v. lei de)

ÍNDICE DE ASSUNTOS

EPAC (Empresa Pública de Abastecimento de Cereais) – 171
Equação das trocas – 299-301
Equilíbrio estável (preço de) – 138
Equilíbrio geral – 58
Equilíbrio parcial – 58
Escassez – 43
Escola (princípio) bancária(o) – 284-5
Escola histórica alemã – 75
Escola (princípio) monetária(o) – 294-5
Espiral salários-preços – 332-4
Espaço Económico Europeu (EEE) – 407-411
Estabilização conjuntural – 266
Estagflação – 338
Estática (análise) – 59
Estratégia Europa 2020 – 532
Estratégia de Lisboa – 461, 464, 506, 532
Estratégias dos blocos – 418-9
EURATOM (Comunidade Europeia da Energia Atómica) – 392
Euro – 305-20
Euro (e Portugal) – 305-20
EURIBOR – 305
'Europa fortaleza' – 407
Eurolândia – 491-2
Eurossistema (v. Sistema Europeu de Bancos Centrais)
Excedente dos consumidores (v. renda dos)
Expectativas racionais – 67, 257
Export led growth – 348, 53
Externalidades – 94-6

F
'Facilidades permanentes' de cedência e aceitação de fundos (*standing facilities*) – 303-5

FEADER (Fundo Europeu Agrícola de Desenvolvimento Rural) – 420, 443
Factoring – 288
Factores de produção – 185-204, 453-64
FED (Fundo Europeu de Desenvolvimento) – 484
FEDER (Fundo Europeu de Desenvolvimento Regional) – 176, 443, 505-7
FEOGA (Fundo Europeu de Orientação e Garantia-Agrícola) – 420, 443, 525
'Fim da história' – 73-4
Financeiras (políticas) – 243-8
Fiscal (política) – 243-7
FMI (Fundo Monetário Internacional) – 338, 354, 372, 437-8
Fokker – 170
Ford – 176, 195
Ford-Volkswagen – 176
Fronteira de possibilidades de produção (v. curva de)
Função-aforro – 259
Função-consumo – 258-9
Função de produção – 48, 52, 119-20, 224, 356, 360
Fundo para acorrer a choques assimétricos – 319, 445-6
Fundo de Coesão – 443-4, 446
Fundo Europeu de Ajustamento à Globalização – 446
Fundo Social Europeu (FSE) – 195, 443, 507
Fundos estruturais – 420, 442-3, 446, 507

G
GATT (Acordo Geral sobre Impostos Alfandegários e Comércio) – 354, 372, 392, 407

Giffen (paradoxo de) – 100
Gini (v. coeficiente de)
Globalização – 345-55, 403-25
Grande Depressão – 325, 337
'Grupos de interesses' – 380

H
Harris-Todaro (modelo) – 520
Hiper-inflação – 334
Homo oeconomicus – 67
Homogeneidade – 135

I
IAPMEI (*Instituto de Apoio às Pequenas e Médias Empresas Industriais*) – 182
IDE (investimento directo estrangeiro) – 469-70
IIT (*Intra industry trade*) – 351-2, 445
'Ilusão monetária' – 225-6
Imperfeições do mercado – 87-8, 183-4
Imposto sobre a energia – 534-5
Imposto sobre as sociedades – 534-5
Imposto sobre as transações financeiras – 538-9
Imposto sucessório – 246-7
Impostos alfandegários – 370
Impostos do 'pecado' – 244
Índice de preços – 225-6
Indiferença no consumo (v. curvas de)
Indústrias nascentes (argumento) – 75, 382, 403-8, 411
Indústrias senescentes (argumento) – 386-7
Indutivo (método) – 59-62
Inflação (noção e medição) – 321-3
Inflação criadora – 336-7
Inflação-custo – 331-2
Inflação estéril – 337
Inflação estrutural – 332
Inflação galopante (v. hiper inflação)
Inflação-procura – 329-31
Inflação rastejante – 321
Inflação-salários – 331-2
Iniciativa para as Américas – 412
Inovação (e lucro) – 206
Instituições de crédito – 288-9
Investigação e desenvolvimento tecnológico (I & D) – 519
IRC – 407
IRS – 244, 407, 535
Isoquanta (v. curva de)
IVA (imposto sobre o valor acrescentado) – 243, 388, 407, 537, 539

J
Jogos (teoria dos) – 156-8, 375-6, 422
Juro – 200-5, 279
    teoria real – 201-3
    teoria monetária – 202-4

K
Keynesianismo – 255-6

L
Lei de Engel – 80, 260
Lei dos rendimentos decrescentes – 74, 116-7, 185
Lei de Say (dos mercados dos produtos) – 254
Lei de Schwabe – 260
Lei da utilidade (marginal) decrescente – 42-3, 101-2
Lei de Wagner – 92
Letra – 290-1
Líquidos (v. valores)
Livre-cambismo – 488-92

ÍNDICE DE ASSUNTOS

Lockhead – 405
Lorenz (v. curva de)
Lucro – 205-6

M
Macroeconomia – 57-8
Mais-valia – 76-7
'Mão invisível' – 73-4, 85-6
Mão-de-obra (v. trabalho)
Marginalismo – 39-42
Marxismo – 75-7
'Massa monetária' – 285-6
Matérias-primas – 31
Matérias subsidiárias – 31-2
Matra – 176
Matriz das relações inter-sectoriais – 63-4, 220-4
McDonnell Douglas – 405
Meio de pagamentos – 271
"Menos desenvolvidas" (regiões) – 498, 508
Mercado (papel do) – 85-8
Mercado comum – 394
Mercados (formas) – 129-32
Mercado Comum da América Central (CACM) – 414
Mercado Comum das Caraíbas (CARICOM) – 414
Mercado financeiro – 204, 304
Mercado monetário – 204, 304
Mercado Monetário Interbancário (MMI) – 305
Mercado único (interno) – 393-4
'Mercados contestáveis' – 158
MERCOSUL – 393-4, 412-4, 423-4
Mergers (v. concentrações de empresas)
Microeconomia – 57
Migrações – 190-3

Millenium Round – 391, 422, 427, 490
'Mínimo de subsistência' – 464-7
Mobilidade – 135-6
'Modelo social europeu' – 94-5
Moderadores do preço – 144-5
Moeda (origem e funções) – 269--74
Moeda escritural ou bancária – 283-4, 296-9
Moeda fiduciária – 282-3
Moeda legal (v. papel-moeda)
Moeda de metal – 280, 292-3
Moeda de papel – 281-3, 294-6
Moeda representativa – 282
Moeda de trocos – 281
Moeda-mercadoria – 280-1, 292-4
Monetarismo – 329-31
Monopólio – 130, 139-50
Monopólio bilateral – 130
Monopólio de facto – 140
Monopólio legal – 139
Monopólio limitado – 130
Monopólio natural – 90, 139-40
Monopsónio – 130
Motivo-colocação – 279-80
Motivo-deflação – 279
Motivo-especulação – 276-9
Motivo-financiamento – 279
Motivo-negócios – 274-5
Motivo-precaução – 275-6
Motivo-transacções – 274-5
Multiplicador do comércio externo – 381, 399, 440-2
Multiplicador do crédito – 297-9, 441
Multiplicador do investimento – 264--5, 441
Mundialização (v. globalização)

547

N

NAFTA (North Atlantic Free Trade Association) – 393, 408, 410, 412, 414
Necessidades – 29-30
'Negligência benigna' (política de) – 312, 446-8
Nestlé – 170
Neto Costa (caves) – 171
Network externalities (economias externas de rede) – 448
Nokia – 161
Normativa (economia: *welfare economics*) – 57
'Novo proteccionismo' – 372
NTB (*non-tariff barriers*) – 393
Números-índice – 22-6, 321
NUT (unidade estatística regional) – 498

O

Objectivo 1 (regiões) – 498, 508
Obrigações – 277
OCDE (Organização de Cooperação e Desenvolvimento Económico) – 309, 372
OECE (Organização Europeia de Cooperação Económica) – 354, 372
Oferta – 115-28
Oferta (curva e lei da) – 115-8
Oligopólio – 130, 153-7
Oligopólio bilateral – 130
Oligopsónio – 130
Olivos (Protocolo de) – 413
OMC (Organização Mundial do Comércio) – 391, 407, 425-7
Open market operations ('operações em mercado aberto') – 303
Óptimo de Pareto (v. Pareto)

Orçamental (política): v. financeira (política)
Orçamental (Tratado): v. Tratado Orçamental
Orçamento (da União Europeia) – 529-40
Organizações comuns de mercado (OCM's) – 525

P

PAC (Política Agrícola Comum) – 173, 243, 391, 420, 525, 528-9, 533, 536-7
Pacto de Estabilidade e Crescimento – 257, 308, 317-9, 443-4, 449
Padrão-ouro – 437-8
Papel-moeda (moeda legal) – 283
Paradoxo de Giffen (v. Giffen)
Paradoxo de Leontief – 362-5
'Paradoxo do valor' – 44-5
Pareto (critério de) – 377-9
Pareto (óptimo de) – 377-8, 386-9
Paridade dos poderes de compra (teoria) – 435-6
Património (tributação do) – 245-6
PECO's (Países da Europa Central e Oriental) – 504
'Pensamento único' – 74
People's prosperity – 502
Perrier (águas) – 170
PETROGAL – 171
Phasing in – 508
Phasing out – 508
Phillip Morris (Acórdão) – 169
Phillips (v. curva de)
PIB (v. produto interno bruto)
Picking the winners – 387
PIDAC (Programa de Investimentos da Administração Central) – 521-3

ÍNDICE DE ASSUNTOS

Place prosperity – 502
PME's (pequenas e médias empresas: apoio às) – 124, 160, 181-2
PNB (v. produto nacional bruto)
Pobreza (linha de) – 250
Polarização (efeitos de) – 496
Política (noção) – 56-7
Política Agrícola Comum (v. PAC)
Política Europeia de Vizinhança (PEV) – 411-2
Política monetária – 301-5
Polos (de crescimento) – 496
Posição dominante (abuso de) – 168
Positiva (economia: *positive economics*) – 57
Possibilidades de produção (v. curva de)
Preços e rendimentos (política de) – 248
Preferência pela liquidez (motivos de) – 274-80
Primeiro óptimo (v. Pareto)
Princípio do benfício – 246
Princípio de Cournot – 140-1
Prisioneiro (v. dilema do)
Privatizações – 90-2
Procura (curva, lei da) – 97-8
Procura e oferta (lei da) – 132-5
Procura ostentação – 99-100
Produção (noções) – 36-7
Produtividade do trabalho – 195-6
Produto interno bruto (PIB) – 213
Produto líquido – 214-7
Produto marginal – 185-8
Produto *per capita* – 227-8
Produto nacional bruto (PNB) – 243
Produtos acabados – 32
Produtos intermediários (v. semi-produtos)

Progressividade – 244
Progresso tecnológico (v. tecnologia)
Propensão marginal
  ao aforro – 259
  ao consumo – 258-9
  à importação – 440-2
Propulsor – 265-333
Proteccionismo – 379-91, 488-92
Protocolo de Ouro Preto – 412
Public choice ('teoria económica da política') – 66-7, 380
Publicidade (v. transparência)

Q
Quadros Comunitários de Apoio (QCA's) – 508
Quadro Estratégico de Convergência (QEC) – 506-9
Quadro Financeiro 2014-2020 – 531-3
Quadro de Referência Estratégico Nacional (QREN) – 499, 503, 508, 521
Qualificação (das pessoas) – 460-2, 476-9
Quase-moeda – 285-6
Querela dos métodos – 59
Quotas de amortização (v. amortizações)

R
Raridade (v. escassez)
Receita marginal – 125-6, 141-4
Recessão – 253, 266, 325-6
Recurso IVA – 243, 534-40
Recursos naturais – 453-60, 473
Recurso PNB (ou RNB) – 535-40
Recursos próprios comunitários – 243, 535-40

549

Redes (infraestruturas) fixas (v. monopólio natural)
Redistribuição (políticas de) – 241-51
Reequilíbrio pela via cambial – 434-7
Reequilíbrio via rendimento – 440-2
Regiões nascentes (argumento) – 406-7, 501-2
Regional (política) – 502, 524
Regra *de minimis* – 167
'Regras do jogo' – 438
Regressividade – 94, 243, 534-40
Regulação – 91, 183-4
Renda – 198-200
Renda dos consumidores – 145-6, 375-7
Rendimento
    nacional – 214
    disponível – 217
    pessoal – 217-8
Rendimento (ou produto) *per capita* – 227-8
'Rendimento permanente' (*permanent income*) – 258
Reserva dos bancos emissores – 295-6, 311
Reserva de caixa – 296-7, 299, 302
Reserva de valor – 273-4
Restrições ao comércio
    formas – 370-3
    efeitos – 373-9
Restrições aos pagamentos – 371
Restrições quantitativas – 370-1
Risco (e lucro) – 206
Round paid operations (operações de intermediação) – 448
Rounds (do GATT e da OMC) – 425-7
Rover – 170

S
SAARC (South Asian Association for Regional Cooperation) – 415, 424
SACOR (PETROGAL) – 171
SADC (Southern African Development Community) – 416
Salário – 188, 198
Say (v. lei de)
'Segundo regionalismo' – 408-10
Segurança social (política de) – 187-9
Semi-produtos – 31-2
Senhoriagem (ganhos de) – 311, 316
Serviço público – 89-91
Serviços – 30-1
Serviços de interesse económico geral – 89-91, 189, 400
Sherman Act – 163
Sistemas económicos (noção) – 73
Sistema Europeu de Bancos Centrais (SEBC, Eurossistema) – 203, 257-8, 286, 301-5, 302, 304, 317
Sistema de Preferências Generalizadas (SPG) – 392
SME (Sistema Monetário Europeu) – 310, 327, 339, 372
'Sobreposição de procuras' (teoria da) – 369
SPG (ver Sistema de Preferências Generalizadas)
Subdesenvolvimento – 464-94
Subemprego – 255, 265, 452
Sub-produtos – 31-2
Subsídio à produção – 379
Substituição (efeito de) – 98-9
Sucessões e doações (imposto sobre) – 246-7
Supply side economics (economia do lado da oferta – 257-8

T

T-TIP (*Transatlantic Trade and Investment Partnership*) – 424
Taxa de abertura – 389-91
Taxas directoras (de juro) – 303-5
Taxa interna de rentabilidade (eficiência marginal do capital) – 201-2, 260-1, 279
'Taxa Tobin' – 355
Tecnologia – 463-4, 484-5
Teorema da teia de aranha – 134-5
Teoria (noção) – 56-7
Teoria do ciclo do produto (Vernon) – 367-8
Teoria clássica (do comércio) – 355-60
Teoria das divergências domésticas – 377-9
Teoria económica da política (v. *public choice*)
Teoria estática das uniões aduaneiras – 394-7, 400-1
Teoria de grupos – 68
Teoria do intervalo (*gap*) tecnológico (Posner) – 365-7
Teoria dos jogos (v. jogos)
Teoria neo-clássica (Hecksher-Ohlin) do comércio – 360-2
Teoria da paridade dos poderes de compra (v. paridade)
Teoria quantitativa da moeda – 299--301, 329-31
Teoria da utilidade cardinal – 101-2
Teoria da utilidade marginal – 90
Teoria da utilidade ordinal – 102
Teoria do valor (clássica) – 76-7
Teorias do auto-equilíbrio regional – 495-6
Teorias do desequilíbrio regional – 496-8
Termos do comércio (ou de troca): argumento – 422, 428-30, 542-3
Tese de Prebish-Singer – 491
Teste de Bastable – 383
Teste de Kemp – 384
Teste de Mill – 383
TGV – 524
Time series (análise) – 61
Tipos de organização – 83-95
Tobin (v. taxa)
Trabalho – 48-52, 188-98
Transparência – 136
Tratado de Adesão – 188
Tratado de Amesterdão – 172
Tratado de Assunção – 412
Tratado de Lisboa – 166, 168, 171-4
Tratado de Paris – 168, 172
Tratado de Roma – 165, 172
Tratado da CE – (Comunidade Europeia) – 181, 189, 224
Tratado de Maastricht – 105, 308, 317--9
Tratado Orçamental – 257, 308, 319--20, 440, 443-4, 449
Triffin (v. dilema de)

U

UAEAC (União Aduaneira e Económica da África Central) – 416
UEP (União Europeia de Pagamentos) – 372
UNASUL – 414
União aduaneira – 393
União Europeia de Pagamentos (UEP) – 354, 371

Unidade de conta – 271-2
Urbanização (tendência) – 527
Uruguai Round – 391
Utilidade (noção) – 38-9
Utilidade (marginal) decrescente (v. lei da)
Utilidade marginal ponderada – 45-6
Utilidade marginal – 40-3
Utilidade total – 39-42

V
Valores líquidos – 214-7
Vantagem absoluta (teoria) – 356-7
Vantagem relativa ou comparativa (teoria) – 357-60
Velocidade de circulação (da moeda) – 300-1
VER's (restrições 'voluntárias' de exportações) – 371
Volatilidade – 450
Volume de produção (oferta) – 99
Volkswagen – 176, 195

Z
Zollverein – 392
Zona de comércio livre (v. área de)

W
Werner (Plano) – 305
World Bank (v. Banco Mundial)

ÍNDICE DE AUTORES

Abreu – 180
Accioly – 317, 413, 423, 427
Adler – 391, 422, 490
Afonso – 265, 277
Allsopp – 318
Almeida, S. – 91, 173, 175
Almeida, J. N. – 173, 175, 180, 192
Alesina – 317
Alves – 306
Amal – 413
Amaral – 81, 315, 316, 317, 389, 445, 519
Amorim – 512
Anastácio, C. – 180
Anastácio, G. – 91, 164, 166, 179, 180, 306, 317, 445
Ande – 87
Anderson – 200
Ando – 258
Andrade, A. R. – 180
Andrade, F. R. – 248
Andrade, J. S. – 52, 134, 324, 325, 328, 389
Andrade, N. G. – 389
Andres – 505

Antunes – 355
Aragão – 200
Araújo – 235, 257
Arcanjo – 265, 277
Ardy – 316
Arestis – 317
Armstrong – 501
Artis – 318
Atanásio – 306
Attali – 355
Avillez – 525
Aydallot – 496
Azevedo, B. – 306
Azevedo, M. E. – 525
Bach – 227, 242
Bache – 502
Bagus – 317
Baily – 164
Baldwin – 95, 192, 308, 380, 410, 530, 538
Barbosa – 87, 156
Barjou – 318
Barral – 413, 427
Barthé – 391, 417
Bastable – 383, 384, 502

Basu – 267
Basto, X. – 244
Batista – 93
Becker – 196
Begg, D. – 158, 258
Begg, I. – 316, 340, 530
Beleza – 318
Bellamy – 164
Bellis – 164
Bénassy-Quéré – 192, 302 449
Bentham – 42
Bento – 317, 325, 528
Bernanke – 95, 156, 250, 255
Bhagwati – 377, 380, 421
Bickerdike – 381
Bishop – 164
Black – 483
Bliss – 512
Block – 77, 239, 464, 465, 483
Blyth – 267
Böhm-Bawerk – 40
Boltho – 316
Bontemps – 200
Borges – 306, 315
Borjas – 95, 196, 197, 340
Boulding – 28
Bourguinat – 449
Bouthevilaint – 317
Bowley – 50-1
Branco, C. – 184
Breuss – 525
Brülhart – 352, 445
Brunel – 200, 391
Buchanan – 67
Bücher – 75
Buchholz – 76
Button – 512

Cable – 124, 191, 352, 354
Cabo, G. – 288, 293
Cabral, A. – 172, 318
Cabral, F. C. – 172
Cabral, F. S. – 461
Cadilhe – 315
Caeiro – 182
Cairncross – 81
Caldas – 76
Calvete – 164, 179, 438, 439, 483, 484
Caminha – 427
Campos, M. – 164
Campos, T. – 461
Canal-Forges – 426
Canal-Forjas – 426
Cantante – 235
Capello – 500
Capello – 500
Cardoso – 461
Carey – 382
Carmo – 235
Cartwright – 47
Carvalho, J. E. – 461
Carvalho, M. – 235
Case – 67, 106, 257, 340
Chamberlin – 150
Charnoz – 483
Chechini – 307
Chevallier – 90
Child – 164
Choksi – 380
Chrystal –106
Cini – 164
Clark, C. – 79
Clark, J. B. – 55
Clarke – 416
Clímaco – 244

ÍNDICE DE AUTORES

Cling – 483
Cobb – 511
Coeuré – 302, 449
Coget – 526
Colom I Naval – 530
Combe – 164
Comte – 68
Confraria – 91, 432
Constâncio – 306, 318, 445, 511
Corado – 380
Cordeiro – 94
Corden – 377
Costa, C. – 306
Costa, F. – 349, 352
Costa, M. – 164
Cournot – 70, 140-1
Craig – 164
Cravinho – 267
Cruz – 91
Cunha, A. – 420, 525
Cunha, C. – 179, 180
Cunha, L. – 426
Cunha, P. – 318, 445, 449, 496
Dambisa – 454
Das – 466
Davenport – 27, 28
De Búrca – 164
De Grauwe – 310, 315, 316
De Klor – 413, 427
De la Fuente – 513
Dent – 422
Denton – 501
Desurmont – 502
Devezas – 353
Dias – 351
Dicken – 93, 410, 466, 476
Docquier – 502
Doidge – 484

Domar – 453
Dornbusch – 158, 257, 258
Dostoievski – 271
Douglas – 453
Du Marais – 91
Duarte – 164
Dufrénot – 317
Dumas – 426
Durand – 160-1
Eber – 156
Eckaus – 515
Eckes, Jr. – 355
Edgworth – 50-1
Emerson – 308, 309, 315, 316
Engel – 80, 112, 260
Engels – 77
Escária – 512
Estevão – 81
Eücken – 83, 131
Fagerberg – 513
Fair – 67, 106, 257, 340
Fairhurst – 164
Faria – 423
Fayolle – 502
Feldstein – 450
Fernandes, J. M. – 516
Fernandes. J. T. – 369, 426
Fernández Arroyo – 413
Ferraz – 302
Ferreira, E. – 505
Ferrereira, J. P. – 447
Ferreira, N. F. – 412
Ferreira, P. – 91, 164, 184, 267, 426, 447, 464, 472
Ferreira, R. – 244
Feuerbach – 76
Figueiredo – 173, 200
Fischer, S. – 158, 257, 258

Fisher, I. – 299, 300
Fitoussi – 90, 318, 512, 513
Flôres – 394
Fontoura – 317
Forte – 91
Franco – 244, 258, 265, 277, 452
Frank – 47, 95, 156, 250, 255
Franklin – 355
Friedman – 254, 258, 300, 329, 496
Friedmann – 496
Frouté – 317
Fukayama – 74
Funck – 449
Funk – 502
Fusefeld – 458
Gago – 461
Garabelli – 410
Garcia – 90
Gaspar – 306, 523
George – 199
Georgieu –
Giffen – 100
Gill – 465
Gini – 235, 237, 238
Gnos – 74, 76
Gomes, C. – 164, 180
Gomes F. – 203, 647
Gonçalves, E. – 91, 164, 165, 184
Gonçalves, P. – 90
Gonçalves, R. – 504, 511
Gordon, A. – 416
Gordon, D. – 416
Gordon, R. – 462
Gorjão-Henriques – 164, 179, 180, 519
Gossen – 42
Gouveia – 90
Gouyette – 513

Gowland – 407
Greenaway – 421
Griller – 525
Grinadoe – 414
Guinard – 90
Grimes – 163
Grossman – 380
Guillochon – 363
Haberler – 377
Hall – 127
Hamilton – 382
Harrington – 91
Harris – 520
Harrison – 317
Harrod – 453
Hartmann – 449
Haug – 526
Healey – 317
Heckscher – 360, 361, 362, 363, 365, 367
Hegel – 76
Hein – 317
Helpman – 380
Higgins – 501
Hildebrandt – 75
Hine – 445
Hirschman – 493, 496
Hitch – 127
Hoekman – 426
Holland, M. – 484
Holland, S. – 196, 484, 496, 497
Huerta – 426
Hufbauer – 391
Huhne – 308, 309, 315, 316
Hyman – 47, 67, 250
Isard – 495
Ison – 156

Jacquemin – 88, 90
Jacquet – 192
Jaeger – 164
Jégourel – 355
Jepma – 350
Jevons – 40
Jones – 164
Josling – 525
Jounneau – 426
Kahneman – 67
Kaldor – 496
Kates – 254
Kawecki – 363
Kegel – 413, 427
Kemp – 383, 384, 502
Kennedy – 449
Keynes – 203, 254, 256, 258, 277, 452
Khanna – 355, 411
Knight – 206
Kohler – 107
Kol – 417
Korah – 164
Kostecki – 426
Krueger – 380
Krugman – 103, 257, 267, 340, 482, 489, 497
Kuznets – 81
Lafer – 426
Lança – 347
Lancaster – 369
Lane – 198
Lange – 54
Laranjeiro – 285, 302, 435, 445, 447, 448
Laurent, G. – 355
Laurent, P. – 317
Lavouras – 248, 317
Le Cacheux – 90, 318

Leao – 317
Lecuyer – 502
Lemoine – 409
Leontief – 63, 362, 363, 364
Lepière – 90
Lerner – 54
Lévêque – 91
Lewer – 380
Lewis – 200
Leygues – 499, 519
Lima – 513
Lindauer – 77, 239, 464, 465, 483
Linder – 369
Lipsey – 106
List – 75, 382
Little – 380
Lobo – 200
Lopes, A. C. – 461
Lopes, D. – 90
Lopes, Licínio – 182
Lopes, Luís – 355
Lopes, J. S. – 306, 445, 461
Lorenz – 234, 235, 236, 237, 238
Lösch – 495
Louçã – 76
Lourenço – 316
Lucas – 257
Lucena – 91
Luff – 426
Maçãs – 91
Macedo – 380, 512
Machado, J. – 164
Machado, P. – 308
Maddison – 94, 468, 477
Madiès, P. – 409
Madruga – 512
Madiès, T. – 409

Magnini – 513
Mahajan – 416
Malthus – 74, 455, 456, 457
Mankiw – 47, 156, 257, 258, 340
Manzagol – 470
Marcou – 90
Marques, A. –91, 510, 512, 513, 514, 530
Marques, M. L.– 91, 163, 164, 165, 184
Marques, R. – 91
Marques, W. – 302
Marshall – 28, 103
Martin – 501, 512
Martins, O. – 536
Martins, S. – 164
Martins, V. – 306
Martinez – 130, 206
Marx – 37, 75, 76, 77
Mateus, Abel – 130, 164, 170, 188, 287, 325, 337, 451, 461, 488, 508
Mateus, Augusto – 306, 508
Mateus, M. – 130, 488
Matsushita – 426
Mavroudeas – 426
Mayhew – 530
McGowan – 164
McMahon – 461
Meade – 377
Medeiros – 363, 369, 410, 413, 415, 416, 426, 439
Melitz – 489
Mello, A. S. – 91
Mello, P. – 317
Mendes – 171
Menezes – 164
Menger – 40
Mercier – 88, 90
Michaely – 380
Mill – 381, 382, 283, 502

Millet – 267
Moderne – 90
Modigliani – 258
Moncada – 164
Montchretien – 27
Monteiro – 411
Monti – 393
Mooslechner – 512
Morais, L. – 91, 164, 172, 179
Morais, R. – 244
Moreira, T. – 164
Moreira, V. – 91, 184
Morgenstern – 156
Mota, I. – 426
Mota, J. – 355
Mouhoud – 470
Moura – 29, 63, 101, 103, 106, 110, 111, 116, 119, 127, 131, 207, 235, 263
Mundell – 444
Murat – 55
Murteira – 74, 106
Musgrave – 87
Myrdal – 496
Nabais – 244
Negishi – 384
Nemitz – 173
Neven – 513
Neves – 28, 103, 156, 234, 306, 451, 487
Newbery – 91
Newhouse – 405
Nicholson – 47
Nijkamp – 500
Nöell – 466
Nordhaus – 29, 47, 92, 93, 95, 103, 106, 107, 111, 117, 128, 154, 188, 200, 232, 233, 238, 239, 240, 241, 250, 257, 258, 340, 456, 457, 459, 462, 463, 465, 467, 468, 477

ÍNDICE DE AUTORES

North – 77, 239
Norvig – 317
Novotny – 192
Nowzad – 372
Nunes, A. – , 76, 254, 317
Nunes, R. C. – 75-6
O'Cleireacain – 501
O'Neil – 355
Obstfeld – 489
Ohlin – 244, 360, 361, 365, 367, 495
Oliveira, C. M. – 416
Oliveira, G. – 164
Oliveira, J. C. – 483
Oliveira, T. C. – 196
Olson – 47, 68
Oster – 67, 106, 257, 340
Page – 353
Pais – 164
Palacio-Vera – 317
Panagariya – 467
Panic – 355
Papagiorgiou – 421
Pareto – 235, 242, 378, 379
Parkin – 47, 52, 106, 107, 154, 156, 158, 250, 340
Paul – 317
Pego – 165, 180
Pentecost – 512
Pereira, T. – 91, 265, 277
Perkins – 77, 239, 464, 465, 483
Perroux – 55, 496
Phillips – 309, 340, 341, 342, 343, 501
Pigou – 226
Pimentel – 427
Pina – 287
Pinho – 461
Pinto, A. M. – 302, 329

Pinto, M. S. – 414
Pires, C. – 355
Pires, F. L. – 504
Pires, L. M. – 443
Pires, M. – 244
Pires, R. – 244
Pirou – 55
Pisany-Ferry – 192
Pitt – 170
Pizzati – 502
Plihon – 299, 302
Pontes – 512
Porto – 67, 75, 85, 89, 90, 161, 164, 170, 173, 179, 180, 182, 196, 200, 243, 247, 305, 307, 308, 349, 355, 363, 379, 380, 387, 391, 410, 412, 417, 420, 438, 439, 446, 449, 450, 458, 467, 470, 484, 487, 499, 502, 504, 506, 509, 515, 519, 520, 521, 523, 524, 525, 527, 529, 530, 533, 534, 535, 536, 538
Posner – 365, 366, 367
Prebish – 489
Prosser – 175
Pugel – 410
Quelhas, A. P. – 248
Quelhas, J. – 287, 526
Quesnay – 63
Quinelatto – 414
Radelet – 77, 239, 464, 465, 483
Rainelli – 426
Ramon – 512
Ramos – 504
Rebelo – 306, 451, 488
Reis, J. – 351, 496
Reis, M. H.– 182
Reinert – 421, 426, 445

Ribeiro, D. – 191
Ribeiro, S. – 316
Ribeiro, T. – 27, 54, 55, 61, 77, 88, 92, 139, 141, 244, 265, 271, 301, 435, 452
Ricardo – 74, 77, 294, 355, 357
Rhoen – 350
Robbins – 27, 28, 30, 54, 55, 68
Robinson – 150
Rodas – 164
Rodrigues, C. – 234
Rodrigues, E. – 94,164
Rodrigues, J. N. – 353
Rodrigues, M. J. – 94, 461
Rodrigues, M. L. – 461
Romano – 164
Romão – 523
Ross – 159
Rossetti – 232, 233, 234, 235, 237, 239, 242
Rostow – 80, 81, 82, 453, 455
Rotillon – 200
Roubaud – 483
Ruiz – 168
Sachs – 380, 411
Salin – 164
Samuelson – 29, 47, 92, 93, 95, 103, 106, 107, 111, 117, 128, 154, 188, 200, 232, 233, 238, 239, 240, 241, 250, 257, 258, 340, 360, 361, 456, 457, 459, 462, 463, 465, 467, 468, 477
Sanches, S. – 90, 244
Santana – 193
Santos, A. C. – 91, 164, 165, 184, 193, 265, 267, 277
Santos, B. S. – 267
Santos, E. – 267
Santos, J. G. – 265, 277

Santos, L. M. – 461
Sapir – 94
Sargent – 257
Say – 254
Sawer – 317
Schelkle – 316
Scherer – 169
Schmöller – 62, 75
Schoenbaum – 426
Schor – 307, 312
Schott – 391
Schumpeter – 78, 206
Schwarz – 254
Scitowski – 380
Scott – 380
Seia – 525
Seixas – 512
Sen – 466
Senik-Leygonie – 529
Serra – 81
Servan-Schreiber – 355
Severino – 483
Silguy – 312, 448
Silva, B. – 182
Silva, C. – 306, 326, 339, 445
Silva, J. N. C. – 90, 172
Silva, J. R. – 513
Silva, M. – 78, 164
Silva, M. V. – 93, 184
Silva, R. V. – 184
Simão – 483
Singer – 491
Smith, A. – 74, 77, 85, 86, 355, 356, 358, 453, 456
Smith, S. – 464, 466, 470, 471, 475, 491, 492
Smith, V. – 67

Snyder – 47
Soares, A. G. – 164
Soares, C. – 200
Soares, J. – 91
Sobriño Heredia – 414
Solanes – 512
Solow – 453, 462, 463
Sombart – 77, 79
Soros – 311
Soukiazis – 512
Sousa, F. – 91
Sousa, M. R. – 447
Sousa, S. R. –
Stackelberg – 131
Steiner – 164
Steingart – 257, 355, 466
Stevens – 525
Stiglitz – 158, 255
Stuckler – 267
Sullivan – 163
Taborda – 173
Tamames – 426
Tavares – 461
Taylor, J. – 501
Taylor, T. G. – 525
Teixeira, N. – 184
Teixeira, P. B. – 317
Ténier – 410
Tenreiro – 175
Thirlwall – 74, 87, 88, 453
Thornton – 294
Tietenberg – 200
Todaro – 67, 464, 470, 471, 475, 491, 492, 520
Tondl – 514
Tooke – 294
Torres – 316, 519

Toussaint – 267
Triffin – 439
Tulkens – 88, 90
Tumpel-Gugerell – 512
Van Bael – 164
Van den Berg – 380, 410
Varela – 248, 525
Vasconcelos – 413
Vasques – 244, 416
Vaz – 164
Vemet – 363
Vernon, J. – 91
Vernon, R. –367
Verspagen – 513
Vilaça – 167, 179, 180, 414
Vicente – 461
Vindt – 353
Viner – 28, 394
Viscusi – 91
Vives – 513
Von Hayek – 54
Von Mises – 40, 54
Von Neumann – 156
Von Schütz – 512
Von Thünen – 206
Von Wieser – 40
Vranes – 525
Wagner – 92
Walker – 164
Wall – 156
Walras – 40
Walsh – 158, 255
Warégne – 426
Warner – 380
Weatherill – 164
Webb – 466
Weber, A. – 495

Weber, M. – 479
Wei – 427, 466
Weiss – 466
Wells – 103, 257, 340
Werner – 305
Wessels – 47

Whish – 164
Williams – 316
Winnick – 502
Woods – 164
Wyplosz – 95, 192, 380, 538
Zäch – 164

BIBLIOGRAFIA*

ABREU, Jorge Coutinho de, 2013 – *Comentário ao art. 4º da Lei da Concorrência*, em Porto, Vilaça et al. (coord.), cit., pp. 33-8

ACCIOLY, Elisabeth, 2004 – *Sistemas de Solução de Controvérsias em Blocos Económicos*, Almedina, Coimbra
2011 – *Duas Décadas de Mercosul: Valeu a Pena?*, em Política Internacional e Segurança, Universidade Lusíada de Lisboa, n. 5, pp. 125-40
2013 – *Mercosul – Estado da Arte e Perspectivas*, em *Arbitragem e Comércio Internacional, Estudos em Homenagem a Luís Olavo Baptista*, Quartier Latin, São Paulo, pp. 265-80

ACCIOLY, Elisabeth e FONTOURA, Jorge, 2013 – *As Lições da Crise Europeia para o Mercosul*, em *Revista de la Secretaria del Tribunal Permanente de Revisión*, ano 1, nº 1

ADLER, Matthew, BRUNEL, Claire, HUFBAUER, Gary Clide e SCHOTT, Jeffrey J., 2009 – *What's on the Table? The Doha Round as of Augst 2009*, working paper do Peterson Institute for International Economics, Washington

ALESINA, Alberto, 1989 – *Politics and Business Cycles in Industrial Democracies*, em *Economic Policy*, n. 8, pp. 57-89

ALEXANDRE, Fernando, BAÇÃO, Pedro, LAINS, Pedro, MARTINS, Manuel M. F., PORTELA, Miguel e SIMÕES, Marta (org.), 2014 – *A Economia Portuguesa na União Europeia: 1986-2010*, Actual, Coimbra

ALLEGRET, Jean-Pierre e LE MERRER, Pascal, 2007 – *Économie de la Mondialization. Opportunités et Fractures*, de boeck, Bruxelas

---

* Tendo as obras clássicas edições mais recentes, preferimos referenciá-las pela data da sua publicação em vida dos autores, para que o leitor as localize historicamente. Em relação às demais obras citadas, refere-se a última edição e havendo reimpressões ou tradução para português indica-se entre parênteses a data da última impressão ou da edição original (ainda de alguma edição que esteja no prelo ou em preparação).

ALLSOPP, Christopher e ARTIS, Michael, 2003 – *The Assessment: EMU, Four Years on*, em *Oxford Review of Economic Policy*, vol. 19, pp. 1-29

ALMEIDA, João José Nogueira de, 1997 – *A Restituição das Ajudas de Estado Concedidas em Violação do Direito Comunitário*, Studia Jurídica, Coimbra Editora, Coimbra

2002 – *As Isenções Categoriais no Domínio das Ajudas de Estado*, em *Boletim de Ciências Económicas* da Faculdade de Direito da Universidade de Coimbra, n. 45, pp. 349-71

2012 – Comentário ao artigo 107º do TFUE, em Porto e Anastácio (coord.), *Tratado de Lisboa...*, cit., pp. 518-22

ALVES, Rui Henrique, 2000 – *Da Moeda Única à União Política?*, Working paper da Faculdade de Economia da Universidade do Porto

AMARAL, João Ferreira do, 1992 – *O Impacto da União Económica e Monetária. O Reforço da Coesão Económica e Social*, em Ministério do Planeamento e da Administração do Território (ed.), *Fundos Estruturais...*, cit., pp. 63-9

1999 – *A Opção pela Primeira Linha da União Monetária*, em Instituto Europeu da Faculdade de Direito de Universidade de Lisboa, *Aspectos Jurídicos e Económicos da Introdução do Euro*, cit., pp. 17-27

2012 – Comentário ao artigo 173º do TFUE, em Porto e Anastácio (Coord.), *Tratado de Lisboa ...*, cit., pp. 728-30

2013 – *Porque Devemos Sair do Euro – O divórcio necessário para tirar Portugal da crise*, Lua de Papel, Lisboa

AMARAL, João Ferrreira do, SERRA, António de Almeida e ESTEVÃO, João, 2008 – *Economia do Crescimento*, Almedina, Coimbra

AMATO, Giuliano, e EHLERMAN, Claus-Dieter, 2008 – *EC Competition Law. A Critical Assessment*, Hart Publishing, Oxford e Portland

AMORIM, Celeste, BONGARDT, Annette, DIAS, Marta Ferreira, SILVA, Ricardo, FREITAS, Miguel Lebre de e TORRES, Francisco, 2004 – *Regional Convergence in Portugal. The Role of National (and EU) Policies*, Instituto Nacional de Administração (INA), Oeiras

ANASTÁCIO, Gonçalo Gentil, 1998 – *A Viabilidade do Euro*, em *Revista da Faculdade de Direito da Universidade de Lisboa*, vol. 39, pp. 65-114

2001 – *Disciplina e Federalismo Orçamental na Zona Euro*, em *Estudos em Homenagem a Cunha Rodrigues*, Coimbra Editora, Coimbra, pp. 785--831

2012 – Comentário do art. 101º do TFUE, em Porto e Anastácio (coord.), *Tratado de Lisboa ...*, cit., pp. 494-9

2013 – Comentário do art. 11º da Lei da Concorrência, em Porto, Vilaça *et al.*, pp. 123-63

ANASTÁCIO, Gonçalo Gentil e DUARTE, Leonardo Maniglia, 2008 – *Os benefícios de um Sistema de Controle das Concentrações Flexível e o Projecto de Formulário de Concentrações da AdC*, em *Temas de Integração*, n. 26, pp. 239-48

ANASTÁCIO, Gonçalo e SAAVEDRA, Alberto, 2013 – *A Nova Lei da Concorrência Portuguesa – Notas preliminares*, em Revista da Ordem, dos Advogados, ano 73, Janeiro-Março, pp. 327-60

ANDERSON, David A., 2010 – *Environmental Economics and Natural Resource Management*, 3ª edição, Routledge, Pen Thomson/South Western, Mason, Ohio

ANDO, Albert e MODIGLIANI, Franco, 1963 – *The Life-Cycle "Hypothesis" of Saving: Aggregste Implications and Tests*, em The American Economic Review, vol. 53, pp. 55-84

ANDRADE, Fernando Rocha e LAVOURAS, Maria Matilde, 2009 – *Segurança Social* (apontamentos policopiados)

ANDRADE, João Sousa, 1998 (00) – *Introdução à Economia*, reimpressão de 2000, Minerva, Coimbra

ANDRADE, Norberto Nuno Gomes de, 2012 – Comentário ao artigo 172º do TFUE, em Porto e Anastácio (coord.), *Tratado de Lisboa ...*, cit., pp. 779-83

ANDRÉS, José Palma, 2012 – Comentário aos artigos 176º a 178º do TFUE, em Porto e Anastácio (coord.), *Tratado de Lisboa ...*, cit., pp. 735-8

APDR (Associação Portuguesa para o Desenvolvimento Regional), 2009 – *Compêndio de Economia Regional* (coord. José da Costa e Peter Nijkamp), 3ª ed., Principia, Cascais

ARAGÃO, Maria Alexandra de Sousa, 1996 – *Objectivos, Princípios e Pressupostos da Política Comunitária do Ambiente: Algumas Propostas de Revisão*, em Temas de Integração, n. 2, pp. 97-130.

1997 – *O Princípio do Poluidor Pagador. Pedra Angular da Política Comunitária do Ambiente*, Studia Jurídica, Coimbra Editora, Coimbra.

ARAÚJO, Fernando, 2012 – *Introdução à Economia*, reimpressão da 3ª ed., Almedina, Coimbra

ARDY, Brian, BEGG, Iain, SCHELKLE, Waltrand e TORRES, Francisco, 2002 – *EMU and Cohesion: Theory and Policy*, Principia, Cascais

ARESTIS, Philip e SAWYER, Malcolm, 2012, *The Euro Crisis*, Palgrave, MacMillan, Basingstoke

ARMSTRONG, Harvey e TAYLOR, Jim, 2002 – *Regional Economics and Policy*, 3ª ed., Blackwells, Oxford

ARTIS, Mike, 2003 – *Euro: Four Years On*, Transactions of the American Statistical Society (policopiado)

ATANÁSIO, João A. Camilo da Silva, 1999 – *Os Dilemas Socioeconómicos da Integração Monetária Europeia*, dissertação de mestrado na Faculdade de Direito da Universidade de Lisboa

ATTALI, Jacques, 2011 – *Demain, qui governera le monde?*, Fayard, Paris

AVILLEZ, Francisco, 2004a – *Política Agrícola Comum*, em Romão (org.), Economia Europeia, cit., pp. 159-82

2004b – *A Agricultura da UE e o Alargamento*, em Fontoura e Crespo (org.), *O Alargamento da União Europeia...*, cit., pp. 123-39

2006 – *A Agricultura Portuguesa: Balanço de Duas Décadas de Integração Europeia*, em Romão (org.), *A Economia Portuguesa 20 Anos Após a Adesão*, cit., pp. 133-66

AVILLEZ, Francisco, JORGE, Manuela Nina, TRINDADE, Carlos Pedro, PEREIRA, Nuno, SERRANO, Pedro e RIBEIRO, Isabel, 2004 – *Rendimento e Competitividade Agrícola em Portugal. Evolução Recente, situação actual e perspectivas futuras*, Almedina, Coimbra

AYDALOT, Philippe, 1980 – *Dynamique Spatiale et Développement Inégal*, 2ª ed., Economica, Paris

AZEVEDO, Belmiro de, 1997 – *Opções Estratégicas de Portugal. União Económica e Monetária*, em *Europa. Novas Fronteiras*, n. 1, União Económica e Monetária, pp. 11-6

AZEVEDO, Maria Eduarda, 1996 – *A Política Agrícola Comum. Uma Política Controversa na Hora da Mudança*, Almedina, Coimbra

2013 – *Temas de Direito da Economia*, Almedina, Coimbra

BACH, G. Lelanfd, 1960 – *Economics. An Intoduction to Analysis and Policy*, 3ª ed., Prentice-Hall, Englewood Cliffs, New Jersey

BACHE, Ian, 1998 – *The Politics of European Union Regional Policy, Multi-Level Governance or Flexible Gatekeeping?* Sheffield Academic Press, Sheffield

BAGUS, Philipp, 2011 – *A tragédia do Euro*, Actual, Lisboa

BALDWIN, Richard E., 1991 – *On the Microeconomics of the European Monetary Union*, em *European Economy*, ed. esp. *The Economics of EMU. Background Studies for European Economy, One Market One Money*, pp. 21-25

BALDWIN, Richard, FRANÇOIS, Jean e PORTES, Richard, 1997 – *The Costs and Benefits of Eastern Enlargement: The Impact on the EU and Central Europe*, em *Economic Policy*, n. 24, pp. 125-76

BALDWIN, Richard e WYPLOSZ, Charles, 2012 – *The Economics of European Integration*, 4ª ed., McGraw-Hill, Londres (3ª ed. de 2009)

BARBOSA, António S. Pinto, 2003 – *Economia Pública*, McGraw-Hill, Lisboa

BARJOU, Florence, 2003 – *Em Recessão o Pacto de Estabilidade não Funciona*, em *Economia Pura*, n. 59, pp. 69-79

BARRAL, Weber, 2002 – *O Protocolo de Olivos e o Mercosul*, em *Sequência*, n. 44, pp. 152-5

2003 – *O Protocolo de Olivos e as Controvérsias no Mercosul*, em *Temas de Integração*, n. 15-16, pp. 131-46

BARTHÉ, Marie-Annick, 2011 – *Economie de l' Union Européenne, Manuel*, 4ª ed., Economica, Paris

BASTABLE, C. F., 1921 – *The Commerce of Nations*, 10ª ed., Macmillan, Londres

BASTO, José Guilherme Xavier de, 2007 – *IRS: Incidência Real e Determinação dos Rendimentos Líquidos*, Coimbra Editora, Coimbra

BATISTA, João C. e SILVA, Mariana Vieira da, 2012 – *Políticas Públicas para a Administração Pública*, em Rodrigues, M. J. e Silva, P. A., *Políticas Públicas em Portugal*, cit., pp. 223-30

BECKER, Gary S., 1962 – *Investment in Human Capital: A Theoretical Analysis*, em *The Journal of Political Economy*, Supplement, vol. 70, pp. 9-49

1964 – *Human Capital*, National Bureau of Economic Research, Columbia University Press, Nova Iorque

BEGG, David, 2013 – *Foundations of Economics*, 5ª ed., McGraw-Hill, Londres

BEGG, David, FISCHER, Stanley e DORNBUSCH, Rudiger, 2011 – *Economics*, 10ª ed., McGraw-Hill, Londres

BEGG, Ian, 2004 – *The EU Budget: Common Future or Stuck in the Past?*, Briefing Note do Center for European Reform, McGraw-Hill

BELEZA, L. Miguel, 1999 – *O Pacto de Estabilidade e o Euro*, em Instituto Europeu da Faculdade de Direito da Universidade de Lisboa, *Aspectos Jurídicos e Económicos da Introdução do Euro*, cit., pp. 63-71

BELLAMY, C. e CHILD, G., 2013 – *Law of Competition*, Common Markel, Oxford University Press, Oxford

BÉNASSY-QUÉRÉ, Agnès e COEURÉ, Benoît, 2010 – *Économie de l'Euro*, La Découverte, Paris

BÉNASSY-QUÉRÉ, Agnès, COEURÉ, Benoit, JACQUET, Pierre e PISANI-FERRY, Jean, 2009 – *Politique Économique*, 2ª ed., de boeck, Bruxelas

BENTHAM, Jeremy, 1789 – *An Introduction to the Principles of Morals and Legislation*

BENTO, Vítor, 2009 – *Perceber a Crise para Encontrar o Caminho*, Bnomics, Lisboa

2013 – *Euro Forte, Euro Fraco. Duas culturas, uma moeda: um convívio (im)possível?*, Bnomics, Lisboa

BHAGWATI, Jagdish N., 1971 – *The Generalized Theory of Distortions and Welfare*, em Bhagwati, Jagdish N., Jones, Ronald W., Mundell, Robert A. e Vanek, Jeroslav (eds.), *Trade, Balance of Payments and Growth*, papers in International Economics in Honor of Charles P. Kindleberger, North-Holland Publishing Company, Amesterdão e Londres, pp. 69-90

1978 – *Anatomy and Consequences of Exchange Control Regimes*, National Bureau of Economic Research, Ballinger Publishing Company, Nova Iorque

BHAGWATI, Jagdish N., GREENAWAY, David e PANAGARIYA, Arvind, 1998 – *Trading Preferentially: Theory and Policy*, em The Economic Journal, vol. 108, pp. 1128-48

BICKERDIKE, C.F., 1906 – *The Theory of Incipient Taxes*, em The Economic Journal, vol. 16, pp. 529-35

1907 – *Review of A.C. Pigou's Protective and Preferential Import Duties*, em The Economic Journal, vol. 17, pp. 98-101

BISHOP, Simon e WALKER, Mike, 2010 – *The Economics of EC Competition Law: Concepts, Application and Measurement*, 3ª ed., reimpressão da edição de 2007, Sweet & Maxwell, Londres

BLACK, Maggie, 2009 – *The No-Nonsense Guide to International Development*, 2ª ed., reimpressão, New Internationalist Publications, Oxford

BLISS, Christopher e MACEDO, Jorge Braga de (ed.), 2011 – *Unity with Diversity in the European Economy. The Community's Southern Frontier*, reimpressão da edição de 1990, Centre for Economic Policy Research (CEPR), Cambridge University Press. Cambridge

BLYTH, Mark, 2013 – *Austeridade. A História de uma Ideia Perigosa*, Quetzal, Lisboa (trad. de *Austerity – The His-*

tory of a Dangerous Idea, Oxford University Press, Oxford)
BÖHM-BAWERK, Eugen, 1884-9 – *Kapital und Kapitalismus* (2 vols.)
BOLTHO, Andrea, 1994 – *A Comparison of Regional Differentials in the European Community and the United States*, em Mortensen, Jorgen (ed.), *Improving Economic and Social Cohesion in the European Community*, Centre for European Policy Studies (CEPS), Macmillan, Basingstake e St. Dartin's Press, Nova Iorque, pp. 41-53
BONTEMPS, Philippe e ROTILLON, Gilles, 2007 – *L'Économie de l'Environment*, 3ª ed., La Découverte, Paris
BORGES, António Castelo-Branco, 1991 – *Benefícios e Custos da União Económica e Monetária na Perspectiva da Comunidade e na Perspectiva Portuguesa*, em Ministério das Finanças, *Portugal e a Transição para a União Económica e Monetária*, Seminário Internacional, Lisboa, pp. 379-404
BORJAS, George J., 2013 – *Labor Economics*, 6ª ed., McGraw-Hill, Nova Iorque
BOULDING, Kenneth E., 1955 – *Economic Analysis*, 3ª ed., Harper & Brothers, Nova Iorque
BOURGUINAT, B., 2001 – *L'Euro, un Défi du Dollar*, Economica, Paris
BOURRINET, Jacques, 2004 – *Le Pacte de Stabilité et de Croissance*, Presses Universitaires de France (PUF), Col. Que sais je?, Paris
BOUTHEVILLAIN, Carine, DUFRÉNOT, Gilles, FROUTÉ, Philippe e PAUL, Laurent, 2013 – *Les Politiques Budgétaires dans la Crise. Comprendre les enjeux actuels et les défis futurs*, de boeck, Bruxelas
BRANCO (Ribeiro), Francisco Castelo, 2008(a) – *Portugal Intervencionado e a Industrialização Adiada*, Universidade Lusíada Editora, Lisboa
BREUSS, Fritz, GRILLER, Stefan, VRANES, Erich (ed.), 2003 – *The Banana Dispute. An Economic and Legal Analysis*, Springer, Viena e Nova Iorque
BRÜLHART, Marius e HINE, Robert C. (ed.), 1999 – *Intra-Industry Trade and Adjustment, The European Experience*, Macmillan, Basingstoke e St. Martin's Press, Nova Iorque
BRUNEL, Sylvie, 2012 – *Le Développement Durable*, 5ª ed., Presses Universitaires de France (PUF), col. Que sais je?, Paris
BUCHANAN, James M. *et al.*, 1978 – *The Economics of Politics*, The Institute of Economic Affairs, Londres
BÜCHER, Karl, 1893 – *Beiträge zur Wirtschaftsgeschichte*
BUCHHOLZ, Todd G., 1999(07) – *New Ideas from Dead Economists. An Introduction to Modern Economic Thought*, Penguin, Londres (reimpressão de 2007)
BUTTON, Kenneth e PENTECOST, Eric, 1999 – *Regional Economic Performance within the European Union*, Edward Elgar, Cheltenham e Northampton (Mass.)
CABLE, Vincent, 1999 (02) – *Globalization and Global Governance*, The Royal Institute of International Affairs, Londres (reimpressão de 2002)
CABO, Sérgio Gonçalves de, 2012 – *Comentário ao artigo 128º do TFUE*, em Porto e Anastácio (coord.), *Tratado de Lisboa ...*, cit., pp. 586-9

CABRAL António José, 1999 – *The Stability and Growth Pact: Main Aspects and some Considerations on its Implementation*, em Lamfalussy, Alexandre, Bernard, Luc D. e Cabral, António J. (ed.), *The Euro-Zone: A New Economic Entity*, Bruylant, Bruxelas, pp. 19-53
2001 – *Main Aspects of the Working of the SGP*, em Brunilla, Anne, Buti, Mario e Franco, Danielle (ed.), *The Stability and Growth Pact. The Architecture of Fiscal Policy in EMU*, Palgrave, Londres
CABRAL, Francisco Scarsfield, TAVARES, Luis Valadares e MATEUS, Abel, 2003 – *Reformar Portugal – 17 Estratégias de Mudança*, Oficina do Livro, Lisboa
CADILHE, Miguel, 1992 – *Breves Comentários*, em Secretaria de Estado da Integração Europeia, *A Europa Após Maastricht*, Imprensa Nacional – Casa da Moeda, Lisboa, pp. 101-3
2013 – *O Sobrepeso do Estado em Portugal*, 2ª ed., Arkhlion, V.N. Gaia
CAEIRO, Joaquim Croca, 2008 – *Políticas Públicas, Política Social e Estado Providência*, Universidade Lusíada Editora, Lisboa
CAIRNCROSS, Alexander K., 1961 – *Factors in Economic Development*, George Allen & Unwin, Londres
CALVETE, Victor, 1998 – *Da Relevância de Considerações de Eficiência no Controlo de Concentrações em Portugal*, em AB UNO AD OMNES, *75 Anos da Coimbra Editora*, Coimbra, pp. 305--66
CAMINHA, Maria do Carmo Puccini, 2001-2 – *Soluções de Controvérsias no Mercosul e na União Europeia*, em *Temas de Integração*, n. 12-13, pp. 343-61
CAMPOS, Antonio Correia de e SIMÕES, Jorge (coord.), 2014 – *40 Anos de Abril na Saúde*, Almedina, Coimbra
CAMPOS, João Mota de e CAMPOS, João Luiz Mota de, 2007 – *Manual do Direito Comunitário*, 5ª ed., Coimbra Editora, Coimbra
CAMPOS, João Mota (coord.), 2010 – *Organizações Internacionais. Teoria Geral. Estudo Monográfico das Principais Organizações Internacionais de que Portugal é Membro*, 4ª ed., Coimbra Editora, Coimbra
CAMPOS, João Mota de, Campos, João Luis Mota de e PEREIRA, António Pinto, 2014 – *Manual de Direito Europeu – o sistema institucional, a ordem jurídica e o ordenamento*, 7ª ed., Coimbra Editora, Coimbra
CANAL-FORGUES, Éric, 2008 (3ª ed.) – *Le réglement de différends à l'OMC*, Bruylant, Bruxelas
CAPELLO, Roberta e NIJKAMP, Peter (ed.), 2009 – *Handbook of Regional Growth and Development Politics*, Edward Elgar, Cheltenham e Northampton, MA (USA)
CAREY, C., 1837-40 – *Principles of Political Economy*, Filadélfia
CARMO, Renato, CANTANTE, Frederico e CARVALHO, Margarida, 2012 – *Políticas Públicas para a Redução das Desigualdades*, em RODRIGUES e SILVA, P. A. (org.), *Políticas Públicas em Portugal*, cit., pp. 313-26.
CARVALHO, J. Eduardo, 2004 – *O que é Produtividade*, Quimera, Lisboa
CASE, Karl E., FAIR, Ray C. e OSTER, Sharan M., 2014 – *Principles of Economics*, 11ª ed., Prentice Hall, Londres

CCRC (Comissão de Coordenação da Região Centro), 1989 – *Portugal e os Fundos Estruturais Comunitários: Experiência e Perspectivas Regionais*, Coimbra

CHAMBERLIN, E. Nevin, 1933 – *Theory of Monopolistic Competition*, 6ª ed., Harvard University Press, Harvard

CHARNOZ, Olivier e SEVERINO, Jean-Michel, 2007 – *L'Aide Publique au Développement*, La Découverte, Paris

CHECHINI, Paolo, 1988 – *A Grande Aposta para a Europa. O Desafio de 1992*, Perspectivas e Realidades, Lisboa (tradução da edição sintetizada da *European Economy, The Economics of 1992: An Assessment of the Potential Economic Effects of Completing the Internal Market of the European Community*, n. 35, Outubro de 1988)

CHEVALLIER, Jacques, 2012 – *Le Service Public*, 9ª ed., Presses Universitaires de France (PUF), col. Que sais-je?, Paris

CINI, Michelle e MCGOWAN, Lee, 2009 – *Competition Policy in the European Union*, 2ª ed., Palgrave/Macmillan, Basingstoke e Nova Iorque

CLARK, Colin, 1940 – *The Conditions of Economic Progress*, Macmillan, Londres

CLARK, John Bates, 1907 – *Essentials of Economic Theory*, Nova Iorque

CLARKE, Duncan, 2013 – *Africa's Future. Darkness to Destiny. How the past is shaping Africa's economic evolution*, Profile Books, Londres

CLÍMACO, Maria Isabel Namorado, 1995 – *Os Impostos Especiais de Consumo. Efeitos Económicos e Objectivos Fiscais*, em *Ciência e Técnica Fiscal*, n. 376, pp. 61-153

2000 – *Novas Perspectivas da Política Fiscal Anti-Tabágica e Anti-Alcoólica*, separata do *Boletim de Ciências Económicas* da Faculdade de Direito da Universidade de Coimbra

CLING, Jean-Pierre e ROUBAUD, François, 2008 – *La Banque Mondiale*, La Découverte, Paris

COGET, Gérard, 1994 – *Les Resources Propres Communautaires*, em *Revue Française de Finances Publiques*, n. 45, pp. 51-96

COLOM I NAVAL, Juan, 2000a – *El Pressupoest Europeu*, em Morata, F. (ed.), *Políticas Públicas en la Unión Europea*, Ariel, Barcelona, cap. 1º, pp. 31-86

2000b – *El Pressupoest de la UE em l'Horitzó de la Propera Década*, em *Revista de Economia de Catalunya*

COMBE, Emmanuel, 2002 – *La Politique de Concurrence*, La Découverte, Paris

COMISSÃO EUROPEIA, 1996 – *Livro Verde sobre os Mercados Públicos na União Europeia*

1997a – *Primeiro Relatório da Comissão sobre a Coesão Económica e Social* (COM) (96) 542, versão consolidada de 8.4.1997)

1997b – *Agenda 2000. Para uma União mais Forte e mais Alargada* (COM (97) 2000, de 14.7.1997)

1998 – *Agenda 2000. Financiamento da União Europeia*, relatório da Comissão sobre o funcionamento do sistema de recursos próprios (COM (99) 560, Serviço de Publicações, Luxemburgo

1999a – *Sexto Relatório Periódico Relativo à Situação Socioeconómica e ao Desenvolvimento das Regiões da União Europeia*

1999b – *Agenda 2000. Para uma União Reforçada e Alargada*
2001a – *Nono Relatório sobre os Auxílios Estatais na União Europeia* (COM (2001)403 final, de 18.7.2001)
2001b – *Unidade da Europa, Solidariedade dos Povos, Diversidade dos Territórios*, segundo relatório sobre a coesão económica e social, 2 vols.
2002 – *Política de Concorrência da União Europeia*, XXXI relatório sobre a política da concorrência, 2001
2003 – *European Competitiveness Report 2003* – SEC (2003) (299)
2004a – *Report from the Commission*, XXXIII Report on Competition Policy – 2003 (SEC (2004) 658 final, de 4.6.2004)
2004b – *Livro Verde Sobre as Parcerias Público-Privadas e o Direito Comunitário em Matéria de Contratos Públicos e Concessões* (COM (2004) 327 final, de 30.4.2004)
2004c – *Uma Nova Parceria para a Coesão: Convergência, Competitividade, Coesão*, terceiro relatório sobre a coesão económica e social, de 18.2.2004
2004d – *Construir o nosso futuro em comum. Desafios políticos e recursos orçamentais da União alargada 2007--2013* (COM (2004) 101 final, de 10.2.2004)
2004e – *Perspectivas Financeiras 2007-2013* (COM (2004) 487 final, de 14.7.2004
2004f – *Proposta de Decisão do Conselho relativa ao sistema de recursos próprios das Comunidades Europeias e Proposta de Regulamento do Conselho relativa às medidas de execução dos desequilíbrios orgânicos de acordo com os arts. 4º e 5º da Decisão do Conselho relativa ao sistema de recursos próprios das Comunidades Europeias* (COM (2004) 501 final, de 14.7. 2004)
2004g – *Financiamento da União Europeia*, relatório da Comissão sobre o funcionamento do sistema de recursos próprios, 2 vols. (COM (2004)505 final, de 14.7, corrigido a 6.9. 2004)
2006 – *Proposta de Regulamento do Parlamento Europeu e do Conselho que Institui o Fundo Europeu de Ajustamento à Globalização*, COM(2006) 91, de 1.3.2006 (seguindo-se o regulamento e documentos complementares)
2008 – *Implementation of the European Neighbourhood Policy in 2007* (SEC(2008)403, de 3.4.2008)
2010 – *Estratégia para um crescimento inteligente, sustentável e inclusivo* (COM (2010) 2020, de 3.3.2010)
2011a – *Roteiro do espaço único dos transportes – Rumo a um sistema de transportes competitivo e económico em recursos* (COM (2011) 144 final, de 28.3.2011)
2011b – *Proposal for a Council Decision on the System of Own Resourses of the European Union* (COM (2011)510 final, de 29.6.2011)
CONFRARIA, João, 2001 – *Desenvolvimento Económico e Política Industrial. A Economia Portuguesa no Processo de Integração Europeia*, Universidade Católica, Lisboa
2005 – *Regulação e Concorrência. Desafios do Século XXI*, Universidade Católica Editora, Lisboa

Conselho Nacional de Avaliação do Ensino Superior (CNAVES), 2001 – *Ensino Superior e Competitividade*, Lisboa

Conselho Nacional de Educação (CNE), 2004 – *Educação e Produtividade*, Lisboa

Constâncio, Vitor, 1992 – *A União Europeia: Promessas e Problemas*, em Secretaria de Estado da Integração Europeia, *A Europa Após Maastricht*, Imprensa Nacional – Casa da Moeda, Lisboa, pp. 107-17

1997 – *Portugal na UEM*, em *Europa, Novas Fronteiras*, n. 1, União Económica e Monetária, pp. 29-39

2008 – *The Portuguese Economy: Achievements and Challenges*, em Franco (ed.), *Challenges Ahead for the Portuguese Economy*, cit., pp. 53-68

Cordeiro, António José Robalo, 1998 – *Os Modelos Sociais e a Concorrência Mundial*, em *Temas de Integração*, n. 6, pp. 77-100

Corden, Max, 1997 – *Trade Policy and Economic Welfare*, 2ª ed., Oxford University Press, Oxford (1ª ed. de 1974)

Costa, Carlos, 1990 – *EMU: The Benefits Outweigh the Costs*, em *European Affairs*, vol. 4

Costa, Marcos da, Menezes, Paulo Lucena de e Martins, Rogério Gandra da Silva, 2003 – *Direito Concorrencial: Aspectos Jurídicos e Econômicos*, América Jurídica, Rio de Janeiro

Cournot, Augustin, 1887 – *Researches into the Mathematical Principles of the Theory of Wealth*

Craig, Paul e De Búrca, Gráinne, 2011 – *EU Law. Text, Cases, and Materials*, 5ª ed., Oxford University Press, Oxford

Cravinho, João, 2014 – *A Dívida Pública Portuguesa*, Lua de Papel, Lisboa

Cunha, Arlindo, 2000 – *A Política Agrícola Comum e o Futuro do Mundo Rural*, Plátano, Lisboa

2001-2 – *EU Membership and Rural Development (The Portuguese Experience)*, em *Temas de Integração*, nº 12--13, pp. 327-42

2004 – *A Política Agrícola Comum na Era da Globalização*, Almedina, Coimbra

2007 – *A Political Analysis of the 1992, 1999 and 2003 CAP Reforms*, dissertação de PhD na Universidade de Reading

2008 – *Posição sobre o Acordo sobre o Exame à Saúde da PAC: um diagnóstico em 10 pontos*, em *Espaço Rural*, n. 66, Nov/Dez 2008, pp. 24-6

2012 – *Comentário aos artigos 38º a 44º do TFUE*, em Porto e Anastácio (coord.), *Tratado de Lisboa...*, cit., pp. 299-303

Cunha, Carolina, 2013 – *Comentário ao art. 36º da Lei da Concorrência*, em Porto, Vilaça et al. (coord.), cit., pp. 398-407

Cunha, Luís Pedro, 1997 – *Lições de Relações Económicas Externas*, Curso de Estudos Europeus da Faculdade de Direito da Universidade de Coimbra, Almedina, Coimbra

2008 – *O Sistema Comercial Multilateral e os Espaços de Integração Regional*, Coimbra Editora, Coimbra

2014 – *Política Comercial e Política da Concorrência na Organização Mundial do Comércio; algumas observações*, em *Temas de Integração*, nºs 33-34

CUNHA, Paulo de Pitta e, 1980 – *O Desafio da Integração Europeia*, Lisboa
1997 – *Some Reflections on Monetary Union and Fiscal Federalism*, em Revista da Faculdade de Direito da Universidade de Lisboa, vol. 37, pp. 365-9
2000 – *A União Monetária e o Pacto de Estabilidade*, em *Estudos Jurídicos e Económicos em Homenagem ao Professor João Lumbrales*, Coimbra Editora, Coimbra, pp. 955-61
CUNHA, Paulo de Pitta e PORTO Manuel C. L. (coord.), 2002 – *O Euro e o Mundo*, Almedina, Coimbra
DAMBISA, Moyso, 2013 – *A China e a Corrida aos Recursos. O vencedor leva tudo*, Bertrand Editora, Lisboa
DAS, Gurcharan, 2002 – *India Unbound*, Penguin, Nova Delhi
DAVENPORT, N. J., 1908 – *Value and Distribution*
DE GRAUWE, Paul, 2012 – *Economics of Monetary Union*, 9ª ed., Oxford University Press, Oxford (3ª ed. de 1997 e 4ª ed. de 2000)
DE KLOR, Adriana Dreyzin e FERNANDEZ ARROYO, Diego P., 2004 – *O Brasil Frente à Institucionalização e ao Direito da MERCOSUL*, em *Temas de Integração*, n. 17, pp. 5-41
DE KLOR, Adriana Dreyzin, PIMENTEL, Luiz Otávio, KEGEL, Patrícia Luíza e BARRAL, Welber, 2004 – *Solução de Controvérsias. OMC, União Européia e Mercosul*, ECSA/Konrad Adenauer Stiftung, Rio de Janeiro
DE LA FUENTE, Angel e VIVES, Xavier, 1995 – *Infrastructures and Education as Instruments of Regional Policy: Evidence from Spain*, em Economic Policy, n. 20, pp. 13-51
DENT, Christopher M., 1997 – *The European Economy. The Global Context*, Routledge, Londres e Nova Iorque
DENTON, Geoffrey e O'CLEIREACAIN, Seamus, 1972 – *Subsidy Issues in International Commerce*, Trade Policy Research Centre, Thames Essays, n. 5, Londres
DESURMONT, Arnaud e DOCQUIER, Frédéric, 2002 – *Europe des États ou Europe des Régions*, em Farvaque e Lagadec (ed.), *Intégration Économique Européenne*, cit., pp. 267-8
DIAS, João, 2006 – *O Comércio Externo Português e a Integração Europeia: Alterações Estruturais, Conteúdo Tecnológico e Competitividade*, em Romão (org.), *A Economia Portuguesa 20 Anos Após a Adesão*, cit., pp. 519-49
DICKEN, Peter, 2011 – *Global Shift. Mapping the Changing Contours of the World*, The Guildford Press, Nova Iorque e Londres
DOSTOIEWSKI, Fiodor, 1963 – *Recordações da Casa dos Mortos*, Estudios Cor, Lisboa
DU MARAIS, Bertrand, 2004 – *Droit Public de la Régulation Économique*, Presses de Sciences Po e Dalloz, Paris
DUMAS, André, 2009 – *Économie Mondiale. Les Règles du Jeu Commercial, Monétaire et Financier*, 4ª ed., de boeck, Bruxelas
DURAND, Marie-Françoise, ANGART, Thomas, COPINSCHI, Philipe, MARTIN, Benoit, MITRANO, Patrice e PLACIDI-FLOTE, Delphine, 2013 – *Atlas de la Mondialisation. Comprendre l'Espace Mondial Contemporain*, Sciences Po, Paris
EBER, Nicolas, 2006 – *Le Dilemme du Prisonnier*, La Découverte, Paris

ECKAUS, Richard, 2008 – *Portugal: Then and Now*, em Franco (ed.), *Challenges Ahead for the Portuguese Economy*, cit., pp. 33-52

ECKES, Jr. Alfred E., 2011 – *The Contemporay Global Economy. A History since 1980*, Willey Blackell, Oxford

ECONOMIST (The), 1999 – *Economics. Making Sense of the Modern Economy*, Londres

2001 – *Globalisation. Making Sense of an Integrating World*, Londres

EMERSON, M. e HUHNE, C., 1991 – *The ECU Report*, Pan Books, Londres (trad. francesa, *L' ECU*, da Economica, Paris; trata-se de uma síntese da *European Economy*, 1990, *One Market, One Money*, cit.)

ENGEL Ernst, 1883 – *Der Kostenwerth des Menschens*

ERSE (Entidade Reguladora do Sector Eléctrico), 2000 – *A Regulação em Portugal*, Lisboa

EÜCKEN, Walter, 1934 – *Grundsätze der Wirtschaftspolitik*, J. C. B. Mohr, Tübingen

EUROPEAN ECONOMY (Economie Européenne), 1990 – *One Market, One-Money. An Evaluation of the Potential Benefits and Costs of Forming an Economic and Monetary Union* (n. 44)

2003 – *The EU Economy: 2003 review* (n. 6)

FAGERBERG, Jan e VERSPAGEN, Bart, 1996 – *Heading for Divergence? Regional Growth in Europe Reconsidered*, em *Journal of Common Market Studies*, vol. 34, pp. 431-48

FAIRHURST, John, 2012 – *Law of the European Union*, 9ª ed., Pearson//Longman, Londres

FARIA, Werter R. e ACCIOLY, Elisabeth, 2013 – *As Perspectivas do Acordo de Cooperação UE/Mercosul e do Cumprimento da sua Meta Final*, em *Derecho Internacional Privado y Derecho de la Integración en Homenagen al Doctor Roberto Ruiz Diáz Abrano*, ASADIP (Associação Sul-Americana de Direito Internacional Privado), Assunção

FARVAQUE, Étienne e LAGADEC, Gaël (ed.), 2002 – *Intégration Économique Européenne: Problèmes et Analyses*, De Boeck, Bruxelas

FAYOLLE, Jacky e LECUYER, Anne, 2000 – *Croissance Régionale, Appartenance Nationale et Fonds Structurels Européens*, em *Revue de l' OFCE* (Observatoire Français des Conjunctures Économiques), nº 73

FELDSTEIN, Martin, 1897 – *EMU and International Conflict*, em *Foreign Affairs*, Novembro-Dezembro, pp. 60-73

1998 – *Asking for Trouble*, em *Time* (19.1.98), p. 21

FERNANDES, José Manuel, 2013 – *Fundos Europeus 2014-2020*, PPE-Instituto Sá Carneiro, Lisboa

FERNANDES, José Pedro Teixeira, 2013 – *Elementos de Economia Política Internacional*, 2ª ed., Almedina, Coimbra

FERRAZ, António, 2002 – *Economia Monetária Internacional. Teoria e Prática*, Escolar Editora, Porto

FERREIRA, Eduardo Paz, 2001 – *Direito da Economia*, FDUL, Lisboa

2004 – *Valores e Interesses. Desenvolvimento Económico e Política Comunitário de Cooperação*, Almedina, Coimbra

FERREIRA, Eduardo Paz (coord.), 2014 – *A Austeridade Cura? A Austeridade Mata?* AAFDL, Lisboa

2012 – *Comentário* ao artigo 119º do TFUE, em Porto e Anastácio (coord.), *Tratado de Lisboa...*, cit., pp. 554-8

FERREIRA, Eduardo Paz, MORAIS, Luís Silva e ANASTÁCIO, Gonçalo Gentil (coord.), 2009 – *Regulação em Portugal: Novos Tempos, Novo Modelo?* Almedina, Coimbra

FERREIRA, Elisa, 2012 – *Comentário* aos artigos 174º e 175º do TFUE, em Porto e Anastácio (coord.), *Tratado de Lisboa...*, cit., pp. 731-4

FERREIRA, João Pateira, 2012 – *Comentário* ao artigo 138º do TFUE, em Porto e Anastácio (coord.), *Tratado de Lisboa...*, cit., pp. 632-5

FERREIRA, Marcos Farias, 2009 – *A Construção Social da Vizinhança Europeia: Identidade e Segurança*, em Costa, Ferreira, Pereira e Soares (coord.), *A União Europeia como Actor Global. Dimensões económicas e normativas da política externa europeia*, ISCSP (Instituto Superior de Ciências Sociais e Políticas), Lisboa

FERREIRA, Rogério Fernandes, 2007 – *A Tributação do Rendimento. Retrospectiva, Actualidade, Tendência*, Almedina, Coimbra

FIGLIUZZI, Arcangels, 2008 – *L'Économie Européenne*, Bréal, Rosny

FISHER, Irving, 1911 – *The Purchasing Power of Money*, Macmillan, Londres

FISCHER, Stanley (ed.), 1980 – *Rational Expectations and Economic Policy*, University of Chicago Press, Chicago

FITOUSSI, Jean-Paul (dir.), 2000 – *Rapport sur l'État de l'Union Européenne, 2000*, Presses de Sciences Po, Fayard, Paris

FITOUSSI, Jean Paul e LE CACHEUX, Jacques, 2003 – *Rapport sur l'État de l'Union Européenne, 2004*, Presses de Sciences Po, Fayard, Paris

FLAD (Fundação Luso Americana para o Desenvolvimento), 1998 – *A Organização Mundial do Comércio e a Resolução de Litígios*, Lisboa

FLÔRES, Jr., Renato G., 2003 – *Sabemos Avaliar as Integrações Regionais?*, em *Temas de Integração*, nº 15-16, pp. 231-40

FONTOURA, Maria Paula e CRESPO, Nuno (org.), 2004 – *O Alargamento da União Europeia. Consequências para a Economia Portuguesa*, Celta, Oeiras

FRANCO, António Luciano Sousa, 1992 (03) – *Finanças Públicas e Direito Financeiro*, 2 vols., Almedina, Coimbra (reimpressão de 2003)

FRANCO, Francesco (ed.), 2008 – *Challenges Ahead for the Portuguese Economy*, Imprensa das Ciências Sociais (ICS), Lisboa

FRANK, Robert H. e BERNANKE, Ben S., 2011 – *Principles of Economics*, 5ª ed., McGraw-Hill, Boston

FRANK, Robert e CARTWRIGHT, Eduard, 2013 – *Micreconomics and Behaviour*, MacGraw-Hill, Londres

FRANKLIN, Daniel (org.), 2013 – *Megamudança. O Mundo em 2050, uma visão fundamentada e esclarecedora sobre as próximas décadas*, Gestão Plus (trad. de The Economist), Lisboa, *Megachange-the world in 2050*, 2012), Lisboa

FRASQUILHO, Miguel, 2013 – *As Raízes do Mal, a Troika e o Futuro*, bnomics, Lisboa

FRIEDMAN, Milton, 1956 – *Studies in the Quantity Theory of Money*, University of Chicago Press, Chicago

1957 – *A Theory of the Consumption Function*, Princeton University Press, Princeton

FRIEDMAN, Milton e SCHWARTZ, Anne, 1963 – *A Monetary History of the United States*, Princeton University Press, Princeton

FRIEDMANN, John, 1966 – *Regional Development Policy: A Case Study of Venezuela*, Cambridge (Mass.)

1972 – *A Generalized Theory of Polarized Development*, Nova Iorque

1973 – *Urbanization Planning and National Development*, Beverly Hills

FUKAYAMA, Francis, 1992 – *O Fim da História e o Último Homem*, Gradiva, Lisboa (trad. do inglês)

FUNCK, Norbert e KENNEDY, Mike, 1997 – *International Implications of European Economic and Monetary Union*, OECD Working Paper n. 174, Paris

FUNK, Bernard e PIZZATI, Lodovico (ed.), 2003 – *European Integration, Regional Policy, and Growth*, World Bank, Washington

FUSEFELD, Daniel R., 2002 – *The Age of the Economist*, 9ª ed., Addison Wesley, Boston

GAGO, Carlos Corrêa, CARDOSO, Eduardo Gomes, CAMPOS, José Torres, VICENTE, Luiz Moura e SANTOS, Mário Cardoso dos, 2003 – *Produtividade em Portugal. Medir para Gerir e Melhorar*, Associação Industrial Portuguesa, Lisboa

GARABELLI, Carlos A. González, 2004 – *Procesos de Integración. Mercosur. Solución de Controversias*, Universidad Católica/Konrad Adenauer Stiftung, Assunção

GARCIA, Maria da Glória, 2009 – *Direito das Políticas Públicas*, Almedina, Coimbra

GASPAR, Vitor, 1997 – *Portugal e o Processo de Realização da União Económica e Monetária*, em Ministério do Planeamento e da Administração do Território, *Fundos Estruturais. Que Futuro?*, cit. pp. 185-97

1998 – *As Transferências no Contexto da Europa Comunitária: Algumas Considerações a Propósito da Agenda 2000*, em Conselho Económico e Social, Colóquio *Agenda 2000: As suas Implicações para Portugal*, Lisboa, pp. 199-207

GEORGE, Henry, 1879 – *Proverty and Progress*

GIFFEN, Robbert, 1883 – *Progress of the Working Classes in the Last Half Century*, comunicação à Royal Statistical Society, Londres

1886 – *Further Notes on the Progress of the Working Classes in the Last Half Century*, comunicação à Royal Statistical Society, Londres

GILL, Richard T., 1963 – *Introdução ao Desenvolvimento Económico*, Clássica Editora, Lisboa (trad. da Prentice-Hall)

GEORGIEU, Dencho E VAN DER BORGHT, Kim (ed.), 2006 – *Reform and Development of the WTO dispute Settlement System*, Cameron May, Londres

GNOS, Claude, 2000 – *Les Grands Auteurs en Économie*, EMS, Caen

GOMES, António Ferreira, 2012 – *Comentário ao artigo 127º do FUE*, em Porto e Anastácio (org.), *Tratado de Lisboa...*, cit., pp. 528-5

GOMES, José Caramelo, 2010 – *Lições de Direito da Concorrência*, Almedina, Coimbra

GONÇALVES, José Renato, 2010 – *O Euro e o Futuro de Portugal e da União Euro-*

peia. Estudo sobre o desenvolvimento e a coesão económica, social e territorial no contexto da união monetária europeia e da globalização, Wolters-Kluwer, Coimbra Editora, Coimbra

GONÇALVES, Pedro, 1999 – *Direito das Telecomunicações*, Almedina, Coimbra

GORDON, April A. e GORDON, Donald L. (ed.), 5ª ed., 2013, *Understanding Contemporary Africa*, Lynne Rienner Publishers, Boulder (Colorado) e Londres

Gordon, Robert J., 2014, *Macroeconomics*, 12ª ed., Pearson, Essex

GORJÃO-HENRIQUES, Miguel, 2010 – *Direito Comunitário*, 4ª ed., Almedina, Coimbra

GORJÃO-HENRIQUES, Miguel e ANASTACIO, Catarina, 2013, *Comentário* ao art. 9º da Lei da Concorrência, em Porto, Vilaça et al. (coord.), pp. 82-122

GOSSEN, Herman Heinrich, 1854 – *Desenvolvimento das Leis das Relações Humanas e das Regras da Acção Humana Derivada*

GOUVEIA, Rodrigo, 2001 – *Os Serviços de Interesse Geral em Portugal*, Coimbra Editora (para o CEDIPRE), Coimbra

GOWLAND, David, 2012 – *International Economics*, Croom Helm, Londres e Camberra, e Barner & Noble, Totowa (reimpressão da edição de 2011), Routledge, New Jersey

GROSSMAN, Gene M. e HELPMAN, Elhanan, 2002 – *Interest Groups Trade Policy*, Princeton University Press, Princeton

GRYNFOGEL, Catherine, 2008 – *Droit Communautaire de la Concurrence*, 2ª ed., Librairie Génerale de Droit et Jurisprudence (LGDJ), Paris

GUILLOCHON, Bernard, KAWECK, Annie e VENET, Baptiste, 2012(09) – *Économie Internationale. Commerce et macroéconomie*, 7ª ed., Dunod, Paris

GUINARD, Dorian, 2012 – *Réflexions sur la Construction d'une Notion Juridique: l'exemple de la notion de service d'interêt général*, L'Harmatan, Paris

HABERLER, Gottfried, 1950 – *Some Problems in the Pure Theory of International Trade*, em *The Economic Journal*, vol. 60, pp. 223-40

HAMILTON, Alexander, 1791 – *Report on Manufactures, Communicated to the House of Representatives*, December 5, 1791 (reimpressão em MacKee, Jr., Samuel ed. *Papers on Public Credit, Commerce and Finance by Alexander Hamilton*, Nova Iorque, 1934, pp. 175-276)

HARRIS, John e TODARO, Michael P., 1970 – *Migration, Unemployment and Development: A Two Sector Analysis*, em *The American Economic Review*, vol. 60, pp. 126-42

HARRISON, Bary e HEALEY, Nigel M., 1995 – *European Monetary Union. Progress, Problems and Prospects*, em Healey, Nigel M. (ed.), *The Economics of the New Europe. From Community to Union*, Routledge, Londres e Nova Iorque, pp. 103-23

HARTMANN, Philipp, 1996 – *The Future of the Euro as an International Currency. A Transactions Perspective*, London School of Economics and Social Research Council (Novembro), Londres (publicado também pelo Center for European Policy Studies (CEPS) (Dezembro), Bruxelas)

1998 – *Three Key Aspects of the Euro's Global Impact*, em Philip Morris Institute for Public Policy Research, *What Will EMU Add up To?*, Bruxelas, pp. 46-55

HECKSCHER, Eli, 1919 – *The Effects of Foreign Trade on the Distribution of Income*, em *Economisk Tidskrift*, trad. em Ellis, Howard S. e Metzler, Lloyd A. (ed.), *Readings in the Theory of International Trade*, Blakiston Company, Filadélfia, 1949, pp. 272-3000

HEIN, Eckhard, TRUGER, Achim e VAN TREECK, Till, 2012 – *The European Financial and Economic Crisis: Alternative Solutions from a (Post-) Keynesian Perspective*, em Arestis e Sawer (ed.), *The Euro Crisis*, cit., pp. 35-78

HENDERSON, David R. e NEVES, João César das (coord.), 2001 – *Enciclopédia de Economia*, 2ª ed., Princípia, Cascais

HIGGINS, B., 1973 – *Trade-Off Curves and Regional Gaps*, em Bhagwati, Jagdish N. e Eckaus, Richard (ed.), *Development and Planning, Essays in Honour of Paul Rosenstein-Rodan*, Londres, pp. 15-77

HILDEBRANDT, Bruno, 1848 – *Die Nationalökonomie der Gegenwart und Zukunft*

HIRSCHMAN, Albert O., 1957 – *Investment Policies and 'Dualism' in Underdeveloped Countries*, em *The American Economic Review*, vol. 47, pp. 550-70
1958 – *The Strategy of Economic Development*, Yale University Press, New Haven

HOEKMAN, Bernard M. e KOSTECKI, Michel, 2001 – *The Political Economy of the World Trading System. The WTO and Beyond*, 3ª ed., Oxford University Press, Oxford

HOLLAND, Martin e DOIDGE, Mathew, 2012 – *Development Policy of the European Union*, Palgrave-MacMillan, Londres

HOLLAND, Stuart, 1976 – *Capital Versus the Regions*, Macmillan, Londres e Basingstoke

HYMAN, David N., 2014 – *Public Finance. A Contemporary Application of Theory to Policy*, 11ª ed., LENGAGE Learning, Stanford

IFO (Institut für Wirtschaftsforschung), 1987 – *An Empirical Assessment of Factors Shaping Regional Competitiveness in Problems Regions*, Munique

INE (Instituto Nacional de Estatística), 2000 – *Estudo sobre o Poder de Compra Concelhio*, Núcleo de Estudos Regionais, Direcção Regional do Centro, Coimbra
2003 – *Contas Nacionais. Base 1995, 1995/1999* (dados preliminares até 2001)

INSTITUTO EUROPEU DA FACULDADE DE DIREITO DA UNIVERSIDADE DE LISBOA, 1999 – *Aspectos Jurídicos e Económicos da Introdução do Euro*, Lisboa

ISARD, Walter, 1956 – *Location and Space Economy. A General Theory Relating to Industrial Location, Market Areas, Land Use, Trade and Urban Structure*, MIT, Cambridge (Mass.)

ISON, Stephen e WALL, Stuart, 2007 – *Economics*, 4ª ed., Prentice Hall/ Financial Times, Londres

JACQUEMIN, Alexis, TULKENS, Henry e MERCIER Paul, 2001 – *Fondements d'Économie Politique*, 3ª ed., de boeck, Bruxelas

JAEGER Junior, Augusto, 2006 – *Liberdade de Concorrência na União Euro-*

peia e no Mercosul, Livraria dos Tribunais, São Paulo

JÉGOUREL, Yves, 2002 – *La Taxe Tobin*, La Découverte, Paris

JEPMA, C. J. e RHOEN, A. P. (ed.), 1996 – *International Trade. A Business Perspective*, Longman, Londres e Nova Iorque

JEVONS, William Stanley, 1871 – The *Theory of Political Economy*

JONES, Alison e SUFFRIN, Brenda, 2010 – *EC Competition Law. Text, Cases and Materials*, 4ª ed., Oxford University Press, Oxford e Nova Iorque

JOSLING, T. E. e TAYLOR, T. G., 2003 – *Banana Wars. The Anathomy of a Trade Dispute*, CABI Publishing, Wallingford (Oxon) e Cambridge (Mass.)

JOUNNEAU, David, 2003 – *L'Organisation Mondiale du Commerce*, 4ª ed., Presses Universitaires de France (PUF), Col. Que sais-je?, Paris

KALDOR, Nicholas, 1970 – *The Case for Regional Policies*, em *The Scottish Journal of Political Economy*, pp. 337-47

KATES, Steve (ed.), 2003 – *Two Hundred Years of Say's Law: essays on the economic theory's most controversial principles*, Edward Elgar, Chelteham e Northampton (Mass.)

KEGEL, Patrícia e AMAL, Mohamed, 2004 – *Mercosul e União Europeia. Uma Perspectiva Estratégica*, em *Temas de Integração*, n. 18, pp. 19-56

KEMP, Murray C., 1964 – *The Pure Theory of International Trade*, Prentice Hall, Englewood Cliffs

1969 – *A Contribution to the General Equilibrium Theory of Preferential Trading*, North-Holland, Amesterdão

KEYNES, John Maynard, 1936 – *The General Theory of Employment, Interest and Money*, Macmillan, Londres

KHANNA, Parag, 2009(8) – *O Segundo Mundo. Como as Potências Emergentes estão a Redefinir a Concorrência Global no Século XXI*, Presença, Lisboa

KNIGHT, Frank Hynaman, 1921 – *Risk, Uncertainty and Profit*, Cosmo Classics

KOHLER, Heinz, 1992 – *Microeconomics: Theory and Applications*, Heath, Lexingtons: (Mass.)

KOL, Jacob, 1996 – *Regionalization, Polarization and Blocformation in the World Economy*, em Curso de Estudos Europeus, *Integração e Especialização. Integration and Specialization*, Coimbra, pp. 17-37

KORAH, Valentine, 2007 – *An Introductory Guide to EC Competition Law and Practice*, 9ª ed., Hart Publishing, Londres

KRUEGER, Anne O., 1978 – *Liberalization Attempts and Consequences*, National Bureau of Economic Research, Ballinger Publishing Company, Nova Iorque

KRUGMAN, Paul, 1991 – *Geography and Trade*, The MIT Press, Cambridge (Mass.)

2009 – *O Regresso da Economia da Depressão e a Crise Actual*, Presença, Lisboa (trad. de *The Return of Depression Economics and the Crisis of 2008*)

2013 – *Acabem com Esta Crise Já!*, Presença, Lisboa (trad. de *End this Depression Now!*, de 2012)

KRUGMAN, Paul R., OBSTFELD, Maurice e MELITZ, Marc J., 2012 – *International Economics. Theory & Policy*, 9ª ed., Pearson, Boston

KRUGMAN, Paul e WELLS, Robin, 2013 – *Economics*, 3ª ed.,Macmillan, Nova Iorque

KUZNETS, Simon, 1963 – *Notes on the Take-off*, em Rostow, W. W. (ed.), *The Economics of Take-off into Sustained Growth*, Macmillan, Londres

LAFER, Celso, 1998 – *A OMC e a Regulamentação do Comércio Internacional. Uma Visão Brasileira*, Livraria de Advogados, Porto Alegre

LANÇA, Isabel Salavisa, 2000 – *Competitividade em Portugal*, em Lança, Isabel Salavisa (org.), *A Indústria Portuguesa. Especialização Internacional e Competitividade*, Celta, Oeiras, pp. 5-35

LANCASTER, Kelvin, 1996 – *A New Approach to Consumer Theory*, em *The Journal of Political Economy*, vol. 84, pp. 132-57

LANE, David, 1971 – *The End of Inequality? Stratification under Socialism*, Penguin

LANGE, Oskar, 1937 – *On the Ecomomic Theory of Socialism*, em *Review of Economic Studies*, vol. 4, pp. 123-42 (reproduzido com alterações em Lippincott, B. L., ed., *On the Economic Theory of Socialism*, University of Minnesota Press, Minnesota, pp. 57-90)

LARANJA, Manuel Duarte, 2007 – *Uma Nova Política de Inovação em Portugal? A justificação, o modelo e os instrumentos*, Almedina, Coimbra

LARANJEIRO, Carlos, 2000(09) – *Lições de Integração Monetária Europeia*, Almedina, Coimbra (reimpressão de 2009)

2012 – *Comentário ao artigo 219º do TFUE*, em Porto e Anastácio (coord.), *Tratado de Lisboa...*, cit., pp. 838-9

LAURENT, Clint, 2013 – *Tomorrow's World. A look at the demographic and socioeconomic structure of the world in 2032*, Wiley, Singapura

LAVOURAS, Maria Matilde da Costa, 2003 – *Financiamento da Segurança Social. Problemas e Perspectivas de Evolução*, dissertação de mestrado na Faculdade de Direito da Universidade de Coimbra

2013 – Recensão de BOUTHEVILLAIN, DUFRÉNOT, FROUTÉ e PAUL, *Les politiques budgétaires...*, cit., em *Boletim de Ciências Económicas* da Faculdade de Direito da Universidade de Coimbra, vol. LVI, pp. 551-61

LEÃO, Pedro e PALACIO-VERA, Alfonso, 2012 – *Portugal's Best Way out of Economic Stagnation: Institutional Reform of the Eurozone*, em Arestis e Sawyer (ed.), *The Euro Crisis*, cit., pp. 195-34

LEMOINE, Mathilde, MADIÉS, Philippe e MADIÉS, Thierry, 2012 – *Les Grandes Questions d'Économie et Finances Internationales. Décoder l'Actualité*, 2ª ed., de boeck, Bruxelas

LEONTIEF, Wassily, 1936 – *Quantitative Input and Output Relations in the Economic System of the United States*, em *The Review of Economics and Statistics*, vol. 18, pp. 105-25

1941 – *The Structure of the American Economy, 1919-1929*, Harvard University Press, Cambridge (Mass.)

1953 – *Domestic Production and Foreign Trade: The American Capital Position Re-examined*, em *Proceedings of the American Philosophy Society* (publicado também em *Economia Internazionale*, vol. 7, pp. 3-32)

1956 – *Factor Proportions and the Structure of American Trade: Further*

Theoretical and Empirical Analysis, em *The Review of Economics and Statistics*, vol. 38, pp. 386-407

LEONTIEF, Wassily (ed.), 1966 – *Input-Output Economics*, Nova Iorque

LEPIÈRE, Annabelle, 2013, *Le Pacquet post/ Altmark II. Reforme de la Reglementation Européenne sur le Financement des Services Publics*, em *Journal de Droit Européen*, Setembro, n. 191, pp. 205-12

LERNER, Abba Ptachya, 1944 – *The Economics of Control: Pinciples of Welfare Economics*, Macmillan, Londres

LÉVÊQUE, François, 2004 – *Économie de la Réglementation*, La Découverte, Paris

LEYGUES, Jean-Charles, 1994a – *Evaluation des Politiques Internes Communautaires et de leur Dépenses*, em *Revue Française de Finances Publiques*, n. 45, pp. 97-164

1994b – *Les Politiques Internes de l'Union Européenne*, Librairie Générale de Droit et de Jurisprudence, Paris

LINDER, Staffan Burenatam, 1961 – *An Essay on Trade and Transformation*, Almquist e Wiksell, Estocolmo (ed. tb. por John Wiley, Nova Iorque)

LIPSEY, Richard e CHRYSTAL, Alec, 2011 – *Economics*, 12ª ed., Oxford University Press, Oxford

LITTLE, Ian M., SCITOVSKY, Tibor e SCOTT, Maurice F., 1970 – *Industry and Trade in Some Developing Countries*, Oxford University Press, para a OCDE, Londres

LIST, Fridrich, 1841 – *Das Nationale System der Politischen Ökonomie*

LITTLE, Ian M., SCITOVSKY, Tibor e SCOTT, Maurice F., 1970 – *Industry and Trade in Some Developing Countries*, Oxford University Press, para a OCDE, Londres

LOBO, Carlos Baptista, 1995 – *Impostos Ambientais*, em *Fisco*, n. 70-1, pp. 73--97

2001 – *Concorrência Bancária?* Almedina, Coimbra

LOPES, António Calado, 2007 – *A Estratégia de Lisboa e a Modernização da Economia Europeia*, Instituto Nacional de Administração (INA), Oeiras

LOPES, Dulce, 2003 – *O Nome das Coisas: Serviço Público, Serviços de Interesse Económico Geral e Serviço Universal no Direito Comunitário*, em *Temas de Integração*, n 15-16, pp. 147-229

LOPES, José da Silva, 1999 – *Prós e Contras da Integração Monetária Europeia*, em Instituto Europeu da Faculdade de Direito da Universidade de Lisboa, *Aspectos Jurídicos e Económicos da Introdução do Euro*, cit., pp. 121-34

LOPES, Licínio, 2008 – *As Instituições Particulares de Solidariedade Social*, Almedina, Coimbra

LÖSCH, A., 1939 – *Die Räumliche Ordnung der Wirtschaft*, Heidenheim

LOUÇÃ, Francisco e CALDAS, José Castro, 2010 – *Economia(s)*, 2ª ed., Edições Afrontamento, Lisboa

LOURENÇO, Camilo, 1997 – *Por que a União Monetária Protege as Pequenas Economias*, em *Europa. Nova Fronteiras*, n. 1, *União Económica e Monetária*, pp. 56-7

2012 – *Basta! O que fazer para tirar a crise de Portugal*, Matéria-prima, Lisboa

LUCAS Jr., Robert E., 1987 – *Models of Business Cycles*, Basil Blackwell, Nova Iorque

LUFF, David, 2004 – *Le Droit de l'Organization Mondiale de Commerce. Analyse Critique*, Bruylant, Bruxelas

MACEDO, Jorge Braga de, CORADO, Cristina e PORTO, Manuel, 1988 – *The Timing and Sequencing of Trade Liberalization Policies: Portugal 1948-1986*, Working Paper n. 114, Faculdade de Economia da Universidade Nova de Lisboa (síntese dos relatórios sobre Portugal preparados para o projecto referido em Papageorgiou, Choksi e Michaely, 1990)

MACHADO, Jónatas E. M., 2010 – *Direito da União Europeia*, WoltersKluwer – Coimbra Editora, Coimbra

MACHADO, Pedro, 2012 – *Comentário* ao artigo 123º do TFUE, em Porto e Anastácio (coord.), *Tratado de Lisboa*... cit., pp. 565-8

MADDISON, Angus, 2006 – *The World Economy*, publicação conjunta de *A Millenial Perspective*, vol 1 (2001) e *Historical Statistics*, vol. 2 (2003), OCDE, Paris

MAGNINI, Stefano, 1999 – *The Evolution of Income Disparities Among the Regions of the European Union*, em *Regional Science and Urban Economics*, vol. 29, pp. 257-81

MAHAJAN, Vijey, 2013 (11) – *O Despertar da África. 900 Milhões de Consumidores Africanos Têm Mais Para Dar do que se Julga* (trad. de *Africa Rising. How 900 Million Affrican Consumers offer more than you think*), Actual/ /Grupo Almedina, Coimbra

MALTHUS, Thomas, 1798 – *An Essay on the Principle of Population*
1820 – *Principles of Political Economy*

MANKIW, N. Gregory, 2012 – *Principles of Economics*, 6ª ed., South-Western, Mason, Ohio

MANZAGOL, Claude, 2003 – *La Mondialisation, Données, Mécanismes et Enjeux*, Armand Colin, Paris

MARCOU, Gérard e MODERNE, Frank (dir.), 2005 – *Droit de la Régulation, Service Publique et Intégration Régionale*, 2 vols., L'Harmattan, Paris (sendo o capítulo sobre Portugal de Manuel Porto e Teresa Almeida)

MARQUES, Alfredo, 1993 – *Incentivos Regionais e Coesão. Alcance e Limites da Acção Comunitária*, em *Notas Económicas*, n. 1, pp. 24-38
1999 – *EU Structural Funds: Scope and Limits*, em Xureb, P. G. (ed.), *Getting Down to Gearing up for Europe*, European Documentation and Research Centre, Universidade de Malta
2006 (11) – *Economia da União Europeia*, Almedina, Coimbra (reimpressão de 2011)

MARQUES, Alfredo e SOUKIAZIS, Elias, 1999 – *Per Capita Income Convergence across Countries and across Regions in the European Union. Some New Evidence*, em CEDIN (ISEG), *Questões de Economia Europeia*, vol. 2, Lisboa

MARQUES, Maria Manuel Leitão, 2002 – *Um Curso de Direito da Concorrência*, Coimbra Editora, Coimbra

MARQUES, Maria Manuel Leitão, ALMEIDA, João Paulo Simões de e FORTE, André Matos, 2005 – *Con-*

corrência e Regulação (a Relação entre a Autoridade da Concorrênca e as Autoridades de Regulação Sectorial), Coimbra Editora, Coimbra

MARQUES, Maria Manuel Leitão e MOREIRA, Vital, 2008 – *A Mão Invisível. Mercado e Regulação*, Almedina, Coimbra

MARQUES, Rui Cunha, 2005 – *Regulação e Serviço Público*, Sílabo, Lisboa

MARQUES, Walter, 1998 – *Moeda e Instituições Financeiras*, 2ª ed., Dom Quixote/ISG, Lisboa

MARSHALL, Alfred, 1890 – *Principles of Economics*

MARTIN, Reiner, 1992 – *Revising the Economic Case for Regional Policy*, em Hart, M. e Harrison, R. (ed.), *Spatial Policy in a Divided Nation*, Jessica Kingsley, Londres, pp. 270-90
1999 – *The Regional Dimension in European Public Policy. Convergence or Divergence?* Macmillan, Basingstoke e St. Martin's Press, Nova Iorque

MARTINEZ, Pedro Soares, 2010(12) – *Economia Política*, 11ª ed., Almedina, Coimbra (reimpressão de 2012)

MARTINS, Guilherme Oliveira, 1998 – *Que Constituição para a União Europeia? Análise do Projecto da Convenção*, Gradiva, Lisboa

MARX, Karl, 1867, 1885 e 1894, *O Capital*, Londres

MARX, Karl e ENGELS, Friedrich, 1848 – *Manifesto do Partido Comunista* (trad. port. da Centelha, Coimbra, 1974)

MATEUS, Abel, 2006 – *Da aplicação do Controle de Concentrações em Portugal*, em *Temas de Integração*, n. 21, pp. 99--129

2012 – *Comentário aos artigos 282º e 283º do TFUE*, em Porto e Anastácio (coord.), *Tratado de Lisboa...*, cit., pp. 1011-4
2013 – *Economia Portuguesa, Evolução no contexto internacional (1910-2013)*, 4ª ed., Principia, Cascais

MATEUS, Abel e MATEUS, Margarida, 2010 – *Microeconomia. Teoria e Aplicações* (2 vols.), 2ª ed. do 1º vol., de 2002, Verbo, Lisboa e S. Paulo

MATEUS, Abel e MOREIRA, Teresa (ed.), 2007 – *Competition Law and Economic Advances in Competition Policy and Antitrust Enforcement*, Kluwer, Alphem aan den Rijn

MATEUS, Augusto (coord.), 2013 – *25 Anos de Portugal Europeu. A economia, a sociedade e os fundos estruturais*, Fundação Francisco Manuel dos Santos (FFMS), Lisboa

MATEUS, Augusto, BRITO, J. M. Brandão de e MARTINS, Victor, 1995 – *Portugal XXI – Cenários de Desenvolvimento*, 2ª ed., Bertrand Editora, Venda Nova

MATSUSHITA, Mitsuo, SCHOENBAUM, Thomas J. e MAVROIDIS, Petros, 2006 – *The World Trade Organization. Law, Practice and Policy*, Oxford University Press, Oxford

MAVROUDEAS, Stavros, 2012 – *The Limits of Regulation. A critical analysis of capitalist development*, Edward Elger, Cheltenham (RU) e Mass. (EUA)

MAYHEW, Alan, 1998-9 – *Recreating Europe. The European Union's Policy Towards Central and Eastern Europe*, Cambridge University Press, Cambridge

McMahon, Walter W., 1999 – *Education and Development. Measuring the Social Benefits*, Oxford University Press, Oxford

Meade, James E., 1955 – *The Theory of International Economic Policy*, vol. II, *Trade and Welfare*, Oxford University Press, Londres

Medeiros, Eduardo Raposo de, 1998 – *Blocos Regionais de Integração Económica do Mundo*, Instituto Superior de Ciências Sociais e Políticas, Lisboa
2008 – *Evolução e Tendências da Integração Económica Regional*, Petrony, Lisboa
2010 – *Organização Mundial do Comércio (OMC)*, em Campos (coord.), *Organizações Internacionais....*, cit., pp. 343-416
2013 – *Economia Internacional*, 9ª ed., Escolar Editora, Lisboa

Mello, António Sampaio e Lucena, Diogo de (coord.), 1990 – *Política Económica para as Privatizações em Portugal*, Verbo, Lisboa

Mello, Pedro C. de, 2013 – *A Crise do Euro – os Riscos para a Moeda Única e os Desafios na Recuperação Económica Europeia*, Saint Paul, São Paulo

Mendes, Fernando Ribeiro e Cabral, Nazaré da Costa (org.), 2014 – *Por onde vai o Estado social em Portugal*, Vida Económica, Porto

Mendes, Mário Marques, 2012 – Comentário ao artigo 37º do TFUE, em Porto e Anastácio (coord.), *Tratado de Lisboa...*, cit, pp. 296-8

Menger, Carl, 1871 – *Grundsätze der Volkswirtschaftslehre*

Mill, John Stuart, 1848 – *Principles of Political Economy, with some of their Applications to Social Philosophy*

Millet, Damien e Toussaint, Éric, 2013 (2) – *A Crise da Dívida. Auditar. Anular. Alternativa Política* (trad. de *AAA – Audit, annulation, autre politique*), Temas e Debates – Círculo dos Leitores, Lisboa

Ministério das Finanças, 1998 – *O Impacto do Euro na Economia Portuguesa* (coord. da Faculdade de Economia da Universidade Nova de Lisboa), Lisboa

Ministério do Planeamento, 1999 – *Portugal e a Transição para a União Económica e Monetária*, Seminário Internacional, Lisboa

Ministério do Planeamento e da Administração do Território, 1992 – *Fundos Estruturais. Que Futuro?*, Lisboa

Moderne, Franck e Marcou, Gérard (ed.), 2001 – *L'Idée de Service Public dans le Droit des États de l'Union Européenne*, L'Harmattan, Paris

Moncada, Luís Cabral de, 2012a – *Direito Económico*, 6ª ed., Coimbra Editora, Coimbra
2012b – *Manual Elementar de Direito Público da Economia e da Regulação. Uma perspectiva luso-brasileira*, Almedina, Coimbra

Montchrestien, Antoine de, 1615 – *Traité d'Économie Politique*

Monteiro, Luís, 2012 – *Portugal e a China. Uma Relação com Futuro*, Almedina, Coimbra

Monti, Giorgio, 2007 – *EC Competition Law*, Cambridge University Press, Nova Iorque

Monti, Mario, 2010 – *A New Strategy For The Single Market. At the service of Europe's Economy and Society*, Report to the President of the European

Commission, José Manuel Barroso, 9 de Maio de 2010

MORAIS, Luís, 2009a – *Direito da Concorrência. Perspectiva do seu Ensino*, Almedina, Coimbra
2009b – *Os Conceitos de Objecto e Efeito Restritivos da Concorrência e a Prescrição de Infrações de Concorrência*, Almedina, Coimbra

MORAIS, Luís Silva e CABRAL, Francisco Costa, 2012 – *Comentário* ao artigo 106º do TFUE, em Porto e Anastácio (coord.), *Tratado de Lisboa...*, cit., pp. 523-7

MORAIS, Rui Duarte, 2008 (10) – *Sobre o IRS*, 2ª ed., Almedina, Coimbra (reimpressão de 2010)

MOREIRA, Vital, 1997 – *Auto-Regulação Profissional e Administração Pública*, Almedina, Coimbra
2001 – *Serviço Público e Concorrência. A Regulação do Sector Eléctrico*, em *Boletim da Faculdade de Direito* da Universidade de Coimbra, *Os Caminhos da Privatização da Administração Pública*, Coimbra Editora, Coimbra, pp. 223-47

MOREIRA, Vital (org.), 2004 – *Estudos de Regulação Pública – I*, Centro de Estudos de Direito Público e Regulação (CEDIPRE), Faculdade de Direito da Universidade de Coimbra, Coimbra Editora, Coimbra

MOREIRA, Vital e MAÇAS, Fernanda, 2003 – *Autoridades Reguladoras Independentes. Estudo e Projecto de Lei Quadro*, Coimbra Editora, Coimbra

MOTA, Júlio, LOPES, Luís e ANTUNES, Margarida, 2009 – *A Crise da Economia Global. Alguns elementos de análise*, Ana Paula Editora, Lisboa

MOTA, Pedro Infante, 2005 – *O Sistema GATT/OMC – Introdução Histórica e Princípios Fundamentais*, Almedina, Coimbra

MOUHOUD, El Mouhub, 2013 – *Mondialisation et Délocalisation des Entreprises*, 4ª ed., La Découverte, Paris

MOURA, Francisco Pereira de, 1978 – *Lições de Economia*, 4ª ed., Almedina, Coimbra

MOUSSIS, Nicolas, 2013 – *Access to the European Union. Law, Economics, Policies*, 20ª ed., Intersentia, Bruxelas

MUCCHIELLI, Jean-Louis, 2008 – *La Mondialisation. Chocs et Mesures*, Hachette, Paris

MUNDELL, Robert Alexander, 1961 – *A Theory of Optimal Currency Areas*, em *The American Economic Review*, vol. 51, pp. 509-17

MURAT, A., 1943 – *Initiation à la Théorie Économique*, Paris

MURTEIRA, Mário, 2002 – *A Economia em 24 Lições*, Presença, Lisboa

MUSGRAVE, Richard e MUSGRAVE, Peggy, 1989 – *Public Finance in Theory and Practice*, 4ª ed., McGraw-Hill, Nova Iorque

MYRDAL, Gunnar, 1957a – *Economic Theory and Underdeveloped Regions*, Duckworth, Londres
1957b – *Rich Lands and Poor*, Nova Iorque

NABAIS, José Casalta, 2012 – *Direito Fiscal*, 7ª ed., Almedina, Coimbra

NAÇÕES UNIDAS (PNUD), 2002 – *Aprofundar a Democracia num Mundo Fragmentado*, Relatório do Desenvolvimento Humano 2002, ed. portuguesa de Mensagem, Queluz

NEGISHI, Takashi, 1968 – *Protection of the Infant Industry and Dynamic Inter-*

nal Economies, em *The Economic Record*, vol. 44, pp. 56-67

NEMITZ, Paul (ed.), 2007 – *The Effective Application of EU State Aid Procedures. The Role of National Law*, Kluwer Law International, Alphen aan den Rijn

NEVEN, Damien e GOUYETTE, Claudine, 1995 – *Regional Convergence in the European Community*, em *Journal of Common Market Studies*, vol. 33, pp. 47-65

NEVES, João César das, 2001 – *Distribuição de Rendimentos em Portugal*, em Henderson e Neves (coord.), cit., pp. 218-21

2009 – *Esperança, Apesar dos Bloqueios*, em *Nova Cidadania*, n. 40 (Julho-Setembro), pp. 42-9

2013 – *Introdução à Economia*, 10ª ed., Verbo, Lisboa e S. Paulo (8ª ed. de 2007/8)

NEVES, João César das e REBELO, Sérgio, 2001 – *O Desenvolvimento Económico em Portugal*, Bertrand, Lisboa

NEWBERY, David M., 2000 – *Privatization, Restructuring, and Regulation of Network Utilities*, The MIT Press, Cambridge (Mass.) e Londres

NEWHOUSE, John, 2007 – *Boeing versus Airbus. The Inside Story of the Greatest International Competition in Business*, Alfred A. Knopf, Nova Iorque

NOELL, Edd S., SMITH, Stephan L. S. e WEBB, Bruce G., 2013 – *Economic Growth: Unleasing the Potential of Human Flourishing*, AEI Press, Washington

NORTH, Douglas C., 2010 – *Understanding the Process of Economic Change*, Princeton University Press, Princeton e Oxford

NORVIG, Jean, 2014 – *A Queda do Euro. A Reinvenção da Eurozona (o futuro do investimento global)*, Casa das Letras, Alfragide

NOVOTNY, Vit (ed.), 2012 – *Opening the Door? Immigration and Integration in the European Union*, CES (Center for European Studies), Bruxelas

NOWZAD, Bahram, 1978 – *The Rise in Protectionism*, Fundo Monetário Internacional, Pamphlet Series n. 24, Washington

NUNES, António José Avelãs, 1978 – *Os Sistemas Económicos*, separata do *Boletim de Ciências Económicas da Faculdade de Direito da Universidade de Coimbra*, vol. 16

1991 – *O Keynesianismo e a Contra-Revolução Monetarista*, em *Boletim de Ciências Económicas* da Faculdade de Direito da Universidade de Coimbra, vol. 34, pp. 69-132

2013 – *O Euro: das Promessas do Paraíso à Ameaça da Austeridade Perpétua*, em *Boletim de Ciências Económicas* da Faculdade de Direito da Universidade de Coimbra, vol. LVI, pp. 3-166

NUNES, Rui J. Conceição, 2013 – *Euro = Neoliberalismo + Socialismo*, Vida Económica, Porto

O'NEIL, Jim, 2001, *Building Better Global Economic BRIC's*, Goldman Sachs Global Economics, Paper n. 66, Novembro de 2001

2011 – *The Growth Map: Economic opportunity in the BRIC's and beyond*, Portfolio, Penguin, Londres

OCDE (OECD, Organização para a Cooperação e Desenvolvimento Económico), 2008a – *OECD Factbook*, Paris

2008b – *Portugal, OECD Economic Surveys*, vol. 2008/9

OHLIN, Bertil, 1933 – *Interregional and International Trade*, Cambridge (Mass.) (nova edição de 1967)

OLIVEIRA, Celso Maran, QUINELATTO, Carlos Eduardo e GRINADO, Karina, 2014 – *Integração Sul-Americana – o Direito da UNASUL*, em *Direito-Lusíada*, Revista da Faculdade de Direito da Universidade Lusíada do Porto, nºs 9-10, (no prelo)

OLIVEIRA, Gesner e RODAS, João Grandino, 2004 – *Direito e Economia da Concorrência*, Renovar, Rio de Janeiro

OLIVEIRA, Teresa Carla e HOLLAND, Stuart, 2007 – *Beyond Human and Intellectual Capital: Profiling the value of Klowledge, Skills and Experience*, em *Comportamento Organizacional e Gestão*, vol. 13, n. 2, pp. 237-60

2012 – *On the centrality of human value*, em *Journal of Economic Methodology*, vol. 19, n. 2, pp. 121-141

2013 – *Missing Links: Hume, Smith, Kant and Economic Methodology*, em *Economic Thought*, v.2, n.2, pp. 46-72

OLSON, Mancur, 1965 – *The Logic of Collective Action. Public Goods and the Theory of Groups*, Harvard University Press, Harvard

OMC (Organização Mundial do Comércio, WTO), 1995 – *Regionalism and the World Trading System*, Genebra

PAGE, Martin, 2002 – *The First Global Village. How Portugal Changed the World*, Notícias, Lisboa (novas eds., também em português, de 2014)

PAIS, Sofia Oliveira, 1996 – *O Controlo das Concentrações de Empresas no Direito Comunitário da Concorrência*, Almedina, Coimbra

2006 – *O Novo Regime de Controlo das Concentrações de Empresas na Lei nº 18/2003*, em Soares, António Goucha e Marques, Maria Manuel Leitão, *Concorrência. Estudos*, Almedina, Coimbra, pp. 71-101

PANIC, M., 2011 – *Globalization. A Treath to International Cooperation and Peace?*, 2ª ed., Palgrave/MacMillan, Basingstoke

PAPAGEORGIOU, Demetrios, CHOKSI, Armeane M. e MICHAELY, Michael, 1990 – *Liberalizing Foreign Trade in Developing Countries. The Lessons of Experience*, Banco Mundial, Washington (síntese dos volumes publicados pela Basil Blackwell, Oxford, 1990-1991, resultantes do projecto 'The Timing and Sequencing of a Trade Liberalization Policy')

PARETO, Vilfredo, 1896-7 – *Cours d'Économie Politique* (2 vols.)

PARKIN, Michael, 2014 – *Economics*, 11ª ed., Harlow (RU)

PEGO, José Paulo Mariano, 2001 – *A Posição Dominante Relativa no Direito da Concorrência*, Almedina, Coimbra

2006 – *As Medidas Cautelares no Direito da Concorrência*, em *Temas de Integração*, n. 22, pp. 129-54

2013 – *Comentário ao artigo 12º da Lei da Concorrência*, em Porto, Vilaça *et al.* (coord.), cit., pp. 165-8

PEREIRA, Paulo Trigo, 2008 – *O Prisioneiro, o Amamnte e as Sereias (Instituições económicas, políticas e democracia)*, Almedina, Coimbra

PEREIRA, Paulo Trigo, AFONSO, António, ARCANJO, Manuela e SANTOS, José Carlos Gomes, 2012 – *Economia e Finanças Públicas*, 4ª ed., Escolar Editora, Lisboa

PERKINS, Dwight, RADELET, Steven, LINDAUER, David L. e BLOCK, Steven A., 2013 – *Economics of Development*, 7ª ed., W. W. Norton & Company, Nova Iorque e Londres

PERROUX, François, 1938 – *Leçons d'Économie Politique*
1955 – *Note sur la Notion de Pôle de Croissance*, em *Économie Appliquée*, pp. 309-20 (publicado também em *A Economia do Séc. XX*, Livraria Morais Editoria, 1967, 2ª parte)

PHILLIPS, A. W., 1958 – *The Relation Between Unemployment and the Rate of Change of Money Wages Rates in the United Kingdom, 1861-1957*, em *Economica*, vol. 25, pp. 283-99

PIGOU, A. C., 1929 – *The Economics of Welfare*, 3ª ed., Londres

PINA, Carlos Costa, 2005 – *Instituições e Mercados Financeiros*, Almedina Coimbra

PINHO, Manuel, 2002 – *Produtividade e Crescimento*, Economia Pura, Lisboa
2004 – *Comunicação*, em Conselho Nacional de Educação (CNE), *Educação e Produtividade*, cit., pp. 101--23

PINTO, António Mendonça, 1999 – *Política Económica*, Princípia, Cascais

PINTO, Messias de Sá, 2004 – *A Área de Livre Comércio das Américas e os Interesses da União Europeia na América Latina*, dissertação de doutoramento na Escola de Economia e Gestão da Universidade do Minho, Braga

PIRES, Catarina, 2001 – *O Fim da 'Riqueza das Nações'? – Algumas Reflexões a Propósito da Globalização Financeira*, em *Boletim de Ciências Económicas da Faculdade de Direito da Universidade de Coimbra*, vol. 44, pp. 243-48

PIRES, Francisco Lucas, 1995 – *Portugal e o Futuro da União Europeia. Sobre a Revisão do Tratado em 1996*, Difusão Cultural, Lisboa

PIRES, Luís Madureira, 1998 – *A Política Regional Europeia e Portugal*, Fundação Calouste Gulbenkian, Lisboa

PIRES, Manuel e PIRES, Rita Calçado, 2012 – *Direito Fiscal*, 5ª ed., Almedina, Coimbra

PIROU, Gaetan, 1939 – *Introduction à l'Etude de l'Économie Politique*, Paris

PITT, William, 1995 – *More Equal than Others, A Director's Guide to EU Competition Policy*, Director Books, Hemel Hempstead

PLIHON, Dominique, 2013 – *La Monnaie et ses Mécanismes*, 6ª ed., La Découverte, Paris

PONTES, João Pedro, 2000 – *Regional Convergence in Portugal in the Context of the European Union*, Working Papers, ISEG, Universidade Técnica de Lisboa
2005 – *O Quadro Regional Português e a Política Comunitária*, em *Temas de Integração*, n. 20, pp. 233-77

PORTO, Manuel C. L., 1988 – *A Reforma Fiscal Portuguesa e a Tributação Local*, separata do número especial da Faculdade de Direito da Universidade de Coimbra, *Estudos em Homenagem ao Prof. Doutor Eduardo Correia*
1992 – *A Coesão Económica e Social e o Futuro da Europa*, em Ministério do Planeamento e da Administração do Território, *Fundos Estruturais. Que Futuro?*, cit., pp. 221-39

1996 – *Coesão e Integração numa Europa Alargada*, em *Temas de Integração*, n. 1, pp. 27-49

1998a – *O Não de um Regionalista, Face a um Projecto sem Justificação, numa Europa Concorrencial e Exigente* (distr. Almedina), Coimbra

1998b – *Portugal e a Agenda 2000* (distr. Almedina), Coimbra

1999 – *A Europa no Dealbar do Novo Século*, Intervenções Parlamentares, Grupo PPE (PSD), Coimbra

2000 – *As Vias Insidiosas da Bipolarização: da Coincineração às Portagens e à Tolerância Zero*, Jornal de Coimbra, Coimbra

2002a– *A Racionalização das Infraestruturas de Transportes – o TGV, a OTA e as Auto-Estradas*, ed. do *Jornal de Coimbra*, Coimbra

2002b – *Small States and European Integration*, em Ribeiro, Maria Manuela Tavares (coord.), *Identidade Europeia e Multiculturalismo*, Quarteto, Coimbra, pp. 375-403 (publicado também em *As Vertentes do Direito Constitucional Contemporâneo*, coord. de Ives Gandra da Silva Martins, 'Estudos em Homenagem a Manuel Gonçalves Ferreira Filho', America Jurídica, Rio de Janeiro, pp. 653-75)

2002c – *The Evolution of the Raport de Forces at World Level*, em P. Cunha e Porto (coord.), *O Euro e o Mundo*, cit., pp. 281-98

2002d – *Os Méritos e os Deméritos de um Imposto Geral sobre a Energia*, em *Boletim de Ciências Económicas* da Faculdade de Direito da Universidade de Coimbra, vol. 45, pp. 907-925

2002e – *A Reforma da Tributação do Património Imobiliário em Portugal*, em *Revista de Legislação e de Jurisprudência*, n. 3930, pp. 258-67

2003a – *Serviços Públicos e Regulação em Portugal*, em *Revista de Direito Público da Economia* (RDPE), nº 3, pp. 161-86

2003b – *O Sonho da Convergência Real*, em Ribeiro, Maria Manuela Tavares, Melo, António Barbosa de e Porto, Manuel (org.), *Portugal e a Construção Europeia*, Almedina, Coimbra, pp. 233-57

2004 – *Os Próximos Alargamentos e as Políticas Estruturais*, em Fontoura e Crespo (org.), *O Alargamento da União Europeia*, cit., pp. 141-58

2005 – *Abertura ao Mercado e Regulação: Uma Primeira Avaliação da Experiência Portuguesa nos Sectores da Energia, das Comunicações e dos Transportes*, em *Revista de Direito Público da Economia* (RDPE), n.10, Abril-Junho, pp. 169-89

2006a – *O sentido da Intervenção do Estado: Experiências Recentes em Portugal*, em Faculdade de Direito da Universidade de Lisboa, *Estudos Jurídicos e Económicos em Homenagem ao Prof. Doutor António de Sousa Franco*, Coimbra Editora, Coimbra, pp. 1031-53

2006b – *O Orçamento da União Europeia. As Perspectivas Financeiras para 2007-2013*, Almedina, Coimbra

2007a – *O Fundo Europeu de Ajustamento à Globalização*, em *Homenagem da Faculdade de Direito de Lisboa ao Professor Doutor Inocêncio Galvão Teles*, Coimbra Editora, Coimbra

2007b – *The New Map of the World*, em *Temas de Integração*, n. 24, pp. 9--36

2008a – *O Ordenamento do Território num Mundo de Exigência Crescente das Ambições do PNPOT à Contradição de Investimentos em Via de Concretização*, Almedina, Coimbra

2008b – *Comentário ao Anexo V do QREN*, em *Revista de Legislação e de Jurisprudência*, n. 3952 (Setembro--Outubro), pp. 135-51

2009a – *Teoria da Integração e Políticas e Políticas Comunitárias: Face aos Desafios da Globalização*, 4ª ed., Almedina, Coimbra

2009b – *O Espaço Lusófono no Contexto da Globalização*, em Wei (coord.), *Os Países de Língua Portuguesa e a China ...*, cit. pp. 119-36

2012a – *A Estratégia 2020: visando um crescimento inteligente, sustentavel e inclusivo*, em *Livro de Homenagem ao Prof. Doutor José Joaquim Gomes Canotilho*, vol. IV, Coimbra Editora, Coimbra, pp. 549-72

2012b – *O Orçamento da EU: dando resposta às exigências do presente e do futuro?*, em *Livro de Homenagem ao Prof. Doutor Aníbal de Almeida*, Coimbra Editora, Coimbra, pp. 855-75

2012c – *O Sistema Financeiro Actual e Futuro da União Europeia*, em Catarino, João Ricardo e Tavares, José F.F. (coord.), *Finanças Públicas da União Europeia*, Almedina, Coimbra, 87-208

2012d – *Comentário ao artigo 311º do TFUE*, em Porto e Anastácio (coord.), *Tratado de Lisboa ...*, cit., pp. 1099-1102

2013 – *A Europa e o Mundo: as vias de aproximação*, em *Revista Juridica de Santiago* (Cabo Verde), ano 1, n. 1, Jan.-Dez., pp. 205-24

2014 – *As Responsabilidades da Europa Face ao Mundo*, em *Livro de Homenagem ao Professor Jorge Leite*, Coimbra Editora, Coimbra, pp. 577-600

PORTO, Manuel C. L. e ALMEIDA, João Nogueira de, 2007 – *State Aids in Portugal*, em Nemittz (ed.), *The Effectiva Application of EU State Aid Procedures*, cit., pp. 343-53 (cfr. *Temas de Integração*, n. 22, 2006, pp. 181--93)

PORTO, Manuel C. L., ALMEIDA, João Nogueira de e ANDRADE, Ana Rita, 2013 – *Comentário ao artigo 105º da Lei da Concorrência*, em Porto, Vilaça *et al.* (coord.), cit., pp. 635-51

PORTO, Manuel C. L. e ANASTÁCIO, Gonçalo Gentil (ed.), 2009 – *Direito da Concorrência*, Coimbra Editora, Coimbra

PORTO, Manuel C. L. e ANASTÁCIO, Gonçalo Gentil (coord.), 2012 – *Tratado de Lisboa. Anotado e Comentado*, Almedina, Coimbra

PORTO, Manuel C. L. e CALVETE, Vitor, 2010a – *O Fundo Monetário Internacional*, em Campos (coord.), *Organizações Internacionais...*, cit., pp. 493--556

2010b – *O Grupo Banco Mundial*, em Campos (coord.), *Organizações Internacionais...*, cit., pp. 557-88

PORTO, Manuel C. L. e COSTA, Fernanda Maria, 1999 – *Portugal*, em Brülhart e Hine (ed.), *Intra-Industry Trade and Adjustment....*, cit., pp. 239--51

PORTO, Manuel C. L. e FIGUEIREDO, Filipe Regêncio, 2008 – *Tributação dos Produtos Energéticos ou dos Ganhos das Empresas Produtoras. Reflexões sobre a "Taxa Robin dos Bosques"*, em *Revista de Finanças Públicas e Direito Fiscal*, n. 3, pp. 11-24

PORTO, Manuel C. L. e GORJÃO-HENRIQUES, Miguel, 2009 – *O Fenómeno de Capitalidade (spill-over effect). Uma Nova Categoria Económico-Jurídica?*, em *Livro de Homenagem ao Professor Doutor Jorge Figueiredo Dias*, Coimbra Editora, Coimbra

PORTO, Manuel C. L. e SILVA, Bernardino (coord), 2007 – *Uma Sociedade Criadora de Emprego*, Semanas Sociais Portuguesa, Braga (distrib. Almedina)

PORTO, Manuel C. L. e SILVA, João Nuno Calvão da, 2013 – *Comentário ao artigo 4º da Lei da Concorrência*, em Porto, Vilaça *et al.* (coord.), cit., pp. 39-45

PORTO, Manuel C. L., VILAÇA, José Luís da Cruz, CUNHA, Carolina, GORJÃO-HENRIQUES, Miguel e ANASTÁCIO, Gonçalo (coord.), 2013 – *Lei da Concorrência. Comentário Conimbricense*, Almedina, Coimbra

POSNER, Michel V., 1961 – *Technical Change and International Trade*, Oxford University Press, Oxford

PREBISH, Raul, 1950 – *The Economic Development of Latin America and its Principal Problems*, Nações Unidas, Nova Iorque
1959 – *The Role of Commercial Policies in Underdeveloped Countries*, em *The American Economic Review Papers and Proceedings*, vol. 49, pp. 251-73

PROSSER, Toni, 2005 – *The Limits of Competition Law. Markets of Public Services*, Oxford University Press, Oxford

PUGEL, Thomas A., 2011 – *International Economics*, 15ª ed., McGraw-Hill, Boston

QUELHAS, Ana Paula Santos, 2001 – *A Refundação do Papel do Estado nas Políticas Sociais. A Alternativa do Movimento Mutualista*, Almedina, Coimbra

QUELHAS, José Manuel Santos, 1998 – *A Agenda 2000 e o Sistema de Financiamento da União Europeia*, em *Temas de Integração*, nº 5, pp. 53-109
2013 – *Nótulas sobre a Reforma do Sector Bancário da União Europeia após a Crise Financeira de 2007*, em *Boletim de Ciências Económicas* da Faculdade de Direito da Universidade de Coimbra, vol. LVI, pp. 473-549

QUESNAY, François, 1758 – *Tableau Économique*

RAINELLI, Michel, 2007 – *L'Organization Mondiale du Commerce*, 8ª ed., La Découverte, Paris

RAMOS, Rui Manuel Moura, 1999 – *Das Comunidades à União Europeia, Estudos de Direito Comunitário*, 2ª ed., Coimbra Editora, Coimbra

REINERT, Kenneth A., 2011 – *Windows on the World Economy. An Introduction to International Economics*, 2ª ed., Thomson/South Western, Mason, Ohio

REIS, José, 2000 – *A Europa e a Coesão: Um Percurso em Fio de Navalha*, em Albuquerque, Roberto Cavalcanti e Romão, António (org.) *Brasil-Portugal. Desenvolvimento e Cooperação. O Diálogo dos 500 Anos*, EMC, Rio de Janeiro

2010 – *Ensaios de Economia Impura*, Almedina, Coimbra

REIS, Maria Helena Gomes dos, 2006 – *Economia Social Face às Questões do Emprego. A Função Reguladora do Terceiro Sector no Domínio da Política Económica e Social*, Instituto Superior Bissaya-Barreto, Coimbra

RIBEIRO, Darcy, 1995 – *O Povo Brasileiro. A Formação e o Sentido do Brasil*, Companhia das Letras, S. Paulo

RIBEIRO, José Joaquim Teixeira, 1949 – *Introdução ao Estudo da Moeda*, Coimbra

1959 – *Economia Política*, lições ao 2º ano jurídico (policopiadas), Coimbra

1961-2 – *Economia Política*, lições ao 3º ano jurídico (policopiadas), Coimbra

1981 – *Objecto da Economia Política*, em *Boletim de Ciências Económicas* da Faculdade de Direito da Faculdade de Direito da Universidade de Coimbra, vol. 23, pp. 5-14

1992 – *Reflexões sobre a Eficiência da Economia Socialista*, em *Memórias da Academia das Ciências de Lisboa, Classe de Letras*, tomo XXIX, pp. 119--36

1997 – *Lições de Finanças Públicas*, 5ª ed., Coimbra Editora, Coimbra

RIBEIRO, José Manuel Félix, 2014 – *Portugal. A Economia de uma Nação Rebelde*, Guerra e Paz, Lisboa

RIBEIRO, Sérgio, 1997 – *Não à Moeda Única. Um Contributo*, Avante, Lisboa

RICARDO, David, 1817 – *The Principles of Political Economy and Taxation* (trad. port. da Fundação Calouste Gulbenkian)

ROBBINS, Lionel, 1937 – *An Essay on the Nature and Significance of Economic Science*, 2ª ed., Londres

ROBINSON, Joan, 1933 – *The Economics of Imperfect Competition*, Macmillan, Londres

RODRIGUES, Carlos Farinha, 2007 – *Distribuição do Rendimento, Desigualdade e Pobreza. Portugal nos Anos 90*, Almedina, Coimbra

RODRIGUES, Eduardo Raul Lopes, 2005 – *O Essencial da Política de Concorrência*, Instituto Nacional de Administração (INA), Oeiras

RODRIGUES, Jorge Nascimento e DEVEZAS, Tessaleno, 2007 – *Portugal. O Pioneiro da Globalização*, Centro Atlântico, Famalicão

2014 – *As Lições dos Descobrimentos. O que nos ensinaram os empreendedores da globalização*, Centro Atlântico, Famalicão

RODRIGUES, Maria João, 2003 – *A Agenda Económica e Social da União Europeia. A Estratégia de Lisboa*, Dom Quixote, Lisboa

RODRIGUES, Maria João (ed.), 2009 – *Europe, Globalization and the Lisbon Agenda*, Edward Elgar, Cheltenham e Northampton (Mass.)

RODRIGUES, Maria João, TROGLIC, Jean François, EHRENKRONA, Cold, CENTRE D'ANALYSE STRATÉGIQUE, HERZOG, Philippe e SAPIR, André, 2008 – *Europe, Quel Modèle Économique et Social? (What Economic and Social Model for Europe?)*, Cultures France, Paris

RODRIGUES, Maria de Lurdes, 2014 – *40 anos de Políticas de Educação em Portugal*, vol. I – A Construção do

Sistema Democrático de Ensino, Almedina, Coimbra
RODRIGUES, Maria de Lurdes e SILVA, Pedro Adão (org.), 2012 – *Políticas Públicas em Portugal*, INCM (Imprensa Nacional Casa da Moeda) e ISCTE-IUL (Instituto Universitário de Lisboa), Lisboa
ROMANO, Frank, 2003 – *Mondialiation des Politiques de Concurrence*, L'Harmattan, Paris
ROMÃO, António (org.), 2004 – *Economia Europeia*, Celta, Oeiras, 2006
—*A Economia Portuguesa 20 Anos Após a Adesão*, Almedina, Coimbra
ROQUE, Ana, 2004 – *Regulação do Mercado. Novas Tendências*, Quid Juris, Lisboa
ROSSETTI, José Paschoal, 2003 (11) – *Introdução à Economia*, 20ª ed., Atlas, S. Paulo (reimpressão de 2011)
ROSTOW, Walter Whitman, 1960 – *The Stages of Economic Growth. A Non-Communist Manifesto*, Cambridge University Press, Cambridge (2ª ed. de 1971)
1990 – *Theories of Economic Growth, from David Hume to the Present, with a Perspective on the Next Century*, Oxford University Press, Nova Iorque e Oxford
RUIZ, Nuno, 2012 – *Comentário do artigo 102º do TFUE*, em Porto, e Anastácio (coord.), *Tratado de Lisboa...*, cit., pp. 500-3
SACHS, Jeffrey, 2010 – *Common Wealth. Um Novo Modelo para a Economia Mundial*, Casa das Letras, Alfragide
SACHS, Jeffrey e WARNER, Andrew, 1995 – *Economic Reform and the Process of Global Integration*, em Broo-
kings Papers on Economic Activity, n. 1, pp. 1-118
SALIN, Pascal, 1998 – *La Concurrence*, Que Sais-je, Presses Universitaires de France, Paris
SALVATORE, Dominick, 2008 – *Économie Internationale*, 9ª ed., de boeck, Paris
SAMUELSON, Paul A., 1948 – *International Trade and the Equalisation of Factor Prices*, em The Economic Journal, vol. 58, pp. 163-84
1949 – *International Factor Price Equalisation Once Again*, em The Economic Journal, vol. 59, pp. 181-87
SAMUELSON, Paul e NORDHAUS, William D., 2010 – *Economics*, 19ª ed., McGraw-Hill/Irwin, Nova Iorque (17ª ed. de 2001 e 18ª ed. de 2005, com trad. portuguesa)
SANCHES, José Luís Saldanha, 2000 – *A Regulação: História Breve de um Conceito*, em Revista da Ordem dos Advogados, ano 60, pp. 5-22
2008 – *Manual de Direito Fiscal*, 3ª ed., Coimbra Editora, Coimbra
SANTANA, Paulo, 2014 – *A Saúde dos Portugueses*, em Campos e Simões (coord.), *40 Anos de Abril na Saúde*, cit., pp. 69-92
SANTOS, António Carlos, GONÇALVES, Maria Eduarda e MARQUES, Maria Manuel Leitão, 2014 – *Direito Económico*, 7ª ed., Almedina, Coimbra
SANTOS, Boaventura Sousa, 2012 – *Ensaio sobre a Autoflagelação*, 2ª ed., Almedina, Coimbra
SANTOS, Emanuel Augusto dos, 2012 – *Sem Crescimento não há Consolidação Orçamental*, Sílabo, Lisboa
SAPIR et. al. (Relatório Sapir), 2003 – *An Agenda for a Growing Europe.*

Making the EU Economic System Deliver, report of an independent high-level study group established on the initiative of the President of the European Commission, Bruxelas

SARGENT, Thomas J., 1986 – *Rational Expectations and Inflation*

— 2001 – *Expectativas Racionais*, em Henderson e Neves (ed.), *Enciclopédia de Economia*, cit., pp. 149-55

SAY, Jean-Baptist, 1803 – *Traité d'Économie Politique*

SCHERER, F.M. e ROSS, David, 1990 – *Industrial Market Structure and Economic Performance*, 3ª ed., Houghton Kiflin, Boston

SCHMÖLLER, Gustav, 1888 – *Zur Literatur-Geschichte des Staats – Und Sozialwissenschaften*

— 1897 – *Grundfragen der Sozial Politik und Volkswirtschaftslehre*

— 1900-4 – *Principes d'Économie Politique*, Paris

SCHOR, Armand-Denis, 1997 – *La Monnaie Unique*, 2ª ed., Presses Universitaires de France, col. Que Sais-Je?, Paris

— 1999 – *Économie Politique de l'Euro*, La Documentation Française, Paris

SCHUMPETER, Joseph Alois, 1912 – *Theorie der Wirtschaftliche Entwicklung*

— 1942 – *Capitalism, Socialim and Democracy*

— 1954 – *History of Economic Analysis*, Oxford University Press, Nova Iorque

SEIA, Maria Cristina de Aragão, 1994 – *A Reforma da Política Agrícola Comum*, tese de mestrado na Faculdade de Direito da Universidade de Coimbra

SEIDEL, Baruhard, 1994 – *The Regional Impact of Community Policies*, em Mortensen, Jorgen (ed.), *Improving Economic and Social Cohesion in the European Community*, Centre for European Policiy Studies (CEPS), Macmillan, Basingstoke e St. Martin's Press, Nova Iorque

SEIXAS, João, MADRUGA, Paulo e ESCÁRIA, Vítor, 2014 – *Cidades e Regiões: a Lenta Afirmação do Território – 25 Anos de Desenvolvimento Regional e Urbanismo em Portugal*, em Alexandre et al. (org.), *A Economia Portuguesa...*, cit., pp. 453-79

SEN, Amartya Kunar, 1991 – *Development as Freedom*, Anchor Books, Nova Iorque (ed. port. da Gradiva)

SENIK-LEYGONIE, Claudia, 2002 – *L'Elargissement à l'Est : Risque, Coûts et Bénefices*, em Farvaque e Lagadec (ed.), *Intégration Économique Européenne*, cit., pp. 287-306

SERVAN-SCHREIBER, Jean-Louis, 2014 – *Pourquoi les Riches ont Gagné*, Albin Michel, Paris

SHAPIRO, Robert, 2010 – *O Futuro. Uma visão Global do Amanhã*, Actual Editora, Lisboa

SHARMA, Ruchir, 2013 – *Os Milagres Económicos do Futuro. Porque crescem umas economias e outras não?*, Clube do Autor, Lisboa

SILGUY, Yves Thibault de, 1996 – *Le Syndrome du Diplodocus. Un Nouveau Soufle pour l'Europe*, Albin-Michel, Paris

— 1998 – *L'Euro*, Librairie Générale Française, col. Le Livre de Poche, Paris

SILVA, Aníbal Cavaco, 1999 – *União Monetária Europeia, Funcionamento e Implicações*, Verbo, Lisboa e S. Paulo

SILVA, João Nuno Calvão da, 2008 – *Mercado e Estado. Serviços de Interesse Económico Geral*, Almedina, Coimbra

2012 – *Comentário ao artigo 345º do TFUE*, em Porto e Anastácio (coord.), *Tratado de Lisboa...*, cit., pp. 1212-4

SILVA, Joaquim Ramos e LIMA, Maria Antonina, 1997 – *L'Expérience Européenne des 'Pays de la Cohesion': Rattrapage ou Périphérisation Accrue?*, Institut Orléonais de France, Faculté de Droit, d'Economie et de Gestion, Orléans

SILVA, Miguel Moura e, 2003 – *Inovação, Transferência de Tecnologia e Concorrência: Estudo Comparado do Direito da Concorrência dos Estados Unidos e da União Europeia*, Almedina, Coimbra

2008 – *Direito da Concorrência. Uma Introdução Jurisprudencial*, Almedina, Coimbra

SILVA, Rui Vinhas da e TEIXEIRA, Natália, 2013 – *A Competitividade das Nações no séc. XXI. Um Road Map Estratégico para a Economia Portuguesa*, Caleidoscópio, Casal de Cambra

SIMÃO, José Veiga e OLIVEIRA, Jaime da Costa, 2002 – *Potencialidades de Cooperação para a Competitividade. Regiões e Países de Interesse Estratégico para Portugal*, Associação Industrial Portuguesa, Lisboa

SINGER, Hans W., 1950 – *The Distribution of Gains between Borrowing and Investing Countries*, em *The American Economic Review*, vol. 40, pp. 473-85

SIROËN, Jean Marc, 2004 – *La Régionalisation de l'Économie Mondiale*, La Découverte, Paris

SMITH, Adam, 1796 – *An Inquiry into the Nature and Causes of the Wealth of Nations* (trad. port. da Fundação Calouste Gulbenkian)

SNYDER, Christopher e NICHOLSON, Walter, 2008 – *Microeconomics Theory. Basic principles and extensions*, South-Western, Mason

SOARES, António Goucha e MARQUES, Maria Manuel Leitão, 2006 – *Concorrência. Estudos*, Almedina, Coimbra

SOARES, Cláudia, 2002 – *O Imposto Ambiental. Direito Fiscal do Ambiente*, Cadernos CEDOUA, Almedina, Coimbra

SOARES, José Fernandes, 2007 – *Teoria Económica da Regulação. Grupos de Interesse, Procura de Renda e Aprisionamento*, Instituto Piaget, Lisboa

SOLANES, José Garcia e RAMON, Maris Dolores, 2002 – *The Impact of European Structural Funds on Economic Convergence in European Countries and Regions*, em Meeusen, Wim e Villaverde, José (ed.), *Convergence Issues in the European Union*, Edward Elgar, Cheltenham e Nothingham (Mass.), pp. 61-82

SOLOW, Robert Menton, 1956 – *A Contribution to the Theory of Economic Growth*, em *Quarterly Journal of Economics*, vol. 70, pp. 65-94

1957 – *Technical Change and the Aggregate Production Function*, em *The Review of Economics and Statistics*, vol. 39, pp. 312-20

SOMBART, Werner, 1916-27 – *Der Moderne Kapitalismus*, 4 vols., 2ª ed., Munique

Soros, George, 1996 – *Le Défi de l'Argent* (versão francesa), Plon, Paris
2002 – *George Soros on Globalization*, Public Affaires, Nova Iorque
2004 – *The Bubble of American Supremacy*, Weidenfeld & Nicolson, Londres

Sousa, Marcelo Rebelo de, 2012 – *Comentário* ao artigo 3º do TUE, em Porto e Anastácio (coord.), *Tratado de Lisboa...*, cit., pp. 30-2

Sousa, Sara Rute Silva e, 2000 – *O Alargamento da União Europeia aos Países da Europa Central e Oriental (PECO): Um Desafio para a Política Regional Comunitária*, dissertação de mestrado na Faculdade de Economia da Universidade de Coimbra

Steiner, Josephine e Woods, Lorna, 2003 – *Textbook on EC Law*, 8ª ed., Oxford University Press, Oxford

Steingart, Gabor, 2009(6) – *O Conflito Global ou a Guerra da Prosperidade*, Presença, Lisboa (trad. de *Weltkrieg um Wohlstand*, actualizado e prefaciado para ed. port.)

Stevens, Christopher, 1996 – *EU Policy for Banana Market: The External Impact of Internal Policies*, em Wallace, Helen e Wallace, William (ed.), *Policy Making in the European Union*, 3ª ed., Oxford University Press, Oxford, pp. 325-51

Stiglitz, Joseph E. e Walsh, Carl E., 2006 – *Economics*, 4ª ed., Norton, Nova Iorque e Londres

Stuckler, David e Basu, Sanjan, 2014 – *A Economia Desumana. Porque Mata a Austeridade* (trad. de *The Body Economies. Why Austerity Kills*, Penguin), Bizância, Lisboa

Sullivan, L. e Grimes, W., 2000 – *The Law Antitrust: An Integrated Hardboard*, West Group, St. Paul, Minnesota

Taborda, Daniel, Figueiredo, Filipe R., Almeida, João Nogueira de e Porto, Manuel Lopes, 2013 – *Segurança e Confiança Legítima no Direito Tributário: a Problemática dos Benefícios Fiscais*, em Pires, Manuel e Pires, Rita Calçado (coord.), *Segurança e Confiança Legítima do Contribuinte*, Universidade Lusíada Editora, Lisboa, pp. 265-98

Tamames, Ramon e Huerta, Begoña G., 2001 – *Estrutura Económica Internacional*, 5ª ed., Dom Quixote, Lisboa

Tavares, Luis Valadares, 2000 – *A Engenharia e a Tecnologia ao Serviço do Desenvolvimento em Portugal: Perspectiva e Estratégia, 2000-2020*, Verbo, Lisboa

Tavares, Luis Valadares, Mateus, Abel e Cabral, Francisco Scarsfield (coord.), 2002 – *Reformar Portugal. 17 Estratégias de Mudança*, 3ª ed., Oficina do Livro, Lisboa

Teixeira, Pedro Braz, 2012 – *O Fim do Euro em Portugal? Como chegámos à crise actual*, Actual/Almedina, Coimbra

Telò, Mário, 2007 – *European Union and New Regionalism. Regional Actors, and Global Governance in a PostHegemonic Era*, 2ª ed., Ashgate, Aldershot

Ténier, Jacques, 2003 – *Intégrations Régionales et Mondialisation. Complémentarité ou Contradiction*, La Documentation Française, Paris

Tenreiro, Carlos, 2012 – *Comentário* ao artigo 108º do TFUE, em Porto e Anastácio (coord.), *Tratado de Lisboa ...*, cit., pp. 523-5

THIRLWALL, A. P., 2006 – *Growth and Development*, 8ª ed., Macmillan, Basingstoke, Londres
2002 – *The Nature of Economic Growth. An Alternative Framework for Understanding the Performance of Nations*, Edward Elgar, Cheltenham
TIETENBERG, Tom e LEWIS Lynne, 2011 – *Environmental and Natural Resources Economies*, 9ª ed., Addison Wesley/ /Longman, Reading (Mass.)
TODARO, Michael P. e SMITH, Stephan C., 2011 – *Economic Development*, 11ª ed., Addison-Wesley, Harlow (8ª ed. de 2002)
TONDL, Gabriele, 2007 – *Regional Policy*, em Artis, Mike e Nixson, Frederick (ed.), *The Economics of the European Union*, 4ª ed., Oxford University Press, Oxford, pp. 171-97
TORRENS, Robert, 1824 – *An Essay on the Production of Wealth*, Londres
1844 – *The Budget. On Commercial and Colonial Policy*, Londres
TORRES, Francisco, 1995 – *A UEM e a Conferência Inter-Governamental de 1996*, Working Paper do Centro de Estudos Europeus da Universidade Católica Portuguesa, Lisboa
1996 – *Portugal Towards EMU: A Political Economy Perspective*, em Frieden, Jeffrey, Jones, Erik e Torres, Francisco (ed.), *Joining Europe's Monetary Club: The Challenges for Smaller Member States*, St. Martin's Press, Nova Iorque, cap. 8
1997 – *EMU: Economic and Political Misgivings*, em *Europa. Novas Fronteiras*, n. 1, União Económica e Monetária, pp. 103-11

TRIFFIN, Robert, 1960 – *Gold and the Dollar Crisis. The Future of Convertibility*, Yale University Press, Yale
TUMPEL-GUGUERELL, Gertrude e MOOLECHNER, Peter (ed.), 2003 – *Economic Convergence and Divergence in Europe: Growth and Regional Development in an Enlarged European Union*, Edward Elgar, Cheltenham e Nothingham (Mass.)
VAN BAEL, Ivo e BELLIS, Jean-François, 2009 – *Competition Law of the European Community*, 5ª ed., Kluwer Law International
VAN DEN BERG, Hendrik, 2004 – *International Economics*, McGraw – Hill, Boston
VARELA, J. A. SANTOS, 2007 – *A Agricultura Portuguesa na PAC – balanço de duas décadas de integração*, Almedina, Coimbra
VARELA, Raquel (coord.), 2013 – *A Segurança Social é Sustentável. Trabalho, Estado e Segurança Social em Portugal*, Bertrand, Lisboa
VASCONCELOS, Álvaro, 2008 – *European Union and MERCOSUR*, em Telò (ed.), *European Union and New Regionalism...*, cit., pp. 165-83
VASQUES, Sérgio, 1997 – *A Integração Económica na África. Textos Fundamentais*, Fim de Século, Lisboa
1999 – *Os Impostos do Pecado. O Alcóol, o Tabaco, o Jogo e o Fisco*, Almedina, Coimbra
VAZ, Manuel Afonso, 1998 – *Direito Económico. A Ordem Económica Portuguesa*, 4ª ed., Coimbra Editora, Coimbra
VERNON, Raymond, 1966 – *International Investment and International Trade*

in the Product Cycle, em *The Quarterly Journal of Economics*, vol. 80, pp. 190--207

VILAÇA, José Luís da Cruz, 2003 – *A Modernização da Aplicação das Regras Comunitárias de Concorrência segundo a Comissão Europeia. Uma Reforma Fundamental*, em Boletim da Faculdade de Direito da Universidade de Coimbra, n. 75, pp. 717-89

VILAÇA, José Luís da Cruz e GOMES, José Luís Caramelo, 2013 – *Comentário ao artigo 2º da Lei da Concorrência*, em Porto, Vilaça et al. (org.), cit., pp. 20-38

VILAÇA, José Luís da Cruz e SOBRIÑO HEREDIA, José Manuel, 1997 – *A União Europeia e a Transformação do Pacto Andino na Comunidade Andina: Do Protocolo de Trujillo à Acta de Sucre – tentativa de reanimar um moribundo ou oportunidade para relançar a cooperação intercontinental*, em Temas de Integração, n. 3, pp. 5-51

VINDT, Gérard, 1998/9 – *A Mundialização. De Vasco da Gama a Bill Gates*, Temas e Debates, Lisboa

VINER, Jacob, 1920 – *Principles of Economics*, 8ª ed., Londres

1950 – *The Customs Union Issue*, Stevens Sons, Nova Iorque

VISCUSI, Wikip, HARRINGTON, Joseph E. e VERNON, John M., 2005 – *Economics of Regulation and Antitrust*, 4ª ed., The MIT Press, Cambridge (Mass.) e Londres

VON HAYEK, Friedrich August, 1935 – *Collectivist Economic Planning*, Routledge & Kegan Paul, Londres

VON MISES, Ludwig Edler, 1920 – *Die Wirtschaftsrechnung im Sozialistischen Gemeinwesen*

1937 – *Grundprobleme der Nationalökonomie*

VON NEUMANN, John e MORGENSTERN, Oskar, 1944 – *Theory of Games and Economic Behavior*, Princeton University Press, Princeton

VON SCHÜTZ, Ulrike, STIERLE, Michael H., JENNINGS, Jr., Frederic e KUAH, Adrian, 2008 – *Regional Economic Policy in Europe: New Challenges for Theory, Empiric and Normative Interventions*, Edward Elgar, Cheltenham e Nothingham (Mass.)

VON THÜNEN, Johann Heinrich, 1826 – *Der Isolierte Staat in Beziehung auf Landwirtschaft und Nationalökonomie*

VON WIESER, Friedrich, 1884 – *Über den Ursprung und die Hauptgesetze des Wirtschaftlichen Werthes*

1889 – *Der Natürliche Wert*

WALRAS, Léon, 1874-7 – *Eléments d'Économie Politique Pure*, vols. I e II

WARÉGNE, Jean-Marie, 2000 – *L'Organization Mondiale du Commerce, Règles de Fonctionnement et Enjeux Économiques*, CRISP, Bruxelas

WEATHERILL, Stephen, 2012 – *Cases & Materials on EU Law*, Oxford University Press, Oxford, 10ª ed.

WEBER, Alfred, 1909 – *Über den Standort der Industrien*, Tübingen

WEBER, Max, 1904/5 – *Die Protestantische Ethik und der 'Geist' der Kapitalismus*

WEI, Dan, 2001 – *A China e a Organização Mundial do Comércio*, Almedina, Coimbra

2006 – *Globalização e Interesses Nacionais: a perspectiva da China*, Almedina, Coimbra

WEI, Dan (coord.), 2009 – *Os Países de Língua Portugesa e a China num Mundo Globalizado*, Universidade de Macau e Almedina, Coimbra

WEISS, Linda (ed.), 2003 – *States in the Global Economy. Bringing Domestic Institutious Back In*, Cambridge University Press, Cambridge

WESSELS, J. Walter, 2012 – *Economics*, 5ª ed., Barrones, Nova Iorque

WHISH, Richard e BAILEY, David, 2012 – *Competition Law*, 7ª ed., Oxford University Press, Oxford

WILLIAMS, Allan M., 1994 – *The European Community*, 2ª ed., Blackwell, Oxford

WINNICK, L., 1961 – *Place Prosperity vs. People Prosperity: Welfare Consideration in the Geographical Redistribution of Economic Activity*, em *Essays in Urban and Land Economics of Politics*, Universidade da Califórnia, Los Angeles, pp. 71-8

WOLFRUM, Rüdiger, STOLL, Peter-Tobias e KAISER, Karen, 2006 – *WTO Institutions and Dispute Settlement*, Martinus Nihoff Publishers, Leiden e Boston

WORLD BANK (Banco Mundial), 1999 – *Entering the 21st Century*, World Development Report 1999/2000, Washington

2000 – *Trade Blocs*, ed. Oxford University Press, Washington

2202a – *World Development Indicators 2002*, Washington

2002b – *Building Institutions for Markets*, World Development Report 2002, Washington

2003 – *Sustainable Development in a Dynamic World. Transforming Institutions, Growth and Quality of Life*, World Development Report 2003, Washington

2009 – *Reshapping Economic Geography*, Washington

ZÄCH, Roger (ed.), 1999 – *Towards WTO Competition Rules*, Stæmpfli e Kluwer, Berna e Haia

Fonte: Todaro e Smith (2002, interior da capa)

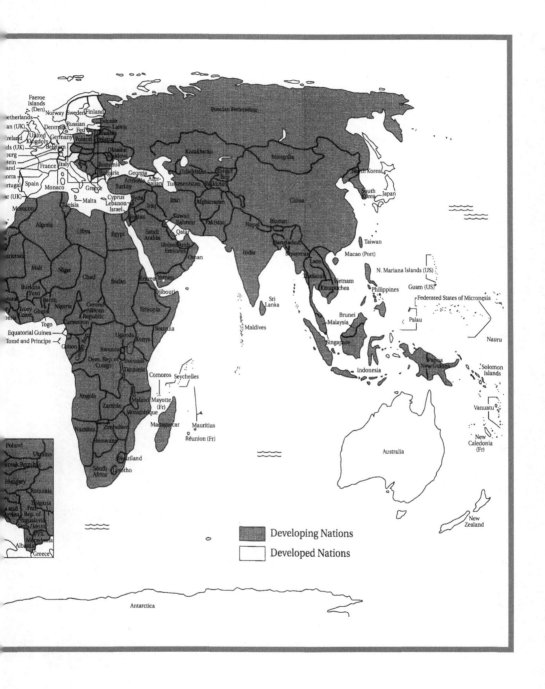